HISTOIRE-GÉOGRAPHIE GÉOPOLITIQUE & SCIENCES POLITIQUES

PROGRAMME 2019

1re SPÉCIALITÉ

ACQUÉRIR DES CLÉS DE COMPRÉHENSION DU MONDE CONTEMPORAIN

Directeurs d'ouvrage

Anne Gasnier
Agrégée de géographie
Lycée Marguerite-Yourcenar, Le Mans (72)

Fanny Maillo-Viel
Agrégée de géographie
Lycée Christophe-Colomb, Sucy-en-Brie (94)

Michaël Navarro
Agrégé d'histoire
ESPÉ de l'académie de Lyon
Université Lyon 1 (69)

Henri Simonneau
Agrégé d'histoire, professeur en CPGE
Lycée Marcelin-Berthelot,
Saint-Maur-des-Fossés (94)

Stéphane Vautier
Agrégé d'histoire-géographie
Académie de Rouen (76)

Auteurs

Pascal Boniface
Directeur de l'Institut de relations internationales et stratégiques (IRIS)

Philippe Rekacewitz
Géographe et cartographe
Université de Helsinki (Finlande)

Franciane Allaire
Agrégée d'histoire-géographie
Lycée Albert-Châtelet, Douai (59)

Lise Battais
Agrégée d'histoire-géographie
Lycée Lucie-Aubrac, Bollène (84)

Valérie Bodineau
Agrégée d'histoire-géographie,
ESPÉ de l'académie de Nantes (44)

Riselaine Chapel
Agrégée d'histoire-géographie
Lycée Aimé-Césaire, Clisson (44)

Thomas Deguffroy
Agrégé d'histoire-géographie
Lycée Guy-Mollet, Arras (62)

Julien Dochez
Agrégé d'histoire,
Lycee Henri-Wallon, Valenciennes (59)

Géraldine Féaux
Agrégée d'histoire
Lycée Robert-Garnier, La Ferté-Bernard (72)

Thomas Gangneux
Agrégé de géographie,
professeur en CPGE
Lycée Descartes, Tours (37)

Nicolas Marichez
Agrégé d'histoire-géographie
Lycée Anatole-France, Lillers (62)

Ugo Rollin
Agrégé de sciences économiques et sociales (SES), CPGE
Lycée La Folie-Saint-James,
Neuilly-sur-Seine (92)

Ludovic Vandoolaeghe
Agrégé d'histoire-géographie
Lycée Robespierre, Arras (62)

hachette
ÉDUCATION

SOMMAIRE

ACQUÉRIR DES CLÉS DE COMPRÉHENSION DU MONDE CONTEMPORAIN

PROGRAMME

INTRODUCTION (4-5 heures)

Cet enseignement de spécialité développe une approche pluridisciplinaire qui, pour analyser et élucider la complexité du monde, mobilise plusieurs points de vue, des concepts et des méthodes variés.

PROGRAMME

THÈME 1 (24-25 heures)

Comprendre un régime politique : la démocratie

Ce thème a un double objectif : analyser le régime politique dans lequel les élèves vivent ; développer leurs connaissances sur la diversité des démocraties dans le monde et sur leurs évolutions.

PROGRAMME

Introduction

La démocratie, les démocraties : quelles caractéristiques aujourd'hui ?

- Mise en lumière des caractéristiques communes aux démocraties à partir d'exemples (libertés, institutions représentatives, alternances politiques…).
- Comparaison entre démocraties et régimes autoritaires à partir d'exemples.

PROGRAMME

Axe 1

Penser la démocratie : démocratie directe et démocratie représentative

- **JALON** : Une démocratie directe mais limitée : être citoyen à Athènes au Ve siècle avant J.-C.
- **JALON** : Participer ou être représenté : Benjamin Constant, « liberté des Anciens, liberté des Modernes ».

PROGRAMME

Axe 2

Avancées et reculs des démocraties

- **JALON** : L'inquiétude de Tocqueville : de la démocratie à la tyrannie ? Une analyse politique.

SOMMAIRE

PROGRAMME

- **JALON** : Crises et fin de la démocratie : le Chili de 1970 à 1973.
- **JALON** : D'un régime autoritaire à la démocratie : le Portugal et l'Espagne de 1974 à 1982.

PROGRAMME

Objet de travail conclusif

L'Union européenne et la démocratie

- **JALON** : Le fonctionnement de l'Union européenne : démocratie représentative et démocratie déléguée.
- **JALON** : L'Union européenne face aux citoyens et aux États : les remises en question depuis 1992.

PROGRAMME

Thème 2 (24-25 heures)

Analyser les dynamiques des puissances internationales

Ce thème a pour objectif d'analyser les ressorts et les caractéristiques de la puissance internationale des États, aussi bien dans leur émergence (étude des fondements de la puissance) que dans leurs dynamiques.

PROGRAMME

Introduction

- Les caractéristiques de la puissance à l'échelle internationale aujourd'hui.
- Identification des fondements et des manifestations de la puissance à l'échelle internationale dans les champs diplomatique, militaire, culturel, économique et financier, en prenant appui sur des exemples contemporains.

SOMMAIRE

PROGRAMME

Axe 1

Essor et déclin des puissances, un regard historique

- **JALON** : L'Empire ottoman, de l'essor au déclin.
- **JALON** : Une puissance qui se reconstruit après l'éclatement d'un empire : la Russie depuis 1991.

AXE 1

Essor et déclin des puissances, un regard historique 116

PROGRAMME

Axe 2

Formes indirectes de la puissance : une approche géopolitique

- **JALON** : L'enjeu de la langue : anglais et français dans les relations internationales, francophonie, instituts Confucius…
- **JALON** : Les nouvelles technologies : puissance des géants du numérique (GAFAM, BATX…), impuissance des États et des organisations internationales ?
- **JALON** : La maîtrise des voies de communication : les « nouvelles routes de la soie ».

AXE 2

Formes indirectes de la puissance : une approche géopolitique 132

PROGRAMME

Objet de travail conclusif

La puissance des États-Unis aujourd'hui

- **JALON** : Les lieux et les formes de la puissance aux États-Unis (siège de l'ONU, Hollywood, Massachussetts Institute of Technology…).
- **JALON** : Unilatéralisme et multilatéralisme : un débat international.
- **JALON** : Points d'appui et zones d'influence des États-Unis dans un monde multipolaire.

OBJET DE TRAVAIL CONCLUSIF

La puissance des États-Unis aujourd'hui 148

SOMMAIRE

PROGRAMME

Thème 3 (24-25 heures)

Étudier les divisions politiques du monde : les frontières

Ce thème a pour objectif de faire comprendre aux élèves ce que sont les frontières politiques : leurs formes, leurs dynamiques, les enjeux internes et externes qui leur sont associés. Les élèves doivent percevoir que les frontières sont des zones de séparation et de contact, qu'elles sont ouvertes ou fermées, matérialisées ou non.

PROGRAMME

Introduction

Les frontières dans le monde d'aujourd'hui

- Des frontières de plus en plus nombreuses.
- Des frontières plus ou moins marquées.
- Frontières et ouverture : affirmation d'espaces transfrontaliers.

PROGRAMME

Axe 1

Tracer des frontières, approche géopolitique

- JALON : Pour se protéger : Le *limes* rhénan.
- JALON : Pour se partager des territoires : la conférence de Berlin et le partage de l'Afrique.
- JALON : Pour séparer deux systèmes politiques : la frontière entre les deux Corées.

PROGRAMME

Axe 2

Les frontières en débat

- JALON : Reconnaître la frontière : la frontière germano-polonaise de 1939 à 1990, entre guerre et diplomatie.
- JALON : Dépasser les frontières : le droit de la mer (identique sur l'ensemble des mers et des océans, indépendamment des frontières).

SOMMAIRE

PROGRAMME

Objet de travail conclusif

Les frontières internes et externes de l'Union européenne

- **JALON** : Les enjeux de Schengen et du contrôle aux frontières : venir en Europe, passer la frontière.
- **JALON** : Les frontières d'un État adhérent.
- **JALON** : Les espaces transfrontaliers intra-européens : passer et dépasser la frontière au quotidien.

OBJET DE TRAVAIL CONCLUSIF

Les frontières internes et externes de l'Union européenne 226

PROGRAMME

Thème 4 (24-25 heures)

S'informer : un regard critique sur les sources et modes de communication

Ce thème a un double objectif : aider les élèves à saisir les enjeux de l'information (liberté, manipulation, contrôle), et les amener à réfléchir sur leur propre manière de s'informer, dans la continuité de l'éducation aux médias et à l'information. Leurs pratiques de l'information seront décisives dans les études supérieures, et supposent pour être maîtrisées une culture relative aux médias.

THÈME 4

S'informer : un regard critique sur les sources et modes de communication (24-25 heures) 254

PROGRAMME

Introduction

Comment s'informe-t-on aujourd'hui ?

- Des médias et des supports de communication qui n'ont jamais été aussi nombreux et divers.
- Des pratiques d'information différenciées selon les individus, les groupes sociaux et les territoires.

INTRODUCTION

Comment s'informe-t-on aujourd'hui ? 256

PROGRAMME

Axe 1

Les grandes révolutions techniques de l'information

- **JALON** : L'information imprimée : de la diffusion de l'imprimerie à la presse à grand tirage.
- **JALON** : L'information par le son et l'image : radio et télévision au XXe siècle.
- **JALON** : L'information mondialisée et individualisée : naissance et extension du réseau Internet.

AXE 1

Les grandes révolutions techniques de l'information 268

SOMMAIRE

PROGRAMME

Axe 2

Liberté ou contrôle de l'information : un débat politique fondamental

- **JALON** : L'information dépendante de l'opinion ? L'affaire Dreyfus et la presse.
- **JALON** : L'information entre le marché et l'État : histoire de l'agence Havas et de l'AFP.
- **JALON** : Information et propagande en temps de guerre : les médias et la guerre du Vietnam.

PROGRAMME

Objet de travail conclusif

L'information à l'heure d'Internet

- **JALON** : Vers une information fragmentée et horizontale.
- **JALON** : Témoignages et lanceurs d'alerte.
- **JALON** : Les théories du complot : comment trouvent-elles une nouvelle jeunesse sur Internet ?

PROGRAMME

Thème 5 (24-25 heures)

Analyser les relations entre États et religions

Ce thème a pour objectif de permettre aux élèves d'analyser les faits religieux dans leurs rapports avec le pouvoir. Les liens sont étudiés sur le plan des relations institutionnelles et géopolitiques, et non des pratiques individuelles.

PROGRAMME

Introduction

États et religions aujourd'hui

- Des relations de natures différentes entre États et religions sur le plan du droit public (séparation, religion officielle…) à partir d'exemples.
- Des degrés variables de libertés de conscience et religieuse (respect de la liberté de croire ou de ne pas croire, de changer de religion, laïcité…) à partir d'exemples.

SOMMAIRE

PROGRAMME

Axe 1

Pouvoir et religion : des liens historiques traditionnels

- **JALON** : Le pape et l'empereur, deux figures de pouvoir : le couronnement de Charlemagne.
- **JALON** : Pouvoir politique et magistère religieux : le calife et l'empereur byzantin aux IXe-Xe siècles, approche comparée.

PROGRAMME

Axe 2

États et religions : une inégale sécularisation

- **JALON** : La laïcité en Turquie : l'abolition du califat en 1924 par Mustafa Kemal.
- **JALON** : États et religions dans la politique intérieure des États-Unis depuis la Seconde Guerre mondiale.

PROGRAMME

Objet de travail conclusif

État et religions en Inde

- **JALON** : État et religions : « sécularisme » et dimension politique de la religion.
- **JALON** : Les minorités religieuses.
- **JALON** : Des enjeux géopolitiques : l'Inde et le Pakistan.

Les ressources multimédia de votre manuel papier

Pour apprendre et s'entraîner de façon efficace en classe comme à la maison !

- **Accédez rapidement et facilement aux différentes ressources de votre manuel grâce aux QR Codes ou en vous rendant directement sur le site de la collection.**

COMMENT FAIRE ?

1 Flashez le QR Code

Avec votre smartphone ou votre tablette, flashez le QR Code présent au début de chaque chapitre. Vous accéderez immédiatement à toutes les ressources du chapitre concerné.

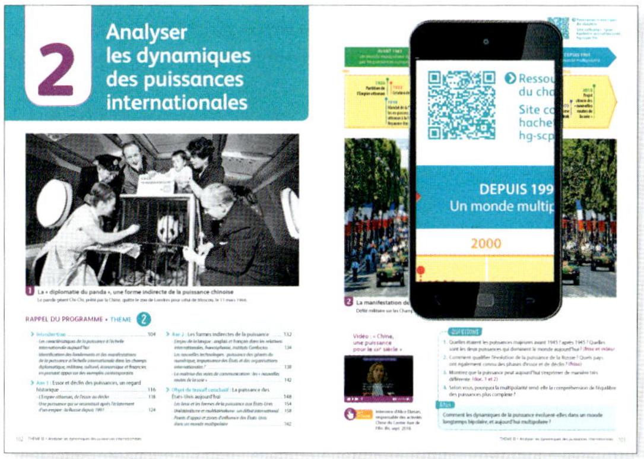

2 Rendez-vous sur le site de la collection

Dans votre navigateur, saisissez l'URL de la collection, présenté à proximité de chaque QR Code :
lycee.hachette-education.com/hg-scpo/1re

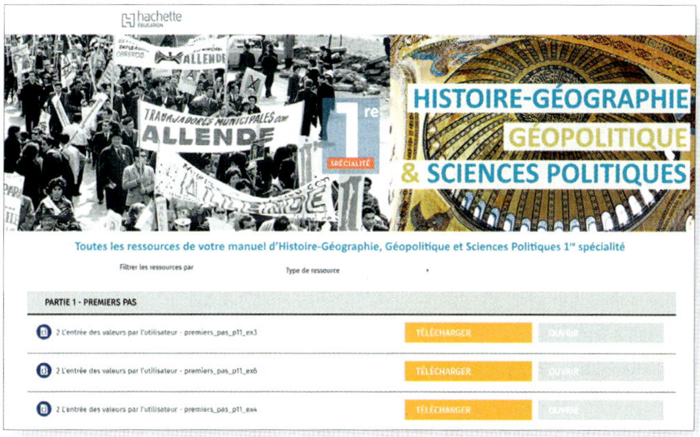

Le QR Code et le site lycee.hachette-education.com/hg-scpo/1re vous mèneront directement à toutes les ressources du manuel :

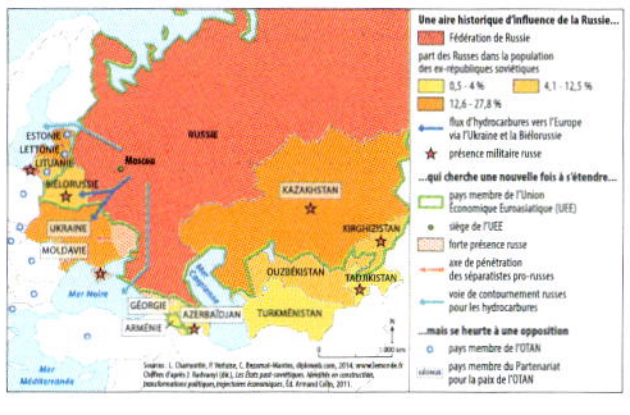

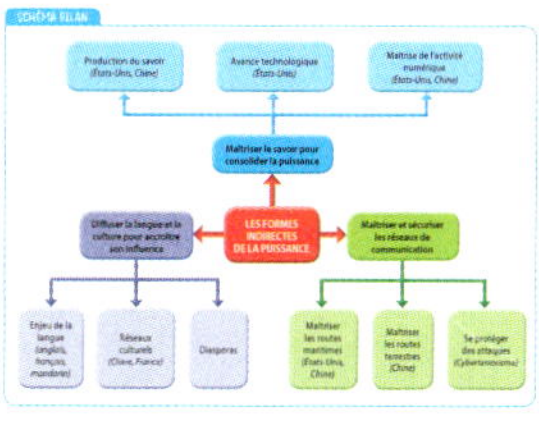

Retrouvez également toutes ces ressources dans le manuel numérique !

PROGRAMME

ACQUÉRIR DES CLÉS DE COMPRÉHENSION DU MONDE CONTEMPORAIN

INTRODUCTION (4-5 heures)	
L'histoire	L'histoire saisit chaque question dans son épaisseur temporelle. Le recours à la longue durée, la mise en perspective d'événements et de contextes appartenant à différentes périodes rendent attentif aux continuités et aux ruptures, aux écarts et aux similitudes. L'histoire éclaire et contextualise le rôle des acteurs.
La géographie	La géographie permet ici d'identifier et de comprendre les logiques d'organisation de l'espace, ainsi que l'influence des acteurs sur les territoires. Par la pratique continue du changement d'échelles, par la réalisation et l'analyse de cartes, par l'intérêt porté aux territoires proches ou éloignés, elle autorise les comparaisons et la réflexion critique.
La science politique	La science politique étudie les phénomènes dans leur spécificité politique. Elle est ici abordée à partir de ses principaux domaines : l'étude des relations internationales, des concepts, des régimes et des acteurs politiques (dont les organisations internationales) dans une démarche comparative.
La géopolitique	La géopolitique envisage les rivalités et les enjeux de pouvoir entre des territoires considérés dans leur profondeur historique, ainsi que les représentations qui les accompagnent.

THÈME 1 (24-25 heures) **Comprendre un régime politique : la démocratie**	Ce thème a un double objectif : analyser le régime politique dans lequel les élèves vivent; développer leurs connaissances sur la diversité des démocraties dans le monde et sur leurs évolutions.
Introduction **La démocratie, les démocraties : quelles caractéristiques aujourd'hui ?**	• Mise en lumière des caractéristiques communes aux démocraties à partir d'exemples (libertés, institutions représentatives, alternances politiques…). • Comparaison entre démocraties et régimes autoritaires à partir d'exemples.
Axe 1 **Penser la démocratie : démocratie directe et démocratie représentative**	• JALON Une démocratie directe mais limitée : être citoyen à Athènes au Ve siècle avant J.-C. • JALON Participer ou être représenté : Benjamin Constant, « liberté des Anciens, liberté des Modernes ».
Axe 2 **Avancées et reculs des démocraties**	• JALON L'inquiétude de Tocqueville : de la démocratie à la tyrannie ? Une analyse politique. • JALON Crises et fin de la démocratie : le Chili de 1970 à 1973. • JALON D'un régime autoritaire à la démocratie : le Portugal et l'Espagne de 1974 à 1982.
Objet de travail conclusif **L'Union européenne et la démocratie**	• JALON Le fonctionnement de l'Union européenne : démocratie représentative et démocratie déléguée. • JALON L'Union européenne face aux citoyens et aux États : les remises en question depuis 1992.

THÈME 2 (24-25 heures) **Analyser les dynamiques des puissances internationales**	Ce thème a pour objectif d'analyser les ressorts et les caractéristiques de la puissance internationale des États, aussi bien dans leur émergence (étude des fondements de la puissance) que dans leurs dynamiques.
Introduction	• Les caractéristiques de la puissance à l'échelle internationale aujourd'hui. • Identification des fondements et des manifestations de la puissance à l'échelle internationale dans les champs diplomatique, militaire, culturel, économique et financier, en prenant appui sur des exemples contemporains.
Axe 1 **Essor et déclin des puissances, un regard historique**	• JALON L'Empire ottoman, de l'essor au déclin. • JALON Une puissance qui se reconstruit après l'éclatement d'un empire : la Russie depuis 1991.
Axe 2 **Formes indirectes de la puissance : une approche géopolitique**	• JALON L'enjeu de la langue : anglais et français dans les relations internationales, francophonie, instituts Confucius… • JALON Les nouvelles technologies : puissance des géants du numérique (GAFAM, BATX…), impuissance des États et des organisations internationales ? • JALON La maîtrise des voies de communication : les « nouvelles routes de la soie ».
Objet de travail conclusif **La puissance des États-Unis aujourd'hui**	• JALON Les lieux et les formes de la puissance aux États-Unis (siège de l'ONU, Hollywood, Massachussetts Institute of Technology…). • JALON Unilatéralisme et multilatéralisme : un débat international. • JALON Points d'appui et zones d'influence des États-Unis dans un monde multipolaire.

THÈME 3 (24-25 heures) **Étudier les divisions politiques du monde : les frontières**	Ce thème a pour objectif de faire comprendre aux élèves ce que sont les frontières politiques : leurs formes, leurs dynamiques, les enjeux internes et externes qui leur sont associés. Les élèves doivent percevoir que les frontières sont des zones de séparation et de contact, qu'elles sont ouvertes ou fermées, matérialisées ou non.
Introduction Les frontières dans le monde d'aujourd'hui	• Des frontières de plus en plus nombreuses. • Des frontières plus ou moins marquées. • Frontières et ouverture : affirmation d'espaces transfrontaliers.
Axe 1 Tracer des frontières, approche géopolitique	• JALON Pour se protéger : Le *limes* rhénan. • JALON Pour se partager des territoires : la conférence de Berlin et le partage de l'Afrique. • JALON Pour séparer deux systèmes politiques : la frontière entre les deux Corées.
Axe 2 Les frontières en débat	• JALON Reconnaître la frontière : la frontière germano-polonaise de 1939 à 1990, entre guerre et diplomatie. • JALON Dépasser les frontières : le droit de la mer (identique sur l'ensemble des mers et des océans, indépendamment des frontières).
Objet de travail conclusif Les frontières internes et externes de l'Union européenne	• JALON Les enjeux de Schengen et du contrôle aux frontières : venir en Europe, passer la frontière. • JALON Les frontières d'un État adhérent. • JALON Les espaces transfrontaliers intra-européens : passer et dépasser la frontière au quotidien.

THÈME 4 (24-25 heures) **S'informer : un regard critique sur les sources et modes de communication**	Ce thème a un double objectif : aider les élèves à saisir les enjeux de l'information (liberté, manipulation, contrôle), et les amener à réfléchir sur leur propre manière de s'informer, dans la continuité de l'éducation aux médias et à l'information. Leurs pratiques de l'information seront décisives dans les études supérieures, et supposent pour être maîtrisées une culture relative aux médias.
Introduction Comment s'informe-t-on aujourd'hui ?	• Des médias et des supports de communication qui n'ont jamais été aussi nombreux et divers. • Des pratiques d'information différenciées selon les individus, les groupes sociaux et les territoires.
Axe 1 Les grandes révolutions techniques de l'information	• JALON L'information imprimée : de la diffusion de l'imprimerie à la presse à grand tirage. • JALON L'information par le son et l'image : radio et télévision au XXe siècle. • JALON L'information mondialisée et individualisée : naissance et extension du réseau Internet
Axe 2 Liberté ou contrôle de l'information : un débat politique fondamental	• JALON L'information dépendante de l'opinion ? L'affaire Dreyfus et la presse. • JALON L'information entre le marché et l'État : histoire de l'agence Havas et de l'AFP. • JALON Information et propagande en temps de guerre : les médias et la guerre du Vietnam.
Objet de travail conclusif L'information à l'heure d'Internet	• JALON Vers une information fragmentée et horizontale. • JALON Témoignages et lanceurs d'alerte. • JALON Les théories du complot : comment trouvent-elles une nouvelle jeunesse sur Internet ?

THÈME 5 (24-25 heures) **Analyser les relations entre États et religions**	Ce thème a pour objectif de permettre aux élèves d'analyser les faits religieux dans leurs rapports avec le pouvoir. Les liens sont étudiés sur le plan des relations institutionnelles et géopolitiques, et non des pratiques individuelles.
Introduction États et religions aujourd'hui	• Des relations de natures différentes entre États et religions sur le plan du droit public (séparation, religion officielle…) à partir d'exemples. • Des degrés variables de libertés de conscience et religieuse (respect de la liberté de croire ou de ne pas croire, de changer de religion, laïcité…) à partir d'exemples.
Axe 1 Pouvoir et religion : des liens historiques traditionnels	• JALON Le pape et l'empereur, deux figures de pouvoir : le couronnement de Charlemagne. • JALON Pouvoir politique et magistère religieux : le calife et l'empereur byzantin aux IXe-Xe siècles, approche comparée.
Axe 2 États et religions : une inégale sécularisation	• JALON La laïcité en Turquie : l'abolition du califat en 1924 par Mustafa Kemal. • JALON États et religions dans la politique intérieure des États-Unis depuis la Seconde Guerre mondiale.
Objet de travail conclusif État et religions en Inde	• JALON État et religions : « sécularisme » et dimension politique de la religion. • JALON Les minorités religieuses. • JALON Des enjeux géopolitiques : l'Inde et le Pakistan.

ÉPREUVES DU BAC

Bac contrôle continu de Première — **La composition**

▪ DURÉE DE L'ÉPREUVE : 2 heures

ÉTAPE 1 Analyser le sujet et comprendre la problématique

> Le sujet de composition porte sur l'un des axes ou sur l'objet conclusif d'un thème.

1. Identifier les notions clés.

2. Délimiter les bornes spatiales et chronologiques du sujet.
- Quelle échelle ? (monde / continent / État / ville…)
- Quel type d'espace ? (urbain / rural / maritime / désert…)
- Quelle période ? Pourquoi ce bornage chronologique ?

Exemple : Les caractéristiques de la puissance aujourd'hui : formes directes et indirectes

Les puissances internationales aujourd'hui : fondements traditionnels et formes indirectes

- **puissances** → La puissance correspond à la capacité d'influer, de peser, voire de contraindre d'autres acteurs dans le monde. Quels pays semblent réunir ces caractéristiques de puissance ?
- **internationales** → Définissez l'adjectif « international ». Montrez qu'il n'est pas nécessairement synonyme de mondial.
- **aujourd'hui** → Le sujet interroge le plus souvent sur la situation actuelle. Pourquoi sera-t-il cependant nécessaire de recourir à des connaissances historiques pour expliquer la puissance ?
- **fondements traditionnels** → Quels sont les fondements traditionnels de la puissance ? Classez-les selon une organisation logique.
- **formes indirectes** → Quelles peuvent être les formes indirectes de la puissance internationale ? Pourquoi jouent-elles un rôle croissant ?

3. Comprendre les enjeux de la problématique : que faut-il démontrer ?

Problématique possible : Comment les dynamiques traditionnelles de la puissance internationale se transforment-elles aujourd'hui à travers de nouvelles formes ?

ÉTAPE 2 Préparer la composition

> Organisez votre plan au brouillon sous forme visuelle : tableau, carte mentale…

Organiser ses idées
- En les plaçant dans les grandes parties du plan
- En les hiérarchisant : idée générale, argument, exemple

Exemple 1 :

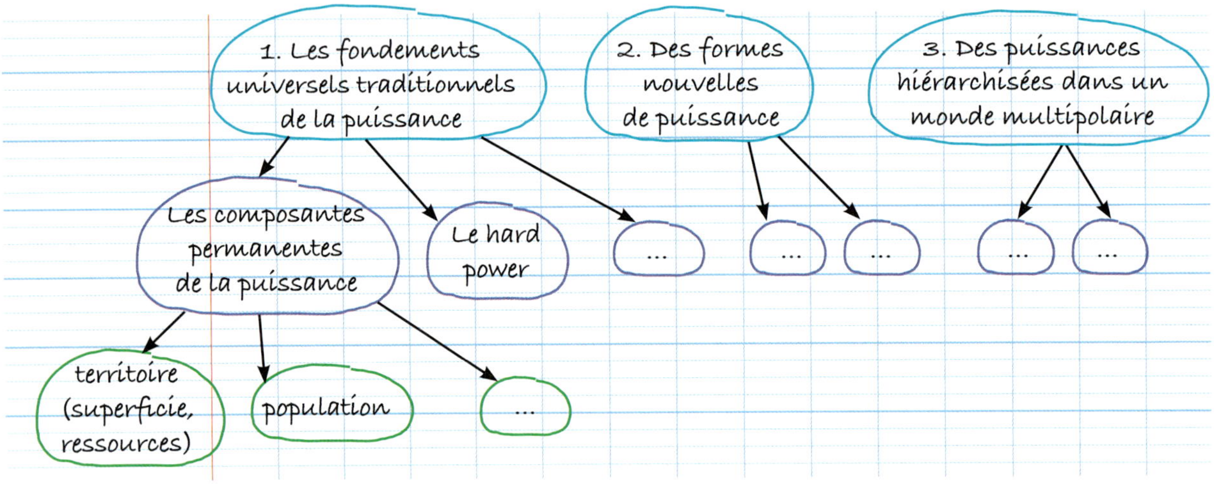

Exemple 2 :

Partie 1 : Les fondements traditionnels de la puissance	Partie 2	Partie 3
A. Les composantes permanentes - territoire - …	… …	… …

ÉTAPE 3 Rédiger la composition

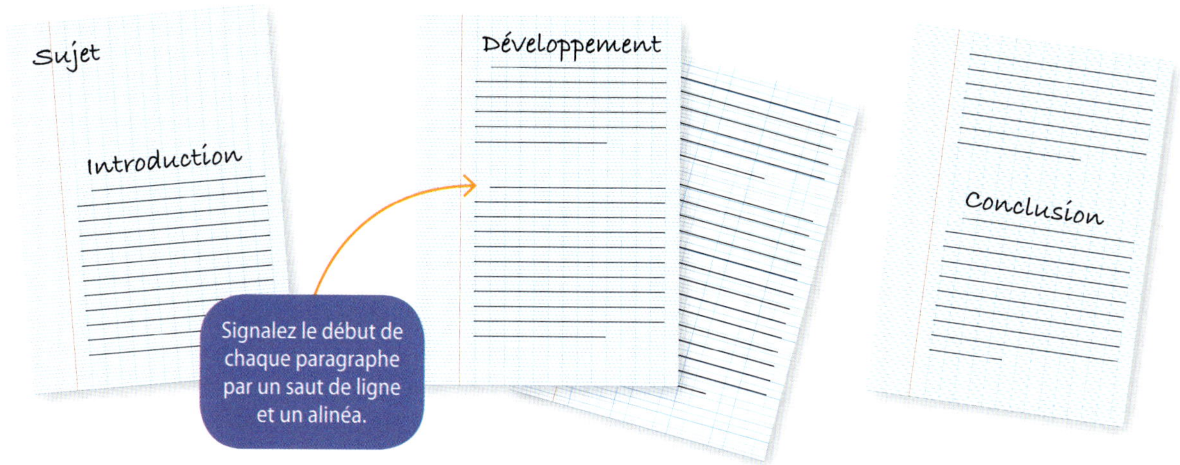

4. Rédiger l'introduction

- Amorcer la composition : en partant d'un événement, d'un fait d'actualité, d'un chiffre clé ou d'une citation
- Définir le sujet
- Formuler la problématique qui doit couvrir l'ensemble du sujet
- Annoncer le plan

5. Rédiger les grandes parties de la composition

- Rédiger en suivant l'organisation mise en place dans l'étape 2 de la méthode
- Utiliser des connaissances et des exemples précis
- Soigner les liaisons entre les grandes parties
- En géographie ou géopolitique, illustrer la composition par des schémas

Exemple : Pour illustrer les formes indirectes de la puissance :

Les BATX, un réseau chinois mondialisé

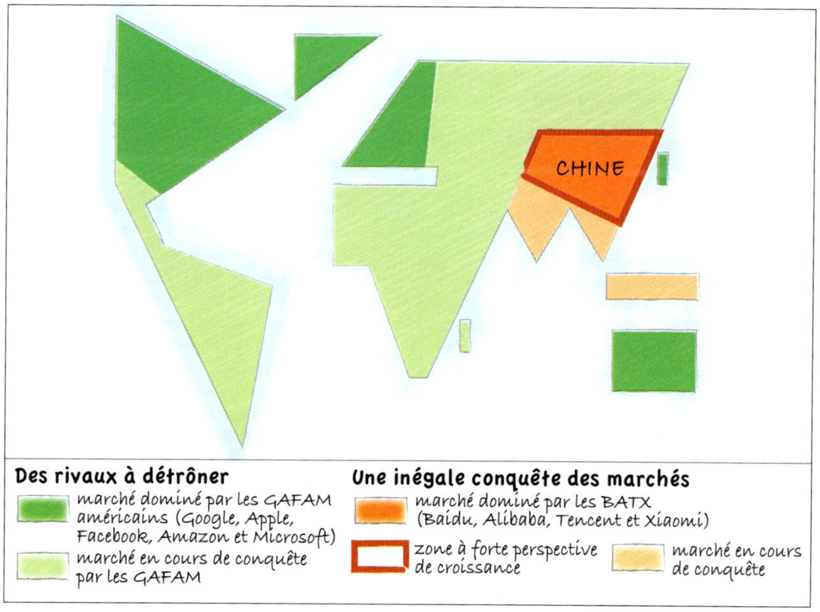

6. Rédiger la conclusion

- Rappeler l'apport de chaque partie à la réponse à la problématique
- Formuler une réponse finale à la problématique
- Proposer une ouverture en lien avec le sujet à travers un thème proche, une autre période ou un autre espace

7. Relire attentivement la composition pour éviter les fautes d'orthographe.

ÉPREUVES DU BAC

Bac épreuve de Terminale — **L'étude critique de documents**

→ Vous devez, en spécialité, réaliser l'étude critique d'un ou deux documents. ← L'étude porte sur les jalons.
Celle-ci comporte :
- Un titre, qui indique le thème général du document ou des documents
- Des questions sur le(s) document(s)

En histoire, en géographie, en sciences politiques et en géopolitique, faire preuve d'un esprit critique est essentiel. Il faut donc analyser avec précision tout document, quelle que soit sa nature, quelle que soit sa provenance, quel que soit son auteur.

ÉTAPE 1 Préparer l'analyse de document(s) en travaillant d'abord au brouillon

(1/3 du temps consacré à l'exercice)

1. Lire et comprendre le sujet

- Lire attentivement le sujet et repérer les mots-clés de celui-ci.

Exemple p. 94 : voici les mots-clés du sujet qu'il faudra définir pour permettre l'étude critique du document fourni.

SUJET **L'abstention aux élections européennes, un défi envers l'Union européenne**

- Lire et comprendre les questions posées avec le sujet.

1. Présentez le document avec précision.
2. En quoi ce dessin est-il révélateur du caractère démocratique de l'Union européenne ?
3. Que nous montre-t-il des faiblesses démocratiques de l'Union européenne ?
4. Pourquoi l'Union européenne est-elle jugée peu démocratique par de plus en plus de citoyens européens aujourd'hui ?

2. Prendre connaissance du ou des documents

- Identifier le document de manière précise : nature, auteur, date, source, cadre spatial ou contexte historique, idée principale développée.
- Lire attentivement et plusieurs fois le texte.

3. Prélever les informations des documents et les confronter aux connaissances personnelles sur le sujet

- Surligner les notions clés, les arguments principaux, les exemples importants et définir l'idée principale du document en utilisant des couleurs différentes.
- Lister sur la feuille les idées principales évoquées, avec les notions, dates, lieux principaux, personnages… Ne noter que quelques mots à chaque fois, il ne faut pas rédiger au brouillon pour maîtriser son temps.
- Mentionner les limites du document proposé : aspects non évoqués ou passés rapidement, parti pris de l'auteur…

Exemple p. 95 : analyse rapide d'un document iconographique (l'abstention aux élections européennes)

Entourez en rouge sur le document les éléments qui vous semblent importants puis expliquez-en le sens en apportant en vert des connaissances du cours (cela évitera de faire une composition ou de paraphraser un document).

Pourquoi le discours de cet homme est-il absurde ?

Qu'est-ce que l'abstention ? Quel était le pourcentage d'abstention lors des 3 dernières élections européennes ?

Quels sont les reproches faits à la démocratie dans l'UE ? De quel type de démocratie s'agit-il ?

ÉTAPE 2 Rédiger l'étude critique des document(s)

(2/3 du temps consacré à l'exercice)

4. Rédiger l'introduction

L'introduction doit présenter le document de manière précise *(voir étape 1.2)* et poser la problématique sous-entendue par le sujet.

5. Rédiger la réponse aux questions

Penser à s'appuyer sur le texte en citant entre guillemets le passage commenté ou à bien décrire tout document iconographique. S'appuyer sur son cours et sur les pages du manuel consacrées au thème étudié pour argumenter, justifier, voire critiquer le document.

Pensez à utiliser les pages « Révision » en fin de thème, notamment le schéma fléché.

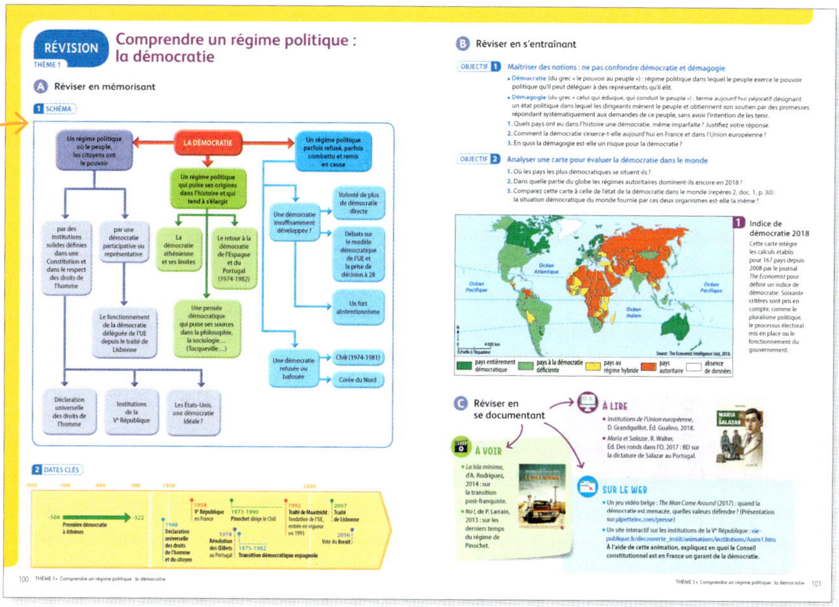

6. Rédiger la conclusion

La conclusion doit répondre au sujet posé et dresser un bilan. Si on ne l'a pas fait auparavant, il faut présenter ici les limites du document étudié.

7. Soigner la présentation

Il est essentiel de faire attention à l'orthographe, à la grammaire, au niveau de langue utilisé ; il faut donc toujours relire sa copie avant de la rendre.

Il faut également prendre soin de la mise en forme, en commençant un nouveau paragraphe pour chaque idée, par exemple comme ceci :

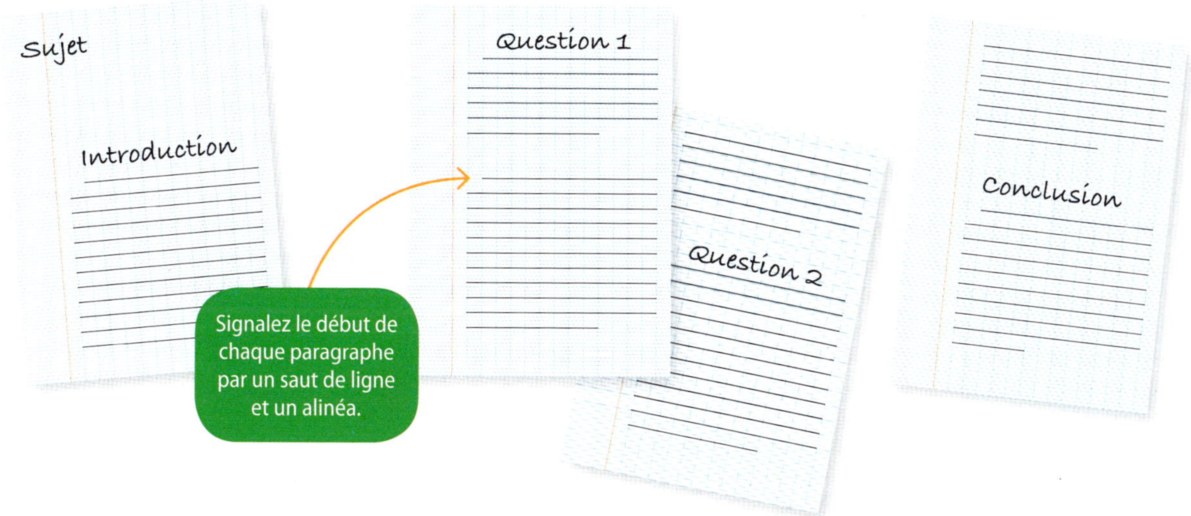

Signalez le début de chaque paragraphe par un saut de ligne et un alinéa.

ÉPREUVES DU BAC

Bac épreuve de Terminale — **Le grand oral**

■ **DURÉE DE L'ÉPREUVE : 20 minutes**

Vous devrez réaliser une présentation orale en Terminale à partir d'un travail de recherches personnelles. Le grand oral se prépare dès la classe de Première car toute intervention orale s'apprend et se travaille.

Reportez-vous également à la méthode présentée sur le rabat de l'ouvrage.

ÉTAPE 1 Mener une recherche

Ce travail doit être mené avec une grande rigueur car il va conditionner votre confiance en vous lors du passage.

1. Comprendre le sujet

- Définir et identifier les mots-clés
- Délimiter l'espace et/ou la période concernés

Exemple p. 250 :

SUJET Les **ponts transfrontaliers** sont-ils **toujours** des **traits d'union géopolitiques** ?

- ponts transfrontaliers → Le sujet se limite aux ponts qui traversent des frontières étatiques.
- toujours → À quelle échelle le sujet peut-il être traité ?
- traits d'union géopolitiques → Quelles sont les différentes fonctions des ponts transfrontaliers ?

2. Se documenter

- Répertorier les sources fiables : sites institutionnels, sites des grands organismes internationaux, presse écrite, revues spécialisées

Exemple p. 98 : Exploiter le site vie-publique.fr pour un sujet sur le fonctionnement de la démocratie française

- Réaliser des fiches thématiques

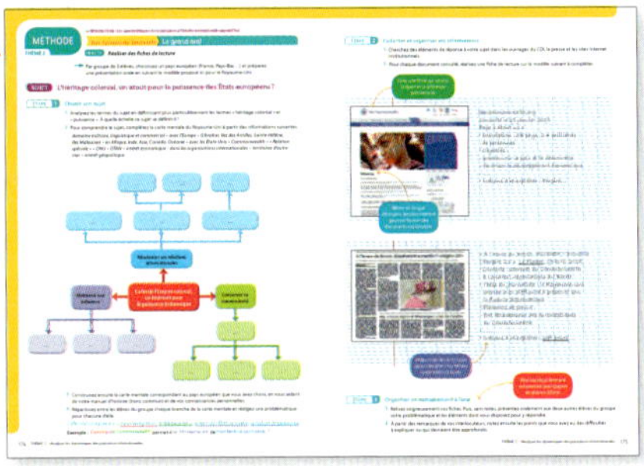

Exemple p. 174 : Réaliser des fiches de lecture

3. Synthétiser le travail de recherche

- Formuler une problématique claire
- Retenir deux ou trois grands thèmes pour répondre au sujet
- Veiller à l'équilibre des parties
- Illustrer chaque argument par des exemples précis

ÉTAPE 2 Préparer les supports du passage à l'oral

1. **Préparer des fiches pour l'oral :** prise de notes, carte mentale, schémas
2. **Préparer une présentation visuelle :** affiches, logiciels de présentation linéaires ou animées, vidéos

ÉTAPE 3 Se présenter à l'oral

Une épreuve orale est composée de deux parties :

- Votre présentation orale sur vos recherches personnelles
- Un entretien avec les membres du jury

Pour vous entraîner en classe de Première, plusieurs formes d'exercices peuvent être pratiquées :

Des exposés
Exemples :
- Comment fonctionne l'Union européenne ? p. 88-89
- Des religions actrices de la politique intérieure américaine ? p. 362-363

Il s'agit de faire une démonstration orale en vous appuyant sur quelques documents sélectionnés.

Des jeux de rôle
Exemple :
Le fonctionnement de la démocratie française p. 98-99

Il s'agit de présenter le même sujet mais en exposant des points de vue différents selon les acteurs.

Des débats
Exemples :
- Existe-t-il une puissance européenne ? p.108-109
- Le rôle des lanceurs d'alerte en démocratie p. 306-307

Il s'agit ici de sélectionner des arguments et d'exercer votre force de conviction.

Les méthodes et exercices de votre manuel

Retrouvez tout au long de votre manuel des méthodes progressives et des exercices pour vous entraîner !

1 La composition

Bac contrôle continu de Première

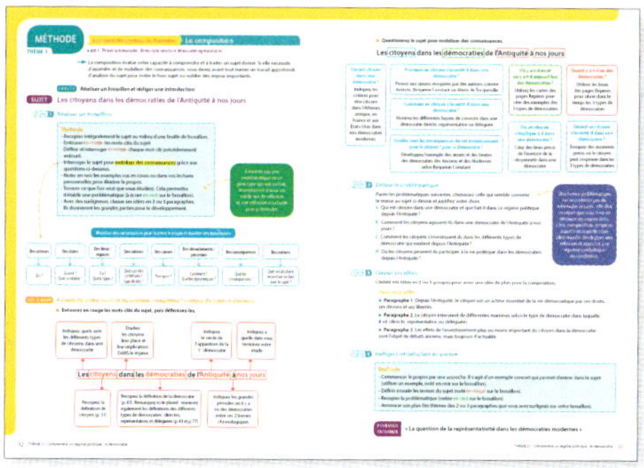

2 L'étude critique de documents

Bac épreuve de Terminale

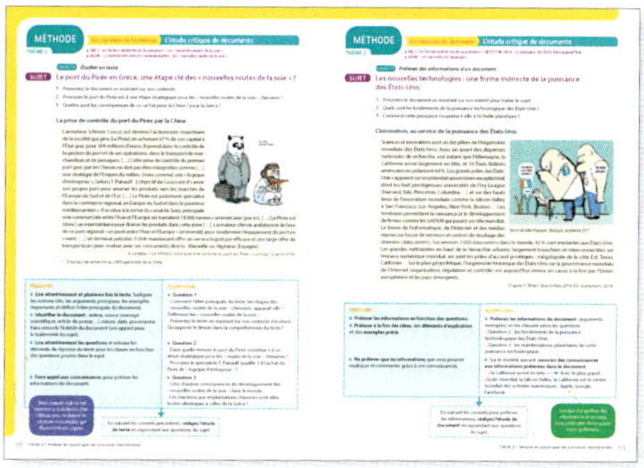

3 Le grand oral

Bac épreuve de Terminale

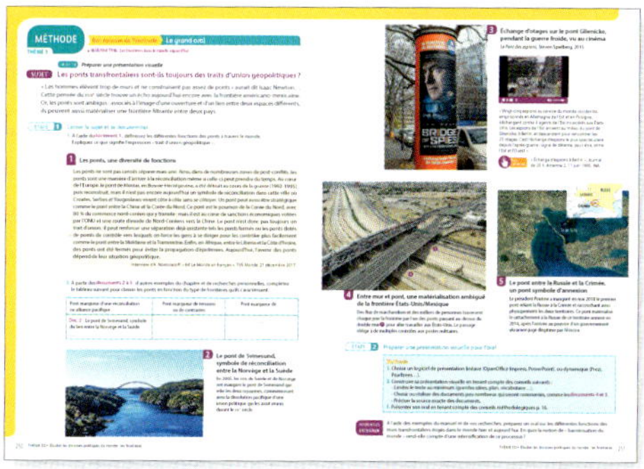

INTRODUCTION L'histoire

L'histoire est l'étude du passé des sociétés humaines, depuis la naissance de l'écriture jusqu'à aujourd'hui. Elle nous permet d'éclairer les sociétés contemporaines.

A Étudier les traces laissées par les hommes au fil du temps

- Pour comprendre les civilisations passées, les historiens s'appuient entre autres sur le travail des archéologues, dont les fouilles permettent de mettre en lumière le fonctionnement des sociétés anciennes. Les traces laissées peuvent être des bâtiments, des objets du quotidien, des œuvres d'art… Chaque année, lors de travaux d'aménagement, on met à jour de nouveaux vestiges d'un passé parfois oublié en lançant une campagne de fouille.
- Dans le programme, les traces sont notamment des sources essentielles pour :
  - La démocratie athénienne (thème 1, axe 1)
  - Le *limes* rhénan (thème 3, axe 1)

B Analyser les archives

- L'histoire commence par la découverte de l'écriture au IIIe millénaire av. J.-C. Avec l'écrit, les hommes vont laisser des traces beaucoup plus précises de leur passé et de leur histoire, grâce aux récits, aux comptes, aux textes juridiques… Une archive est un document qui a servi à prouver des droits, à témoigner d'une activité ou d'une action précise de manière officielle.
- Une archive est un document source, c'est-à-dire directement lié à la période concernée, sans relecture ou nuance. Il faut donc prendre soin de vérifier sa fiabilité et de la confronter à d'autres documents.
- Dans le programme, les archives sont par exemple des sources essentielles pour :
  - Comprendre les enjeux de la conférence de Berlin (thème 3, axe 1)
  - Comprendre la place des minorités religieuses (thème 5, objet conclusif)
  - Analyser la Russie depuis 1991 (thème 2, axe 1)

1 Tesson d'ostracisme contre Thémistocle

Vers 490-480 av. J.-C., musée de l'Agora, Athènes.

2 Campagne de fouille à l'abbaye médiévale de Maillezais (Vendée, été 2019)

Chaque année, le ministère de la Culture ouvre aux bénévoles des campagnes de fouille.

3 La galerie du Parlement des Archives nationales, à l'hôtel Soubise (Paris)

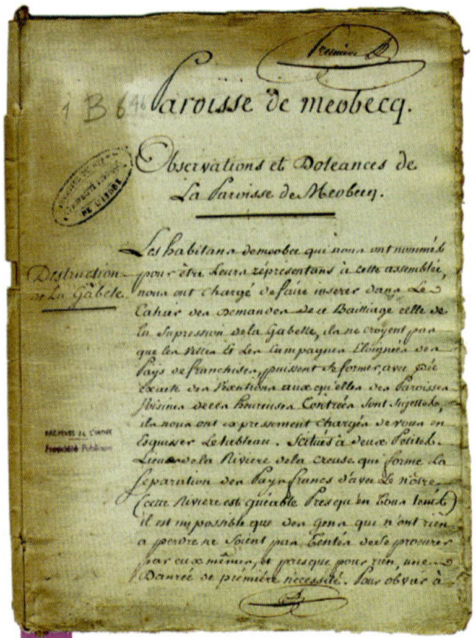

Paroisse de meobecq.

Observations et Doleances de La paroisse de Meobecq.

4 Cahier de doléances de la commune de Méobecq (Indre, 1789)

Archives du Conseil général de l'Indre.

C Prendre en compte les témoignages laissés par les acteurs et les étudier

- L'historien médiéviste Jacques Le Goff disait : « Il faut donner de la chair à l'histoire ». Les témoignages, c'est ce qui fait vivre l'histoire, ce qui la personnifie. Ils peuvent être consignés à l'écrit, comme dans un procès, dans des mémoires, dans des carnets ; ou peuvent être visuels, sonores ou sous forme vidéo, conservés sur des supports numériques, pour les témoins des xxe et xxie siècles.
- Dans le programme, les témoignages sont principalement des sources essentielles pour :
  - L'affaire Dreyfus (thème 4, axe 2)
  - Les témoignages et lanceurs d'alerte (thème 4, objet conclusif)

5 Un témoignage politique de Dreyfus

Dreyfus, injustement condamné car juif, gracié en 1902, va écrire 458 lettres à la marquise Arconati Visconti où il parle notamment de politique. Cette publication permet de découvrir une nouvelle facette de l'homme connu jusqu'alors.

J'ai lu quelques extraits de l'histoire de l'Inquisition au Moyen Âge. Il y a heureusement quelques progrès depuis cette époque, mais que d'efforts encore pour que l'iniquité et l'injustice, je ne dis pas cessent, car tant qu'il y aura des hommes, il y aura lutte entre la conscience et les passions ou les intérêts, mais diminuent. Grattez le vernis de civilisation dont les siècles nous ont couverts, et l'homme primitif reparaît. Il n'y a qu'à voir ce qui se passe dans les expéditions coloniales.

A. Dreyfus, *Lettres à la marquise. Correspondance inédite avec Marie Arconati Visconti*, Éd. Grasset, 2017.

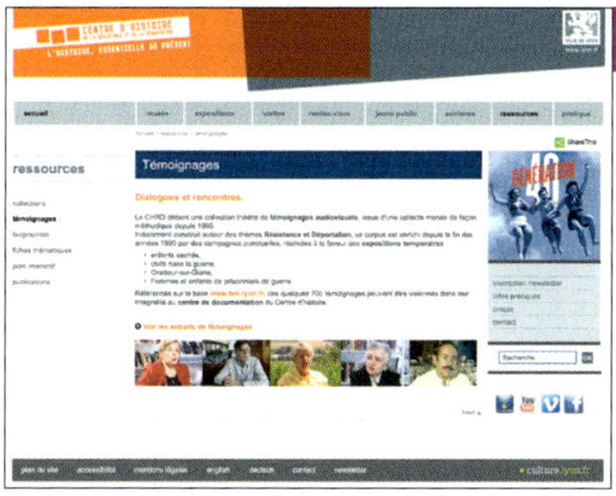

6 Les témoignages vidéos des survivants de la Seconde Guerre mondiale

Des témoignages consignés systématiquement depuis 1990 par le CHRD, le Centre d'histoire de la résistance et de la déportation à Lyon : déportés, résistants, enfants… Pour garder la trace de ces témoignages pour les générations à venir.

7 Un récit historique

Lettre de Christophe Colomb à la couronne d'Aragon donnant le récit de son premier voyage vers les Indes, 15 février 1493.

D Faire vivre l'histoire par le récit

- En histoire, le récit est au cœur des pratiques. Des anecdotes sont racontées, comme le faisait la célèbre émission TV de l'historien Alain Decaux, « Alain Decaux raconte », diffusée de 1969 à 1987 (disponible sur le site de l'INA : ina.fr/emissions/alain-decaux-raconte/).
- Mais le récit peut aussi être celui d'un voyageur, comme celui de Christophe Colomb dans son journal de bord de 1492-1493, ou celui, aujourd'hui, d'un blogueur (récit numérisé).
- L'historien doit vérifier que le récit est conforme aux informations historiques qu'il peut trouver ailleurs : il doit confronter les sources. Tout récit est une interprétation de la réalité par son auteur, le plus souvent à des fins personnelles.
- De nos jours, un récit d'un événement à la télévision ne signifie pas pertinence et réflexion : on le voit lors des grands directs des chaînes d'information, où des journalistes doivent meubler les blancs.
- Dans le programme, les récits sont notamment des sources essentielles pour :
  - Traiter de l'information par le son au xxe siècle (thème 4, axe 1)
  - Étudier le rapport entre information et propagande en temps de guerre (thème 4, axe 2)

8 Le vide de certains récits faits sur les chaînes d'information en continu

Dessin de Christian Creseveur, 18 novembre 2015.

QUESTIONS

1. En quoi ce tesson **(doc. 1)** témoigne-t-il du caractère démocratique de la cité d'Athènes au ve siècle av. J.-C. ?
2. Pourquoi conserver des archives est-il important pour les historiens ? **(doc. 3 et 4)**
3. En quoi est-ce fondamental de garder des traces des témoignages des victimes de la Seconde Guerre mondiale ? **(doc. 6)**
4. Tout récit est-il historique ? **(doc. 7 et 8)**

INTRODUCTION La géographie

La géographie vise à comprendre l'organisation des espaces et l'influence des acteurs sur les territoires.

A Étudier l'espace et le territoire

ESPACE

■ C'est une étendue terrestre aménagée par l'homme, qui peut être de natures diverses : urbaine, rurale, peuplée, déserte, forestière, littorale, industrielle, culturelle, etc.

■ La géographie étudie les espaces pour comprendre leur organisation et les relations entre les sociétés et les milieux qui les portent.

■ **Exemples**

- Pourquoi la superficie de la Russie est-elle une chance, mais également un défi à relever ?
- Pourquoi Singapour a-t-elle une des plus fortes densités de population au monde ?
- Quelles sont les conséquences de la déforestation en Amazonie ?

1 La déforestation en Amazonie

TERRITOIRE

■ C'est un espace vécu et approprié par ses habitants. Il donne lieu à des pratiques (déplacement, habitat, loisirs), des représentations (territoire attractif ou répulsif, territoire d'appartenance) et des stratégies (aménagement d'infrastructures, découpage administratif).

■ La géographie étudie l'influence des acteurs sur les territoires, c'est-à-dire la manière dont les hommes et les sociétés transforment, s'approprient, parcourent et se représentent les espaces.

■ **Exemples**

- À quelle(s) échelle(s) la puissance américaine s'exerce-t-elle ?
- Pourquoi le tourisme est-il source de conflit d'usage en Tanzanie ?
- Pourquoi la Méditerranée est-elle une frontière pour l'Union européenne ?

2 La « forteresse » Europe

Dessin de Ixène, *Famille chrétienne*, 21 avril 2015.

B Représenter le monde par les cartes

Il existe deux grands types de projection : cylindrique ou, comme ici, polaire. En comparant avec les cartes p. 104-105 de votre manuel, justifiez les deux choix de projection.

Comparez le centrage de cette carte avec celui de la p. 165. Quelles différences peut-on en dégager ? Justifiez le choix des cartographes.

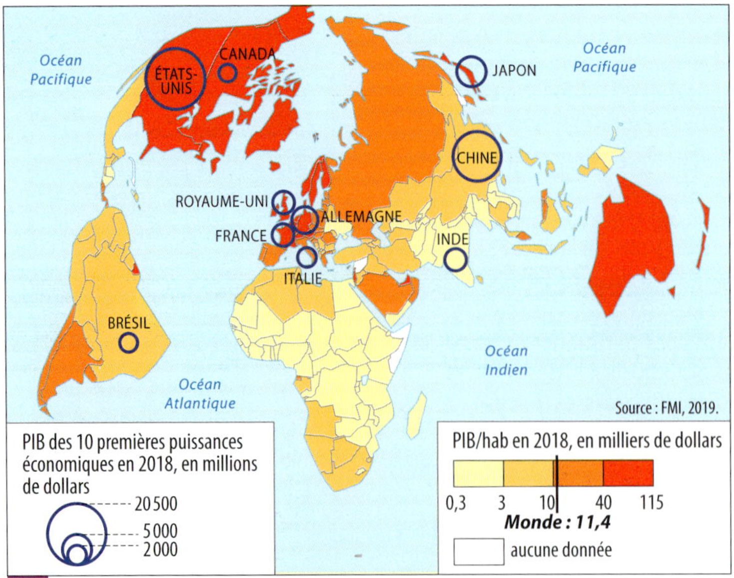

3 Les puissances économiques dans le monde

Il existe trois types de figurés cartographiques (surface, linéaire, ponctuel). Lesquels sont utilisés ici ? Justifiez ces choix.

La source utilisée pour cette carte est le FMI. Faites une recherche sur cette institution et expliquez le choix de cette source.

C Analyser à différentes échelles : l'exemple des religions en Inde

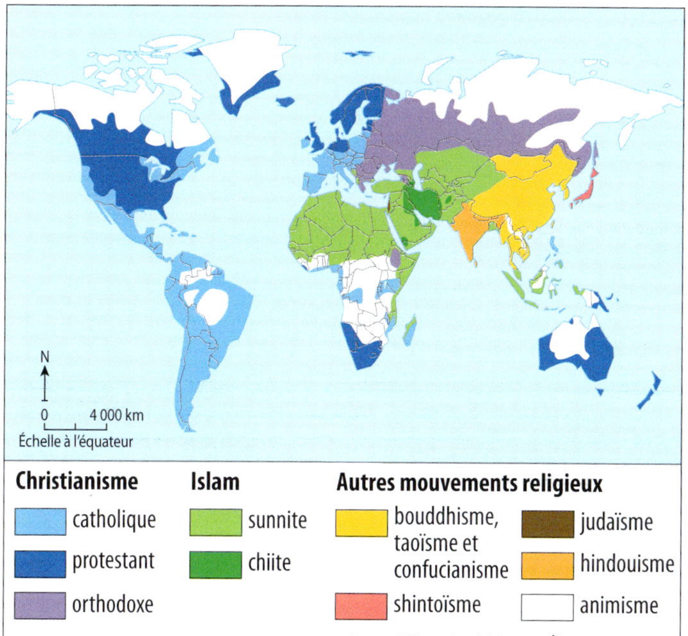

Source : F. Tétart, *Grand Atlas 2016*, Éd. Autrement, 2015.

4 À l'échelle mondiale, l'Inde, un pays hindouiste

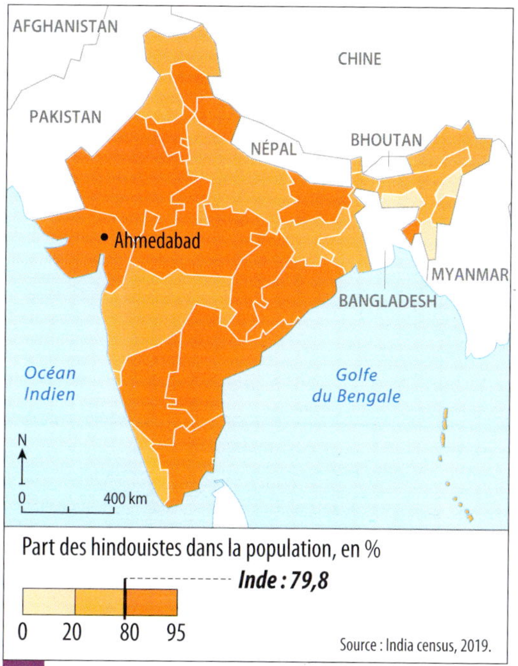

Source : India census, 2019.

5 À l'échelle régionale, une inégale proportion d'hindouistes

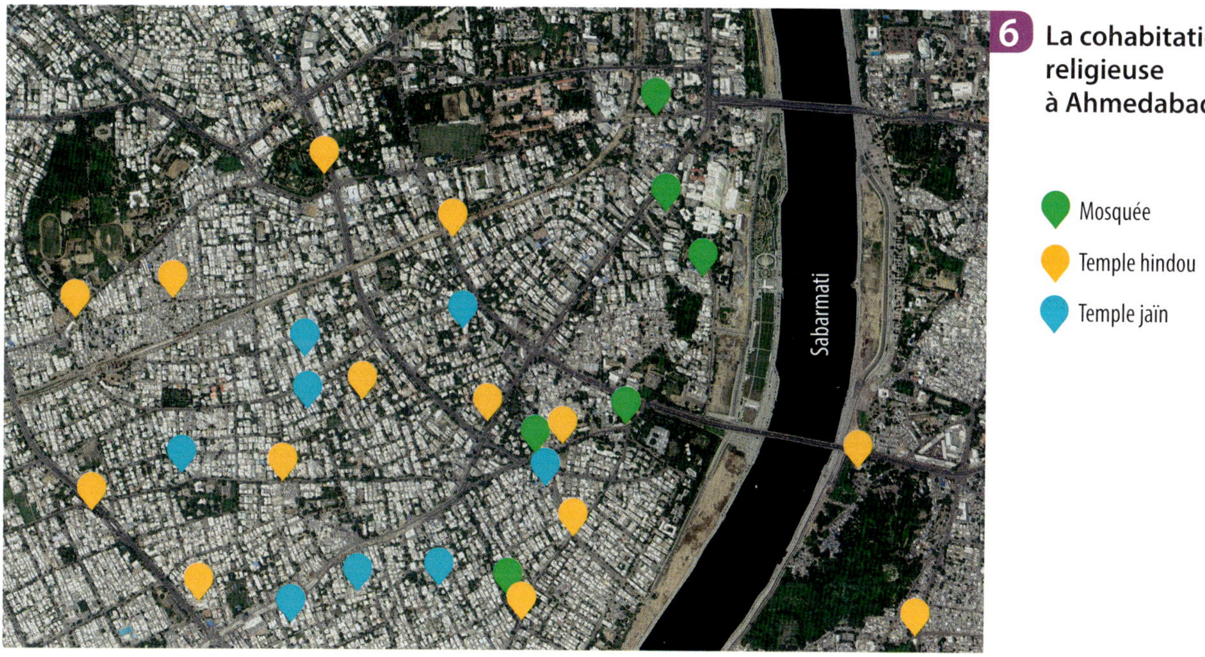

6 La cohabitation religieuse à Ahmedabad

QUESTIONS

1. Justifiez l'utilisation du terme « espace » pour évoquer l'Amazonie dans le **document 1**. Justifiez l'utilisation du terme « territoire » pour évoquer l'UE dans le **document 2**.
2. À partir de la définition d'« espace » et de « territoire », caractérisez les types d'espaces présentés sur le **document 6**. Quels acteurs en font un territoire ?
3. Répondez aux questions dans les cartouches placés autour du **document 3** pour comprendre les principes de la représentation cartographique.
4. Qu'apporte le changement d'échelle à la compréhension des religions en Inde ? Pourquoi permet-il une réflexion critique sur les territoires ? **(doc. 4, 5 et 6)**

INTRODUCTION La géopolitique

La géopolitique vise à étudier les rivalités de pouvoir sur des territoires entre différents groupes d'acteurs.

A Étudier les enjeux de pouvoir

Dans différents domaines	Entre les différents acteurs	Selon les différentes échelles de l'espace géopolitique
- politique - militaire - territorial - économique	- pouvoirs étatiques : États, régions, villes - pouvoirs intra-étatiques : rébellions, mouvements séparatistes - pouvoirs transétatiques : firmes transnationales, mafias	- échelle mondiale - échelle régionale ou nationale - échelle locale

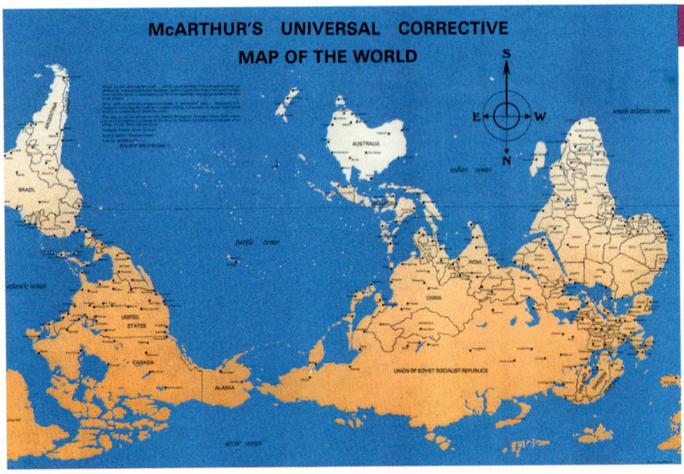

1 La représentation, un enjeu de pouvoir pour les territoires

Une représentation australienne du monde, McArthur's Universal Corrective Map of the World, 1979.

Pour peser davantage sur la scène internationale, l'Australie a encouragé l'Australien Stuart McArthur à réaliser ce planisphère inversé. Cependant, il n'est pas rentré dans les usages, même en Australie.

B Comprendre les coopérations et rivalités sur et entre les territoires

Selon leur localisation

■ **Coopérations**

Exemple entre deux États voisins : les régions transfrontalières dans l'Union européenne (p. 238)

■ **Rivalités**

Exemple entre deux États voisins : **les tensions frontalières entre l'Inde et le Pakistan à propos du Cachemire**

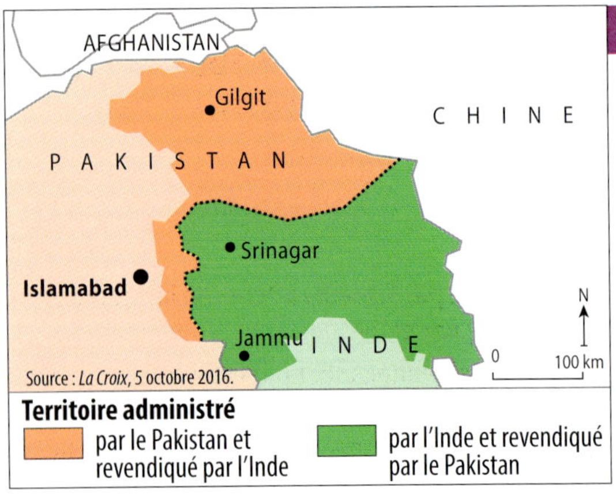

2

Source : *La Croix*, 5 octobre 2016.

Selon leurs ressources stratégiques

■ **Rivalités**

Exemple entre un État et un groupe d'opposants : le pétrole au Soudan du Sud (p. 186)

■ **Coopérations**

Exemple entre deux États : **la construction d'un nouveau gazoduc « Force de Sibérie » entre la Russie et la Chine**

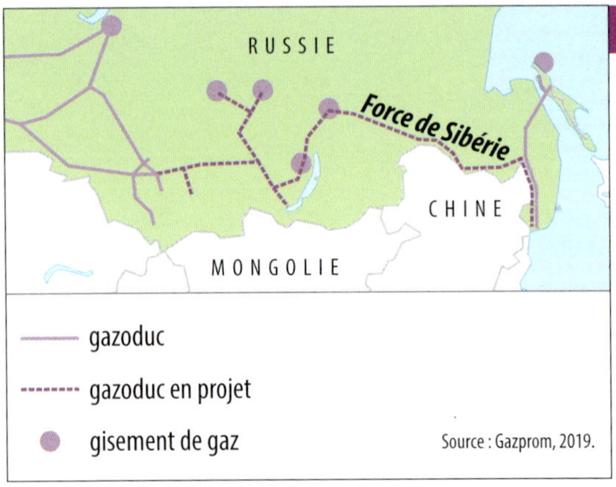

3

Source : Gazprom, 2019.

Selon les identités de leurs peuples	Selon les choix politiques de leurs dirigeants
■ **Coopérations** Exemple entre un État et une communauté : la diaspora indienne aux États-Unis, acteur des relations américano-indiennes ■ **Rivalités** Exemple entre un État central et un mouvement autonomiste : **l'Espagne et le mouvement autonomiste catalan**	■ **Coopérations** Exemple entre un État et une firme transnationale (FTN) : les délocalisations des usines du géant américain du jouet Mattel dans les zones franches chinoises ■ **Rivalités** Exemple d'affrontements militaires entre deux blocs idéologiques : **le lancement d'un missile balistique par la Corée du Nord le 29 août 2017 au-dessus du Japon**

4 Dessin de Pakman, urtikan.net, 11 octobre 2017.

5 La retransmission du survol d'un missile nord-coréen au-dessus du Japon sur les écrans géants de Tokyo, le 29 août 2017.

C Prendre en compte le poids de l'histoire

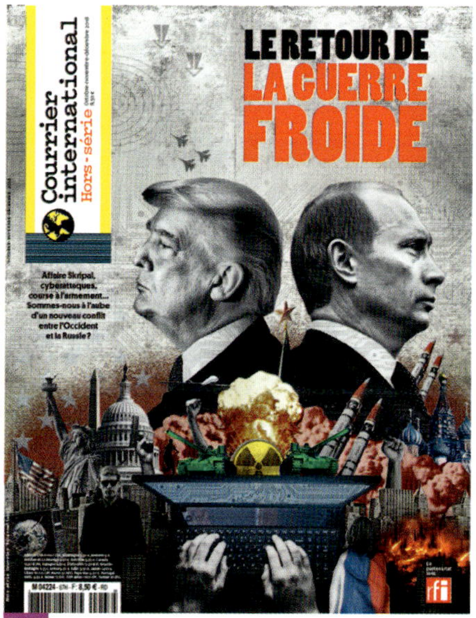

6 **« Le retour de la guerre froide »**

Courrier international, hors-série n° 67, octobre-décembre 2018.

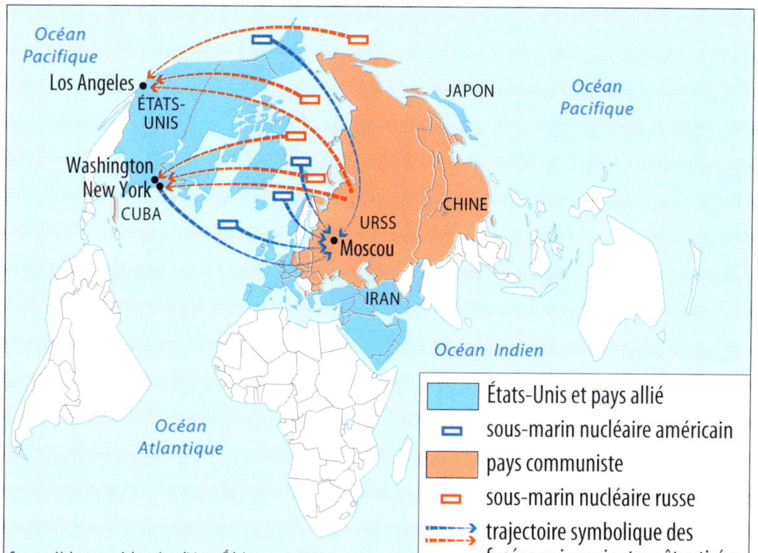

Source : Y. Lacoste, *Atlas géopolitique*, Éd. Larousse, 2013.

7 **L'équilibre de la terreur pendant la guerre froide (1947-1991)**

QUESTIONS

1. Montrez que les États ne sont pas les seuls acteurs de la géopolitique, mais que leur rôle reste prépondérant.
2. Classez les rivalités et les coopérations sur les territoires en fonction de leur nature : politique, économique, militaire.
3. À partir des **documents 5, 6 et 7**, expliquez pourquoi le poids de l'histoire est déterminant pour étudier les enjeux de pouvoir.

INTRODUCTION La science politique

Croisant les regards du droit, de l'histoire, de l'économie et de la sociologie, la science politique étudie les phénomènes dans leur spécificité politique.

A Qu'est-ce que « le » politique ?

À l'origine, le mot *politique* renvoie en grec ancien aux affaires de la cité et désigne aujourd'hui tout ce qui se rapporte au gouvernement d'une société. Mais, le sens du mot varie en fonction de son utilisation.

Comme substantif masculin, le politique constitue les formes du pouvoir, qui déterminent le fonctionnement et l'organisation d'une société.

- La relation de pouvoir prend de nombreuses formes dans une société (rôle des médias, des associations, des mouvements sociaux). La science politique se fixe l'ambition d'en expliquer la place et l'influence.
- La science politique s'intéresse particulièrement à l'exercice du pouvoir de l'État.
- **Exemples** de questionnement relatif au politique :
  - Qu'est-ce qui fonde une démocratie ?
  - Quelle opposition entre démocratie et totalitarisme ?
  - Comment s'organise le pouvoir entre l'échelon national et l'Union européenne ?

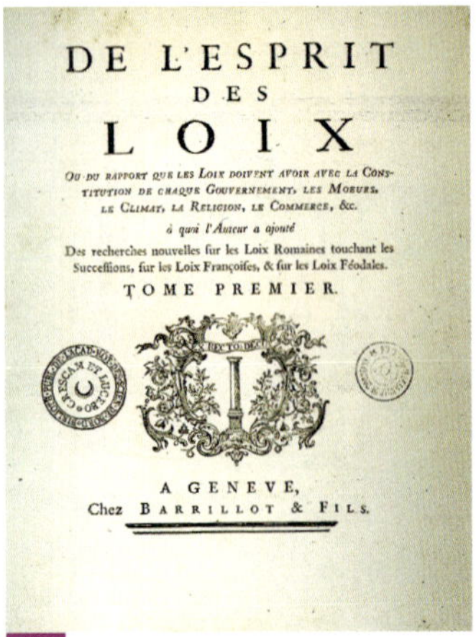
DE L'ESPRIT DES LOIX
Ou du rapport que les Loix doivent avoir avec la Constitution de chaque Gouvernement, les Moeurs, le Climat, la Religion, le Commerce, &c.
à quoi l'Auteur a ajouté
Des recherches nouvelles fur les Loix Romaines touchant les Succeffions, fur les Loix Françoifes, & fur les Loix Féodales.
TOME PREMIER.
A GENEVE,
Chez Barrillot & Fils.

1 Un ouvrage fondateur

Dans *De l'esprit des lois* publié en 1748, Montesquieu propose notamment une théorie sur les types de gouvernement.

B À ne pas confondre avec :

2 Premier vote féminin aux élections municipales de 1945

3 Manifestations de Gilets Jaunes en Belgique, novembre 2018

1. L'adjectif politique

Comme adjectif, *politique* renvoie à ce qui caractérise une activité ou une situation en lien avec la société et/ou son gouvernement.

- Cette activité peut être exercée par les citoyens, les partis, les États.
- Une situation peut être politique depuis longtemps (l'organisation et le résultat des élections) ou l'être devenue à la suite d'une décision des gouvernants ou à une mobilisation populaire.
- **Exemples** de questionnement relatif à l'adjectif politique :
  - Comment et pourquoi le Parlement français a-t-il voté la reconnaissance du mariage pour tous ?
  - Quelles sont les raisons et les conséquences de la modification du système de calcul des retraites en France ?
  - Pourquoi le président américain Donald Trump veut-il taxer les importations d'acier et d'aluminium en provenance de Chine ?

2. « La » politique

Comme substantif féminin, la politique désigne l'ensemble des activités concernant la conquête et l'exercice du pouvoir.

- C'est l'étude de la vie politique, qui consiste à examiner les efforts des populations, des partis ou des associations pour participer au pouvoir et peser sur ses décisions.
- L'analyse de la vie politique s'exerce à plusieurs niveaux (local, national, international) et privilégie l'étude de la participation politique, en particulier les élections et les motivations du vote.
- **Exemples** de questionnement relatif à la politique :
  - Quelles sont les raisons de l'élection d'Emmanuel Macron comme président de la République en France en 2017 ?
  - Qui a voté pour et contre lui ?
  - Que veulent les Gilets Jaunes ?

C Tout est-il politique ?

Non, tout n'est pas politique, mais tout peut le devenir.

- Un fait social ou économique n'est pas politique par nature.
- Il le devient au terme d'un processus de politisation, où les pouvoirs publics se saisissent de questions sur lesquelles ils n'intervenaient pas avant. Cette politisation est souvent portée par des mouvements sociaux qui interpellent le pouvoir et appellent une réaction de sa part.
- En adoptant des lois ou en menant des politiques publiques pour répondre à cette demande sociale, l'État contribue à rendre politiques des faits qui étaient auparavant cantonnés aux sphères privée, économique, environnementale…
- **Exemples :**
  - Le chômage n'a longtemps été qu'un problème économique avant de devenir la principale préoccupation des électeurs avec le développement du chômage de masse dans les années 1980.
  - La défense de l'environnement devient progressivement un enjeu politique et électoral avec la création de partis politiques écologistes ou d'un ministère de l'Environnement en 1971 en France.
  - Longtemps renvoyé à la sphère privée et à des questions de conscience, l'avortement est devenu une question politique quand des représentants de la société civile ont interpellé le pouvoir sur ce sujet, pour aboutir à la loi Veil de 1974 autorisant l'interruption volontaire de grossesse (IVG).

4 Le manifeste de 1971 pour le droit à l'interruption volontaire de grossesse

Une du *Nouvel Observateur*, 11 avril 1971.

5 Simone Veil défendant le projet de loi légalisant l'IVG à l'Assemblée nationale, en 1974

Le 26 novembre 1974, Simone Veil prononce un discours désormais historique devant l'Assemblée nationale.

QUESTIONS

1. En vous appuyant sur les définitions page ci-contre, classez les propositions suivantes selon qu'elles relèvent de l'adjectif « politique », de la politique ou du politique.
- En France, le président de la République est élu au suffrage universel.
- L'autorité de l'État s'exerce sur l'ensemble du territoire français, territoires ultramarins compris.
- La première forme de démocratie est née à Athènes, dans l'Antiquité.
- La défense de l'environnement est devenue une priorité face au changement climatique.
- L'abstention se développe dans les démocraties.
- Aux élections présidentielles de 2016, Hillary Clinton a obtenu plus de deux millions de bulletins de vote de plus que son adversaire, Donald Trump, pourtant élu président.

2. Comment le chômage, la défense de l'environnement et la légalisation de l'IVG sont-ils devenus des faits politiques ? Proposez d'autres exemples de faits sociétaux devenus politiques.

THÈME 1 Comprendre un régime politique : la démocratie

1 Simone Veil vote aux premières élections européennes au suffrage universel, juin 1979

En France, les premières élections européennes au suffrage universel ont lieu le 10 juin 1979. Auparavant, les membres du Parlement européen étaient nommés par les parlements nationaux. Simone Veil est désignée tête de liste du parti présidentiel, l'Union pour la Démocratie Française (UDF).

RAPPEL DU PROGRAMME • THÈME 1

Ressources numériques du chapitre
Site collection : lycee.hachette-education.com/hg-scpo/1re

-600 | -300 | 1800 | 1850

- -508 → -322 : **Première démocratie à Athènes**
- 1819 : **Benjamin Constant**, « De la liberté des Anciens comparée à celle des Modernes »
- 1835 (et 1840) : **Alexis de Tocqueville**, *De la démocratie en Amérique*
- 1970-1973 : Présidence de **Salvador Allende** au Chili
- 1974-1982 : Passage de la dictature à la démocratie en **Espagne** et au **Portugal**
- 1993 : Entrée en vigueur de l'**Union européenne**

2 Les manifestations pour des réformes démocratiques en RDA, novembre 1989

Manifestations en Allemagne de l'Est pour le développement de la démocratie dans le pays, à la veille de la chute du mur de Berlin, 6 novembre 1989.

❶ *Freie Presse für freie Menschen* : « Une presse libre pour des hommes libres » ; ❷ *Freie Wähle* : « Élections libres » ; ❸ *Lässt euch nicht verwenden* : « Ne vous laissez pas manipuler » ; ❹ *Neues Forum* : nouveau parti créé en septembre 1989 défendant la démocratisation en Allemagne de l'Est.

Vidéo : « Qu'est-ce que la démocratie ? »

lien Internet France.tv éducation.

QUESTIONS

1. Comment cette photographie **(doc. 1)** illustre-t-elle le bon fonctionnement d'une démocratie ?
2. Expliquez que les revendications des manifestants sont en faveur de plus de démocratie. **(doc. 2)**
3. Montrez que la démocratie peut se défendre de différentes manières. **(doc. 1, 2 et vidéo)**

INTRODUCTION

La démocratie, les démocraties : quelles caractéristiques aujourd'hui ?

REPÈRES 1 Les principes de la démocratie de l'Antiquité à nos jours

A La démocratie représentative

Les citoyens délèguent le pouvoir à des députés et gouvernants élus ou tirés au sort.

Une des premières expériences politiques démocratiques est celle de la cité d'Athènes à partir du Ve siècle av. J.-C. Selon l'historien Thucydide, la démocratie est un régime politique où « les choses dépendent non pas du petit nombre mais de la majorité ». Tous les citoyens de la cité peuvent se regrouper au sein de l'Ecclésia où les décisions sont prises à la majorité. C'est une forme de démocratie directe où la voix de chacun compte, même si une grande partie des habitants de la cité sont exclus du vote (notamment les femmes, les étrangers et les esclaves).
Il existe aussi à Athènes des institutions dans lesquelles certains citoyens représentent l'ensemble de la cité, au sein de la Boulê (préparation des lois) ou de l'Héliée (tribunal populaire). C'est une démocratie représentative.

1 Le Klérotèrion (musée de l'Agora antique d'Athènes)

Le Klérotèrion est un outil qui sert au tirage au sort des juges de l'Héliée et de la Boulê parmi les citoyens athéniens. C'est un instrument essentiel de la démocratie représentative de la cité athénienne.

B La séparation des pouvoirs

Principe selon lequel les pouvoirs de faire les lois (législatif), de les faire appliquer (exécutif) et de rendre la justice (judiciaire) ne peuvent être aux mains des mêmes personnes.

La séparation des pouvoirs est le principe fondamental des démocraties. Dans *De l'esprit des lois*, Montesquieu met en avant la nécessité de séparer les pouvoirs législatif, exécutif et judiciaire. Ces trois pouvoirs doivent être indépendants afin qu'ils ne soient pas concentrés aux mains d'un seul homme. C'est une critique de l'absolutisme qui s'inspire du modèle anglais, où le pouvoir du roi est limité par un texte qui fixe les prérogatives de la noblesse, notamment dans le domaine fiscal. Ces principes sont repris pendant la Révolution française.

2 *La reine Anne devant les pairs du Parlement de Grande-Bretagne* (Peter Tillemans, vers 1708)

Les Britanniques sont les premiers à mettre en place une séparation des pouvoirs entre le souverain et le Parlement. Ce mode de gouvernement reste un modèle pour les penseurs politiques des XVIIe et XVIIIe siècles.

-600 | -300 | 1650 | 1700 | 1750 | 1800 | 1850

- -508 → -322 : Première démocratie à Athènes
- 1679 : Habeas Corpus
- 1748 : Montesquieu, *De l'esprit des lois*
- 1789 : Déclaration des droits de l'homme et du citoyen
- 1819 : Benjamin Constant, « De la liberté des Anciens comparée à celle des Modernes »
- 1835 (et 1840) : Alexis de Tocqueville, *De la démocratie en Amérique*

C Les libertés fondamentales

Les libertés fondamentales sont l'ensemble des droits ou libertés essentielles pour les individus, assurés dans un État de droit et une démocratie.

On trouve une première trace de ces libertés fondamentales dans l'Habeas Corpus de 1679, en Angleterre, qui protège toute personne d'emprisonnement arbitraire. La Déclaration des droits de l'homme et du citoyen de 1789 et la Déclaration universelle des droits de l'homme de 1948 précisent les droits fondamentaux des hommes qui sont à la base des démocraties contemporaines. Elles affirment notamment l'égalité fondamentale entre tous les hommes, l'interdiction de toute discrimination et la défense de la liberté, notamment d'expression et de confession.

3 Déclaration des droits de l'homme et du citoyen, 1789 (musée Carnavalet, Paris)

La Déclaration des droits de l'homme et du citoyen, publiée le 26 août 1789, est l'un des premiers textes qui explicite les droits fondamentaux des citoyens. Ce texte, écrit dans le contexte de la Révolution française, a une portée universelle.

D L'alternance politique

L'alternance est le principe selon lequel le parti au pouvoir peut changer à la faveur d'élections régulières. Ainsi, différents courants politiques occupent le pouvoir.

Dans toute démocratie moderne, le pouvoir ne doit pas être confisqué dans les mains d'une seule personne ou d'un seul parti. C'est pourquoi des élections régulières doivent permettre une alternance politique entre différents partis. Ainsi, en Espagne, la mort du dictateur Franco en 1975 permet aux partis politiques jusqu'alors interdits de se présenter à nouveau aux différentes élections. Celles-ci sont un pilier des démocraties contemporaines.

4 Adolfo Suárez vote aux élections de 1977

Adolfo Suárez, responsable politique sous Franco, vote lors des premières élections parlementaires en Espagne, le 15 juin 1977. Il dirige le gouvernement espagnol de juillet 1976 à février 1981 et assure la transition démocratique.

QUESTIONS

1. Quels sont les fondements de la démocratie contemporaine ? Donnez des exemples précis.

2. Montrez que le processus qui mène à la définition de la démocratie moderne a pris plusieurs siècles.

1950 – 1960 – 1970 – 1980 – 1990 – 2000

- **1948** **Déclaration universelle des droits de l'homme et du citoyen** — **Séparation** entre Corée du Nord et Corée du Sud
- **1957** **Traité de Rome** instituant la CEE
- **1970** **Arrivée au pouvoir de Salvador Allende** au Chili
- **1974** **Révolution des Œillets** au Portugal
- **1975** **Transition démocratique** en Espagne
- **1993** Entrée en vigueur de **l'Union européenne**

REPÈRES 2 L'état de la démocratie dans le monde

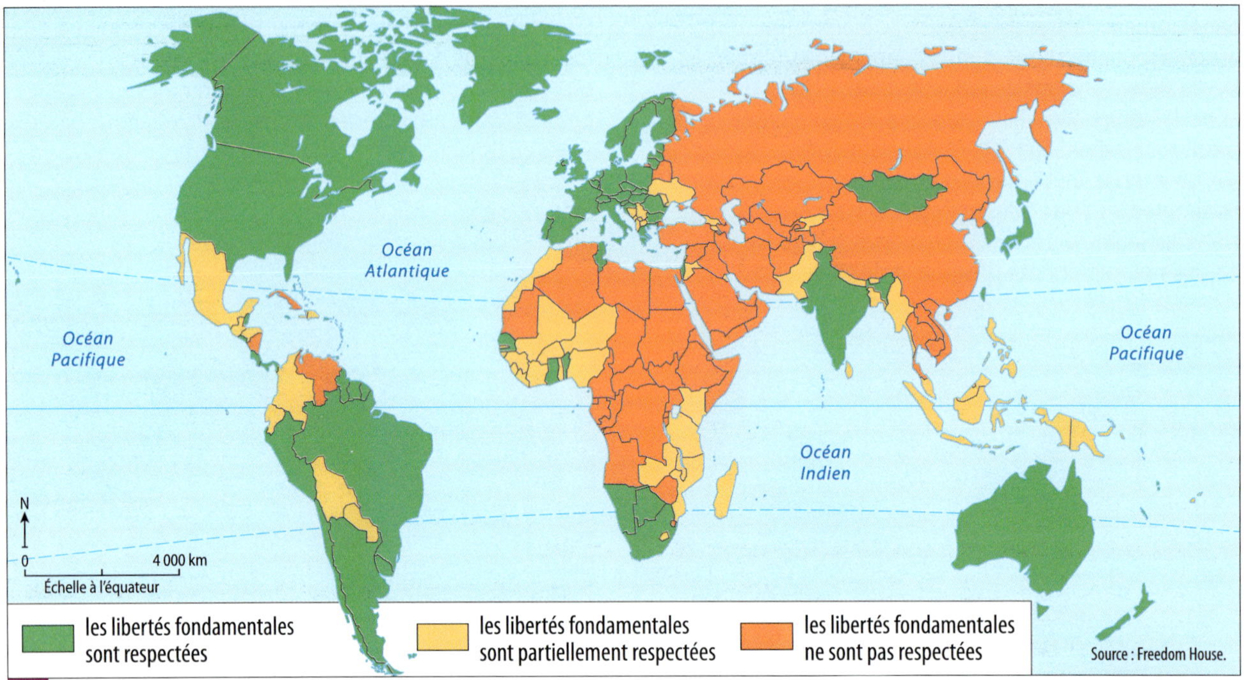

1 La démocratie dans le monde en 2018

carte interactive

Chaque année, l'ONG américaine Freedom House publie un rapport sur la démocratie dans le monde, en agrégeant différentes données sur les droits politiques, les libertés civiles, le pluralisme politique, le fonctionnement du gouvernement, les libertés d'expression et de culte, les droits d'association, l'indépendance de la justice…

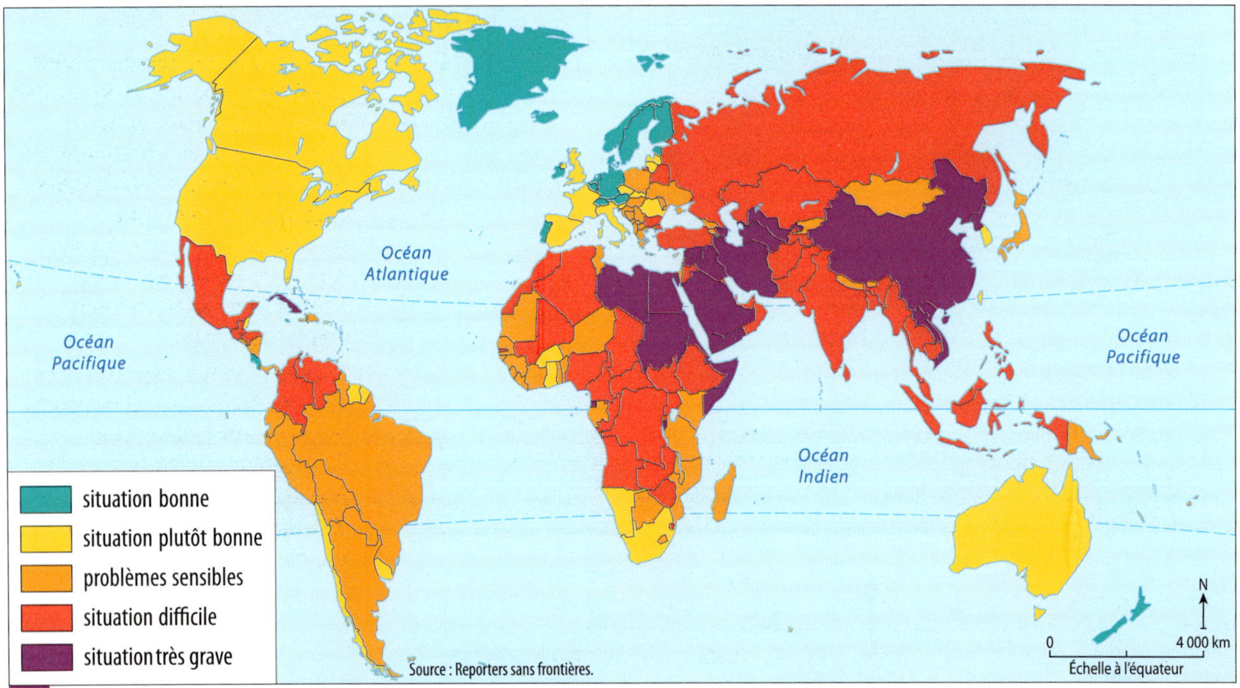

2 La liberté de la presse dans le monde en 2018

carte interactive

Reporters sans frontières est une ONG qui surveille la liberté de la presse dans le monde. Elle publie chaque année un classement des pays en fonction du respect de cette liberté fondamentale.

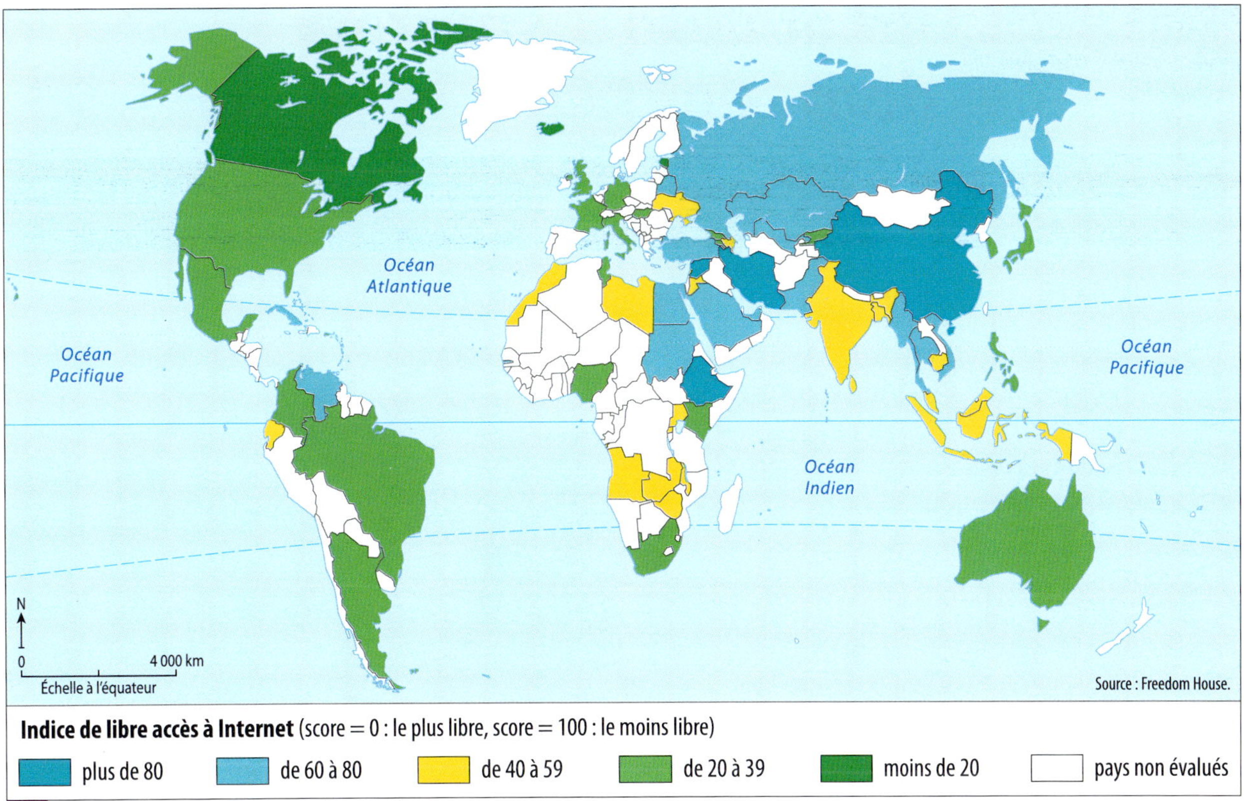

3 La censure sur Internet en 2017

carte interactive

Dans les démocraties modernes, l'accès à Internet est un aspect important de la démocratie, car un vecteur de la liberté d'expression. Beaucoup de pays autoritaires tendent à imposer une censure sur l'utilisation d'Internet et d'en faire un outil de propagande politique en contrôlant la diffusion de l'information.

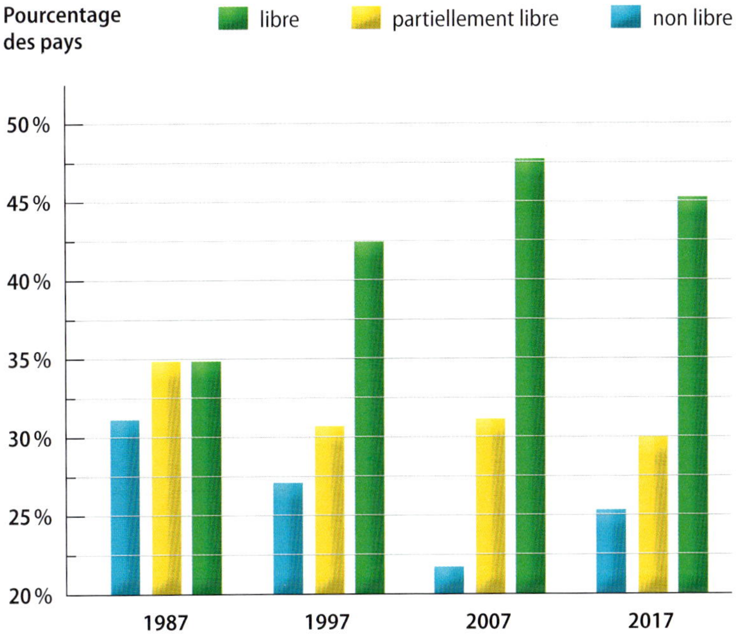

Source : freedomintheworld.org. Indicateur réalisé à partir du respect des principales libertés fondamentales.

4 L'évolution de la démocratie dans le monde depuis 1987

POUR COMPRENDRE

1. Tous les pays du monde ne sont pas démocratiques. Si les principes démocratiques sont souvent édictés dans les constitutions des pays, ils ne sont pas toujours respectés dans la réalité.
   À l'aide des documents 1 à 4, montrez que les principes démocratiques ne sont pas respectés partout.
2. Le droit à la libre expression et à la libre information est un aspect important de la démocratie.
   À l'aide des documents 2 et 3, présentez un panorama de la liberté d'expression et d'information dans le monde.

ÉTUDE

La Déclaration universelle des droits de l'homme

En 1948, au sein de l'ONU, 50 pays signèrent à Paris la Déclaration universelle des droits de l'homme. S'inspirant de la Déclaration des droits de l'homme et du citoyen de 1789, elle énonce des lois fondamentales qui doivent servir de socle aux démocraties contemporaines. Même si elle n'a qu'une portée symbolique, elle a inspiré de nombreuses rédactions de constitutions.

› **Comment la Déclaration universelle des droits de l'homme s'impose-t-elle comme un socle indispensable à toute démocratie ?**

1 Extraits de la Déclaration universelle des droits de l'homme adoptée le 10 décembre 1948

Article premier : Tous les humains naissent libres et égaux en dignité et en droits. Ils sont doués de raison et de conscience et doivent agir les uns envers les autres dans un esprit de fraternité.

Article 2 : Chacun peut se prévaloir de tous les droits et de toutes les libertés proclamés dans la présente Déclaration, sans distinction aucune, notamment de race, de couleur, de sexe, de langue, de religion, d'opinion politique ou de toute autre opinion, d'origine nationale ou sociale, de fortune, de naissance ou de toute autre situation […].

Article 3 : Tout individu a droit à la vie, à la liberté et à la sûreté de sa personne.

Article 4 : Nul ne sera tenu en esclavage ni en servitude ; l'esclavage et la traite des esclaves sont interdits sous toutes leurs formes.

Article 5 : Nul ne sera soumis à la torture, ni à des peines ou traitements cruels, inhumains ou dégradants.

Article 9 : Nul ne peut être arbitrairement arrêté, détenu ou exilé.

Article 13 : Toute personne a le droit de circuler librement et de choisir sa résidence à l'intérieur d'un État. Toute personne a le droit de quitter tout pays, y compris le sien, et de revenir dans son pays.

Article 23 : Toute personne a droit au travail, au libre choix de son travail, à des conditions équitables et satisfaisantes de travail et à la protection contre le chômage.

Article 26 : Toute personne a droit à l'éducation. L'éducation doit être gratuite, au moins en ce qui concerne l'enseignement élémentaire et fondamental. L'enseignement élémentaire est obligatoire.

Déclaration universelle des droits de l'homme, 1948, ONU.

2 Affiche d'Amnesty International

Campagne de défense des droits de l'homme, 2015.
Amnesty International est une organisation non gouvernementale (ONG) qui se donne comme mission la défense des droits de l'homme et le respect de la Déclaration universelle des droits de l'homme.

lien Internet — Amnesty International : les progrès des droits de l'Homme depuis 1948.

ANALYSE DE DOCUMENTS

1. **Comment la Déclaration universelle des droits de l'homme s'impose-t-elle comme un socle indispensable à toute démocratie ?**
   Rédigez une réponse à la problématique proposée en organisant votre réflexion selon le plan suivant :
   - Quelles sont les libertés fondamentales ?
   - Pourquoi sont-elles indispensables à la démocratie ?
2. Quelle est la mission d'Amnesty International ? (doc. 2)

lien Internet — Vous pouvez consulter le site de l'organisation.

ÉTUDE Le fonctionnement de la Ve République

La Ve République a été instaurée en 1958, à l'issue d'une longue crise institutionnelle. Après avoir subi une forme d'instabilité ministérielle, le général de Gaulle souhaite mettre en place un pouvoir stable, tout en respectant les formes démocratiques. Bien qu'elle ait connu des réformes, la Ve République fonctionne ainsi depuis plus de 60 ans.

❯ Comment la démocratie fonctionne-t-elle au sein des institutions de la Ve République ?

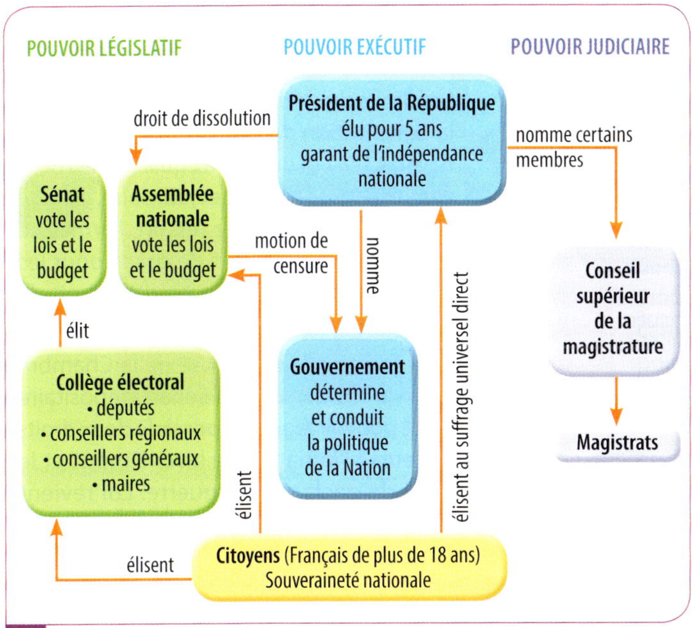

1 La séparation des pouvoirs dans la Ve République

2 La capacité d'adaptation de la Ve République

La Constitution de 1958, qui fête aujourd'hui ses 60 ans, peut sembler encore loin du record de longévité des lois constitutionnelles de la IIIe République. Cependant, symbole de longévité et preuve de robustesse et de résistance aux différentes crises qu'a pu traverser le système institutionnel des 60 dernières années, la Constitution a su s'adapter. Révisée 24 fois via l'article 89, cette Constitution, qui a profondément modifié le système de fonctionnement des institutions par le passage à l'élection du président de la République au suffrage universel direct, depuis 1962, a donc démontré sa capacité d'adaptation. L'instauration du quinquennat de par la révision du 2 octobre 2000 et l'alignement des élections législatives sur l'élection présidentielle a changé la donne en attribuant d'autant plus de pouvoir au président de la République et en éloignant notre système institutionnel encore plus du précédent.

D'après M. Oestreich, « Constitution de 1958 : un président toujours plus fort ? », publicsenat.fr, 4 octobre 2018.

3 Les critiques de la Ve République lors de la dernière élection présidentielle

La Ve République a été instaurée en 1958, alors que la IVe République était paralysée par la décolonisation. Le général de Gaulle, rappelé au pouvoir en plein conflit algérien, impose la rédaction d'une nouvelle Constitution, adoptée par référendum, avec plus de 80 % de oui, le 28 septembre 1958. Elle a effectivement pour particularité de donner un pouvoir important à l'exécutif (président de la République et gouvernement) par rapport au pouvoir législatif (Sénat et Assemblée nationale). Le président de la République occupe une place considérable, encore renforcée en 1962 par son élection au suffrage universel direct (sous la IVe, il était élu par les parlementaires). Il a par exemple le droit de dissoudre l'Assemblée, alors que celle-ci ne peut pas le renverser.

Cette situation est source de critiques depuis la naissance de la Ve République. En 1964, François Mitterrand publiait *Le Coup d'État permanent*, dans lequel il dénonçait déjà un régime dans lequel « seul le président gouverne et décide ».

E. Pommiers, « Présidentielle : pourquoi la Ve République est-elle critiquée ? », Les décodeurs, lemonde.fr, 11 avril 2017.

ANALYSE DE DOCUMENTS

1. Montrez que la séparation des pouvoirs est respectée au sein de la Ve République. **(doc. 1 et 2)**
2. Expliquez pourquoi on peut qualifier la Ve République de « régime présidentiel ». **(doc. 1 et 3)**

Bilan

Comment la démocratie fonctionne-t-elle au sein des institutions de la Ve République ?
Rédigez une réponse à la problématique proposée en organisant votre réflexion autour de deux points :
- Une Ve République aux pouvoirs équilibrés
- Un régime qui laisse un pouvoir important au président de la République.

ÉTUDE

La Corée du Sud, une jeune démocratie

La République de Corée, plus connue sous le nom de Corée du Sud, existe depuis 1948, mais n'est une véritable démocratie que depuis 1987, après avoir longtemps été dirigée par Park Chung-hee, un dictateur. Depuis une trentaine d'années, ce pays consolide lentement sa démocratie, même s'il n'est pas aisé de faire disparaître rapidement toutes les traces du régime précédent.

› Comment la Corée du Sud consolide-t-elle sa jeune démocratie ?

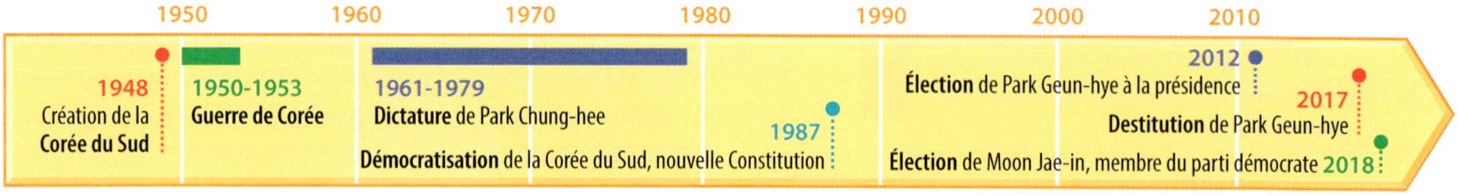

1 Les manifestations pour la destitution de Park Geun-hye, 10 mars 2017

Park Geun-hye, la fille de l'ex-dictateur élue en 2012, est destituée en 2017 à la suite de scandales de corruption.

2 L'élection de Moon Jae-in et la consolidation de la démocratie coréenne

L'élection-plébiscite de Moon à la Maison Bleue (l'Élysée sud-coréen) marque un tournant dans l'histoire de cette jeune démocratie. Certes, elle consacre une nouvelle alternance après 10 années pendant lesquelles le pays a été dirigé à la petite semaine par les conservateurs. Surtout, ce scrutin intervient après la destitution historique, en mars, de la présidente Park Geun-hye. Élue en 2012, la fille de l'ex-dictateur Park Chung-hee a été arrêtée et sera bientôt jugée pour corruption et abus de pouvoir dans une colossale affaire qui a ébranlé les fondements de l'État. Et jeté dans la rue des millions de Sud-Coréens qui « se sont sentis humiliés, impuissants, insultés par le mépris des Park », comme l'expliquait un étudiant fin avril à Séoul.

Moon a été l'un des grands artisans de cet automne sud-coréen aux airs de printemps citoyen. Il a porté et accompagné la volonté de changement de ses concitoyens qui exigeaient la démission d'une « présidente et de son entourage tellement sûrs et confiants dans leur pouvoir », rappelle Yoo Jung-hwan, professeur de sciences politiques à l'université Cheongju.

Après un vide du pouvoir dû aux ratés et aux scandales de la présidence Park, Moon souhaite que la Corée du Sud reprenne la main sur sa destinée. Et notamment sur le bouclier antimissile américain Thaad, dont le déploiement hâtif avant la présidentielle a « manqué de procédure démocratique », disait-il il y a quelques jours. Moon devra aussi apaiser une société coréenne traversée de fractures et en quête ardente de changements, notamment pour remettre au pas les « chaebols », les puissants conglomérats du pays. Ce serait l'occasion de montrer que la Corée du Sud a tourné la page des années Park et enseveli la nostalgie mortifère de la dictature.

D'après A. Vaulerin, « En Corée du Sud, la victoire de Moon Jae-in, plébiscite pour la démocratie », liberation.fr, 9 mai 2017.

ANALYSE DE DOCUMENTS

1. Qu'est-il reproché au gouvernement de Park Geun-hye ? **(doc. 1 et 2)**
2. Pourquoi peut-on dire que la Corée du Sud est une démocratie qui fonctionne ? **(doc. 1 et 2)**
3. Expliquez pourquoi l'élection de Moon Jae-in suscite de l'espoir dans la démocratie coréenne. **(doc. 2)**

Bilan

Remplissez le tableau suivant pour comprendre pourquoi la Corée du Sud est une démocratie :

Quelle est la fréquence des élections ?	
Comment le président accède-t-il au pouvoir ?	
Quels sont ses pouvoirs ?	
Comment la société civile peut-elle se faire entendre ?	

ÉTUDE La Corée du Nord, une dictature autoritaire

La République populaire démocratique de Corée (RPDC), plus connue sous le nom de Corée du Nord, a été créée en 1948 comme la Corée du Sud. Depuis cette date, c'est une dynastie de dictateurs, les Kim, qui dirige le pays d'une main de fer. La Corée du Nord est ainsi l'une des plus anciennes dictatures de la planète.

› Sur quels piliers se fonde la dictature nord-coréenne ?

1950 – 1960 – 1970 – 1980 – 1990 – 2000 – 2010

- **9 sept. 1948** La **République populaire démocratique de Corée** est proclamée. Kim Il-sung devient président
- **1950-1953** **Guerre de Corée**
- **8 juil. 1994** **Mort de Kim Il-sung** Son fils Kim Jong-il lui succède
- **17 déc. 2011** **Mort de Kim Jong-il** Son fils **Kim Jong-un** lui succède

1 Kim Jong-un, un dictateur à la tête de la Corée du Nord

Kim Jong-un avait moins de 30 ans lorsqu'il fut propulsé à la tête de la Corée du Nord à la suite de la mort soudaine de son père, en décembre 2011. Bien qu'héritier en titre depuis 2009, il était loin d'avoir en main les leviers du pouvoir dans ce régime monolithique. Bien sûr, les analystes étrangers voyaient en lui un symbole de la continuité de la lignée des Kim – son grand-père, Kim Il-sung, fondateur du pays en 1948, puis son père, Kim Jong-il, qui lui succéda en 1994 –, mais tous pensaient qu'il serait vite manipulé par la vieille garde. Certains reprenaient volontiers les antiennes sur l'effondrement annoncé du régime, jugé « inévitable » voire « imminent » depuis 20 ans.

Six ans plus tard, non seulement celui-ci est toujours en place, mais le jeune dirigeant y a consolidé sa position. Après avoir éliminé avec force toute dissidence potentielle, il s'est même mué en chef de guerre, n'hésitant pas à défier les États-Unis.

Dans un rapport des Nations unies de 2014 sur les violations des droits de l'homme, la RPDC est accusée de crimes contre l'humanité. Selon Cheong Seong-chang, « Kim Jong-un a en fait procédé à moins de purges que son père au cours des 6 années écoulées (sans doute 200 personnes) », mais il s'y est employé de façon plus spectaculaire. Après avoir épuré la hiérarchie militaire, il a rajeuni la structure sclérosée du parti. Ainsi, en octobre 2017, il a renouvelé un quart des cadres des instances dirigeantes (bureau politique, commission militaire centrale). « Plus confiant dans l'appareil, il délègue davantage : toutes les décisions importantes sont discutées dans les plus hautes instances du parti alors que père avait le goût du secret et décidait avec ses plus proches collaborateurs », poursuit le chercheur.

D'après Ph. Pons, « Kim Jong-un, le dictateur le plus énigmatique de la planète », lemonde.fr, 7 février 2018.

2 Une parade militaire en l'honneur de l'anniversaire du fondateur de la Corée du Nord, Kim Il-sung

Parade militaire à la veille des Jeux olympiques organisés en Corée du Sud, 8 février 2018.

ANALYSE DE DOCUMENTS

1. Présentez dans les deux **documents** les traits caractéristiques d'un régime dictatorial.
2. En vous appuyant sur la définition de « république » p. 40, montrez les paradoxes de la République de Corée du Nord.

Bilan

Remplissez le tableau suivant pour comprendre pourquoi la Corée du Nord est un régime autoritaire :

Quelle est la fréquence des élections ?	
Comment le président accède-t-il au pouvoir ?	
Quels sont ses pouvoirs ?	
Comment la société civile peut-elle se faire entendre ?	

ÉTUDE D'où vient l'abstention dans les démocraties modernes ?

ORAL

L'abstention devient un phénomène de plus en plus important dans les démocraties modernes. Elle révèle un malaise croissant parmi les citoyens qui ne se sentent pas représentés par les candidats aux élections.

› Comment expliquer la montée de l'abstention en France ?

1 La revendication de l'abstention

Manifestation du 1er mai 2017 à Paris.

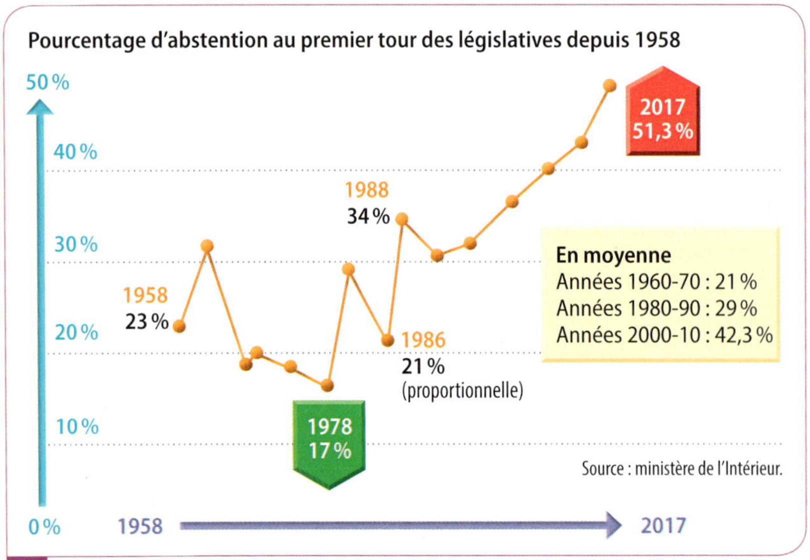

2 Évolution de l'abstention en France

En 50 ans, l'abstention a été multipliée par deux.

Question : parmi les raisons suivantes, quelle est celle qui correspond le mieux à votre décision de vous abstenir au second tour des élections législatives ?

- Vous ne vous êtes senti(e) représenté(e) par aucun candidat. **30 %**
- Vous avez été empêché(e) de voter pour des raisons personnelles. **27 %**
- Vous vous êtes dit que LREM allait de toute façon obtenir la majorité à l'Assemblée nationale. **15 %**
- Vous n'avez plus envie de voter aux élections, quelles qu'elles soient. **9 %**
- Vous avez voulu envoyer un message de mécontentement à la classe politique. **9 %**
- Vous avez voulu protester contre le mode de scrutin qui ne permet pas de représenter la diversité politique du pays. **6 %**
- Vous pensez que les législatives n'ont plus beaucoup d'importance et que seule l'élection présidentielle compte vraiment. **4 %**

3 Les raisons de l'abstention au second tour des élections législatives de 2017 en France

Source : Ipsos / CEVIPOF et Le Monde, « Enquête électorale française 2017 », 5 juillet 2017. Enquête réalisée du 27 au 30 juin 2017.

4 L'abstention comme conséquence de l'exclusion sociale

Largement majoritaire, l'abstention a atteint pour le second tour des législatives de 2017 un niveau record. Si l'on tient compte des plus de 5 millions de non-inscrits, ce sont, en réalité, près de 30 millions de citoyens qui n'ont pas pris part cette année au choix de leur représentant à l'Assemblée.

Ainsi, en mai 2017, dans les villes les plus jeunes, les plus ouvrières, les plus marquées par l'immigration, les plus affectées par le chômage, les taux d'abstention dépassent de près de 15 points la moyenne nationale et de plus de 25 points les taux enregistrés dans les quartiers urbains marqués par la surreprésentation des cadres supérieurs, des diplômés, des détenteurs de patrimoine, qui se sont très largement mobilisés cette année.

Les électeurs voulant manifester leur rejet ou leur refus de choisir entre les deux candidats restés en lice au second tour de la présidentielle ont beaucoup plus massivement préféré le vote blanc et nul à l'abstention : celui-ci est passé de 2,5 % des votants au premier tour à 11,6 % au second. Une explosion qui montre que les électeurs du premier tour ont préféré manifester leur refus de l'offre politique en continuant à se rendre aux urnes et une confirmation par le fait que les plus politisés des électeurs préfèrent toujours le vote, même blanc, à l'abstention pour faire entendre leur voix dans l'espace public.

Loin d'incarner une nouvelle manière, contestataire, de prendre la parole, l'abstention demeure avant tout et plus que jamais un indicateur d'exclusion politique.

D'après C. Braconnier, « L'abstention, un indicateur d'exclusion politique », cap-com.org, 18 novembre 2017.

	VOTANTS	ABSTENTIONNISTES
ENSEMBLE	**74,7**	**25,3**
SEXE		
Femmes	73	27
Hommes	76	24
ÂGE		
18-24 ans	66	34
25-34 ans	68	32
35-49 ans	73	27
50-59 ans	76	24
60-69 ans	81	19
70 ans et +	82	18
PROFESSION		
Cadre	76	24
Profession intermédiaire	75	25
Employé	70	30
Ouvrier	68	32
Retraité	83	17
STATUT		
Salarié	73	27
Indépendant	69	31
Au chômage	65	35
DIPLÔME		
Inférieur au Bac	73	27
Baccalauréat	72	28
Bac +2	77	23
Au moins Bac +3	78	22
REVENU DU FOYER		
Moins de 1 250 €	66	34
De 1 250 € à 2 000 €	75	25
De 2 000 € à 3 000 €	76	24
Plus de 3 000 €	80	20

5 Qui sont les abstentionnistes à l'élection présidentielle de 2017 ?

Source : Ipsos, « Second tour présidentiel 2017 : sociologie des électorats et profil des abstentionnistes ».
Enquête réalisée du 4 au 6 mai 2017.

ACTIVITÉ **OBJECTIF** ▪ Préparer un oral

À l'aide des documents, préparez une présentation orale répondant au sujet : **Comment expliquer la montée de l'abstention en France ?**
Pour vous aider, répondez aux questions suivantes :

1. Calculez l'évolution de l'abstention aux élections législatives entre 1958 et 2017. **(doc. 2)**
2. Quelle est la principale raison évoquée par les abstentionnistes pour ne pas aller voter ? Quel échec de la démocratie représentative exprime-t-elle ? **(doc. 1 et 3)**
3. Dressez le profil des abstentionnistes en 2017. Que dit-il des causes de l'abstention ? **(doc. 4 et 5)**

LEÇON 1 La démocratie, les démocraties : quelles caractéristiques aujourd'hui ?

› Comment la démocratie se décline-t-elle sous plusieurs formes à travers le monde, selon des principes communs ?

A La lente constitution des démocraties modernes

- **La démocratie contemporaine repose sur un certain nombre de principes, élaborés au cours des siècles mais rappelés en 1948 dans la Déclaration universelle des droits de l'homme.** Ce texte de référence énonce un certain nombre de droits fondamentaux nécessaires à la mise en place et au respect de la démocratie.
- **Ces principes sont la liberté des individus, la tenue d'élections libres, la séparation des pouvoirs, le multipartisme et le suffrage universel.** Bien que ces principes soient souvent officiellement reconnus dans les constitutions des États, la réalité est aujourd'hui bien différente : la démocratie n'est réelle que dans un peu moins de la moitié des États dans le monde. Ainsi, en Arabie Saoudite et à Brunei, les femmes n'ont pas le droit de vote pour les élections nationales.
- **Il n'existe pas un modèle de démocratie mais plusieurs**, selon l'histoire ou la culture de chaque État. Ainsi, la France a été marquée par son histoire ponctuée de révolutions et a connu cinq républiques, toutes suivant une organisation différente. Au contraire, les États-Unis d'Amérique sont restés fidèles à la Constitution appliquée depuis 1789 et corrigée par un certain nombre d'amendements.
- **Mais démocratie n'est pas synonyme de république : dans le monde, de nombreuses démocraties sont aussi des monarchies.** C'est le cas du Royaume-Uni, de la Belgique, de la Suède. Dans ces États, le roi n'a souvent qu'un rôle de représentation ou valide des décisions prises par les assemblées.

1 La transition démocratique en Afrique du Sud

Nelson Mandela et Frederik de Klerk reçoivent en 1993 le prix Nobel de la paix pour l'abolition du régime de l'apartheid en Afrique du Sud.

B Des progrès sensibles à travers le monde

- **Depuis la Seconde Guerre mondiale, la démocratie fait des progrès partout dans le monde.** Le Japon a connu une transition démocratique après la Seconde Guerre mondiale. L'Inde a instauré une république démocratique dès sa fondation en 1947. De même, les pays d'Europe de l'Est, gouvernés d'une main de fer et sous le contrôle de l'URSS, ont connu une transition vers la démocratie après 1989.
- **C'est surtout à la fin du XXe siècle que les progrès sont les plus visibles :** en Corée du Sud, la transition démocratique se fait progressivement à partir de 1988. L'Afrique du Sud se libéralise après la fin de l'apartheid en 1991. La Tunisie, à l'origine des « révolutions arabes », a connu une transition démocratique qui a duré plusieurs années et s'est conclu par l'adoption d'une nouvelle Constitution.
- **Les progrès de la démocratie dans un État ne sont possibles que grâce à la mobilisation de la société civile** pour mettre fin à des régimes autoritaires ou défendre les principes démocratiques. Ainsi, en Allemagne de l'Est, la chute du mur de Berlin a été précédée de nombreuses manifestations dans tout le pays pour réclamer des élections libres. Au Burkina Faso, en 2014,

Vocabulaire

- **Apartheid :** « séparation » en afrikaans, système en vigueur en Afrique du Sud entre 1948 et 1991 dans lequel les populations étaient séparées en fonction de leur couleur de peau.
- **Monarchie :** régime dans lequel le souverain est désigné de façon héréditaire.
- **République :** forme d'organisation politique dans laquelle les détenteurs du pouvoir l'exercent en vertu d'un mandat conféré par les citoyens. En ce sens « république » s'oppose à « monarchie », mais ne se confond pas avec « démocratie », dans l'hypothèse, par exemple, d'une restriction du suffrage.
- **Société civile :** ensemble des acteurs, des associations, des mouvements, des organisations, non gouvernementaux, animés par les citoyens d'un État.

Blaise Compaoré, président du pays depuis 27 ans, a été renversé à la suite de manifestations populaires contre sa tentative de modifier la Constitution pour pouvoir rester au pouvoir.

C La démocratie fragilisée par des pratiques autoritaires

- **Le développement de la démocratie n'empêche pas le maintien de nombreux régimes autoritaires à travers le monde.** La Corée du Nord de Kim Jong-un est une république dictatoriale, l'Arabie Saoudite est une monarchie absolue. L'alternance politique n'est pas non plus possible dans de nombreux États : ainsi le président de la Guinée Équatoriale, Teodoro Obiang Nguema Mbasogo, est à la tête du pays depuis 35 ans.
- **La démocratie reste un principe à défendre, car elle connaît différentes crises :** un développement de l'abstentionnisme dans de nombreuses anciennes démocraties, mais aussi une fragilisation des principes dans certains États. De nombreux organismes pointent du doigt la dégradation du climat démocratique dans le monde, notamment autour de la liberté de la presse. Reporters sans frontières dénonce ainsi une multiplication des attaques contre les journalistes. De même, les dernières élections aux États-Unis laissent planer des soupçons de manipulation des réseaux sociaux afin d'orienter les votes.

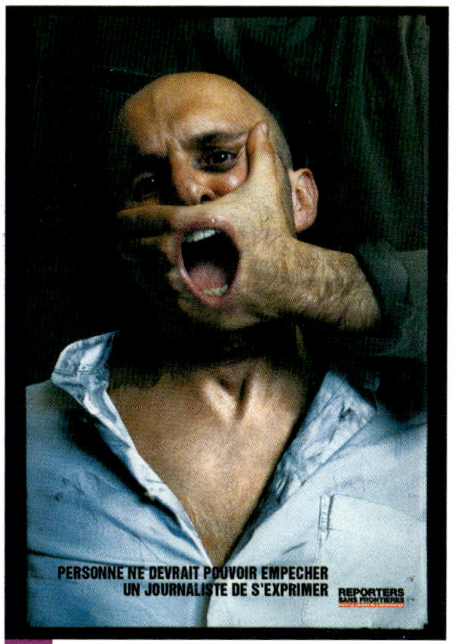

2 Affiche de Reporters sans frontières

« Personne ne devrait pouvoir empêcher un journaliste de s'exprimer », affiche de 2005.

SCHÉMA BILAN

schéma interactif

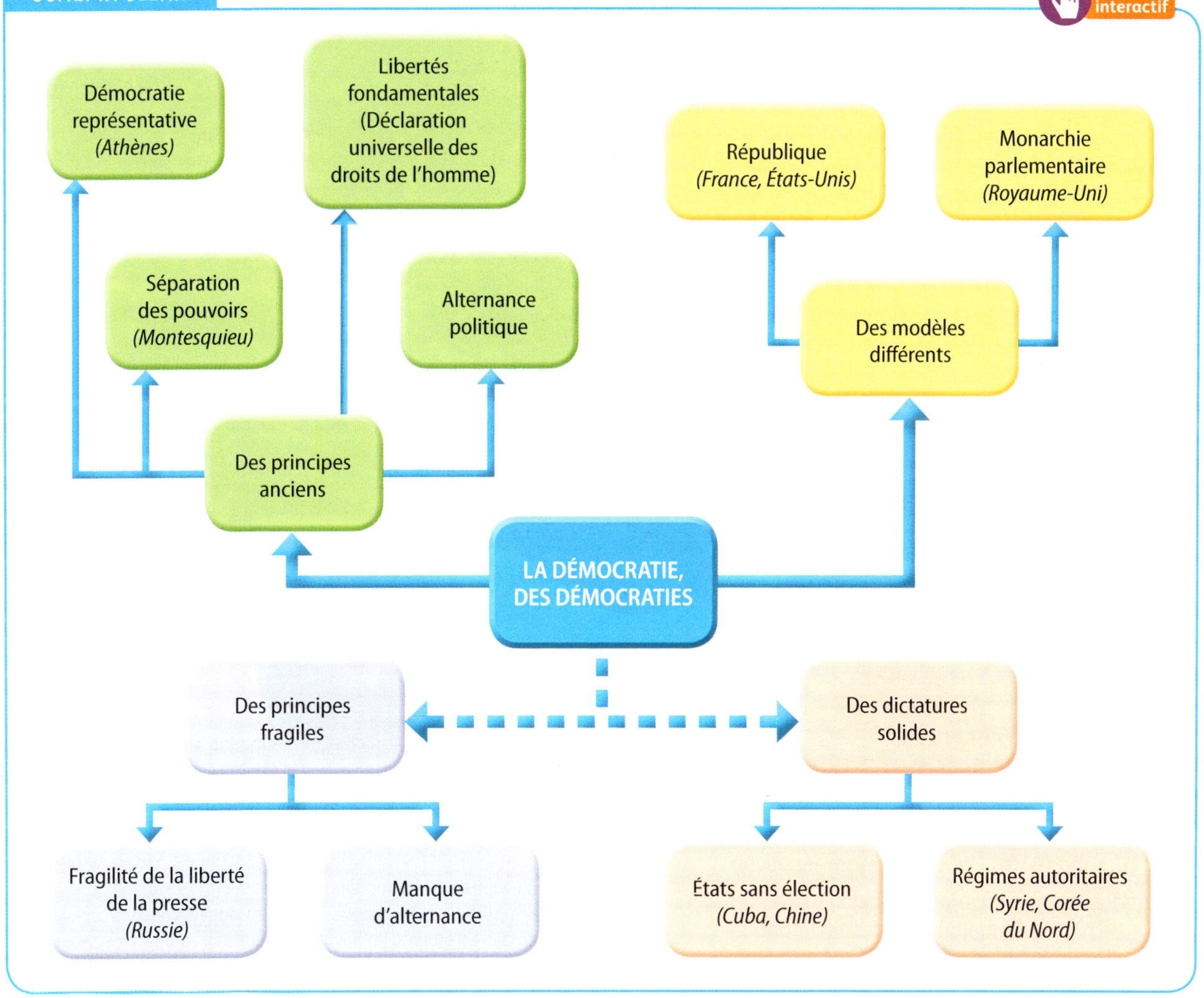

JALON

REPÈRES 1

▸ Une démocratie directe mais limitée : être citoyen à Athènes au Ve siècle avant J.-C.

Les citoyens et la démocratie à Athènes au Ve siècle avant J.-C.

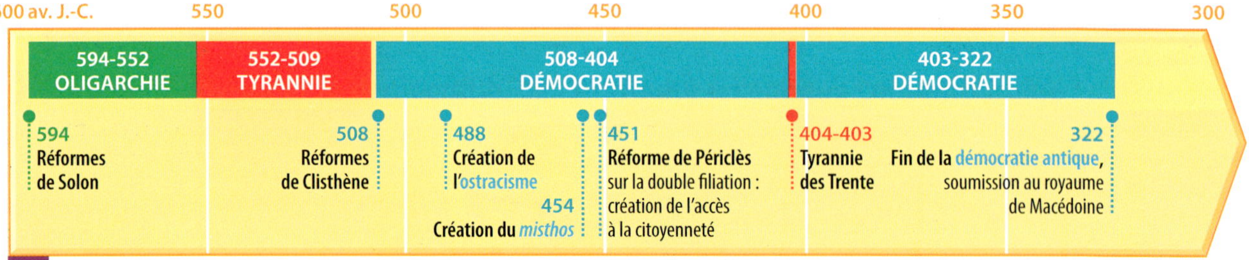

1 La démocratisation progressive de la vie politique à Athènes

❶ Agora

❷ Pnyx

❸ Parthénon sur l'Acropole et théâtre de Dionysos

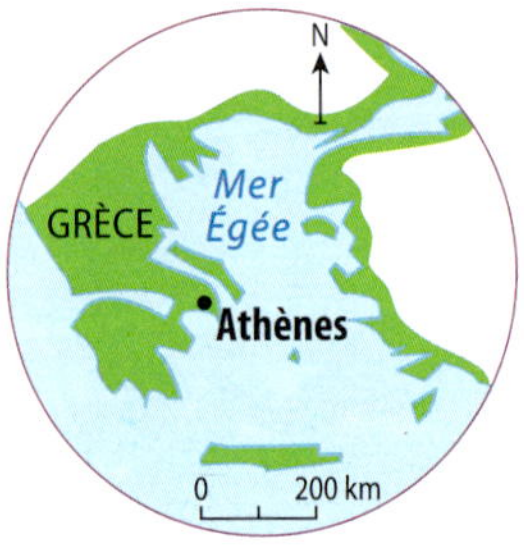

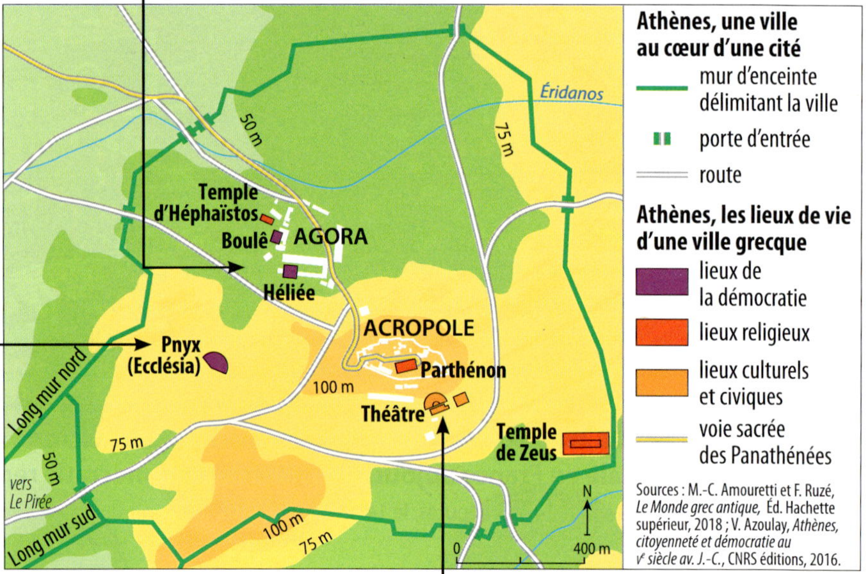

❷

❸

2 Les lieux de la démocratie athénienne

Solon	Clisthène	Périclès
 **Mélanger les citoyens** - Répartition des citoyens en 4 classes censitaires (selon le niveau de richesses) **Créer de nouvelles institutions** - Création de l'Héliée, de la Boulê et de l'Ecclésia - Magistratures et Boulê réservées aux 3 classes supérieures	 **Mélanger les citoyens** - Répartition des citoyens en 10 tribus pour les mélanger **Réformer les institutions** - Réforme de la Boulê (500 membres, soit 50 par tribu qui sont tirés au sort) - Ouverture des magistratures aux 4 classes censitaires **Faire participer l'ensemble des citoyens** - Vote à l'Ecclésia à main levée et à la majorité	 **Permettre à chacun de participer à la démocratie** - Instauration d'indemnités pour siéger dans les institutions (*misthos*) **Limiter le nombre de citoyens** - Instauration de la double filiation pour devenir citoyen athénien

3 Réformateurs et réformes de la démocratie athénienne au Ve siècle av. J.-C.

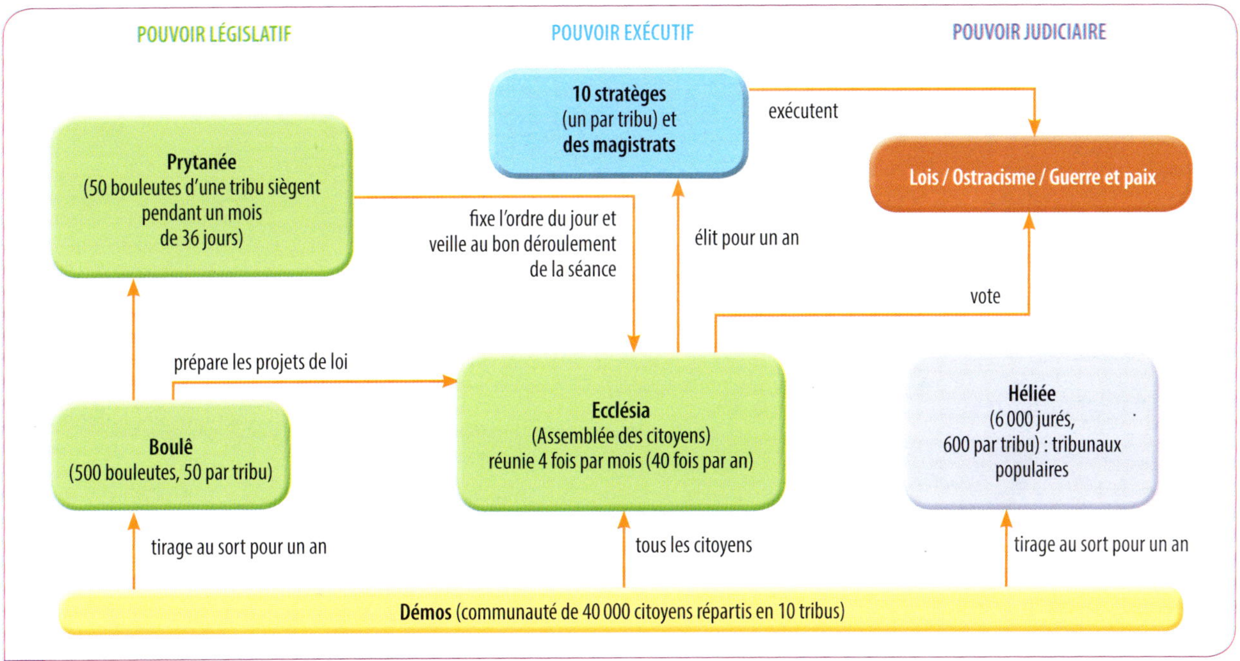

4 Le citoyen dans la gestion de la cité

Vocabulaire

- **Démocratie antique :** régime politique où la communauté des citoyens (*demos*) exerce le pouvoir (*kratos*) en siégeant dans différentes institutions.
- ***Misthos* :** indemnité versée aux citoyens siégeant dans les institutions pour compenser la perte d'une journée de travail.
- **Ostracisme :** procédure annuelle votée à l'Ecclésia permettant de bannir de la cité pour 10 ans deux citoyens jugés dangereux pour la cité et la démocratie.

POUR COMPRENDRE

Plusieurs régimes politiques existaient dans les cités de la Grèce antique. Au Ve siècle av. J.-C., la démocratie naît à Athènes, régime politique nouveau dans lequel les citoyens exercent directement le pouvoir.

1. **Comment s'est progressivement installée la démocratie ?** (doc. 1 et 3)
2. **Comment et où les citoyens exercent-ils le pouvoir ?** (doc. 2 et 4)

JALON ▸ Une démocratie directe mais limitée : être citoyen à Athènes au Vᵉ siècle avant J.-C.

ÉTUDE

Qu'est-ce qu'un citoyen dans la cité athénienne ?

La cité d'Athènes au Vᵉ siècle avant J.-C. offre l'un des premiers exemples de démocratie à l'échelle d'un État. Cependant, la citoyenneté athénienne est en certains points très différente de celle de la démocratie contemporaine : elle reste réservée à un petit nombre.

❯ Qui sont les citoyens de la cité antique d'Athènes ?

1 Des citoyens-juges votent à l'Héliée

Coupe attique rouge, vers 480 av. J.-C., musée des Beaux-Arts, Dijon.

2 La définition du citoyen selon Aristote

Le citoyen n'est pas citoyen du seul fait qu'il réside quelque part (le métèque et l'esclave ont, comme lui, le droit de résider). […]

Le citoyen au sens strict, aucun caractère ne le définit mieux que la participation à l'exercice des pouvoirs de juge et de magistrat. […] Dès lors, nous posons le principe que sont citoyens ceux qui participent ainsi au pouvoir. Telle est donc à peu près la définition du citoyen qui s'adapterait le mieux à tous ceux qu'on appelle des citoyens. […]

Or nous voyons que les constitutions diffèrent spécifiquement les unes des autres […]. Par conséquent, le citoyen, lui aussi, est nécessairement différent suivant chaque constitution. C'est pourquoi le citoyen dont nous avons parlé existe surtout dans une démocratie ; dans les autres régimes, on peut le trouver, mais pas nécessairement. Dans certains États, il n'y a pas de peuple [*demos*], ni de sessions régulières de l'Assemblée, mais seulement des réunions sur convocation, et les procès sont répartis entre certains juges ; ainsi à [Sparte], les éphores se partagent entre eux les procès civils, les gérontes jugent les procès criminels […].

La nature du citoyen ressort ainsi clairement de ces considérations : quiconque a la possibilité de participer au pouvoir délibératif ou judiciaire, nous disons dès lors qu'il est citoyen de cette cité concernée […].

Aristote, *Les Politiques*, III, 1, 1274b, IVᵉ siècle av. J.-C., trad. J. Aubonnet, Éd. Les Belles Lettres, 2002.

Vocabulaire

- **Éphore :** magistrat chargé de la justice à Sparte.
- **Géronte :** membre du conseil des Anciens à Sparte.
- **Métèque :** étranger résidant à Athènes sans avoir les droits d'un citoyen.

Aristote

(384-322 av. J.-C.)

Né dans le royaume de Macédoine, il séjourne à Athènes en tant que métèque. Philosophe, élève de Platon, il étudie notamment dans *Les Politiques* le fonctionnement de la démocratie athénienne.

ANALYSE DE DOCUMENTS

1. Pourquoi la scène du **document 1** illustre-t-elle ce qu'est un citoyen selon Aristote ?
2. Quels éléments permettent de mettre en œuvre la démocratie ? **(doc. 2)**

Bilan

Qu'est-ce qu'un citoyen dans la cité athénienne ? Rédigez une réponse à la problématique proposée en organisant votre réflexion selon le plan suivant :
- Les critères qui définissent ce qu'est un citoyen dans une cité ;
- La démocratie est le régime le plus favorable pour être citoyen.

JALON

ÉTUDE

La démocratie directe à Athènes

ORAL

Le fonctionnement de la démocratie athénienne diffère de la majorité des démocraties contemporaines : elle est fondée sur le principe de la démocratie directe.

› Comment la démocratie directe à Athènes fonctionne-t-elle ?

1 Siéger à l'Ecclésia

*Callixeinos dépose une motion d'*eisangelie *à l'encontre des généraux athéniens qui n'ont pas enseveli les morts après la bataille des Arginuses en 406 av. J.-C. Mais Euryptolémos la dénonce comme illégale.*

[Théramène et ses suppôts] convoquèrent l'assemblée, où le Sénat présenta sa motion rédigée par Callixeinos [...]. Cependant Callixeinos fut cité en justice par Euryptolémos [...] et par d'autres pour avoir fait une proposition illégale. Il y eut parmi le peuple des gens qui les applaudirent ; mais la foule se mit à crier qu'il était fort étrange de ne pas laisser le peuple faire ce qu'il lui plaisait. [...] Les prytanes[1] effrayés consentirent tous à [faire voter] [...]. Son discours fini, Euryptolémos rédigea une motion tendant à faire juger les prévenus [...] chacun séparément, tandis que celle du Sénat était de les juger tous à la fois en un seul vote. Ces deux motions mises aux voix, le peuple vota d'abord celle d'Euryptolémos ; mais sur les protestations de Ménéclés, un second vote eut lieu et ce fut l'avis du Sénat qui l'emporta. Après cela, le peuple condamna les généraux qui avaient pris part à la bataille navale ; [...] les six qui étaient présents furent exécutés.

Xénophon, *Helléniques*, I-VII, IVe-Ve siècle av. J.-C., trad. P. Chambry, Éd. Garnier-Flammarion, 1967.

1. Magistrats issus de la Boulê ; ils surveillent les débats à l'Ecclésia.

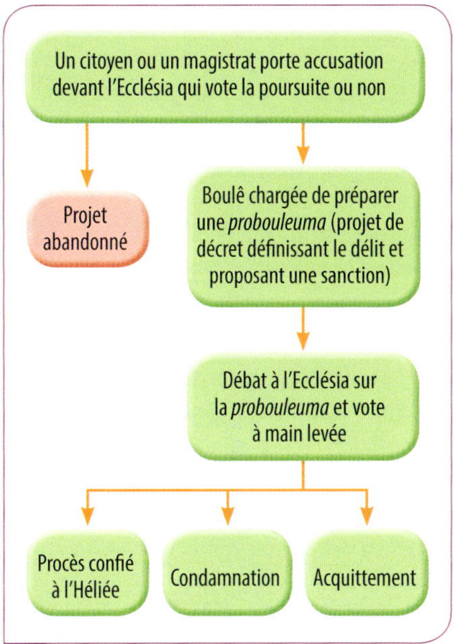

2 La procédure d'*eisangelie*, une gestion directe de la cité par les citoyens

Xénophon

(vers 430-vers 354 av. J.-C.)

Philosophe et chef militaire, Xénophon décrit dans les *Helléniques* l'histoire de la Grèce, à la suite de l'*Histoire de la guerre du Péloponnèse* de Thucydide.

Vocabulaire

- *Eisangelie* : procédure publique lancée contre un ou plusieurs citoyens pour faute grave envers la cité, et permettant à l'Ecclésia (chargée des procès politiques) de prononcer un jugement et une sentence éventuelle.

ACTIVITÉ **OBJECTIF** ▪ Organiser un débat

Vous participez à un concours d'éloquence sur le thème de la **démocratie athénienne**. À partir de l'affaire évoquée par Xénophon, vous défendez soit les bienfaits de la démocratie directe, notamment dans les décisions judiciaires, soit ses limites.

▪ **Aide méthodologique**

Pour le groupe défendant la démocratie directe et ses principes, il s'agit de montrer que la volonté de chacun est entendue. Pour celui qui critique son fonctionnement, il s'agit de montrer que la justice ne doit pas dépendre de la pression populaire mais de lois et de principes.

▪ **Préparer le plaidoyer**

1. Expliquez l'affaire en présentant les accusés, les motifs qui leur ont été reprochés et la sentence prononcée.

2. Retracez l'historique de la procédure qui a été engagée à leur encontre en rappelant le rôle des acteurs et des institutions qui sont intervenus.

Aide : pour organiser votre plaidoirie, classez vos arguments dans le tableau ci-dessous.

Situation initiale	
Bien-fondé de la procédure démocratique ou critique de la pression populaire	
Raisons de votre choix	

▪ **Organiser sa prise de parole**

3. N'inscrivez que des notes. Regardez l'assemblée pour la convaincre.

4. Marquez des pauses, jouez sur l'intonation et votre gestuelle, interpellez votre auditoire (pensez aux mots-clés comme « citoyens »).

5. Soyez structuré : rappelez les faits, puis développez votre plaidoirie.

ÉTUDE Athènes, une démocratie critiquée

Le fonctionnement de la démocratie athénienne est critiqué dès l'Antiquité, par des hommes qui dénonce ses dérives.

› Quelles sont les critiques adressées aux institutions démocratiques athéniennes ?

1 Atouts et dérives de la démocratie

À la suite d'un coup d'État en Perse contre le tyran Smerdis, les responsables se réunissent pour savoir quelle est la meilleure forme de gouvernement à adopter. À travers ce dialogue fictif entre Perses, c'est un débat entre les Grecs qu'Hérodote nous livre. Otanès commence et présente le régime démocratique.

« [...] Le gouvernement du peuple, tout d'abord, porte le plus beau de tous les noms : *isonomia* [égalité des droits civils et politiques]. Puis, il ne s'y fait rien de ce que fait le monarque : on y obtient les magistratures par le sort, on y rend compte l'autorité qu'on exerce, toutes les délibérations y sont soumises au public. J'opine donc pour que nous renoncions à la monarchie et que nous élevions le peuple au pouvoir ; car c'est dans le nombre que tout réside. »

[...] Mais Mégabyse voulait que l'on confiât les affaires à une oligarchie ; il disait : « Ce qu'a dit Otanès conseillant d'abolir le régime tyrannique, tenez-le pour dit par moi aussi ; mais, quand il vous pressait de déférer au peuple le pouvoir, il s'est écarté de l'avis le plus sage. Car il n'est rien de plus insolent qu'une multitude bonne à rien. Et, à coup sûr, échapper à l'insolence d'un tyran pour choir dans celle d'une populace effrénée est chose qu'on ne saurait tolérer. L'un, s'il fait quelque chose, le fait en connaissance de cause ; l'autre n'est pas même capable de cette connaissance. Comment en effet l'aurait-elle, n'ayant pas reçu d'instruction ni rien vu de bien par elle-même, bousculant les affaires où elle se jette sans réflexion, pareille à un fleuve torrentueux ? [...] Choisissons un groupe d'hommes parmi les meilleurs, et investissons-les du pouvoir ; car certes, nous serons nous-mêmes de leur nombre, et il est dans l'ordre de la vraisemblance que les hommes les meilleurs prennent les meilleures décisions. »

Hérodote, *Enquêtes*, III, 80-82, Vᵉ siècle av. J.-C., trad. Ph.-E. Legrand, Éd. Les Belles Lettres, 2003.

Hérodote (vers 485-425 av. J.-C.)

Né à Halicarnasse, il vécut à Athènes où il rédigea ses *Histoires* relatant les guerres médiques entre les Grecs et les Perses, et dans lesquelles il s'intéressa également à la vie politique des cités grecques.

Vocabulaire

- **Oligarchie :** régime politique dans lequel la souveraineté appartient à un groupe restreint. Dans les sociétés antiques, ce sont souvent les plus riches qui détiennent le pouvoir politique. Au Moyen Âge, la noblesse détient la réalité du pouvoir : on parle d'aristocratie.

2 Le tirage au sort, un principe démocratique

Coupe attique, vers 480 av. J.-C., Vienne, Kunsthistorisches Museum.

Athéna, déesse protectrice d'Athènes, veille au bon déroulement du tirage au sort qui attribue aux citoyens les fonctions dirigeantes, politiques et religieuses.

3 Le *Klérotèrion*, instrument démocratique

À partir de 403 av. J.-C., on tire quotidiennement au sort parmi les 6 000 juges (héliastes) ceux qui jugeront les affaires de la journée. Musée de l'Agora antique d'Athènes.

lien Internet « Le tirage au sort démocratique », explications du CNRS sur le fonctionnement du *Klérotèrion*, le Journal du CNRS, 21 août 2018.

Aristophane

(444-vers 385 av. J.-C.)

Poète comique athénien, ses pièces critiquaient les dérives de la démocratie à Athènes alors mise en difficulté dans la guerre du Péloponnèse.

4 Faut-il indemniser les citoyens ?

Dans cette comédie, Aristophane met en scène Philocléon (« celui qui aime Cléon »), un citoyen athénien cupide et sévère qui prend plaisir à siéger à l'Héliée. En 425 av. J.-C., Cléon avait augmenté l'indemnité du misthos *pour siéger à l'Héliée.*

Ensuite, quand on m'a bien supplié et asséché de ma colère, j'entre et une fois dans l'enceinte [du tribunal], je ne tiens aucun compte de toutes les promesses que j'ai pu faire, et je les écoute débiter tous les arguments possibles pour obtenir un acquittement. Croyez-moi : il n'y a pas un numéro que l'on ne fasse alors au dicaste[1]. Voyez ! Quelles caresses ne fait-on pas alors au juge ? Les uns déplorent leur misère, et ajoutent des maux supposés à leurs maux réels, jusqu'à ce que leurs plaintes les égalent aux miens ; les autres nous racontent des histoires ; ceux-là disent quelque bon mot, pour me faire rire et désarmer ma rigueur. Si rien de tout cela ne me touche, ils amènent leurs enfants par la main, filles et garçons ; j'écoute, et, baissant la tête, ils bêlent tous ensemble. Le père, tremblant, me supplie comme un dieu de l'absoudre, par pitié pour eux. [...] Et nous alors, en sa faveur, nous relâchons un peu la rigueur de notre colère. N'y a-t-il pas là une grande puissance, et de quoi se moquer de la richesse ?

Aristophane, *Les Guêpes*, 422 av. J.-C., trad P. Thierry, « La Pléiade », Éd. Gallimard, 1997.

1. Membre des tribunaux grecs désigné par l'Ecclésia.

ACTIVITÉ **OBJECTIF** ▪ Compléter un schéma

Reproduisez et complétez le schéma ci-dessous à l'aide des **documents** :

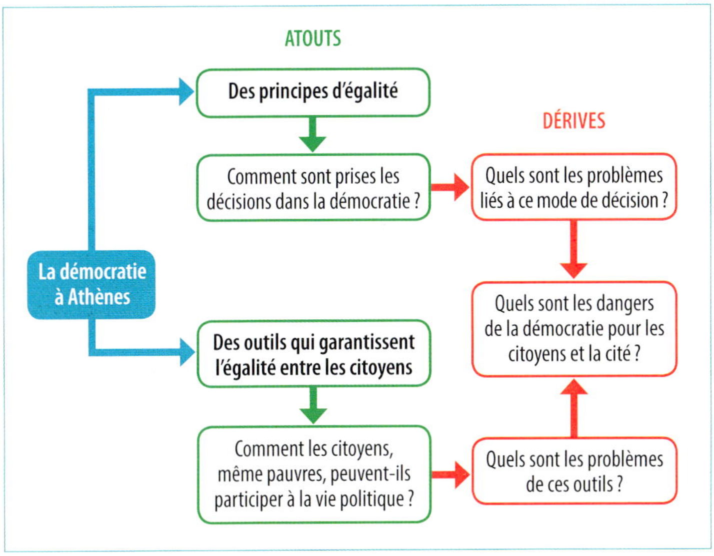

Bilan

Quelles sont les critiques adressées aux institutions démocratiques athéniennes ?

Rédigez une réponse à la problématique proposée en organisant votre réflexion selon le plan suivant :
- La démocratie est un objet de débat entre les auteurs grecs antiques ;
- La démocratie garantit l'égalité entre les citoyens par des outils et des pratiques ;
- La démocratie présente aussi des dérives possibles aux conséquences lourdes pour la cité et les citoyens.

REPÈRES 2

Démocratie directe et représentative en France

A « La liberté des Anciens » : participer directement à la vie politique

Pour Benjamin Constant, la liberté des Anciens est la liberté politique, celle qui permet à tous les citoyens de débattre des grandes affaires de la cité. C'est notamment le modèle de la participation politique dans la cité athénienne au Vᵉ siècle av. J.-C. Cependant, pour Benjamin Constant, cette liberté politique implique aussi « l'assujettissement complet de l'individu à l'autorité de l'ensemble ». Le collectif prime sur l'individu. Cette liberté fonctionnait avec de petits États, dans lesquels seule une minorité de la population accédait à la citoyenneté et avait donc le temps nécessaire de se consacrer à la politique, tandis que le travail productif était effectué par un nombre important d'esclaves.

Cette conception de la liberté politique est caractéristique de la démocratie directe : la participation des citoyens à la vie de la cité est directe et personnelle. Ce type de régime classique dans l'Antiquité se retrouve aujourd'hui dans certains débats à l'échelle locale ou par exemple en Suisse avec le système des « votations » régulières.

1 Une reconstitution de la démocratie athénienne au XIXᵉ siècle

Philipp Foltz, *L'Âge de Périclès*, 1853.

Benjamin Constant (1767-1830)

Benjamin Constant est un homme politique français né à Lausanne en 1767 et mort à Paris en 1830. Républicain engagé en 1795, il soutient le coup d'État de Napoléon avant de devenir député pendant la Restauration, chef de file de l'opposition libérale. En 1819, Benjamin Constant donne au cercle de l'Athénée une conférence célèbre, « De la liberté des Anciens comparée à celle des Modernes ». Il oppose la liberté politique telle qu'elle existe dans la Grèce Ancienne et la liberté moderne, individuelle.

B « La liberté des Modernes » : être représenté dans des institutions démocratiques

Benjamin Constant considère que la liberté des Modernes correspond aux libertés individuelles, c'est-à-dire à la liberté d'expression, la liberté religieuse, la liberté de propriété. Ces droits sont ceux exprimés dans la Déclaration des droits de l'homme et du citoyen. L'abolition de l'esclavage et l'extension de la citoyenneté ainsi que la disparition de la guerre au profit du commerce nécessitent que ces libertés soient défendues en priorité par l'État. Il revient donc à l'État et aux représentants des citoyens de défendre ces libertés nouvelles. Celles-ci correspondent mieux aux grands États dont les institutions doivent permettre leur défense, à la différence des cités-États.

C'est aujourd'hui le mode de fonctionnement des États le plus courant à l'échelle de la planète. Des hommes et des femmes politiques, parfois devenus des « professionnels de la politique », sont chargés par les citoyens après les élections de défendre leur conception politique mais aussi et surtout leurs libertés fondamentales. La Constitution de chaque État doit permettre de préciser les droits et les devoirs des citoyens mais aussi de leurs représentants.

2 La République défendant les libertés

Armand Cambon, *Étude pour la République*, 1848-1849.

1789-1792	1792-1804	1804-1815	1815-1830	1830-1848	1848-1851	1851-1870
Monarchie parlementaire	Première République	Premier Empire	Restauration	Monarchie de Juillet	Deuxième République	Second Empire

1800 — 1850

1789-1848 *Suffrage censitaire*

1848-1870 *Suffrage universel masculin (limité à partir de 1850)*

	Démocratie directe	Démocratie représentative
Principe de fonctionnement	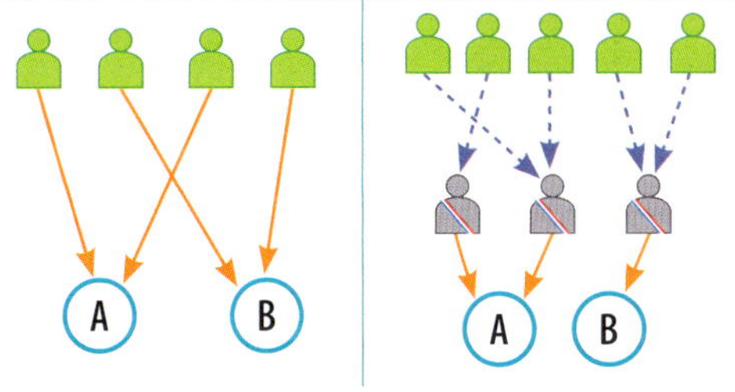	
Avantages	- Les citoyens s'impliquent davantage dans la vie politique - Décision prise directement en fonction du vote des citoyens	- Les représentants élus sont légitimes pour appliquer un programme (délégation des citoyens) - Décision prise uniquement par les élus
Inconvénients	- Difficulté à réunir les citoyens à une grande échelle et de nombreuses fois - Difficulté à concilier libertés individuelles et exercice de la vie politique	- Les représentants peuvent prendre des décisions qui n'étaient pas prévues dans leur programme - Les représentants peuvent décider de ne pas appliquer une mesure prévue - Difficulté à prendre en compte l'ensemble des convictions d'un citoyen

Votant → Vote → (A) Décision

Délégué - - -> Délégation

3 Démocratie directe et démocratie représentative

Existence d'assemblées publiques (*Landsgemeinde*) où les citoyens votent annuellement à main levée (cantons d'Appenzell Rhodes-Intérieures et Glaris)

4 votes par an pour se prononcer sur une quinzaine de sujets

Possibilité de lancer une initiative populaire (projet de modification de la Constitution ayant récolté plus de 100 000 signatures), un référendum facultatif (ratifier ou contester une nouvelle loi votée au Parlement à partir de 50 000 signatures) ou obligatoire (dès que le Parlement veut modifier la Constitution)

Le peuple est souverain (5,2 millions de citoyens, soit 62 % de la population)

4 Un exemple de démocratie directe : la Suisse

lien Internet « La démocratie suisse, un modèle ? » France Inter, 11 avril 2017.

Vocabulaire

- **Citoyen :** membre d'un État qui bénéficie de droits (vote, éligibilité…) et de devoirs (service civique…).
- **Suffrage censitaire :** fait de posséder un cens défini (une certaine richesse) pour pouvoir voter et élire leurs représentants.

QUESTIONS

1. Expliquez pourquoi les démocraties contemporaines sont surtout des démocraties représentatives. **(doc. 3)**
2. Montrez comment la démocratie directe suisse implique ses citoyens dans la vie publique. **(doc. 4)**
3. Quelles sont les procédures qui permettent la démocratie directe en Suisse ? **(doc. 4)**

ÉTUDE

Benjamin Constant : participer ou être représenté

Au XIXe siècle, la démocratie libérale apparaît en Europe et aux États-Unis. Des intellectuels (philosophes, historiens, juristes) comme Benjamin Constant s'interrogent alors sur cette nouvelle forme de régime, en la comparant notamment à la démocratie qui existait jadis dans l'Antiquité.

❯ **Comment le choix du mode de représentation implique-t-il différentes formes de démocratie ?**

1 Benjamin Constant et la notion de liberté dans la démocratie

Demandez-vous d'abord, Messieurs, ce que de nos jours, un Anglais, un Français, un habitant des États-Unis de l'Amérique, entendent par les mots de liberté.

C'est pour chacun le droit de n'être soumis qu'aux lois, de ne pouvoir être ni arrêté, ni détenu, ni mis à mort, ni maltraité d'aucune manière, par l'effet de la volonté arbitraire d'un ou de plusieurs individus. C'est pour chacun le droit de dire son opinion, de choisir son industrie, et de l'exercer, de disposer de sa propriété, d'en abuser même ; d'aller, de venir [...], le droit de se réunir à d'autres individus [...]. Enfin, c'est le droit, pour chacun, d'influer sur l'administration du gouvernement [...]. Comparez maintenant à cette liberté celle des anciens.

Celle-ci consistait à exercer collectivement, mais directement, plusieurs parties de la souveraineté tout entière, à délibérer, sur la place publique, de la guerre et de la paix, [...] à voter les lois, à prononcer les jugements [...] ; mais en même temps [...] ils admettaient comme compatible avec cette liberté collective l'assujettissement complet de l'individu à l'autorité de l'ensemble. [...]

Ainsi chez les anciens, l'individu souverain presque habituellement dans les affaires publiques est esclave dans tous ses rapports privés. [...] Chez les modernes, au contraire, l'individu, indépendant dans sa vie privée, n'est, même dans les États les plus libres, souverain qu'en apparence.

[...] Le danger de la liberté antique était qu'attentifs uniquement à s'assurer le partage du pouvoir social, les hommes ne fissent trop bon marché des droits et des jouissances individuelles.

Le danger de la liberté moderne, c'est qu'absorbés dans la jouissance de notre indépendance privée, et dans la poursuite de nos intérêts particuliers, nous ne renoncions trop facilement à notre droit de partage dans le pouvoir public.

B. Constant, « De la liberté des Anciens comparée à celle des Modernes », discours de l'Athénée royal, 1819.

2 L'Assemblée nationale, lieu de la démocratie représentative

Vote à l'Assemblée nationale, 27 juillet 2017. C'est à l'Assemblée nationale que sont votées les lois. Traditionnellement, le vote s'y fait encore régulièrement à main levée.

3 L'ANALYSE DE L'HISTORIEN — Le triomphe de la liberté des Modernes

Benjamin Constant est convaincu de la portée essentielle de la Révolution française : celle-ci est dans l'histoire le moment où l'idée de liberté a triomphé de l'absolutisme. Pour lui la liberté est individuelle : elle s'exprime dans la vie privée où l'individu jouit d'une totale autonomie ; elle constitue la frontière au-delà de laquelle la société n'a aucun droit d'intervenir.

Cette différenciation entre le domaine privé et la vie publique est consolidée par la célèbre distinction entre la « liberté des Anciens » et la « liberté des Modernes » (1819). Évoquant les communautés de l'Antiquité grecque, il note que la vie individuelle n'y était pas séparée de la vie sociale. Les hommes n'avaient pas d'indépendance privée, ils étaient soumis à la volonté de l'ensemble dont ils faisaient partie. L'idée de liberté chez les Anciens était donc particulière, elle consistait à pouvoir participer à la vie politique de la cité. Cette conception est admirable dans la mesure où elle suppose l'implication de tous. Mais elle est intolérable car, dans le monde moderne, le citoyen a tendance à s'abandonner aux institutions, à autoriser toutes les intrusions dans son existence. Il devient « l'esclave de la nation ».

La conception des Modernes est bien différente. Depuis la découverte de l'individu aux XVIIe-XVIIIe siècles, l'homme devient une fin en soi. Son existence individuelle prime de plus en plus sur la vie en société. De fait, l'idée de la liberté est désormais associée à la protection de l'autonomie individuelle face à la société, plus particulièrement face à l'État. La liberté réside donc dans les garanties accordées aux « jouissances privées ». C'est cette conception que la Révolution a fait triompher.

D'après O. Nay, *Histoire des idées politiques. La pensée politique occidentale de l'Antiquité à nos jours*, Éd. Armand Colin, 2016.

Anciens	Modernes
Sphère publique > privée	Sphère privée > publique
Liberté collective	Libertés individuelles
Liberté de participer à la vie politique	Liberté d'action, liberté religieuse, liberté d'expression, liberté de produire, sécurité
Individu en soumission face à la communauté (société)	Individu autonome face à la communauté (société)
Individu souverain en politique	Individu représenté et dépendant en politique
But : le bien commun	But : le bonheur

5 Deux conceptions de la liberté selon Benjamin Constant

4 Les budgets participatifs, une forme de démocratie directe

ANALYSE DE DOCUMENTS

1. Faites l'analyse du texte de Benjamin Constant en le confrontant au contexte historique **(doc. 1)** :
   - Quelles sont les fonctions politiques exercées par l'auteur ? Dans quel contexte prononce-t-il ce discours ?
   - Quelles sont, selon lui, les différences entre la liberté des Anciens et la liberté des Modernes ? (avantages, finalités, dérives…)
   - Comment l'auteur envisage-t-il la participation du citoyen dans la vie politique chez les Anciens et chez les Modernes ?
   - Pourquoi est-il amené à prononcer ce discours en 1819 ?
2. Confrontez votre analyse à celle d'un historien :
   - D'où vient, selon Olivier Nay, cette nouvelle conception de la liberté au XIXe siècle ? Sur quels principes repose-t-elle ? **(doc. 3)**
   - À la suite de l'historien et à l'aide des **documents**, expliquez pourquoi le fait de participer ou de se faire représenter dans la vie politique de la démocratie est à la fois une liberté et une contrainte.

LEÇON 2 Penser la démocratie : démocratie directe et démocratie représentative

› Comment l'idée de démocratie a-t-elle évolué au gré des contextes et des attentes sociales ?

A La démocratie, la cité et le citoyen

- Dans l'Antiquité grecque, Hérodote distingue trois principaux régimes politiques : la monarchie, l'oligarchie et la démocratie. **Athènes au Ve siècle avant J.-C. est le meilleur exemple d'une cité gouvernée selon des principes démocratiques.** L'échelle de la cité et le nombre restreint de citoyens (40 000) permettent aux Athéniens d'exercer leur souveraineté directement en participant aux institutions et en exerçant des magistratures.
- **La démocratie athénienne est cependant restreinte :** les femmes, les étrangers et les esclaves sont exclus de la citoyenneté, et seule 10 % de la population exerce son droit de vote. Aristophane critique dans ses comédies la démocratie athénienne car seuls les plus puissants exercent réellement le pouvoir.
- La disparition de la démocratie athénienne et l'établissement des royautés hellénistiques au IVe siècle avant J.-C. ne fait pas disparaître l'idée de démocratie dans la pensée politique. **Des pratiques démocratiques se retrouvent dans la République romaine** à travers le vote aux comices (assemblées de citoyens). À la Renaissance, si la majorité des gouvernements sont des monarchies féodales, un philosophe comme Machiavel, dans *Discours sur la première décade de Tite-Live*, s'interroge sur le choix à faire entre régime démocratique et régime aristocratique.

Nicolas Machiavel
(1469-1527)

Nicolas Machiavel est un grand penseur humaniste de la Renaissance. Théoricien de la politique, au service de la république de Florence, il a rédigé deux ouvrages majeurs qui ont fait sa renommée : *Le Prince* et *Discours sur la première décade de Tite-Live*. Pour Machiavel, le régime républicain permet de vivre à la fois libre et en sécurité.

B La démocratie et l'individu, le renouveau du XIXe siècle

- **Le XVIIIe siècle marque un basculement dans la conception de la démocratie.** Les philosophes des Lumières croient en l'émancipation de l'homme qui, grâce à la raison, peut être libre et atteindre ainsi le bonheur. Les révolutions américaine et française permettent de mettre en œuvre l'idéal démocratique tout en ouvrant la voie au libéralisme. La Déclaration des droits de l'homme et du citoyen (26 août 1789) confirme que désormais le peuple est souverain, que les individus sont libres et égaux en droits, et que le gouvernement représentatif permet de concilier la volonté générale tout en déléguant le pouvoir à des élites politiques capables d'administrer la nation.
- **Benjamin Constant et Alexis de Tocqueville sont les premiers à faire la synthèse du libéralisme et de la démocratie**, régime qui garantit et permet à l'homme de jouir au maximum de ses libertés individuelles et donc d'accéder au bonheur dans une société plus juste. Ils alertent néanmoins sur l'apathie des citoyens qui, préférant jouir de leurs libertés individuelles, se désintéressent des questions de société et délaissent la sphère publique au profit de l'État.
- **D'autres penseurs du XIXe siècle critiquent d'ailleurs la démocratie libérale**, comme Karl Marx pour qui le libéralisme des droits de l'homme et du citoyen favorise l'égoïsme bourgeois au détriment du bien de la communauté.

Vocabulaire

- **Comices :** dans la Rome républicaine, assemblées du peuple, auxquelles tous les citoyens peuvent participer. Il faut les distinguer du Sénat, où seules les familles les plus riches peuvent siéger.
- **Oligarchie :** régime politique dans lequel la souveraineté appartient à un groupe restreint. Dans les sociétés antiques, ce sont souvent les plus riches qui détiennent le pouvoir politique. Au Moyen Âge, la noblesse détient la réalité du pouvoir : on parle d'aristocratie.
- **Souveraineté :** autorité suprême de laquelle dépendent tous les pouvoirs délégués. Dans un régime dictatorial, la souveraineté réside dans la personne à la tête du pays. Dans une démocratie, la souveraineté est nationale, c'est-à-dire que tous les pouvoirs émanent des citoyens.

C Penser les démocraties dans notre société moderne

- **La démocratie moderne est liée aux réflexions sur le droit qui garantit nos libertés et notre égalité, et qui permet de les protéger et de limiter le pouvoir arbitraire de l'État.** L'État est reconnu comme une personne juridique dont le rôle et les pouvoirs sont délimités et encadrés par le droit : il ne peut en aucun cas s'élever au-delà des individus. Le droit, émanation de la loi, est au fondement de notre société démocratique, d'où l'importance qu'il soit issu de la volonté générale et de la délibération collective.
- **Le débat se positionne aujourd'hui sur l'exercice de la souveraineté.** Les démocraties populaires comme la Chine, héritières de la pensée marxiste, considèrent que le peuple est censé exercer directement le pouvoir dans des assemblées locales pour mettre un terme à la domination de l'élite bourgeoise. Le pouvoir est ainsi confisqué par le Parti communiste. Dans les démocraties libérales, rares sont les constitutions qui privilégient la démocratie directe. L'exercice du pouvoir est souvent délégué à des personnalités politiques, dont la gestion des affaires publiques devient la principale fonction. Dans les démocraties contemporaines, un débat agite l'opinion, entre confiance aux assemblées parlementaires élues ou action élargie du peuple sur la vie politique (référendums d'initiative populaire) comme en Suisse, modèle de démocratie directe moderne.

1 La participation des citoyens à la démocratie en Suisse

En Suisse, à la veille de chaque vote, il est rappelé que les citoyens doivent aller voter pour ou contre la décision à prendre.

SCHÉMA BILAN

schéma interactif

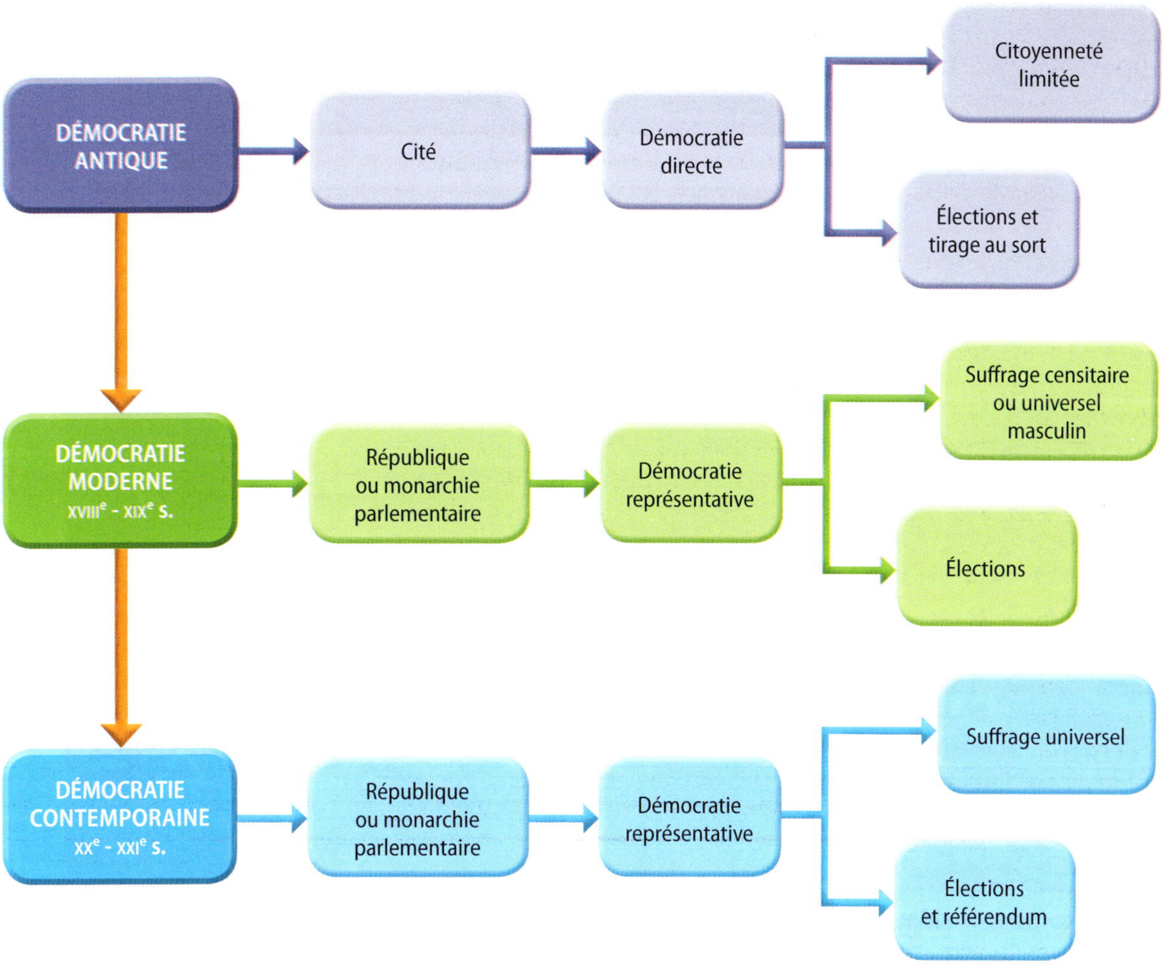

REPÈRES 1

La démocratie selon Tocqueville

A L'égalisation des conditions

Plus qu'un régime politique, la démocratie est pour Tocqueville un système de relations sociales fondé sur l'égalité des droits entre les citoyens.

La position sociale d'un individu ne lui est plus assignée par la naissance, comme c'était le cas sous l'Ancien Régime. L'égalité des statuts sociaux progresse ensuite dans tous les domaines et transforme les sociétés : les individus se pensent égaux, refusent les privilèges, et les inégalités leur paraissent insupportables.

B La tyrannie de la majorité

La passion pour l'égalité peut toutefois conduire au sacrifice de la liberté individuelle.

Dans les démocraties fondées sur les élections à la majorité des suffrages, les opinions de la minorité sont en effet écrasées par le nombre. La démocratie porte alors le danger de nier les opinions minoritaires, en empêchant qu'elles s'expriment. Certains citoyens ne sont ainsi jamais représentés parce qu'ils n'accèdent pas à la majorité des voix.

1 La déclaration d'indépendance des États-Unis

John Trumbull, *La Déclaration d'indépendance*, 1817-1819, Yale University Art Gallery.

La déclaration d'indépendance est un symbole fort des États-Unis, que l'on retrouve sur le billet américain de 2 $. Elle proclame : « Tous les hommes sont créés égaux ».

Représentation des classes populaires à l'Assemblée nationale en France

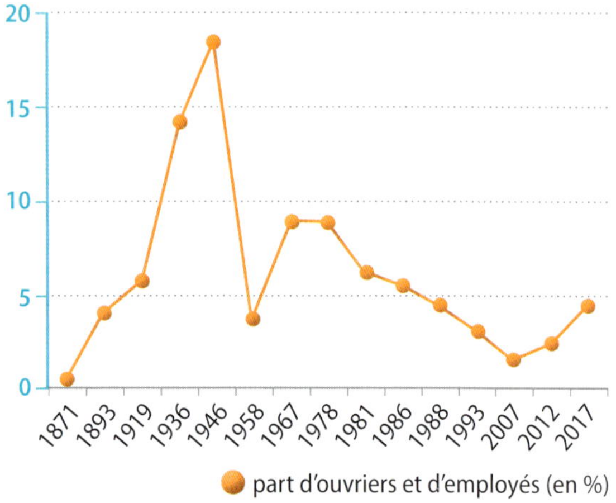

Sources : P. Lehingue, *Le Vote*, Éd. La Découverte, 2011 (données jusqu'en 2007) et Institut Diderot.

2 Les classes populaires et les députés de l'Assemblée nationale

Alexis de Tocqueville
(1805-1859)

En 1831, Tocqueville, jeune magistrat, est envoyé aux États-Unis pour étudier le système pénitentiaire fédéral. Il est alors profondément marqué par la découverte de la démocratie américaine qui va lui inspirer les deux tomes de *De la démocratie en Amérique*. Ils lui vallent la reconnaissance de ses pairs et lui ouvrent une carrière politique. Précurseur du raisonnement sociologique, Tocqueville réalise des travaux qui ont influencé la fondation de la science politique.

C Le despotisme démocratique

Si les privilèges sont abolis et si les fonctions ne sont plus assignées par la naissance, il n'existe plus de hiérarchie organisant la société. Les citoyens risquent alors de ne plus s'intéresser qu'à leur sphère privée et à leurs affaires personnelles.

Ils abandonnent l'espace public à un État centralisé, omniprésent et tout-puissant, qui décide tout à leur place par le biais de ses agents. Mais ce despote n'est pas violent, il est au contraire doux et traite les citoyens de façon égalitaire. Les citoyens renoncent à exercer leurs libertés politiques, au profit d'une égalité de traitement.

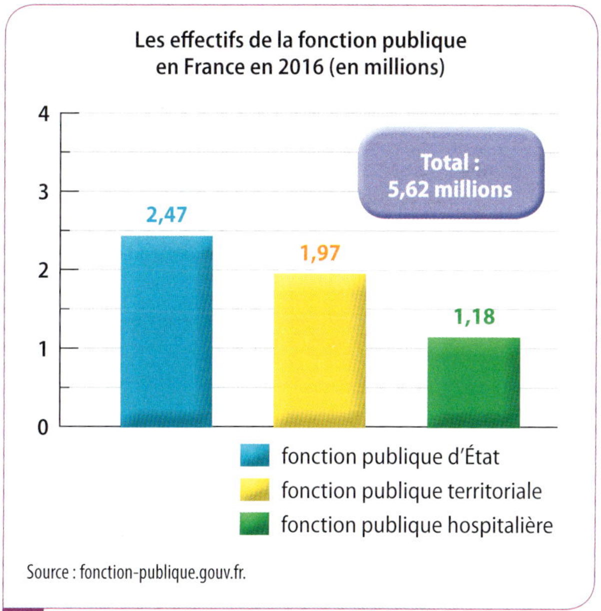

3 Une « nation de fonctionnaires »

A. de Tocqueville, *De la démocratie en Amérique*, tome II, 1840.

« À mesure que les attributions du pouvoir central augmentent, le nombre des fonctionnaires qui le représentent s'accroît. Ils forment une nation dans chaque nation [...]. »

D Établir une démocratie respectant les principes d'égalité et de liberté

Toutefois, Tocqueville revient de son séjour en Amérique avec la conviction que les dangers de la démocratie peuvent être évités.

Il préconise la mise en place de contre-pouvoirs intermédiaires entre l'État et les citoyens, en particulier les associations qui comblent le vide laissé dans la sphère politique. Il rappelle l'importance des institutions pour protéger la démocratie et affiche sa préférence pour un État fédéral et décentralisé, doté d'une séparation stricte des pouvoirs exécutif, législatif et judiciaire. Il exprime enfin l'importance de la morale religieuse pour guider les choix individuels.

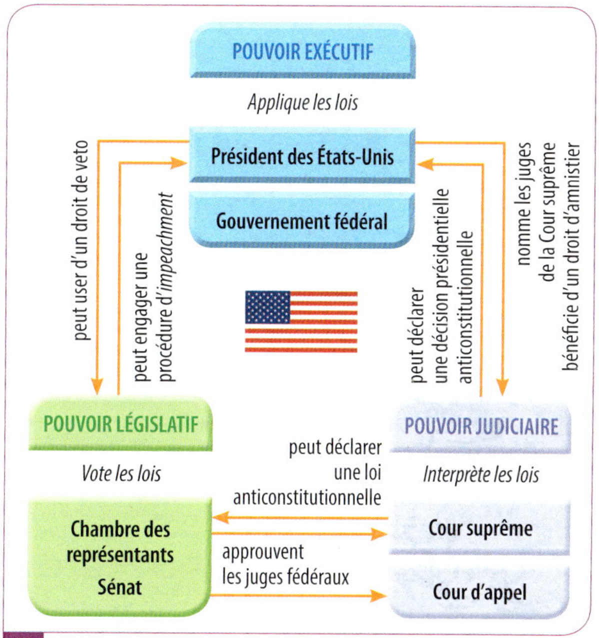

4 La séparation des trois pouvoirs aux États-Unis

Vocabulaire

- **Despotisme :** régime dirigé par une seule personne qui possède tous les pouvoirs. Par extension, Tocqueville définit le « despotisme démocratique » pour évoquer le cas où un gouvernement exerce tous les pouvoirs au nom du peuple et après que le peuple a abandonné tout contrôle sur le gouvernement.
- **Tyrannie :** selon la définition de Platon dans *La République*, c'est le gouvernement d'un seul individu guidé non pas par la raison mais par son seul intérêt.

POUR COMPRENDRE

1. Dans *De la démocratie en Amérique,* Alexis de Tocqueville analyse de près la notion de démocratie et ses limites, notamment à travers le pouvoir que les citoyens délèguent à leurs représentants. **Pourquoi, selon Tocqueville, la passion pour l'égalité dans les États démocratiques menace-t-elle la liberté des citoyens ?**
2. La démocratie telle qu'elle est mise en place aux États-Unis d'Amérique à la fin du XVIIIe siècle semble être, pour Tocqueville, un exemple que les pays européens, et notamment la France, doivent suivre. **Comment le régime américain essaie-t-il de préserver la liberté des citoyens ?**

JALON ▸ L'inquiétude de Tocqueville : de la démocratie à la tyrannie ? Une analyse politique

ÉTUDE

La tyrannie de la majorité et le despotisme démocratique chez Tocqueville

Dans *De la démocratie en Amérique,* Alexis de Tocqueville analyse le fonctionnement de la démocratie, mais aussi ses ambiguïtés et ses limites, notamment à travers deux concepts : la « tyrannie de la majorité » et le « despotisme démocratique ».

❯ Quelles sont, selon Alexis de Tocqueville, les limites du régime démocratique ?

1 La tyrannie de la majorité chez Tocqueville

Opposant à la construction de l'aéroport Notre-Dame-des-Landes, juin 2016.

Qu'est-ce donc qu'une majorité prise collectivement, sinon un individu qui a des opinions et le plus souvent des intérêts contraires à un autre individu qu'on nomme la minorité ? Or, si vous admettez qu'un homme revêtu de la toute-puissance peut en abuser pour ses adversaires, pourquoi n'admettez-vous pas la même chose contre une majorité ? […]

Lorsqu'un homme ou un parti souffrent d'une injustice aux États-Unis, à qui voulez-vous qu'il s'adresse ? À l'opinion publique ? C'est elle qui forme la majorité ; au corps législatif ? Il représente la majorité et lui obéit aveuglément ; au pouvoir exécutif ? Il est nommé par la majorité et lui sert d'instrument passif ; à la force publique ? La force publique n'est autre chose que la majorité sous les armes ; au jury ? […] [Les] juges eux-mêmes, dans certains États, sont élus par la majorité. Quelque inique[1] ou déraisonnable que soit la mesure qui vous frappe, il faut donc vous y soumettre.

A. de Tocqueville, *De la démocratie en Amérique,* tome I, 1835.

1. Qui s'oppose à équitable, très injuste.

2 Le principe du référendum d'initiative citoyenne (RIC) vu par les « Gilets Jaunes »

Quatre types de référendums possibles, à l'initiative des citoyens, et sans passer par leurs représentants selon l'article 3 de la Constitution.

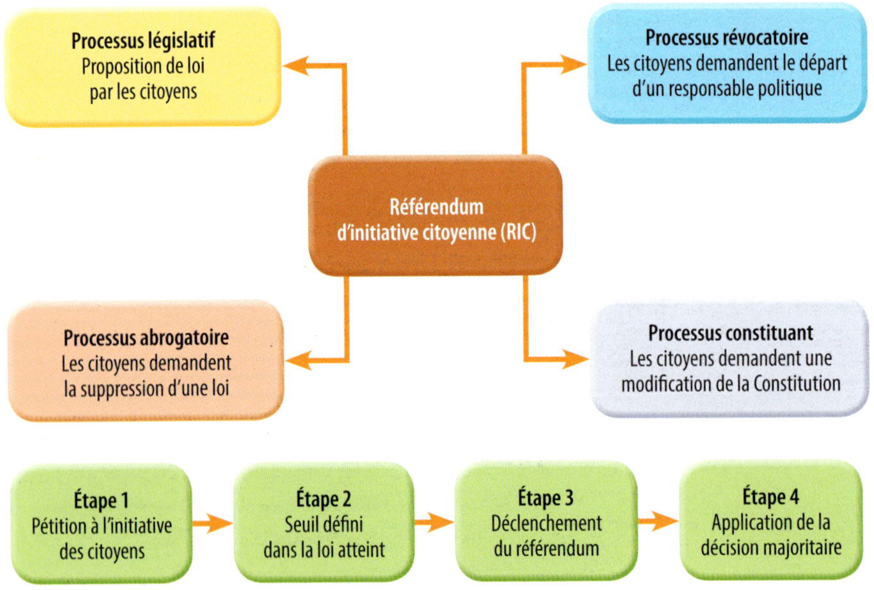

Source : d'après le mouvement « Gilets Jaunes - Coordination Nationale », 2018-2019.

3 Le despotisme démocratique chez Tocqueville

Je veux imaginer sous quels traits nouveaux le despotisme pourrait se produire dans le monde : je vois une foule innombrable d'hommes semblables et égaux, qui tournent sans repos sur eux-mêmes pour se procurer de petits et vulgaires plaisirs, dont ils emplissent leur âme. Chacun d'eux, retiré à l'écart, est comme étranger à la destinée de tous les autres [...]. Au-dessus de ceux-là s'élève un pouvoir immense et tutélaire, qui se charge seul d'assurer leur jouissance et de veiller sur leur sort. Il est absolu, détaillé, régulier, prévoyant et doux. Il ressemblerait à la puissance paternelle si, comme elle, il avait pour objet de préparer les hommes à l'âge viril ; mais il ne cherche, au contraire, qu'à les fixer irrévocablement dans l'enfance ; il aime que les citoyens se réjouissent, pourvu qu'ils ne songent qu'à se réjouir. Il travaille volontiers à leur bonheur ; mais il veut en être l'unique agent et le seul arbitre ; il pourvoit à leur sécurité, prévoit et assure leurs besoins, facilite leurs plaisirs, conduit leurs principales affaires, dirige leur industrie, règle leurs successions, divise leurs héritages ; que ne peut-il leur ôter entièrement le trouble de penser et la peine de vivre ?

C'est ainsi que tous les jours il rend moins utile et plus rare l'emploi du libre arbitre ; qu'il renferme l'action de la volonté dans un plus petit espace, et dérobe peu à peu chaque citoyen jusqu'à l'usage de lui-même. L'égalité a préparé les hommes à toutes ces choses ; elle les a disposés à les souffrir et souvent même à les regarder comme un bienfait. [...]

[L'État démocratique] ne tyrannise point, il gêne, il comprime, il énerve, il éteint, il hébète, et il réduit enfin chaque nation à n'être plus qu'un troupeau d'animaux timides et industrieux, dont le gouvernement est le berger.

A. de Tocqueville, *De la démocratie en Amérique*, tome II, 1840.

4 Despotisme démocratique et opinion publique

M. Vidberg, « L'opinion publique est une imbécile », L'actu en patates, lemonde.fr, 8 février 2016.

ANALYSE DE DOCUMENTS

1. Quel(s) danger(s) le principe majoritaire fait-il courir à la démocratie, selon Tocqueville ? **(doc. 1)**
2. Pour ses partisans, comment le référendum d'initiative citoyenne (RIC) peut-il éviter la tyrannie de la majorité ? **(doc. 2)**
3. Expliquez ce qu'est le despotisme démocratique selon Tocqueville et en quoi il est d'un genre nouveau.
4. « [Le despotisme] rend moins utile et plus rare l'emploi du libre arbitre ; il renferme l'action de la volonté dans un plus petit espace, et dérobe peu à peu chaque citoyen jusqu'à l'usage de lui-même. » En vous aidant de cette citation **(doc. 3)**, expliquez pourquoi il existe, selon Tocqueville, une contradiction entre liberté et égalité.
5. En quoi ce dessin humoristique illustre-t-il le despotisme démocratique selon Tocqueville ? **(doc. 4)**

JALON

REPÈRES 2

▸ Crises et fin de la démocratie : le Chili de 1970 à 1973

La difficile arrivée de Salvador Allende au pouvoir

1968 – 1969 – 1970 – 1971 – 1972 – 1973 – 1974

- **17 déc. 1969** : Mise en place d'un programme d'**Unité populaire (UP)** qui regroupe 5 puis 6 partis de gauche
- **4 sept. 1970** : **Élections présidentielles** : l'UP est en première place mais sans majorité absolue
- **4 nov. 1970** : Entrée en fonction de **Salvador Allende comme président de la République**
- **Novembre 1971** : Visite de **Fidel Castro au Chili**
- **1er déc. 1971** : Début des « **marches des casseroles vides** »
- **11 sept. 1973** : **Coup d'État militaire** et suicide de Salvador Allende

1 Le Chili et l'Amérique latine dans les années 1960

Vocabulaire

- **Congrès national :** organe législatif des institutions chiliennes. Composé de la Chambre des députés et du Sénat, il désigne le président de la République en fonction des résultats de l'élection.
- **Unité populaire (Unitad Popular, UP, en espagnol) :** coalition de partis de centre-gauche et de gauche fondée en 1969 afin de permettre à Salvador Allende de parvenir au pouvoir. Cependant, il existe de nombreuses tendances politiques différentes au sein de cette coalition.

Activité professionnelle	En milliers de personnes	En pourcentage
Ouvriers	1 388	46
Employés	723	24
Travailleurs indépendants	666	22
Autres	174	6
Patronat	48	2
Total	2 999	100

2 La répartition de la main-d'œuvre chilienne selon l'occupation socioprofessionnelle en 1970

Source : F. Gaudichaud, *Chili 1970-1973. Mille jours qui ébranlèrent le monde*, Éd. PUR, 2013.

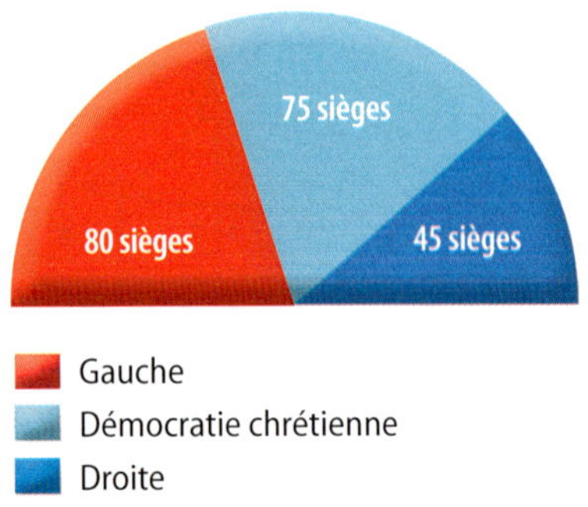

3 Congrès national du Chili, janvier 1970

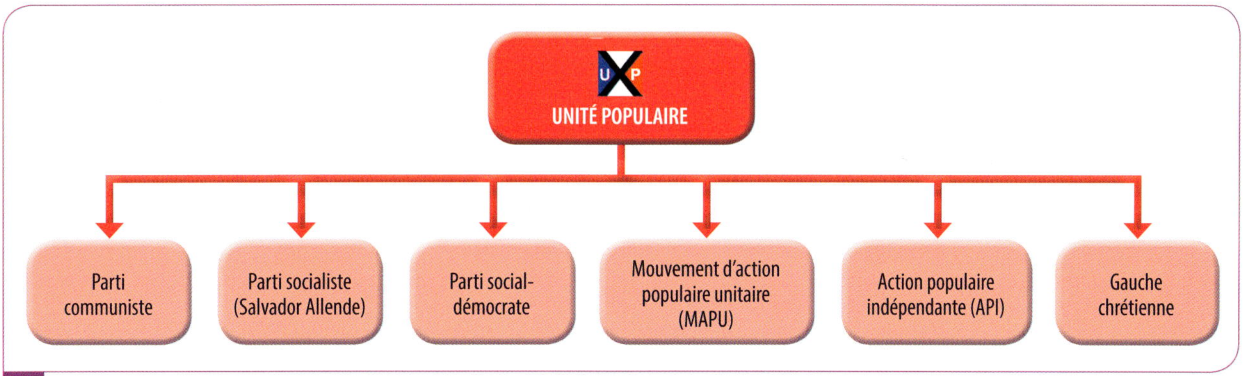

4 L'Unité populaire, une coalition de gauche pour l'élection d'Allende

L'Unité populaire (UP) est une coalition de partis de gauche et de centre-gauche chiliens créée en décembre 1969.

Candidat	Salvador Allende	Jorge Alessandri Rodríguez	Radomiro Tomic
Parti	Parti socialiste	Conservateur indépendant	Parti démocrate-chrétien
Alliance	Unité populaire	Parti national	—
Nbre de voix recueillies	1 075 616	1 036 278	824 849
% des voix recueillies	36,61	35,27	28,11

5 Les résultats des élections présidentielles du 4 septembre 1970

Durant toute la présidence d'Allende, l'Unité populaire ne possède pas la majorité au Congrès national.

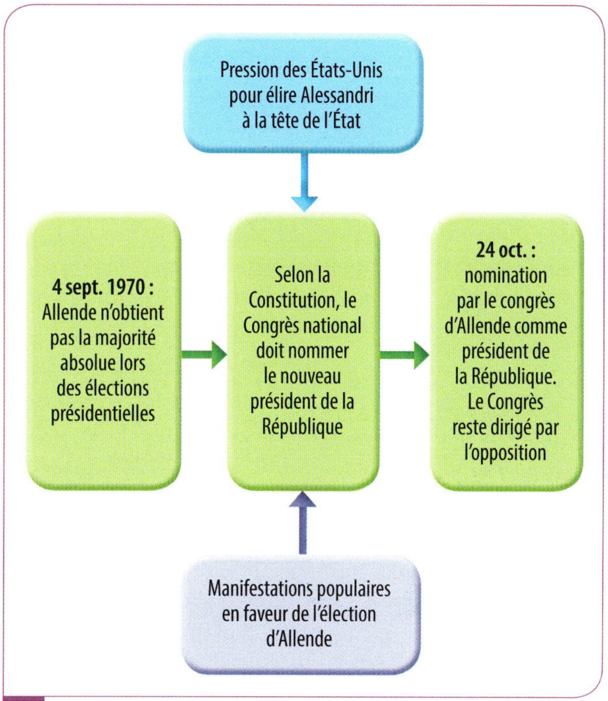

6 Le complexe processus d'élection à la présidence de la République

Salvador Allende n'ayant pas obtenu la majorité lors de l'élection présidentielle à un tour, c'est le Congrès qui doit nommer le président de la République. Mais celui-ci, en pleine guerre froide, est réticent à proclamer un président d'inspiration marxiste.

POUR COMPRENDRE

1. En décembre 1969, une coalition des partis de gauche est créée afin de permettre la victoire de Salvador Allende, membre du Parti socialiste, aux élections présidentielles de septembre 1970. Or, lors de ces élections à un seul tour, Salvador Allende ne recueille que 36 % des voix, juste devant son principal concurrent. Le Congrès, qui doit nommer le nouveau président, subit de fortes pressions, notamment des États-Unis, pour ne pas choisir Allende mais Alessandri. **Montrez que malgré une légitimité démocratique issue des urnes, la position de Salvador Allende reste fragile.** (doc. 3 et 5)
2. C'est finalement à la suite de la forte pression populaire et des manifestations que Salvador Allende devient président, le 24 octobre 1970. **Sur quels soutiens peut-il compter ?** (doc. 2, 4 et 6)

ÉTUDE

Le projet de société de Salvador Allende pour le Chili

Le projet politique et social d'Allende à son arrivée au pouvoir est ambitieux : réformer l'économie, répartir les richesses de façon égalitaire et s'appuyer sur les travailleurs dans la gestion du pays. Mais très rapidement, il se trouve confronté à des choix politiques et économiques qui vont cliver la société.

❯ Quelles ont été les volontés de réforme de Salvador Allende dans la société chilienne ?

1 Le programme du Parti socialiste d'Allende, d'inspiration marxiste-léniniste

1. Le Parti socialiste, comme organisation marxiste-léniniste, pose la prise du pouvoir comme objectif stratégique à atteindre par cette génération, pour instaurer un État révolutionnaire qui libérerait le Chili de sa dépendance et du retard économique et culturel, et entamer la construction du socialisme.
2. La violence révolutionnaire est inévitable et légitime. Elle est le résultat nécessaire du caractère violent et répressif de l'État-classe. Elle constitue l'unique chemin qui mène à la prise du pouvoir politique et économique et à sa défense.
3. Les formes pacifiques ou légales de lutte [...] ne conduisent pas en elles-mêmes au pouvoir. Le Parti socialiste les considère comme des instruments limités d'action, intégrés au processus politique qui nous emmène à la lutte armée.

Convention du 22e congrès du Parti socialiste chilien, 1967.

Salvador Allende (1908-1973)

Médecin et homme d'État socialiste, il est président de la République chilienne de 1970 à 1973. Il parvient au pouvoir à la tête d'une coalition de gauche, l'Unité populaire, lors d'élections démocratiques. Il se suicide à la suite d'un coup d'État militaire le 11 septembre 1973.

2 Manifestation des mineurs chiliens

Manifestation de mineurs pour l'augmentation des salaires, Santiago, juin 1973.

En mai 1973, la grève des ingénieurs de la mine de cuivre El Teniente est suivie d'une manifestation à Santiago.

Quelques-unes des « 40 mesures » mises en place par Allende		
Pouvoir d'achat des salariés	**Contrôle des entreprises**	**Réformes sociales**
- Augmentation des salaires de 40 à 60 % - Blocage des prix	- Nationalisation de la production de cuivre, principale exportation du Chili - Nationalisation des grandes entreprises (300 sur 3 ans)	- Réforme du système de santé - Réforme du système d'éducation - Lait gratuit pour les bébés - Réforme agraire - Impôt sur les bénéfices - Moratoire sur le remboursement des dettes à l'étranger

3 **Les principales réformes économiques mises en place par Salvador Allende (les « 40 mesures »)**

4 L'ANALYSE DE L'HISTORIEN La démocratie du travail

Se met en place dans le Chili d'Allende, bien que progressivement, une intéressante expérience de participation, de cogestion et de *empowerment*[1] des travailleurs. Salvador Allende déclare le 1er mai 1971 : « Fortifier le pouvoir populaire, et le consolider, revient à rendre plus puissants les syndicats, en les rendant conscients qu'ils constituent un des piliers fondamentaux du gouvernement ». Le système de cogestion tend effectivement à donner une place nouvelle et à intégrer davantage les syndicats et leurs dirigeants aux structures directives des entreprises et de l'État.

Parallèlement, le gouvernement Allende a tenté plusieurs réformes ambitieuses, dont la mise en place d'un système original de cogestion et participation des salariés au sein des entreprises de « l'Aire de propriété sociale[2] ». Tentative qui va être rapidement mise au service de la « bataille de la production », sous l'impulsion du Parti communiste notamment. L'absence d'un système de planification démocratique national et l'amplification des différenciations existantes au sein du salariat, dont une majorité reste exclue du secteur nationalisé, représente une autre contradiction de cette tentative de démocratisation économique par « en haut ».

D'après F. Gaudichaud, « Quand l'État chilien se proposait de construire la démocratie économique. Nationalisations, Aire de propriété sociale et système de participation des salariés durant l'Unité populaire (1970-1973) », *Amérique Latine, histoire et mémoire*, Les Cahiers ALHIM, 2014.

1. Littéralement, « prise de pouvoir ».
2. Aire de propriété sociale : ensemble des industries chiliennes nationalisées.

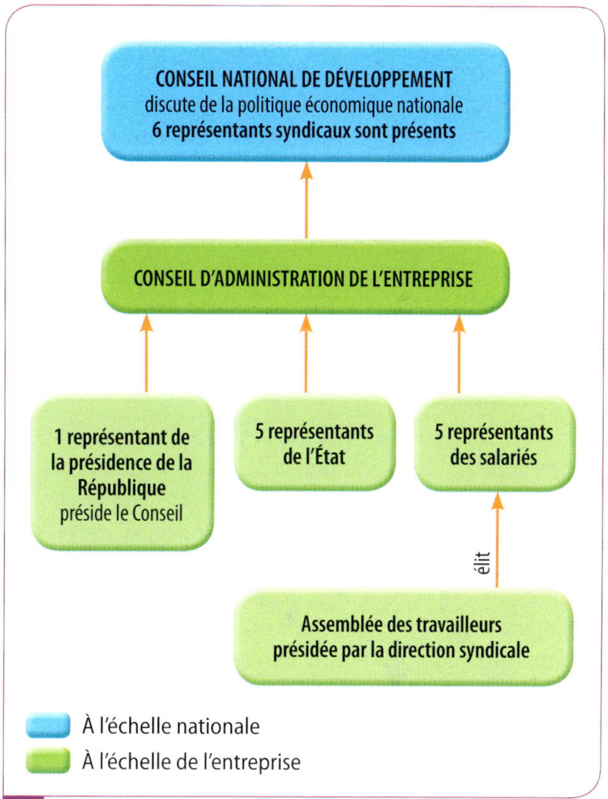

5 **La participation des travailleurs dans le fonctionnement des entreprises nationalisées**

À VOIR

La Bataille du Chili, film en trois parties de Patricio Guzmán, 1975-1979, Éd. Montparnasse :
- *L'Insurrection de la bourgeoisie*, 1975
- *Le Coup d'État militaire*, 1977
- *Le Pouvoir populaire*, 1979

ANALYSE DE DOCUMENTS

1. Comment Salvador Allende considère-t-il la démocratie à l'échelle du Chili ? **(doc. 1 et 3)**
2. Comment la démocratie fonctionne-t-elle dans le secteur économique ? **(doc. 2, 3 et 4)**
3. Quels sont les piliers de la démocratie économique selon Salvador Allende ? **(doc. 5)**

Bilan

Présentez comment Salvador Allende envisage la mise en place de la démocratie au Chili sous sa présidence.

ÉTUDE

L'échec du projet démocratique chilien

L'élection de Salvador Allende au Chili est à l'origine de grands espoirs chez les ouvriers. Cependant, les choix politiques du président chilien amènent une défiance de la part des États-Unis. Rapidement, Salvador Allende doit gérer une crise économique et politique.

› Comment expliquer l'échec de l'Unité populaire et de Salvador Allende au Chili ?

1 Le choix du rapprochement avec Cuba en pleine guerre froide

a. La visite de Fidel Castro au Chili

En novembre 1971, Fidel Castro fait un voyage diplomatique au Chili. Salvador Allende oriente ainsi un rapprochement de son gouvernement vers le bloc soviétique.

b. La réaction des États-Unis à l'élection d'Allende

L'élection d'Allende se présentait comme un défi à notre intérêt national. Nous ne pouvions accepter un second État communiste dans l'hémisphère occidental. Nous étions persuadés qu'à brève échéance le Chili d'Allende allait adopter une politique étrangère gênant les États-Unis, affaiblir la solidarité au sein de l'Organisation des États d'Amérique, faire cause commune avec Cuba et, tôt ou tard, établir des relations étroites avec l'Union soviétique.

D'après H. Kissinger, *À la Maison Blanche (1968-1973)*, Éd. Fayard, 1979.

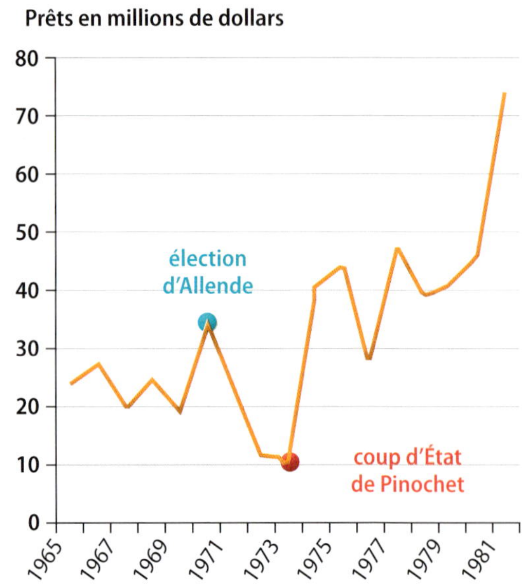

Source : Banque mondiale, 2001.

2 La fin des prêts de la Banque mondiale auprès du Chili

Après l'élection d'Allende, les États-Unis et la Banque mondiale décident de limiter l'aide économique en faveur du pays. La baisse des aides provoque une profonde crise économique dans le pays.

3 Une politique particulièrement coûteuse

a. L'inflation, l'une des conséquences de la politique d'Allende

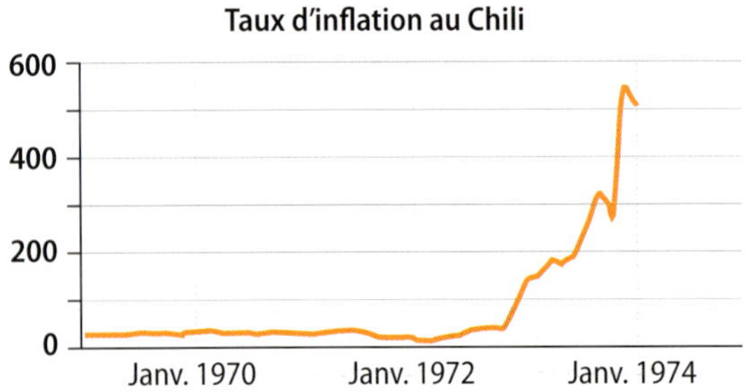

Sources : tradingeconomics.com et Instituto Nacional de Estadista.

Le coût de la politique d'Allende fait augmenter les prix des marchandises. Ainsi, progressivement, le président perd le soutien d'une partie de ses alliés politiques et de la population.

b. Les femmes manifestent contre la vie chère

Manifestation de femmes, Santiago, 1er mars 1973.

Dès 1971, des manifestations, dont les « marches des casseroles vides », sont organisées pour protester contre les difficultés d'approvisionnement et l'appauvrissement d'une partie de la population.

4 **Le coup d'État du général Pinochet, le 11 septembre 1973**

Arrestation au Palais présidentiel de la Moneda, 11 septembre 1973.

5 Le dernier discours de Salvador Allende

Compatriotes, il nous est possible de faire taire les radios, et je prendrai congé de vous. En ce moment sont en train de passer les avions, ils pourraient nous bombarder. Mais sachez que nous sommes là pour montrer que dans ce pays, il y a des hommes qui remplissent leurs fonctions jusqu'au bout. Moi je le ferai mandater par le peuple et en tant que président conscient de la dignité de ce dont je suis chargé. [...]

Le capital étranger, l'impérialisme, ont créé le climat qui a cassé les traditions [...]. Je voudrais m'adresser à la femme simple de notre terre, à la paysanne qui a cru en nous ; à l'ouvrière qui a travaillé dur et à la mère qui a toujours bien soigné ses enfants. Je m'adresse aux personnels de l'État, à ceux qui depuis des jours travaillent contre le coup d'État, contre ceux qui ne défendent que les avantages d'une société capitaliste. Je m'adresse à la jeunesse, à ceux qui ont chanté et ont transmis leur gaieté et leur esprit de lutte. Je m'adresse aux Chiliens, ouvriers, paysans, intellectuels, à tous ceux qui seront persécutés parce que dans notre pays le fascisme est présent déjà depuis un moment. Les attentats terroristes faisant sauter des ponts, coupant les voies ferrées, détruisant les oléoducs et gazoducs ; face au silence de ceux qui avaient l'obligation d'intervenir, l'Histoire les jugera [...].

Vive le Chili, vive le peuple, vive les travailleurs ! Ce sont mes dernières paroles, j'ai la certitude que le sacrifice ne sera pas vain et qu'au moins ce sera une punition morale pour la lâcheté et la trahison.

S. Allende, discours à la radio nationale, 11 septembre 1973.

Vocabulaire

- **Inflation :** hausse généralisée des prix.

ACTIVITÉ **OBJECTIF**

▪ Rédiger une argumentation

Rédigez une composition autour de la problématique suivante : **Comment expliquer l'échec de l'Unité populaire et de Salvador Allende au Chili ?**

▪ Aide méthodologique

Organisez votre raisonnement afin de répondre à la problématique. Faites une introduction qui présente le contexte général et un développement qui expose vos idées. En conclusion, répondez brièvement à la problématique.

▪ Préparer votre argumentation

1. À partir des documents, montrez et expliquez pourquoi la politique d'Allende suscite des hostilités :
- à l'intérieur du pays. **(doc. 3 et 4)**
- à l'extérieur du pays. **(doc. 1 et 2)**

2. À partir des documents, expliquez comment se termine la présidence d'Allende **(doc. 4 et 5)** :
- qui renverse Salvador Allende ?
- avec quels soutiens ?

REPÈRES 3

L'Espagne et le Portugal, deux transitions de la dictature à la démocratie

A Le Portugal de Salazar

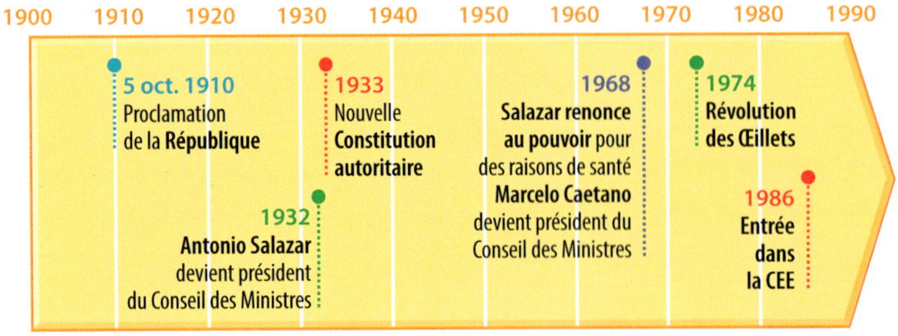

Antonio de Oliveira Salazar (1889-1970)

Antonio de Oliveira Salazar fut président du Conseil des Ministres du Portugal de 1932 à 1968. Il est la figure centrale de l'État nouveau (l'*Estado novo*) et dirige le pays d'une main de fer jusqu'en 1968, au moment où il se retire du Portugal à la suite d'un accident vasculaire cérébral. Son successeur, Marcelo Caetano, reste au pouvoir jusqu'à la révolution des Œillets en 1974.

Les guerres coloniales

Le Portugal est le dernier pays européen à conserver des colonies en Afrique alors que tous les autres ont achevé leur processus de décolonisation.

Les conflits éclatent en Angola en 1961 et se poursuivent jusqu'à la révolution des Œillets en 1974. Tout au long du conflit, l'armée portugaise doit mobiliser de plus en plus d'hommes, ce qui oblige le gouvernement à imposer le service militaire. Ce sont des membres de l'armée coloniale qui sont à l'origine de la révolution des Œillets.

1 Un empire colonial maintenu par la force

L'émigration portugaise sous la dictature de Salazar

Le Portugal connaît aux lendemains de la Seconde Guerre mondiale une très forte émigration, principalement vers la France et vers le Brésil.

Cette émigration est en partie contrôlée par l'État ; pourtant, parmi le million de Portugais qui quittent le pays, 450 000 émigrent clandestinement. La plupart cherchent du travail en France, mais de nombreux Portugais fuient la dictature (notamment tous les opposants politiques) ou le service militaire pour éviter d'être envoyé combattre en Afrique.

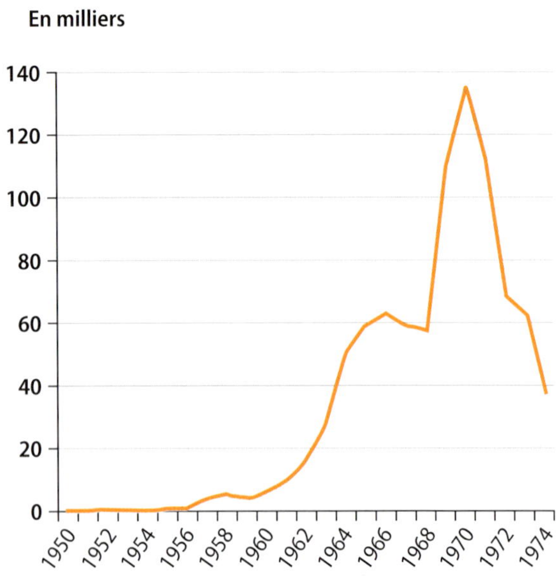

Source : INSEE.

2 L'émigration portugaise vers la France

B L'Espagne à la mort de Franco

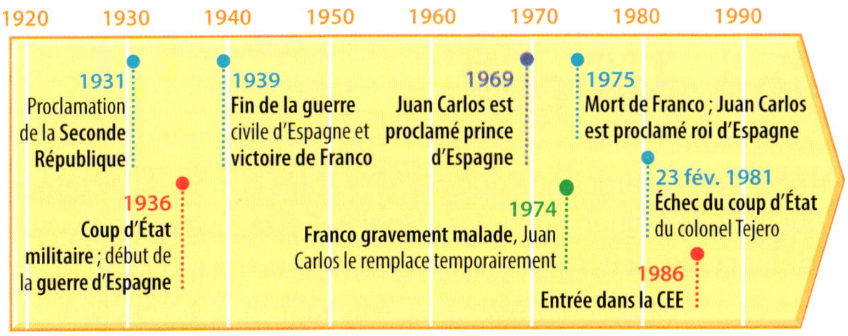

Francisco Franco
(1892-1975)

Militaire et homme d'État espagnol, il s'installe à la tête de l'Espagne à la fin de la guerre civile en 1939. Il prend le titre de *Caudillo* (guide) et met en place une dictature. Il reste au pouvoir jusqu'à sa mort, en 1975.

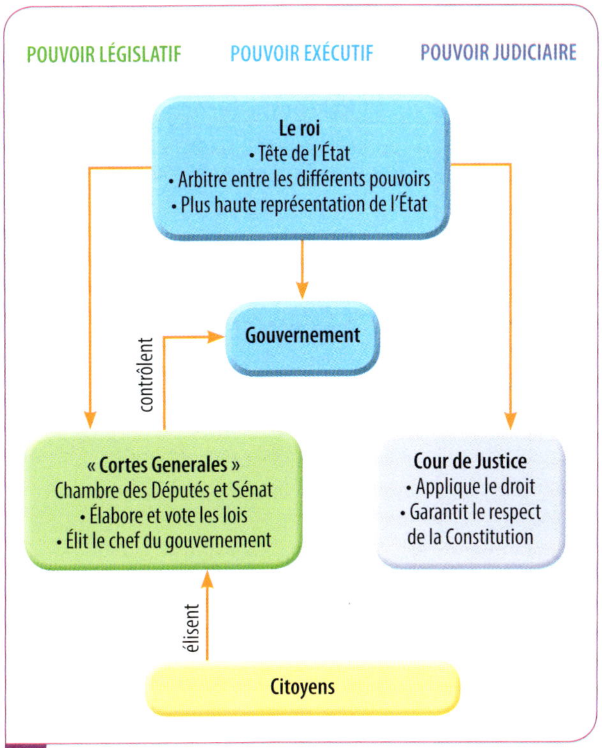

3 La Constitution espagnole de 1978, le roi garant de la démocratie

À la mort de Franco est mise en place une nouvelle Constitution, adoptée par référendum à 88 % des voix.

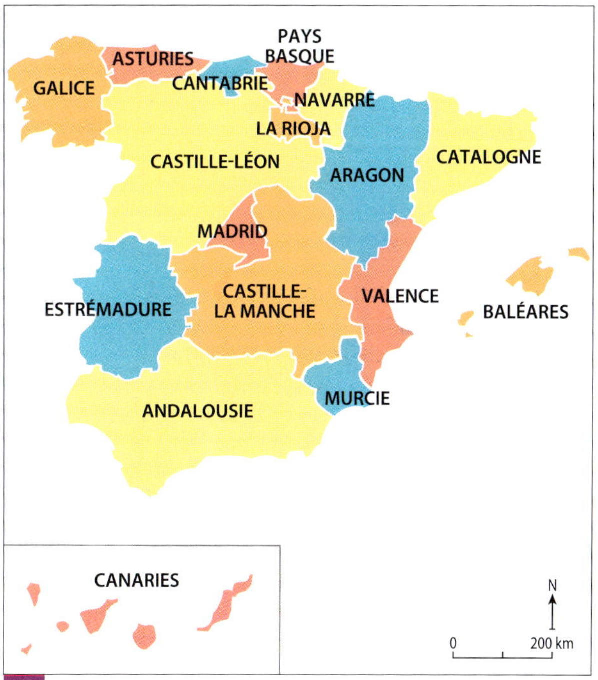

4 L'article 2 de la Constitution, la liberté des communautés autonomes

L'article 2 de la Constitution reconnaît des libertés aux différentes provinces qui composent l'Espagne, contrairement à la situation qui prévalait durant la dictature franquiste. Chaque communauté peut ainsi mettre en avant ses différences culturelles et historiques, comme la reconnaissance des différentes langues, le catalan en Catalogne ou le basque dans le Pays basque par exemple.

Vocabulaire

- **Émigration :** fait de quitter son pays d'origine pour vivre dans un autre pays. Les raisons peuvent être nombreuses : économiques, politiques, religieuses ou autres.

POUR COMPRENDRE

1. Le Portugal comme l'Espagne ont connu la dictature durant une grande partie du XXe siècle. De milliers d'habitants ont fuit le pays. **Expliquez quelles sont les principales causes et conséquences de l'impopularité de la dictature portugaise au début des années 1970. (doc. 1 et 2)**
2. En Espagne, la mort de Franco marque une transition vers la monarchie. **Quels sont les signes de cette transition ? (doc. 3 et 4)**

LEÇON 3 Avancées et reculs des démocraties

› Quels sont les progrès et les limites de la démocratisation à travers le monde ?

A Les réflexions politiques autour de la démocratie

- Au lendemain de la guerre d'indépendance américaine et de la Révolution française, **l'idée de démocratie se diffuse lentement partout en Europe**. Des philosophes français comme Benjamin Constant ou Alexis de Tocqueville s'interrogent sur les principes de représentativité à mettre en avant, ou au contraire sur les dangers de la démocratie pour les nations et les citoyens.
- Ainsi, dans *De la démocratie en Amérique*, Tocqueville évoque **deux écueils majeurs de la démocratie : la tyrannie de la majorité et le despotisme démocratique**. La tyrannie de la majorité consiste à négliger les positions minoritaires ; le despotisme démocratique est la tendance pour les citoyens à laisser les représentants gouverner seuls en se désintéressant de la vie politique.
- **Toutes ces réflexions restent d'actualité.** Aujourd'hui, l'abstention des citoyens est le reflet d'une forme de désintéressement par les citoyens de la vie politique. De même, les mouvements citoyens comme celui, en France, des Gilets Jaunes et de la revendication de la mise en place du référendum d'initiative citoyenne (RIC) montrent que le fonctionnement démocratique des institutions est parfois remis en cause.

1 La population tunisienne se mobilise contre le président Ben Ali

Manifestation à Tunis, 14 janvier 2011.

B Le processus de démocratisation

- **Depuis la fin de la Seconde Guerre mondiale, la démocratie n'a eu de cesse de se développer dans le monde.** Les pays issus de la décolonisation ont adopté des constitutions inspirées des principes démocratiques, même si la démocratisation est un processus lent. En Europe, le Portugal et l'Espagne ont connu une démocratisation au milieu des années 1970 avec la disparition des dictateurs. De même, en Grèce, la dictature des colonels prend fin en 1974. Ces pays européens sont entrés dans les années suivantes dans la CEE.
- **La fin de la guerre froide ouvre une nouvelle phase de démocratisation dans l'ancien bloc soviétique.** Les démocraties populaires d'Europe de l'Est organisent des élections libres. La fin du conflit entre les États-Unis et l'URSS mène aussi à une libéralisation de la vie politique en Amérique latine où les États-Unis soutenaient les dictateurs anticommunistes.
- **Depuis le début du XXIe siècle, la démocratisation de la vie politique connaît une progression plus lente.** Si certains pays, comme le Burkina Faso en 2014, montrent un attachement à une culture démocratique, le bilan du Printemps arabe, entre fin 2010 et 2012, est plus mitigé : bien que la Tunisie ait connu une transition durable vers la démocratie **(doc. 1)**, d'autres pays comme l'Égypte sont restés des régimes autoritaires en proie à d'importantes tensions internes.

Vocabulaire

- **Démocratie populaire :** régime communiste dont le parti au pouvoir estime défendre les intérêts du peuple. Contrairement à son nom, ce n'est pas une démocratie formelle (avec des élections libres).
- **Dictature des colonels :** en Grèce, nom donné à la période de dictature militaire entre 1967 et 1974 à la suite d'un coup d'État.
- **Printemps arabe :** ensemble de contestations populaires, d'ampleur et d'intensité variables selon les régions, qui se sont produites dans le monde arabe à partir de décembre 2010. Son nom fait référence au Printemps des peuples de 1848, en Europe, pour son aspiration à plus de liberté et de démocratie.

C La démocratie en danger

- **L'instauration durable de la démocratie reste un processus fragile.** En effet, dans la seconde moitié du XXe siècle, de nombreux gouvernements démocratiquement élus ont été renversés par des coups d'État. C'est le cas de celui de Salvador Allende au Chili en 1973. Durant la guerre froide, de nombreux dictateurs ont ainsi été soutenus par les États-Unis ou l'URSS afin de contrer l'influence de l'idéologie adverse. Beaucoup d'États africains tels que la République démocratique du Congo ou l'Éthiopie ont connu une très forte instabilité politique marquée par la succession de coups d'État et de régimes autoritaires.
- **La tenue d'élections libres n'empêche pas le développement de pratiques antidémocratiques.** Par exemple, en Russie, l'opposition au régime ne peut pas s'exprimer librement. Les médias ne sont pas libres et de nombreux opposants sont arrêtés. Au sein de l'Union européenne, des pays comme la Hongrie ou la Pologne ont été condamnés pour ne pas respecter les libertés judiciaires fondamentales.
- **Enfin, y compris dans les démocraties dites historiques, le fonctionnement des institutions est critiqué pour le manque de représentation des citoyens.** En France, de nombreuses manifestations dénoncent le manque de représentation des minorités ou des classes populaires qui ne se sentent pas incarnées par les institutions.

2 Arrestation de Patrice Lumumba au Congo, 1960

En pleine guerre froide, l'arrestation puis l'assassinat de Patrice Lumumba en République du Congo (aujourd'hui République démocratique du Congo), devenu Premier ministre après l'indépendance, vise à éliminer un homme politique proche de l'idéologie communiste.

SCHÉMA BILAN

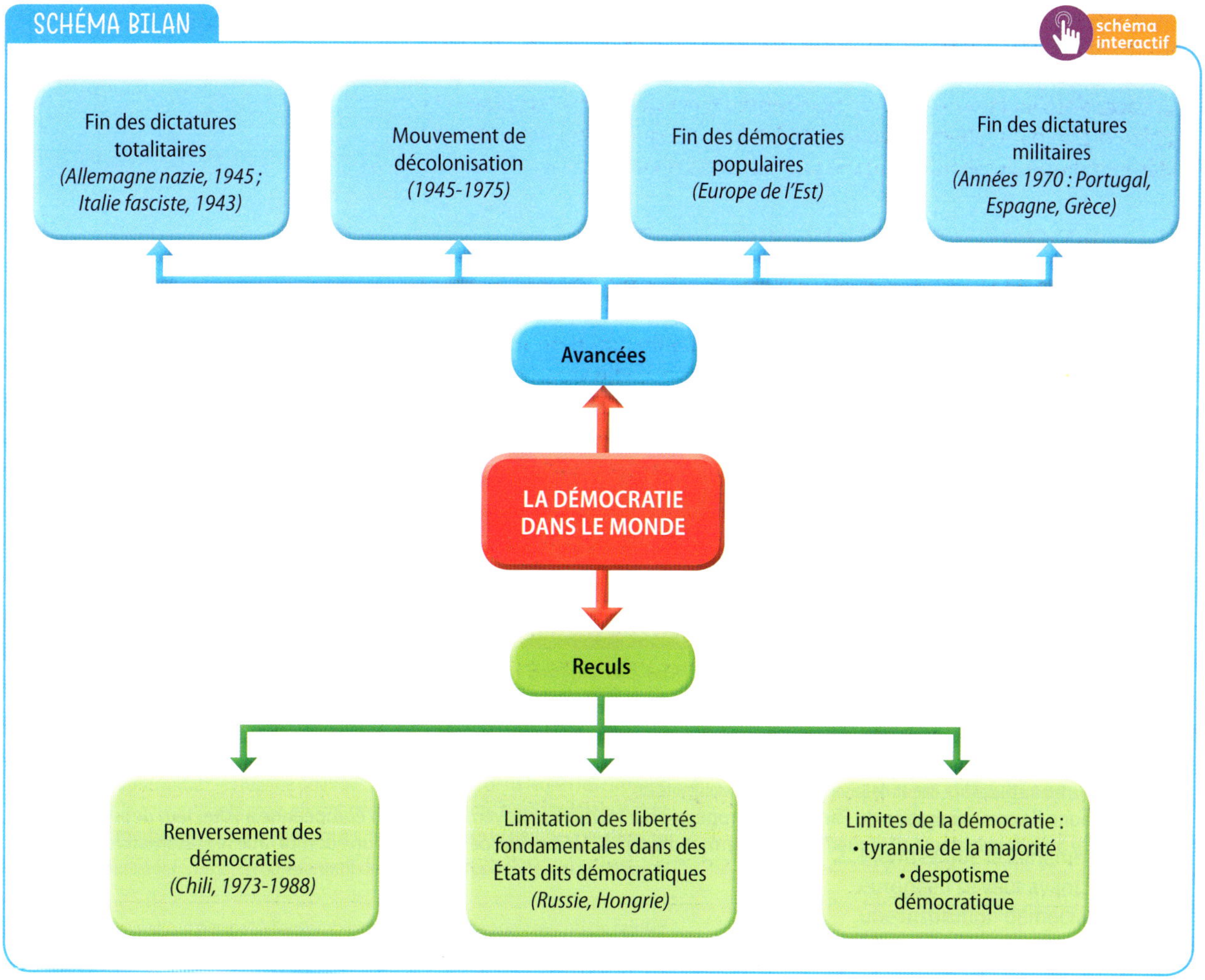

REPÈRES 1 L'Union européenne, une institution démocratique

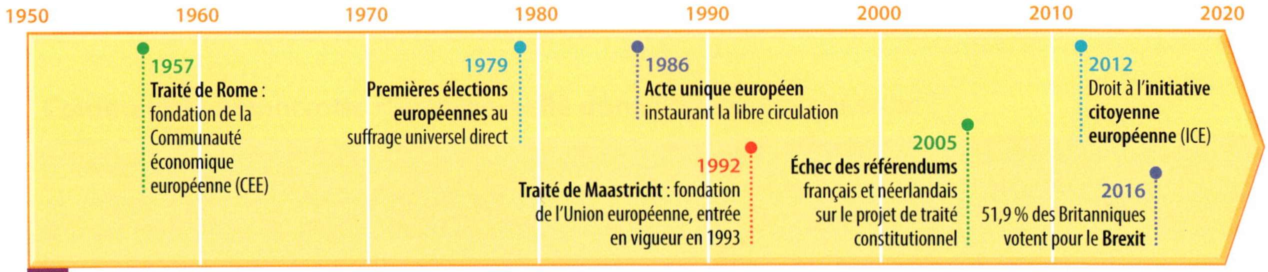

1 Une institution qui vit au rythme de la démocratie

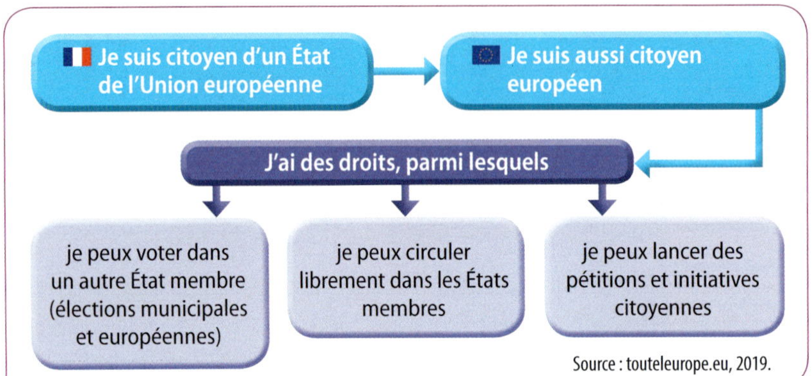

Source : touteleurope.eu, 2019.

2 La citoyenneté européenne : des droits démocratiques

La notion de citoyenneté européenne est une citoyenneté dite de « superposition », introduite par le traité de Maastricht en 1992.

Vocabulaire

- **Erasmus :** programme d'échange universitaire permettant aux étudiants européens d'étudier un semestre dans un État membre de l'UE ou participant au programme.
- **Espace Schengen :** espace de libre circulation des personnes entre les États signataires des accords de Schengen (1995).

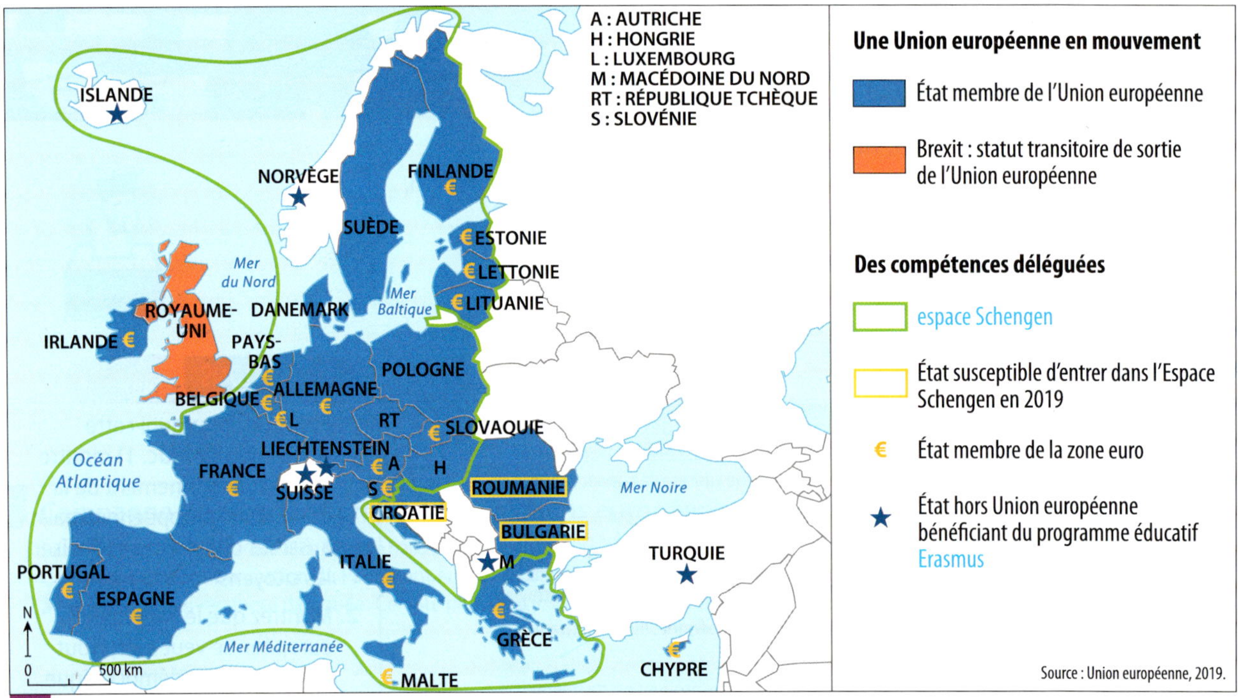

Source : Union européenne, 2019.

3 Des délégations de compétences à géométrie variable

carte interactive

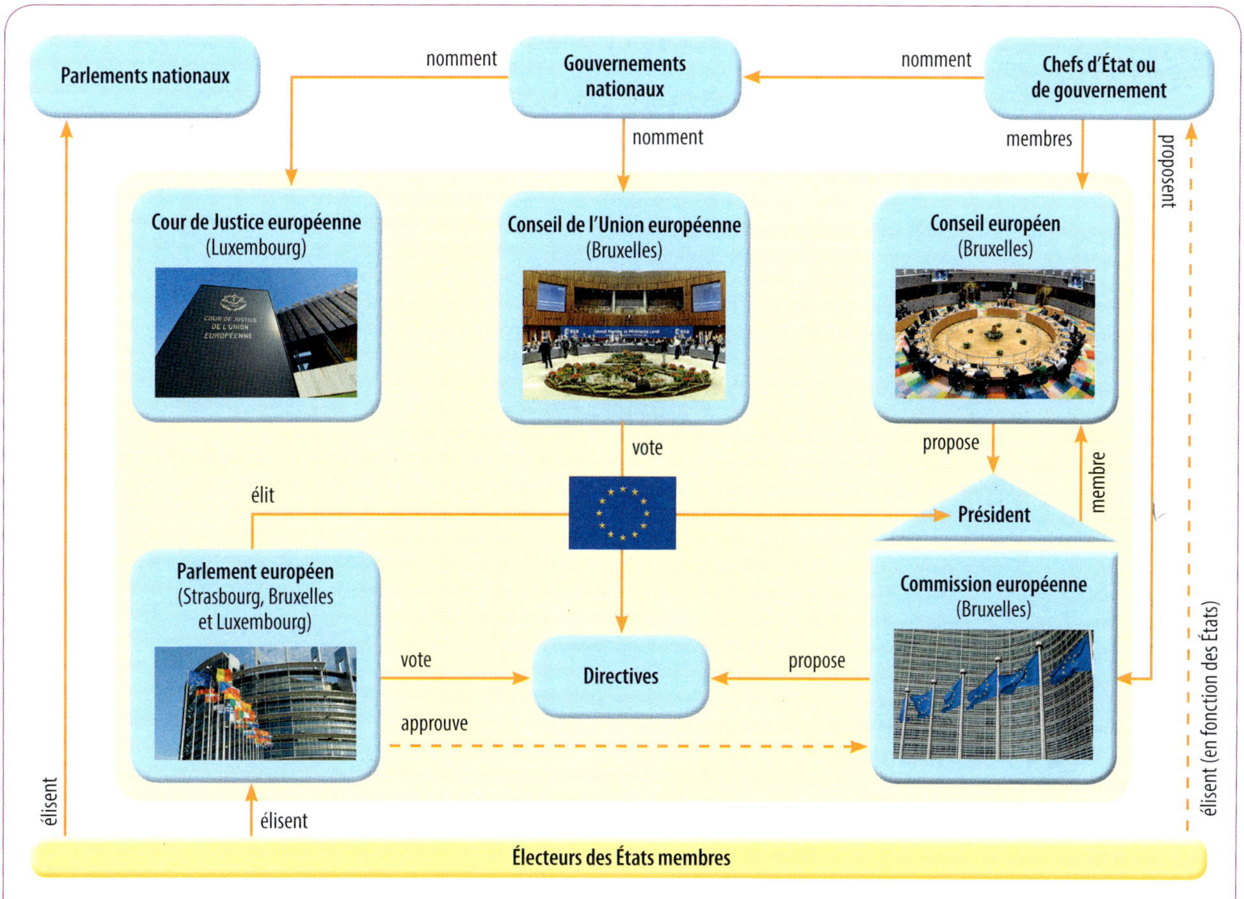

Source : europa.eu, 2019.

4 La démocratie européenne en fonctionnement

Lancée en septembre 2018, l'ICE visant à mettre fin à l'élevage en cage est en cours en 2019.

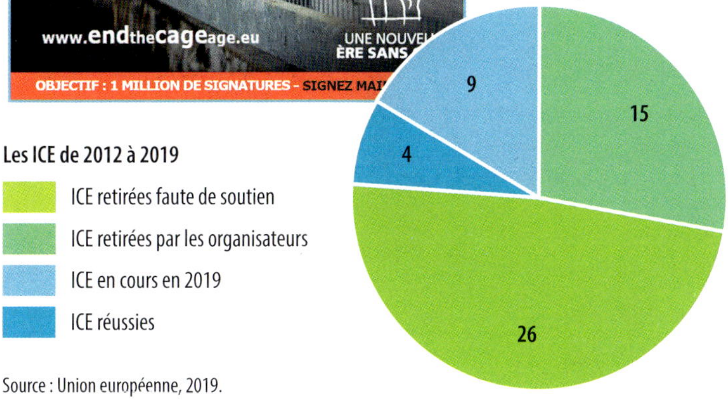

Source : Union européenne, 2019.

5 L'initiative citoyenne européenne (ICE), un bilan mitigé

L'initiative citoyenne européenne est une nouveauté du traité de Lisbonne : elle permet un droit d'initiative pour une proposition qui rassemble un million de signatures de citoyens d'au moins sept pays de l'Union.

POUR COMPRENDRE

1. Les institutions européennes reposent sur des principes démocratiques (notamment le principe de séparation des pouvoirs) et de droits (comme la liberté de circulation). **Montrez comment les institutions européennes appliquent les grands principes démocratiques.** (doc. 1, 2 et 4)
2. Les citoyens ont des droits qu'ils peuvent exercer mais cette liberté a aussi quelques limites. **Montrez comment s'exercent les libertés des citoyens et quelles sont les limites de celles-ci.** (doc. 3 et 5)

ÉTUDE

L'apprentissage de la démocratie déléguée

L'Union européenne est une organisation internationale unique, dans laquelle les États membres ont confié, délégué, une partie de leurs compétences, comme l'émission de la monnaie. Ainsi, aux pouvoirs nationaux se superpose un pouvoir européen fondé sur des institutions démocratiques, comme le Parlement européen. Mais cette délégation est parfois mal acceptée.

› Sous quelles formes l'Union européenne applique-t-elle les principes de la démocratie déléguée ?

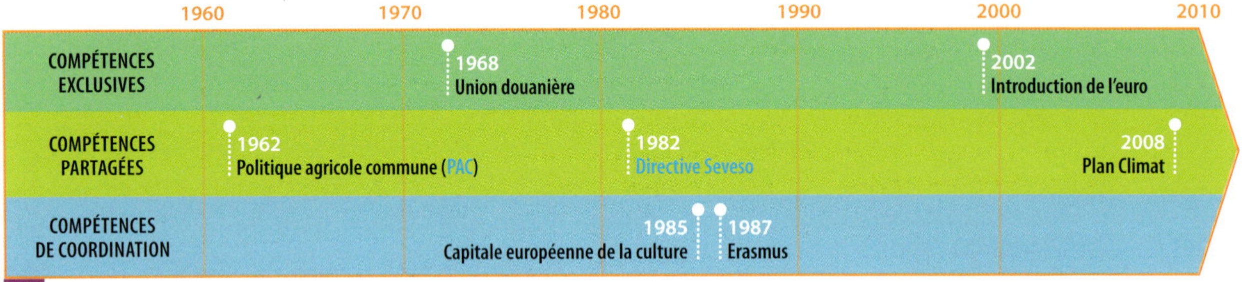

1 La diversité des compétences déléguées

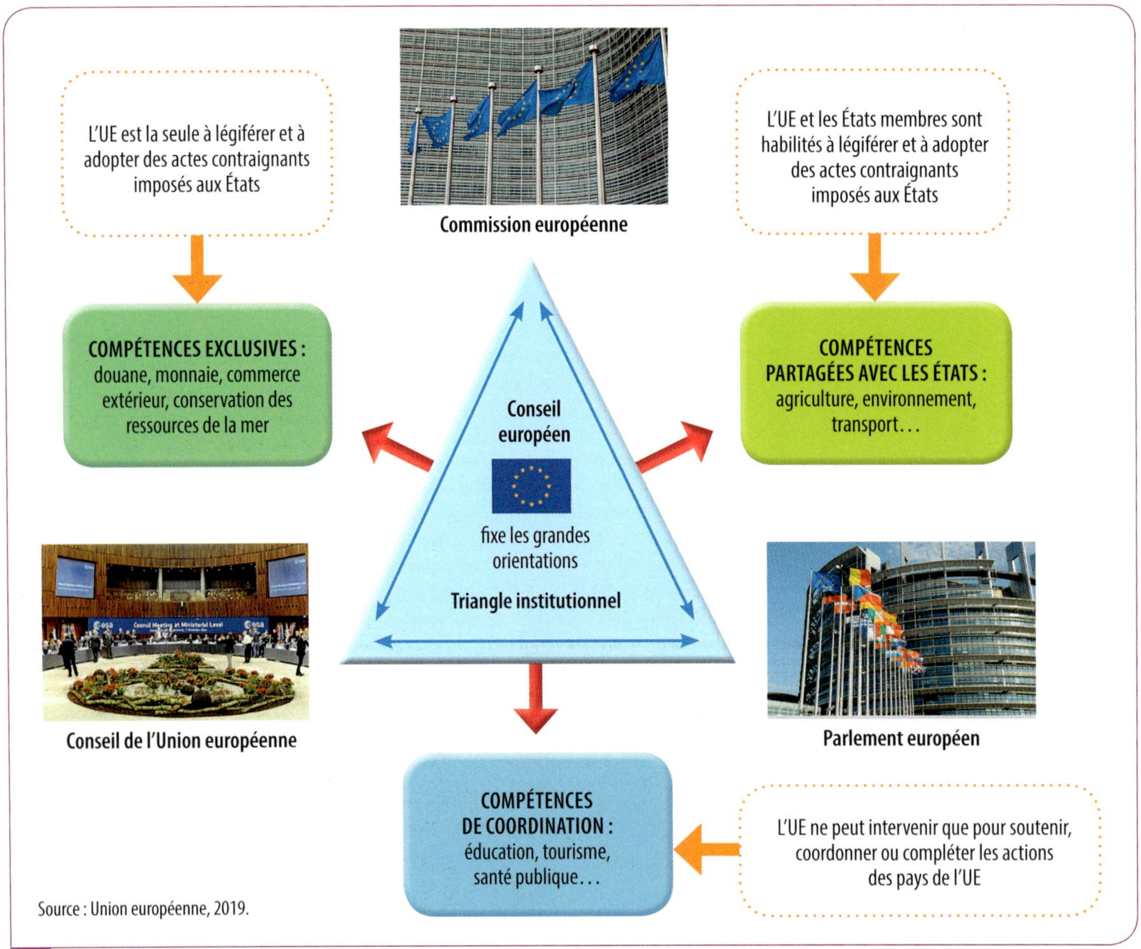

Source : Union européenne, 2019.

2 Les compétences déléguées à l'Union européenne

3 L'Union européenne, une démocratie déléguée à souveraineté déléguée

Les institutions européennes montrent déjà une belle densité démocratique que commencent en ce moment à envier certains peuples de l'Union : un contrôle direct (le Parlement) et indirect (le Conseil) pour investir, contrôler et approuver les propositions législatives de la Commission, avec au-dessus une Cour de Justice efficace.

La souveraineté se partage et se délègue : les pays européens ont bien délégué à la Banque Centrale Européenne un des attributs premiers de la souveraineté qu'est le droit de frapper monnaie. La Cour de Justice a déjà les attributs d'une institution qui dépasse l'ordre des traités interétatiques : elle se place au niveau des citoyens et produit du droit européen qui s'impose à tous, sans passer, comme c'est le cas pour les directives, par une transcription en droit national. L'OMC (Organisation Mondiale du Commerce) en matière commerciale ou, plus modestement, les régulations en matière de trafic aérien, sont aussi, à un niveau mondial, des ébauches de souveraineté déléguée, avec un contrôle démocratique pour le moins faible.

Il faut interroger cette chronologie qui voudrait que la souveraineté ne puisse résulter que de la légitimité politique. L'expérience historique enseignerait plutôt l'inverse : souveraineté d'abord, démocratie (parfois) ensuite. Les unions qui se sont produites en Europe au XIXe siècle ne procédaient pas de la démocratie. Il a fallu la force des armes, ou, dans le cas de l'unité allemande, une pression prussienne sur des dirigeants non élus démocratiquement. L'exemple cité plus haut des institutions internationales est pertinent : non démocratiques à l'origine, elles suscitent les besoins et les attentes d'une légitimité démocratique accrue.

D'après F. Meunier, « Est-ce de démocratie que l'Europe a besoin ? », telos-eu.com, 5 septembre 2018.

La Banque Centrale Européenne à Francfort.

4 L'environnement, une délégation partielle de souveraineté

Manifestation contre l'utilisation du plastique devant le Parlement européen, octobre 2018.

La dépendance européenne au plastique produit 25 millions de tonnes de déchets par an en Europe. L'Union cherche donc à réduire sa consommation et veut interdire l'utilisation des produits plastiques à usage unique. Ce texte a fait l'objet d'une intense compagne de lobbying de certaines industries opposées à ce projet. « Il y a eu des réactions violentes de plusieurs secteurs en Allemagne, le secteur des ballons par exemple », explique l'eurodéputée belge Frédérique Ries. Si le texte est adopté, il devra ensuite obtenir le feu vert des États membres. L'Union veut interdire 10 objets en plastique qui représentent 70 % des déchets marins.

D'après G. Lory, « L'UE en lutte contre les plastiques », euronews.com, 23 octobre 2018.

Vocabulaire

- **Démocratie déléguée :** système politique dans lequel les pouvoirs sont délégués par vote (représentants élus) ou par désignation (fonctionnaires d'État).
- **Directive Seveso :** obligation d'identifier les sites industriels présentant des risques d'accident majeurs.
- **PAC (Politique agricole commune) :** politique européenne de modernisation de l'agriculture mise en place en 1962.
- **Souveraineté déléguée :** transfert de certaines compétences des États vers un ensemble supranational (l'Union européenne). Cela concerne certains domaines délimités, comme la politique de la concurrence, le marché unique ou la conservation des ressources de la mer.

ANALYSE DE DOCUMENTS

1. Quels sont les domaines de compétence dans lesquels les États membres délèguent une partie de leur souveraineté à l'UE ? **(doc. 1, 2 et 4)**
2. Sur quels principes démocratiques repose cette délégation de souveraineté ? Pourquoi des États sont-ils réticents à déléguer certaines compétences ? **(doc. 3)**
3. À partir des **documents 2 et 3**, montrez que le fonctionnement de l'Union européenne repose sur la délégation de souveraineté, mais qu'elle est source de tensions.

ÉTUDE

Un processus de décision complexe

L'élargissement de l'Union européenne a conduit à des réformes dans le processus de décisions depuis les années 1990. Ainsi, le pouvoir du Parlement a été étendu et le mode de scrutin des textes législatifs s'est adapté, renforçant le principe de la démocratie participative et le rôle du Parlement.

❯ Comment l'UE parvient-elle à prendre des décisions communes à 28 États souverains ?

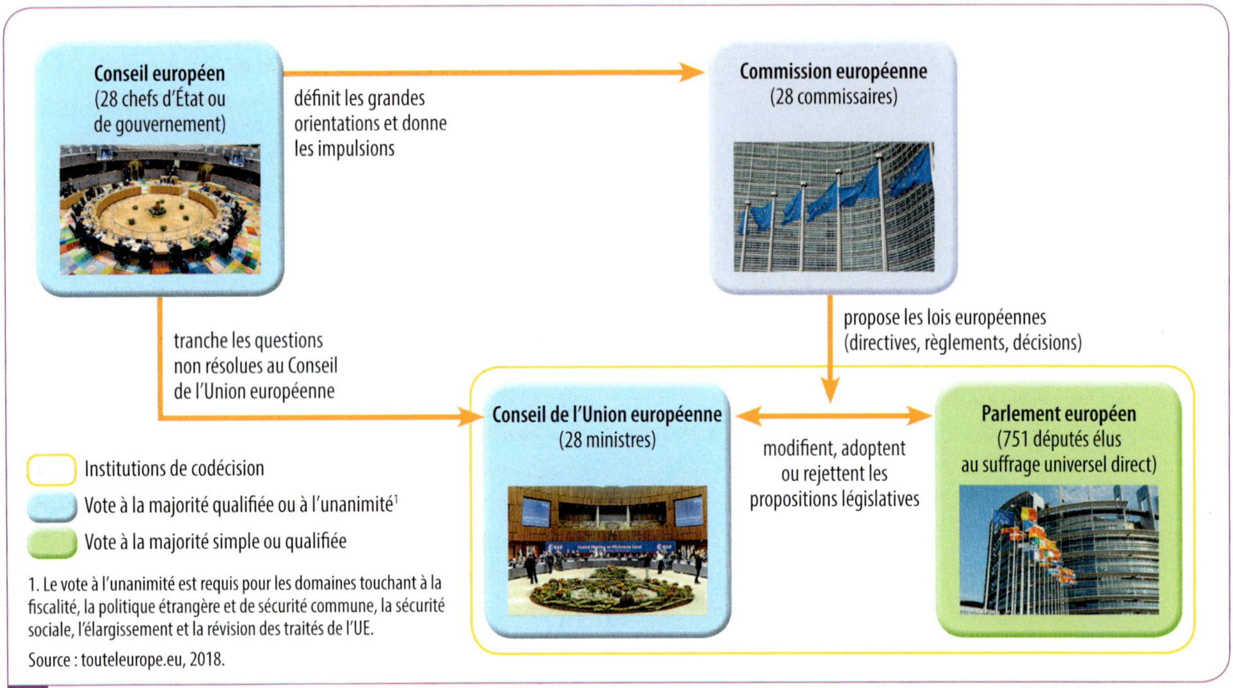

1 Le processus législatif de l'Union européenne

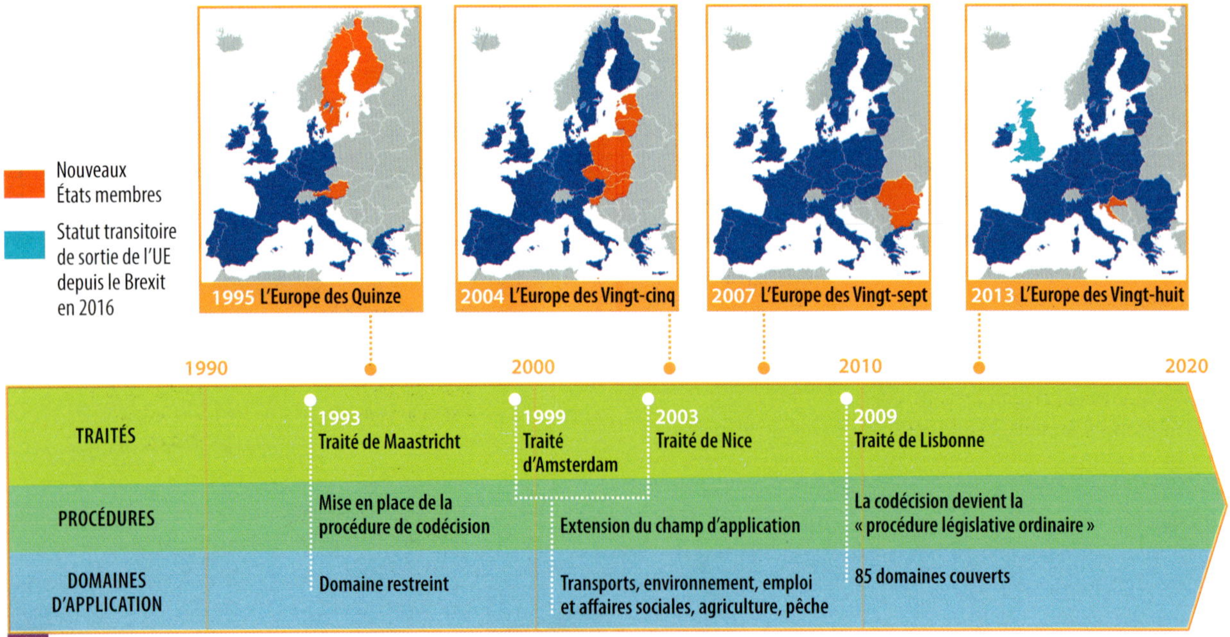

2 Une extension des pouvoirs de codécision du Parlement

Source : Parlement européen, 2019. Années d'entrée en vigueur des traités.

Procédure législative de l'Union européenne

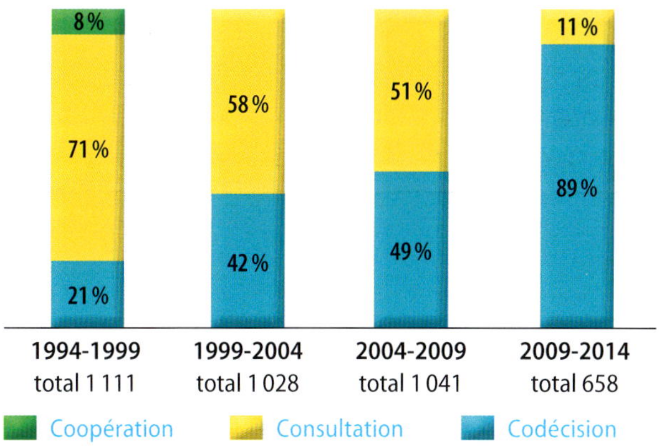

Source : Fondation Robert-Schuman, 2018.

3 Une procédure de codécision généralisée

Répartition par législature du Parlement européen des propositions législatives traitées entre 1994 et 2014.

Vocabulaire

- **Procédure de codécision :** appelée procédure législative ordinaire. Le Parlement européen et le Conseil de l'UE s'accordent sur l'adoption de certaines directives et règlements communautaires.
- **Procédure de consultation :** le Parlement européen donne son avis, non contraignant, sur une proposition de la Commission européenne.
- **Procédure de coopération :** négociations entre la Commission européenne, le Conseil et le Parlement. Elle n'existe plus depuis le traité de Lisbonne.

4 La directive tabac, un exemple du processus de décision au sein de l'Union européenne

Un projet législatif, visant à rendre les produits du tabac moins attrayants pour les jeunes, a été adopté ce mercredi. Le texte, objet d'un accord informel avec les ministres de l'UE, impose des alertes visuelles sur 65 % de la surface des paquets. Les cigarettes électroniques seraient réglementées soit comme des médicaments si elles permettent d'arrêter de fumer soit comme des produits du tabac.

« Nous sommes arrivés au bout de plusieurs années de travail contre un lobbying intense de l'industrie du tabac. Ces nouvelles mesures constituent une étape importante dans le contrôle du tabac et contribuent à ne pas créer une nouvelle génération de fumeurs. Nous savons que ce sont les jeunes et pas les adultes qui commencent à fumer. La plupart des fumeurs débutent avant 18 ans » a déclaré le rapporteur Linda McAvan (S&D, UK). Le texte a été adopté par 514 voix pour, 66 contre et 58 abstentions.

Selon la législation actuelle, les avertissements relatifs à la santé doivent couvrir au moins 30 % de la surface à l'avant du paquet et 40 % à l'arrière. Le texte proposé augmenterait ce pourcentage à 65 % et exigerait que de telles alertes se présentent sous forme d'images, ce qui n'est pas le cas dans tous les États membres actuellement. Les paquets de moins de 20 cigarettes – moins chers et donc plus accessibles pour les jeunes – seraient interdits dans le peu de pays qui les autorisent encore.

« Directive Tabac : le Parlement veut décourager les jeunes de fumer », Communiqué de presse du Parlement européen, europarl.europa.eu, 26 février 2014.

ANALYSE DE DOCUMENTS

1. Décrivez le processus d'adoption d'une loi au sein de l'Union européenne. **(doc. 1)**
2. Comment le principe de codécision au sein de l'Union européenne évolue-t-il ? **(doc. 2 et 3)**
3. Montrez que la directive tabac est un bon exemple de prise de décision à l'échelle européenne. **(doc. 4)**

Pour aller plus loin

Expliquez le processus suivi par la directive tabac en complétant le tableau ci-contre. Aidez-vous des documents mis à disposition par l'UE sur son site, onglet « salle de presse ».

lien Internet

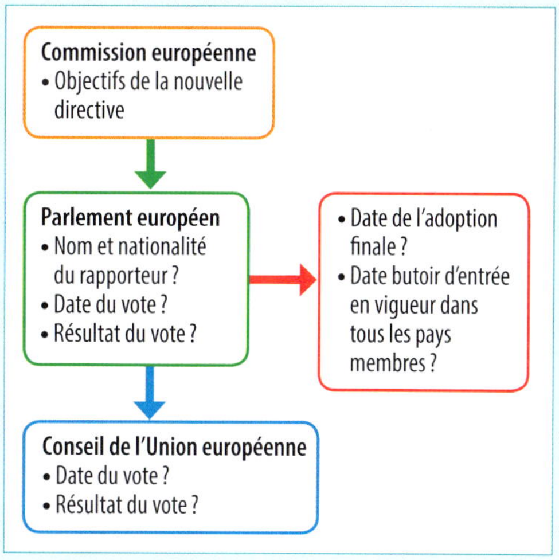

ÉTUDE

Un fonctionnement démocratique critiqué

Le Brexit, tout comme la montée régulière de l'abstention aux élections du Parlement européen, témoignent d'une méfiance des citoyens à l'égard de l'Union européenne et de ses institutions. Pourtant, elle a engagé des réformes pour permettre aux citoyens de faire entendre leur voix. Mais son fonctionnement reste complexe et mal connu des citoyens.

❯ Pourquoi la démocratie européenne subit-elle des critiques de la part de ses citoyens ?

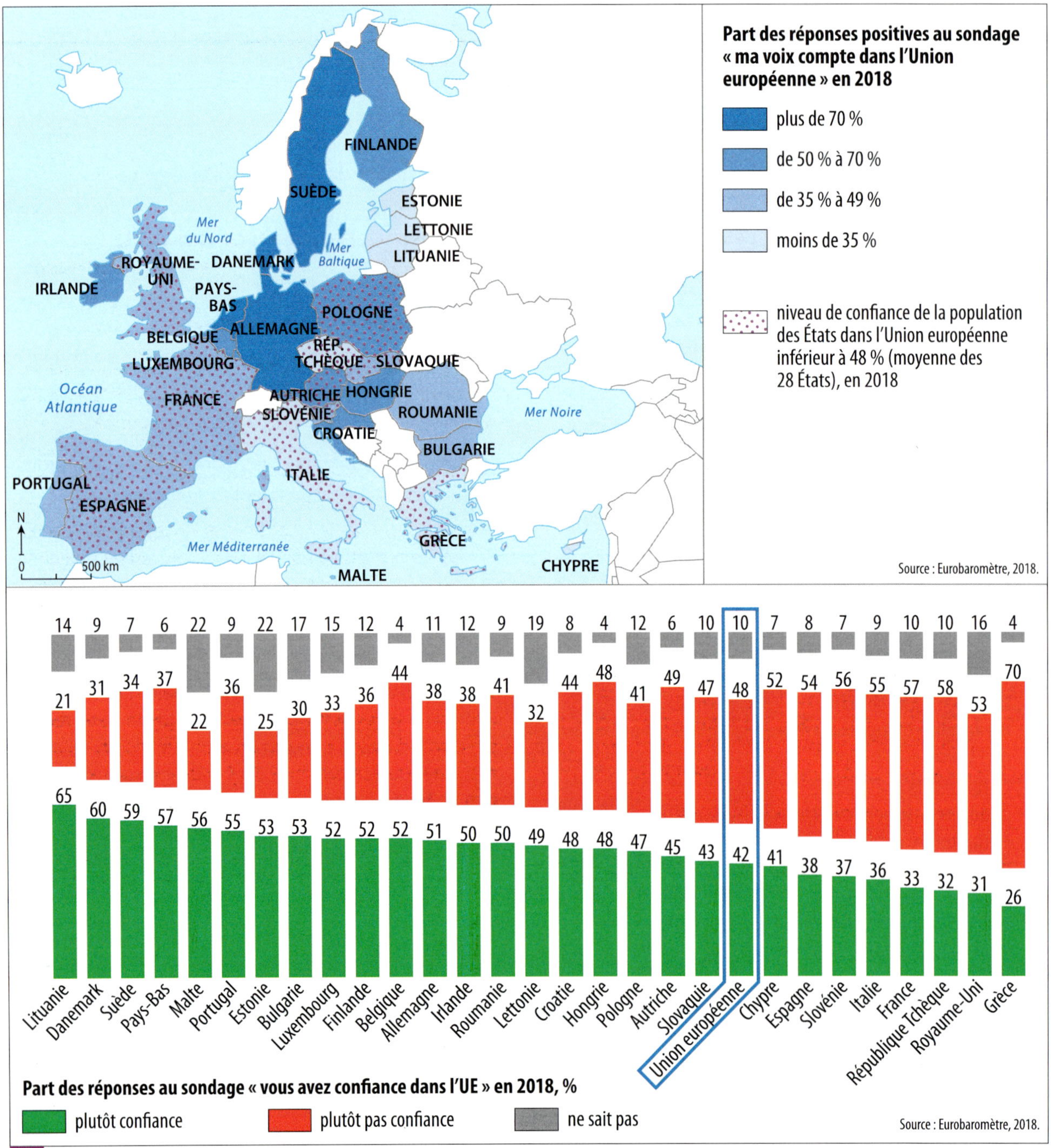

1 Une confiance dans la démocratie représentative inégale

2 L'élection du Parlement : un système représentatif transnational ambigu

Le Parlement européen ne représente pas ses électeurs européens aussi bien que les parlements nationaux. Cela est dû au système électoral : dans chaque pays, ce sont les partis nationaux qui présentent des candidats aux élections européennes. Et ils mènent des campagnes nationales sur des thèmes nationaux. Ensuite, au Parlement européen, les acteurs en scène ne sont plus les partis nationaux mais des groupes parlementaires européens (le Parti populaire, les socialistes, les Verts…), qui sont des coalitions souples composées de partis nationaux idéologiquement proches. Le choix des électeurs est mis de côté : ceux-ci votent pour des partis qui ne jouent aucun rôle au Parlement mais en revanche, les partis qui sont de fait actifs sur la scène européenne n'ont pas été élus en tant que tels et l'électeur ne peut pas leur demander de rendre des comptes. De fait, le lien direct entre l'électeur et son député est brisé.

Une autre raison est le manque d'un véritable espace public européen. On parle beaucoup de l'Europe mais ce sont toujours des discours nationaux sur l'Europe et non un débat proprement européen.

D'après O. Beaud et D. Grimm, « Démocratie européenne : les raisons de la défiance », *Esprit*, 7 juillet 2015.

a. La baisse du taux de participation aux élections européennes

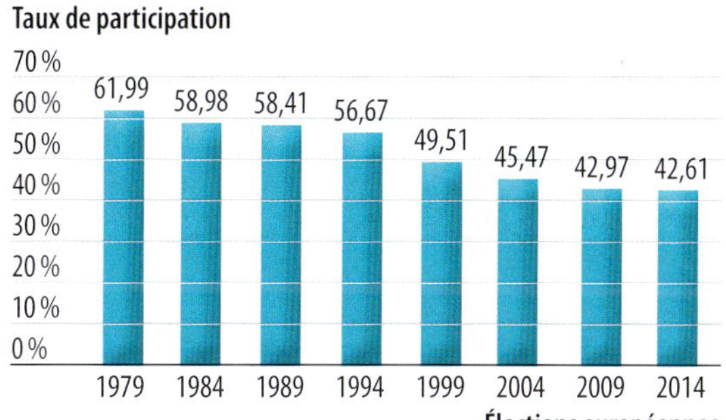

Source : Fondation Robert-Schuman, 2018.

b. Une caricature soulignant l'abstention

Dessin de Boligan, « Européennes : la grande victoire de l'abstention », *Courrier international*, 26 mai 2014.

3 Une désaffection croissante des électeurs

	Mesure	Objectif
1976	Élection au suffrage universel direct des membres du Parlement européen (1re élection en 1979)	Meilleure représentation des citoyens
1992	Le traité de Maastricht crée une « citoyenneté européenne » et un médiateur européen habilité à recevoir les plaintes de tout citoyen de l'UE	Donner une dimension citoyenne à l'UE
2007	Organisation des « consultations européennes de citoyens » (CEC) sur l'avenir de l'Europe à l'horizon 2020	Consultation des citoyens
2012	Entrée en application de l'initiative citoyenne européenne (ICE) permettant à un million de citoyens de l'UE, provenant d'au moins sept États membres, de demander l'adoption d'un acte de droit de l'UE	Droit d'initiative aux citoyens européens
2018	Harmonisation du scrutin pour l'élection du Parlement européen de 2019 par l'adoption d'une circonscription nationale unique pour tous les pays de l'UE	Homogénéisation des pratiques électorales

4 Des dispositions pour consolider la représentativité et l'expression des citoyens

5 Des citoyens peu entendus ?

Jusqu'à présent, seules quatre initiatives citoyennes sur les 64 présentées depuis 2012 ont réussi à remplir l'ensemble des conditions fixées par la Commission européenne, ainsi que le million de signatures demandées. La toute première, lancée en 2012 et intitulée « *right for water* », avait obtenu une réponse jugée décevante de la part de Bruxelles. Face à la réclamation citoyenne pour un accès universel à l'eau et l'assainissement au sein de l'UE, la Commission s'était contentée de lancer une consultation publique sur la directive Eau potable. Dernière ICE en date : l'initiative « Stop glyphosate » en 2017. Celle-ci a récolté plus de 1,3 million de signatures, mais a vu ses espoirs largement déçus par la Commission européenne. Les signataires demandaient notamment l'interdiction des pesticides à partir de glyphosate, revendication balayée par une autorisation de renouvellement proclamée le 12 décembre 2017. Mise en place à l'origine pour donner un nouveau souffle démocratique à l'Europe, l'ICE affiche donc un bilan en demi-teinte.

D'après « Qu'est-ce qu'une initiative citoyenne européenne ? », touteleurope.eu, 21 décembre 2018.

ANALYSE DE DOCUMENTS

1. Quelles sont les critiques sur le fonctionnement de la démocratie européenne ? **(doc. 1, 2 et 5)**
2. Pourquoi le fonctionnement de la représentativité des citoyens au Parlement peut-il expliquer en partie le désintérêt des citoyens ? **(doc. 2 et 3)**
3. Comment l'Union européenne tente-t-elle de répondre aux critiques des citoyens ? **(doc. 4)**

ÉTUDE

ORAL

Les débats sur le modèle démocratique de l'Union européenne depuis les années 2000

Le rejet du projet de traité établissant une Constitution pour l'Europe (TECE), en 2005, en France et aux Pays-Bas, a constitué une fracture durable sur des visions opposées de l'avenir de la construction politique européenne. Face aux défis du XXIe siècle, l'Union européenne cherche à renforcer sa légitimité démocratique et à affirmer ses valeurs malgré les divisions.

❯ Quels débats agitent l'Union européenne depuis l'échec du référendum de 2005 ?

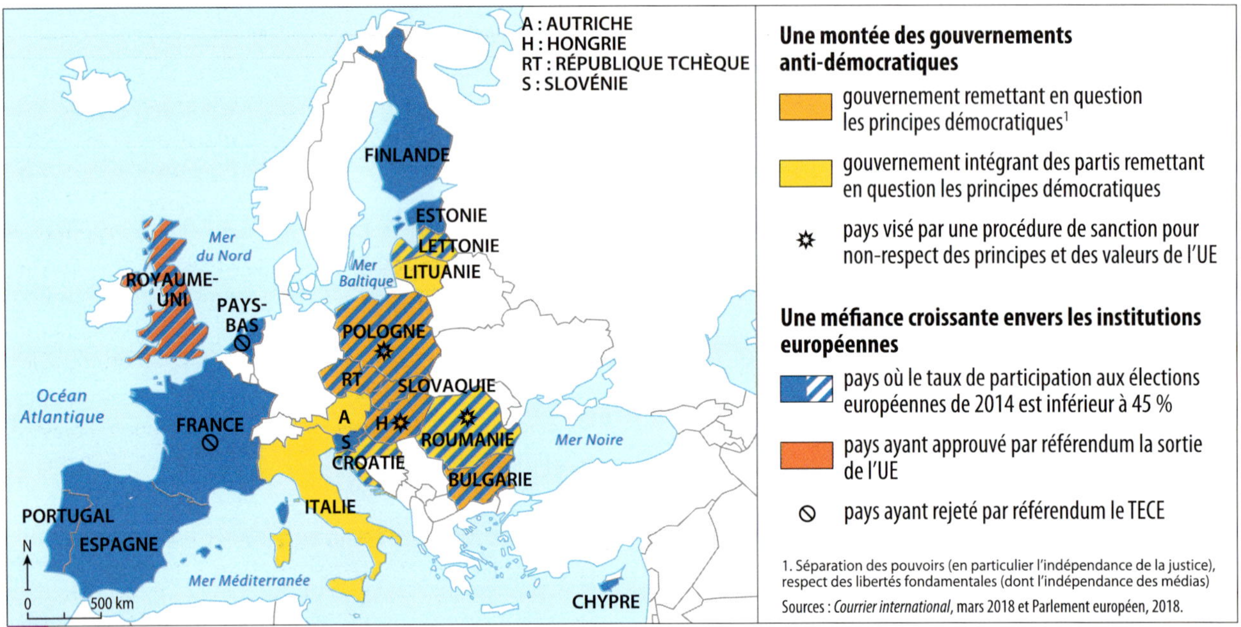

1. Séparation des pouvoirs (en particulier l'indépendance de la justice), respect des libertés fondamentales (dont l'indépendance des médias)

Sources : *Courrier international*, mars 2018 et Parlement européen, 2018.

1 Une construction fragilisée

carte interactive

Les innovations institutionnelles	Avant le TECE	Après le TECE
Le Parlement européen	Vote certains textes en co-décision avec le Conseil et un avis sur les autres	La co-décision est étendue. Le pouvoir du Parlement est renforcé
Le Conseil européen	N'est pas une institution de l'Union. Sa présidence est assurée par le chef de l'État ou de gouvernement assurant la présidence de l'Union pour 6 mois	Devient une institution à part entière. Son président, élu pour deux ans et demi par le Conseil européen, représente l'Union à l'extérieur
Le Conseil de l'Union européenne	Deux modes de votes : unanimité et majorité qualifiée selon les domaines	Réduction du vote à l'unanimité au profit de la majorité qualifiée (55 % des États représentant 65 % de la population européenne). Délibération et vote sont publics : la presse peut informer les citoyens
La Commission	Son président est désigné par le président du Conseil et approuvé par le Parlement	Son président est élu par le Parlement européen sur proposition du Conseil européen
Le ministre des Affaires étrangères de l'Union	N'existe pas	Proposition de créer un ministre des Affaires étrangères mais le terme irrite les « souverainistes » (dont le Royaume-Uni)

2 Le traité établissant une Constitution pour l'Europe (TECE), en 2005 : une réforme inaboutie pour renforcer la construction politique de l'Union

En jaune : évolutions prises en compte dans le traité de Lisbonne.

Source : touteleurope.eu, 2018.

LUNDI 30 MAI 2005 • QUATRIÈME ÉDITION N° 7481 • WWW.LIBERATION.FR

Au moins un mort et huit blessés dans une nouvelle flambée de violence à Perpignan page 19

Libération

Le jour le plus NON

54,86 % contre la Constitution*

Les Français ont voté en masse (69,74 %*)
Chirac promet une «nouvelle impulsion»
La gauche et la droite sont fracturées
L'Union poursuit le processus de ratification

Enlevés depuis 145 jours
Lire page 16

*Selon une totalisation partielle à 1h30.

3 Une de *Libération*, « Le jour le plus non » après l'échec du référendum français sur le TECE, 30 mai 2005

ACTIVITÉ **OBJECTIF** ■ Préparer un oral

Présentez un oral argumenté répondant à la question suivante : **Comment les réformes institutionnelles des années 2000 sont-elles révélatrices des débats sur le modèle démocratique de l'Union européenne ?**

Afin de vous aider à organiser votre argumentation, complétez le tableau ci-dessous, en vous appuyant sur le questionnement.

Une construction démocratique fragilisée mais qui progresse… **(doc. 1 et 2)**	… sur un modèle politique unique … **(doc. 2 et 4)**	… révélateur des débats et oppositions dans l'Union européenne **(doc. 1, 3 et 5)**
Expliquez comment le traité de Lisbonne permet une représentation et une information des citoyens plus importantes. Montrez que les principes démocratiques et les valeurs sur lesquels repose l'Union sont fragilisés.	Quelle réforme institutionnelle du traité de Lisbonne renforce les pouvoirs de l'Union ? Montrez cependant que le pouvoir des États reste important.	Quelles sont les critiques des eurosceptiques sur la construction politique de l'Union ? Quelles sont les conséquences de cet euroscepticisme ?

Pour aller plus loin

Visionnez le reportage de 2007 sur la signature du traité de Lisbonne.

lien Internet « Le traité sur le fonctionnement de l'Union européenne », INA, 13 décembre 2007.

4 Une construction démocratique complexe, résultat d'un compromis

Si l'Europe peine à trancher pour un modèle plutôt que pour un autre, c'est parce que s'affrontent dans la construction européenne deux légitimités, celle des États et celle de l'Union. Les États souhaitent la poursuite de l'aventure européenne parce qu'elle leur donne plus de poids économique et politique, mais nombre d'entre eux demeurent attachés à leur souveraineté et à leurs spécificités. Il faut donc sans cesse trouver un équilibre entre ces deux objectifs. Mais le prix de cet équilibre est la complexité du système institutionnel, difficilement compréhensible par les citoyens. Rapprocher l'Europe des citoyens passe donc en partie par une simplification de ce système. Le traité de Lisbonne va dans le sens de cette simplification. Il ne tranche cependant pas encore l'épineuse question du modèle. Avec une présidence fixe pour le Conseil européen, les Vingt-sept prennent le risque de renforcer cette institution de nature intergouvernementale face à une Commission affaiblie par la montée en puissance du Parlement, élément de démocratisation, celle-ci allant dans le sens d'un renforcement du fédéralisme. Le texte adopté ne résout donc pas la question de la nature du projet européen qui restera longtemps sans doute un système à mi-chemin entre confédération et fédération, ce qui en fait un modèle unique au monde.

D'après « Europe des régions, des nations, fédérale », vie-publique.fr, 11 novembre 2018.

5 L'euroscepticisme, révélateur des débats sur le modèle démocratique de l'UE

L'euroscepticisme, attitude de rejet de la construction européenne, comprend trois grandes familles, les deux premières plutôt de droite et la dernière plutôt de gauche : les souverainistes, qui honnissent l'UE source de transferts de souveraineté vers des institutions supranationales ; les libertariens, qui dénoncent la création d'un super-État, attentatoire aux libertés ; et les antilibéraux, qui critiquent son essence libérale prônant le développement de l'interdépendance économique afin de garantir la paix. Pour tous, les institutions européennes sont perçues comme technocratiques, illégitimes et antidémocratiques. Ces trois courants ont toujours été puissants au Royaume-Uni (RU), où un référendum sur le maintien dans l'Union européenne (UE), en juin 2016, a donné une courte victoire aux partisans du retrait (51,9 % des voix et une abstention de près de 30 %). Durant la campagne, ces derniers avancèrent les arguments traditionnels des eurosceptiques : la sortie de l'UE devait permettre de maîtriser l'immigration, de retrouver une pleine souveraineté économique et de faire des économies en cessant de financer le budget européen.

« Euroscepticisme et Brexit », *Espace mondial l'Atlas 2018*, espace-mondial-atlas.sciencespo.fr, 14 septembre 2018.

JALON ▸ L'Union européenne face aux citoyens et aux États : les remises en question depuis 1992

ÉTUDE

Le fonctionnement de l'Union européenne depuis le traité de Lisbonne

ORAL

Le traité de Lisbonne, signé en 2007 et entré en vigueur le 1er décembre 2009, est une proposition faite à la suite de l'échec du traité établissant une Constitution pour l'Europe (TECE). Parmi ses dispositifs, un certain nombre concerne la gouvernance de l'Union européenne et la répartition des compétences déléguées par les États.

❯ Comment fonctionne la démocratie européenne depuis le traité de Lisbonne de 2007 ?

Parlement européen
- Parlementaires élus directement par les citoyens
- Approuve la formation de la Commission, peut la démettre
- Vote les textes normatifs et le budget annuel selon la procédure législative ordinaire
- Intervient dans l'approbation d'autres textes selon les procédures des traités

Conseil de l'Union européenne
- Formé des ministres ou autres représentants des gouvernements démocratiques des États membres
- Vote les textes normatifs et le budget annuel selon la procédure législative ordinaire
- Vote les autres textes et le plan budgétaire quinquennal selon les procédures particulières des traités
- Joue un rôle exécutif dans certains domaines de compétence de l'UE

Conseil européen
- Formé des chefs d'État ou autres représentants des gouvernements démocratiques des États membres
- Fixe les grandes orientations politiques de l'UE
- Joue un rôle important dans les décisions de l'UE selon le mode de fonctionnement intergouvernemental

Commission européenne
- Commissaires nommés par les gouvernements démocratiques des États membres
- Depuis 2014, une pratique veut que le président de la Commission soit la tête de liste ayant reçu le plus de voix aux élections du Parlement européen
- Gardienne des traités
- A le monopole, sauf exception, des propositions législatives
- Organe exécutif de l'UE

Cour de Justice de l'Union européenne
- Juges nommés par les États membres
- A une large compétence pour sanctionner les illégalités commises par les organes de l'UE et les États membres

1 Les institutions démocratiques de l'Union européenne

L'Union européenne fonctionne différemment d'un État, cae elle est composée de plusieurs États souverains : l'équilibre des pouvoirs (exécutif, législatif et judiciaire) n'est pas garanti par une séparation mais par un partage des pouvoirs entre plusieurs institutions.

Compétences exclusives de l'UE	Compétences partagées entre l'UE et les États membres	Compétences réservées aux États membres
• Règles de douane • Politique de la concurrence • Politique commerciale extérieure • Politique monétaire • Conservation des ressources biologiques de la mer	• Marché intérieur et protection des consommateurs • Politiques sociales • Cohésion économique, sociale et territoriale • Agriculture et pêche • Transports • Sécurité, justice et libertés • Santé, Recherche et Énergie • Aide humanitaire et coopération	• Budget • Emploi • Industrie • Santé • Culture • Tourisme • Protection civile

2 La répartition des compétences dans l'Union européenne

Source : d'après J.-L. Quermonne, *Le Système politique de l'Union européenne*, Éd. Montchrestien, 2015.

3 Des lois nationales sous influence européenne ?

Jacques Delors, Président de la Commission européenne entre 1985 et 1995.

« Dans 10 ans, 70 % à 80 % de la législation adoptée le sera sous influence européenne ». Jacques Delors[1], alors président de la Commission européenne et défenseur d'une Europe « fédération d'États-nations », avait prononcé en 1988 cette phrase aujourd'hui reprise par tous les eurosceptiques. De quelle influence parle-t-on ?

Selon les politologues Thomas König et Olivier Costa (*The Europeanization of Domestic Legislatures*, Springer, 2012), les lois nationales d'origine communautaire concernent surtout l'agriculture, les finances et l'environnement. Les domaines les moins touchés : l'éducation, la protection sociale, le logement et la défense. MM. König et Costa ont calculé l'influence de l'Union européenne – via l'occurrence de mots-clés à l'origine des textes de lois. Cette méthode d'estimation permet de prendre en compte la transposition d'une directive, l'adoption d'un règlement ou encore le suivi d'une recommandation. Et pour la France, le taux ne dépasse pas 19 %.

Ces dix dernières années, l'influence européenne sur la loi française « reste relativement au même niveau mais elle est davantage mise en avant aujourd'hui. Il y a une culture française qui consiste à pointer Bruxelles du doigt lorsque tout va mal », soutient Danielle Auroi, présidente de la Commission des affaires européennes, qui effectue une double mission d'information et de contrôle de l'activité européenne à l'Assemblée nationale.

« Ceux qui sont réellement à la manœuvre dans cette affaire, ce sont les États et pas la Commission. La construction d'une directive part souvent de la demande d'un État. Quand l'Allemagne et la France proposent ensemble un projet de directive, le projet a de grandes chances d'aboutir », ajoute-t-elle.

D'après D. Jean, « Quelle est l'influence de l'UE sur la loi française ? », Les décodeurs, lemonde.fr, 21 mai 2014.

1. Jacques Delors (né en 1925) est un homme politique français membre du Parti socialiste. De 1981 à 1984, il est ministre de l'Économie, des Finances et du Budget. Connu pour son engagement européen, il devient président de la Commission européenne de 1985 à 1995. En 1996, il fonde l'institut de recherche « Notre Europe - Institut Jacques Delors » dans le but de « penser l'unité européenne » et d'analyser les grands enjeux européens. Donné favori à l'élection présidentielle française de 1995, il renonce à se présenter.

ACTIVITÉ OBJECTIF ▪ Réaliser un exposé

Sélectionnez dans les documents les informations utiles à l'exposé qui doit répondre au sujet :
Comment fonctionne l'Union européenne ?

▪ Préparer l'exposé

1. Pour la première partie de l'exposé, sélectionnez dans les documents les informations permettant de remplir le tableau suivant sur les institutions européennes.

	Composition	Représente les intérêts de l'Union, des États ou des citoyens ?	Rôle
Conseil européen			
Conseil de l'UE			
Commission européenne			
Parlement européen			

2. Pour la seconde partie de l'exposé, sélectionnez dans les documents les informations illustrant les deux arguments opposés suivants.

Argument	Explication	Illustration
C'est l'UE qui influence la législation des États membres		
Ce sont les États membres qui déterminent la politique de l'UE		

▪ Organiser sa prise de parole

3. Quand vous passerez à l'oral, proposez une conclusion récapitulant les deux parties.

Pour aller plus loin

Pour mettre en perspective la citation de Jacques Delors dans le **document 3**, répondez aux questions suivantes.

1. Peut-on vraiment parler de séparation des pouvoirs dans l'UE ? **(doc. 1)**

2. Quels sont les domaines dans lesquels l'UE agit seule ? **(doc. 2)**

3. Dans les compétences partagées entre l'UE et les États, comment déterminer qui agit ? **(doc. 2)**

4. La prévision de Jacques Delors s'est-elle réalisée ? **(doc. 3)**

LEÇON 4 L'Union européenne et la démocratie

› Pourquoi l'Union européenne constitue-t-elle un modèle démocratique unique au monde ?

A Un modèle fondé sur le principe de la démocratie déléguée

- **L'Union européenne est une union volontaire d'États fondée par le traité de Maastricht (1992).** Ils acceptent de déléguer une partie de leur souveraineté selon trois modalités. Certaines compétences (monnaie, douanes…) sont exclusivement du ressort de l'Union. Certaines sont partagées entre l'Union et les États (transports, agriculture…), selon le principe de subsidiarité. Enfin, dans des domaines comme l'éducation ou la santé, l'Union complète et coordonne l'action des États.
- **La légitimité de cette démocratie déléguée repose sur le Conseil européen.** Devenu une institution à part entière avec le traité de Lisbonne (2007), il regroupe les chefs d'États et de gouvernements décidant des grandes orientations de l'Union européenne. **Le Conseil de l'Union européenne représente les gouvernements** et doit concilier les intérêts nationaux avec les politiques de l'Union. Les décisions du Conseil s'appuient sur le vote à la majorité qualifiée.
- **La Commission européenne propose les textes législatifs et veille à leur application.** Elle représente l'intérêt général de l'Union et exécute le budget. Elle est composée de 28 représentants (un pour chaque État membre), désignés par le Conseil européen. Leur mandat de 5 ans coïncide avec celui du Parlement car c'est lui qui approuve ou rejette la Commission après audition des candidats.

B Un modèle fondé aussi sur le principe de la démocratie représentative

- **Le Parlement européen incarne cette démocratie représentative.** Sa légitimité repose sur son élection au suffrage universel direct depuis 1979. Élus tous les 5 ans, les députés européens représentent les citoyens de l'Union européenne. Ils sont investis d'un pouvoir législatif, partagé avec le Conseil de l'Union européenne, et de contrôle qui s'est accru depuis les années 1990 avec le traité de Maastricht (1992) et le traité de Lisbonne (2007).
- **Le mode de désignation par élections des présidents des institutions se généralise.** Le président du Conseil européen est élu, à la majorité qualifiée, pour deux ans et demi (renouvelable une fois) par les chefs d'États et de gouvernement. Il représente l'Union européenne à l'étranger. Depuis 2004, le président de la Commission européenne est également élu par le Parlement, confortant sa légitimité.
- **Les droits des citoyens se sont renforcés avec la création d'une citoyenneté européenne.** Le droit de vote et d'éligibilité aux élections municipales et européennes pour les citoyens habitants dans un autre État membre et la possibilité de porter plainte contre les institutions auprès d'un médiateur européen visent à renforcer le sentiment d'appartenance. Le droit d'initiative citoyenne permet aux citoyens de faire des propositions législatives.

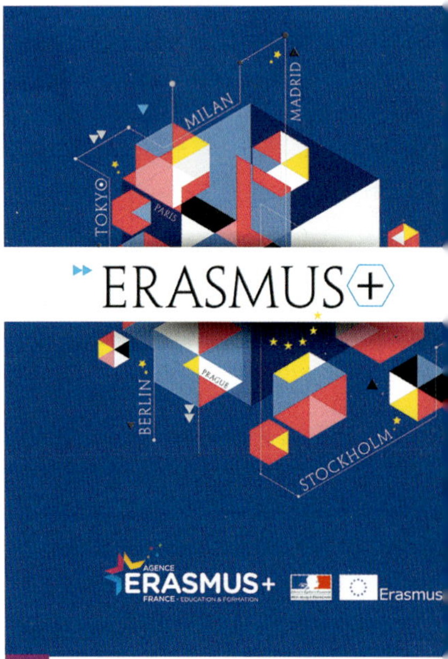

1 Affiche pour Erasmus +

Le projet Erasmus + permet au personnel enseignant et aux élèves de plus de 13 ans d'effectuer un échange dans un établissement européen partenaire au sien.

Vocabulaire

- **Majorité qualifiée :** suffrage prenant en compte une double majorité : celle des États (au moins 55 % des voix du Conseil) et celle des citoyens (au moins 65 % de la population).
- **Principe de subsidiarité :** l'Union européenne ne peut se saisir d'un domaine de compétence qu'à la condition que les États membres ne puissent pas apporter de solution plus efficace. Le traité de Lisbonne a mis en place un mécanisme de contrôle renforcé permettant aux Parlements nationaux de faire échouer des propositions de la Commission qui ne respecteraient pas le principe de subsidiarité.

C Mais des remises en question et une défiance croissante

- **L'abstention croissante aux élections du Parlement européen montre un désintérêt des électeurs.** La complexité des processus de décision, le manque de visibilité des députés européens et la méconnaissance des institutions expliquent en partie cette désaffection. Par ailleurs, les élections européennes se font avec des partis nationaux mais qui ne sont pas élus pour représenter des intérêts nationaux. Beaucoup de citoyens ignorent les groupes politiques européens auxquels ils appartiennent.
- **En 2005, la non-ratification du traité établissant une Constitution pour l'Europe constitue un tournant.** L'échec des référendums organisés en France et aux Pays-Bas a révélé des fractures profondes sur le modèle démocratique souhaité dans une UE considérablement élargie. Le traité de Lisbonne, qui remplace le traité rejeté, est signé par le Conseil européen en 2007 ; sa ratification s'est faite par voie parlementaire en France. La création d'un ministre des Affaires étrangères et le terme « Constitution » ont été abandonnés.
- **La montée de courants « eurosceptiques » traduit une crise de confiance dans le fonctionnement des institutions.** En 2016, après une intense campagne, le Royaume-Uni a voté par référendum pour une sortie de l'Union européenne. Malgré les réformes pour renforcer la légitimité démocratique des institutions, les discours contre l'Union européenne portés par des partis nationalistes se développent dans les pays membres.

2 Manifestation en faveur du Brexit, 9 décembre 2018

SCHÉMA BILAN

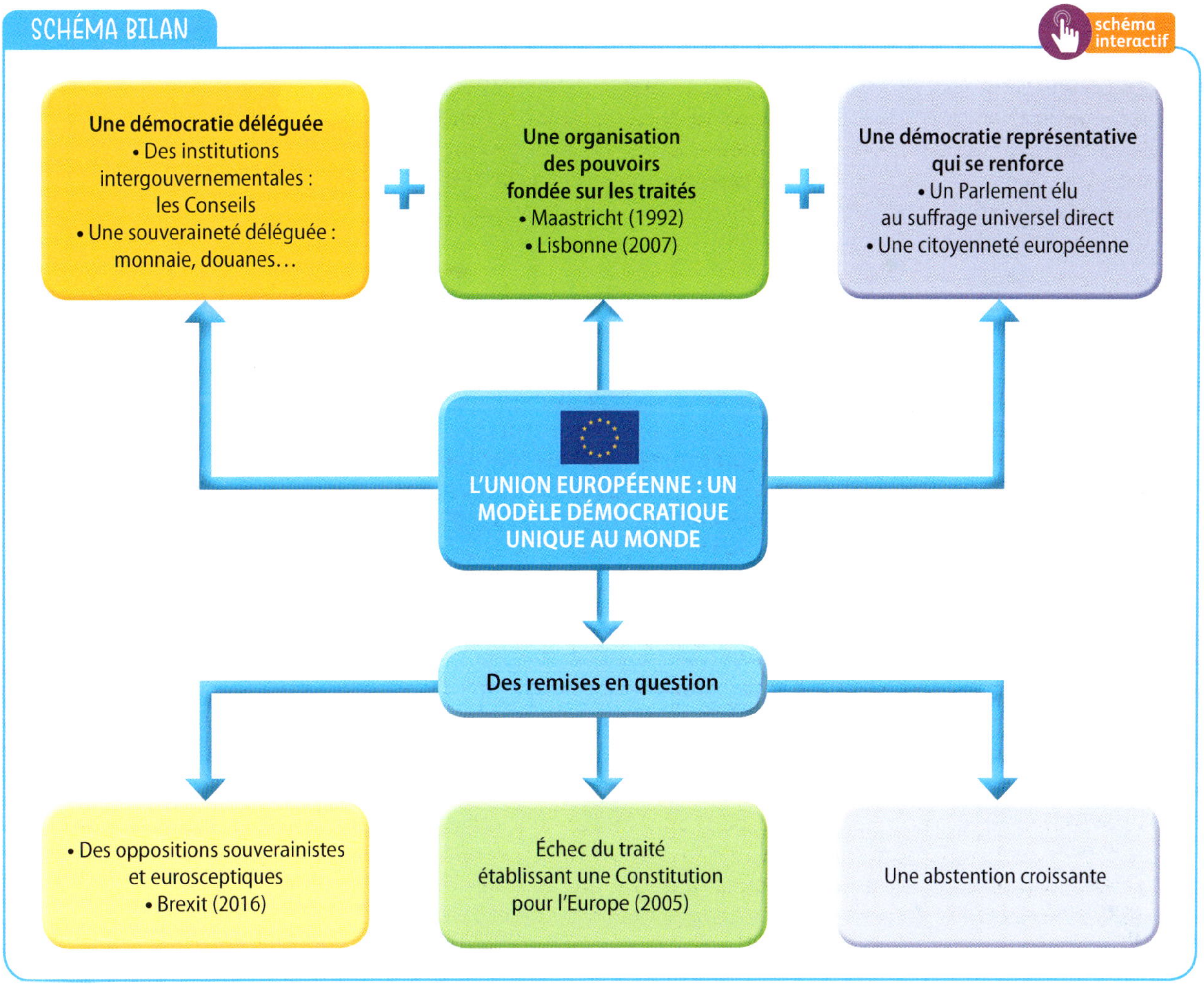

MÉTHODE

THÈME 1

Bac contrôle continu de Première — **La composition**

■ AXE 1 : Penser la démocratie : démocratie directe et démocratie représentative

→ La composition évalue votre capacité à comprendre et à traiter un sujet donné. Si elle nécessite d'assimiler et de mobiliser des connaissances, vous devez avant tout mener un travail approfondi d'analyse du sujet pour éviter le hors sujet ou oublier des enjeux importants.

OBJECTIF *Réaliser un brouillon et rédiger une introduction*

SUJET Les citoyens dans les démocraties de l'Antiquité à nos jours

ÉTAPE 1 Réaliser un brouillon

Méthode

- Recopier intégralement le sujet au milieu d'une feuille de brouillon.
- Entourer en rouge les mots-clés du sujet.
- Définir et interroger en rouge chaque mot-clé précédemment entouré.
- Interroger le sujet pour mobiliser des connaissances grâce aux questions ci-dessous.
- Noter en noir les exemples vus en cours ou dans vos lectures personnelles pour illustrer le propos.
- Trouver ce que l'on veut que vous étudiiez. Cela permettra d'établir une problématique (à écrire en vert sur le brouillon).
- Avec des surligneurs, classer ses idées en 2 ou 3 paragraphes. Ils donneront les grandes parties pour le développement.

Il n'existe pas une problématique ou un plan type qui soit parfait, l'essentiel est d'avoir un solide axe de réflexion et une réflexion structurée pour y répondre.

Mobiliser des connaissances pour incarner le propos et montrer des dynamiques

Des acteurs	Des dates	Des lieux / espaces	Des critères	Des causes	Des déroulements / processus	Des conséquences	Des notions
Qui ?	Quand ? Quel contexte ?	Où ? Quels types ?	Quels points communs ? Spécificités ?	Pourquoi ?	Comment ? Quelles dynamiques ?	Quelles conséquences ?	Quel vocabulaire important en lien avec le sujet ?

APPLICATION **À l'aide de votre cours et du manuel, complétez l'analyse du sujet ci-dessous.**

■ **Entourez en rouge les mots-clés du sujet, puis définissez-les.**

Les citoyens dans les démocraties de l'Antiquité à nos jours

- citoyens ↑ Indiquez quels sont les différents types de citoyens dans une démocratie
- dans ↑ Étudiez les citoyens (leur place et leur implication) DANS le régime
- Antiquité ↑ Indiquez le siècle de l'apparition de la 1re démocratie
- nos jours ↑ Indiquez à quelle date vous terminez votre étude
- citoyens ↓ Recopiez la définition de citoyen (p. 51)
- démocraties ↓ Recopiez la définition de la démocratie (p. 43). Remarquez ici le pluriel : réunissez également les définitions des différents types de démocraties : directes, représentatives et déléguées (p. 43 et p. 77)
- à ↓ Indiquez les grandes périodes où il y a eu des démocraties entre ces 2 bornes chronologiques

■ **Questionnez le sujet pour mobiliser des connaissances.**

Les citoyens dans les démocraties de l'Antiquité à nos jours

Qui est citoyen dans une démocratie ?
Indiquez les critères pour être citoyen dans l'Athènes antique, en France et aux États-Unis dans nos démocraties modernes

Pourquoi un citoyen s'investit-il dans une démocratie ?
Pensez aux raisons évoquées par des auteurs comme Aristote, Benjamin Constant ou Alexis de Tocqueville

Comment un citoyen s'investit-il dans une démocratie ?
Montrez les différentes façons de s'investir dans une démocratie directe, représentative ou déléguée

Quelles sont les conséquences de cet investissement pour le citoyen ? pour la démocratie ?
Développez l'exemple des atouts et des limites des démocraties des Anciens et des Modernes selon Benjamin Constant

Où y a-t-il eu et où y a-t-il aujourd'hui des démocraties ?
Utilisez les cartes des pages Repères pour citer des exemples des 3 types de démocratie

Où un citoyen s'implique-t-il dans une démocratie ?
Citez des lieux précis de l'exercice de la citoyenneté dans une démocratie

Quand y a-t-il eu des démocraties ?
Utilisez les frises des pages Repères pour situer dans le temps les 3 types de démocratie

Quand un citoyen s'investit-il dans une démocratie ?
Évoquez des moments précis où le citoyen peut s'exprimer dans les 3 types de démocratie

ÉTAPE 2 Définir la problématique

Parmi les problématiques suivantes, choisissez celle qui semble convenir le mieux au sujet ci-dessus et justifiez votre choix.

a. Qui est citoyen dans une démocratie et que fait-il dans ce régime politique depuis l'Antiquité ?

b. Comment les citoyens agissent-ils dans une démocratie de l'Antiquité à nos jours ?

c. Comment les citoyens s'investissent-ils dans les différents types de démocratie qui existent depuis l'Antiquité ?

d. Où les citoyens peuvent-ils participer à la vie politique dans les démocraties depuis l'Antiquité ?

Une bonne problématique ne se contente pas de reformuler le sujet : elle doit montrer que vous avez su dégager ses enjeux forts. C'est une question complexe à partir de laquelle vous allez ensuite développer une réflexion et apporter une réponse synthétique en conclusion.

ÉTAPE 3 Classer ses idées

Classez vos idées en 2 ou 3 groupes pour avoir une idée de plan pour la composition.

Pour vous aider :

■ **Paragraphe 1.** Depuis l'Antiquité, le citoyen est un acteur essentiel de la vie démocratique par ses droits, ses devoirs et ses libertés.

■ **Paragraphe 2.** Le citoyen intervient de différentes manières selon le type de démocratie dans laquelle il vit (directe, représentative ou déléguée).

■ **Paragraphe 3.** Les effets de l'investissement plus ou moins important du citoyen dans la démocratie sont l'objet de débats anciens, mais toujours d'actualité.

ÉTAPE 4 Rédiger l'introduction au propre

Méthode

- Commencer le propos par une accroche. Il s'agit d'un exemple concret qui permet d'entrer dans le sujet (utiliser un exemple, noté en noir sur le brouillon).
- Définir ensuite les termes du sujet (noté en rouge sur le brouillon).
- Recopier la problématique (notée en vert sur le brouillon).
- Annoncer son plan (les thèmes des 2 ou 3 paragraphes que vous avez surlignés sur votre brouillon).

POUR VOUS ENTRAÎNER « **La question de la représentativité dans les démocraties modernes** »

MÉTHODE
THÈME 1

Bac épreuve de Terminale | **L'étude critique de documents**

- **OBJET DE TRAVAIL CONCLUSIF :** L'Union européenne et la démocratie
- **JALON :** L'Union européenne face aux citoyens et aux États : les remises en question depuis 1992

OBJECTIF *Étudier et interpréter un document*

SUJET L'abstention aux élections européennes, un défi envers l'Union européenne

1. Présentez le document avec précision.
2. En quoi ce dessin est-il révélateur du caractère démocratique de l'Union européenne ?
3. Que nous montre-t-il des faiblesses démocratiques de l'Union européenne ?
4. Pourquoi l'Union européenne est-elle jugée peu démocratique par de plus en plus de citoyens européens aujourd'hui ?

Dessin de Vadot, « Les décodeurs de l'Europe », ec.europa.eu (site de la Commission européenne), Représentation de la Commission européenne en France, 2017.

ÉTAPE 1 Présenter le document

Au brouillon, complétez le tableau suivant. Il vous permettra de présenter le document en une phrase à partir d'aides à la rédaction. Si l'un des éléments n'est pas mentionné, indiquez « inconnu » dans le tableau pour qu'à la relecture vous vous souveniez bien que vous l'avez cherché.

Nature	De quel type de document s'agit-il ? (Un texte de loi, une peinture, un tableau statistique, un dessin de presse, une caricature…)	Le document est un/une…
Auteur	Qui a réalisé ce document ?	…
Source	D'où ce document a-t-il été extrait, où est-il conservé ? (Un livre, une revue, un musée, un site Web …)	…
Date	Quand a-t-il été réalisé ?	…
Commanditaire	Qui a commandé ce document ?	…
Destinataire	À qui s'adresse ce document ? Dans quel intérêt ?	…
Cadre spatial (pour la géographie)	Quelle est l'échelle de ce document ?	…
Intérêt	Quelle est l'idée principale du document ?	…

Il est important d'identifier les commanditaires et les destinataires pour comprendre l'intérêt d'avoir produit ce document.

ÉTAPE 2 Étudier le document

Entourez en rouge sur le document les éléments qui vous semblent importants puis expliquez le sens en apportant en vert des connaissances du cours (cela évitera de faire une composition ou de paraphraser un document).

Pourquoi le discours de cet homme est-il absurde ?

Qu'est-ce que l'abstention ? Quel était le pourcentage d'abstention lors des 3 dernières élections européennes ?

Quels sont les reproches faits à la démocratie dans l'UE ? De quel type de démocratie s'agit-il ?

ÉTAPE 3 Interpréter et critiquer le dessin de presse

Méthode

- Expliquer le message que l'auteur a voulu faire passer.
- Expliquer pourquoi le commanditaire lui a demandé de faire passer ce message.
- Rappeler le rôle et les fonctions du commanditaire.
- Lister des critiques que l'on peut faire à propos de ce document.
- Dresser un bilan sur les intérêts et les limites du document.

Référez-vous aux p. 88 et p. 90.

Rappelez qu'il évoque un fait d'actualité important puis montrez que ce document est partial, c'est-à-dire qu'il défend un point de vue intéressé de la part du commanditaire.

Allez sur le site europa.eu. Pourquoi peut-on dire qu'il véhicule un discours proeuropéen ?

POUR VOUS ENTRAÎNER

Démocratie directe et démocratie représentative : un débat de société brûlant.

Dessin de Plantu, *Le Monde*, 18 décembre 2018.

Dessin de presse paru dans *Le Monde* après l'acte V du mouvement des Gilets Jaunes en France.

1. Quels États ces deux personnages représentent-ils et quels types de démocratie y rencontre-t-on ?
2. Expliquez ce qu'est le référendum d'initiative citoyenne (RIC, p. 60).
3. En quoi le référendum d'initiative citoyenne peut-il être perçu par certains comme un renforcement de la démocratie ?
4. Comment le référendum est-il utilisé en France, sous la Ve République, par le président de la République ?

MÉTHODE
THÈME 1

Bac épreuve de Terminale — **L'étude critique de documents**

- **AXE 2 : Avancées et reculs des démocraties**
- **JALON : D'un régime autoritaire à la démocratie : le Portugal et l'Espagne de 1974 à 1982**

Sujet d'entraînement

SUJET Les modalités de la transition démocratique en Espagne et au Portugal

1. Présentez les documents en les replaçant dans leur contexte.
2. Décrivez les photos et à l'aide de vos connaissances, présentez les acteurs des transitions démocratiques en Espagne et au Portugal.
3. Montrez les atouts et les limites de ces documents pour comprendre les conditions dans lesquelles se déroulent les transitions démocratiques en Espagne et au Portugal.

1 La transition démocratique en Espagne

En 1969, le général Franco désigne le prince Juan Carlos pour lui succéder à sa mort en tant que roi d'Espagne.

Comparez les lieux dans lesquels se déroule l'événement, l'atmosphère qui s'en dégage, les tenues des personnes présentes.

Aidez-vous du doc. 5 p. 71 pour présenter les fonctions exercées par Mário Soares.

2 Mário Soares (1924-2017), un acteur essentiel de la transition démocratique au Portugal

Retour d'exil de Mário Soares le 25 avril 1974.

Né à Lisbonne le 7 décembre 1924, Mário Soares est considéré comme le père de la démocratie portugaise, qu'il avait contribué à fonder après la révolution des Œillets du 25 avril 1974.

C'est sous la conduite d'un de ses anciens professeurs de lycée, Álvaro Cunhal, futur dirigeant du Parti communiste portugais – qui deviendra son adversaire –, qu'il fait ses premiers pas dans la politique. En 1945, le PCP crée une organisation pour la jeunesse universitaire, dont Mário Soares devient le principal responsable. Un an après, il est arrêté pour la première fois. Et le sera à douze reprises.

Influencé par les thèses de certains intellectuels libéraux et républicains, il prend ses distances à l'égard du Parti communiste. En 1964, il fonde l'Action socialiste portugaise. Déporté, en mars 1968, à Sao Tomé-et-Principe, en raison de ses propos contre la guerre coloniale, Mário Soares bénéficie d'une mesure de grâce, puis s'exile en France pendant quatre ans. Lorsque la révolution des Œillets éclate, le 25 avril 1974, Mário Soares revient à Lisbonne, où il est reçu par une foule en liesse. Le 29 avril, il se rend à l'aéroport pour accueillir le leader des communistes portugais, Álvaro Cunhal, également en exil. Il est nettement vainqueur aux élections pour l'Assemblée constituante du 25 avril 1975. Le 25 novembre, les officiers modérés du Conseil de la révolution prennent le contrôle de la situation. Le Parti communiste est écarté du gouvernement. Le 25 avril 1976, le Parti socialiste remporte les législatives et Mário Soares devient dirigeant du premier gouvernement constitutionnel du Portugal après la dictature.

D'après J. Rebelo, « Mário Soares, Le père de la démocratie portugaise, est mort », *Le Monde*, 7 janvier 2017.

MÉTHODE
THÈME 1

Bac épreuve de Terminale | **L'étude critique de documents**

- **OBJET DE TRAVAIL CONCLUSIF :** L'Union européenne et la démocratie
- **JALON :** Le fonctionnement de l'Union européenne : démocratie représentative et démocratie déléguée

Sujet d'entraînement

SUJET L'Union européenne : une démocratie représentative originale

1. Quel rôle le Parlement européen occupe-t-il et comment ce rôle a-t-il évolué dans le fonctionnement de l'Union européenne ? (doc.1)
2. Montrez que l'initiative citoyenne européenne permet aux citoyens de s'exprimer mais qu'elle comporte des limites. (doc. 2)
3. Pourquoi l'Union européenne est-elle une démocratie représentative originale ?

Pour répondre à la question 1, classez les pouvoirs du Parlement européen similaires à ceux d'un parlement national et les pouvoirs spécifiques au Parlement européen.

1 Le rôle du Parlement dans le fonctionnement démocratique de l'UE

Le Parlement apparaît comme l'instrument privilégié de démocratisation des institutions européennes. […] L'élection depuis 1979 des parlementaires au suffrage universel direct a constitué une étape essentielle, en confortant une dimension représentative qui était jusque-là bien incertaine ; quant aux pouvoirs du Parlement, qui étaient au départ très limités et d'ordre consultatif, ils ont connu, à partir des années 1990 et de la signature du traité de Maastricht, une considérable extension, en matière budgétaire, dans les différents domaines de compétence de l'Union et aussi en ce qui concerne le contrôle politique. Le traité de Lisbonne est ainsi venu étendre la procédure de codécision à près de cinquante nouveaux domaines, en donnant au Parlement des pouvoirs législatifs comparables à ceux du Conseil des ministres […] ; le Parlement se voit reconnaître en matière budgétaire un droit de décision égal à celui du Conseil des ministres, notamment par l'adoption de l'ensemble du budget annuel. […] La montée en puissance incontestable du Parlement ne saurait pour autant conduire à surévaluer son influence : dans le « triangle institutionnel » qu'il forme avec la Commission et le Conseil, le Parlement ne dispose en effet, ni du pouvoir d'initiative qui revient à la première, ni du pouvoir ultime de décision, qu'il partage avec le second dans le cadre de la procédure de co-décision ; et la définition des grandes orientations des politiques européennes lui échappe au profit du Conseil européen.

J. Chevallier, « L'Union européenne comme espace démocratique », *L'Identité du droit de l'Union européenne. Mélanges en l'honneur de Claude Blumann*, Éd. Bruylant, 2015.

Pour comprendre les liens entre le Parlement européen et les autres institutions, utilisez le doc. 2 p. 80

2 La place des citoyens : l'initiative citoyenne européenne

Utilisez vos connaissances pour illustrer avec un exemple concret les limites de l'initiative citoyenne européenne (voir doc. 5 p. 79)

MÉTHODE

THÈME 1

Bac épreuve de Terminale **Le grand oral**

■ **AXE 1 : Penser la démocratie : démocratie directe et démocratie représentative**

OBJECTIF *Faire une recherche sur le sujet*

SUJET Le fonctionnement de la démocratie française

Face à la montée de l'abstentionnisme, des populismes en Europe ou aux États-Unis, des votes de défiance et des mouvements comme celui des Gilets Jaunes, de plus en plus de Français se posent la question de la qualité de notre démocratie.

› **La démocratie française fonctionne-t-elle bien ?**

ÉTAPE 1 Se documenter par groupe de 3

Méthode

1. Commencer par analyser les mots-clés du sujet, définir ses limites et les axes principaux à aborder. *En quoi la démocratie française peut-elle être présentée comme respectueuse des droits et des libertés des citoyens ?* Réfléchir à ce que la démocratie nous apporte au quotidien. Mettre en commun les réflexions de chacun.
2. Rechercher dans son cours, son manuel, sur Internet ou au CDI toutes les informations qui peuvent permettre de dégager les arguments pouvant être avancés pour répondre à la question posée. *Quels arguments peut-on lister pour montrer les points forts et les faiblesses de la démocratie française ?* Faire par exemple un tableau à deux colonnes.
3. Se répartir le travail de recherche pour être le plus efficace possible. Être précis, trouver des exemples pertinents.
4. Privilégier les recherches sur des sites de référence (ministères, institutions publiques…) ou des journaux plus généraux : lemonde.fr, lefigaro.fr, liberation.fr. *Commencer par le site vie-publique.fr pour définir la démocratie et voir de quelle manière elle fonctionne en France.*

1 Un fonctionnement démocratique ?

Dans l'article 6 de la Constitution, on peut lire : « La Loi est l'expression de la volonté générale. Tous les Citoyens ont droit de concourir personnellement, ou par leurs Représentants, à sa formation. » En conséquence, pour respecter cet article, la France aurait dû devenir une démocratie directe dès le départ, tout citoyen ayant le Droit fondamental de concourir personnellement à la formation de la Loi.

Il n'est pas précisé de caractère obligatoire quant à la nomination d'un représentant. Si le citoyen veut s'adjoindre l'assistance d'un délégué, il le peut, tout comme il pourrait avoir un avocat. Cela étant, cette possibilité n'est pas une contrainte sous le seul prétexte qu'elle est possible. La déformation de langage qu'est le concept de « démocratie participative » est plutôt révélatrice de la mentalité de notre personnel politique. Selon eux, une démocratie est un système dans lequel un citoyen ne participe pas.

Pour le bien de cette démonstration, admettons par défaut l'idée qu'un représentant soit effectivement seul à pouvoir décider de la Loi, en lieu et place du citoyen français. Dans ce cas de figure, il ne pourrait de toute façon porter la voix que de ses électeurs et d'eux seuls. Un délégué représente, par définition, la voix de certaines personnes qui délèguent leur autorité. Les autres citoyens n'ayant pas leur porte-voix au Parlement, ils devraient en conséquence disposer eux aussi d'une représentation distincte. Dans le cas contraire, ils sont dans l'impossibilité de concourir à la formation de la Loi.

Notre législation est encore plus vicieuse que ça. Selon l'article 11 de la Constitution, alinéa 1, la présidence de la République peut être à l'initiative d'une consultation populaire par la voie du référendum. En d'autres termes, c'est le chef de l'État qui décide quand les citoyens ont l'autorisation de donner leur avis. Un référendum d'initiative partagée nécessite quant à lui la signature d'un cinquième des parlementaires et d'un dixième du corps électoral, soit 4,5 millions de citoyens. Un prérequis si restrictif qu'il est en fait impossible à remplir. On en déduira donc que l'opinion citoyenne n'est pas bienvenue.

La République française admet ouvertement qu'un collège d'élus dispose de toute autorité sur la vie des Français pourvu qu'il ait obtenu le soutien d'une part suffisante de la population. Dans un pays qui se revendique défenseur des minorités, nier aussi manifestement leur Droit à une représentation ne manque pas d'ironie.

D'après E. Brunet Bommert, « Les limites de la démocratie », *Les Échos*, 30 juillet 2018.

2 La France face à l'abstentionnisme

Dessin de Sondron (Belgique), « La France est en train de faire sa révolution démocratique », *Courrier international*, 12 juin 2017.

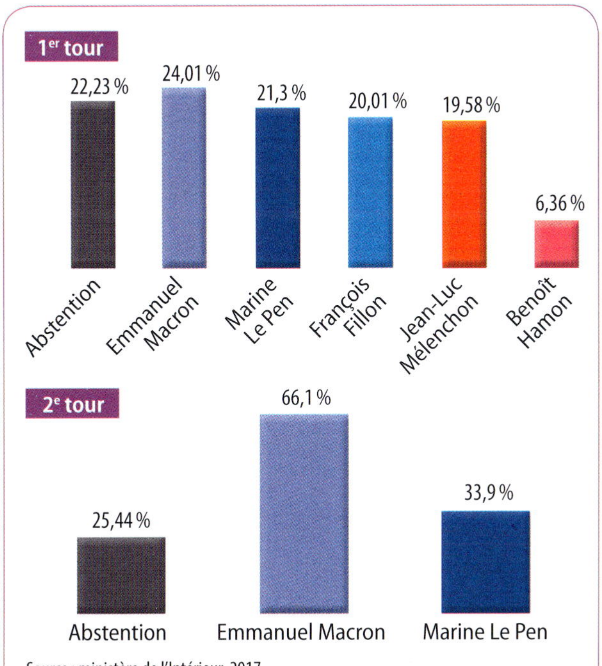

Source : ministère de l'Intérieur, 2017.

3 Les résultats des élections présidentielles de 2017

4 La liberté d'expression, garante de la démocratie

Source : « La liberté d'expression », gouvernement.fr, 26 mars 2015.

ÉTAPE 2 Présenter l'état de ses recherches devant la classe

1. Répartissez des rôles précis pour rendre votre oral vivant, structuré, pertinent :
   - un animateur, qui va questionner les deux autres membres du groupe et dynamiser les échanges entre eux ;
   - un défenseur du système démocratique français : vous pouvez être juriste, représentant d'un grand parti, représentant d'une association luttant contre les dictatures dans le monde…
   - un critique du système démocratique français : association de défense des minorités, représentant d'un petit parti peu ou pas représenté à l'Assemblée nationale, Gilets Jaunes…
2. Préparez vos arguments en vous servant des éléments recueillis à l'étape 1, en les faisant coïncider avec le rôle que chacun doit jouer.
3. Participez activement à l'oral : 3 groupes de 3 vont se succéder devant la classe (7-8 minutes maximum par groupe). Les autres élèves, qui ont préparé le sujet, prennent en note les arguments développés par chacun des orateurs.
4. Pour terminer : soyez attentif au bilan dressé par le professeur pour en tenir compte lors de prochains passages à l'oral.

RÉVISION
THÈME 1

Comprendre un régime politique : la démocratie

A Réviser en mémorisant

1 SCHÉMA

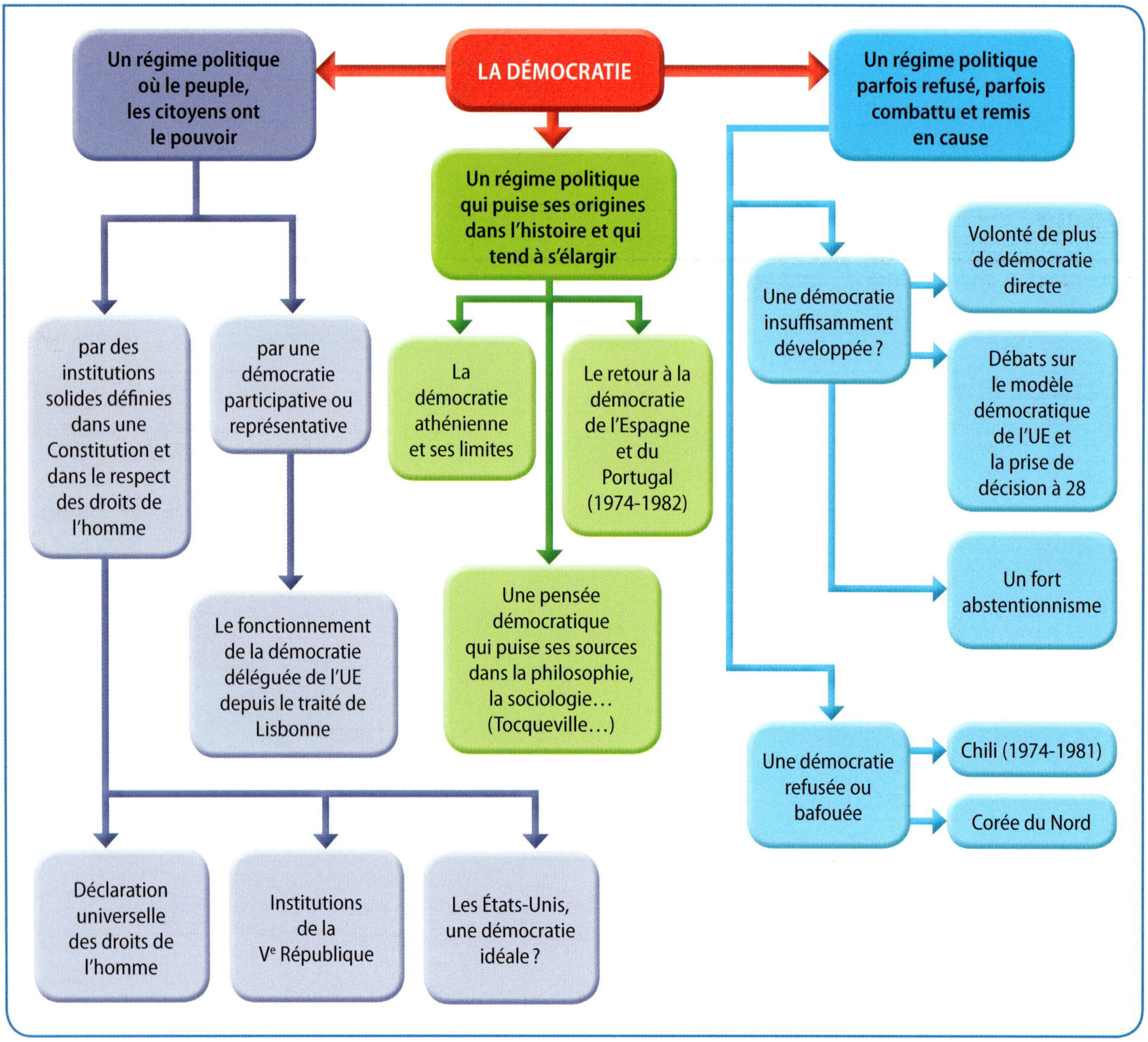

2 DATES CLÉS

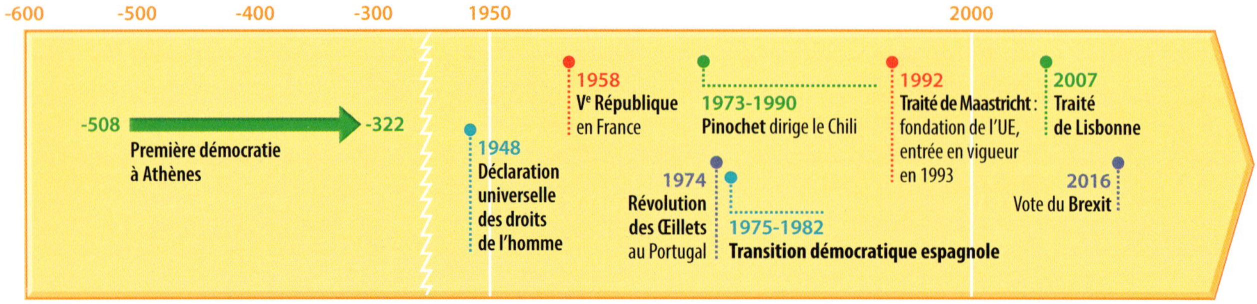

B Réviser en s'entraînant

OBJECTIF 1 Maîtriser des notions : ne pas confondre démocratie et démagogie

- **Démocratie** (du grec « le pouvoir au peuple ») : régime politique dans lequel le peuple exerce le pouvoir politique qu'il peut déléguer à des représentants qu'il élit.
- **Démagogie** (du grec « celui qui éduque, qui conduit le peuple ») : terme aujourd'hui péjoratif désignant un état politique dans lequel les dirigeants mènent le peuple et obtiennent son soutien par des promesses répondant systématiquement aux demandes de ce peuple, sans avoir l'intention de les tenir.

1. Quels pays ont eu dans l'histoire une démocratie, même imparfaite ? Justifiez votre réponse.
2. Comment la démocratie s'exerce-t-elle aujourd'hui en France et dans l'Union européenne ?
3. En quoi la démagogie est-elle un risque pour la démocratie ?

OBJECTIF 2 Analyser une carte pour évaluer la démocratie dans le monde

1. Où les pays les plus démocratiques se situent-ils ?
2. Dans quelle partie du globe les régimes autoritaires dominent-ils encore en 2018 ?
3. Comparez cette carte à celle de l'état de la démocratie dans le monde (repères 2, doc. 1, p. 30) : la situation démocratique du monde fournie par ces deux organismes est-elle la même ?

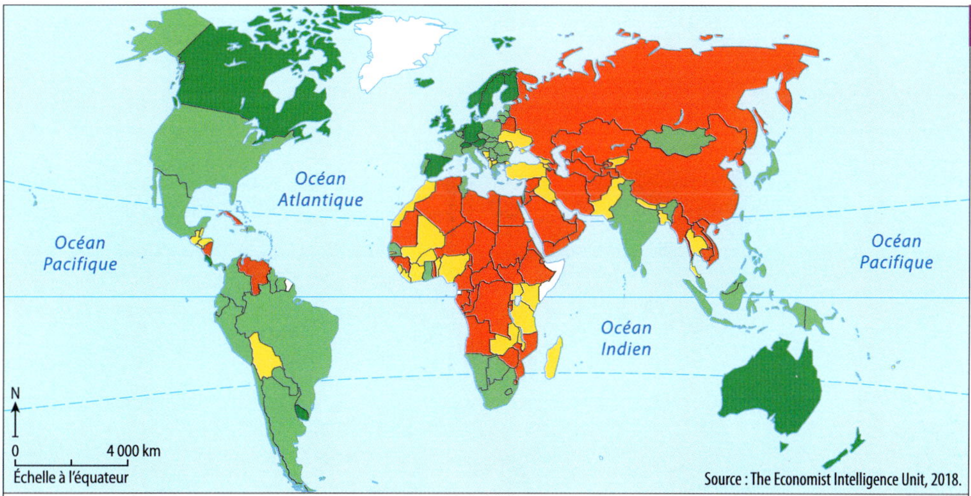

pays entièrement démocratique | pays à la démocratie déficiente | pays au régime hybride | pays autoritaire | absence de données

1 Indice de démocratie 2018

Cette carte intègre les calculs établis pour 167 pays depuis 2008 par le journal *The Economist* pour définir un indice de démocratie. Soixante critères sont pris en compte, comme le pluralisme politique, le processus électoral mis en place ou le fonctionnement du gouvernement.

C Réviser en se documentant

À LIRE

- *Institutions de l'Union européenne*, D. Grandguillot, Éd. Gualino, 2018.
- *Maria et Salazar*, R. Walter, Éd. Des ronds dans l'O, 2017 : BD sur la dictature de Salazar au Portugal.

À VOIR

- *La Isla minima*, d'A. Rodríguez, 2014 : sur la transition post-franquiste.
- *No !*, de P. Larrain, 2013 : sur les derniers temps du régime de Pinochet.

SUR LE WEB

- Un jeu vidéo belge : *The Man Came Around* (2017) : quand la démocratie est menacée, quelles valeurs défendre ? (Présentation sur pipetteinc.com/presse)
- Un site interactif sur les institutions de la Ve République : vie-publique.fr/decouverte_instit/animations/institutions/Anim1.htm
À l'aide de cette animation, expliquez en quoi le Conseil constitutionnel est en France un garant de la démocratie.

2 Analyser les dynamiques des puissances internationales

1 La « diplomatie du panda », une forme indirecte de la puissance chinoise

Le panda géant Chi-Chi, prêté par la Chine, quitte le zoo de Londres pour celui de Moscou, le 11 mars 1966.

RAPPEL DU PROGRAMME • THÈME 2

Ressources numériques du chapitre
Site collection : lycee.hachette-education.com/hg-scpo/1re

AVANT 1945
Un monde multipolaire dominé par les puissances européennes

1945-1991
Un monde bipolaire (États-Unis/URSS)

DEPUIS 1991
Un monde multipolaire

1900 — 1950 — 2000

- **1919** Mandat de la **SDN** confiant les ex-possessions de l'Empire ottoman à la France et au Royaume-Uni
- **1920** **Partition de l'Empire ottoman**
- **1922** Création de l'**URSS**
- **1945** **Fin de la Seconde Guerre mondiale**
- **1949** Création de l'**OTAN**. Création de la **République populaire de Chine**
- **1957** **Traité de Rome** : création de la Communauté économique européenne
- **1991** **Implosion de l'URSS**
- **2003** Unilatéralisme américain en **Irak**
- **2013** Projet chinois des « **nouvelles routes de la soie** »

2 **La manifestation de la puissance militaire française**
Défilé militaire sur les Champs-Élysées, le 14 juillet 2018.

Vidéo : « Chine, une puissance pour le XXIe siècle »

lien Internet

Interview d'Alice Ekman, responsable des activités Chine du Centre Asie de l'Ifri. Ifri, sept. 2018.

QUESTIONS

1. Quelles étaient les puissances majeures avant 1945 ? après 1945 ? Quelles sont les deux puissances qui dominent le monde aujourd'hui ? **(frise et vidéo)**
2. Comment qualifier l'évolution de la puissance de la Russie ? Quels pays ont également connu des phases d'essor et de déclin ? **(frise)**
3. Montrez que la puissance peut aujourd'hui s'exprimer de manière très différente. **(doc. 1 et 2)**
4. Selon vous, pourquoi la multipolarité rend-elle la compréhension de l'équilibre des puissances plus complexe ?

Bilan

Comment les dynamiques de la puissance évoluent-elles dans un monde longtemps bipolaire, et aujourd'hui multipolaire ?

INTRODUCTION

Les caractéristiques de la puissance à l'échelle internationale aujourd'hui

REPÈRES 1 Les fondements de la puissance aujourd'hui

A Les formes traditionnelles de la puissance

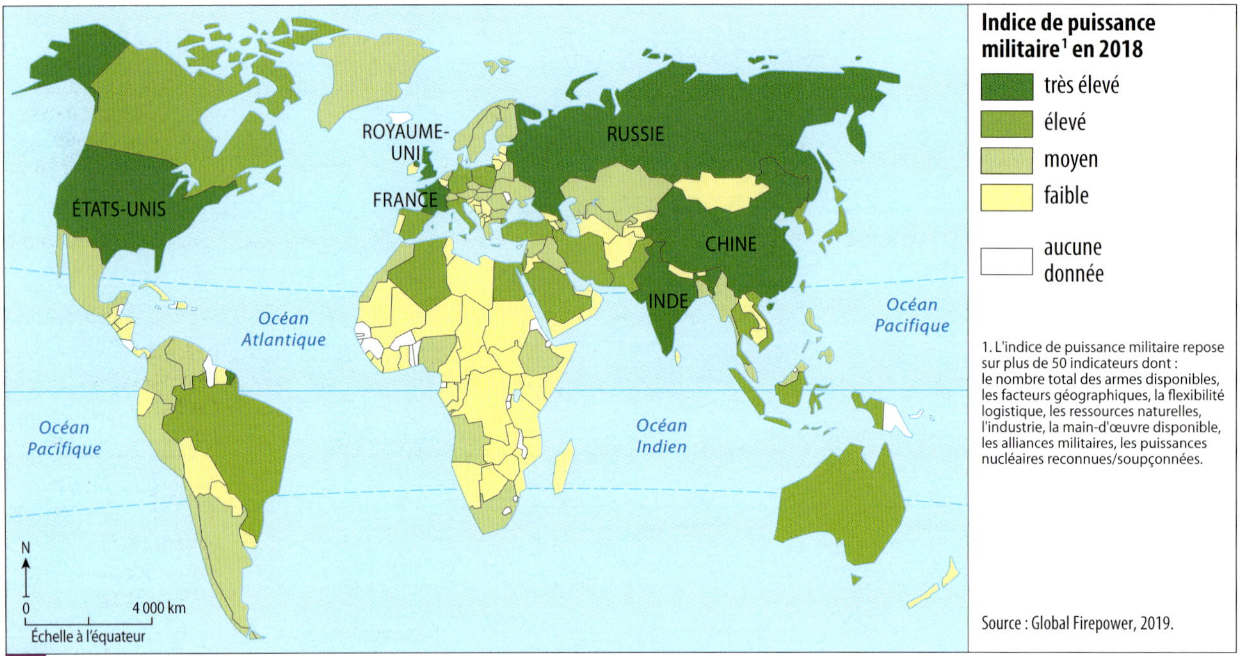

1 La force militaire, une condition historique de la puissance

	PIB en 2018, en milliards de dollars	Nombre de FTN* en 2018 parmi les 500 premières mondiales	Stock de capitaux investis à l'étranger en 2017, en milliards de dollars
États-Unis	20 511 (1er)**	126 (1er)	7 799 (1er)
Chine	13 460 (2e)	120 (2e)	1 482 (2e)
Japon	5 070 (3e)	52 (3e)	1 519 (6e)
Allemagne	4 030 (4e)	32 (4e)	1 607 (3e)
Royaume-Uni	2 810 (5e)	21 (6e)	1 531 (5e)
Inde	2 790 (6e)	7 (14e)	155 (30e)
France	2 690 (7e)	28 (5e)	1 451 (9e)

2 Économie et finances, une condition indispensable de la puissance

* Firmes transnationales. ** Les chiffres entre parenthèses indiquent le rang mondial.

Sources : Cnuced, 2019, FMI, 2019 et Fortune Global 500, 2019.

B Les formes indirectes de la puissance

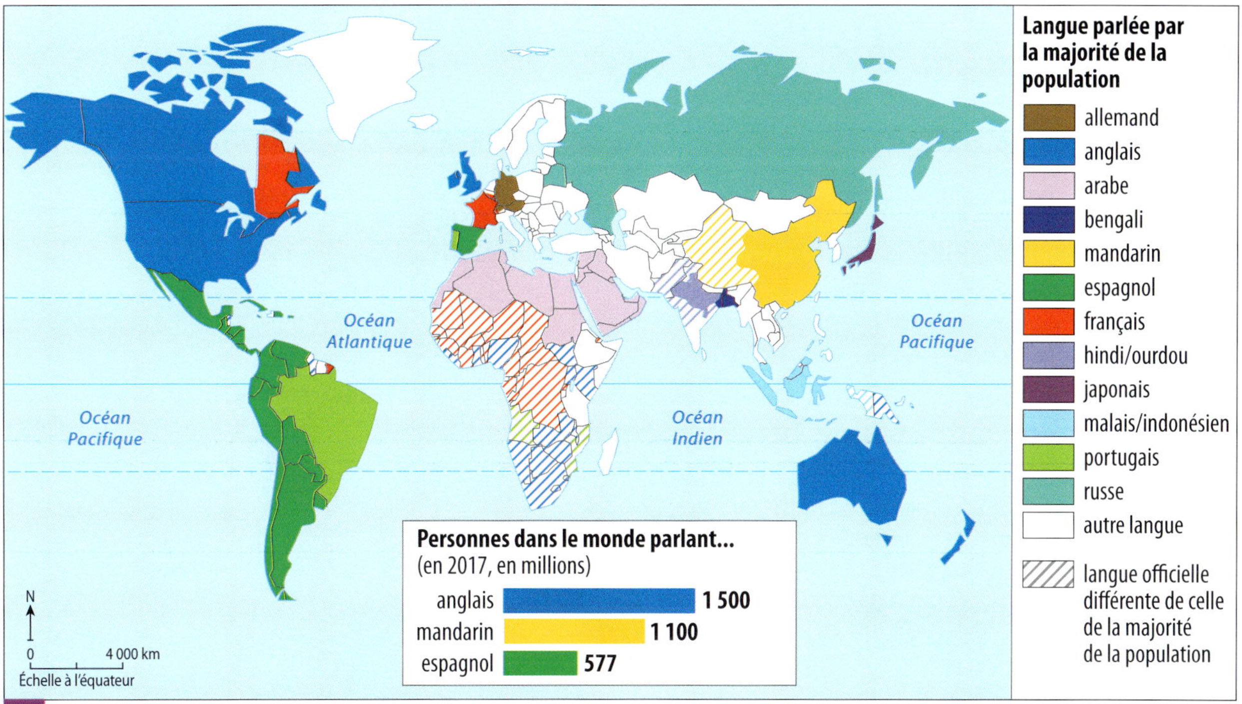

3 L'enjeu linguistique : un vecteur de puissance

Sources : *L'Atlas des civilisations*, Le Monde-La Vie, 2014 et Unesco, 2019.

1. L'indice de développement des technologies de l'information et de la communication (TIC) associe onze indicateurs relatifs à l'accès aux TIC, à leur utilisation et aux compétences connexes.

Source : Union internationale des télécommunications, 2019

4 La maîtrise du réseau Internet, nouveau facteur de redéfinition de la puissance ?

QUESTIONS

1. Quelles sont les formes traditionnelles de la puissance ? Quels États en disposent ? **(doc. 1 et 2)**
2. Quelles sont les formes indirectes de la puissance ? Parmi les États repérés dans la question 1, quels sont ceux qui s'imposent aussi dans ces formes indirectes de la puissance ? **(doc. 3 et 4)**

REPÈRES 2 Les dynamiques de la puissance aujourd'hui

A Puissance établie

État ou organisation (comme l'UE) exerçant une puissance ancienne, reconnue et majeure sur le monde. Elle s'oppose à la puissance ascendante.

États-Unis, France, Canada, Royaume-Uni, Japon, Allemagne et dans une moindre mesure Russie, que l'on qualifie aujourd'hui de puissance ré-émergente, gardent toujours les caractéristiques des puissances majeures. Les États-Unis, la France et le Royaume-Uni sont par exemple les seuls États à avoir actuellement des sous-marins stratégiques présents en permanence en mer, capables d'assurer une capacité de seconde frappe nucléaire. Ces États, également souvent qualifiés de « puissances occidentales », dominent également largement l'économie, les finances et la recherche scientifique mondiales. Bien que la Chine se soit affirmée dans le commerce international, les Occidentaux restent par exemple encore loin devant, y compris pour les exportations de marchandises. Enfin, même si le développement des instituts Confucius attire l'attention sur la Chine, les États-Unis exercent un rayonnement culturel inégalé, et le Royaume-Uni, le Japon ou la France diffusent également leur *soft power*. Depuis les années 1970, ils se réunissent régulièrement dans le cadre du G7.

1 Le sommet du G7 à Charlevoix (Canada) en 2018

1. Donald Tusk (président du Conseil européen)
2. Theresa May (Première ministre du Royaume-Uni)
3. Angela Merkel (chancelière d'Allemagne)
4. Donald Trump (président des États-Unis)
5. Justin Trudeau (Premier ministre du Canada)
6. Emmanuel Macron (président de la République française)
7. Shinzo Abe (Premier ministre du Japon)
8. Guiseppe Conte (président du Conseil des ministres italien)
9. Jean-Claude Juncker (président de la Commission européenne)

B Puissance ascendante

État exerçant une puissance récente et en cours d'affirmation dans le monde. Elle s'oppose à la puissance établie.

2 Les BRICS vus par le dessinateur indien Paresh

Dessin de Paresh, *The Khaleej Times*, 30 juillet 2018.
Traduction : « Excellent ! Vous faites mieux que les prévisions… »

Les puissances ascendantes affirment un rôle croissant dans le monde face aux puissances établies. Le plus souvent portés par l'émergence de leur économie, ces États (Chine, Inde, Brésil…) se sont imposés dans le cadre d'un monde multipolaire. Si les fondements de leur puissance sont encore incomplets ou inférieurs à ceux des puissances établies, tant sur les plans militaires, économiques que culturels, ils mettent en œuvre des stratégies pour s'imposer sur la scène internationale. Création artificielle née d'une classification des organismes bancaires américains, le club des BRICS est devenu une réalité géopolitique. Mais c'est dans le cadre du G20 que l'influence des puissances ascendantes s'exprime le plus efficacement (affirmation contre les puissances établies, dénonciation du fonctionnement des organisations internationales jugées dépendantes des puissances établies). Elles représentent, Chine en tête, un défi pour les puissances établies.

Vocabulaire

- **BRICS (Brésil, Russie, Inde, Chine et Afrique du Sud) :** groupe de puissances ascendantes appelées à remettre en cause la domination des pays riches dans l'économie mondiale.
- ***Soft power* :** expression américaine désignant la capacité des États-Unis à diffuser par la persuasion un modèle culturel, politique ou économique. Par extension, elle est parfois utilisée pour d'autres États.

C Monde multipolaire

Organisation du monde en plusieurs pôles. Elle s'oppose à l'organisation bipolaire du monde pendant la guerre froide, et unipolaire de l'après-guerre froide.

Le monde multipolaire désigne l'organisation planétaire en cours d'affirmation depuis la fin de la guerre froide. En effet, après la guerre froide qui a vu s'opposer deux blocs idéologiquement et politiquement adverses (monde bipolaire de 1945 à 1991), l'implosion de l'URSS laisse place à un nouvel ordre mondial. Les États-Unis s'affirment alors comme seule puissance capable d'exercer un leadership à l'échelle mondiale (monde unipolaire), mais ne peuvent empêcher l'affirmation de nouvelles puissances. Le monde multipolaire qui s'affirme aujourd'hui en est le résultat, même si certains spécialistes évoquent la probabilité d'une nouvelle bipolarité avec l'affirmation des deux puissances qui, à l'avenir, pourraient s'imposer dans le monde : les États-Unis et la Chine.

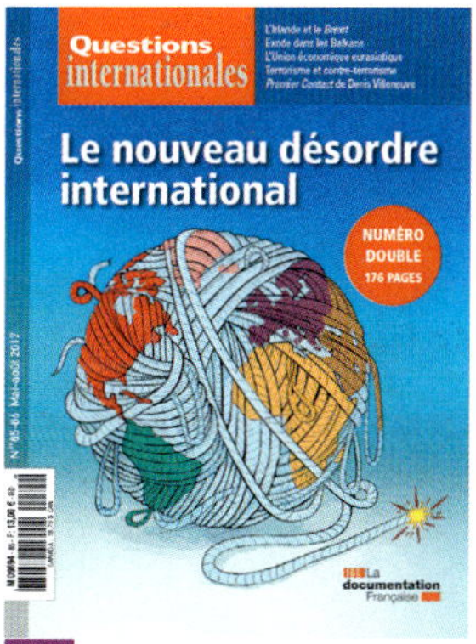

3 « Le nouveau désordre international »

Une de *Questions internationales*, mai-août 2017.

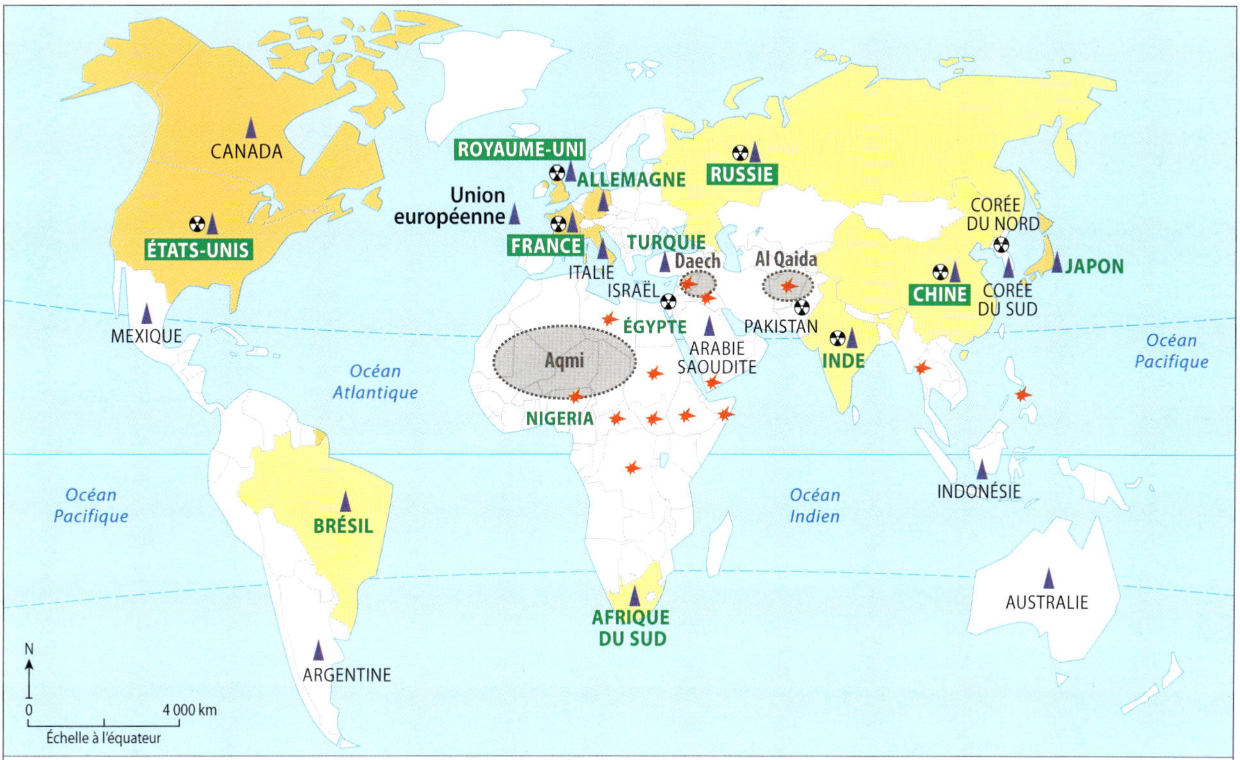

Vers une multipolarisation du monde
- puissance établie
- puissance ascendante
- puissance nucléaire

Une gouvernance étatique remise en cause
- G 20 : une gouvernance mondiale élargie

Conseil de sécurité de l'ONU :
- CHINE État disposant d'un siège permanent
- INDE État revendiquant un siège permanent

Un monde déstabilisé
- conflit
- mouvement terroriste internationalisé

Sources : L. Carroué, *Atlas de la mondialisation*, 2018 et *Espace mondial : l'Atlas 2018*, Éd. Presses de Sciences Po, 2018.

4 Un monde multipolaire ?

carte interactive

POUR COMPRENDRE

1. Le monde est aujourd'hui en voie de multipolarisation, par opposition au monde bipolaire de la guerre froide. Les États-Unis, et dans une moindre mesure la Russie, demeurent des puissances établies, mais d'autres États s'affirment. **Lesquels ? Par quels moyens ?** (doc. 1, 2 et 4)
2. Si les États restent le pilier essentiel de la puissance, d'autres acteurs influent, comme les organisations régionales, internationales, les ONG, les forces criminelles ou terroristes. **Expliquez le titre de la une de la revue *Questions internationales* de mai-août 2017.** (doc. 3 et 4)

ÉTUDE

Existe-t-il une puissance européenne ?

ORAL

Ensemble à géométrie variable où les États conservent leur souveraineté politique, l'Union européenne promeut sa puissance par le poids de son marché, son avance technologique et sa capacité à proposer un système de valeurs et de normes économiques et environnementales à ses partenaires. Pourtant, elle reste peu présente sur la scène internationale du point de vue politique.

› L'Union européenne peut-elle réellement devenir une puissance de rang mondial ?

1 L'Union européenne, une puissance spatiale ?

Le lanceur Ariane 5, développé pour l'Agence spatiale européenne (ESA), sur la base de Kourou, le 15 novembre 2016.
Malgré la base de Kourou en Guyane et le poids de l'industrie liée à l'espace (10 % du PIB), l'UE n'est pas une puissance militaire spatiale puisque ses activités sont surtout civiles (lancement de satellite, cartographie). Son budget annuel est de 7 milliards de dollars (contre 40 milliards pour les États-Unis).

2 La protection des consommateurs européens : un outil d'influence internationale

Par la force de son marché unique de 500 millions d'habitants plutôt aisés, l'UE est capable d'exporter ses normes juridiques au-delà de ses frontières. Ainsi, la Commission européenne a pu condamner à plusieurs reprises Microsoft et Google pour abus de position dominante. Elle a infligé en juillet 2018 une amende record de 4,3 milliards d'euros à cette dernière entreprise, accusée de profiter de sa position dominante sur le marché des smartphones pour imposer ses propres applications sur Android. De la même manière, la Commission a pu empêcher en 2000 la fusion entre General Electric et Honeywell, deux entreprises américaines dont le rapprochement avait été validé par les autorités de concurrence des États-Unis. La perspective de se voir privés de l'accès au marché européen a poussé les dirigeants de ces deux entreprises à renoncer à leur projet de fusion[1]. Par ailleurs, et pour les mêmes raisons, de plus en plus d'agriculteurs américains cherchent à répondre aux exigences de la Politique agricole commune en termes de sécurité alimentaire. Avoir réussi à fonder un marché intérieur aux normes unifiées représente dès lors un atout indéniable pour les Européens qui parviennent, par ce biais, à influencer leurs partenaires commerciaux et à exporter leurs normes juridiques.

D'après M. Gaillard, « Le *soft power* de l'Union européenne », vie-publique.fr, Direction française de l'information légale et administrative, 2018.

1. La fusion aurait constitué une immense entreprise, en position de monopole sur le marché.

3 L'Union européenne, une puissance dépendante des États-Unis ?

Dessin de Chappatte, *The New York Times*, mai 2017. Ce dessin est paru lors de discussions entre le président Trump et les représentants des États européens au sujet du budget de l'OTAN (NATO en anglais). Traduction : « Je préférais vraiment quand il se focalisait sur "l'Amérique d'abord" ».

4 Une diplomatie commune impossible ?

Un détachement de l'Eurocorps devant le Parlement européen en 2014.

Malgré une progressive, mais lente, mise en place de structures institutionnelles (politique étrangère et de sécurité commune en 1993, politique européenne de sécurité et de défense en 1999, Service européen pour l'action extérieure – SEAE – en 2009), les États membres restent jaloux de leur souveraineté et continuent à gérer l'essentiel de leurs relations extérieures de manière autonome, ce qui les conduit souvent à l'impuissance (Yougoslavie au cours des années 1990, Irak en 2003, etc.). La mutualisation des moyens militaires reste un vœu pieux, chaque grand État cherchant à privilégier sa propre industrie de l'armement. C'est donc par le détour de l'humanitaire que l'UE investit les affaires diplomatiques et militaires. Depuis 2003, elle s'engage dans des actions civiles et militaires de terrain, essentiellement dans le maintien de la paix et la reconstruction post-conflit : Bosnie, Kosovo, RDC, Mali, Soudan du Sud, Afghanistan, etc. Par l'intermédiaire du SEAE, elle joue un rôle actif dans certaines négociations internationales, comme lors de l'accord sur le nucléaire iranien de 2015.

D'après « L'Europe, acteur global », espace-mondial-atlas.sciencespo.fr.

ACTIVITÉ **OBJECTIF** ▪ Préparer un débat

Vous participez à un débat sur le thème de la **puissance de l'UE au rang mondial**.

▪ Préparer le débat

1. Organisez la classe en deux groupes : le premier groupe soutient que l'UE peut devenir une puissance de rang mondial ; le second groupe défend l'idée que l'UE est une puissance trop incomplète pour atteindre un tel rang.

2. Puis, par binôme, classez vos arguments en plusieurs thèmes : puissance politique, puissance militaire, puissance économique…

Aide : pour organiser les informations au brouillon et être réactif et pertinent lors du débat, vous pouvez classer vos arguments dans un tableau comme celui-ci :

	Les atouts pour devenir une puissance mondiale	Les limites de la puissance mondiale de l'UE
Puissance politique		
Puissance militaire		
Puissance économique		
Puissance technologique		

▪ Organiser le débat

3. Désignez un président de séance qui introduira les termes du débat et répartit les prises de paroles de manière équitable, deux secrétaires qui établiront le compte rendu final et deux observateurs chargés d'évaluer la pertinence des interventions.

4. Pendant le débat : présentez vos arguments dans l'ordre en les illustrant d'exemples précis ou de données chiffrées.

5. Respectez les règles d'écoute des interlocuteurs (ne pas couper la parole, prendre des notes sur les interventions pour pouvoir y répondre).

ÉTUDE La France, puissance mondiale ?

En 2017, le PIB de l'Inde a devancé celui de la France, reléguée au 7e rang mondial. Mais la France dispose encore d'atouts indéniables qui lui permettent de diffuser son modèle et de valoriser son image sur la scène internationale.

› Dans quelle mesure la France peut-elle miser sur son pouvoir d'influence pour maintenir son rang de puissance mondiale ?

1 L'ANALYSE DES SPÉCIALISTES Le *soft power* à la française

Composante essentielle du pouvoir d'influence, la diplomatie contribue à la diffusion du modèle français dans le monde. Pour atteindre ses objectifs, la France dispose d'un réseau diplomatique et consulaire d'envergure, via des représentations dans plus de 160 pays, ce qui la place après les États-Unis et la Chine. Néanmoins, le budget alloué au ministère de l'Europe et des Affaires étrangères pour l'accomplissement de ses missions est qualifié d'insuffisant par ses protagonistes. Dans l'imaginaire collectif français, la France véhicule l'image de la patrie des droits de l'homme. En affinant l'analyse, on constate que cette image est plus nuancée selon les zones géographiques. En Italie, par exemple, la France est perçue comme un pays éminemment politique. En Ouganda, elle est en revanche associée à l'entreprise Total. Ainsi, la maîtrise de cette image est un véritable enjeu de souveraineté car elle participe de sa crédibilité externe. Jusqu'aux Jeux olympiques de 2024, la France va accueillir presque un événement sportif mondial par an. Leur organisation lui permettra de rayonner via deux aspects : la mise en valeur de son image et de celle de la ville hôte à l'étranger car certains événements sportifs sont visionnés par plusieurs centaines de millions de personnes ; la mise en valeur et l'exportation du savoir-faire français en matière d'organisation, de logistique ou de sécurisation de lieux.

La France possède aujourd'hui de nombreux atouts culturels[1], comme sa langue et sa gastronomie. Elle peut également mettre en avant son droit, ses institutions et son administration, sans oublier la spécificité de Paris, ville internationale. Siège de plusieurs institutions internationales telles l'OCDE, l'Unesco ou l'Organisation internationale de la Francophonie, la capitale revêt une importance particulière pour l'influence française. Néanmoins, plusieurs leviers d'amélioration pourraient être activés. Il n'existe par exemple pas encore de stratégie d'influence via Internet, comme a pu le faire le Danemark. Elle ne semble pas capitaliser suffisamment sur ses points forts.

D'après H. Kato, A. Lucet et L. Pasbeau, « Le *soft power* à la française : un enjeu de puissance ? », portail-ie.fr, Centre français de ressources et d'information sur l'intelligence économique et stratégique, 2018.

1. La France est la première destination touristique mondiale.

Source : Ministère de l'Europe et des Affaires étrangères, 2019.

2 Le 3e réseau diplomatique mondial

Nombre d'ambassades par pays (en 2017)

États-Unis	170
Chine	165
France	163
Allemagne	153
Royaume-Uni	150

ANALYSE DE DOCUMENTS

La France, puissance mondiale ?
Rédigez une réponse au sujet en l'organisant selon le plan suivant :

1. La France, une puissance influente
2. Des limites à la puissance internationale
3. Des enjeux pour l'avenir de la puissance

ÉTUDE Les défis de la faible militarisation du Japon

Face à un contexte de tensions régionales, le Japon dépend encore largement de la puissance militaire des États-Unis pour sa défense et envisage une remilitarisation. Pourtant, le Japon demeure une puissance économique et financière au rayonnement planétaire.

› La faiblesse de son armée fait-elle du Japon une puissance secondaire ?

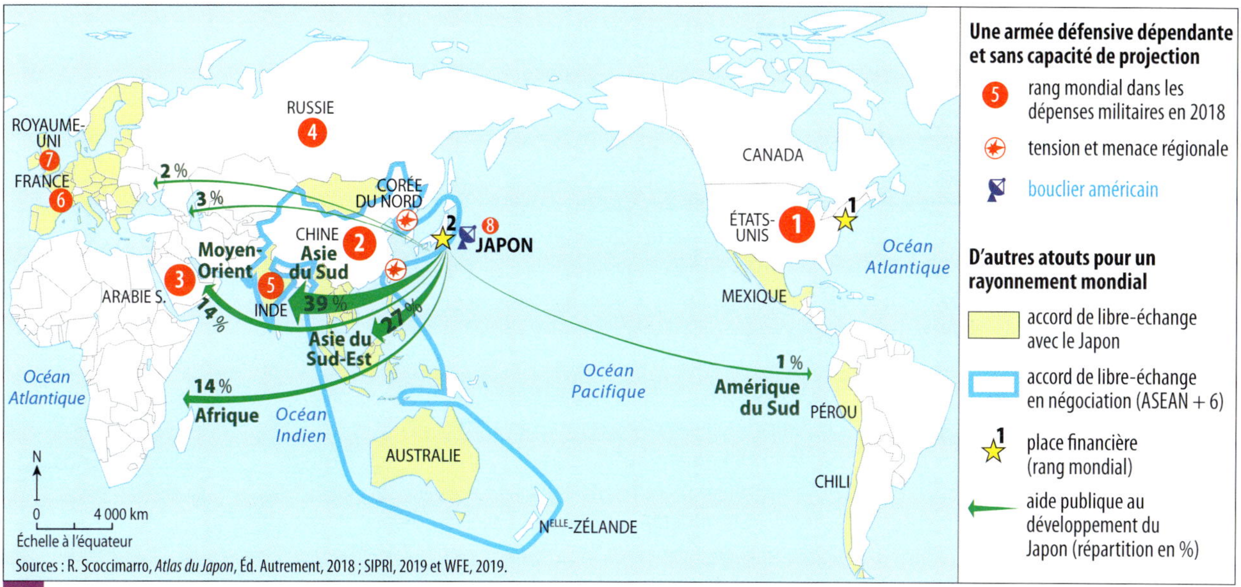

Sources : R. Scoccimarro, *Atlas du Japon*, Éd. Autrement, 2018 ; SIPRI, 2019 et WFE, 2019.

1 Le Japon, une faiblesse militaire mais des capacités d'influence

2 L'exposition universelle de 2025, une vitrine pour la promotion du Japon

Source : expo2025-osaka-japan.jp

Vocabulaire

- **Bouclier américain :** système d'interception et de destruction de missiles ennemis mis en place à partir de 1999 par les États-Unis à la suite du tir d'un missile nord-coréen.

3 Vers une remilitarisation du Japon ?

En position de vaincu après la capitulation de 1945, le Japon accepte la domination des États-Unis. En 1947, une nouvelle Constitution entre en vigueur où l'article 9 inscrit le renoncement à faire la guerre et à maintenir un potentiel de guerre. Mais dans les faits, il existe des « forces d'autodéfense », une armée composée de plus de 240 000 hommes. Avec un budget militaire qui ne cesse d'augmenter (5 % du budget total en 2018), le Japon est loin d'être une puissance démilitarisée et est autorisé depuis 2016 à combattre à l'étranger, dans le cadre d'« autodéfense collective », notamment aux côtés des États-Unis. La volonté du Japon d'aller vers une stratégie militaire plus offensive dans un contexte régional extrêmement tendu peut se comprendre. Le ministre de la Défense du Japon a d'ailleurs annoncé que son pays allait renforcer son arsenal antimissile en réponse aux tirs de missiles nord-coréens qui avaient survolé l'archipel nippon en 2017.

D'après A. Morghadi, « Japon, vers la fin d'une constitution pacifique ? », Public Sénat, 26 janvier 2018.

ANALYSE DE DOCUMENTS

1. Pourquoi peut-on dire que la puissance militaire du Japon est relative à l'échelle mondiale ? à l'échelle de l'Asie ? **(doc. 1 et 3)**
2. Quels éléments de la puissance japonaise l'affiche de l'exposition universelle met-elle en valeur ? Quels sont les autres outils de l'influence du Japon dans le monde ? **(doc. 1 et 2)**
3. Rédigez une conclusion au sujet : **La faiblesse de son armée fait-elle du Japon une puissance secondaire ?**

ÉTUDE La Chine, puissance globale ?

Le 19 octobre 2017, le président chinois Xi Jinping déclare lors du 19e congrès du Parti communiste chinois : « D'ici 2050, la Chine devra se hisser au premier rang du monde en termes de puissance globale et de rayonnement international. »

› Le vœu de puissance globale chinoise de Xi Jinping est-il réalisable ?

1 L'ANALYSE DU SPÉCIALISTE Vers un pouvoir mondial ?

Depuis trente ans, la taille de l'économie chinoise a doublé tous les huit ans. La moitié des grues utilisées dans le monde se trouvent en Chine, qui produit la moitié du ciment, de l'acier, du charbon, du verre et de l'aluminium mondiaux. Non seulement la croissance de la Chine est supérieure aux autres États mais sa dimension, son poids font que sa croissance a des répercussions mondiales bien plus importantes que celles des autres pays. Elle s'est également lancée dans un gigantesque projet, baptisé les « nouvelles routes de la soie », afin de développer les infrastructures au niveau mondial. La Chine, consciente de la nécessité d'améliorer son image internationale, cherche également à améliorer son *soft power* en multipliant les instituts Confucius dans le monde, en lançant une chaîne internationale de télévision. La Chine assure ne pas vouloir dominer le monde mais simplement défendre ses intérêts. Contrairement aux pays influencés par le christianisme et l'islam qui ont développé une volonté de répandre leur vision du monde et de convertir les autres peuples à leur foi, le simple fait d'être elle-même et de devenir une puissance mondiale respectée et reconnue peut lui suffire. En 2011, le PIB chinois a dépassé le PIB japonais. En 2013, la Chine est devenue la première puissance commerciale mondiale (importations et exportations) devant les États-Unis. La question n'est plus de savoir si le PIB chinois dépassera le PIB américain en termes réels (il le fait en parité de pouvoir d'achat depuis 2015) mais quand cela surviendra.

P. Boniface, *La Géopolitique*, Éd. Eyrolles, 2018.

3 *Wolf Warrior 2*, la capacité d'agir de la Chine dans un film chinois à gros succès

Wolf Warrior 2 (2017) est le premier film non hollywoodien à entrer dans les 100 plus grands succès mondiaux. L'histoire se déroule dans un pays d'Afrique ; le héros affronte des mercenaires occidentaux et des rebelles. Pourtant, ce « Rambo » chinois n'a pas eu le succès international de son équivalent américain, les spectateurs étant surtout chinois.

	États-Unis		Chine	
	2000	2018	2000	2018
Dépenses militaires, en milliards de dollars	420	600	41	216
PIB, en milliards de dollars	10 250	20 510	1 210	13 460
FTN* parmi les 10 premières	10	3	0	3
Nombre d'universités sur les 100 premières mondiales	58[1]	46	0[1]	3

2 La concurrence chinoise, une menace pour la puissance américaine ?

Sources : Classement de Shanghai, 2019 ; FMI, 2019 ; Fortune, 2019 et SIPRI, 2019.

* Firmes transnationales

1. Valeur de 2003, le classement de Shanghai n'existant que depuis cette date.

Vocabulaire

- **« Nouvelles routes de la soie » :** programme chinois dévoilé en 2013 visant à développer les infrastructures de transport entre la Chine et l'Europe grâce à des partenariats avec les États traversés. Il vise notamment à sécuriser l'approvisionnement énergétique chinois, faciliter ses exportations et renforcer son influence.
- ***Soft power* :** expression américaine désignant la capacité des États-Unis à diffuser par la persuasion un modèle culturel, politique ou économique. Par extension, elle est parfois utilisée pour d'autres États.

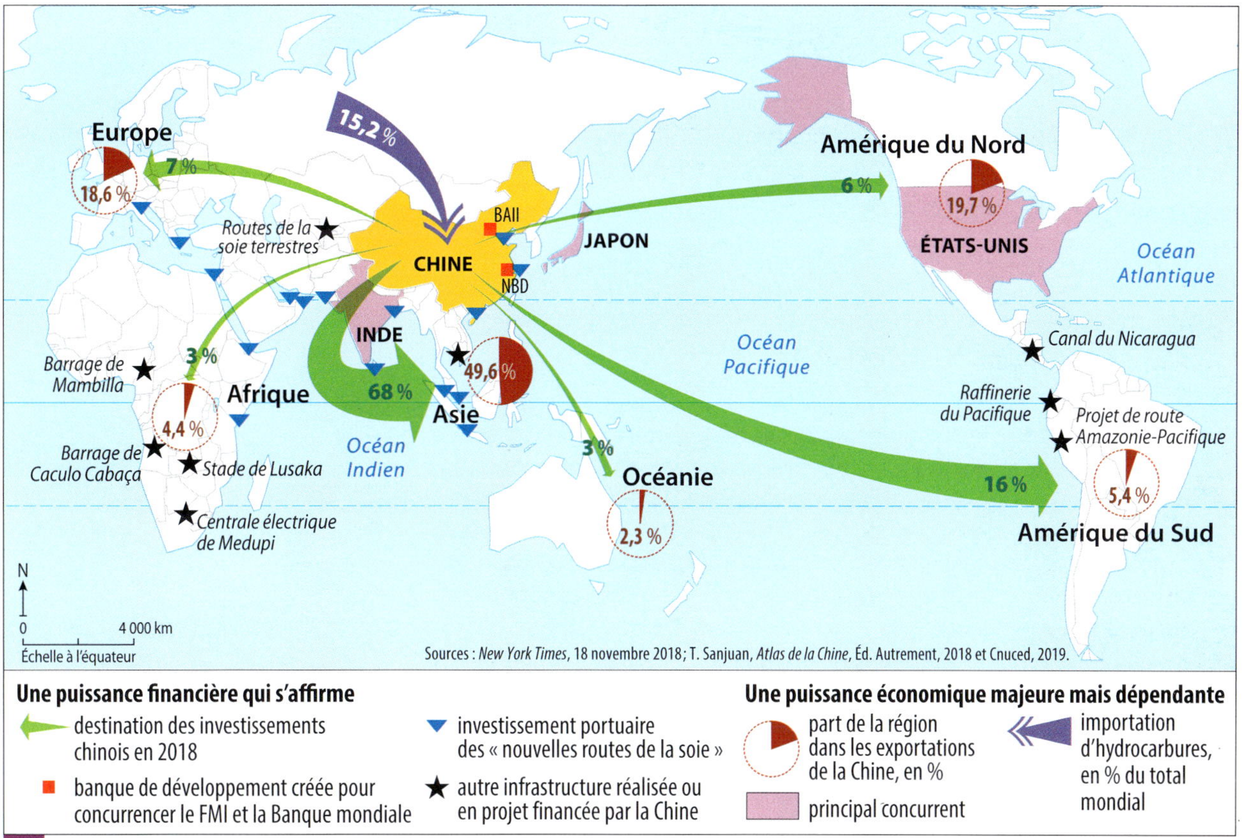

4 La Chine, puissance financière et économique mondiale

carte interactive

5 La « diplomatie du panda », acteur du *soft power* de la Chine

Brigitte Macron, marraine du panda Yuan Meng au zoo de Beauval, en 2017.

Prêter un animal, considéré comme un « trésor national » et ne vivant à l'état sauvage qu'en Chine, à d'autres nations permet non seulement à Pékin de renforcer ses relations diplomatiques, mais également de soigner son image. La « diplomatie du panda » existe en Chine depuis le VIIe siècle, avec le présent de deux pandas géants à la cour du Japon. Après la visite historique du président américain Richard Nixon en Chine en 1972, Mao offre deux animaux à Washington. En prêtant six pandas à trois États européens en 2017, Xi Jinping a accéléré cette pratique diplomatique. Elle s'inscrit dans le tournant géopolitique du *soft power*, officiellement adopté comme principe politique en 2007. Depuis, les autorités investissent massivement tant sur le plan économique que politique, afin de maximiser la capacité d'attraction du pays. En donnant une image rassurante de la Chine, le panda s'inscrit dans la stratégie de l'« émergence pacifique » ; en tant qu'atout cœur de la politique chinoise, il est un ambassadeur à la fois efficace et rentable.

D'après N. Rouiaï, « Le panda, acteur du *soft power* de la Chine », *Carto* n° 46, mars-avril 2018.

ACTIVITÉ **OBJECTIF**

▪ Rédigez une argumentation

Rédigez une argumentation sur le sujet suivant : **La Chine est-elle une puissance globale ?**

Pour vous aider, respectez les étapes suivantes :

▪ Comprendre un contexte

1. Effectuez une recherche afin de présenter Xi Jinping et expliquez ce qu'il appelle « le rêve chinois ».

▪ Critiquer une citation

2. Aidez-vous du tableau suivant pour analyser la citation de Xi Jinping : « D'ici 2050, la Chine devra se hisser au premier rang du monde en termes de puissance globale et de rayonnement international. »

Aide : la citation pourra servir d'accroche pour l'introduction de votre argumentation.

	Une puissance globale	Un rayonnement international
Les ambitions de la Chine		
Les politiques mises en place		
Les défis à relever		

Aide : pour un tableau complet de la puissance chinoise, vous pouvez vous aider des p. 135, p. 139 et p. 142-143.

LEÇON 1 Les caractéristiques de la puissance à l'échelle internationale aujourd'hui

> Comment les ressorts de la puissance évoluent-ils dans un monde multipolaire ?

A Des caractéristiques universelles de la puissance

- **Le premier stade de la puissance est la capacité de faire ou de refuser de faire.** Elle confère à un État la souveraineté de ses décisions, notamment sur la scène internationale. Ainsi, les États-Unis ont mené une guerre contre l'Irak en 2003, contre l'avis de certains de leurs alliés. La Corée du Nord poursuit son programme d'armement nucléaire malgré les sanctions internationales. Contrevenant aux règles de l'OMC, l'Inde continue à subventionner son programme alimentaire.
- **La puissance recouvre aussi la capacité de faire faire.** Les États-Unis ont structuré les systèmes monétaire et commercial après 1945. La moitié des transactions commerciales planétaires se font ainsi en dollars. L'UE impose ses normes environnementales et sanitaires aux importateurs étrangers, comme l'interdiction d'importations de viande aux hormones ou de certains pesticides. Les accords du Touquet de 2004 contraignent les Français à assurer le contrôle des migrants vers le Royaume-Uni.
- **La puissance correspond enfin à la capacité d'empêcher de faire.** Les 5 membres permanents du Conseil de sécurité de l'ONU ont la capacité de bloquer par veto toute décision. Les États-Unis empêchent tout échange commercial avec l'Iran, sous peine de sanctions économiques. Les puissances nucléaires, par la force de dissuasion, disposent de fait d'une capacité à empêcher toute agression de leur territoire.

B Des fondements de la puissance qui évoluent

- **Les composantes permanentes de la puissance (poids du nombre, du territoire) sont à relativiser.** Une population nombreuse est un atout si elle constitue une main-d'œuvre et un marché intérieur au service du développement économique, comme en Chine. Un territoire étendu n'est un facteur de puissance que s'il est maîtrisé et ses ressources valorisées (monarchies pétrolières du Golfe). Ainsi, la Russie a un immense territoire riche en ressources mais peine à le contrôler.
- **La capacité à s'imposer par le *hard power* évolue.** Liée le plus souvent à un héritage historique, la force militaire se mesure d'abord à la capacité de projection plus qu'au nombre de soldats. Les États-Unis, le Royaume-Uni, la France, mais également la Chine, disposent de porte-avions et de bases à l'étranger. La puissance économique se mesure à la capacité à investir dans les économies concurrentes par le biais des FTN, des IDE ou des fonds souverains (Émirats arabes unis).
- **La capacité à exercer son influence par le *soft power* est un élément essentiel de la puissance.** Le cinéma et la télévision ont contribué à la diffusion de l'*American way of life* après 1945 ou, aujourd'hui, du *cool Japan* (mangas, films d'animation). Le cinéma devient un outil d'influence pour l'Inde, qui, avec Bollywood, est au 1er rang mondial en nombre de films produits. En prêtant ses pandas à d'autres pays, la Chine véhicule une image pacifique de sa puissance. Ces formes indirectes de la puissance jouent un rôle croissant.

1 Le déploiement de l'armée américaine en Afrique
Ouganda, 18 juin 2018.

Vocabulaire

- **Capacité de projection :** capacité pour un État d'intervenir rapidement et massivement hors de ses frontières.
- **Fonds souverains :** réserve alimentée par les excédents financiers d'un État qui place ses capitaux à l'étranger (immobilier, industrie, foncier).
- **FTN (Firme transnationale) :** entreprise possédant au moins une filiale à l'étranger.
- ***Hard power* :** expression américaine désignant la capacité des États-Unis à imposer par la force leur puissance militaire, stratégique, économique ou financière. Par extension, elle est parfois utilisée pour d'autres États.
- **IDE (Investissement direct à l'étranger) :** investissement d'une FTN à l'étranger par la création ou le rachat d'une entreprise, ou encore la prise de participation dans son capital.
- **Multilatéralisme :** mode de relations interétatiques visant à établir des règles communes.
- ***Soft power* :** expression américaine désignant la capacité des États-Unis à diffuser par la persuasion un modèle culturel, politique ou économique. Par extension, elle est parfois utilisée pour d'autres États.

C Des manifestations contrastées dans un monde multipolaire

- **Les puissances établies structurent l'environnement politique et économique à l'échelle mondiale.** Rassemblées dans le G7, elles représentent 43 % du PIB mondial. Seuls les États-Unis incarnent la « superpuissance » par leurs capacités sans équivalent. Les puissances européennes intégrées dans l'UE sont affaiblies par leurs divisions (Brexit). La Russie a été exclue du G8 (redevenu G7) depuis l'annexion de la Crimée en 2014.
- **Les puissances ascendantes cherchent à contrebalancer l'influence des puissances établies.** Depuis la fin du XXe siècle, elles affirment leur volonté de peser sur la scène internationale mais leur influence est inégale. Seule la Chine est devenue une puissance mondiale au XXIe siècle. L'Inde, le Brésil et l'Afrique du Sud rayonnent surtout à l'échelle régionale. Le club des BRICS incarne cette concurrence croissante des puissances ascendantes, s'alliant dans le cadre du G20 à des États comme l'Arabie Saoudite, le Mexique ou l'Indonésie.
- **La coopération est une solution pour réguler le pouvoir des puissances.** Les BRICS ont créé une Nouvelle banque de développement pour concurrencer les organisations internationales comme le FMI ou la Banque mondiale, qu'ils accusent d'être dominés par les puissances établies. Le multilatéralisme contribue à recomposer la puissance et ses enjeux en créant des institutions régulatrices (UE, ASEAN, Union africaine). L'ONU reste la seule instance internationale de discussion et de négociation entre les puissances.

2 Lancement de la mission spatiale chinoise en octobre 2016

Un taïkonaute à la base de Jiuquan, dans le désert de Gobi, Chine.

SCHÉMA BILAN

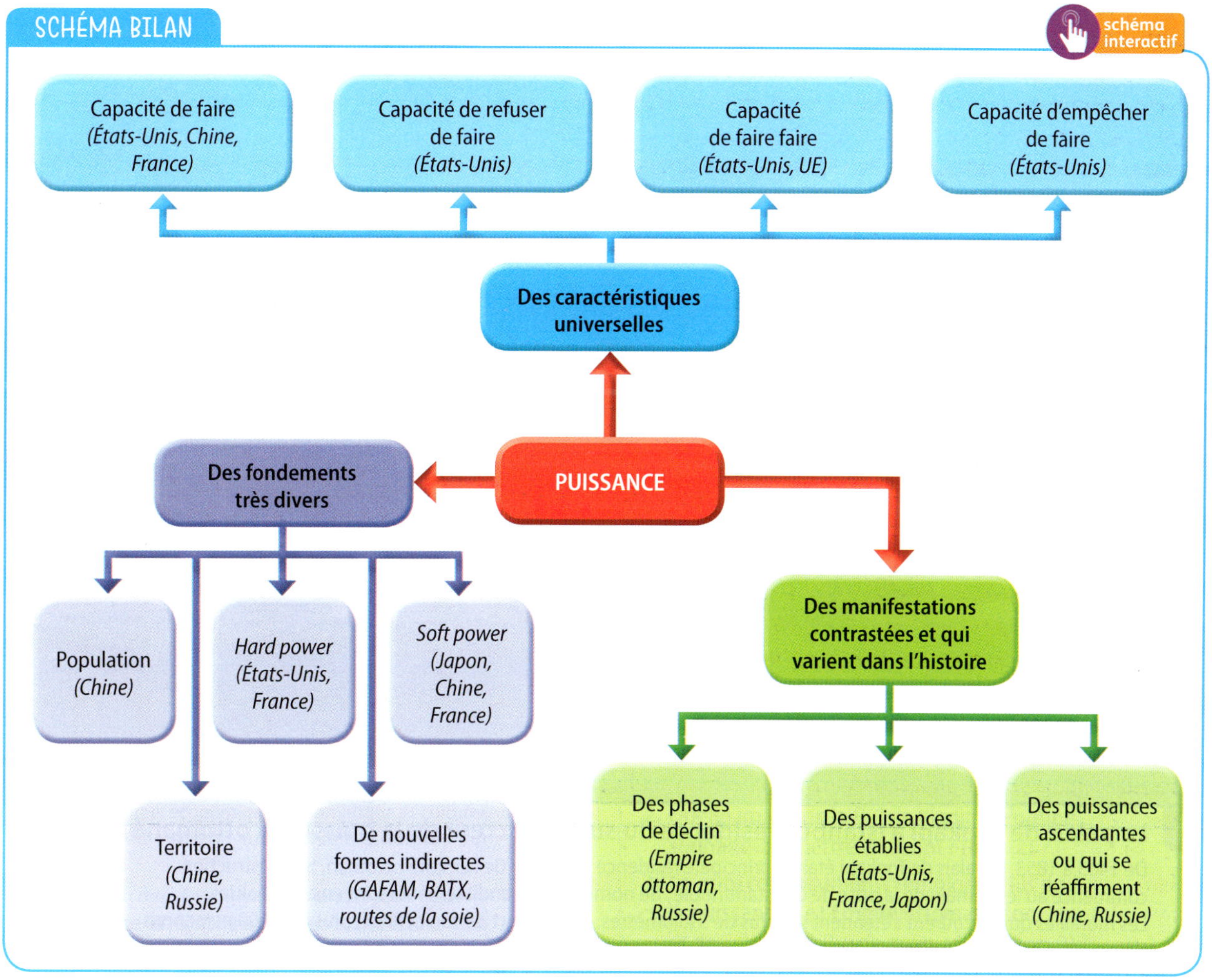

JALON ▸ L'Empire ottoman, de l'essor au déclin

REPÈRES 1

La construction de la puissance ottomane

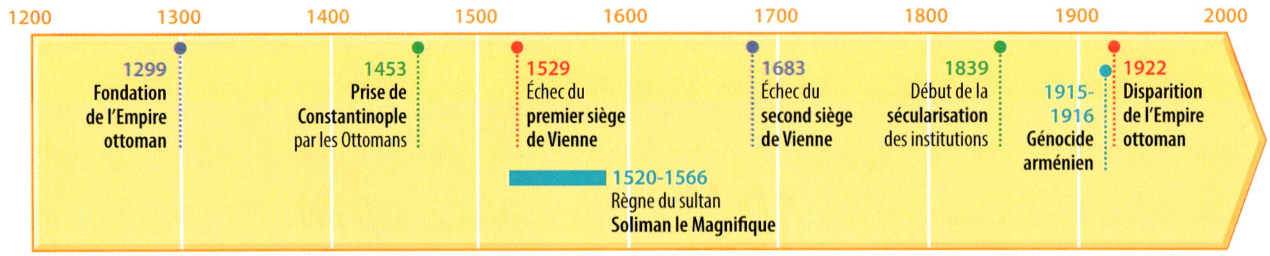

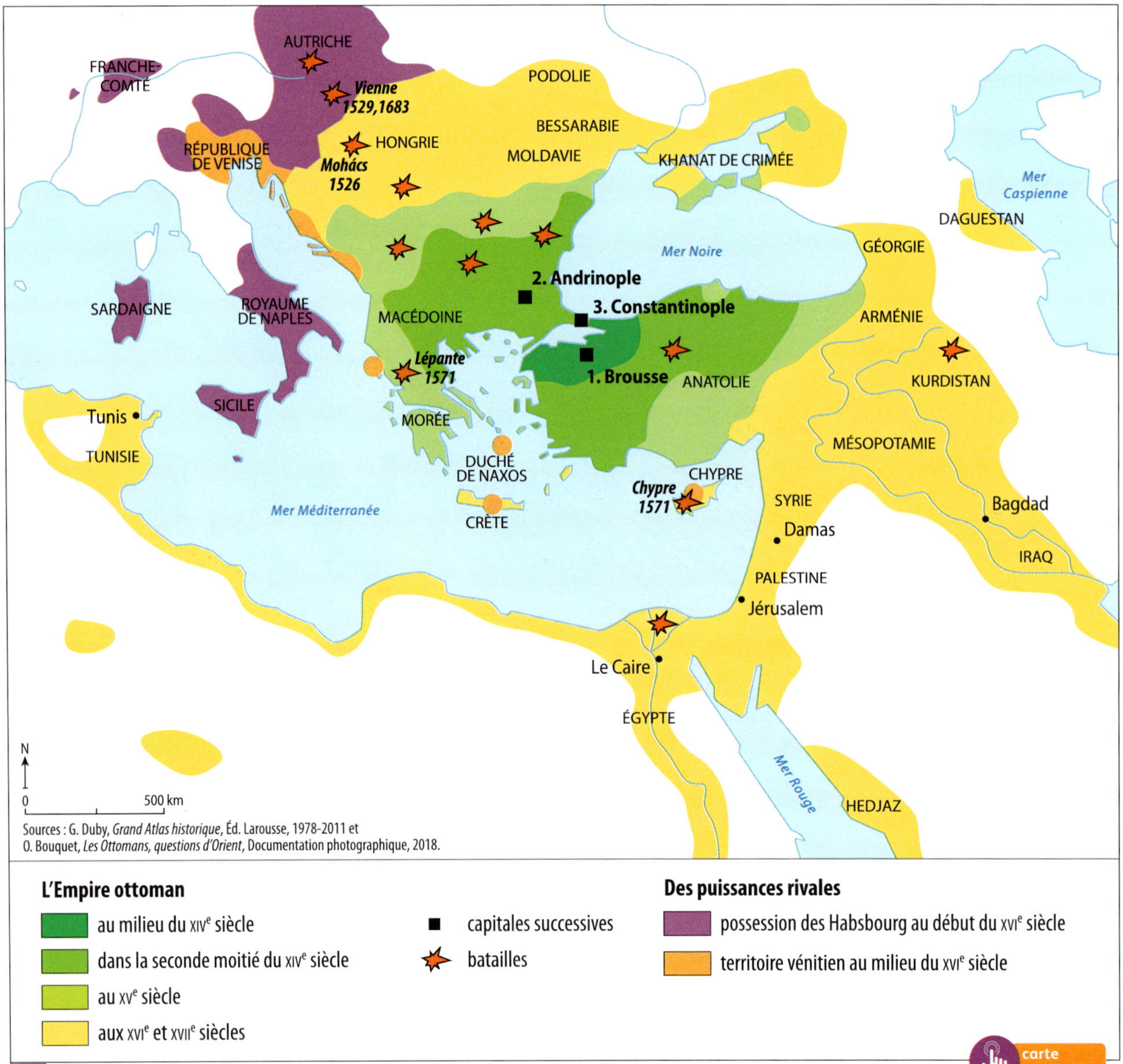

Sources : G. Duby, *Grand Atlas historique*, Éd. Larousse, 1978-2011 et O. Bouquet, *Les Ottomans, questions d'Orient*, Documentation photographique, 2018.

carte interactive

1 **La formation de l'Empire ottoman**

L'Empire ottoman tire son nom de la dynastie du premier souverain, Osman Ier (1281-1326). Si les souverains sont turcs, peuple originaire d'Asie centrale, ils règnent sur un empire multiculturel qui s'étend sur l'Europe, le Moyen-Orient et l'Afrique du Nord.

2 Le siège de Constantinople, 1453

Miniature, XVe siècle, Turquie.

Les musulmans, comme les chrétiens, ont accordé à la prise de Constantinople une importance symbolique considérable, alors même que l'Empire byzantin, dernier bastion de la chrétienté orientale, était en plein déclin. Son territoire fut réduit à une enclave soumise au pouvoir ottoman. Constantinople devient la capitale de l'Empire ottoman.

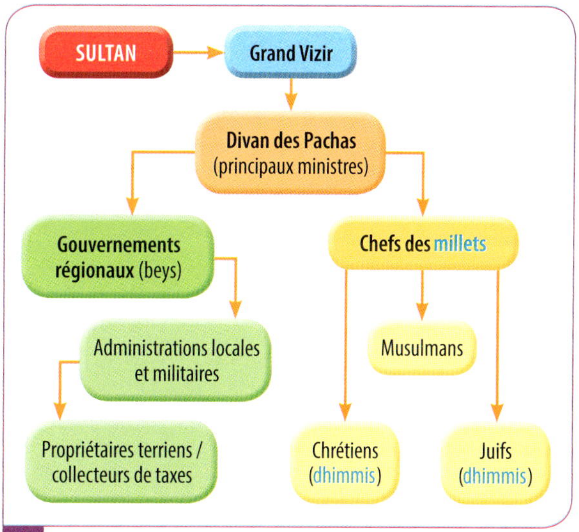

3 L'organisation de l'administration ottomane

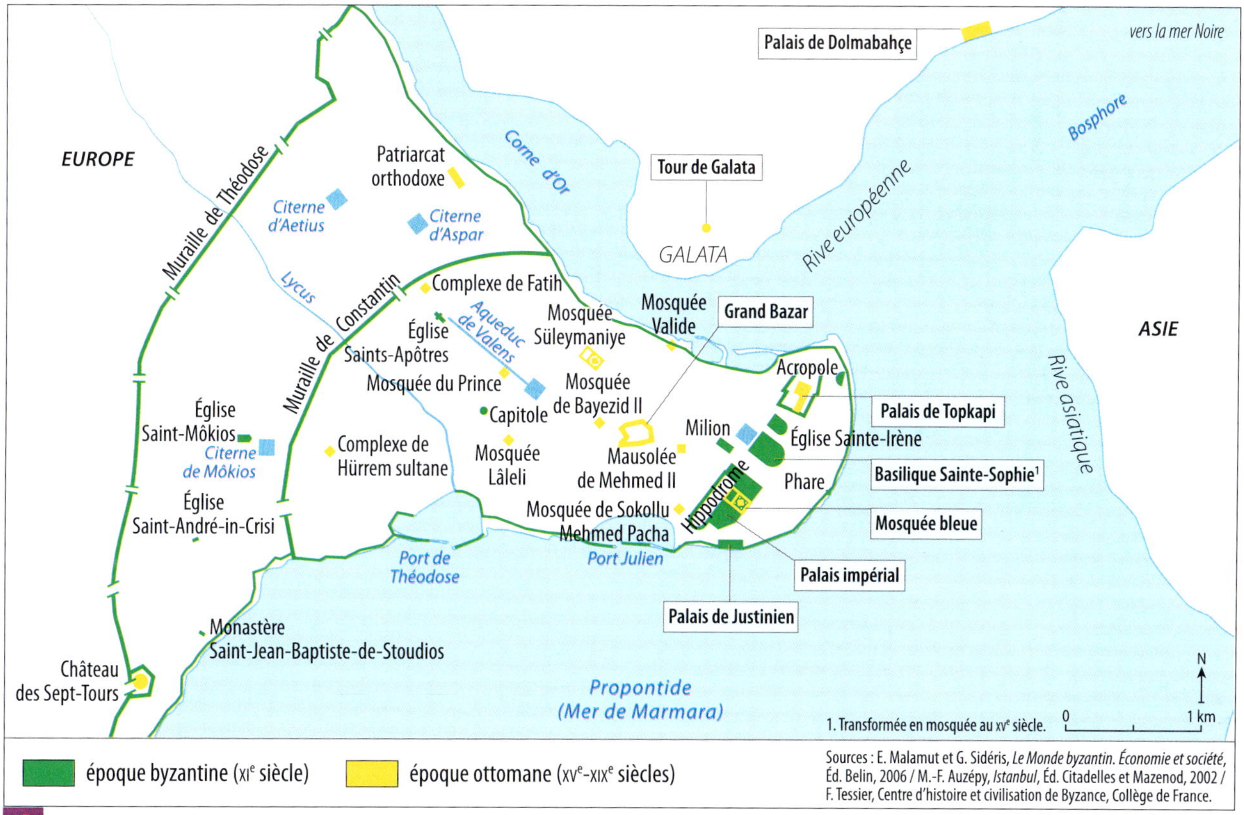

Sources : E. Malamut et G. Sidéris, *Le Monde byzantin. Économie et société*, Éd. Belin, 2006 / M.-F. Auzépy, *Istanbul*, Éd. Citadelles et Mazenod, 2002 / F. Tessier, Centre d'histoire et civilisation de Byzance, Collège de France.

4 Constantinople au XVIe siècle, une capitale cosmopolite

Vocabulaire

- **Cosmopolite :** qui rassemble des populations de cultures différentes.
- **Dhimmis :** citoyen non-musulman d'un État musulman, protégé par le pouvoir, mais avec des devoirs particuliers (taxes…).
- **Millet :** communauté religieuse protégée par le pouvoir ottoman.

POUR COMPRENDRE

Fondé en 1299, l'Empire ottoman connaît un tournant avec la prise de Constantinople en 1453. La ville devient le centre de cet empire en plein essor, autour de la personne du sultan.

1. **Décrivez l'extension de l'Empire ottoman.** (doc. 1 et 2)
2. **Montrez que l'Empire ottoman est une puissance cosmopolite.** (doc. 3 et 4)

ÉTUDE

Les piliers de la puissance de l'Empire ottoman au XVIe siècle

La chute de Constantinople en 1453 et l'extension de l'Empire, du nord de l'Afrique jusqu'aux frontières de la Perse et aux plaines hongroises, sous les règnes de Sélim Ier et de son fils, Soliman le Magnifique, font des Ottomans la première puissance mondiale, marquant considérablement les puissances européennes. L'Empire ottoman entretient cependant très tôt des relations diplomatiques avec ses voisins.

❯ Comment la puissance de l'Empire ottoman se manifeste-t-elle au XVIe siècle ?

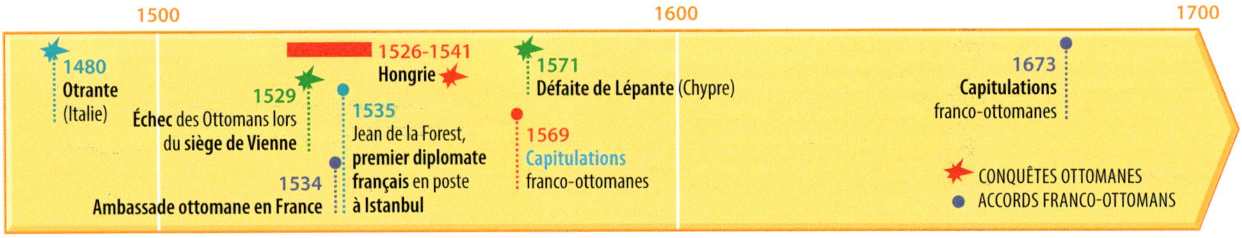

1 L'Empire ottoman, une menace militaire en Europe centrale

Le Siège de Vienne, miniature de Nakkach Osman, 1558, musée Topkapi, Istanbul.

Après leur victoire à Mohács en août 1526, les Ottomans occupent la quasi-totalité de la Croatie et de la Hongrie. En septembre 1529, ils s'avancent jusqu'à Vienne, dont ils font sans succès le siège pendant près de trois semaines.

2 Les alliances diplomatiques franco-turques

Face à un ennemi commun, Charles Quint, empereur du Saint Empire romain germanique, François Ier décide de signer des accords diplomatiques avec Soliman le Magnifique.

[…] Premièrement, ont traité, fait et conclu, traitent, font et concluent, bonne et sûre paix et sincère concorde[1] au nom des susdits Grand Seigneur et roi de France, durant la vie de chacun d'eux, et pour les royaumes, seigneuries, provinces, châteaux, cités, ports, échelles, mers, îles et tous les lieux qu'ils tiennent et possèdent à présent et posséderont à l'avenir, de manière que tous les sujets et tributaires desdits seigneurs qui voudront, puissent librement et sûrement, avec leurs robes et gens, naviguer avec navires armés et désarmés, chevaucher, venir, demeurer, converser et retourner aux ports, cités et quelconques pays les uns des autres, pour leur négoce, mêmement pour fait et compte de marchandise.

[De même], que lesdits sujets et tributaires desdits seigneurs pourront respectivement acheter, vendre, changer, conduire et transporter par mer et par terre d'un pays à l'autre toutes sortes de marchandises non prohibées en payant les accoutumées et antiques daces et gabelles ordinaires[2] seulement […].

Traité d'alliance entre la France et l'Empire ottoman (1535), *Sources d'histoire de la France moderne, XVIe, XVIIe, XVIIIe siècles*, Éd. Larousse, 1994.

1. Entente.
2. Impôts, taxes.

Vocabulaire

- **Capitulation :** convention qui régit les droits des sujets chrétiens en pays musulman, notamment d'un point de vue commercial.

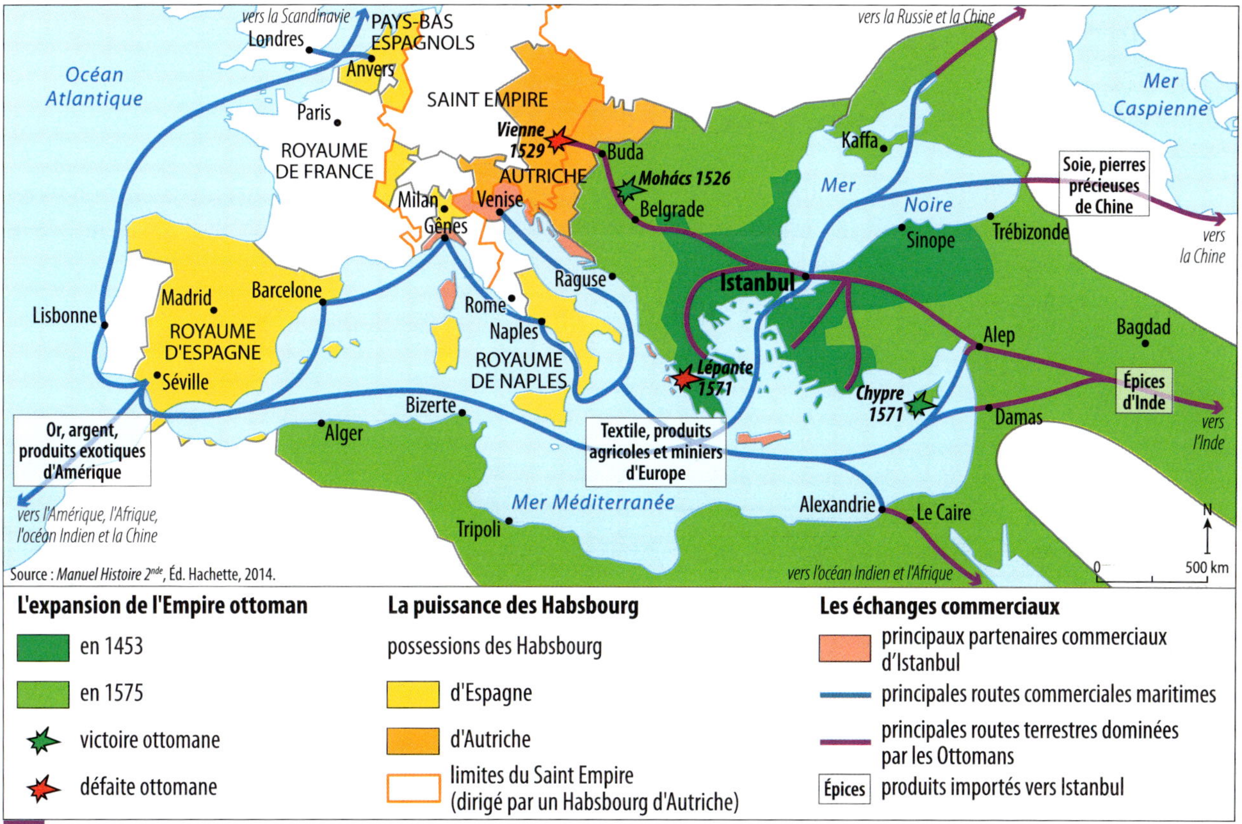

3 Istanbul, au cœur des routes commerciales méditerranéennes (1575)

4 Istanbul par Chesneau

Jean Chesneau était le secrétaire d'Aramon, ambassadeur français auprès de l'Empire ottoman.

La ville est habitée principalement de Turcs, puis de Juifs innombrables [...] qui ont été chassés d'Espagne, Portugal et Allemagne [...]. Il y a aussi beaucoup de Grecs et plusieurs chrétiens marchands étrangers qui commercent par tout le pays du Levant : des Vénitiens, Florentins, Ragusois et quelques Français, qui habitent en une petite ville qu'ils appellent Galata, séparée de Constantinople par un grand canal de la mer qui est le plus grand port de Constantinople, le plus sûr, le plus beau et le plus aisé qui soit au monde.

J. Chesneau, *Le Voyage de monsieur d'Aramon*, 1555.

ANALYSE DE DOCUMENTS

1. En quoi les **documents 1 et 2** témoignent-ils de la puissance ottomane au XVIe siècle ?
2. Montrez que l'Empire ottoman reste au cœur des échanges méditerranéens. **(doc. 3 et 4)**
3. Comment l'Empire ottoman arrive-t-il à intégrer les différentes populations de son empire ? **(doc. 5)**

5 L'ANALYSE DE L'HISTORIEN L'Empire ottoman, un empire cosmopolite

Le pouvoir du sultan repose sur une double base juridique : le droit musulman, la charia, fondé sur l'application du Coran, et le droit coutumier établi à partir des usages juridiques des populations annexées au cours des conquêtes. Il s'agit, en somme, de ne pas bouleverser les habitudes des peuples soumis, afin de ne pas déclencher de soulèvements et d'assurer une continuité administrative indispensable à la bonne gestion des provinces et, par conséquent, de l'Empire.

En lançant des expéditions en Anatolie orientale, Selim Ier cherche à obtenir en Syrie, Palestine et Égypte le contrôle du commerce de transit entre l'océan Indien et la Méditerranée. Il veut aussi maîtriser le trafic avec les pays producteurs de marchandises très prisées par le consommateur ottoman : épices, parfums, colorants, tissus indiens...

Dès les débuts de l'Empire, une grande partie des sujets du sultan est de religion chrétienne. La force de l'État repose pour une bonne part sur la participation des chrétiens. Pour eux, le devchirmé[1] est le plus sûr moyen d'accéder à des postes de haut niveau. On sait que ceux qui y sont parvenus ont largement pratiqué le népotisme[2], car ils n'ont jamais oublié leurs origines, leur famille, leur village, leur province. Sur 35 noms de grands vizirs apparaissant entre 1453 et 1600, certains ayant été nommés à plusieurs reprises, 5 sont turcs d'origine, 9 albanais, 3 grecs, 2 italiens, 3 croates, 2 bosniaques, 1 herzégovinien, 1 franc (ou grec ?), 1 dalmate, et 8 proviennent du devchirmé sans que l'on connaisse leur origine.

D'après R. Mantran, « L'âge d'or de l'Empire ottoman », *L'Histoire*, oct.-déc. 2009.

1. Recrutement de force d'enfants de 8 à 18 ans parmi les populations chrétiennes de l'Empire pour former les cadres de l'administration et de l'armée ottomane.
2. Fait de favoriser sa famille dans les fonctions politiques.

JALON ▸ L'Empire ottoman, de l'essor au déclin

ÉTUDE

L'éclatement de l'Empire ottoman

ORAL

Le XVIIe siècle marque la fin de l'expansion territoriale de l'Empire ottoman. La diminution de sa puissance ouvre au XIXe siècle la Question d'Orient, qui se trouve au cœur des enjeux géopolitiques européens jusqu'à la disparition du sultanat et de l'Empire en 1922.

› Comment la montée en puissance des nationalismes et le jeu des grandes puissances européennes ont-ils conduit au démantèlement de l'Empire ottoman ?

1830 – 1880 – 1890 – 1900 – 1910 – 1920 – 1930

- **1830** Indépendance de la Grèce. Conquête de l'Algérie par la France
- **1881** Conquête de la Tunisie par la France
- **1882** Occupation de l'Égypte par le Royaume-Uni
- **1912** Conquête de la Tripolitaine par l'Italie
- **1916** Accords Sykes-Picot prévoyant le dépeçage de l'Empire
- **1920** Traité de Sèvres consacrant le démembrement de l'Empire
- **1922** Abolition du sultanat ottoman, dissolution officielle de l'Empire

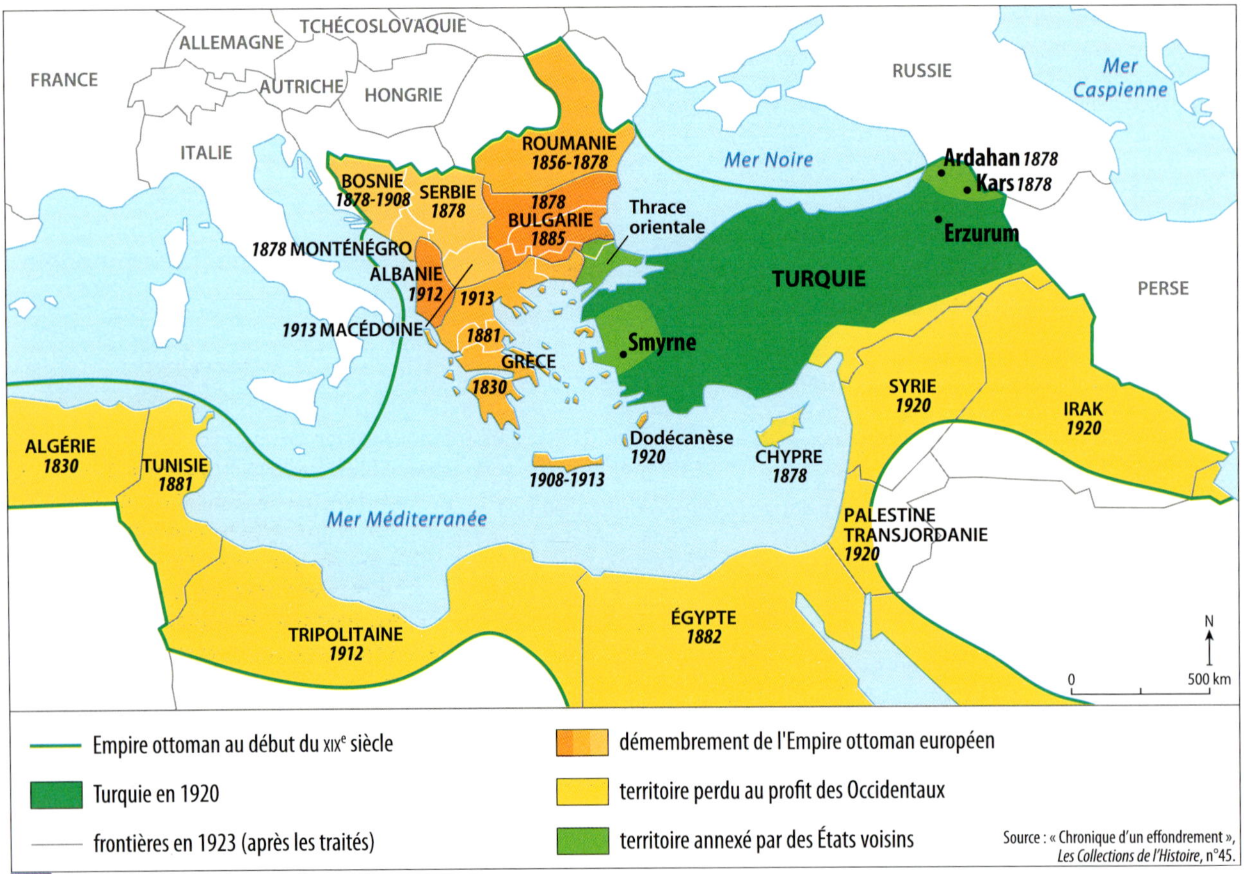

1 Le démantèlement progressif de l'Empire ottoman

carte interactive

Vocabulaire

- **Pacha :** titre de dignitaire des grades supérieurs de la hiérarchie civile et militaire dans l'Empire ottoman.
- **Question d'Orient :** ensemble des conséquences diplomatiques et militaires nées du recul territorial de l'Empire ottoman en Europe entre 1774 et 1922.

2 La Question d'Orient

De juillet 1832 à septembre 1833, Alphonse de Lamartine (1790-1869) effectue un voyage en Orient. Député à la Chambre sous la monarchie de Juillet, il aborde à maintes reprises la Question d'Orient dans ses discours. Il fait ici référence au refus de la France d'intervenir contre le pacha d'Égypte, Muhammad Ali, qui, en plus de son autonomie, cherche à agrandir son territoire sur l'Empire.

[…] Que faites-vous en soutenant le pacha d'Égypte, en l'adoptant contre son souverain, en le fortifiant, en le légitimant en Égypte, en Syrie ? Évidemment vous faites trois choses également funestes à l'intérêt de conservation de la France. Premièrement, vous affaiblissez, vous exténuez, vous démembrez l'empire turc, à qui vous enlevez ses plus beaux territoires, et vous placez ce fantôme d'empire sous la tutelle forcée et nécessairement litigieuse des puissances occidentales, intéressées à son héritage et veillant son dernier soupir. Il n'y a certes là condition de sécurité pour personne ; c'est la rivalité diplomatique organisée à tout jamais entre les puissances […]. Mais si aujourd'hui à l'égard de l'Orient, […] [la France] inquiète, elle complique, elle menace tantôt la Russie sur ses intérêts vitaux de la mer Noire, tantôt l'Autriche sur ses intérêts commerciaux de l'Adriatique, tantôt l'Angleterre sur son immense intérêt de communication avec ses 60 millions de sujets dans les Indes ; si ces puissances vous voient tour à tour demander avec elles l'intégrité de l'empire et le *statu quo* et pousser au démembrement, menacée chacune dans un de ses intérêts spéciaux et toutes dans leur orgueil, ne finiront-elles pas par voir en vous des agitateurs et des ennemis partout, et par concevoir contre la France des défiances qu'elles ne doivent qu'aux tergiversations de son cabinet ? Est-ce là de la conservation ? N'est-ce pas plutôt établir à Constantinople un foyer d'animosités et de suspicions, où le feu des collisions en Europe sera conservé en Orient dans une question qu'il fallait allumer ou éteindre ?

A. de Lamartine, discours à la Chambre des députés, séance du 11 janvier 1840.

3 Le réveil de la Question d'Orient

Une du *Petit Journal*, 18 octobre 1908.
« La Bulgarie proclame son indépendance. L'Autriche prend la Bosnie et l'Herzégovine. »

1. L'empereur d'Autriche François-Joseph Ier
2. Ferdinand Ier de Bulgarie
3. Le sultan ottoman Abdülhamid II

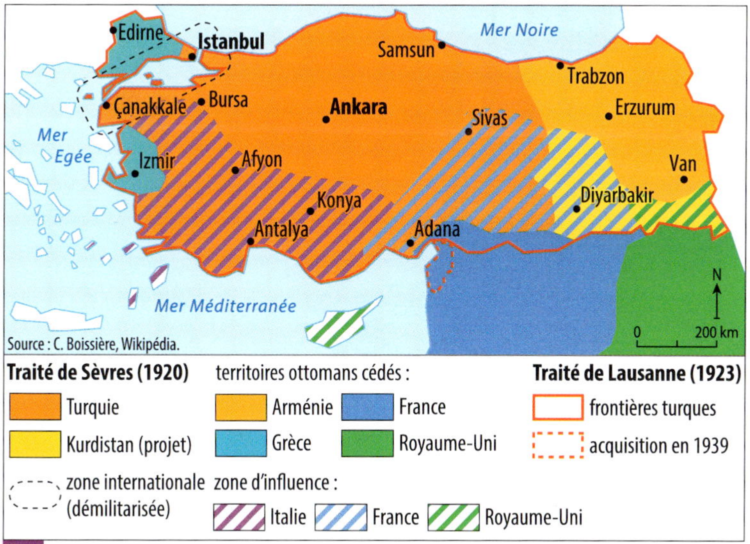

4 De la disparition de l'Empire ottoman à la naissance de la Turquie moderne

Le traité de Sèvres (1920) marque la défaite de l'Empire ottoman lors de la Première Guerre mondiale, mais il n'est pas reconnu par les nationalistes turcs, qui prennent le pouvoir en 1922. Les nouvelles frontières de la Turquie sont mises en place avec le traité de Lausanne (1923).

ACTIVITÉ OBJECTIF

- **Préparer un oral**

À l'aide des documents, préparez une présentation orale répondant au sujet : **Le développement des nationalismes et le jeu des grandes puissances européennes ont conduit au démantèlement de l'Empire ottoman.**
Pour vous aider, répondez aux questions suivantes :

1. Présentez la position de Lamartine par rapport à la Question d'Orient. **(doc. 2)**
2. Analysez la une du *Petit Journal* du 18 octobre 1908 **(doc. 3)** et expliquez quelles sont les conséquences des événements évoqués en vous appuyant sur les **documents 1 et 4**.

Pour aller plus loin

lien Internet — Henry Laurens, « Comment l'Empire ottoman fut dépecé », *Le Monde diplomatique*, avril 2003.

REPÈRES 2

De l'URSS à la fédération de Russie

L'URSS, créée en 1922, héritière de l'empire des tsars et d'une superficie de 22 millions de km², se disloque en 1991. Le régime soviétique s'effondre alors. Avec ses 17 millions de km², qui s'étendent de l'Europe au Pacifique, la République fédérale de Russie reste l'État le plus vaste du monde. Cet État-continent s'affirme aujourd'hui aux côtés des puissances émergentes comme l'un des grands centres de pouvoir d'un monde multipolaire.

› Comment la puissance russe cherche-t-elle à se reconstruire depuis l'éclatement de l'URSS ?

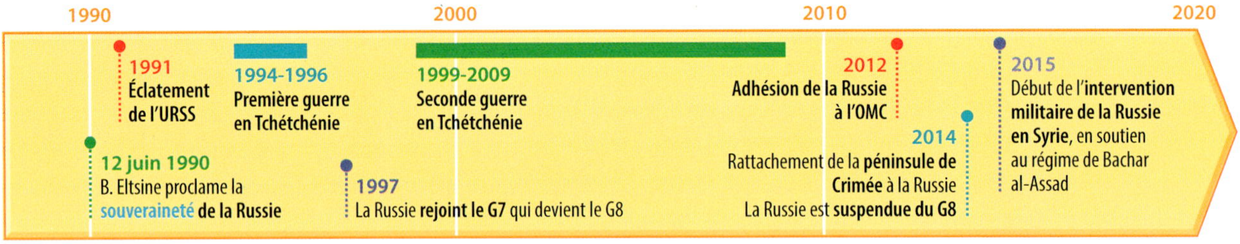

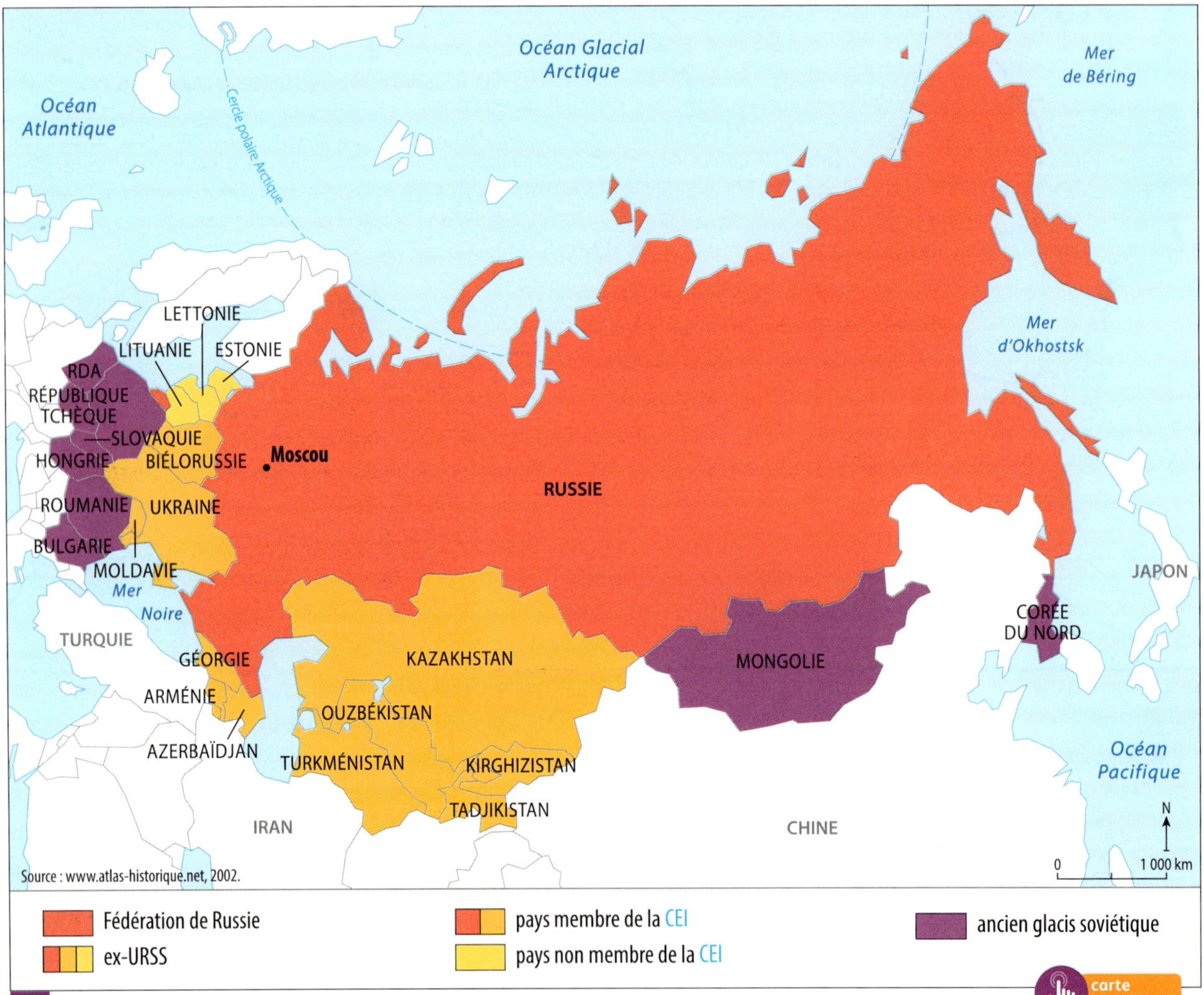

carte interactive

1 L'implosion de l'URSS

Boris Eltsine
Président de 1991 à 1999 (2 mandats).
Il fait voter le 12 juin 1990 la souveraineté de la Russie. Un an plus tard, il est élu président de la Russie au suffrage universel. Il fait remplacer le drapeau soviétique (emblème de la Russie tsariste jusqu'en 1917) par le drapeau blanc-bleu-rouge.

Vladimir Poutine
Président de 2000 à 2008 (2 mandats) et 2012 à aujourd'hui (2 mandats), Premier ministre de Medvedev de 2008 à 2012.
Depuis 2012, le mandat présidentiel est porté à 6 ans.

Dmitri Medvedev
Président de 2008 à 2012.
Dauphin de Poutine.
Premier ministre depuis 2012.

2 Les présidents de la fédération de Russie depuis 1991

Organisation de coopération de Shanghai (OCS)
- État membre
- État observateur
- partenaire de discussion

Source : Sejogo, wikipédia.

3 L'organisation de coopération de Shanghai (OCS)

La Chine, la Russie et trois anciennes républiques soviétiques d'Asie centrale (Kazakhstan, Kirghizistan, Tadjikistan) signent en 1996 le traité de coopération de Shanghai pour stabiliser les frontières des républiques naissantes d'Asie centrale.
Le groupe, rejoint par l'Ouzbékistan, devient en 2001 l'organisation de coopération de Shanghai, une structure interétatique dont l'objectif principal est la coopération pour assurer la sécurité de la zone eurasiatique, notamment par la lutte contre le terrorisme et les mouvements séparatistes.
Elle montre les nouvelles priorités géopolitiques de la Russie.

● bases militaires russes

Source : OpenStreetMap, ODbL / Radio France, 2015.

4 Les bases militaires russes à l'étranger

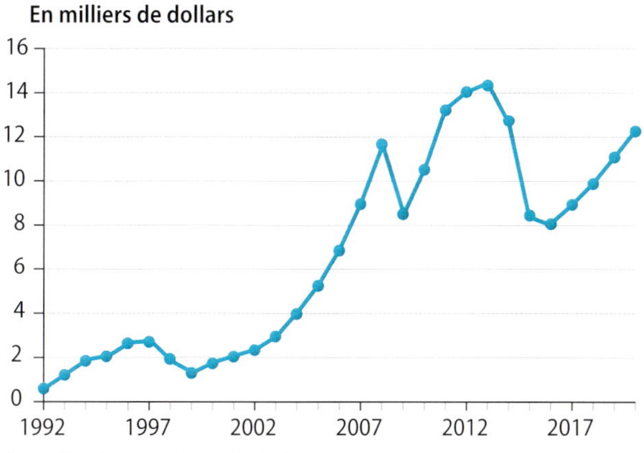

Source : FMI, 2015. Estimations 2016-2020.

5 Le PIB par habitant russe de 1992 à 2020

Vocabulaire

- **CEI (Communauté des États indépendants) :** créée en décembre 1991 et regroupant la plus grande partie des anciennes Républiques Socialistes Soviétiques devenues indépendantes.
- **Souveraineté :** autorité suprême d'un État ou d'une région.
- **URSS (Union des républiques socialistes soviétiques) :** État fédéral de 15 républiques créé en 1922 à la suite de la révolution d'octobre 1917. L'URSS prit fin en 1991.

QUESTIONS

1. Pourquoi la Russie sort-elle affaiblie de la disparition de l'Union soviétique ? **(doc. 1)**
2. Quelles républiques socialistes soviétiques deviennent indépendantes en 1991 ? **(doc. 1)**
3. Dans quel contexte est née l'OCS ? Quels sont les objectifs de cette organisation ? **(doc. 3)**
4. Quels sont les piliers de la puissance russe depuis 1991 ? **(doc. 2, 4 et 5)**

ÉTUDE L'éclatement de l'URSS

Entre le 9 novembre 1989 (chute du mur de Berlin) et le 25 décembre 1991, qui marque la fin de l'URSS, l'ordre mondial bipolaire disparaît. Les pays d'Europe de l'Est regagnent leur indépendance, et quinze États naissent de l'éclatement de l'URSS.

› Comment l'URSS a-t-elle disparu ?

Juillet 1991 – Août – Septembre – Octobre – Novembre – Décembre

- **19 au 21 août** : Un **coup d'État** des conservateurs échoue à Moscou
- **21 août** : **Les pays baltes proclament leur indépendance** à la faveur du coup d'État avorté contre Gorbatchev
- **24 août** : B. Eltsine, président de la République socialiste fédérative de Russie, reconnaît l'**indépendance des pays baltes**
- **6 septembre** : L'URSS reconnaît l'**indépendance des pays baltes**
- **8 décembre** : **Accords de Minsk** et **création de la CEI**
- **21 décembre** : **Réunion d'Alma-Ata** (8 anciennes Républiques soviétiques rejoignent la CEI)
- **25 décembre** : **Démission de M. Gorbatchev**

1 Le putsch raté de 1991

Le 19 août 1991, un putsch militaire éclate en URSS afin de renverser le président, Mikhaïl Gorbatchev. Ce coup d'État échoue, mais décrédibilise l'armée et Gorbatchev. Au contraire, Boris Eltsine, député de l'opposition, qui s'est élevé contre le putsch et fait face aux chars de l'Armée rouge, apparaît comme un choix possible contre le pouvoir communiste.

3 L'éclatement de l'URSS (1991)

Caricature de G. Million, *Guère épais : dessins d'actualité 1991-1994 et dessins d'humour*, Éd. Albertville, 1994.

2 L'ANALYSE DE L'HISTORIEN — L'éclatement de l'URSS

L'échec du putsch [...] a brutalement accéléré la désagrégation de l'Union, la décomposition du pouvoir central, et en premier lieu celui de M. Gorbatchev, et de l'appareil d'État. Dans les jours qui ont suivi l'échec du putsch, huit républiques ont proclamé leur indépendance. Les républiques baltes ont aussitôt obtenu une reconnaissance internationale, avant d'être, le 6 septembre, reconnues par l'Union soviétique. Les activités du PCUS[1] ont été suspendues, avant d'être, quelques semaines plus tard, interdites par B. Eltsine. [...]

Le 1er décembre, l'Ukraine se prononçait, à plus de 80 %, pour l'indépendance. Une semaine plus tard, les présidents de la Russie, de l'Ukraine et de la Biélorussie, réunis à Minsk, constataient que « l'Union soviétique n'existait plus ». Ils décidaient de former une « Communauté des États Indépendants », ouverte « à tous les États de l'ancienne URSS ». Le 21 décembre, au sommet d'Alma-Ata, auquel M. Gorbatchev, pas plus qu'à la rencontre de Minsk, n'avait été invité, huit autres républiques décidaient de rejoindre la CEI, entérinant ainsi la fin de l'Union soviétique. Il ne restait plus à M. Gorbatchev qu'à mettre fin à ses fonctions de président d'une entité qui avait cessé d'exister.

N. Werth, *Histoire de l'Union soviétique*, Éd. Puf, 2008.

1. Parti communiste de l'Union soviétique.

4 Les accords de Minsk (8 décembre 1991)

B. Eltsine, président de la fédération de Russie, et S. Chouchkievitch, premier chef d'État biélorusse.

Nous, la République du Belarus, la fédération de Russie, et l'Ukraine, en qualité d'États fondateurs de l'Union des républiques socialistes soviétiques et signataires de l'accord de l'Union signé en 1922, dénommées ci-après « Hautes Parties Contractantes », constatons que l'Union des républiques socialistes soviétiques, en tant que sujet du droit international et réalité géopolitique, cesse son existence. […]

Article 1 : Les Hautes Parties Contractantes forment la Communauté des États indépendants. […]

Article 3 : Les Hautes Parties Contractantes souhaitant contribuer à l'expression, à la sauvegarde et à l'évolution des authenticités ethniques, culturelles, linguistiques et religieuses des minorités nationales et des régions ethnoculturelles uniques, prennent soin et défense de ces groupements.

Article 4 : Les Hautes Parties Contractantes ont l'intention de développer la coopération mutuellement bénéfique et égalitaire entre les peuples et les États dans les domaines politique, économique, culturel, de l'éducation, de la santé, de l'environnement, de la science et du commerce, dans le domaine humanitaire et autres, et de favoriser un large échange d'information et du respect des obligations mutuelles. […]

Article 5 : Toute Haute Partie Contractante reconnaît et respecte l'unité territoriale des autres Hautes Parties et l'inviolabilité des frontières existantes au sein de la Communauté. Les Hautes Parties garantissent l'ouverture des frontières, la liberté de circulation des citoyens et d'échange d'information au sein de la Communauté.

Article 6 : Les États membres de la Communauté ont l'intention de coopérer dans la création de la paix et de la sécurité dans le monde, et de prendre des mesures effectives dans la réduction des armements et des dépenses militaires. […]

Accord portant sur la création de la Communauté des États indépendants, 8 décembre 1991, Informatsionny Vestnik « Sodruzhestvo », trad. A. Kulik, cvce.eu.

5 La nouvelle figure de la Russie, à la tête de la CEI

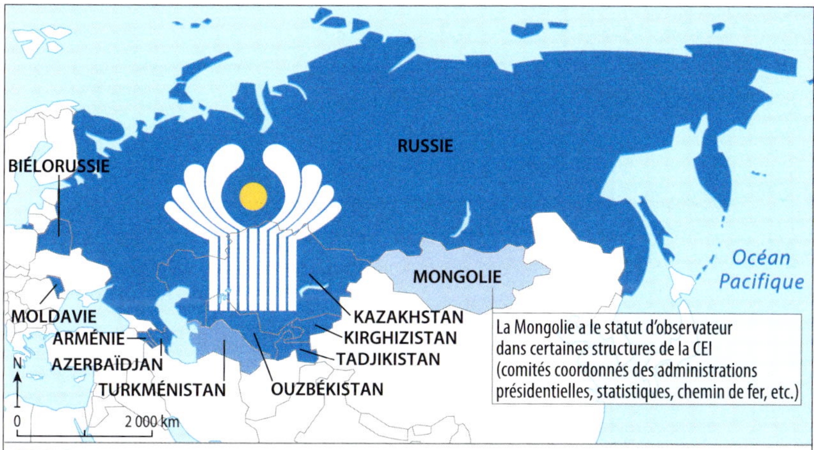

- membre actif de la Communauté des États indépendants (CEI) en 2019
- État associé
- État observateur

Source : CEI, 2019.

Domaines de compétences de la CEI

- Garantie des droits et des libertés de l'homme
- Coordination de la politique étrangère
- Coopération dans la formation de l'espace économique commun, dans le développement des transports et des communications
- Protection de l'environnement et de la santé de la population
- Problèmes de la politique sociale et migratoire
- Lutte contre la criminalité organisée
- Coopération dans la politique de défense et la sécurité des frontières extérieures

ANALYSE DE DOCUMENTS

1. Expliquez comment l'URSS se désintègre en quelques mois. (doc. 1 et 2)
2. Analysez cette caricature. (doc. 3)
3. Quels sont les principes de la CEI ? (doc. 4 et 5)

Pour aller plus loin

lien Internet « 1991 : l'éclatement de l'URSS », France 2, Journal de 13 h, 9 décembre 1991.

ÉTUDE La Russie depuis 1991

ORAL

Si, dès les années 1990, la Russie cherche, aux côtés des BRICS (Brésil, Russie, Inde, Chine et Afrique du Sud), à se positionner comme l'un des centres d'un monde devenu multipolaire, elle déploie de manière plus nette une politique de puissance sur la scène internationale depuis l'arrivée au pouvoir de Vladimir Poutine. Le pays, premier producteur mondial de pétrole et deuxième pour le gaz, s'appuie notamment sur l'importance renouvelée des hydrocarbures dans la géopolitique contemporaine.

› Comment la Russie cherche-t-elle à reconstruire sa puissance depuis 1991 ?

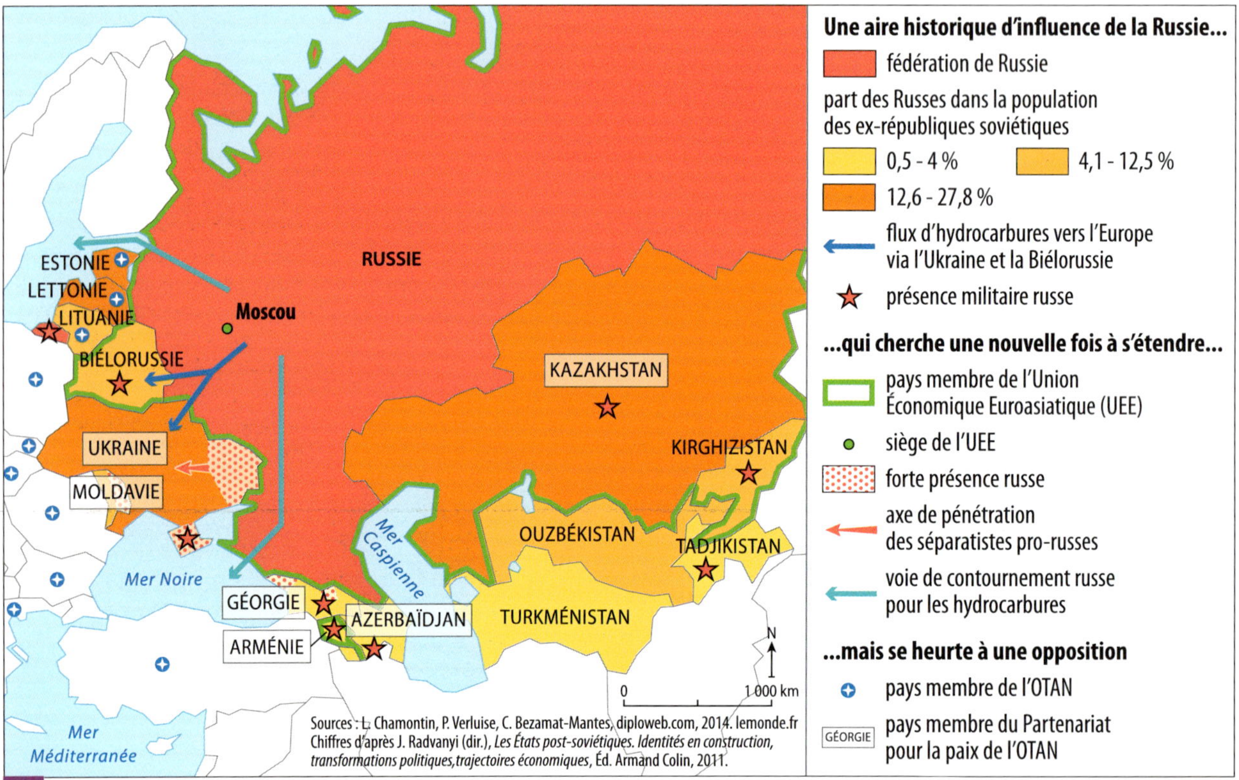

1 La Russie et son « étranger proche »

carte interactive

2 Les nouvelles stratégies de la puissance russe

Depuis 1991, Moscou se positionne comme l'un des grands centres de pouvoir d'un monde multipolaire dont elle s'emploie à affirmer l'existence. Entre 1991 et une date qu'on peut situer au milieu des années 2000, sa stratégie est en rupture avec celle de l'URSS. Le rôle du facteur militaire dans la vie internationale a été revu à la baisse : tout en continuant à attacher une grande importance au statut de puissance nucléaire de leur pays, les dirigeants russes ont voulu sortir du carcan dans lequel la priorité accordée pendant des décennies à l'outil militaire avait enfermé l'URSS. L'économie fait désormais l'objet d'une plus grande attention. L'arrivée au pouvoir de Vladimir Poutine a coïncidé avec la hausse du prix des hydrocarbures, qui a redonné au pays les moyens financiers qui lui faisaient défaut pendant les années 1990. À partir du milieu des années 2000, la Russie tente par ailleurs de se doter de nouveaux instruments relevant de la diplomatie publique et du *soft power*.

Moscou a aujourd'hui une stratégie d'influence bien différente. L'outil militaire occupe à nouveau une place centrale dans sa politique extérieure. On l'a vu en 2008 en Géorgie, on le voit depuis 2014 en Ukraine ou aujourd'hui en Syrie où la Russie mène sa première opération militaire en dehors des frontières de l'ex-URSS depuis 1991. Ukraine, Syrie, deux théâtres d'opération distincts, deux dossiers sur lesquels bute la redéfinition de la relation russo-occidentale, qui mêle tensions, divergences, conflits, intérêts communs, interdépendance et coopération, dans un contexte stratégique que les événements de ces deux dernières années ont encore complexifié.

D'après A. de Tinguy, « Ambitions et stratégies d'influence de la Russie », sciencespo.fr, 2016.

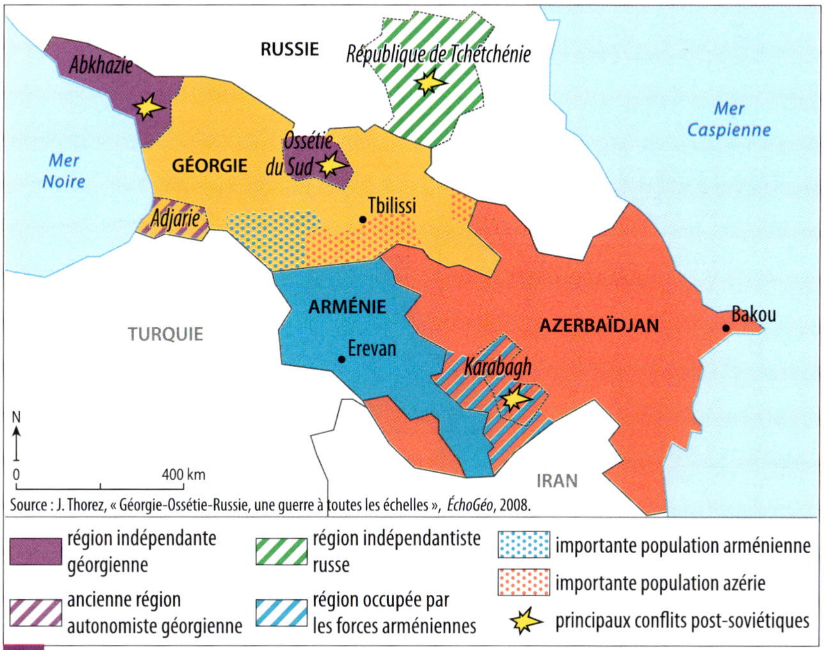

3 Les conflits dans le Caucase

4 Des tensions fortes avec l'Ukraine

Rassemblement à Moscou pour soutenir l'invasion de la Crimée, 2 mars 2014.

Peu de temps après l'annexion de la Crimée par la Russie en 2014, et dans un contexte de tensions dans le Donbass (région de l'Ukraine), où l'armée russe apporte son soutien aux séparatistes, la destruction d'un avion civil au-dessus du Donbass, près de la frontière russe, accroît la crise diplomatique entre l'Ukraine et la Russie.

5 Les projets de gazoducs russes, un défi géopolitique pour l'Occident

Depuis la fin de la guerre froide, les exportations de gaz naturel de la Russie servent tout autant à promouvoir les intérêts stratégiques du Kremlin que les intérêts économiques du pays. Autrement dit, l'achèvement possible par Gazprom, le géant d'État, de trois mégaprojets de gazoducs en 2019 aura des retombées géopolitiques dans le monde entier. Le contrat portant sur la construction du gazoduc vers la Chine[1], destiné à assurer au président Vladimir Poutine son « pivot vers l'Asie », a été signé en 2014, quand les clients européens de Gazprom s'indignaient du rôle joué par le Kremlin dans l'annexion de la Crimée et menaçaient de trouver d'autres sources de gaz. Pourtant, depuis lors, les exportations de gaz naturel russe vers l'Europe ont atteint des niveaux records. Ce qui met d'autant plus Gazprom en position de force pour promouvoir ses deux autres grands projets : le gazoduc Nord Stream 2 vers l'Allemagne, et celui vers la Turquie, connu sous le nom de TurkStream.

Ces projets ont l'un comme l'autre des ramifications stratégiques importantes : ils permettraient à Gazprom de contourner l'Ukraine, son ennemie jurée. En effet, la plus grande partie du gaz russe à destination de l'Europe transite actuellement par les pays voisins. Malgré l'opposition de Bruxelles et de nombreux pays européens, sensibles au sort de l'Ukraine, le chantier de Nord Stream 2 a démarré. Le président Donald Trump a publiquement critiqué l'Allemagne, lui reprochant d'avoir pris le risque de « dépendre totalement » de l'énergie russe – même si certains cyniques soupçonnent le président américain d'avoir pour principal objectif, en cherchant à arrêter Nord Stream 2, de vendre plus de GNL américain à l'Europe.

D'après H. Tricks, « Investissements : la Russie met les gaz », *Courrier international* et *The Economist*, janvier-mars 2019.

1. Gazoduc Force de la Sibérie.

ACTIVITÉ **OBJECTIF** ▪ Préparer un oral

À l'aide des documents, préparez une présentation orale répondant au sujet : **Les stratégies de reconstruction de la puissance russe après l'éclatement de l'URSS.**

▪ Aide méthodologique

1. Analysez le sujet et établissez une problématique.

2. Rassemblez les connaissances sur le sujet, en prélevant des informations dans les documents proposés, et en les complétant par des recherches personnelles si nécessaire.

3. Établissez un plan détaillé, en faisant bien apparaître les idées principales, les exemples, les dates, notions et personnages clés. Attention, ne rédigez pas vos différentes parties, afin de gagner ensuite en fluidité à l'oral.

4. Au moment du passage à l'oral, pensez à l'interaction avec votre public. Votre oral doit être vivant. Vous ne devez en aucun cas lire un exposé rédigé, ni lire un PowerPoint. Ne projetez que des documents en rapport avec votre sujet et intégrez-les à votre argumentation. Parlez de manière distincte et audible de tous.

Enfin, ne perdez jamais de vue votre problématique, et pensez à y répondre de manière synthétique en conclusion.

LEÇON 2 Essor et déclin des puissances, un regard historique

› Comment les puissances se construisent-elles et disparaissent-elles ?

A Construction et déclin des grandes puissances

- **Depuis l'Antiquité, les historiens s'interrogent sur le phénomène de construction et disparition des grandes puissances.** En effet, le développement de l'Empire romain est au cœur des récits d'historiens antiques, comme Tite-Live ou Polybe. De même, à la Renaissance, un philosophe comme Machiavel s'inspire dans les *Discours sur la première décade de Tite-Live* de l'exemple romain pour construire sa réflexion politique sur la construction de la puissance. Mais l'effondrement des empires est aussi un sujet de réflexion. Francis Bacon, en Angleterre, intègre ces successions d'empires et de civilisations dans une théorie des périodes de l'Histoire.
- **La construction des grandes puissances est souvent considérée selon l'angle des conquêtes.** En effet, les grandes puissances, de l'Antiquité à l'époque contemporaine, sont généralement de vastes empires : Rome, l'Empire mongol, la Chine, l'Empire ottoman, l'Empire inca ou aztèque en Amérique. Mais la puissance est aussi liée à une forme d'influence, qui peut dépasser la constitution de vastes empires. Ainsi, l'« âge d'or » de Venise se situe entre les XIIIe et XVIe siècles, quand cet État est à la tête d'un immense réseau commercial à l'échelle méditerranéenne. Pourtant, c'est une cité-État dont le territoire reste restreint.

B L'Empire ottoman, une grande puissance à l'époque moderne

- **L'Empire ottoman est sans doute le meilleur exemple d'un empire qui se structure autour d'une figure, celle du sultan, et d'une capitale,** Constantinople/Istanbul, dont l'autorité s'étend sur un vaste territoire, depuis le Maghreb jusqu'à la péninsule arabique. L'Empire ottoman est ainsi une grande puissance militaire, qui menace Vienne à deux reprises (1529 et 1683), mais aussi une puissance religieuse, diplomatique et économique. L'âge d'or de la puissance ottomane se situe aux XVIe et XVIIe siècles, notamment sous le règne de Soliman le Magnifique (1520-1566).
- **Le XIXe siècle est une véritable période de difficultés de toutes sortes pour l'Empire ottoman :** volonté d'indépendance des nations européennes (Grèce en 1830, Bulgarie en 1908), ambitions des grands empires voisins (Russie et Autriche-Hongrie) pour étendre leur influence dans la région. Mais l'Empire ottoman est aussi marqué par des tensions internes (nationalisme arabe et turc). La Première Guerre mondiale marque la disparition de l'Empire ottoman, comme celui d'Autriche-Hongrie, et la naissance d'États-nations.
- Mais des difficultés apparaissent également au cœur même de l'Empire **à partir du début du XXe siècle, quand émerge une forme de nationalisme turc**, qui met en avant l'identité turque face à la conception universelle de l'Empire ottoman.

1 Soliman le Magnifique, vers 1530

Soliman le Magnifique, attribué au Titien, vers 1530, Kunsthistorisches Museum, Vienne.
Soliman le Magnifique est sultan de 1520 à 1566. Son règne est marqué par de nombreuses conquêtes en Europe et le développement de la puissance ottomane.

Vocabulaire

- **OCS (Organisation de coopération de Shanghai) :** traité de coopération de Shanghai (1996), devenu en 2001 l'OCS, qui réunit la Chine, la Russie, le Kazakhstan, le Kirghizistan, le Tadjikistan et l'Ouzbékistan. Son objectif principal est la coopération pour assurer la sécurité de la zone eurasiatique.
- **G7 (Groupe des Sept) :** groupe de discussion et de partenariat économique entre les chefs d'État et de gouvernement de l'Allemagne, du Canada, des États-Unis, de la France, de l'Italie, du Japon et du Royaume-Uni.

C La Russie après 1991, la reconstitution d'une grande puissance

- **Durant toute la seconde moitié du XXe siècle, l'URSS est l'une des deux superpuissances** (avec les États-Unis) qui diffusent leur idéologie à travers le monde. Cependant, avec la fin de la guerre froide, l'URSS implose et donne naissance à une multitude de nouveaux États. La Russie doit ainsi se reconstruire afin de retrouver son statut de grande puissance. Mais les années 1990 sont des années de grandes difficultés économiques face à la reconversion de l'économie soviétique en économie de marché.
- **Aujourd'hui, la Russie a retrouvé son statut de grande puissance mondiale.** Elle est un acteur prépondérant de la diplomatie mondiale. À travers l'organisation de coopération de Shanghai (OCS), elle a réorienté ses partenariats diplomatiques autour d'un rapprochement avec la Chine. Mais des tensions diplomatiques réapparaissent : après avoir été invitée au G7 en 1997, la Russie en a été exclue en 2014 après l'annexion de la Crimée.
- **La Russie cherche aujourd'hui à développer sa puissance, notamment à l'encontre de ses voisins :** intervention en Géorgie en 2008, annexion de la Crimée appartenant à l'Ukraine en 2014, soutien au régime syrien contre les opposants à Bachar al-Assad. Les principaux piliers de la puissance russe sont aujourd'hui son poids diplomatique, son armée et l'exportation d'hydrocarbures dans les pays voisins.

	Importations	Exportations
UE	38 %	45 %
Chine	21 %	11 %
Biélorussie	5 %	5 %
États-Unis	6 %	3 %
Japon	3 %	3 %

2 Les principaux partenaires de la Russie en 2017

Sources : UE et douanes russes, 2017.

SCHÉMA BILAN

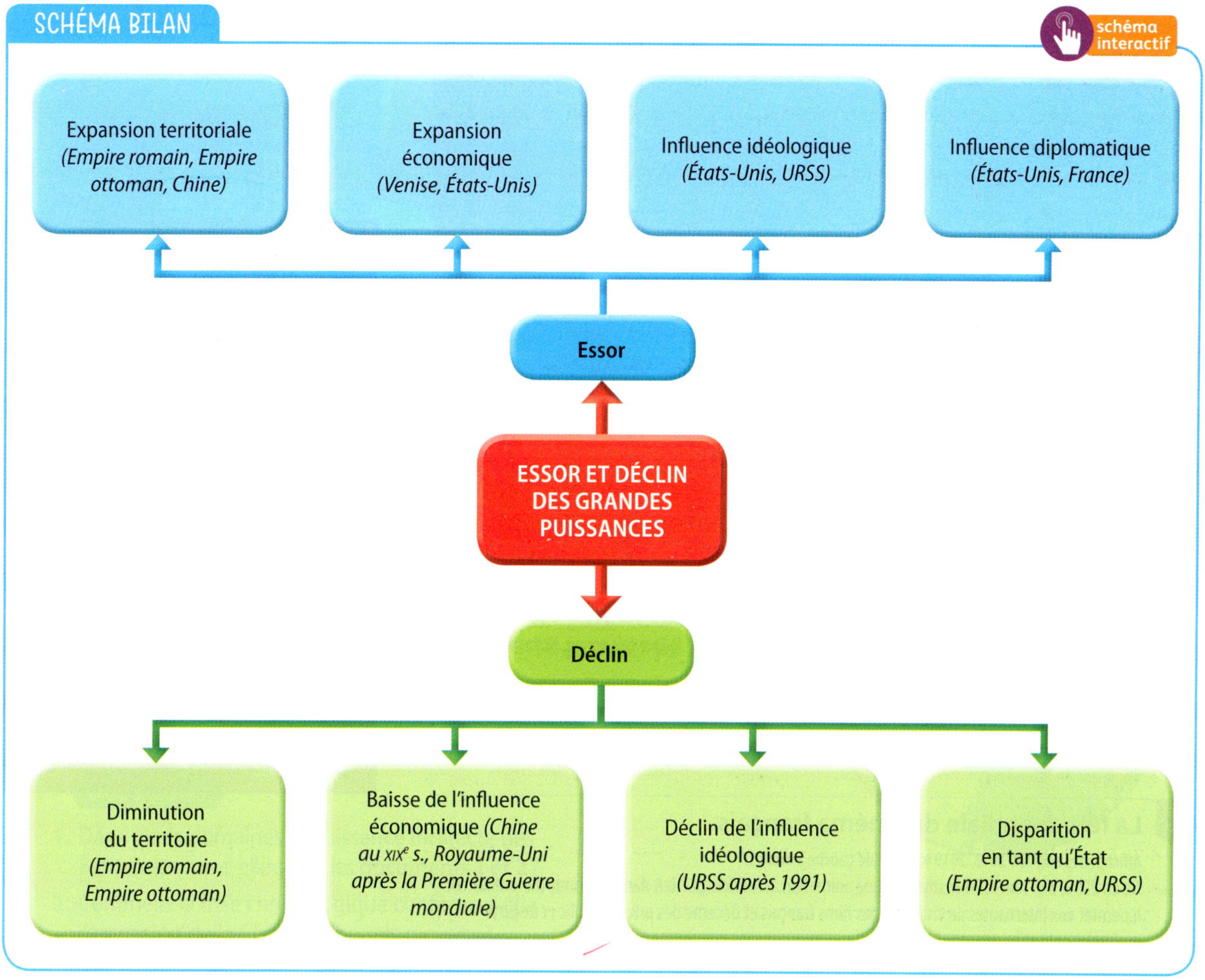

ÉTUDE L'anglais, un outil de domination des relations internationales ?

Trois mille langues sont actuellement parlées dans le monde, mais quinze d'entre elles rassemblent la moitié de la population mondiale. Leur rôle est très inégal : les héritages historiques se conjuguent aux politiques des puissances et aux effets de la mondialisation pour donner un poids majeur à certaines d'entre elles.

› Dans quelle mesure l'anglais est-il un outil de domination des relations internationales ?

	Locuteurs[1], en millions	Fertilité, en nombre d'enfants par femme	Nombre de pays lui donnant un statut officiel	Articles Wikipedia, en milliers	Universités enseignant la langue, en %	Rang pour l'influence diplomatique
Anglais	351	1,97	64	5 341	97	1er
Français	72	2,04	32	1 852	75	1er
Espagnol	433	2,22	21	1 317	51	3e
Mandarin	888	1,70	4	928	38	6e
Hindi	260	2,50	2	117	8	10e
Dialectes arabes	342	–	2	16	–	4e

1 La place de l'anglais dans la hiérarchie des langues

Sources : Power Language Index, 2016 et Baromètre des Langues, 2017.

1. Cette étude ne prend en compte que les locuteurs de langue maternelle.

2 L'ANALYSE DU SPÉCIALISTE La langue, un outil de puissance

Les langues reflètent la puissance des États qui les utilisent. La domination mondiale exercée tour à tour par la Grande-Bretagne et les États-Unis fonde la diffusion et l'affirmation planétaires de la langue anglaise. Le passé colonial de la Grande-Bretagne fait de l'anglais la langue du pouvoir et sert de langue commune fédératrice, en Union indienne, par exemple. La même observation vaut pour le français. La prépondérance économique et la créativité scientifique, technique ou culturelle des États-Unis amplifient le succès de la langue anglaise. En outre, tout État prétendant à un rayonnement international entretient un réseau culturel de promotion de sa langue : British Council, Institut Cervantès, Alliance Française, Goethe Institut, Institut Confucius, notamment. Actuellement, les universités américaines rivalisent pour s'implanter à l'étranger, notamment en Chine et dans le golfe Arabo-Persique. Il s'agit d'un moyen de rayonner et de gagner de l'argent, mais cela suscite une polémique sur la perte d'influence. En effet, dans les pays d'accueil, une partie des cours sont dispensés en langue nationale, alors que jusqu'à présent, la formation d'élites étrangères aux États-Unis même se faisait en langue anglaise exclusivement.

D'après P. Gourdin, *Manuel de géopolitique*, diploweb.com, 2015.

ANALYSE DE DOCUMENTS

1. Relevez dans le **document 1** des données permettant de justifier l'idée « l'anglais, un outil de domination », puis expliquez-les à l'aide du **document 2**.
2. Montrez à l'aide des **documents 1 et 2** que plusieurs langues peuvent concurrencer l'anglais.
3. Rédigez un paragraphe pour répondre au sujet : **L'anglais, un outil de domination ?**, en intégrant des données statistiques précises tirées du **document 1**.

Pour aller plus loin

lien Internet

Au CDI, identifiez les autres arguments qui soutiennent la thèse que, malgré sa domination, l'anglais ne deviendra pas une langue universelle, à l'aide d'un article publié sur le site du *Courrier international* (25 janvier 2011).

Courrier international

SOURCE The Atlantic

Les paradoxes d'une domination.

L'anglais, universel peut-être, mais fragile

La langue d'Hollywood s'est imposé dans le monde entier, mais perd du terrain en tant que langue maternelle. Sur Internet, sa suprématie sera de plus en plus remise en cause, au profit de langues locales. Un constat qui met à mal l'espoir d'une vraie lingua franca pour tous les peuples de la planète.

JALON

ÉTUDE

Les instituts Confucius, au service de la puissance chinoise

Créés en 2004 par le gouvernement chinois, les instituts Confucius sont des établissements à but non lucratif, dont l'objectif est la diffusion de la langue et de la culture chinoise. Ils sont aujourd'hui le symbole du *soft power* chinois, mais leur installation suscite aussi parfois des polémiques.

› Grâce aux instituts Confucius, le mandarin peut-il devenir le « nouvel anglais » ?

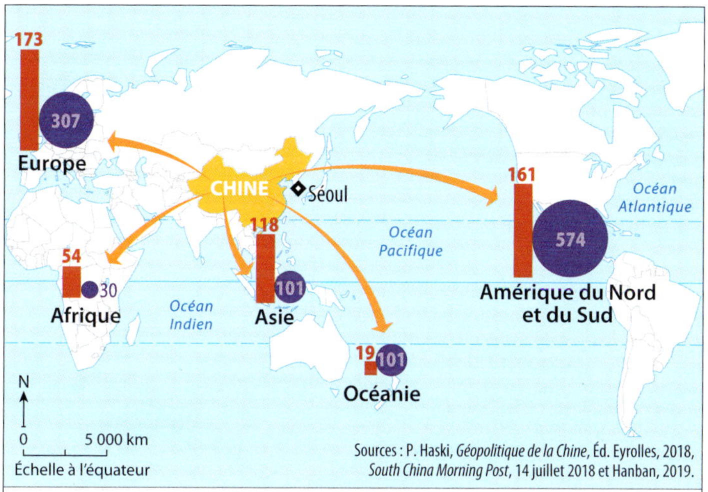

- nombre d'instituts Confucius par continent (1,5 million d'étudiants au total)
- nombre de classes Confucius par continent (partenariat avec des écoles primaires et secondaires)
- premier institut Confucius ouvert en 2004
- objectif d'atteindre 1 000 instituts en 2030 (525 en 2019)

1 Les instituts Confucius dans le monde

2 Un vecteur de la langue et de la culture chinoise

Pour les plus sceptiques, les instituts Confucius sont un outil de la propagande chinoise. « Mais on ne dit jamais ça des centres culturels français, s'insurge le directeur de l'institut d'Abidjan (Côte d'Ivoire). C'est la culture qui crée la fraternité entre les peuples. » Un discours qu'il assène régulièrement car, selon lui, « les médias étrangers donnent toujours une mauvaise image de notre travail ». Confucius est devenu le bras culturel de la Chine, notamment en Afrique, et la gratuité des cours n'est pas pour rien dans ce succès. Max, un jeune Ivoirien de 21 ans, étudie le mandarin depuis 4 mois : « Quand on parle de Confucius, on pense à son image de sagesse et d'harmonie. C'est une très bonne chose dans un pays comme le mien qui a traversé de violentes crises. » Mais sa grande passion, c'est le kung-fu. « Mon rêve est de partir étudier les arts martiaux à la célèbre université des sports de Pékin. Et je pense que parler mandarin m'aidera sans doute davantage dans ma vie professionnelle que l'anglais. »

D'après S. Le Belzic, « L'opération séduction des instituts Confucius en Afrique », *Le Monde*, 11 juillet 2016.

3 L'ANALYSE DU SPÉCIALISTE — Du *soft power* au *sharp power* ?

La puissance de la Chine repose désormais sur une nouvelle dimension culturelle dans le monde. Il s'agit à la fois d'une stratégie d'État en termes de rayonnement géopolitique, et d'un attrait des jeunes générations des pays étrangers pour un pays qui offre l'image d'une civilisation alternative, et de plus en plus, des occasions d'emplois. Les instituts Confucius se créent fréquemment en partenariat avec des institutions d'enseignement supérieur locales et visent à s'ancrer dans les milieux de la recherche étrangère, non sans ambiguïté : l'enjeu tacite est que les universités d'accueil n'abordent pas de questions « intérieures » comme le Tibet ou Taiwan. Le nombre d'élèves qui apprenaient le mandarin dans le secondaire en France a quadruplé en dix ans. Dans l'enseignement supérieur, trois quart des 17 000 étudiants qui visaient une connaissance de la langue chinoise voyaient en elle un atout supplémentaire pour leur future carrière.

D'après T. Sanjuan, *Atlas de la Chine*, Éd. Autrement, 2018.

Vocabulaire

- ***Sharp power* :** capacité d'un régime autoritaire à imposer un comportement au niveau national et à manipuler l'opinion à l'étranger.

ANALYSE DE DOCUMENTS

À partir des documents, complétez le tableau pour opposer deux points de vue sur les instituts Confucius.

Les instituts Confucius, une forme chinoise de *soft power* (doc. 1 et 2)	Les instituts Confucius, un exemple de *sharp power* (doc. 1 et 3)
Auteur : Arguments :	Auteur : Arguments :

ÉTUDE

La francophonie, outil culturel ou politique ?

ORAL

Avec 275 millions de locuteurs dans le monde, le français est une langue partagée par une cinquantaine d'États et une langue de travail à l'ONU.

› Par son implantation mondiale, la francophonie devient-elle un outil au service de la défense des valeurs de la France ou un simple outil culturel ?

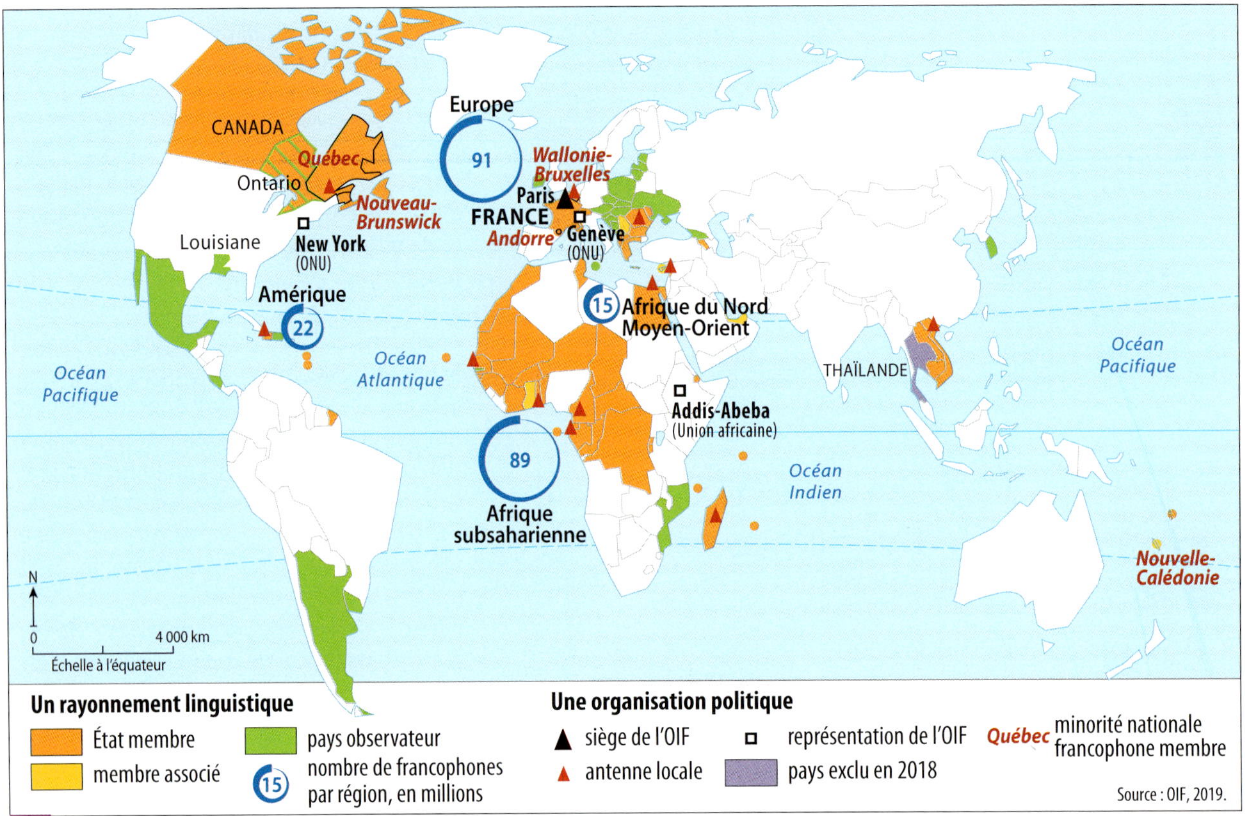

1 L'Organisation internationale de la Francophonie (OIF)

carte interactive

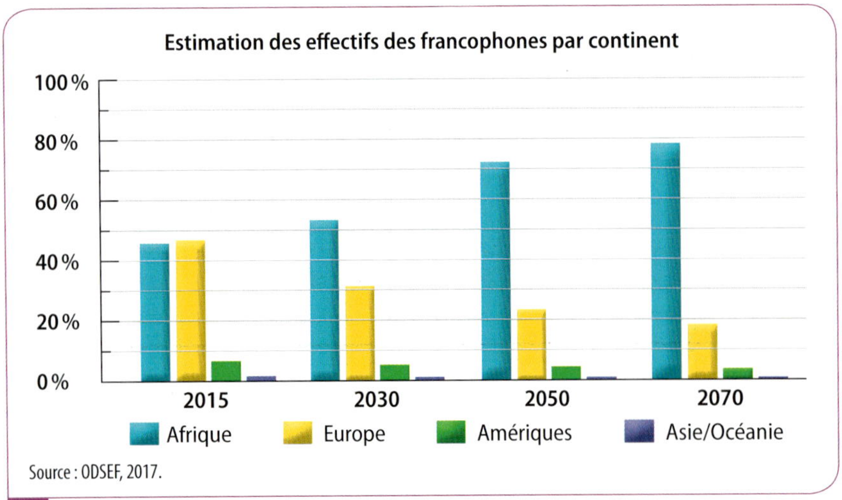

2 Un monde francophone dynamique

Vocabulaire

- **Alliance française :** établissement culturel français implanté dans le monde en vue de diffuser la langue et la culture.
- **Francophonie :** dispositif institutionnel organisant des relations politiques et de coopérations entre 88 États et gouvernements membres de l'Organisation internationale de la Francophonie (OIF), promouvant la langue française.

3 Programme de mars 2019 de l'Alliance française en Chine

Par son déploiement planétaire (plus de 800 centres dans 132 pays) et ses actions (cinéma francophone, cours de langue, expositions…), l'Alliance française contribue au rayonnement de la langue française.

5 Le français, l'une des six langues de travail de l'ONU

lien Internet
- « Valoriser le multilinguisme à l'ONU », ONU, 2017.
- « Pourquoi les fonctionnaires de l'ONU décident-ils de suivre des cours de français ? », TV5 Monde.

4 L'ANALYSE DU SPÉCIALISTE — La langue, un outil de puissance

À partir de l'héritage linguistique se met en place dans les années 1960 un dispositif institutionnel dans les domaines linguistique, éducatif et culturel[1]. Peu à peu se construit alors une « Francophonie » politique, désormais avec une majuscule, entre « pays ayant le français en partage ». Cette Francophonie rassemble 88 États et gouvernements dans le cadre de l'Organisation internationale de la Francophonie (OIF) dotée d'instances politiques décisionnelles et de TV5, une chaîne de télévision francophone. Si les critères d'adhésion à l'organisation ne sont pas seulement linguistiques, comme en témoignent l'incorporation du Qatar (2012), et l'octroi du statut d'observateur à de nombreux pays d'Amérique latine, les membres doivent faire preuve d'une « situation satisfaisante au regard de l'usage du français ». Le partage de certaines valeurs communes (démocratie, bonne gouvernance, paix) est en revanche devenu fondamental et explique l'exclusion en 2009 de Madagascar, du Mali en 2012 ou la suspension de la Thaïlande en 2014. L'OIF tente aussi de jouer de son influence au niveau diplomatique en tant qu'observateur de l'ONU, ou en nouant le dialogue avec d'autres organisations internationales. Elle peut donc être considérée comme un instrument non négligeable de la politique extérieure de la France, qui reste son principal contributeur avec près des trois quarts du budget. Toutefois, l'OIF sert aussi à des minorités nationales comme le montre la participation du gouvernement du Québec à côté du Canada. Regroupant 900 millions de personnes, l'union francophone ferait-elle désormais la force ?

F. Tétart, *Grand Atlas de la France*, Éd. Autrement, 2018.

1. Trois chefs d'État africains, Léopold Sédar Senghor (Sénégal), Habib Bourguiba (Tunisie) et Hamani Diori (Niger), lancent la francophonie institutionnelle, aujourd'hui OIF.

ACTIVITÉ — OBJECTIF ▪ Réaliser un exposé

Vous présentez un exposé qui doit répondre au sujet : **La francophonie est-elle un outil culturel ou politique ?**

▪ **Préparer l'exposé**

Pour vous aider, sélectionnez dans les documents les informations utiles et classez-les dans le tableau suivant :

	Un outil linguistique du rayonnement de la France	Un instrument au service de la puissance politique de la France
Acteurs		
Moyens mis en œuvre		
Limites		

▪ **Organiser sa prise de parole**

Lors de votre passage à l'oral, sélectionnez et projetez deux de ces 5 documents pour appuyer votre démonstration.

Pour aller plus loin

lien Internet Sur le site de l'Observatoire de la Francophonie, comparez l'évolution de la langue française avec celle des autres grandes langues internationales. Cherchez sur le site les facteurs de ce dynamisme. Utilisez ces informations pour expliquer le **document 2** et personnalisez votre exposé.

ÉTUDE

Les États, impuissants face au pouvoir des GAFAM ?

ORAL

Google, Apple, Facebook, Amazon, Microsoft… Les GAFAM, géants américains du numérique, s'imposent en laissant peu de place pour leurs concurrents. Leur puissance et leur stratégie semblent les placer au-dessus des lois des États.

❯ Les stratégies de riposte des États sont-elles condamnées à rester impuissantes face aux GAFAM ?

1 Les GAFAM, des acteurs puissants

L'importance des GAFAM est telle que certains États, à l'image du Danemark, nomment des « ambassadeurs au numérique » chargés entre autres de suivre l'activité de ces géants de la Silicon Valley. Il faut dire que les GAFAM génèrent des revenus comparables au PIB de la France et emploient plusieurs centaines de milliers de personnes. Ils s'adressent à plus d'un milliard de consommateurs en ayant parié initialement sur la gratuité de certains de leurs services. Chacune des cinq multinationales a su sortir de son cœur de métier (moteur de recherche pour Google[1], matériel pour Apple, réseau social pour Facebook, e-commerce pour Amazon et logiciels pour Microsoft), en profitant de l'analyse des usages des consommateurs qu'ils connaissent bien. Précisément, peu de domaines échappent désormais aux investissements des GAFAM : télécommunications (Google fibre), santé (HealthKit d'Apple), distribution (marché alimentaire d'Amazon), finance (Apple Pay), medias (iTunes d'Apple), etc. Amazon pourrait même connaître dans les années qui viennent une croissance qui pourrait en faire la première entreprise mondiale.

D'après J. Fernandes, *Relations internationales*, Éd. Dalloz, 2018.

1. Google capte 90 % des flux de recherche sur Internet.

2 L'UE, tête de file de la régulation des GAFAM

À beaucoup d'égards, ces multinationales semblent au-dessus des États. Mais le vent est en train de tourner. La fuite de données personnelles de 87 millions d'utilisateurs a valu au patron de Facebook d'être entendu par le Sénat américain puis par le Parlement européen. Les GAFAM sont aussi montrés du doigt pour leur position ultra-dominante sur leurs marchés respectifs. En 2017, Bruxelles a d'ailleurs infligé une amende record de 2,4 milliards d'euros à Google pour abus de position dominante après avoir favorisé son service de comparaison de prix sur son moteur de recherche. Mais, reste la stratégie d'optimisation fiscale mise en œuvre à grande échelle par les GAFAM qui se jouent des différences de réglementation entre États européens. La France et la Commission européenne plaident pour une taxation à 3 % des chiffres d'affaires, mais il faudrait un accord à l'unanimité des pays membres. Or, l'Irlande, le Luxembourg et Malte s'y opposent.

D'après F. Tétart, *Grand Atlas 2019*, Éd. Autrement, 2018.

3 Des GAFAM contestés par les États

Dessin de Kak, *L'Opinion*, 2018.
Le ministre français de l'Économie, Bruno Le Maire, attaque en justice Google et Apple qui exploitent les développeurs français d'applications (APP sur le tee-shirt).

ACTIVITÉ **OBJECTIF** ▪ Réaliser un exposé

Vous présentez un exposé qui doit répondre au sujet : **Les États sont-ils impuissants face au pouvoir des GAFAM ?**
Pour vous aider, sélectionnez dans les documents les informations permettant de compléter les deux premières lignes du tableau, puis appuyez-vous sur le cours p. 166 pour compléter la troisième ligne et montrer que les GAFAM constituent une forme indirecte de la puissance des États-Unis.

	Prélèvement des informations **(doc. 1 et doc. 5 p. 151)**	Compléments, critiques et nuances apportées par les **doc. 2 et 3**
Un poids exceptionnel		
Des États impuissants		
Bilan : les GAFAM, forme indirecte de la puissance américaine ?		

Pour aller plus loin

Recherchez des exemples de mesures d'encadrement des GAFAM lancées par des États ou des organisations internationales. Choisissez-en une et expliquez comment elle cherche à rétablir la souveraineté des États contre la position dominante des GAFAM.

JALON

ÉTUDE

Les BATX, des outils de puissance de la Chine face aux États-Unis

ORAL

Baidu, Alibaba, Tencent et Xiaomi… Les BATX sont les rivaux chinois des géants américains du numérique, créés à l'origine pour l'immense marché intérieur chinois et pour ne pas dépendre des GAFAM.

› Comment les BATX s'organisent-ils pour partir à la conquête du marché mondial ?

1 Une stratégie chinoise de puissance technologique

Dessin de Martin Vidberg, larevuedesmedias.ina.fr, 2018.

La Chine et les États-Unis sont les seules puissances à même de rivaliser au plan technologique. Avec le plan « Made in China 2025 », Pékin a promis d'allouer entre 25 et 60 milliards de dollars par an en moyenne à l'Intelligence artificielle (IA). Du côté du privé, les promesses d'investissement sont de 110 milliards de dollars. Le budget du gouvernement américain frôle les 10 milliards de dollars, auxquels s'ajouteraient 55 milliards de dollars d'investissements privés par an. L'IA est vue par les deux États comme le nouvel instrument de leur puissance militaire et politique. Pour Pékin, elle est susceptible de restituer à l'empire du Milieu sa grandeur d'antan, pour passer du *made in China* au *created in China*. Pour cela, entre 2015 et 2017, les investisseurs chinois auraient placé 24 milliards de dollars dans la technologie américaine. Un moyen imparable d'assurer un transfert de savoirs vers la Chine. Un quart des diplômés en sciences et technologies aux États-Unis sont désormais originaires de Chine. Pire, Pékin serait responsable de 96 % des actes de cyberespionnage aux États-Unis. Sur son territoire, la Chine impose aux entreprises étrangères de travailler avec un homologue chinois, de stocker leurs données localement et interdit d'utiliser certains produits de Microsoft, Apple et Intel[1] !

D'après É. Braun, « États-Unis-Chine : une guerre technologique sans merci », *Le Figaro*, 24 septembre 2018.

1. De la même façon, le chinois Huawei est interdit de développement aux États-Unis (couverture 5G indisponible).

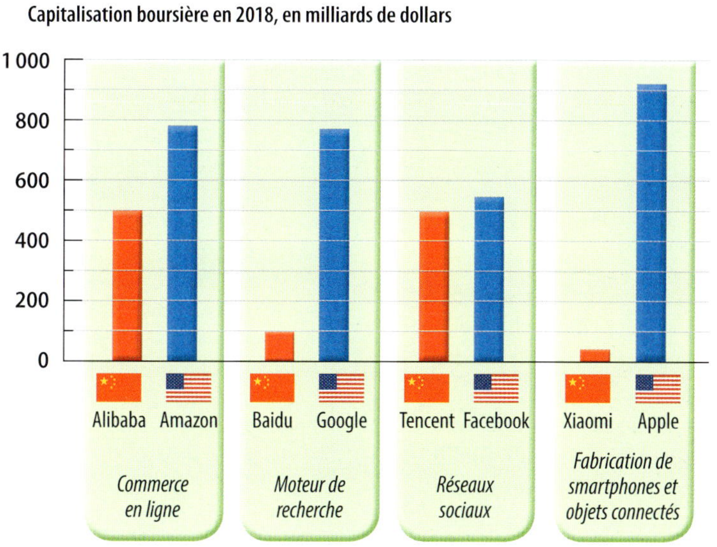

Sources : *Les Échos*, 1er octobre 2018 et «The World's largest public companies», *Forbes*, 2019.

2 Les BATX, des rivaux aux GAFAM

ACTIVITÉ **OBJECTIF**

▪ Organiser un débat

Vous participez à un débat sur le thème de la **puissance des BATX**. Organisez la classe en deux groupes : le premier soutient que les BATX peuvent aider la Chine à dépasser les États-Unis sur le plan technologique ; le second défend l'idée que la puissance des BATX reste très incomplète.

▪ **Préparer le débat**

Sélectionnez les idées dans les documents, puis organisez le débat à l'oral.

▪ **Rédiger un bilan**

Réalisez un bilan écrit en notant les arguments et leurs réponses, sur le modèle suivant :

- Alibaba et Tencent concurrencent leurs rivaux américains grâce à leur forte croissance ;
- cependant, Baidu et Xiaomi restent encore très en retard sur leurs concurrents.

JALON ▸ Les nouvelles technologies

ÉTUDE

États et organisations internationales face à des cybermenaces croissantes

En 2007, l'Estonie, victime de la première cyberattaque, a vu son réseau informatique totalement paralysé. Depuis, les organisations criminelles, mais aussi certains États, ont fait du cyberespace un nouveau terrain de propagande et de criminalité.

› Comment États et organisations internationales s'organisent-ils pour sécuriser leur cyberespace ?

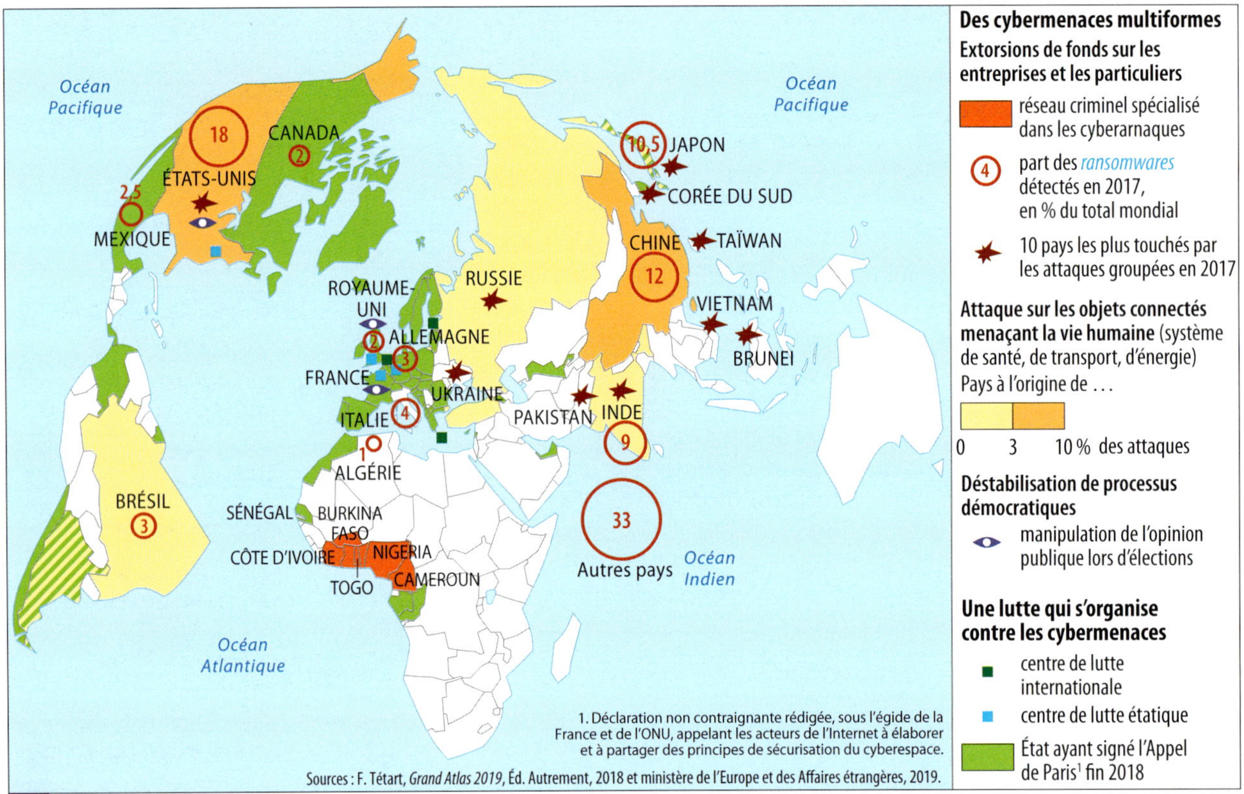

1 Les cyberattaques, un risque croissant

carte interactive

2 Sécuriser les câbles, un enjeu géostratégique

En octobre 2015, l'Algérie s'est retrouvée privée de 80 % de ses capacités d'accès à Internet pendant près d'une semaine. La cause ? La simple bévue de l'équipage d'un navire qui avait jeté puis relevé son ancre là où passait un câble stratégique pour cet usage. Deux ans plus tard, en juillet 2017, le même scénario se reproduit au large de la Somalie, où un porte-conteneurs a privé accidentellement la Somalie d'Internet trois semaines durant. Et, dans un autre registre, lors de l'épisode du déploiement de forces russes en Crimée, en 2014, la péninsule avait été isolée du reste de l'Ukraine par la coupure physique des communications. Le risque terroriste n'est pas non plus absent : en 2007, Scotland Yard avait déjoué un projet d'Al-Qaïda qui visait des infrastructures vitales pour l'Internet au Royaume-Uni.

D'après J.-Y. Bouffet, « Géopolitique des câbles sous-marins », *Conflits*, avril-mai-juin 2018.

Vocabulaire

- **Darknet :** réseau numérique où les flux d'information sont anonymisés, permettant notamment des activités illicites.
- **Europol :** agence européenne de police criminelle, créée en 1998, facilitant l'échange de renseignements entre les polices nationales au sein de l'Union européenne.
- ***Ransomware* (rançongiciel) :** logiciel malveillant, bloquant les fichiers contenus sur un ordinateur et demandant une rançon en échange d'une clé numérique pour les déverrouiller.

3 La cybersécurité, un enjeu pour les États

Affiche de l'édition 2018 du mois européen de la cybersécurité en France, Anssi. Depuis 2009, la France a mis en place l'Agence nationale de la sécurité des systèmes d'information qui mène des actions de sensibilisation à la cybersécurité.

4 La stratégie européenne de cybersécurité : renforcer les coopérations

Dans un espace numérique globalisé, l'approche nationale ne semble plus suffisante. Premier succès majeur d'une action commune du FBI et d'Europol : deux des plus gros marchés criminels du darknet, AlphaBay et Hansa, ont été démantelés en juillet 2017, preuve de l'efficacité des actions coordonnées. Le 9 mai 2018, une première directive européenne est entrée en vigueur dans tous les États membres de l'Union européenne. Cette directive sur la sécurité des réseaux et des systèmes d'information vise à intensifier la coopération entre les États membres. L'actuelle agence européenne chargée de la sécurité des réseaux et de l'information basée en Grèce devrait ainsi voir ses compétences renforcées. Principale avancée de la fin d'année 2017, une équipe permanente d'intervention en cas d'urgence informatique pour les institutions, organes et agences de l'Union européenne a également été créée, afin de répondre de manière coordonnée aux cyberattaques visant les institutions. Elle vient renforcer une *task force* existante depuis 2012.

Comité économique et social européen, 16 février 2018.

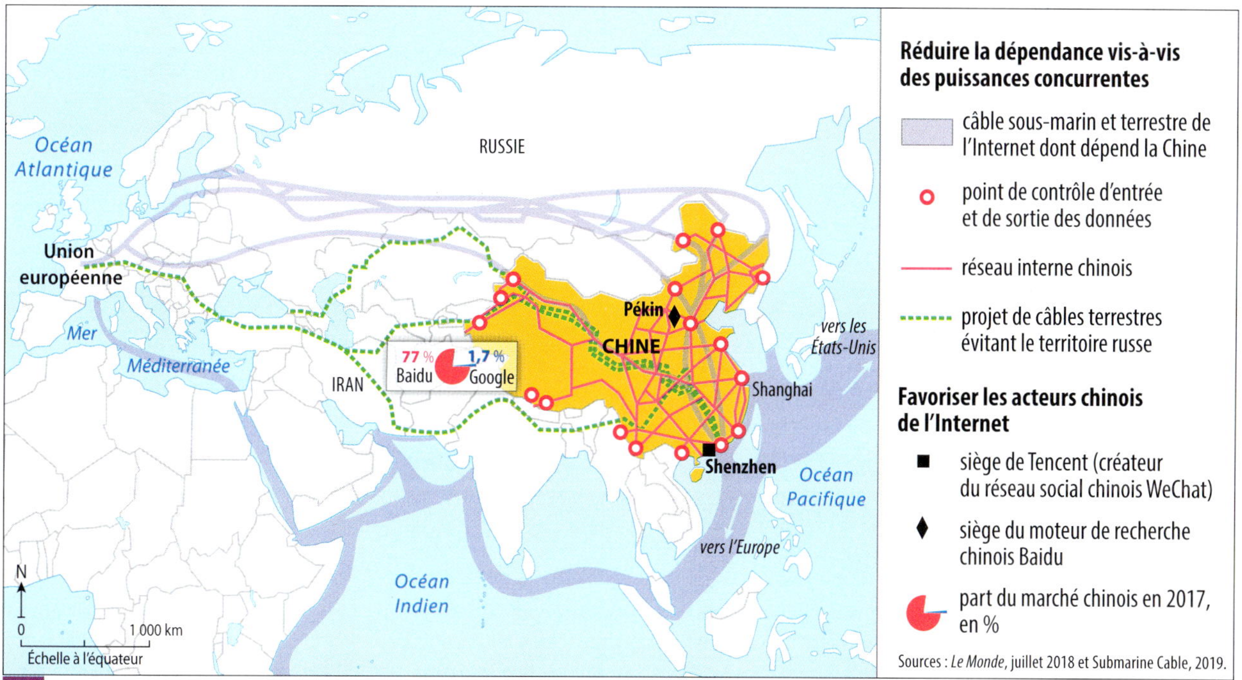

5 La stratégie chinoise de cybersécurité : construire un intranet contrôlé

ANALYSE DE DOCUMENTS

1. Quelles sont les menaces liées au développement d'Internet ? (doc. 1 et 2)
2. Montrez que la Chine, la France et l'Union européenne répondent à ces menaces par des stratégies différentes. (doc. 3, 4 et 5)
3. Pourquoi la coopération internationale est-elle nécessaire pour lutter contre les cybermenaces ? (doc. 1 et 4)

Pour aller plus loin

lien Internet

À l'aide de la page de l'Anssi consacrée à la prévention des cyberisques, réalisez une recherche sur les bonnes pratiques préconisées et évaluez votre niveau de sécurisation informatique avec la Hack Academy.

ÉTUDE

Les « nouvelles routes de la soie », le « rêve chinois » de puissance

Autoroutes, voies ferrées, villes nouvelles… Autant de chantiers pharaoniques pour relier la Chine à l'Asie et, à terme, à l'Europe et au monde par les « nouvelles routes de la soie ». Ce programme, porté par Xi Jinping depuis son arrivée au pouvoir en 2013, a pour ambition de faire de la Chine la première puissance mondiale.

› Comment les « nouvelles routes de la soie » concrétisent-elles le « rêve chinois » de restauration de la puissance ?

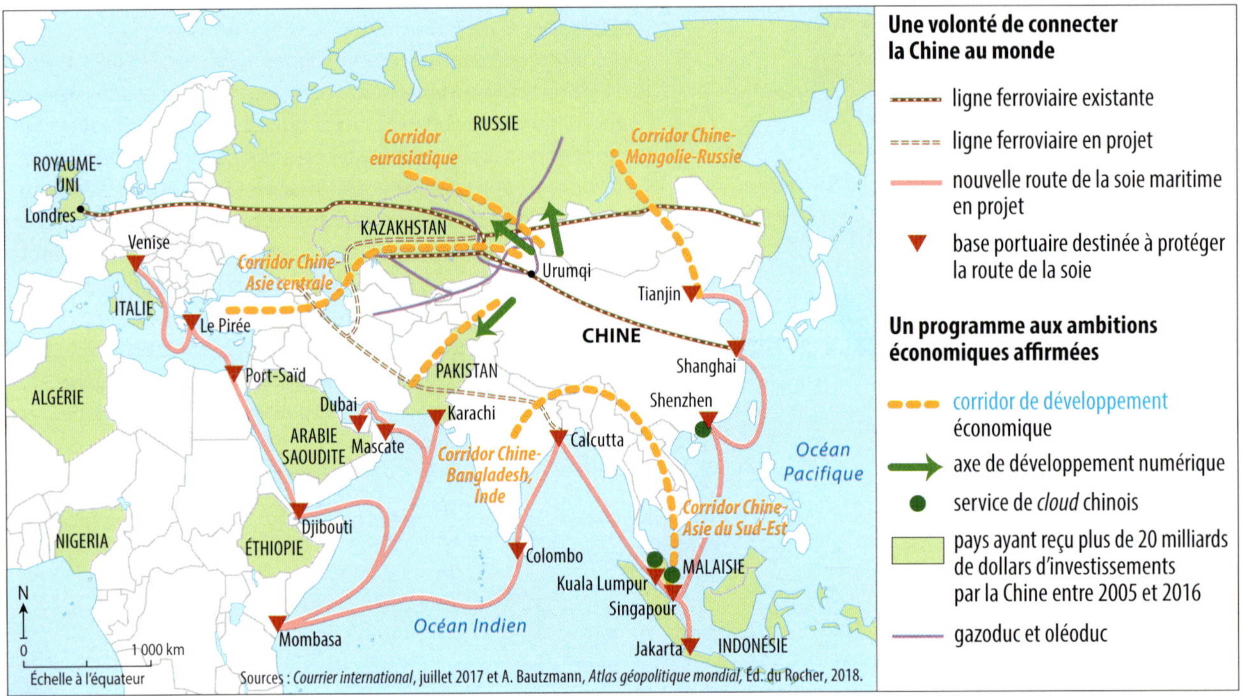

1 Les « nouvelles routes de la soie », un chantier titanesque

carte interactive

2 Les « nouvelles routes de la soie », le « rêve chinois » de Xi Jinping

La Chine va renforcer l'amitié et la coopération avec tous les pays impliqués dans les « nouvelles routes de la soie ». Nous espérons réaliser un nouveau modèle de coopération gagnant-gagnant ; nous espérons créer une grande famille de coexistence harmonieuse. Nous sommes prêts à partager les pratiques du développement avec d'autres pays, nous n'avons aucune intention de nous ingérer dans les affaires internes d'autres pays, d'exporter notre modèle de développement, ni d'imposer notre volonté à d'autres. L'objectif doit être le lancement de grands projets. La connectivité grâce à l'infrastructure est le fondement du développement par la coopération. Nous devons promouvoir la connectivité terrestre, maritime, aérienne et cyberspatiale, concentrer nos efforts sur les principaux axes de communication, les villes et les projets et relier les réseaux d'autoroutes, de voies ferrées et de ports maritimes. L'objectif a été fixé de construire six grands corridors économiques dans le cadre des « nouvelles routes de la soie » et nous devons nous efforcer de l'atteindre. Nous devrions renforcer la coopération internationale au niveau de la capacité de production et de la fabrication des équipements pour encourager de nouvelles entreprises et maintenir une croissance dynamique.

Discours de Xi Jinping à la Conférence internationale du projet Obor devant les représentants de plus de 100 pays, 14 mai 2017.

Vocabulaire

- **Corridor de développement :** espace combinant infrastructures de transport et activités productives permettant le développement économique d'un territoire.
- **« Nouvelles routes de la soie » :** (en anglais Obor : *One Belt, One Road*) programme chinois dévoilé en 2013 visant à développer les infrastructures de transport entre la Chine et l'Europe grâce à des partenariats avec les États traversés. Il vise notamment à sécuriser l'approvisionnement énergétique chinois, faciliter ses exportations et renforcer son influence.
- **Port sec :** terminal multimodal (ferroviaire, routier) connecté à un port maritime pour la redistribution des marchandises.

3 Le port sec à conteneurs de Khorgos, au Kazakhstan

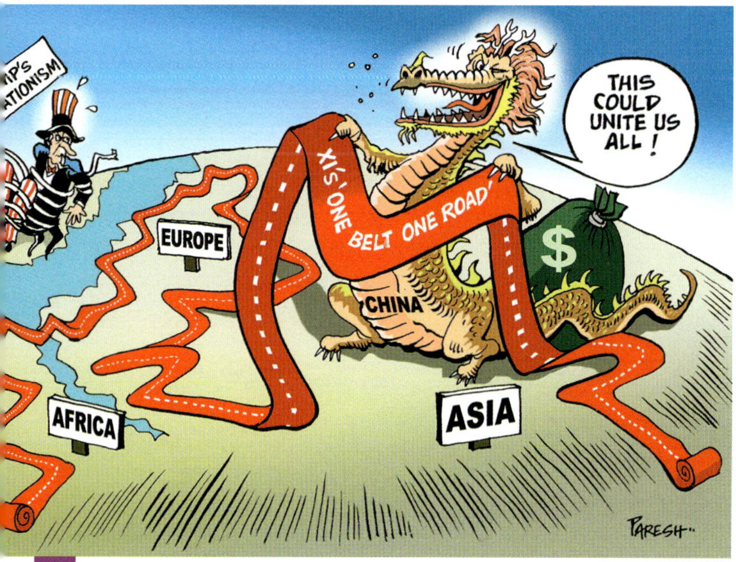

4 Les ambitions chinoises

Dessin de Paresh, *The Japan Times*, 26 mai 2017.
Traduction : « L'isolationnisme de Trump ; Cela pourrait tous nous unir ; Les "nouvelles routes de la soie" de Xi Jinping ».

5 L'ANALYSE DU SPÉCIALISTE Un outil au service d'une puissance globale

Alors que la Chine avait disparu comme acteur majeur de la scène mondiale depuis le XVIIIe siècle, son retour bouleverse les équilibres géopolitiques, géoéconomiques et géostratégiques asiatiques et mondiaux. En 2013, Pékin a lancé son grand projet de « nouvelles routes de la soie » qui consiste en la construction de grands corridors terrestres (routes, chemins de fer, oléoducs) et maritimes dans plus de 60 pays. L'objectif est triple : sécuriser ses exportations et approvisionnements ; créer des couloirs économiques dynamiques stimulant sa croissance ; nouer des alliances politiques et diplomatiques durables avec les États bénéficiaires. Cette stratégie s'inscrit dans un dessein plus général : s'affirmer comme une puissance continentale et mondiale, et modifier l'ordre mondial en défendant ses intérêts et en devenant de manière pragmatique un des leaders du monde non occidental. Elle mobilise pour cela toute une gamme de leviers d'influence géopolitique, géoéconomique, financière et culturelle.

D'après L. Carroué, *Atlas de la mondialisation*, Éd. Autrement, 2018.

Xi Jinping

Né en 1953, il est secrétaire général du Parti communiste chinois depuis 2012 et président de la République populaire de Chine depuis 2013. Il est réélu pour un nouveau mandat en 2018.

ACTIVITÉ OBJECTIF ▪ Rédigez une argumentation

À l'aide des documents, rédigez un texte argumenté répondant au sujet : **Comment les « nouvelles routes de la soie » concrétisent-elles le « rêve chinois » de restauration de la puissance ?**
Pour vous aider, répondez aux questions suivantes :

1. Décrivez les différentes formes prises par les « nouvelles routes de la soie ». **(doc. 1 et 3)**
2. En quoi ce programme peut-il être un outil de domination chinoise à l'étranger ? **(doc. 1, 2 et 5)**
3. En analysant sa source, montrez comment le **document 4** permet de critiquer le discours de Xi Jinping. **(doc. 2)**

Pour aller plus loin

Recherchez sur Internet le documentaire « La Chine, à la conquête de l'Ouest » (Arte, 10 octobre 2017), puis répondez aux questions suivantes.

1. Pourquoi le passage des « nouvelles routes de la soie » en Asie centrale constitue-t-il un enjeu pour la Chine ?
2. Comment les « nouvelles routes de la soie » contribuent-elles à renforcer la puissance chinoise dans la région ?

ÉTUDE

Les « nouvelles routes de la soie », un vecteur de rapprochement de la Russie et de la Chine ?

Avec les « nouvelles routes de la soie », la Chine étend son influence hors de ses frontières, et notamment en Asie centrale. Or, cette région était jusqu'alors sous l'influence directe de la Russie.

› Cette situation laissera-t-elle place à des tensions ou, au contraire, sera-t-elle propice à un rapprochement entre les deux puissances ?

1 Les nouvelles routes de la soie, un atout géopolitique pour la Russie ?

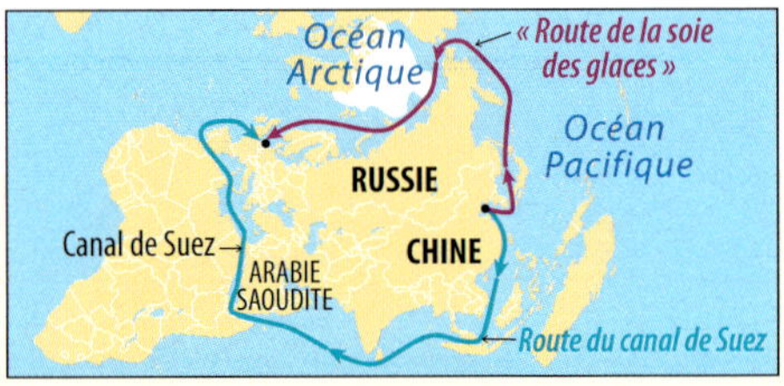

Une future « route de la soie des glaces »

Face au projet des « nouvelles routes de la soie », Moscou craignait de ne devenir qu'un territoire de transit ou un fournisseur de matières premières. De plus, Pékin accompagne ses investissements d'accords de coopération économique, politique et militaire dont Moscou estime qu'ils font concurrence à son propre projet d'intégration régionale des anciennes républiques soviétiques d'Asie centrale et d'Europe, l'Union économique eurasiatique. Or, bien que longtemps méfiante à l'égard du projet, la Russie espère aujourd'hui une augmentation des échanges commerciaux grâce au projet d'autant que huit des neuf terminus européens passent par son territoire. Dès lors, les présidents russe et chinois ont décidé en juillet 2017 de créer un fonds d'investissement commun de 10 milliards de dollars destiné à financer des projets conjoints. Ils ont également entamé des discussions sur la création d'une zone de libre-échange. Les deux pays se sont aussi entendus pour créer une « route de la soie des glaces », passant notamment le long des côtes russes arctiques pour rejoindre les ports d'Europe du Nord. Néanmoins, le but de la collaboration de la Russie est moins de s'imposer comme un pays de transit que de contrôler les tentatives chinoises de s'arrimer aux pays au sud de son territoire.

D'après F. Detroy, « Un atout géopolitique pour la Russie », *Le Monde diplomatique*, septembre 2017.

2 Le Kazakhstan, un pont entre la Chine et la Russie ?

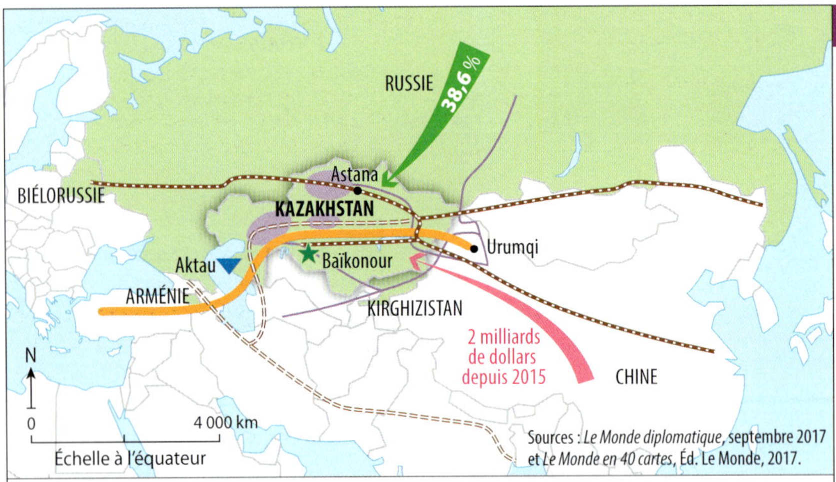

Sources : *Le Monde diplomatique*, septembre 2017 et *Le Monde en 40 cartes*, Éd. Le Monde, 2017.

Une influence russe ancienne
- pays membre de l'Union économique eurasiatique
- part des importations de biens et services en provenance de Russie
- ★ site de décollage des fusées russes (bail jusqu'en 2050)

Les « nouvelles routes de la soie » : une redistribution des équilibres régionaux
- corridor de développement
- voie ferrée existante/en projet
- ▼ port en cours de réaménagement par la Chine
- zone riche en pétrole, gaz et uranium
- oléoduc et gazoduc
- aide au développement

ANALYSE DE DOCUMENTS

À l'aide des deux documents, montrez l'ambivalence de la Russie à l'égard des « nouvelles routes de la soie ».
Pour vous aider, répondez aux questions suivantes :

1. Quelles sont les craintes de la Russie face aux « nouvelles routes de la soie » chinoises ? Montrez que ces peurs n'empêchent pas un rapprochement entre les deux puissances. **(doc. 1)**
2. Pourquoi le Kazakhstan peut-il être un pont entre la Chine et la Russie ? **(doc. 1 et 2)**

JALON

ÉTUDE

Pourquoi l'Inde s'oppose-t-elle aux « nouvelles routes de la soie » chinoises ?

L'Inde et la Chine entretiennent des relations compliquées, émaillées de différends frontaliers et d'une vive concurrence pour le leadership asiatique.

› Comment les « nouvelles routes de la soie » réactivent-elles les tensions entre ces deux pays ?

1 L'ANALYSE DU SPÉCIALISTE — Le Corridor de croissance Asie-Afrique, une alternative indienne aux « nouvelles routes de la soie »

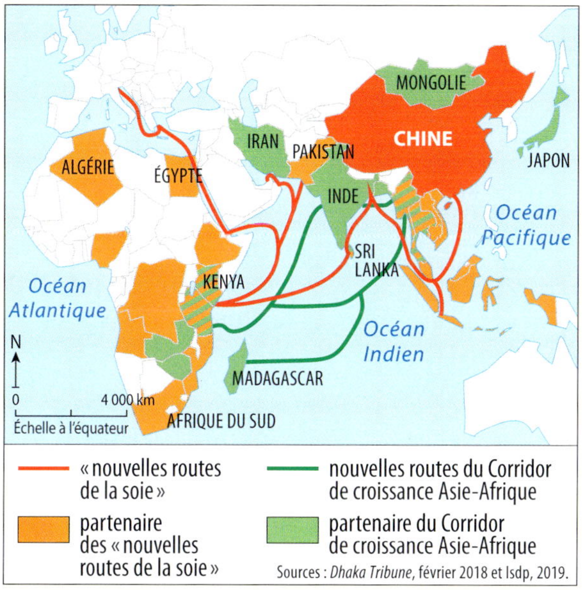

Sources : *Dhaka Tribune*, février 2018 et Isdp, 2019.

Le Premier ministre indien, Narendra Modi, en accord avec son homologue japonais, Shinzo Abe, a lancé en 2016 un projet, concurrent des « nouvelles routes de la soie » chinoises auxquelles ils ne sont pas associés : le Corridor de croissance Asie-Afrique, surnommé la « Route de la Liberté ». Il s'appuie sur les routes maritimes, à bas coût avec une faible empreinte carbone, connectant, par exemple, Calcutta à Sittwe en Birmanie. Les constructions d'infrastructures s'appuieront sur l'expertise japonaise et mettront l'accent sur le développement durable en redynamisant des routes maritimes anciennes entre l'Afrique et le Pacifique[1]. L'Inde craint d'être marginalisée en étant encerclée par le corridor sino-pakistanais et par la « nouvelle route maritime de la soie » qui passe au sud du Sri Lanka par le port d'Hambantota construit par les Chinois, non loin de Colombo où le principal terminal à conteneurs est aussi tenu par les Chinois de plus en plus présents. Si la marine marchande indienne reste modeste, sa marine de guerre a connu récemment un grand essor avec l'ambition de devenir la quatrième flotte de guerre mondiale pour maintenir une autonomie stratégique dans l'océan Indien face à la Chine et aux États-Unis.

D'après M. Bruneau, *L'Eurasie : Continent, empire, idéologie ou projet*, CNRS Éd., 2018.

1. Outre le développement des infrastructures de transport, les projets mis en place à destination des partenaires africains concernent la connectivité numérique et le développement de programmes dans les domaines de la santé, l'éducation, l'agriculture et les industries agroalimentaires.

2 La crainte de l'Inde d'être entravée par le projet chinois

Dessin de Satish Acharya (dessinateur indien), *Mail Today*, 16 mai 2017.
Traduction : « L'Inde dit non à l'OBOR » (One Belt, One Road, nom anglais des « nouvelles routes de la soie ») ;
« Cirque chinois » ; « Les ceintures sont pour les chiens ! »

ANALYSE DE DOCUMENTS

Analysez les documents pour montrer la position de l'Inde face aux « nouvelles routes de la soie ».
Vous organiserez vos idées selon le plan suivant :
- Une opposition marquée (doc. 2)
- Des raisons économiques et géopolitiques (doc. 1 et 2)
- Un projet alternatif (doc. 1)

Bilan

À l'aide des documents des p. 142 à 145, étudiez les impacts des « nouvelles routes de la soie » chinoises sur l'Inde et la Russie. Comparez les points de vue de ces pays et leurs actions pour s'adapter à la politique chinoise.

LEÇON 3 Formes indirectes de la puissance : une approche géopolitique

› Pourquoi les États recourent-ils à des formes indirectes de puissance, traditionnelles ou innovantes, pour s'affirmer dans le monde ?

A Diffuser sa langue et sa culture pour accroître son influence

- **Le rayonnement linguistique reste un enjeu de puissance.** L'anglais demeure la langue la plus diffusée et s'impose par la diffusion de séries à succès en version originale. Mais la France bénéficie de la forte croissance démographique de pays francophones : le nombre de personnes parlant français – même s'il est difficile à comptabiliser et approximatif – passera de 275 millions en 2018 à 715 millions en 2050, dont près de 4/5e en Afrique. L'anglais et le français gardent une place de choix dans les relations internationales (langues de travail à l'ONU, l'OMC, l'UE…).
- **Les réseaux culturels institutionnels assurent une présence sur tous les continents.** La France, avec le réseau de la Francophonie regroupant 88 États et gouvernements, la Chine avec les instituts Confucius ou l'Allemagne avec les Goethe Instituts, ont une visibilité de leur langue et de leur culture à l'échelle mondiale. Avec son réseau des British Concils, le Royaume-Uni est quant à lui présent dans 110 pays.
- **Les diasporas sont un outil d'influence et de diffusion de la culture.** Le poids économique et électoral de la communauté indienne aux États-Unis conduit le gouvernement à soutenir la demande de l'Inde d'un siège permanent au Conseil de sécurité de l'ONU. Aux États-Unis et en Europe, les *chinatowns* des métropoles sont devenus des lieux touristiques (San Francisco, Londres).

B Maîtriser le savoir pour consolider sa puissance

- **La production du savoir est un facteur de puissance.** La capacité à structurer l'environnement de la recherche permet d'attirer des chercheurs étrangers (*brain drain*). Les universités européennes et américaines ont un quasi-monopole des lauréats du prix Nobel. Le classement des universités est devenu un enjeu. Depuis 2003, le classement de l'université de Shanghai est l'un des plus médiatisés.
- **La maîtrise du savoir assure l'avance technologique des grandes puissances.** Les Européens et les Américains s'appuient sur leur ancienneté dans la course à l'espace. Mais les puissances émergentes s'affirment. L'Inde a rejoint en 2014 le club très fermé (Russie, États-Unis et UE) des pays capables de lancer une sonde en orbite autour de Mars. En janvier 2019, la Chine a réussi le premier alunissage sur la face cachée de la Lune. Les États lancent des programmes de développement de l'Intelligence artificielle (Japon, France).
- **Le leadership dans l'activité numérique devient un enjeu de puissance.** Face à Google ou Facebook, la Chine favorise ses entreprises et impose une censure sur son réseau national. Ainsi, Baidu représente 77 % du marché chinois contre 1,7 % pour Google et le réseau social WeChat est utilisé par 920 millions de chinois contre 54 millions pour Facebook. La Russie fait du réseau Internet une arme de propagande à l'échelle internationale. Ainsi, elle est accusée d'ingérence dans l'élection présidentielle américaine de 2016.

1 Les cinq pays ayant obtenu le plus de prix Nobel

Source : Fondation Nobel, 2019.

2 « Les nouvelles routes de la soie »

Une du magazine *Diplomatie*, janvier-février 2018.

Vocabulaire

- ***Brain drain*** : attirance des « cerveaux » étrangers pour un pays offrant de meilleures conditions de travail et des salaires plus élevés.
- **Diaspora** : dispersion d'une communauté ethnique ou d'un peuple à travers le monde.
- **Seuil stratégique** : point de passage permettant de franchir un obstacle lié à la disposition des continents, comme un détroit ou un canal interocéanique.

C Maîtriser et sécuriser les réseaux de communication

- **L'essentiel du commerce international passe par les voies maritimes.** Détroits et canaux sont des seuils stratégiques et leur sécurisation est un enjeu. L'Union européenne a mis en place l'opération navale Atalante pour lutter contre la piraterie dans le golfe d'Aden, et la Ve flotte américaine sécurise le détroit d'Ormuz, porte d'entrée des routes du pétrole. Le contrôle des infrastructures numériques, qui assure aux GAFAM leur supériorité, est aussi devenu un enjeu essentiel.
- **La Chine a mis en place de « nouvelles routes de la soie ».** Destinées à sécuriser ses approvisionnements énergétiques mais aussi à s'ouvrir de nouveaux marchés, elles permettent d'asseoir la puissance commerciale de la Chine et de tisser un réseau d'alliances dans plus d'une soixantaine de pays. Mais elles suscitent aussi l'inquiétude de ses concurrents (Russie, Inde).
- **La capacité des États à se protéger des cyberattaques est un nouveau critère de puissance.** Les États font de leur cybersécurité une priorité en développant des stratégies de protection nationale (France, États-Unis) et, de plus en plus, internationale. L'Union européenne a créé, en 2004, une agence de coopération relative à la cybersécurité. Mais les attaques se multiplient. Le virus Flame, en 2012, a affecté le Proche et le Moyen-Orient alors que l'attaque du virus WannaCry, en mai 2017, a touché 150 pays.

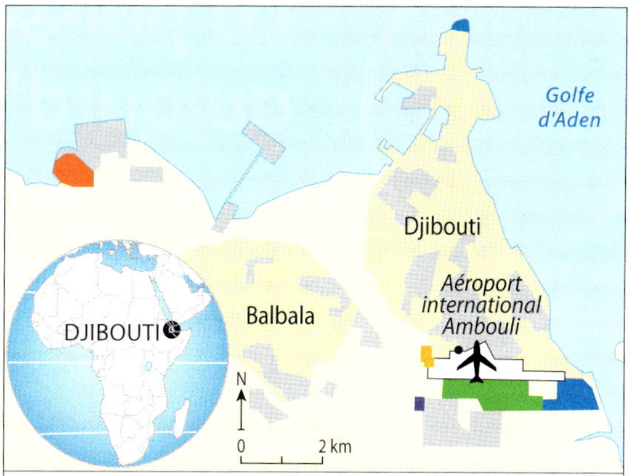

1. Accueillant les contingents espagnol et allemand.

Source : *L'Espace politique* n° 38, janvier 2018.

3 Djibouti, un seuil stratégique à contrôler

SCHÉMA BILAN

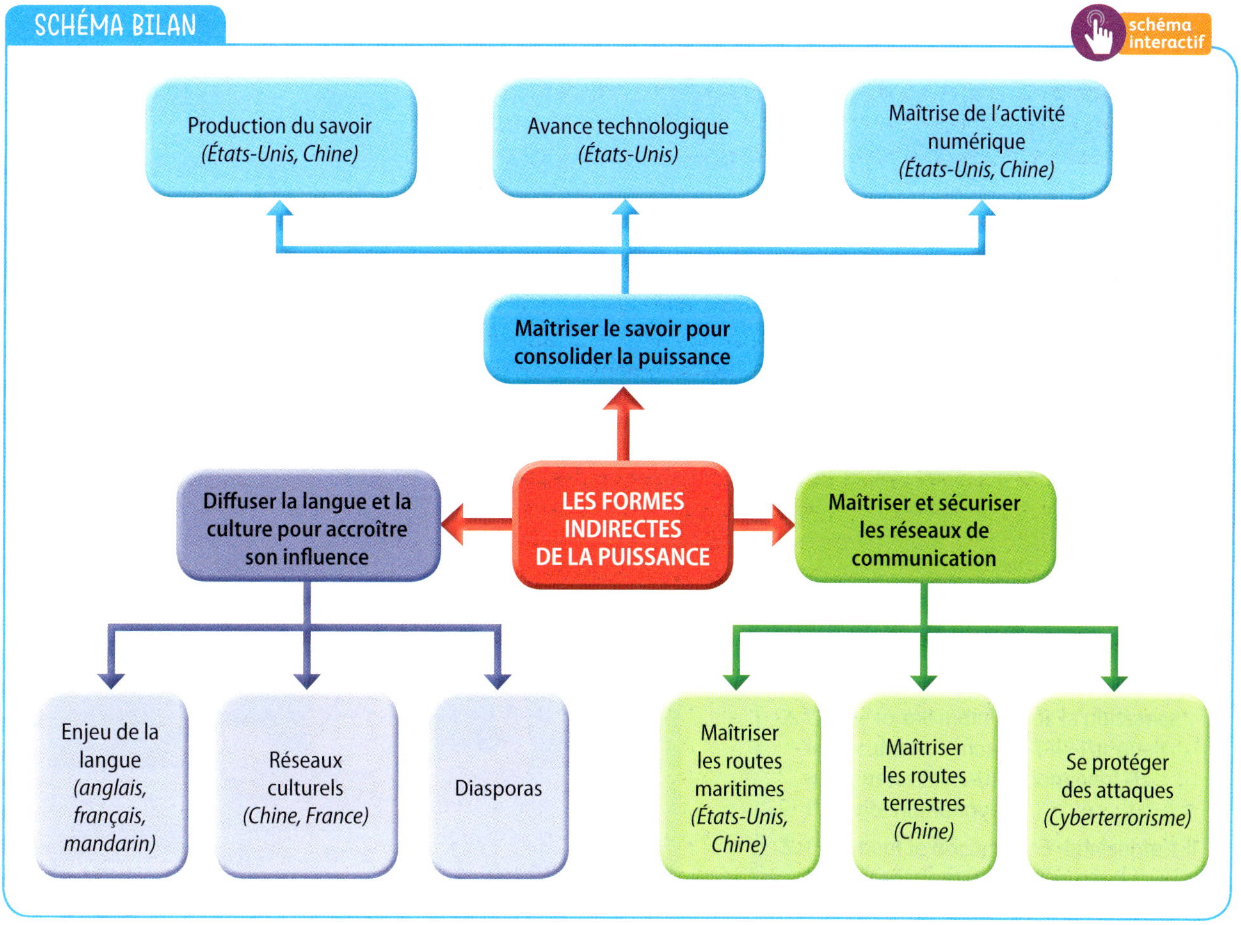

REPÈRES 1 La puissance des États-Unis : entre *hard power* et *soft power*

A Pourquoi les États-Unis bénéficient-ils du *hard power* le plus efficace au monde ?

base militaire américaine hors du territoire américain
flotte opérationnelle
OTAN, une alliance active héritée de la guerre froide
autre allié
34 % part des trois plus gros exportateurs d'armes dans le monde entre 2013 et 2017

Sources : A. Bautzmann, *Atlas géopolitique mondial 2018*, Éd. du Rocher, 2017 et Sipri, 2019.

1 Les États-Unis, première puissance militaire mondiale

carte interactive

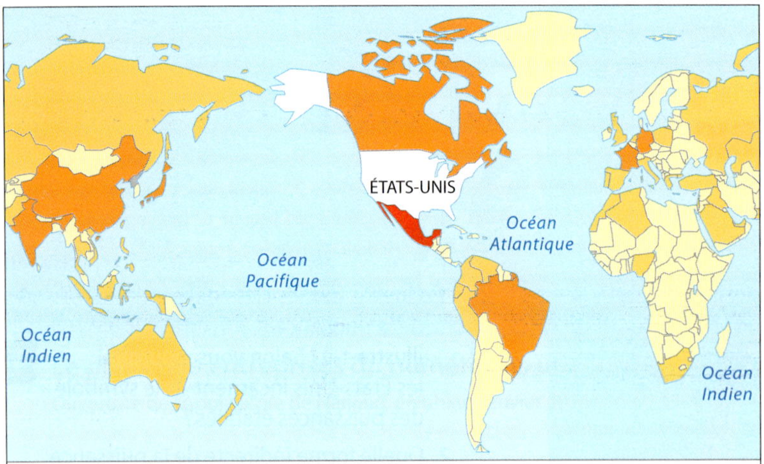

Nombre de représentations diplomatiques (ambassades, consulats) américaines par pays en 2019

1 5 8 19

aucune représentation

Source : Département d'État américain, 2019.

2 Les États-Unis, première représentation diplomatique au monde

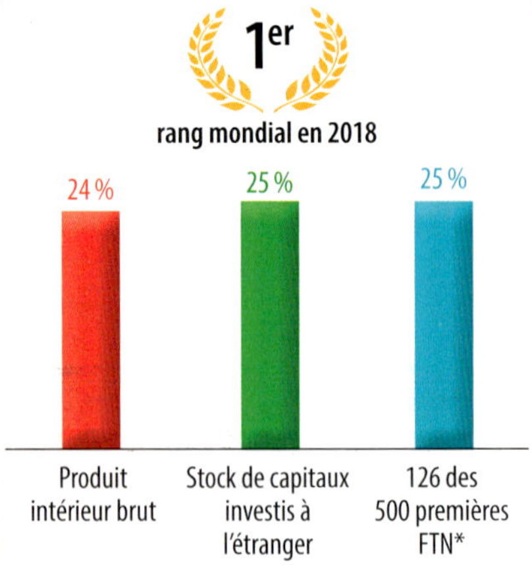

* Firmes transnationales

Sources : Cnuced, 2019 ; Fortune global 500, 2019 et Classement de Shanghai, 2019.

3 Les États-Unis, première puissance économique du monde

B Comment le *soft power* devient-il une forme indirecte de puissance pour les États-Unis ?

Domaine	Exemples de la supériorité américaine
Recherche et développement	La Californie investit autant en recherche et développement que l'Allemagne
Universités	46 des 100 premières universités mondiales (MIT, Harvard, Princeton, Yale, Columbia…)
Lieux d'innovation	Silicon Valley à San Francisco, Route 128 à Boston, Silicon Alley à New York
Numérique	- GAFAM (Google, Apple, Facebook, Amazon, Microsoft), leaders mondiaux dans leur domaine - 42 % des centres de stockage de données numériques mondiaux

4 **L'innovation, au service de la puissance des États-Unis**

Sources : F. Tétart, *Grand Atlas 2019*, Éd. Autrement, 2018 et Classement de Shanghai, 2019.

Vocabulaire

- ***Hard power*** **:** expression américaine désignant la capacité des États-Unis à imposer par la force leur puissance militaire, stratégique, économique ou financière. Par extension, elle est parfois utilisée pour d'autres États.
- ***Soft power*** **:** expression américaine désignant la capacité des États-Unis à diffuser par la persuasion un modèle culturel, politique ou économique. Par extension, elle est parfois utilisée pour d'autres États.

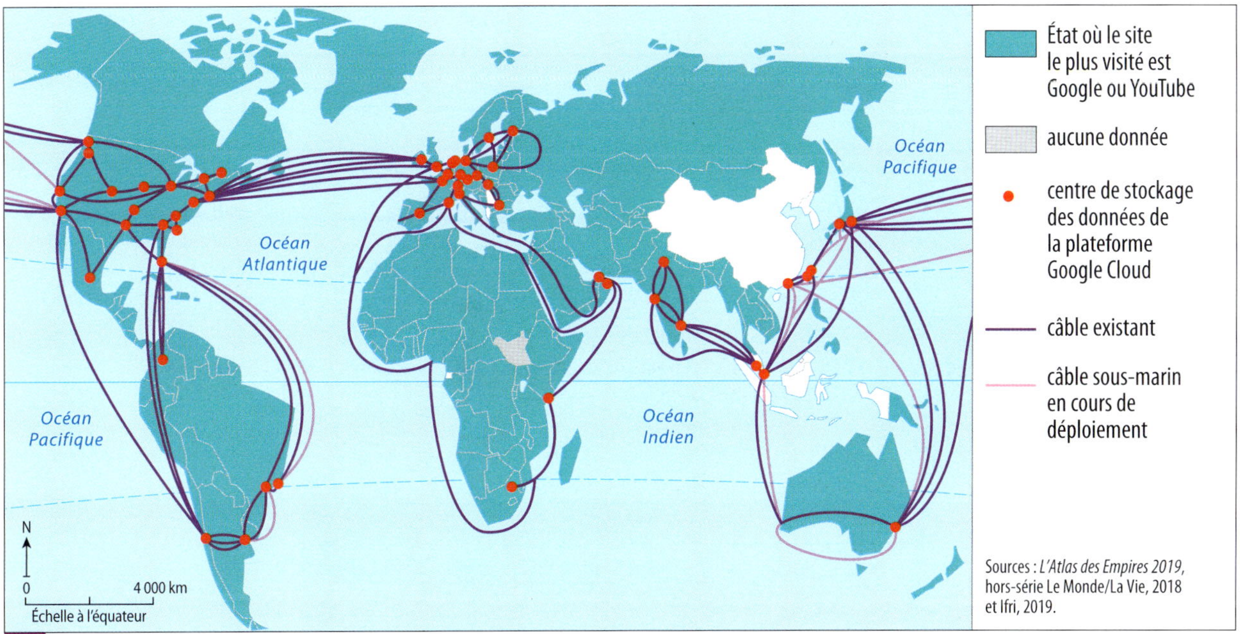

5 **Les investissements de Google pour ne plus dépendre d'infrastructures détenues par des États**

6 **Les séries américaines, marqueurs du rayonnement mondial des États-Unis**

QUESTIONS

1. Comment les *hard* et *soft power* des États-Unis leur permettent-ils de recouvrir toutes les caractéristiques de la puissance : capacité de faire ? de faire faire ? de refuser de faire ? d'empêcher de faire ? (p. 114-115)
2. Comment les formes directes ou indirectes de la puissance contribuent-elles à un rayonnement planétaire des États-Unis ?

REPÈRES 2 Les États-Unis dans le monde : entre multilatéralisme et unilatéralisme

A Le multilatéralisme

Attitude qui consiste à privilégier les relations interétatiques et la prise de décision collective afin d'établir des règles communes dans les relations internationales.

Depuis la fin de la Seconde Guerre mondiale, les États-Unis ont encouragé la création des organisations qui favorisent le multilatéralisme (ONU, G7), même si la défense de leurs intérêts a pu les conduire à des décisions unilatérales contestées (Vietnam, Irak). Aujourd'hui, dans un monde globalisé, même la première puissance mondiale ne peut pas faire tout ce qu'elle veut sur la scène internationale. Elle doit tenir compte de la multiplication des acteurs. Cette évolution ne signifie pas un déclin de la puissance des États-Unis, mais plutôt une montée en puissance de nouveaux acteurs. Barack Obama avait intégré le multilatéralisme et la fin de la suprématie américaine par une politique d'ouverture. Il justifiait cette stratégie par le fait que « les États-Unis ne peuvent résoudre seuls les grands défis qui se posent au monde, mais, sans les États-Unis, ceux-ci ne peuvent être résolus ».

1 Barack Obama, prix Nobel de la paix en 2009

« Pour ses efforts extraordinaires en faveur du renforcement de la diplomatie et de la coopération internationale entre les peuples. » (Comité Nobel)

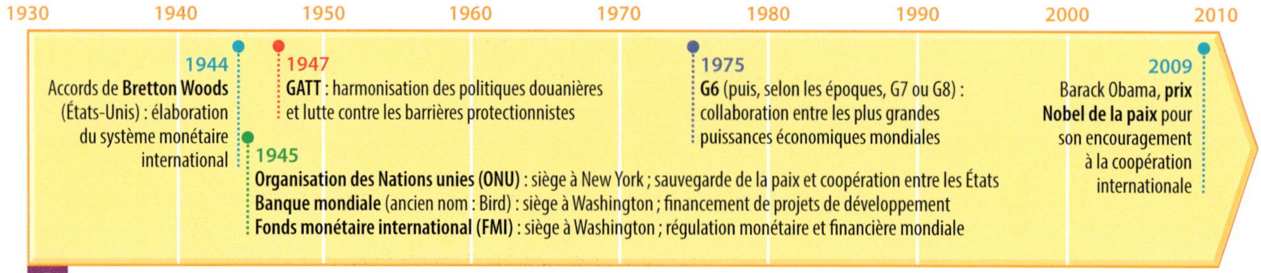

2 Les États-Unis, moteurs de la gouvernance mondiale

B L'unilatéralisme

Attitude qui consiste pour une puissance à prendre seule ses décisions, en fonction de ses propres intérêts, sans concertation ni avec ses alliés, ni dans le cadre des organisations internationales.

Les ressorts de l'unilatéralisme conduit par les États-Unis selon les périodes sont, d'une part, la croyance en l'hyperpuissance américaine (interventions unilatérales en Irak en 2003) et, d'autre part, la conviction d'une « destinée manifeste » les engageant à défendre leurs valeurs, et notamment la liberté, partout dans le monde. L'unilatéralisme est une conséquence de la puissance américaine et s'exprime surtout depuis la fin de la guerre froide. Cela vaut alors aux États-Unis le surnom de « gendarmes du monde », en raison de leurs interventions militaires. Aujourd'hui, l'unilatéralisme de Donald Trump s'apparente davantage au penchant isolationniste traditionnel de l'histoire des États-Unis (refus d'adhérer à la SDN en 1919). Cet unilatéralisme tourne au nationalisme et remet en cause la cohésion de l'alliance occidentale fondée sur les valeurs démocratiques et le multilatéralisme.

3 L'unilatéralisme selon Donald Trump : « America first ! »

Dessin de Ben Garrison, GrrrGraphics.com, 2018.
Traduction : « C'est le moment de rééquilibrer ».

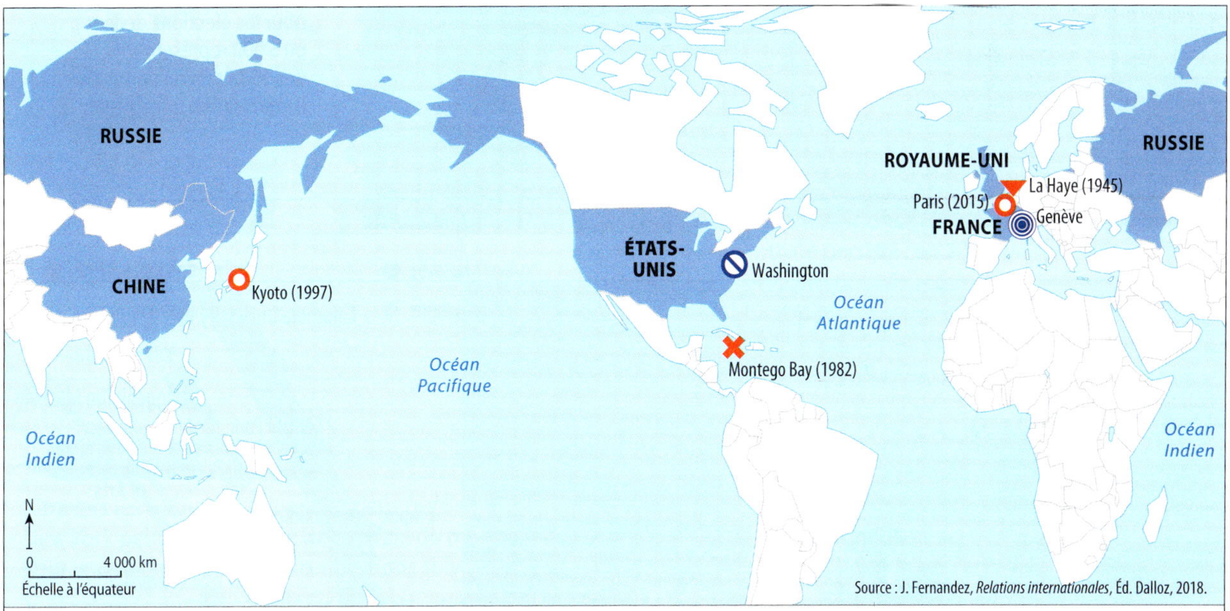

Source : J. Fernandez, *Relations internationales*, Éd. Dalloz, 2018.

Un rôle majeur dans les organisations internationales
- membre permanent disposant d'un droit de veto au Conseil de sécurité de l'ONU
- minorité de blocage des États-Unis dans le cadre du FMI
- poids majeur des États-Unis dans les négociations de l'OMC

Le refus de s'engager contre leurs intérêts en ne ratifiant pas les traités dans les domaines de…
- la lutte contre le changement climatique
- la justice internationale
- le droit de la mer

4 Les États-Unis dans les organisations mondiales de gouvernance

QUESTIONS

1. Montrez que le multilatéralisme est né d'initiatives américaines. Expliquez ce choix de la politique américaine après la Seconde Guerre mondiale, puis dans la dernière décennie. (doc. 1 et 2)
2. Comment le dessin de presse (doc. 3) présente-t-il l'unilatéralisme de Donald Trump ? Montrez que cet unilatéralisme n'est pas nouveau dans la politique américaine. (doc. 4)

ÉTUDE

Hollywood, théâtre de la puissance américaine ?

Autant en emporte le vent, *Star Wars*, *Les Animaux fantastiques*… Autant de succès produits à Hollywood. Ce quartier de Los Angeles incarne à lui seul la puissante industrie cinématographique américaine.

› Bien que concurrencé, pourquoi peut-on affirmer que le cinéma américain constitue un outil au service de la puissance américaine ?

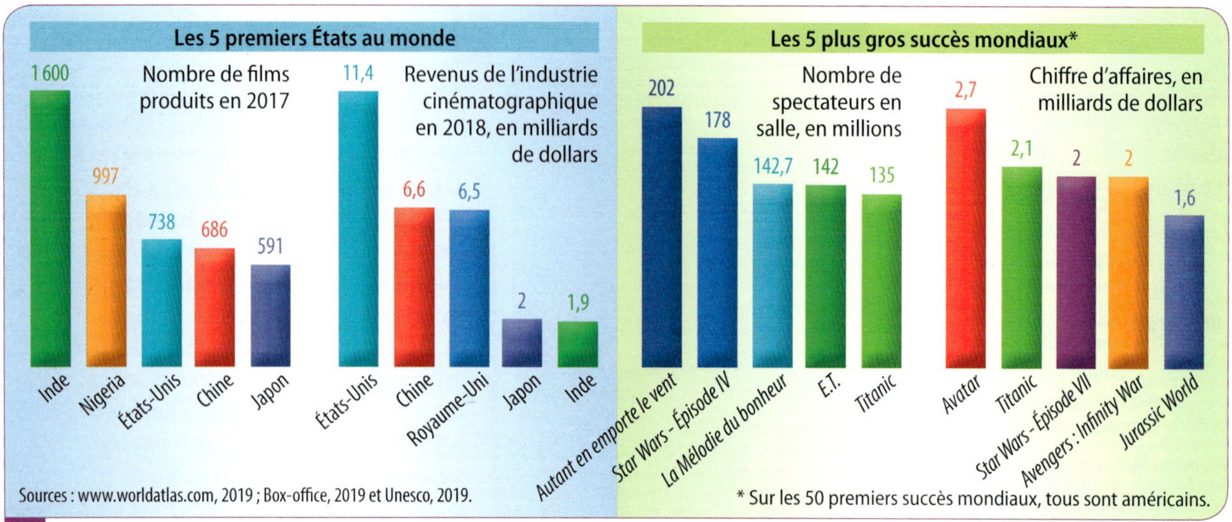

1 Hollywood dans la compétition cinématographique mondiale

2 L'ANALYSE DU SPÉCIALISTE

Hollywood, une industrie au service de la puissance américaine ?

Les spectateurs ignorent souvent que de nombreux films reçoivent le soutien du Pentagone ou d'agences gouvernementales (FBI, CIA). Ce soutien n'est pas sans contrepartie : ces agences exigent un droit de regard sur le scénario et demandent des modifications quand l'image de l'armée américaine n'est pas assez positive. Les réalisateurs veulent nous convaincre que de terribles menaces pèsent sur le monde et qu'il incombe à la superpuissance américaine d'intervenir pour nous protéger. À la question « Pourquoi nous détestent-ils ? », Hollywood donne en général la même réponse que G. W. Bush après le 11 Septembre : pour nos libertés et notre démocratie. Les films s'écartent rarement de la certitude selon laquelle l'Amérique est la championne du Bien, ayant pour mission de défendre les innocents et châtier les vilains. Hollywood fabrique ainsi de l'histoire : une histoire à la fois américano-centrée, pro-américaine et liée aux pouvoirs politique, économique et militaire. Une histoire aux couleurs de la bannière étoilée s'impose et les facteurs matériels sont déterminants : quel autre pays a les moyens de faire autant de reconstitutions historiques de grande ampleur ?

M. Alford[1], *Hollywood Propaganda*, Éd. Critiques, 2018.

1. Matthew Alford est un universitaire britannique spécialiste des médias audiovisuels et des rapports entre pouvoir politique et industrie des loisirs. Dans son livre *Hollywood Propaganda*, il examine des superproductions pour démontrer qu'Hollywood est un « modèle de propagande » au service de la puissance américaine.

ANALYSE DE DOCUMENTS

1. Montrez que le cinéma américain domine l'industrie cinématographique mondiale, mais que des puissances concurrentes apparaissent. **(doc. 1)**
2. Pourquoi le cinéma peut-il être considéré comme une forme indirecte de la puissance des États-Unis ? **(doc. 2)**

Pour aller plus loin

Réalisez une fiche de lecture de l'ouvrage de M. Alford, *Hollywood Propaganda* (Éd. Critiques, 2018), en vous aidant de la méthode p. 174-175, pour montrer le rôle du cinéma dans la diffusion mondiale d'un modèle américain.

JALON

ÉTUDE

Boston, un centre majeur de la technologie mondiale

Bill Gates (Microsoft), Mark Zuckerberg (Facebook) et Elon Musk (PayPal et SpaceX) reflètent la puissance technologique des États-Unis. Tous trois ont fréquenté l'un des cent établissements d'enseignement supérieur de Boston.

› Comment les universités de Boston font-elles des États-Unis une puissance technologique majeure ?

	Université de Boston	Université de Harvard	Massachusetts Institute of Technology (MIT)
Nombre d'étudiants	33 000 (90 nationalités)	19 000 (132 nationalités)	11 500 (129 nationalités)
Nombre de facultés	17 facultés (dont médecine, business, droit)	9 facultés (dont médecine, business, arts, sciences)	5 facultés (architecture, ingénierie, sciences humaines-arts, management et sciences)
Nombre de prix Nobel	8	133	89

1 Les universités de Boston, symboles de la puissance technologique américaine

Sources : université de Boston, université de Harvard et MIT, 2019 (chiffres 2018).

2 Les biotechnologies, un exemple de la supériorité technologique de Boston

MIT à Cambridge, face à Boston.

Boston est depuis longtemps identifié comme le *hub* mondial des biotechnologies. Plus de 90 % des entreprises pharmaceutiques internationales, dont les groupes français Mérieux et Sanofi, ont au moins un bureau sur Kendall Square, centre névralgique de l'innovation dans un quartier de Cambridge. Le MIT, Harvard et une centaine d'universités et grandes écoles dans un rayon de 50 kilomètres fournissent des contingents de talents et d'inventions dans l'énergie, l'environnement, l'informatique, la robotique… De plus, entre les entreprises et les universités naviguent beaucoup de start-up. La Chambre de commerce américaine place donc Boston au 1er rang des villes favorisant l'innovation et l'entrepreneuriat. Les grands groupes se livrent une concurrence féroce pour recruter les doctorants. On trouve donc à Boston les talents, les fonds et les décideurs des sociétés mondiales dans un concentré géographique. Dès lors, General Electric a déménagé son siège à Boston, et Schneider Electric y a rapatrié son siège est-américain en 2014. Si la côte Ouest reste le paradis des GAFAM, Boston offre un dernier atout : le coût de la vie, bien moindre que chez sa voisine, New York.

D'après L. Delpont, « La biotech à Boston, un écosystème dopé par une centaine d'universités », *Les Échos*, 23 mars 2017.

Vocabulaire

- ***Brain drain*** **(drainage des cerveaux) :** attirance des « cerveaux » étrangers pour un pays offrant des conditions de travail et de salaires meilleurs.

ANALYSE DE DOCUMENTS

À l'aide des documents, montrez les atouts qui font de la ville de Boston une capitale mondiale de l'innovation technologique.

Pour aller plus loin

lien Internet Sur le site du Massachusetts Institute of Technology, cherchez des informations sur les modalités d'entrée pour les étudiants. Organisez ces informations pour construire une réponse structurée au sujet suivant : **Pourquoi le MIT est-il au cœur du *brain drain* américain ?**

ÉTUDE

La politique « America first », une stratégie unilatérale

« America first » (l'Amérique d'abord) fut l'un des slogans de campagne du candidat Donald Trump, arrivé au pouvoir en 2017. Il cherchait ainsi à séduire un électorat inquiet du déclassement de son pays et nostalgique du temps de la superpuissance américaine. Pourtant, la mise en œuvre de cette politique présente des risques pour les États-Unis.

› La politique « America first » implique-t-elle une vision unilatérale du rôle des États-Unis dans le monde ?

1 « America first », une politique isolationniste ancienne

En 1940, le Comité « America first » regroupait près de 800 000 membres, défendant la non-intervention des États-Unis dans la Seconde Guerre mondiale. Il s'agit alors davantage de repli isolationniste que d'une forme d'unilatéralisme.

Domaines	Exemples
Diplomatie	- Dénonciation de l'accord sur le nucléaire iranien en 2018 - Retrait des forces américaines d'Afghanistan et de Syrie en 2018 - Retrait des États-Unis de l'Unesco et du Conseil des droits de l'homme de l'ONU en 2017
Économie	- Imposition de mesures protectionnistes sur les produits importés en 2017, contraire aux règles de l'Organisation mondiale du commerce (OMC) - Remise en question des traités de l'Alena et des traités commerciaux transocéaniques en 2017
Environnement	- Retrait des États-Unis de l'Accord de Paris sur le climat en 2017, contraire aux engagements internationaux de la COP21

2 Un unilatéralisme multiforme depuis l'arrivée de Donald Trump (2017)

Source : M.-C. Naves, *Géopolitique des États-Unis*, Éd. Eyrolles, 2018.

Vocabulaire

- **Unilatéralisme :** attitude qui consiste pour une puissance à prendre seule ses décisions, en fonction de ses propres intérêts, sans concertation ni avec ses alliés, ni dans le cadre des organisations internationales.

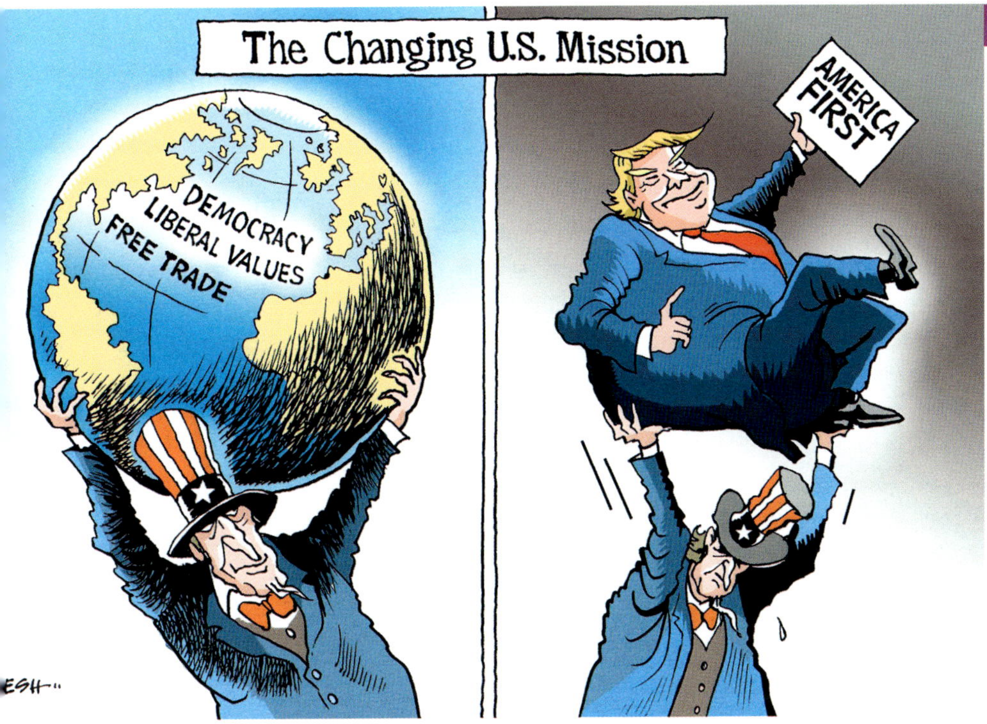

3 « America first » : l'oubli des valeurs traditionnelles des États-Unis ?

Dessin de Paresh, *The Khaleej Times* (quotidien des Émirats arabes unis), 17 novembre 2017.

4 Les limites de l'unilatéralisme de D. Trump

Le projet de Donald Trump nourrit le fantasme selon lequel les États-Unis pourraient se passer de l'immigration, augmenter fortement les droits de douane vis-à-vis de la Chine, du Mexique et de l'Allemagne, limiter au maximum les importations de produits manufacturés – qui creuseraient le déficit commercial et menaceraient les emplois des citoyens états-uniens – et d'énergie, d'où l'intérêt, selon l'administration républicaine, de relancer la production nationale d'énergies fossiles. Ce projet se traduit aussi par le refus de prendre part à la solidarité mondiale sur les plans humanitaire, sanitaire, culturel et éducatif, comme le montrent la baisse drastique des budgets d'aide au développement et le retrait de l'Unesco. L'enjeu est d'envoyer un message aux électeurs consistant à dire que l'identité des États-Unis sera préservée sur les plans économique, ethnique et religieux. Cependant, la tentation isolationniste de Trump ne pourra en aucun cas s'inscrire dans la tradition de la doctrine Monroe des années 1820 ou de celle des années 1920-1930. Encore présentes dans l'imaginaire collectif états-unien, elles sont inapplicables aujourd'hui. Les pays sont interdépendants en matière économique et commerciale (OMC), militaire (OTAN) et en particulier sur la lutte contre le terrorisme djihadiste. Concernant leur souhait de se retirer de l'accord de Paris de 2015 sur le climat, les États-Unis apparaissent aux yeux du monde comme un pays égoïste et irresponsable. Fin 2017, ils étaient la seule nation à avoir remis en cause les conclusions de la COP21. Il s'agit cependant d'un isolationnisme sélectif, comme le laisse penser le projet d'augmentation de plus de 10 % du budget de la défense, par le renforcement en particulier de l'arsenal militaire états-unien.

M.-C. Naves, *Géopolitique des États-Unis*, Éd. Eyrolles, 2018.

ANALYSE DE DOCUMENTS

À l'aide des documents, répondez au sujet :
La politique américaine unilatérale « America first » est-elle applicable dans un monde multipolaire ?
Pour vous aider, répondez aux questions suivantes :

1. Montrez que l'unilatéralisme est ancien aux États-Unis, mais qu'il s'oppose à certaines valeurs traditionnelles du pays. **(doc. 1, 3 et doc. 1 p. 161)**
2. Comment Donald Trump traduit-il cette politique dans sa politique étrangère ? **(doc. 2 et 4)**
3. Quels sont les risques et les limites de cette politique unilatérale ? **(doc. 3 et 4)**

Pour aller plus loin

En consultant au CDI le n° 434 de juin 2017 du magazine *L'Histoire*, établissez une fiche de lecture de l'article « Les États-Unis ont anesthésié la défense européenne », en vous appuyant sur la méthode p. 174-175.

ÉTUDE

Les États-Unis et la lutte mondiale contre le changement climatique

ORAL

En 2017, Donald Trump, nouvellement élu président des États-Unis, dénonce les engagements pris par son prédécesseur dans la coopération internationale pour le climat. Il retire donc de manière unilatérale son pays de l'accord de Paris, suscitant alors l'inquiétude de la communauté internationale et d'une partie de l'opinion américaine.

› La lutte contre le changement climatique est-elle possible sans l'appui des États-Unis ?

1 Marche pour le climat à San Francisco, septembre 2018

Vocabulaire

- **Gouvernance :** coordination de l'ensemble des acteurs et des règles qui constituent une autorité pour gérer les affaires publiques.

2 Une nécessaire gouvernance mondiale du climat

La gouvernance environnementale implique que, au-delà d'une simple gestion internationale de l'environnement planétaire, les menaces environnementales globales appellent de nouvelles formes de prises de décisions et doivent intégrer les différents acteurs (associations, ONG, entreprises ou population). Mais, dans un monde marqué par la division entre des États aux intérêts souvent contradictoires et d'inégale puissance, la gouvernance de l'environnement pose problème. En décembre 2015, les 195 participants à la COP21, réunis à Paris, sont néanmoins parvenus à signer l'accord de Paris. Ces derniers prévoient notamment la limitation urgente du réchauffement climatique à moins de 2 °C, en plafonnant les émissions de GES (gaz à effet de serre). Les réticences des uns et les contestations des autres freinent l'efficacité de la réponse globale aux changements environnementaux. Signataires du protocole de Kyoto de 1995, les États-Unis ne l'avaient cependant déjà pas ratifié. Ils craignaient effectivement que le respect des engagements de ce protocole ne conduise à affaiblir leur économie. De la même manière, en 2017, la sortie de l'administration Trump de l'accord de Paris l'a grandement fragilisé. Donald Trump ne voit dans l'accord de Paris qu'une façon « d'autoriser des bureaucrates étrangers à contrôler la quantité d'énergie que nous utilisons ». Les États-Unis étant le 2e émetteur mondial de GES, après la Chine.

É. de Bélizal, *Géographie de l'environnement*, Éd. Armand Colin, 2017.

ACTIVITÉ **OBJECTIF** ▪ Organiser un débat

À l'aide des documents, formulez des arguments permettant de répondre au sujet de débat : **La lutte contre le changement climatique est-elle possible sans l'appui des États-Unis ?**
Pour cela, vous pouvez classer vos arguments dans un tableau, comme le suivant :

Oui car …	Non, car …
- Une partie de la population américaine est consciente des risques et agit pour la défense du climat… - …	- …

Pour aller plus loin

lien Internet — Consultez au CDI ou sur le site Internet du journal *Le Monde* l'article de Corine Lesnes, du 12 septembre 2018, intitulé « Climat : à San Francisco, une "COP des acteurs non étatiques" contre le réchauffement », pour nuancer le propos du **document 2**.

ÉTUDE Les États-Unis et le multilatéralisme

L'unilatéralisme mis en œuvre par Donald Trump depuis son arrivée au pouvoir en 2017 invite à s'interroger sur la place de cette attitude dans la politique étrangère américaine. Pascal Boniface y voit le fondement même de cette politique.

› Pourquoi les États-Unis sont-ils réticents au multilatéralisme ?

1 L'ANALYSE DU SPÉCIALISTE Les États-Unis et le multilatéralisme

Le multilatéralisme n'est pas rendu nécessaire par l'émergence d'un monde multipolaire, mais par celui d'un monde de plus en plus interdépendant. Aucun grand défi auquel est confrontée l'humanité ne peut être résolu par des moyens uniquement nationaux. Seule une coopération à grande échelle, donc une politique multilatérale, permet de faire face au réchauffement climatique, aux risques terroristes, aux défis démographiques, à un accès facilité aux biens publics mondiaux, ou à la mise en place d'un véritable système de sécurité internationale. Or, si l'Union européenne a inscrit le multilatéralisme dans son ADN, les États-Unis y sont réfractaires. Ce rejet a des racines anciennes et profondes. Se croyant – et étant à bien des égards – exceptionnels, les États-Unis ont du mal à concevoir une action basée sur la volonté collective, où ils ne seraient qu'un parmi d'autres. Persuadés, depuis longtemps, de leur « destinée manifeste », ils sont tout à fait à l'aise avec l'idée de guider un monde régi par l'unilatéralisme, qui ne saurait que conduire à des résultats positifs. Avant la Seconde Guerre mondiale, ils étaient isolationnistes. Ils en sont sortis plus puissants que tous les autres acteurs du conflit et ont pris « la tête du monde libre ». N'ayant jamais eu l'habitude de traiter avec des égaux, sauf peut-être durant la brève période Nixon-Kissinger au début des années 1970, ils ne furent jamais confrontés à la nécessité d'une diplomatie entre puissances équivalentes. À la fin du monde bipolaire, ils préférèrent ainsi se considérer comme les vainqueurs de la guerre froide plutôt que comme les bâtisseurs d'un nouvel ordre mondial. C'est un président considéré comme multilatéraliste, Bill Clinton, qui a pu déclarer que les États-Unis étaient la « seule nation indispensable ». L'unilatéralisme américain n'a pas démarré avec Georges W. Bush et l'après 11 Septembre, pas plus qu'avec Donald Trump. Il est le fondement de leur politique extérieure. Barack Obama l'avait réduit, mais ne l'a pas éliminé. Donald Trump le pousse à son paroxysme. Mais son successeur, quel qu'il soit, n'abandonnera pas cette posture ; il la modulera.

P. Boniface[1], « Le multilatéralisme : point de clivage entre Américains et Européens », iris-france.org, 11 décembre 2017.

1. Pascal Boniface est directeur de l'IRIS (Institut de relations internationales et stratégiques) et enseignant à l'Institut d'études européennes de l'université de Paris 8. Il a publié plus d'une soixantaine d'ouvrages ayant pour thème les relations internationales et dirige *La Revue internationale et stratégique* (depuis 1991) et *L'Année stratégique* (depuis 1985).

2 Le refus du multilatéralisme du président Donald Trump

Dessin de Paresh, *The Khaleej Times* (quotidien des Émirats arabes unis), septembre 2018.

Traduction : « J'ai accompli plus qu'aucun autre président américain dans l'histoire… »

ANALYSE DE DOCUMENTS

Sur quels arguments Pascal Boniface s'appuie-t-il pour montrer que l'unilatéralisme est « le fondement de la politique extérieure » des États-Unis ? En quoi cela semble-t-il contredire l'engagement des États-Unis dans les organisations internationales depuis 1945 ? (p. 152-153)

Pour aller plus loin

À partir du **document 1** et du site thucydide.com, constituez une frise chronologique des présidents américains depuis la Seconde Guerre mondiale. Puis, pour chacun, donnez au moins un exemple de politique étrangère unilatérale et un exemple de politique multilatérale (quand cela est possible), pour nuancer les propos de l'auteur.

JALON

▸ Points d'appui et zones d'influence des États-Unis dans un monde multipolaire

ÉTUDE

Les États-Unis en Europe, entre alliances traditionnelles et volonté de repli

Les États-Unis et l'Europe entretiennent des relations économiques, commerciales, diplomatiques et militaires anciennes.

› Comment l'unilatéralisme américain actuel menace-t-il les anciennes relations entretenues entre les pays européens et les États-Unis ?

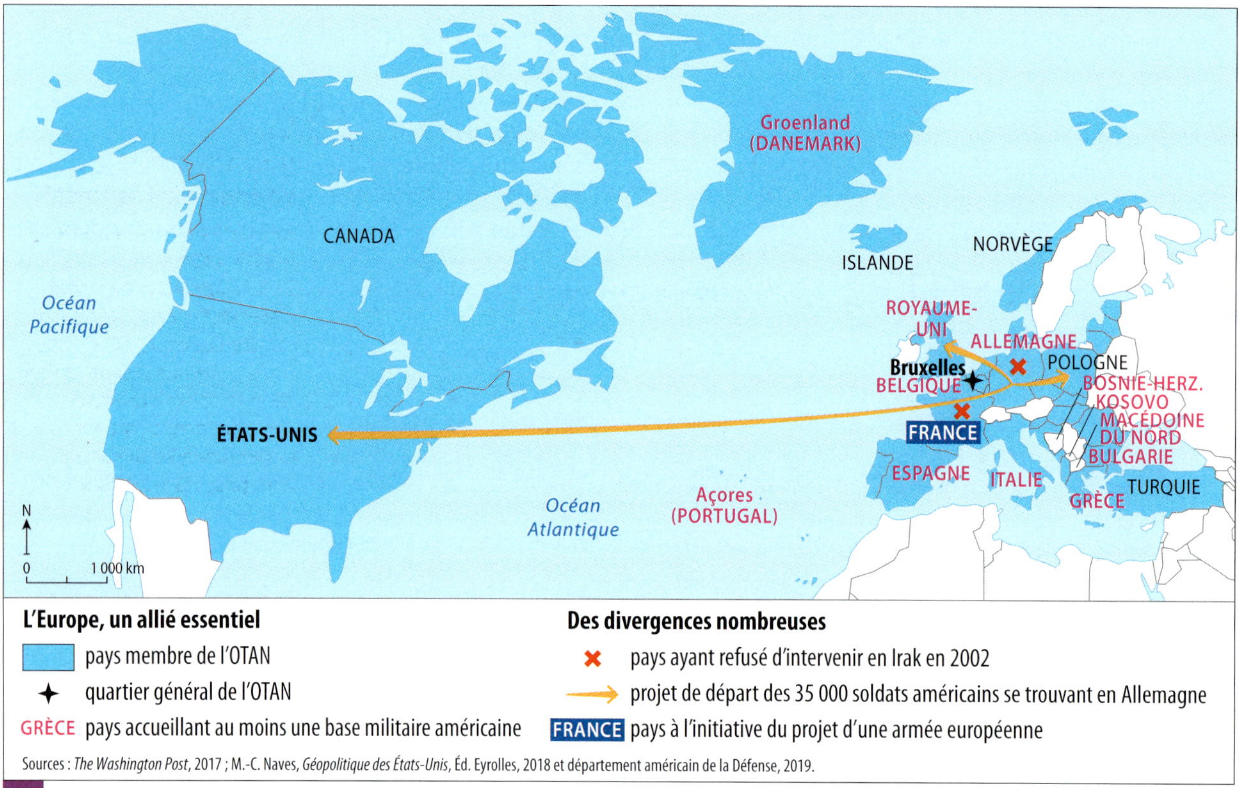

Sources : *The Washington Post*, 2017 ; M.-C. Naves, *Géopolitique des États-Unis*, Éd. Eyrolles, 2018 et département américain de la Défense, 2019.

1 Sécurité et défense : une alliance ancienne sous tension ?

	Exemples
Dénonciation des subventions publiques aux entreprises	- Les États-Unis dénoncent le financement européen du groupe Airbus - L'Europe dénonce le financement américain du groupe Boeing
Critique des exportations de produits agricoles	- Les Américains critiquent l'interdiction européenne d'exporter de la viande bovine aux hormones vers l'UE - Les Européens critiquent l'importation d'OGM agricoles américains
Les tentatives protectionnistes de Donald Trump	- Instauration de droits de douane de 25 % sur les importations d'acier et de 10 % sur celles d'aluminium aux États-Unis - Plainte de l'UE devant l'OMC et mesures de rééquilibrage en taxant davantage certains produits américains : bourbon, beurre de cacahuète, jus d'orange de Floride, jeans, motos…

2 Les différents litiges commerciaux entre les États-Unis et l'Europe

Sources : *Le Figaro*, 8 mars 2018 et Union européenne, 2019.

Vocabulaire

- **PTCI (Partenariat transatlantique de commerce et d'investissement, ou TTIP en anglais, ou TAFTA) :** projet d'accord commercial entre l'Union européenne et les États-Unis.

3 Donald Trump et l'Europe : diviser pour mieux régner ?

Donald Trump dit souvent que les États-Unis financent 90 % de l'OTAN, alors que le véritable chiffre avoisine 67 %. Selon l'Institut international d'études stratégiques, sur les 603 milliards de dollars que les États-Unis dépensent pour la défense, seuls 31 milliards vont à l'Europe. Ce chiffre est en augmentation. Donald Trump aime aussi citer les 151 milliards de dollars de déficit commercial avec l'Union européenne. Mais ce chiffre ne concerne que les biens, pas les services qui représentent près de 80 % de l'économie, et dont la balance commerciale est excédentaire avec l'Europe[1]. Pour le président américain, l'UE est « aussi mauvaise que la Chine, juste plus petite ». Il voit l'Allemagne comme dominant ce bloc, et entretient une animosité particulière envers ce pays qu'il perçoit comme « le maillon faible d'une organisation trop vulnérable pour assurer le lien entre commerce et sécurité[2] ». Pierre Vimont, ancien ambassadeur de France à Washington, affirme que « pour Trump il n'y a ni allié, ni ennemi mais seulement des partenaires ou pas, et les États-Unis négocieront avec eux séparément. » Mais les Européens ne savent pas encore comment répondre à cette nouvelle diplomatie américaine.

D'après S. Erlanger, *The New York Times*, 13 juillet 2018.

1. Au total, les États-Unis exportent pour une valeur de 508 milliards de dollars vers l'Europe tandis que l'Europe exporte pour une valeur de 669 milliards de dollars vers les États-Unis.
2. L'Allemagne est le pays accueillant le plus important contingent de soldats américains en Europe (2e rang mondial).

Source : https://stop-ttip.org/fr, 2015.

4 Le PTCI (ou TAFTA), un partenariat commercial contesté

3 284 289 personnes contre le PTCI (TTIP en anglais) et le CETA (accord commercial signé en 2016 entre le Canada et l'UE). Les critiques portent sur la crainte de la suppression de normes protégeant les consommateurs ou sur la grande liberté donnée aux entreprises face aux États.

ACTIVITÉ **OBJECTIF** ▪ Réaliser un croquis à partir d'un corpus documentaire

Rédigez un paragraphe d'une quinzaine de lignes répondant au sujet : **Les États-Unis en Europe, entre alliances traditionnelles et volonté de repli.**
En vous appuyant sur les **documents 1 à 4**, illustrez le paragraphe en complétant le croquis suivant :

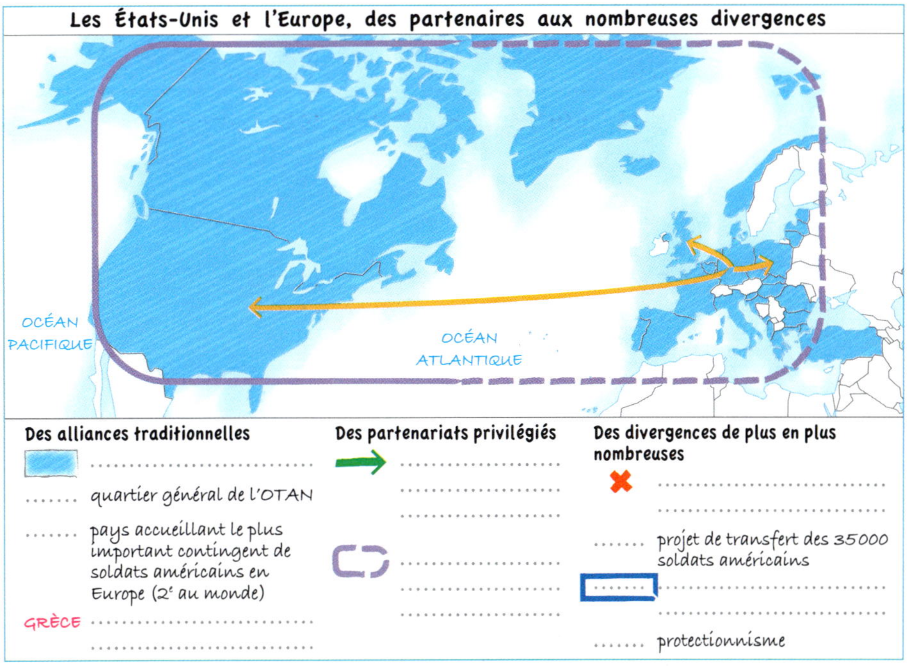

ÉTUDE L'Amérique latine : espace d'influence des États-Unis

La liste des griefs des États latino-américains à l'égard des États-Unis est longue : mur avec le Mexique, discours anti-migrants, impérialisme économique… Cette situation nourrit des tensions de part et d'autre de la frontière, et un rejet de plus en plus net des États-Unis par les pays d'Amérique latine.

› Comment les États-Unis tentent-ils de conserver leur influence sur leurs voisins latino-américains ?

1 L'ANALYSE DU SPÉCIALISTE — L'Amérique latine, un enjeu majeur pour les États-Unis

En 2016, Donald Trump, candidat à la présidence des États-Unis, promet de construire un mur le long de la frontière mexicaine. L'écho que rencontre le mur auprès d'une partie de l'électorat américain illustre l'impact de cette région [Amérique latine et Caraïbes] sur les États-Unis, région avec laquelle ils sont étroitement liés, géographiquement et économiquement. Aucune autre région du monde n'entretient des relations commerciales plus étroites avec les États-Unis ni ne reçoit autant d'investissements américains et, par conséquent, aucune région n'a une influence plus directe sur la sécurité économique et la prospérité des États-Unis. L'Amérique latine est cependant susceptible de mettre en danger la sécurité américaine en raison des problèmes liés au sous-développement, aux inégalités et à la criminalité. De plus, la mondialisation a permis les interactions de la région avec des acteurs extérieurs à l'hémisphère : la Chine recherche des marchés, denrées agricoles et technologies, et adopte une approche discréditant les institutions établies comme la banque interaméricaine de développement. La Russie et l'Iran interviennent aussi. Or, ce sont là deux rivaux politiques des États-Unis qui ne cessent de les défier et de remettre en cause la puissance américaine.

D'après R. E. Ellis[1], « La stratégie des États-Unis pour l'Amérique latine et les Caraïbes », Air University, 2017.

1. Le Dr R. Evan Ellis est professeur en études latino-américaines et spécialiste en sciences politiques à l'Institut d'études stratégiques (SSI) en Pennsylvanie. Il a publié plus de 90 ouvrages en particulier sur les relations entre les États-Unis, la Chine et l'Amérique latine.

2 La frontière latino-américaine, un objet de tensions

Dessin de Paresh, *The Khaleej Times*, janvier 2017.
Traduction : « Règles de l'OMC ; relations bilatérales ; commerce ; protection de l'environnement ».

ANALYSE DE DOCUMENTS

Quel regard porte R. E. Ellis sur les relations entre les États-Unis et l'Amérique latine ? En quoi le **document 2** contredit-il le passage surligné en jaune dans le texte ?

Pour aller plus loin

lien Internet — En consultant le site de l'Alena, recherchez des informations sur les échanges entre les États-Unis et leurs voisins. Utilisez-les pour nuancer le **document 2**.

ÉTUDE

La domination des mers par les États-Unis est-elle remise en cause par la Chine ?

Maîtres des océans depuis la Seconde Guerre mondiale, parfois qualifiés de « thalassokrator », les États-Unis font désormais face à la concurrence chinoise, aux ambitions maritimes grandissantes.

› Comment les océans deviennent-ils le théâtre de la compétition entre les États-Unis et la Chine ?

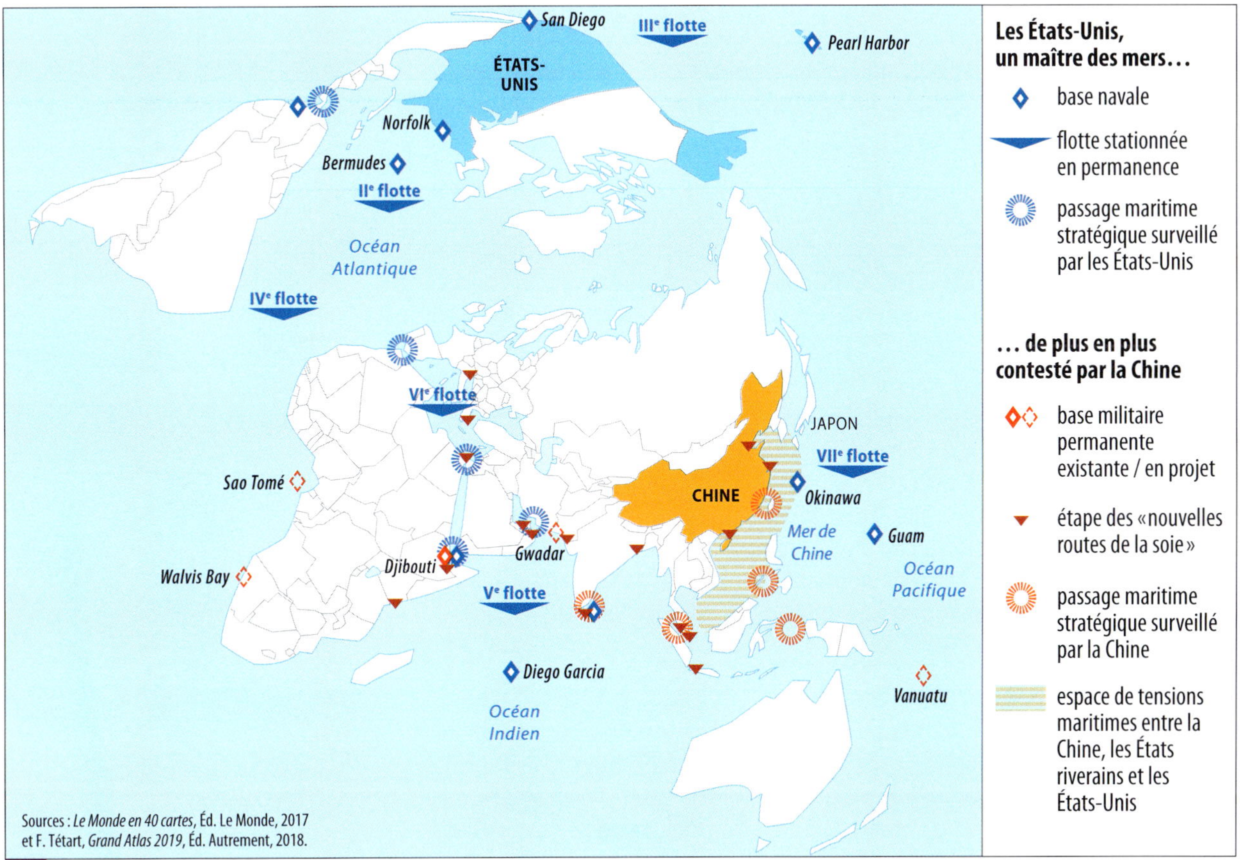

Sources : *Le Monde en 40 cartes*, Éd. Le Monde, 2017 et F. Tétart, *Grand Atlas 2019*, Éd. Autrement, 2018.

1 Le contrôle des mers et des océans : vers un affrontement sino-américain ?

ACTIVITÉ **OBJECTIF** ▪ Analyser une carte

À l'aide de la carte, rédigez un paragraphe montrant dans quelle mesure la domination des mers par les États-Unis semble remise en cause par la Chine. En quoi ce document est-il une représentation critiquable ?
Pour vous aider, répondez aux questions suivantes :

1. Décrivez la présence des États-Unis sur les océans : localisation, forme de la présence, importance, évolutions récentes et projets… Faites de même avec la puissance chinoise.
2. À partir de la réponse 1, expliquez l'expression de « thalassokrator » qui qualifie la puissance maritime des États-Unis. La Chine remet-elle actuellement en cause cette domination ?
3. En quoi la projection choisie pour le document peut-elle influencer notre perception de la situation ?

Pour aller plus loin

lien Internet

Sur le site de l'Institut international de Stockholm pour la recherche de la paix, recherchez des informations sur le poids de l'armée américaine dans le monde, afin de montrer sa prédominance.

LEÇON 4 La puissance des États-Unis aujourd'hui

› Pourquoi les États-Unis restent-ils la première puissance d'un monde devenu multipolaire ?

A Un leadership multiforme

- **Les fondements de la puissance des États-Unis sont multiples.** Le territoire (3e rang mondial), vaste et riche en ressources, ainsi que la population (3e rang mondial), dynamique et entreprenante, ont été les leviers d'affirmation des États-Unis. La première puissance économique mondiale s'appuie sur des firmes transnationales puissantes (126 sur les 500 premières mondiales en 2018), tandis que la puissance militaire repose sur un réseau d'alliances hérité de la guerre froide.
- **Puissance établie depuis le début du xxe siècle, les États-Unis s'appuient d'abord sur leur *hard power*.** Première armée mondiale, ils bénéficient d'un déploiement planétaire. Ils jouent un rôle majeur dans les organisations internationales (ONU, FMI, OMC) qui ont construit un ordre mondial fondé sur le multilatéralisme. Mais ils refusent parfois de se plier au droit international (refus de ratifier la COP21 sur le climat ou d'accepter la Cour pénale internationale).
- **Les États-Unis ont aussi su développer des formes indirectes de puissance.** Leur *soft power* bénéficie de la domination de la langue anglaise, notamment dans la diffusion de la culture *mainstream* et dans les organisations internationales. Même si elles sont concurrentes entre elles, les GAFAM incarnent la supériorité technologique américaine et permettent aux États-Unis de contrôler l'Internet mondial. La place du dollar dans la finance mondiale est aussi une forme de la puissance états-unienne.

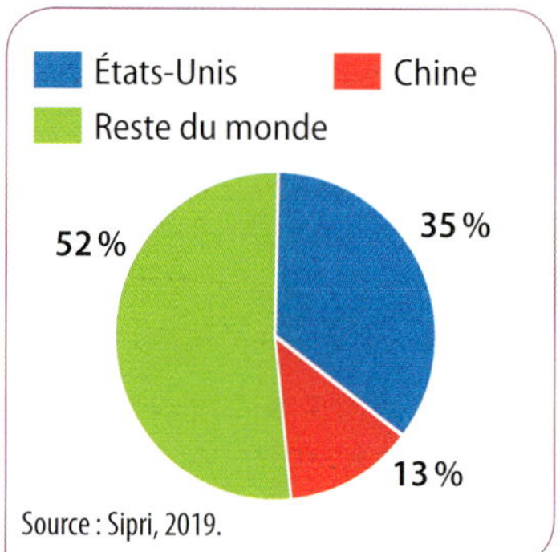

1 Le poids des États-Unis dans les dépenses militaires mondiales en 2017

2 Le parc Disneyland à Shanghai

B Des lieux de puissance à toutes les échelles

- **Washington et New York jouent le rôle de capitales politiques mondiales** (p. 154-155). Les décisions prises à la Maison Blanche ou au Pentagone (quartier général de l'armée américaine) ont un impact planétaire tant la puissance géopolitique des États-Unis est grande. Le siège new-yorkais de l'ONU rassemble les représentants de tous les États du monde.
- **Du point de vue culturel, la puissance états-unienne s'incarne dans des lieux plus diffus sur le territoire.** Hollywood symbolise la puissance cinématographique (1er exportateur de films au monde). 16 des 20 premières universités mondiales sont états-uniennes. Boston incarne ce dynamisme à travers l'université de Harvard (1re du classement) et le MIT (4e). Les États-Unis sont donc attractifs pour le *brain drain*.
- **La puissance des États-Unis se lit aussi à travers le déploiement planétaire et leur capacité de projection.** Les points d'appui du pays dans le monde sont divers : ils bénéficient du 1er réseau de représentation diplomatique au monde (270 ambassades ou consulats) et d'une présence militaire sur tous les continents et océans (6 flottes). Les 800 bases militaires réparties dans le monde abritent près de 200 000 soldats, soit 10 % des forces militaires américaines.

Vocabulaire

- **GAFAM :** acronyme désignant les firmes transnationales américaines dominant les technologies du numérique (Google, Apple, Facebook, Amazon, Microsoft).
- ***Mainstream* :** culture grand public (cinéma, fast-food…), à la fois enjeu économique mais aussi d'influence à l'échelle mondiale.

C Les hésitations entre unilatéralisme et multilatéralisme

- **La puissance des États-Unis leur a permis d'imposer une forme unique d'unilatéralisme.** Les interventions militaires unilatérales lui ont valu le surnom de « gendarme du monde » et ont entraîné un profond sentiment antiaméricain, notamment dans le monde musulman. Si Barack Obama est parvenu à redorer l'image des États-Unis avec sa politique d'ouverture, l'« America first » de Donald Trump divise, tandis que l'Europe ou la Chine soutiennent le multilatéralisme face aux défis d'un monde interdépendant.
- **Les États-Unis font face à une concurrence grandissante dans un monde multipolaire.** L'économie du pays est menacée par le basculement du centre de gravité mondial vers l'Asie. Les États-Unis assurent encore un quart du PIB mondial, mais la Chine progresse (4 % en 1990 ; 16 % en 2018). Sa dette s'aggrave, en particulier à l'égard de la Chine. La multiplication des acteurs les empêche aujourd'hui d'imposer leurs propres règles du jeu diplomatique.
- **Les zones d'influence des États-Unis se contractent** sur les espaces stratégiques pour les intérêts américains. Si le Moyen-Orient reste un pivot essentiel, le Pacifique devient la première zone à maîtriser (p. 165) face au rival chinois. Outre le déploiement militaire dans la région, les États-Unis soutiennent le Japon (réarmement) ou l'Inde (siège au Conseil de sécurité de l'ONU) face à la Chine. En Amérique latine, l'influence américaine est historique mais régulièrement contestée (Brésil, Cuba). Les voisins mexicains et canadiens restent liés aux États-Unis, mais des tensions apparaissent (flux migratoires en provenance du Mexique, exploitation du bois avec le Canada).

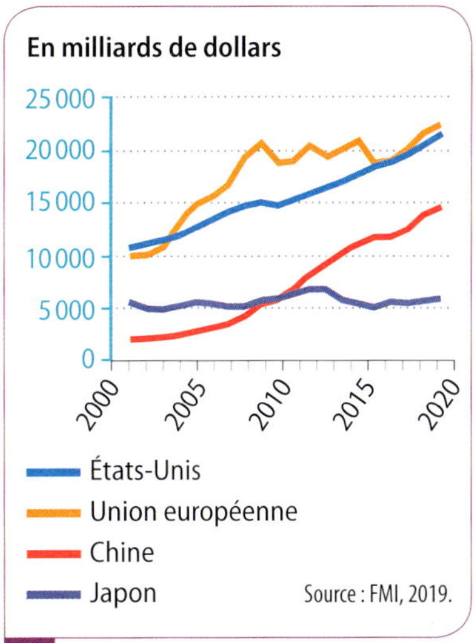

3 L'évolution du PIB des États-Unis dans la compétition mondiale

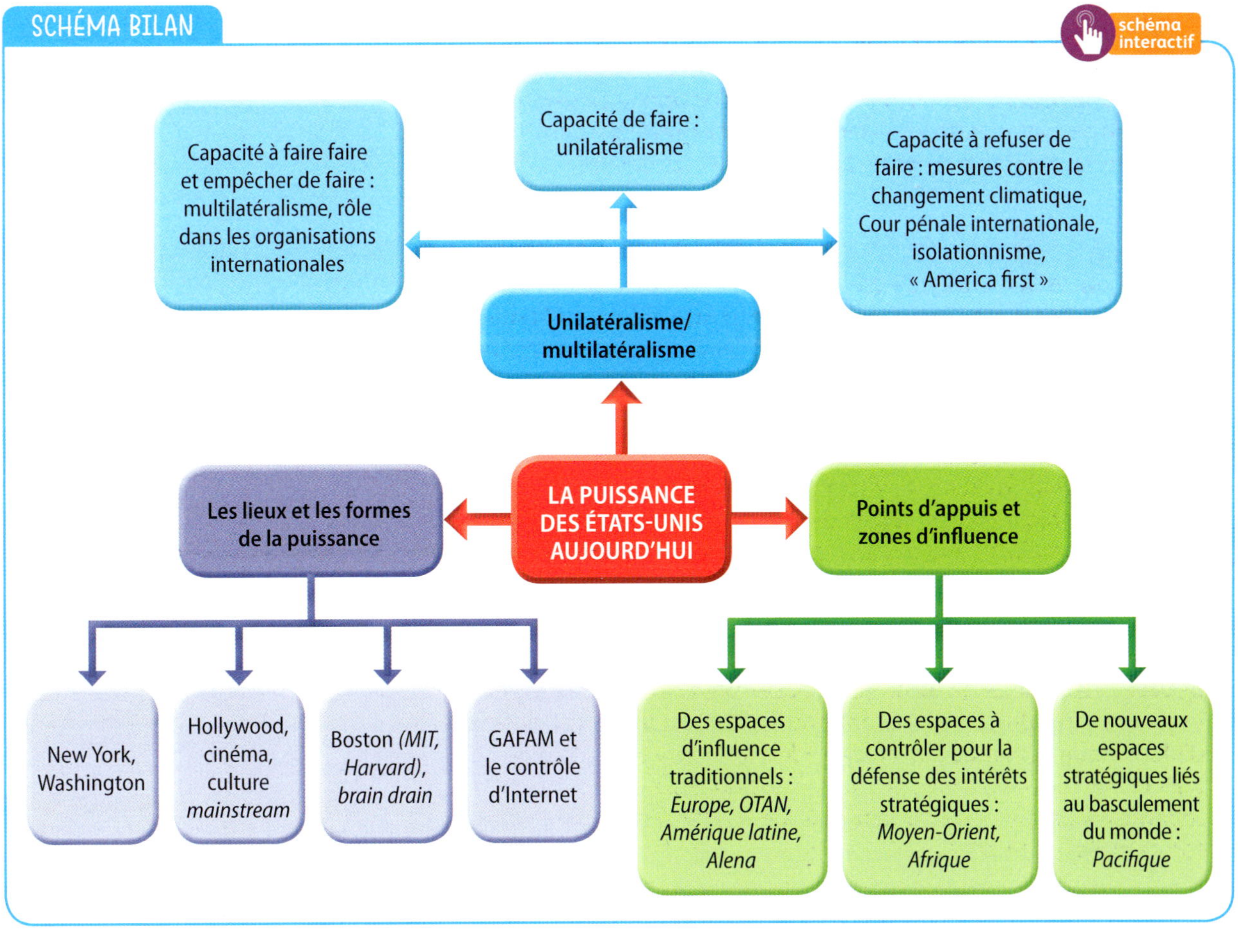

MÉTHODE

THÈME 2

Bac contrôle continu de Première — La composition

■ OBJET CONCLUSIF : La puissance des États-Unis aujourd'hui

OBJECTIF *Construire un plan de composition*

SUJET La puissance des États-Unis aujourd'hui : caractéristiques, fondements et manifestations

ÉTAPE 1 Analyser le sujet

1. En vous appuyant sur la méthode p. 92-93, répondez aux questions suivantes pour analyser les mots-clés du sujet.

La puissance des États-Unis aujourd'hui : caractéristiques, fondements et manifestations

- **puissance** → La puissance correspond à la capacité d'influer, de peser, voire de contraindre d'autres acteurs dans le monde. **Dans quels domaines la puissance états-unienne s'exerce-t-elle ?**
- **États-Unis** → Le sujet porte sur la puissance des États-Unis, mais **à quelle échelle le sujet doit-il être traité ?**
- **aujourd'hui** → En géopolitique, le sujet interroge sur la puissance actuelle des États-Unis. **Pourquoi sera-t-il cependant nécessaire de recourir à des connaissances historiques pour expliquer cette puissance ?**
- **caractéristiques, fondements et manifestations** → En relisant le cours p. 176-177, distinguez les caractéristiques, fondements et manifestations de la puissance. **Précisez ces termes dans le cadre de la puissance des États-Unis.**

2. Parmi les propositions ci-dessous, quelle problématique convient le mieux ? Pourquoi ?

Problématique 1 : Pourquoi les États-Unis restent-ils la première puissance d'un monde devenu multipolaire ?

Problématique 2 : Comment les dynamiques de la puissance états-unienne évoluent-elles dans un monde en voie de multipolarisation ?

Problématique 3 : Quelles sont les formes de la puissance des États-Unis dans le monde ?

ÉTAPE 2 Construire le plan de la composition

Méthode

■ **Choisir le type de plan.**
En histoire-géographie, géopolitique ou sciences politiques, il existe trois grandes possibilités :
- un plan thématique (groupement des idées par grands thèmes) ;
- un plan chronologique (découpage en grandes périodes) ;
- un plan par échelle (échelle mondiale, échelle régionale, échelle locale).

■ **Organiser les idées autour de deux ou trois grandes parties,** qui se divisent chacune en deux ou trois sous-parties.

■ **Le plan doit répondre à la problématique.**

1. Choisissez le plan qui répond le mieux au sujet en justifiant votre réponse.

Plan 1	Plan 2	Plan 3
1. Les caractéristiques de la puissance des États-Unis	**1.** Une puissance économique majeure	**1.** Un leadership planétaire multiforme
2. Les fondements de la puissance des États-Unis	**2.** Une puissance culturelle inégalée	**2.** Des lieux de la puissance à toutes les échelles
3. Les manifestations de la puissance des États-Unis	**3.** Une puissance militaire et diplomatique dominante	**3.** Les hésitations de la puissance américaine, entre unilatéralisme et multilatéralisme

2. Classez les thèmes suivants dans chaque partie.

déploiement planétaire ; 1re puissance économique mondiale ; 1er réseau diplomatique au monde ; unilatéralisme ; soft power*; 126 des 500 premières FTN mondiales ; « gendarme du monde » ; siège de l'ONU ;* brain drain*; Hollywood ; réseau d'alliances hérité de la guerre froide ; GAFAM ;* hard power*; bouclier américain pour le Japon ; multilatéralisme ; dette à l'égard de la Chine ; culture* mainstream*; Wall Street ; capacité de projection militaire ;* smart power*; 800 bases militaires dans le monde ; « America first » ; concurrence des pays émergents ; zone d'influence traditionnelle en Amérique latine.*

3. Rédigez chaque partie de la composition en organisant vos idées en paragraphes.

MÉTHODE
THÈME 2

Bac épreuve de Terminale — **L'étude critique de documents**

- **AXE 1 :** Essor et déclin des puissances, un regard historique
- **JALON :** L'Empire ottoman, de l'essor au déclin

OBJECTIF *Étudier une œuvre artistique*

SUJET L'Empire ottoman au temps de Soliman, une puissance respectée en Europe

« Jean Sigismond, roi de Hongrie, reçu par Soliman le Magnifique », miniature, XVIe siècle, palais de Topkapi, Istanbul.

1. Présentez le document.
2. Décrivez l'attitude des deux souverains représentés sur cette image.
3. Pourquoi cette image montre-t-elle la puissance ottomane auprès des puissances européennes ?

Méthode

- **Observer précisément l'image**, comprendre son sens global, mais aussi le choix des détails ou des postures voulu par l'artiste.
- **Identifier le document :** auteur, source (ouvrage scientifique, article de presse…), nature, date, provenance. Faire ressortir l'intérêt du document (son apport pour le traitement du sujet).
- **Lire attentivement les questions et extraire les éléments de réponse dans l'image.** Si des personnages sont présents, quel sens donner à chacun de leurs gestes ?
- **Rassembler tous les éléments** vus précédemment pour comprendre l'ensemble de l'image.

Dans des images anciennes, les attitudes sont souvent univoques, soyez en revanche attentif au choix des adjectifs.

Application

- **Question 1**

- Quelle scène l'artiste cherche-t-il à montrer ici ? Repérez les deux principaux protagonistes.
- Soulignez le contexte de réalisation de cette œuvre et indiquez qui en est le destinataire.

- **Question 2**

- Présentez la position de Soliman dans l'image et dans la situation décrite.
- Faites de même pour la position de Sigismond : où se trouve-t-il dans l'image, comment est-il représenté ?

- **Question 3**

- Distinguez les deux groupes de personnages : les Ottomans d'un côté, les Polonais de l'autre, et montrez que les protagonistes rejoignent l'attitude de leur souverain.
- Tirez des conclusions sur le sens global de cette image en la reliant au contexte global de l'Empire ottoman au XVIe siècle.

En suivant les conseils précédents, **rédigez l'étude de l'image** en répondant aux questions du sujet.

MÉTHODE

THÈME 2

Bac épreuve de Terminale — **L'étude critique de documents**

- **AXE 2 : Les formes indirectes de la puissance : une approche géopolitique**
- **JALON : La maîtrise des voies de communication : les « nouvelles routes de la soie »**

OBJECTIF *Étudier un texte*

SUJET Le port du Pirée en Grèce, une étape clé des « nouvelles routes de la soie » ?

1. Présentez le document en insistant sur son contexte.
2. Pourquoi le port du Pirée est-il une étape stratégique pour les « nouvelles routes de la soie » chinoises ?
3. Quelles sont les conséquences de ce rachat pour la Chine ? pour la Grèce ?

La prise de contrôle du port du Pirée par la Chine

L'armateur [chinois Cosco] est devenu l'actionnaire majoritaire de la société qui gère [Le Pirée] en achetant 67 % de son capital à l'État grec pour 369 millions d'euros. Il prend donc le contrôle de la gestion du port et de ses opérations, dans le transport de marchandises et de passagers. [...] Cette prise de contrôle du premier port grec par les Chinois ne doit pas être interprétée comme [...] une stratégie de l'Empire du milieu, [mais comme] une « logique d'entreprise », [selon] T. Pairault[1]. L'objectif de Cosco est d'« avoir son propre port pour amener les produits vers les marchés de l'Europe du Sud et de l'Est. [...] Le Pirée est justement spécialisé dans le commerce régional, en Europe du Sud et dans le pourtour méditerranéen ». Il se situe à la sortie du canal de Suez, principale voie commerciale entre l'Asie et l'Europe où transitent 18 000 navires commerciaux [par an]. [...] Le Pirée est [donc] un intermédiaire pour drainer les produits dans cette zone [...]. L'armateur chinois ambitionne de faire de ce port régional « un pont entre l'Asie et l'Europe » [et investit] pour moderniser l'équipement du port en créant [...] un terminal pétrolier. Il doit maintenant offrir un service logistique efficace et une large offre de transporteurs pour rivaliser avec ses concurrents directs : Marseille ou Algésiras (Espagne).

A. Loizeau, « Le chinois Cosco prend le contrôle du port du Pirée », *La Croix*, 12 août 2016.

1. Directeur de recherche au CNRS, spécialiste de la Chine.

Méthode

- **Lire attentivement et plusieurs fois le texte.** Surligner les notions clés, les arguments principaux, les exemples importants et définir l'idée principale du document.
- **Identifier le document :** auteur, source (ouvrage scientifique, article de presse...), nature, date, provenance. Faire ressortir l'intérêt du document (son apport pour le traitement du sujet).
- **Lire attentivement les questions** et extraire les éléments de réponse du texte pour les classer en fonction des questions posées dans le sujet.
- **Faire appel aux connaissances** pour préciser les informations du document.

Vous pouvez réaliser cet exercice sous la forme d'un tableau pour indiquer les citations essentielles qui illustreront vos copies.

Application

- **Question 1**

- Comment l'idée principale du texte (les étapes des « nouvelles routes de la soie » chinoises) apparaît-elle ? Définissez les « nouvelles routes de la soie ».
- Présentez le texte en insistant sur son contexte d'écriture. Qu'apporte le dessin dans la compréhension du texte ?

- **Question 2**

- Dans quelle mesure le port du Pirée constitue-t-il un atout stratégique pour les « routes de la soie » chinoises ?
- Pourquoi le spécialiste T. Pairault qualifie-t-il l'achat du Pirée de « logique d'entreprise » ?

- **Question 3**

- Citez d'autres conséquences du développement des « nouvelles routes de la soie » dans le monde.
- Les réactions aux implantations chinoises sont-elles toutes identiques à celles de la Grèce ?

En suivant les conseils précédents, **rédigez l'étude de texte** en répondant aux questions du sujet.

MÉTHODE

THÈME 2

Bac épreuve de Terminale — **L'étude critique de documents**

- **AXE 2 :** Les formes indirectes de la puissance / **OBJET CONCLUSIF :** La puissance des États-Unis aujourd'hui
- **JALON :** Les nouvelles technologies

OBJECTIF *Prélever des informations d'un document*

SUJET Les nouvelles technologies : une forme indirecte de la puissance des États-Unis

1. Présentez le document en insistant sur son intérêt pour traiter le sujet.
2. Quels sont les fondements de la puissance technologique des États-Unis ?
3. Comment cette puissance s'exprime-t-elle à l'échelle planétaire ?

L'innovation, au service de la puissance des États-Unis

Dessin de Gilles Rapaport, *Stratégies*, septembre 2017.

Sciences et innovations sont un des piliers de l'hégémonie mondiale des États-Unis. Avec un quart des dépenses nationales de recherche, soit autant que l'Allemagne, la Californie arrive largement en tête, et 10 États fédérés américains en polarisent 64 %. Les grands pôles des États-Unis s'appuient sur un potentiel universitaire exceptionnel, dont les huit prestigieuses universités de l'Ivy League (Harvard, Yale, Princeton, Columbia…), et sur des hauts lieux de l'innovation mondiale comme la Silicon Valley à San Francisco, Los Angeles, New York, Boston… Ces territoires permettent la naissance et le développement de firmes comme les GAFAM qui jouent un rôle mondial. Le boom de l'informatique, de l'Internet et des médias repose sur l'essor de serveurs et centres de stockage des données (*data centers*). Sur environ 3 600 *data centers* dans le monde, 42 % sont implantés aux États-Unis. Les grandes métropoles en haut de la hiérarchie urbaine, largement branchées et interconnectées sur l'espace numérique mondial, en sont les pôles d'accueil privilégiés : mégalopole de la côte Est, Texas, Californie… Sur le plan géopolitique, l'hégémonie historique des États-Unis sur la gouvernance mondiale de l'Internet (organisation, régulation et contrôle) est aujourd'hui remise en cause à la fois par l'Union européenne et les pays émergents.

D'après F. Tétart, *Grand Atlas 2019*, Éd. Autrement, 2018.

Méthode	Application
■ **Prélever les informations en fonction des questions.** ■ **Prélever à la fois des idées**, des **éléments d'explication** et des **exemples précis.**	■ **Prélevez les informations du document** (arguments, exemples) en les classant selon les questions : - Question 2 : les fondements de la puissance technologique des États-Unis. - Question 3 : les manifestations planétaires de cette puissance technologique.
■ **Ne prélever que les informations** que vous pourrez expliquer et commenter grâce à vos connaissances.	■ Sur le modèle suivant, **associez des connaissances aux informations prélevées dans le document.** - « la Californie arrive en tête » → Avec le plus grand *cluster* mondial, la Silicon Valley, la Californie est le centre mondial des activités numériques : Apple, Google, Facebook…

En suivant les conseils pour prélever les informations, **rédigez l'étude de document** en répondant aux questions du sujet.

Lorsque l'on prélève des informations d'un texte, il est préférable de les placer entre guillemets.

MÉTHODE

THÈME 2

Bac épreuve de Terminale **L'étude critique de documents**

- AXE 1 : Essor et déclin des puissances, un regard historique
- JALON : Une puissance qui se reconstruit après l'éclatement d'un empire : la Russie depuis 1991

Sujet d'entraînement

SUJET La Russie depuis 1991, une puissance ré-émergente ?

1. Dans quels domaines la puissance russe s'exprime-t-elle depuis 1991 ?
2. Justifiez l'expression « puissance ré-émergente » en présentant l'évolution de la puissance russe depuis l'éclatement de l'empire.

Quels sont les domaines de la puissance russe listés par la une de la revue *Diplomatie* ? Illustrez chacun de ces domaines par des exemples précis.

1 « Russie : une puissance incontournable ? »

Une de la revue *Diplomatie*, août-septembre 2017.

2 La Russie depuis 1991, une puissance pauvre ?

La chute de l'URSS a été perçue par beaucoup de Russes comme une perte de puissance, voire une victoire de l'Occident, une amputation du pays et un ratage économique, imputés aux présidents Gorbatchev et Eltsine. La destruction du tissu industriel, la fin des avantages sociaux, la généralisation de la prédation économique ont en effet accompagné l'accès à plus de libertés individuelles. Le président Poutine a été crédité du retour à l'ordre, à une relative prospérité et au statut de grande puissance. La Russie a en effet toujours privilégié son outil militaire, au point qu'il y a un décalage permanent entre l'état de l'économie et la qualité de sa défense. « Puissance pauvre » selon Georges Sokoloff, la Russie a consacré 5,4 % de son PIB à la Défense en 2016 (contre 3,3 pour les États-Unis et 1,9 % pour la Chine). Pourtant, la dépense militaire russe (70 milliards de dollars en 2016) reste faible par rapport à celle des États-Unis (600 milliards) ou de la Chine (215 milliards). Certes, la Russie souffre aujourd'hui de gros handicaps pour rester la très grande puissance qu'elle a été avant la chute de l'URSS : un PIB au 11e rang mondial et inférieur à celui de l'Italie, des taux de croissance désormais modestes et à nouveau grevés par le poids excessif des dépenses militaires, une population en stagnation, un certain retard technologique, un risque permanent de fuite des élites… Pourtant, tous les classements rangent la Russie dans les cinq ou six premières puissances mondiales. Ils s'appuient sur l'étendue de son territoire et les ressources immenses du pays, l'économie, les élites scientifiques, la puissance militaire et la capacité nucléaire, le savoir-faire diplomatique et le siège permanent au Conseil de sécurité, l'influence et la cohésion nationale. Tous ces points forts ont vocation à demeurer. La géographie fera de la Russie un « hub » mondial, passerelle entre la Chine et l'Europe sur la route de la soie.

La puissance militaire restera. Quant à l'économie, elle sera toujours portée a minima par les ressources géologiques (terres rares, hydrocarbures…), l'excellence des secteurs régaliens (nucléaire civil, ventes d'armes…), les exportations de céréales désormais au premier rang mondial, et les succès récents dans les nouvelles technologies de l'information. Enfin, la démographie, avec un taux de natalité supérieur à l'Union européenne, sera régulée, comme partout, par l'immigration.

J. de Gliniasty, *Géopolitique de la Russie*, Éd. Eyrolles, 2018.

Utilisez vos connaissances sur les « nouvelles routes de la soie » pour expliquer la position de « hub » de la Russie.

Bac épreuve de Terminale

L'étude critique de documents

- **AXE 2 :** Les formes indirectes de la puissance
- **JALON :** L'enjeu de la langue

Sujet d'entraînement

SUJET L'anglais et le français dans les relations internationales

1. Montrez à travers ces documents que le français et l'anglais sont des langues majeures dans les organisations internationales. Expliquez cette situation grâce à vos connaissances.
2. Quelle tendance le **document 1** illustre-t-il ? Portez un regard critique sur cette vision de la place du français dans les organisations internationales.

Utilisez le doc. 5 p. 137 pour nuancer ce dessin de presse.

1 Le français, une langue menacée dans les relations internationales ?

Dessin de Mix & Remix, 2011.

En confrontant ce tableau avec le doc. 1 p. 134, montrez les limites des langues officielles des organisations internationales. En quoi reflètent-elles davantage un héritage de la puissance historique qu'une représentation équitable des langues dans le monde ?

	Langues officielles	Langues de travail
Organisation des Nations unies (ONU)	anglais, arabe, chinois, espagnol, français, russe	anglais, arabe, chinois, espagnol, français, russe
Cour internationale de justice (CIJ)	anglais, français	anglais, français
Conseil de l'Europe	anglais, français	anglais, français
Organisation internationale de la Francophonie (OIF)	français	français
Fond monétaire international (FMI)	non précisé	anglais
Organisation de coopération et de développement économiques (OCDE)	anglais, français	anglais, français
Organisation pour l'alimentation et l'agriculture (FAO)	anglais, français	anglais, espagnol, français
Organisation mondiale du commerce (OMC)	anglais, espagnol, français	anglais, espagnol, français

2 Les langues utilisées dans les principales organisations internationales

Source : Organisation internationale de la Francophonie, 2019.

MÉTHODE
THÈME 2

Bac épreuve de Terminale — **Le grand oral**

▪ **INTRODUCTION : Les caractéristiques de la puissance à l'échelle internationale aujourd'hui**

→ Par groupe de trois élèves, choisissez un pays européen (France, Pays-Bas…) et préparez une présentation orale en suivant le modèle proposé ici pour le Royaume-Uni.

OBJECTIF *Réaliser des fiches de lecture*

SUJET L'héritage colonial, un atout pour la puissance des États européens ?

ÉTAPE 1 Choisir son sujet

1. Analysez les termes du sujet en définissant plus particulièrement les termes « héritage colonial » et « puissance ». À quelle échelle ce sujet se définit-il ?

2. Pour comprendre le sujet, complétez la carte mentale du Royaume-Uni à partir des informations suivantes.

domaine militaire, linguistique et commercial – avec l'Europe – Gibraltar, îles des Antilles, Sainte-Hélène, îles Malouines – en Afrique, Inde, Asie, Canada, Océanie – avec les États-Unis – Commonwealth – « Relation spéciale » – ONU – OTAN – intérêt économique - dans les organisations internationales – territoires d'outre-mer – intérêt géopolitique

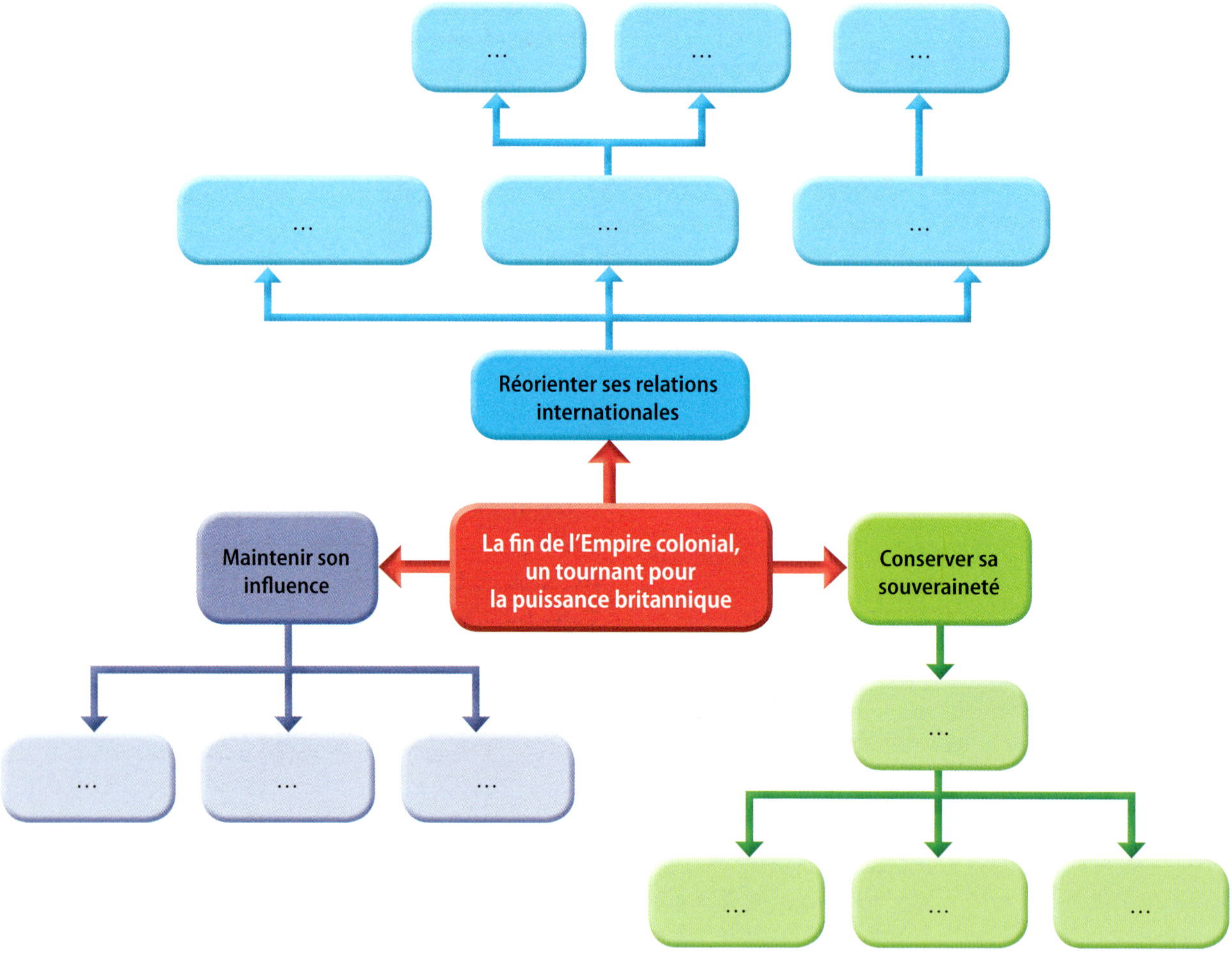

3. Construisez ensuite la carte mentale correspondant au pays européen que vous avez choisi, en vous aidant de votre manuel d'histoire (tronc commun) et de vos connaissances personnelles.

4. Répartissez entre les élèves du groupe chaque branche de la carte mentale et rédigez une problématique pour chacune d'elle.

> *Elle doit comprendre : une interrogation, le thème retenu, le nom de l'État concerné, la notion de puissance.*

Exemple : Comment le Commonwealth permet-il au Royaume-Uni de maintenir sa puissance ?

ÉTAPE 2 Collecter et organiser ses informations

1. Cherchez des éléments de réponse à votre sujet dans les ouvrages du CDI, la presse et les sites Internet institutionnels.
2. Pour chaque document consulté, réalisez une fiche de lecture sur le modèle suivant.

Faites une fiche par source, datez-la et référencez-la précisément.

thecommonwealth.org
Consulté le 19 janvier 2019
Page « about us »
- Description : 53 pays, 2,4 milliards de personnes
- Objectifs :
  - promouvoir la paix et la démocratie
  - favoriser le développement économique
  - ....
- Notions à ré-exploiter : Empire...

Même en langue étrangère, les sites Internet peuvent fournir des documents exploitables.

À l'heure du Brexit, Elizabeth II accueille l'« empire 2.0 »

Les 53 dirigeants des pays du Commonwealth se réunissent à Londres, qui cherche à renforcer ses liens avec ses ex-colonies.

May s'excuse auprès de Britanniques venus des Caraïbes

« À l'heure du Brexit, Elizabeth II accueille l'Empire 2.0 », *Le Figaro*, 19 avril 2018.
- Contexte : sommet du Commonwealth à Londres ; négociations du Brexit
- Thèse du journaliste : le Royaume-Uni cherche avec difficulté à préserver son influence diplomatique
- Éléments de preuve :
  - fort attachement des eurosceptiques au Commonwealth
  - ......
- Notions à ré-exploiter : soft power...

Aidez-vous de votre cours pour compléter les notions essentielles du sujet.

Réalisez régulièrement cet exercice pour gagner en aisance à l'oral.

ÉTAPE 3 Organiser un entraînement à l'oral

1. Relisez soigneusement vos fiches. Puis, sans notes, présentez oralement aux deux autres élèves du groupe votre problématique et les éléments dont vous disposez pour y répondre.
2. À partir des remarques de vos interlocuteurs, notez ensuite les points que vous avez eu des difficultés à expliquer ou qui devraient être approfondis.

RÉVISION
THÈME 2

Analyser les dynamiques des puissances internationales

A Réviser en mémorisant

1 SCHÉMA

	Fondements	Caractéristiques	Manifestations
LES DYNAMIQUES DES PUISSANCES INTERNATIONALES	Fondements traditionnels : territoire, population	Capacité de faire	Puissances établies : États-Unis, Royaume-Uni, France
	Hard power : puissance militaire, capacité de projection, puissance financière, puissance économique	Capacité de refuser de faire	Puissances ascendantes : Chine, Inde
	Soft power : formes indirectes de la puissance : puissance culturelle, maîtrise des voies de communication, du numérique	Capacité de faire faire	De l'essor au déclin : Empire ottoman, Russie (puissance ré-émergente)
		Capacité d'empêcher de faire	
LA PUISSANCE DES ÉTATS-UNIS AUJOURD'HUI	1er *hard power* au monde : puissance militaire, diplomatique et capacité de projection inégalées dans le monde	Les lieux de la puissance : Hollywood, Boston, New York	Hésitations entre unilatéralisme et multilatéralisme
	Un *soft power* puissant : GAFAM, modèle culturel	Les acteurs de la puissance : Maison Blanche, FTN (GAFAM…)	La première puissance établie de plus en plus concurrencée dans un monde multipolaire

2 CHIFFRES CLÉS

G7 : 10 % de la population mondiale ; 43 % du PIB mondial

BRICS : 40 % de la population mondiale ; 22 % du PIB

50 % **des transactions commerciales** se font en dollars

5 **États membres permanents** du Conseil de sécurité de l'ONU (États-Unis, Royaume-Uni, France, Chine, Russie)

3 DATES CLÉS

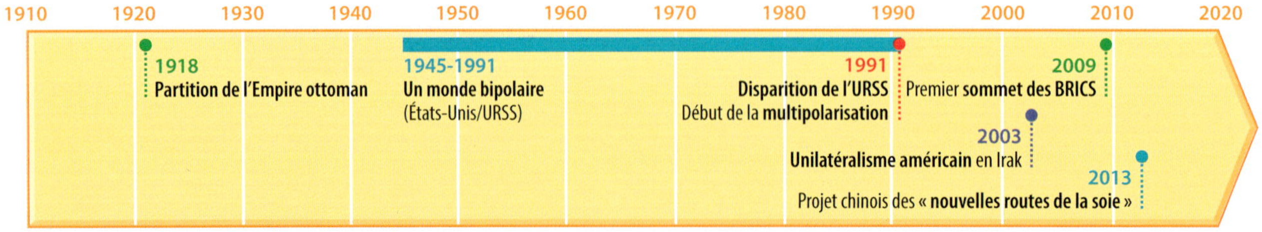

B Réviser en s'entraînant

OBJECTIF Compléter un croquis

Les grandes puissances dans le monde

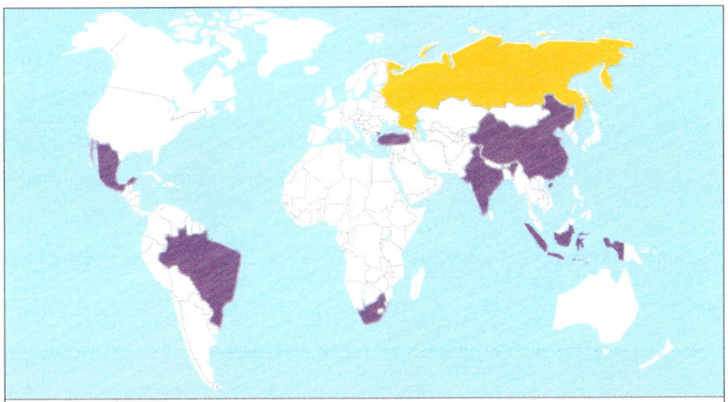

puissance établie ……………… ………………

Les lieux de la puissance aux États-Unis

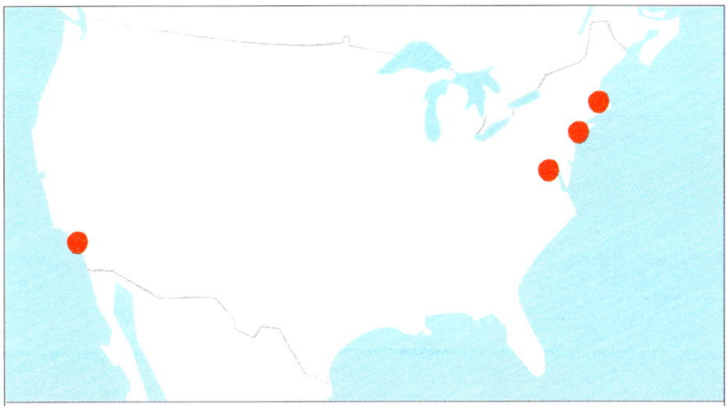

lieu de la puissance des États-Unis

L'éclatement de l'Empire ottoman

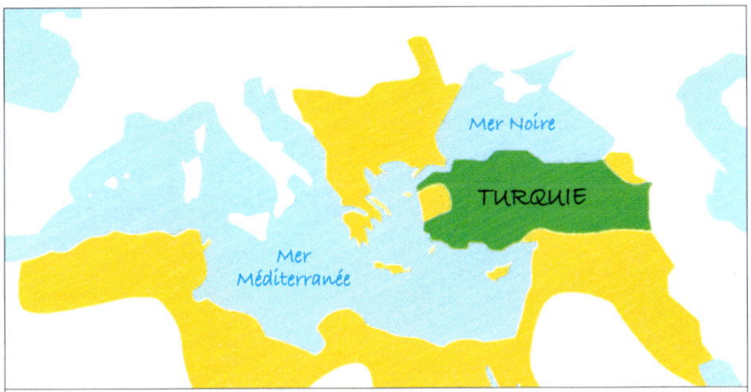

Turquie en 1920 ………………

La Russie et ses territoires proches

Russie …… CEI (………………) ………………

C Réviser en se documentant

À VOIR

- *House of Cards*, 2013 : série mettant en scène des intrigues à la Maison Blanche.
- *Homeland*, 2011 : série sur la lutte américaine contre le terrorisme international.

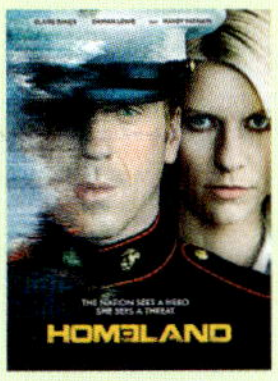

- *The Social Network*, de D. Fincher, 2010 : histoire de la naissance de Facebook.
- *Léviathan*, de A. Zviaguintsev, 2014 : déclin d'une petite localité russe de la mer Baltique.
- *L'Affaire Farewell*, de C. Carion, 2009 : film d'espionnage entre les puissances de l'Ouest et de l'Est pendant la guerre froide.

À LIRE

- *Captain America*, un outil de propagande de la puissance américaine lors de la guerre froide.
- *Le Père turc*, L. Dedola et L. Bonaccorso, Éd. Glénat, 2018 : récit fiction de la vie de M. Kemal.

- *Le Siècle*, K. Follett, Éd. Robert Laffont, 2010 : roman en trois parties (*La Chute des géants*, *L'Hiver du monde*, *Aux portes de l'éternité*), mettant en scène plusieurs familles durant le XXe siècle et sous toile d'histoire des puissances américaine, soviétique, britannique et française.

SUR LE WEB

- Site francophone des instituts Confucius : french.hanban.org
- Site de la francophonie : francophonie.org
- Site du British Council : britishcouncil.fr
- Site de l'Iris (Institut de relations internationales et stratégiques) : iris-france.org

THÈME 3 Étudier les divisions politiques du monde : les frontières

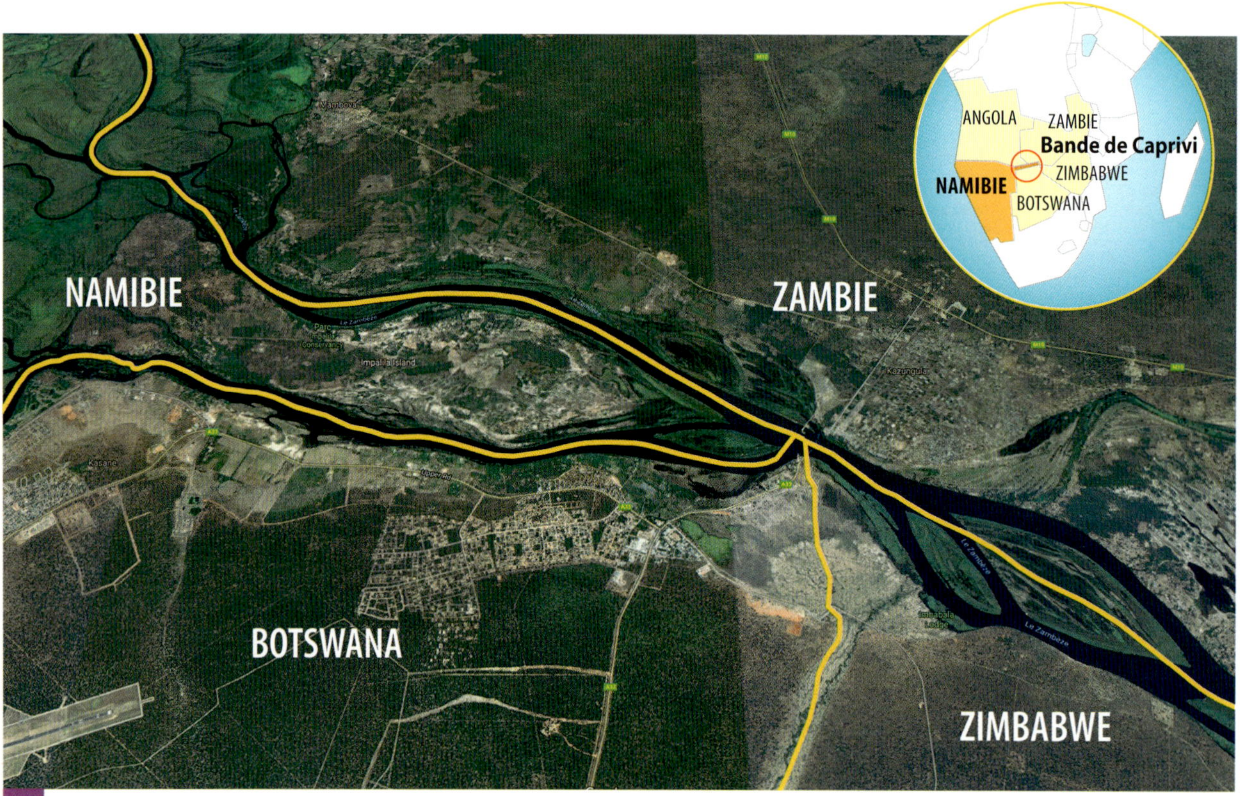

1 Une quadruple frontière ouverte et héritée : l'est de la bande de Caprivi

Située en Namibie et créée en 1890, la bande de Caprivi est entourée à l'est par trois pays : le Botswana, le Zimbabwe et la Zambie.

RAPPEL DU PROGRAMME • THÈME 3

Ressources numériques du chapitre
Site collection : lycee.hachette-education.com/hg-scpo/1re

-100 | 1 | 100 | 200 | 1500 | 1600 | 1700 | 1900 | 1950 | 2000

1re phase : Les frontières, une mise à distance de l'étranger (Ier s. av. J.-C. - fin XVe s.)

- Ier s. av. J.-C. : Début de construction de la **Grande Muraille de Chine**
- Ier s. - IIe s. : *Limes* romain

2e phase : Les frontières, symboles de l'émergence des États (fin XVe - milieu XIXe s.)

- 1494 : **Traité de Tordesillas**
- 1659 : **Traité des Pyrénées**

3e phase : Les frontières, marqueurs de la multiplication des États (milieu XIXe s.- 1991)

- 1884-1885 : **Conférence de Berlin**
- 1919-1920 : **Traités post Première Guerre mondiale** redessinant la carte de l'Europe
- 1945 : **Conférence de Potsdam** : reconnaissance de la frontière germano-polonaise
- 1945-1953 : **Partage de la Corée**
- 1947 : **Indépendance de l'Inde et du Pakistan**
- 1964 : Les États africains décolonisés adoptent le principe d'**intangibilité des frontières**
- 1982 : **Convention de Montego Bay**
- 1985 : **Accords de Schengen**
- 1989 : **Chute du mur de Berlin**

4e phase : Des frontières qui se consolident depuis 1991

- 1991 : **Dislocation du bloc soviétique**
- 1992 : **Revendication territoriale chinoise** en mer de Chine
- 2019 : **Mur entre la Russie et l'Ukraine** en Crimée

2 **Une frontière fermée et récente entre la Hongrie et la Serbie, depuis 2015**

Près de Roeszke, en septembre 2015. Pour lutter contre les flux massifs, notamment de réfugiés syriens fuyant le conflit dans leur pays, la Hongrie, membre de l'UE, a décidé de fermer sa frontière avec la Serbie.

Vidéo : « Géopolitique des frontières : quelles réalités ? »

lien Internet

Interview de Bruno Tertrais, docteur en science politique, par Pierre Verluise (diploweb.com).

QUESTIONS

1. Comment les sociétés peuvent-elles utiliser le milieu pour y établir une délimitation frontalière ? Quelles sont les fonctions des frontières dites naturelles ? **(doc. 1 et vidéo)**
2. Pourquoi les frontières sont-elles surtout un acte politique ? **(doc. 2, frise et vidéo)**
3. Pourquoi parle-t-on de consolidation des frontières aujourd'hui ? **(doc. 2, frise et vidéo)**

INTRODUCTION

Les frontières dans le monde d'aujourd'hui

REPÈRES 1 Les formes des frontières

A La frontière naturelle

La frontière naturelle n'existe pas, elle est le support d'un choix politique.

Du *limes* romain au « mur de Trump », les États ont souvent utilisé le relief et les cours d'eau pour délimiter leur territoire, ainsi plus facile à défendre. Par exemple, dans l'histoire de la construction du territoire français, le Rhin, les Alpes et les Pyrénées (traité de 1659) ont permis de fixer, dès la fin du Moyen Âge, les limites d'un État-nation en formation. Cependant, la frontière naturelle n'existe pas. Ce sont les chefs d'États, les nations qui décident de faire correspondre un élément du milieu naturel à une frontière. Depuis la mise en place d'un droit de la mer qui fixe des frontières maritimes (1982), l'idée de frontière naturelle revient en force cependant. En effet, pour agrandir leurs territoires maritimes, les États côtiers doivent prouver que leurs fonds marins, appelés plateau continental, se prolongent au-delà de ce territoire. Ainsi, la frontière naturelle fait toujours l'objet de rivalités de pouvoirs entre les États. C'est pourquoi elle est considérée comme un objet géopolitique.

1 Danton et la « doctrine » des frontières naturelles

Le 31 janvier 1793, Danton annonce à la tribune de la Convention : « Les limites de la France sont marquées par la nature, nous les atteindrons des quatre coins de l'horizon, du côté du Rhin, du côté de l'Océan, du côté des Alpes. Là doivent finir les bornes de notre République. »

B La frontière-mur

La frontière-mur est un moyen pour se protéger d'un ennemi.

Le *limes* romain, dont la signification est « confins », était une frontière protectrice et séparatrice d'un monde tenu à distance, et que Rome renonçait à civiliser. Les Romains ont très souvent utilisé le relief, les cours d'eau (Danube), participant ainsi au mythe de la frontière naturelle. La muraille de Chine, quant à elle, a été une fortification souvent modifiée entre le Ier siècle av. J.-C. et le début du XVIIe siècle, au gré des rapports de force avec les puissances voisines. Au XXe siècle, le mur de Berlin est devenu une frontière idéologique, dans un monde divisé par la guerre froide. Au début du XXIe siècle, les frontières murées se sont multipliées et deviennent aussi un outil de communication politique. En 2018, le président Trump annonce le prolongement du mur entre le Mexique et les États-Unis (« *The wall is coming* », traduction : « le mur arrive », en référence à une expression de la célèbre série *Game of Thrones*) : la frontière devient à nouveau visible.

2 La frontière entre les États-Unis et le Mexique

Le président Trump inspecte un prototype de mur à San Diego, le 13 mars 2018.

Des barrières de chaînes de 3 m de haut construites à El Paso, Chula Vista, Yuma et Tucson dès 1979, à la clôture de 1 200 km aujourd'hui, les gouvernements américains successifs n'ont eu de cesse de matérialiser cette frontière de 3 200 km, qui s'appuie aussi sur un fleuve transfrontalier sur 2 000 km, le Rio Grande.

C La frontière-pont

La frontière-pont permet d'enjamber un cours d'eau, un détroit ou un canal, alimentant aussi l'image de la frontière naturelle.

À l'opposé de la frontière-mur, linéaire, la frontière-pont est ponctuelle. Elle permet essentiellement l'union économique. La frontière-pont sert aussi de poste douanier, de filtrage (pont entre la Chine et la Corée du Nord), de contrôle intense, comme ce fut le cas avec le fameux « pont des espions » (pont Glienicke entre Berlin et Potsdam) pendant la guerre froide. Surtout, aujourd'hui la frontière-pont est un symbole d'union : il existe une vingtaine de ponts de l'amitié dans le monde, essentiellement en Asie et en Europe. Le pont de l'amitié en projet entre le Qatar et Bahreïn est au point mort depuis 2008, reflétant l'état des relations entre les deux pays (tensions sur les frontières maritimes).

3 La frontière-pont : le pont sur l'Akhourian (Turquie/Arménie, XIe siècle)

Le pont sur l'Akhourian entre la Turquie et l'Arménie servait de route commerciale entre l'Orient et la mer Noire.

lien Internet

Un mur de haute technologie entre la Crimée russe et l'Ukraine, « L'autre mur », France 24, 2019.

D Les nouvelles formes des frontières

Depuis la fin du XXe siècle, les nouvelles formes de frontières utilisent la haute technologie.

Qu'elles soient visibles ou invisibles, les frontières font de plus en plus appel à la haute technologie, dans deux buts principaux : la sécurisation et la fluidité du passage. Ces *smart borders*, ou frontières intelligentes, sont connectées à de puissantes bases de données. Elles permettent de contrôler quasi instantanément les mobilités par reconnaissance faciale dans les aéroports ou les ports, et assurent ainsi une fluidité dans le passage de la frontière, tout en renforçant la sécurité. La haute technologie est aussi mise au service de la sécurisation de l'espace maritime et de ses frontières. Des systèmes de radars, d'ondes de surface et de satellites permettent la surveillance de ces frontières invisibles et à distance des populations.

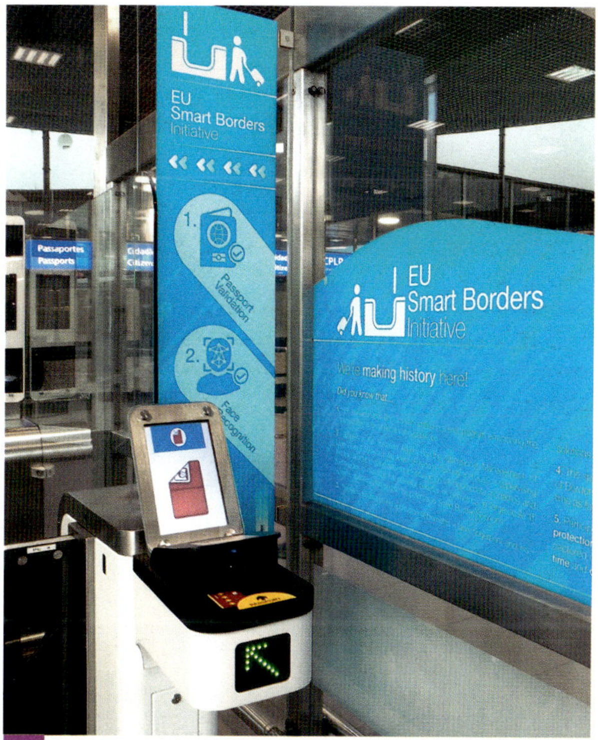

4 La frontière à l'aéroport de Lisbonne : une *smart border*

Le Portugal a été le premier État européen à mettre en place le programme *smart borders* de l'Union européenne dans l'aéroport de sa capitale en 2015.

QUESTIONS

1. Quelles sont les formes anciennes des frontières qui existent encore aujourd'hui ? Pourquoi selon vous ? **(doc. 1, 2 et 3)**
2. Quelles formes prennent les *smart borders* ? À quoi servent-elles ? **(doc. 4 et vidéo)**

REPÈRES 2

Les dynamiques des frontières

A Les frontières coupures

➡ Protéger et filtrer

Les frontières coupures sont des frontières linéaires qui varient dans leur capacité de fermeture.

Elles sont totalement fermées (frontière entre les deux Corées) ou partiellement (Émirats arabes unis/Oman). La fonction première des frontières a toujours été de protéger un territoire contre un ennemi (Grande Muraille de Chine) ou des flux migratoires (clôture entre l'Afrique du Sud et le Zimbabwe). La frontière totalement fermée crée un espace inutilisable, hautement militarisé, et transforme le territoire en bout du monde (Inde/Pakistan au Cachemire). Certaines frontières coupures ont une fonction de contrôle et de sélection des flux. Lorsqu'elles opposent des États à fort différentiel de développement, elles attirent les activités et les hommes qui tirent parti de ces contrastes (main-d'œuvre moins chère, politique fiscale avantageuse).

1 La frontière entre le Maroc et l'Espagne

Les enclaves espagnoles au Maroc juxtaposent l'UE et l'Afrique. Dans le cadre de l'espace Schengen, cette frontière est donc fortifiée pour empêcher les migrations irrégulières.

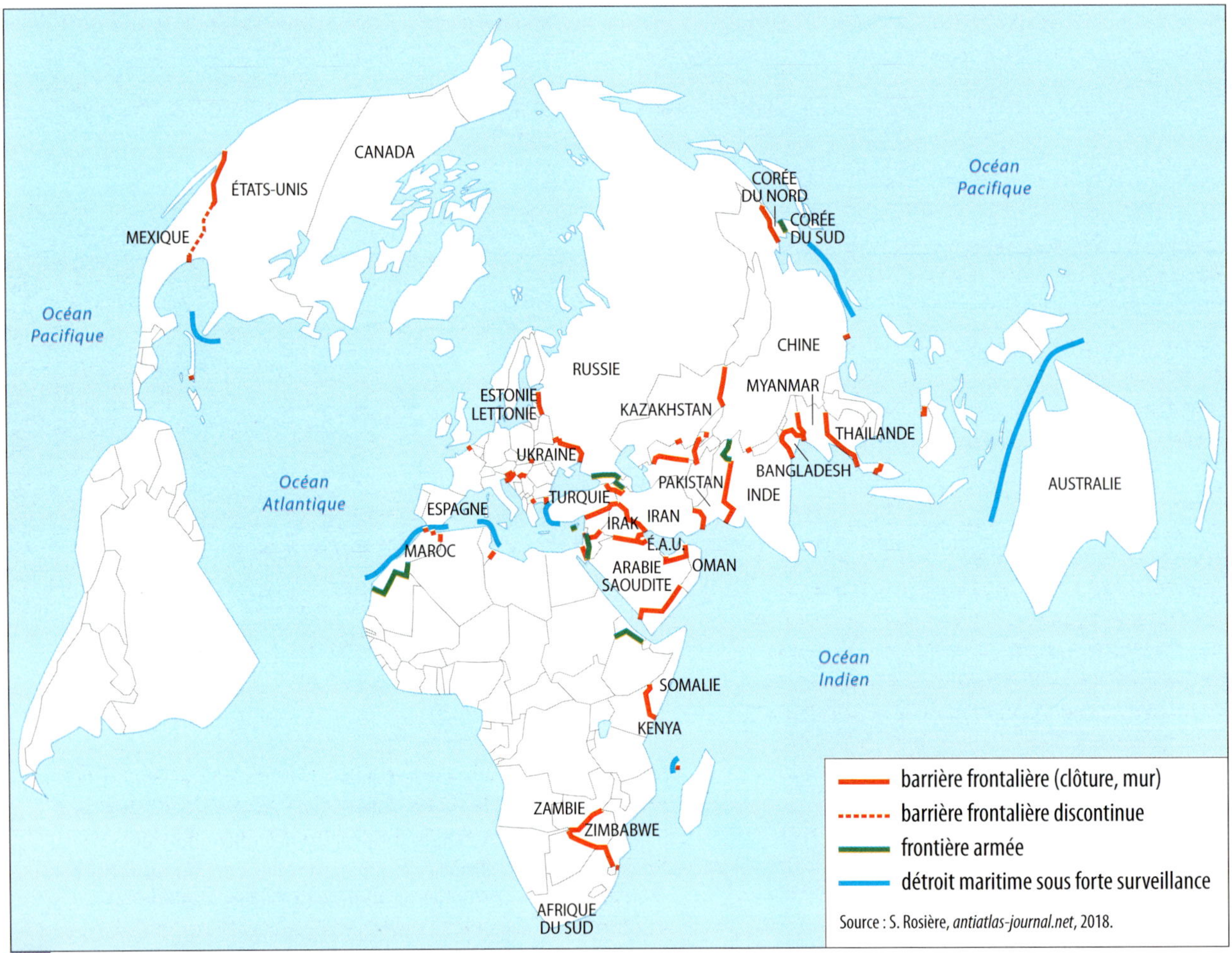

Source : S. Rosière, *antiatlas-journal.net*, 2018.

2 Les frontières fermées dans le monde

carte interactive

B Les frontières coutures

➡ Coopérer dans un cadre légal

Les frontières coutures sont des zones frontalières plus ou moins vastes, du pont à l'espace transfrontalier.

Lorsqu'elles sont totalement ouvertes, les frontières ne font pas obstacle aux flux en raison de l'absence de contrôles, comme entre les États signataires des accords de Schengen en Europe. Ailleurs dans le monde, l'ouverture des frontières n'est jamais aussi totale. Les coopérations transfrontalières sélectionnent les territoires et deviennent des espaces-projets : « parcs pour la paix » en Afrique australe, corridors de développement en Asie centrale, développement touristique (chutes du Niagara). Elles sont le reflet d'une géographie d'un monde en paix, au sein duquel les États tentent de coopérer pour le développement de leur population.

3 La Laponie, un territoire transfrontalier

Le peuple saame (ou Sami) habite traditionnellement sur un territoire réparti entre la Norvège, la Suède, la Finlande et la Russie. Ce peuple d'éleveurs de rennes peut circuler librement. Il dispose d'une « police des rennes » dans le Finnmark norvégien, dont les compétences peuvent au besoin dépasser les frontières norvégiennes et s'étendre jusqu'à la Suède et la Finlande.

➡ Coopérer dans un cadre non légal

Lorsque les États peinent à contrôler leurs frontières, des espaces de coopération naissent spontanément.

Quand ces espaces de coopération sont illégaux (Caraïbes, Sahel-Sahara), ils sont formés par des flux de drogue et d'armes, et du trafic d'êtres humains. L'incapacité des États à contrôler leurs frontières permet à des organisations mafieuses ou terroristes d'organiser leur propre territoire, dépassant les frontières étatiques. Les murs encouragent les logiques de transgression. Les trafiquants contournent les murs et barrières par la mer avec des sous-marins, par les airs avec des drones, par le sous-sol en creusant des tunnels (env. 150 sous la frontière mexicano-américaine). Ces stratégies de contournement sont de plus en plus sophistiquées et dangereuses car le franchissement irrégulier du mur se fait le plus souvent à l'aide de structures criminelles. Mais il existe aussi des espaces transfrontaliers nés de mobilités spontanées. C'est le cas de la triple frontière Brésil-Argentine-Paraguay. Les habitants de cet espace transfrontalier sont appelés les « Brésiguayens » et parlent le « portugnol », mélange entre le portugais et l'espagnol. Les intenses mobilités de cet espace ont aussi favorisé les flux illégaux.

4 La triple frontière d'Iguazu

POUR COMPRENDRE

Visibles ou invisibles, coupures ou coutures, les frontières reflètent les relations entre les États. Aujourd'hui, le monde est structuré par plus de 250 000 km de frontières terrestres, qui séparent les 197 États souverains.

Quelles sont les principales dynamiques des frontières aujourd'hui ? Comment organisent-elles différemment les espaces frontaliers ?

ÉTUDE

Des frontières plus nombreuses en Europe depuis la chute du mur de Berlin

ORAL

Perçu par certains comme des cicatrices de l'histoire et par d'autres comme des blessures du présent, le tracé des frontières des États européens est le fruit d'une longue et riche histoire.

› Pourquoi les frontières sont-elles plus nombreuses en Europe depuis la chute du mur de Berlin ?

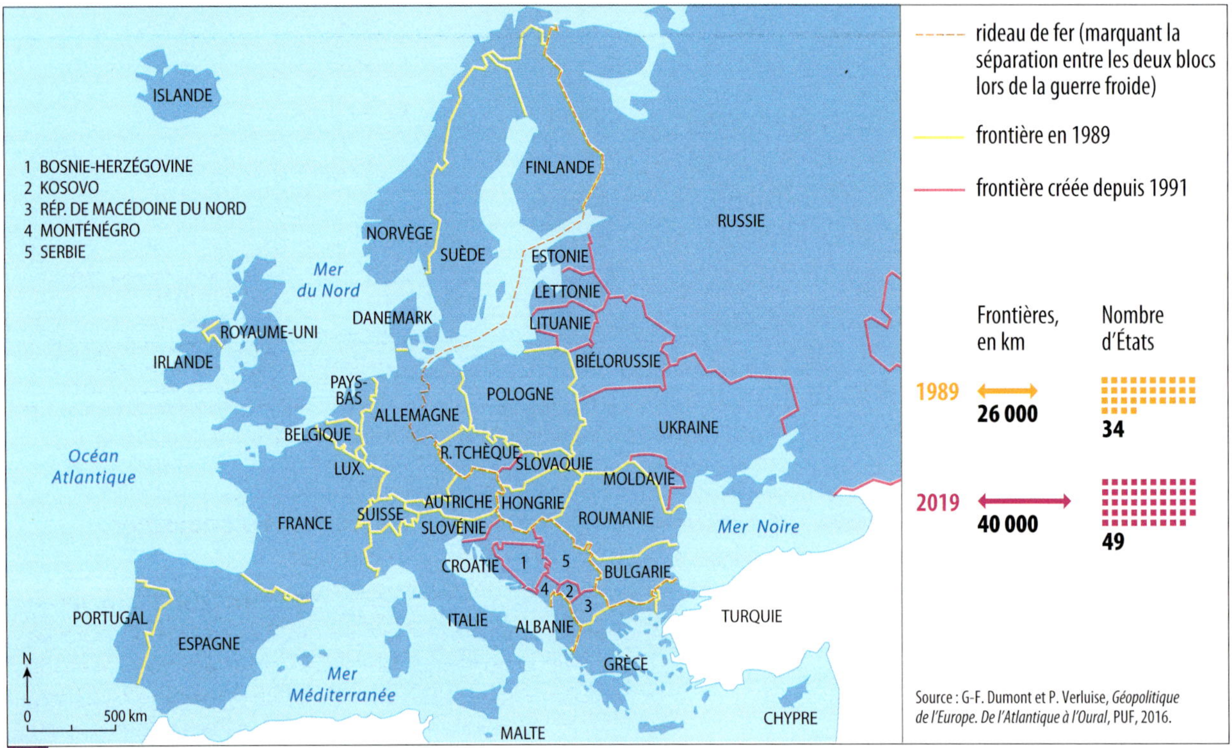

1 L'évolution des frontières en Europe

2 L'Europe, un territoire fractionné

À l'ouest de l'Europe, les frontières coïncident avec des nations caractérisées par une permanence historique, telle la France dont le territoire national actuel est lisible depuis 1559. Même si les deux conflits mondiaux ont abouti à des ajustements frontaliers, l'essentiel des frontières n'a guère changé. C'est surtout à l'est du continent que les remaniements frontaliers, à la suite de la Première et Seconde Guerre mondiale, ont été les plus nombreux. La Hongrie, la Roumanie et les Balkans ont été redessinés à l'issue de la Première Guerre ; des États ont ensuite été dépecés pour laisser place à la Yougoslavie. À l'issue de la Seconde Guerre, les pays frontaliers de l'URSS ont subi une modification territoriale et ont été annexés par l'URSS. La fin de la guerre froide a provoqué la chute du mur de Berlin en 1989, l'effondrement de l'URSS et l'éclatement de la Yougoslavie permettant à des logiques nationales de s'exprimer, créant de nouvelles frontières et faisant ressurgir des problèmes frontaliers. L'Europe est le continent géopolitiquement le plus neuf.

D'après F. Santamaria, *Géopolitique de l'Europe*, Éd. Nathan, 2017.

Vocabulaire

- **État-nation :** concept reposant sur la réunion d'un État en tant qu'organisation politique, et d'une nation, c'est-à-dire l'ensemble des individus liés par un sentiment commun d'appartenance.
- **Indépendantisme :** revendication d'indépendance d'une collectivité.
- **Régionalisme :** attitude de valorisation ou de défense des particularités d'une région (mouvements culturels, organisation politique) pouvant conduire à la revendication d'un territoire.

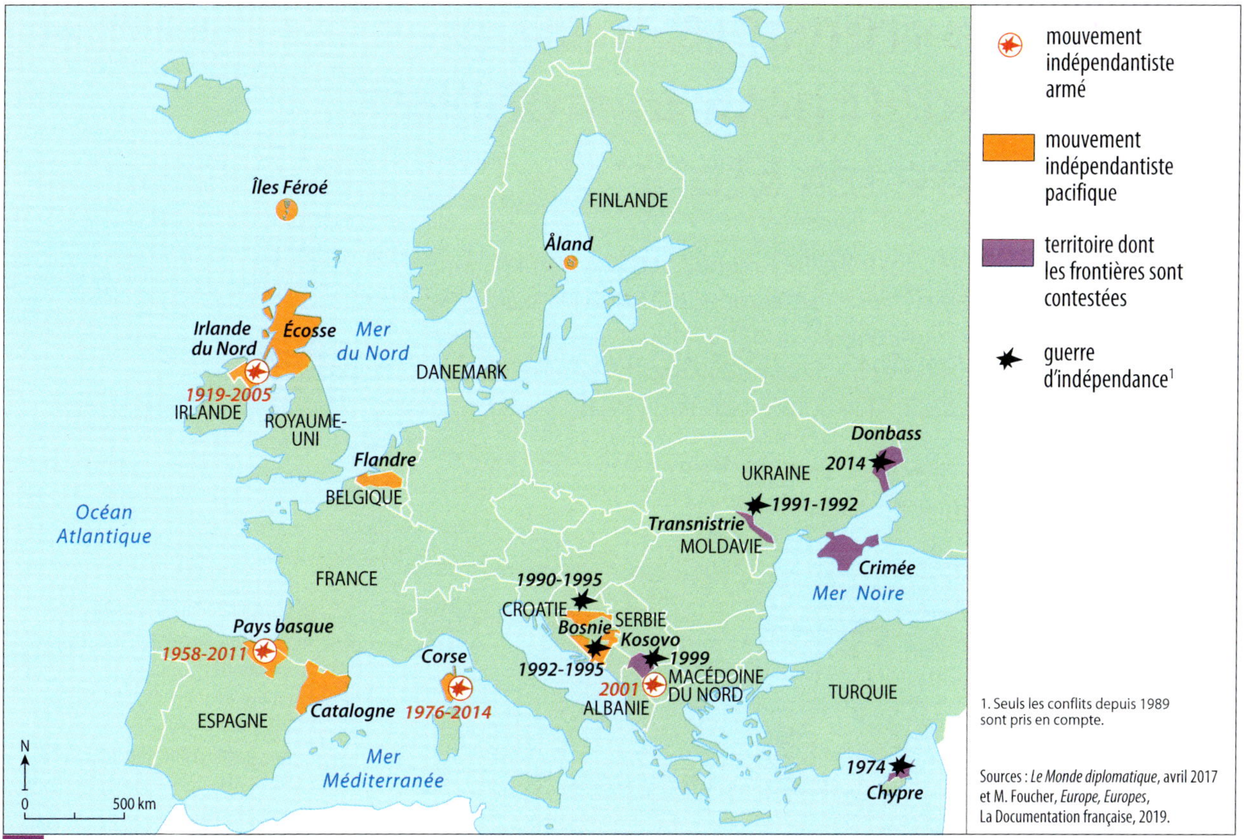

3 Régionalisme et indépendantisme, les frontières européennes de demain ?

4 Le régionalisme catalan, une menace pour les frontières espagnoles ?

Dessin de Plantu, *L'Express*, octobre 2017.

ACTIVITÉ **OBJECTIF** ▪ Préparer un oral

À l'aide des documents, préparez une présentation orale répondant au sujet : **Pourquoi les frontières sont-elles plus nombreuses en Europe depuis la chute du mur de Berlin ?**

Pour vous aider, répondez aux questions suivantes :

1. À l'aide des **documents 1 et 2**, décrivez et expliquez l'évolution des frontières en Europe.
2. Dans quelle mesure le régionalisme est-il un facteur de recomposition des frontières actuelles de l'Europe ? **(doc. 3, 4 et 5)**

5 L'ANALYSE DU SPÉCIALISTE — L'éveil des régionalismes en Europe

L'État-nation n'est plus aujourd'hui la seule unité qui compte sur le plan politique. La mondialisation a paradoxalement redonné de l'importance aux pouvoirs locaux et régionaux. La tentation est grande dans chacun des territoires de s'émanciper de la tutelle nationale. Les frontières, construites au hasard des rapports de puissances, ne correspondent à rien d'inamovible ou d'immobile dans l'histoire de l'humanité. En revanche, l'habitude de vivre ensemble derrière des frontières crée une mémoire commune, ce qui donne naissance à une nation. Mais les nations ne sont pas éternelles. Nous avons vécu un temps long d'immobilisation des frontières et des contours nationaux. Ceux-ci ne changeaient que sous le poids de la guerre. Les mouvements indépendantistes sont aujourd'hui multiples : quand il existe un désir d'indépendance économique, il se croise avec un réveil des différences culturelles et identitaires. Nous ne sommes plus dans ces temps où le principe d'intangibilité[1] des frontières était tabou. Aujourd'hui, en Europe, les sociétés s'éveillent pour remettre en cause les frontières qui apparaissent de plus en plus comme un héritage qui ne correspond pas à l'histoire des sociétés concernées.

Extrait d'un entretien avec B. Badie, *L'Humanité*, 20 décembre 2017.

1. Qualité de ce qui doit être maintenu intact.

ÉTUDE

Les nouvelles frontières, un défi pour la stabilité entre les États

ORAL

Depuis 1945, la création des frontières a connu une forte accélération : leur longueur totale avoisine désormais 250 000 km. Malgré le ralentissement du mouvement, le début du XXIe siècle a encore vu apparaître les frontières de deux nouveaux États, hors Europe : le Timor-Oriental (2002) et le Soudan du Sud (2011).

› Quels sont les effets de ces frontières sur la stabilité de leur environnement régional ?

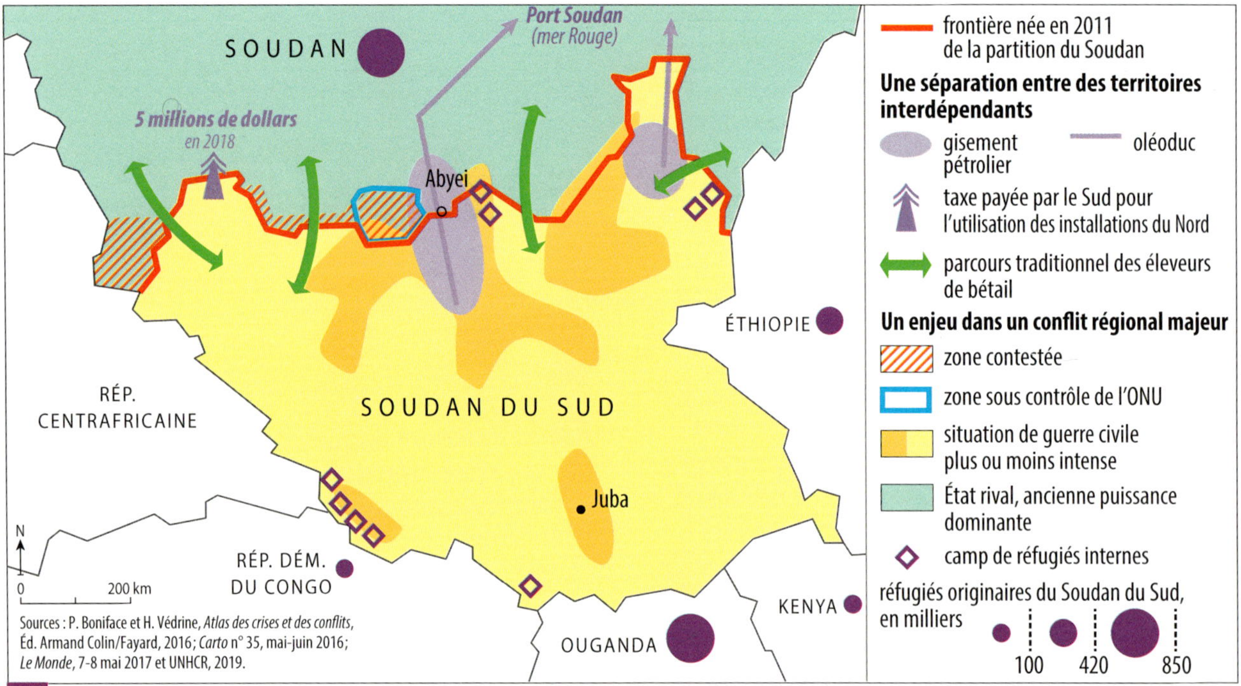

1 **La frontière Soudan/Soudan du Sud, objet de conflit**

2 **La division du Soudan, une remise en cause de la stabilité régionale**

Le gel des frontières héritées de la colonisation[1], à l'exception de quelques ajustements de tracé, a fortement contribué à stabiliser la carte politique de l'Afrique au cours du dernier demi-siècle : celle-ci a moins changé que celle de l'Europe pendant la même période. La partition du Soudan constitue donc la première application en Afrique du principe du droit des peuples à disposer d'eux-mêmes. Après quatre décennies d'une rébellion qui a commencé en 1964 et un référendum favorable à plus de 99 % à l'indépendance, celle-ci a été proclamée à Juba le 9 juillet 2011. Le tracé de la frontière, dans une zone gorgée de pétrole, a suscité de nombreuses difficultés et le statut de régions frontalières n'est toujours pas réglé, en dépit des accords qui prévoyaient des consultations populaires, car Khartoum (capitale du Soudan) n'est pas près d'abandonner ses périphéries du Sud riches en pétrole. La naissance du 193e État membre de l'ONU a été accueillie avec inquiétude par certains États subsahariens, comme le Tchad, qui redoutent une contagion des dynamiques séparatistes. La remise en cause du *statu quo* territorial ouvre en effet la boîte de Pandore, car il existe d'autres aspirations à l'indépendance, notamment au Somaliland.

D'après R. Pourtier (dir.), *Géopolitique de l'Afrique et du Moyen-Orient*, Éd. Nathan, 2017.

1. L'Organisation des États Africains a imposé en 1964 la conservation des frontières tracées par les colonisateurs.

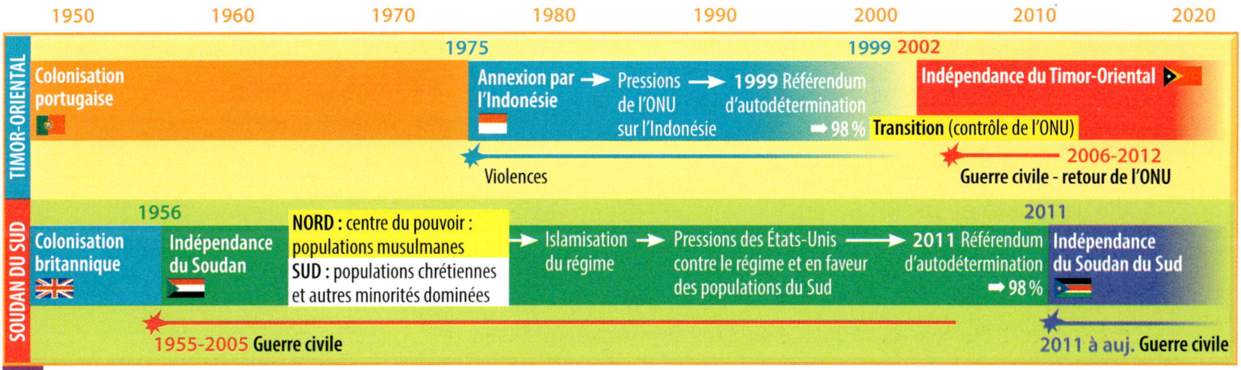

3 Deux nouvelles frontières issues de conflits

Sources : B. Giblin (dir.), *Les Conflits dans le monde : Approche géopolitique*, Éd. Armand Colin, 2016 et F. Cayrac-Blanchard et F. Durand, *Encyclopaedia Universalis*, 2019.

4 Une gestion de la frontière timoraise à améliorer

L'Indonésie et le Timor-Oriental ont commencé à négocier leurs frontières en 2000, à la suite du choix de l'indépendance par les Timorais en 1999. À l'Est, la frontière de 150 km qui divise l'île en deux a été rapidement fixée. À l'Ouest, celle de 120 km qui crée l'enclave d'Oecussi, à l'intérieur du territoire indonésien, reste l'objet de disputes qui provoquent des tensions dans la zone frontalière. Les deux pays fondent leurs négociations sur un traité de 1904 entre les Portugais et les Néerlandais[1], mais ils diffèrent sur son interprétation. En marge de ces lentes négociations officielles, des rencontres se sont déroulées entre chefs des communautés indigènes des deux parties de la frontière. Ces chefs locaux demandent à la considérer comme une limite administrative qui ne sépare pas leur communauté. Avant la domination portugaise au Timor-Oriental, des accords frontaliers oraux existaient entre les royaumes timorais. Intégrer les chefs indigènes dans les négociations de frontières devrait donc être une priorité pour les gouvernements d'Indonésie et du Timor-Oriental. Ils devraient écouter les aspirations des communautés indigènes pour permettre de créer une frontière durable qui bénéficie à la fois aux États et à leurs peuples.

D'après A. Prabandari, F. Riang Prastowo, A. Triastiwi Harianto (université Gadjah Mada, Indonésie), *The Conversation*, 10 août 2018.

1. Le Timor-Oriental était un territoire portugais, tandis que le reste de l'île a été une colonie néerlandaise jusqu'en 1949.

5 La frontière du Timor-Oriental, une frontière matérialisée

Le poste-frontière de Batugade entre le Timor-Oriental et l'Indonésie.

ACTIVITÉ **OBJECTIF** ▪ Organiser un débat

Vous participez à un débat sur le sujet : **La création de nouvelles frontières est-elle source de conflits ou de stabilité ?** Un groupe montrera que la création de nouvelles frontières favorise les conflits, l'autre qu'elle favorise la stabilité.

▪ Préparer le débat

Pour vous aider, analysez et comparez les nouvelles frontières de ces États en remplissant le tableau suivant :

Une nouvelle frontière…	au Soudan du Sud	au Timor-Oriental
… née de façon pacifique ou conflictuelle ?	Naissance conflictuelle : …	Naissance conflictuelle, mais à nuancer : …
… acceptée ou contestée ?	Contestée : …	Acceptée : …
… qui sépare ou unit ?		
… qui crée de la stabilité ou des tensions ?		

ÉTUDE La faiblesse des frontières du Sahara

Le désert du Sahara a ignoré l'existence de frontières jusqu'à la colonisation européenne. Cependant, leur implantation parmi des populations dont l'activité repose sur la traversée de ce vaste espace hostile s'est révélée difficile.

› La faiblesse des frontières sahariennes est-elle une source de danger aujourd'hui ?

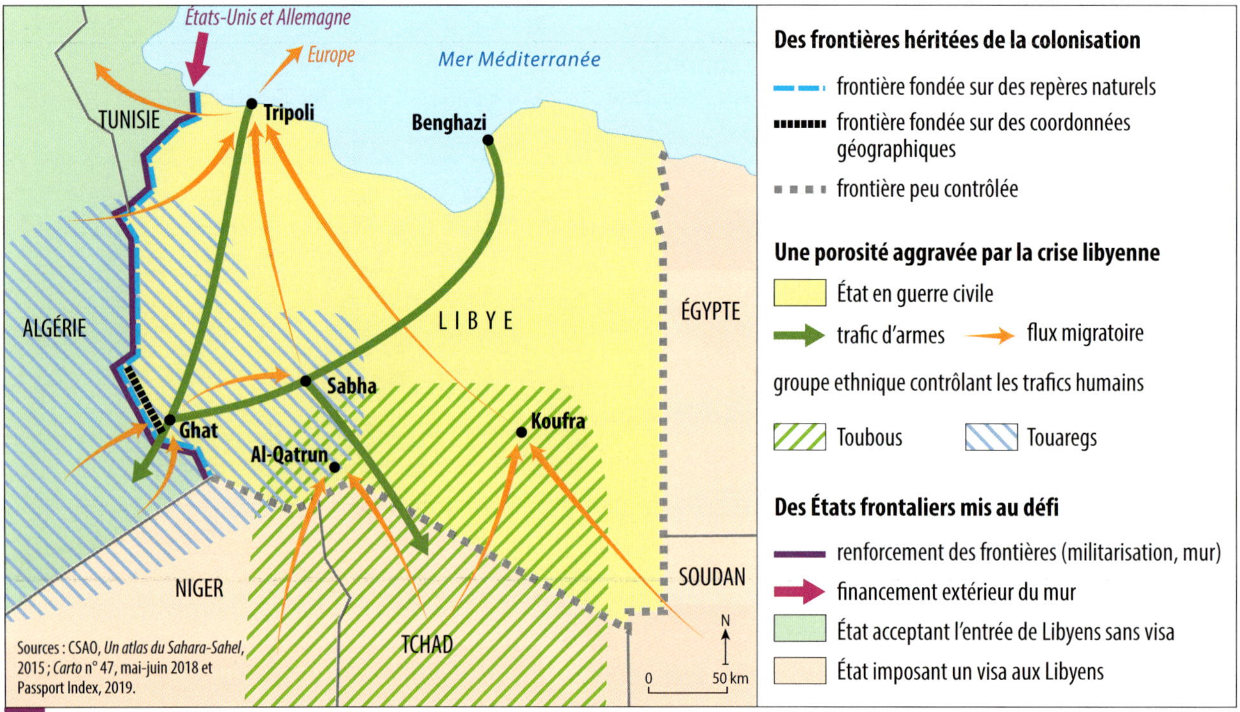

1 L'exemple des frontières d'un État en faillite, la Libye

2 Une tendance au renforcement des frontières

Depuis 2011[1], les États d'Afrique du Nord ont considérablement fortifié leurs frontières. Aux yeux des gouvernements, leur porosité constitue la cause et le symbole de la faiblesse des États ainsi qu'une source d'instabilité et de vulnérabilité. Pourtant, loin de rendre la région plus sûre, la sécurisation des frontières a développé l'instabilité des régions frontalières, où les communautés dépendent de la contrebande et des produits bon marché qu'elle offre. Les sources alternatives de revenu étaient tolérées dans ces régions : la contrebande offrait des emplois et limitait le coût de la vie. Contrebandiers et communautés locales participaient également au contrôle de la frontière, car les forces de sécurité, peu nombreuses et éparpillées, s'appuyaient sur la population locale pour s'informer. La nouvelle gestion des frontières a poussé les communautés vers la pauvreté, la contestation et la criminalité, tandis que l'utilisation croissante de la violence envers les contrebandiers menace la stabilité régionale. L'établissement de nouvelles formes de contrôle ne représente donc pas un rétablissement de l'autorité de l'État mais l'imposition d'un nouveau modèle centre-périphérie.

D'après « Les risques du renforcement des frontières en Afrique du Nord », Fondation Carnegie pour la paix internationale[2], 2018.

1. Date de mouvements de contestations populaires dans le monde arabe.
2. Organisation non gouvernementale qui soutient le développement de la coopération entre États et l'action internationale des États-Unis.

ANALYSE DE DOCUMENTS

1. Relevez les éléments du **document 1** qui montrent que les frontières libyennes sont poreuses, puis expliquez-les à l'aide du **document 2**.
2. Relevez les moyens utilisés par les États frontaliers pour lutter contre cette porosité en montrant leurs limites. En vous appuyant sur le **document 1** et la source du **document 2**, montrez comment des acteurs extérieurs interviennent dans la gestion des frontières régionales.
3. À l'aide des idées précédentes, organisez un débat sur la gestion des frontières sahariennes : un groupe défendra la nécessité de contrôler strictement les passages tandis que l'autre défendra la porosité des frontières.

ÉTUDE

La frontière entre l'Inde et le Bangladesh : le plus long mur du monde

Coupant des villages en deux, plus de 3 000 km de barrières séparent depuis 1993 l'Inde et le Bangladesh. Construit côté indien à 150 km de la frontière, le mur vise à protéger le puissant État indien des flux en provenance du Bangladesh. Il est aussi le marqueur d'une frontière très complexe, obstacle à la coopération régionale.

› Pourquoi la frontière entre l'Inde et le Bangladesh se matérialise-t-elle par un mur ?

1 Une frontière complexe

La frontière entre l'Inde et le Bangladesh reste la barrière géopolitique la plus longue au monde avec 3 286 kilomètres de murs, barbelés et miradors sur 4 060 kilomètres. Elle a été définie lors de l'indépendance de l'Inde et du Pakistan (dont faisait partie le Bangladesh jusqu'en 1971) en 1947. L'Inde et le Bangladesh ont signé en 2015 un accord historique sur leur frontière commune, véritable anomalie géographique puisque des enclaves indiennes existaient dans un bout de Bangladesh lui-même situé en Inde. Pour parvenir à un compromis, l'Inde a renoncé à 40 km². Les habitants peuvent choisir leur nationalité. Cet accord ne résout néanmoins pas l'ensemble des problèmes affectant la région. La militarisation de la frontière en fait l'une des plus dangereuses du monde : une personne meurt tous les cinq jours en essayant de la franchir. L'Inde y déploie quelque 220 000 membres de la Force de sécurité frontalière et 70 000 soldats, et se justifie en jouant sur la peur des musulmans qu'elle associe avec le risque terroriste, et sur celle des travailleurs immigrés. Grâce à l'accord de 2015, les relations entre Dacca et Delhi sont en voie de normalisation, même si cela n'implique pas la destruction du mur. L'accord frontalier reste une condition nécessaire mais pas suffisante à la mise en œuvre d'une coopération régionale autour d'un pivot indo-bangladais.

D'après A. Bautzmann (dir.), *Atlas géopolitique mondial*, Éd. du Rocher, 2018.

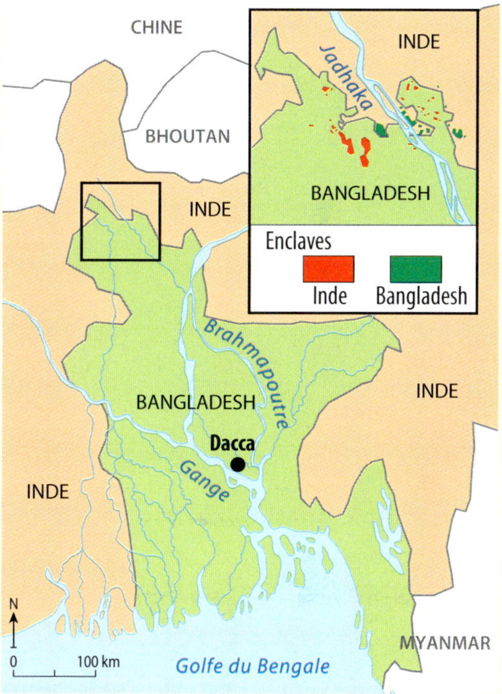

2 Femmes bangladaises franchissant le mur

Photo de Gaël Turine, 2013.

ANALYSE DE DOCUMENTS

L'ambassadeur de l'ONU en Asie doit préparer un accord transfrontalier entre l'Inde et le Bangladesh.
À l'aide des documents, rédigez son argumentaire pour montrer d'une part que la situation frontalière est complexe, et d'autre part, que des progrès sont en cours.

ÉTUDE

Les aéroports internationaux, de nouvelles frontières

Avec l'explosion du trafic aérien international, l'aéroport est devenu la première porte d'entrée des territoires. Il bouleverse la forme de la frontière et l'expérience de sa traversée, inégalement vécue. Les portes d'entrée aériennes des territoires soulèvent donc de nouveaux enjeux pour les États, qui doivent à la fois les sécuriser et les rendre efficaces.

› Pourquoi les aéroports internationaux sont-ils les nouvelles frontières du monde ?

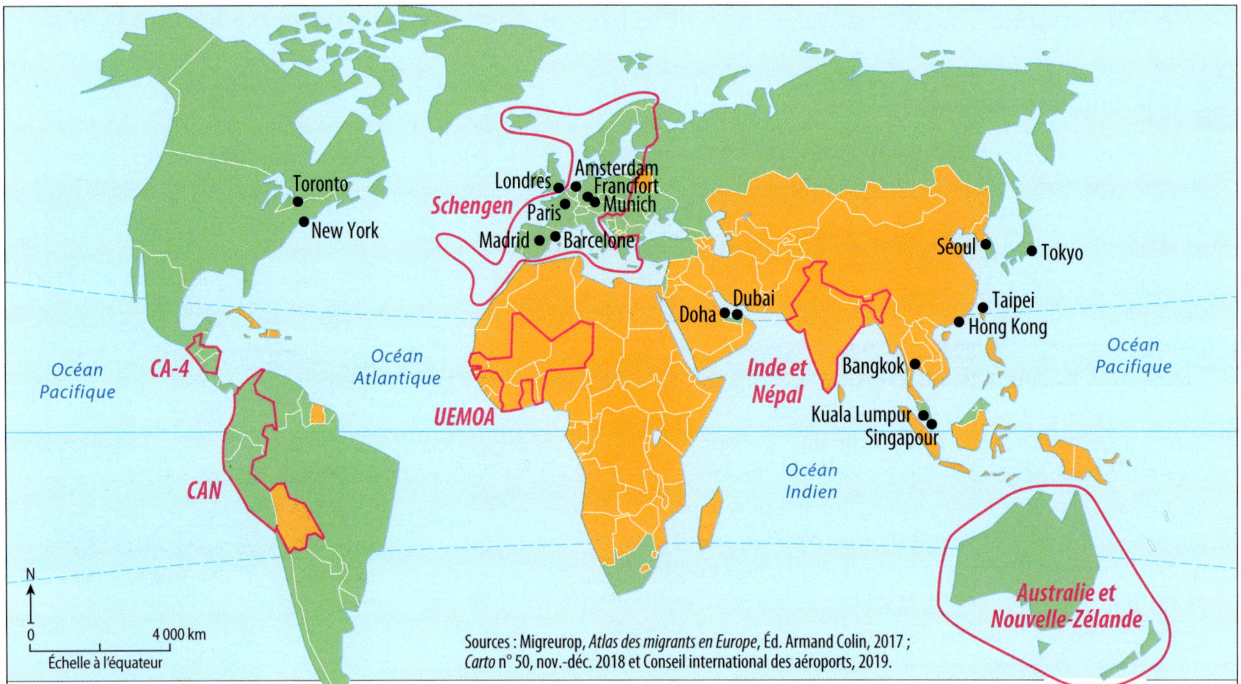

Des frontières ponctuelles massivement franchies
- aéroport ayant accueilli plus de 30 millions de passagers internationaux en 2017

Des frontières franchies avec une inégale facilité
pays dont les ressortissants peuvent voyager sans visa[1]
- dans de nombreux États
- difficilement

1. En fonction du nombre d'États où les ressortissants peuvent voyager sans visa.

- région au sein de laquelle la mobilité interne est facilitée

1 Le franchissement de la frontière aéroportuaire

2 Les aéroports, portes d'entrée majeures des territoires

Au XIXe siècle, il fallait des mois en bateau pour franchir les distances intercontinentales. En les remplaçant par un nombre plus limité d'heures, l'avion a accéléré la mondialisation des flux migratoires. Ainsi, les grands aéroports de la planète sont devenus les portes d'entrée majeures des territoires. Ils sont des lieux de contrôle et de répartition des passagers : les populations circulantes sont « sélectionnées » en fonction de leur origine ou du motif de leur déplacement (étudiants, touristes, hommes d'affaires, migrants économiques). Ainsi, 90 % des passagers qui fréquentent l'aéroport Roissy Charles-de-Gaulle franchissent une frontière d'État. Suivant les lieux de destination ou d'arrivée, les modalités de contrôle ne sont pas les mêmes, les passagers venant de l'UE n'ont pas de contrôle de douane, des agents américains ou israéliens peuvent être présents dans l'aéroport français pour étudier les listes de passagers en partance pour les États-Unis ou Israël.

Aux États-Unis, New York n'est plus la porte d'entrée principale du pays. En effet, outre la fin de la circulation maritime transocéanique, le secteur de transport aérien a connu une très forte réorganisation dans les années 1980, plaçant au cœur des réseaux aéroportuaires nord-américains les hubs d'Atlanta (90 millions de passagers), de Chicago (66 millions) et de Los Angeles (59 millions). Ainsi, l'aéroport de Los Angeles est devenu la principale porte d'entrée pour les voyageurs provenant du Mexique.

V. Adoumié et J.-M. Escarras, *Les Mobilités dans le monde*, Éd. Hachette, 2017.

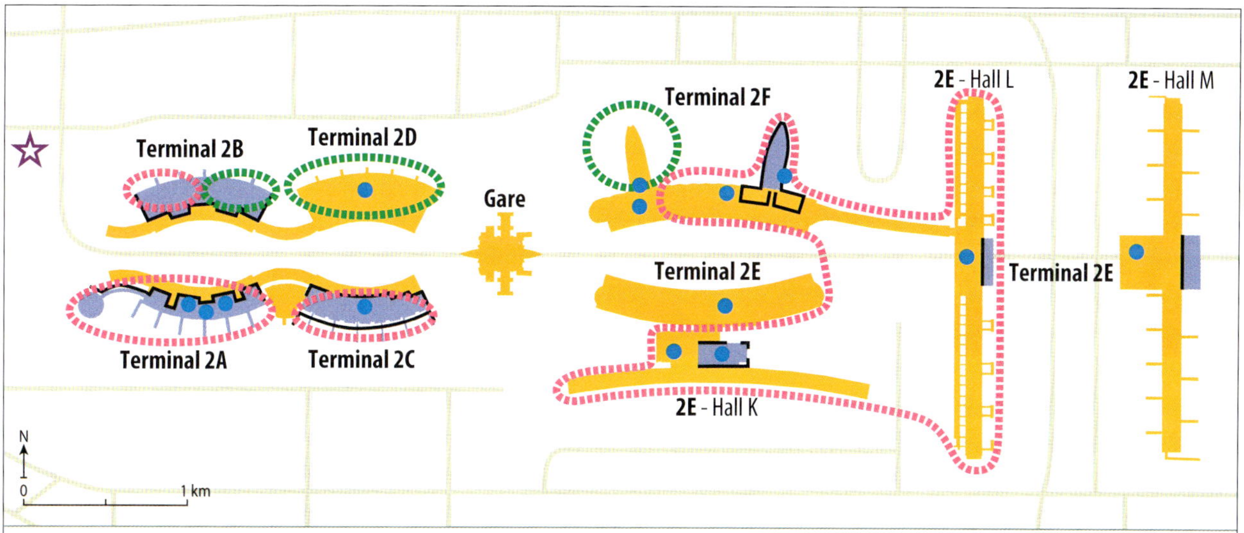

- zone publique librement accessible
- contrôle (police aux frontières et postes d'inspection, filtrage des passagers et des bagages)
- zone dite « internationale »[1]
- boutique hors taxes[2]
- ☆ zone d'attente pour les migrants qui ne remplissent pas les conditions d'entrée
- zone réservée aux passagers Schengen
- zone réservée aux passagers hors Schengen

1. La zone internationale et la zone d'attente font toutefois partie du territoire de l'État et le droit de ce dernier s'y applique.
2. Boutique n'appliquant pas les taxes du pays dans lequel elle se trouve.

Sources : V. Adoumié et J.-M. Escarras, *Les Mobilités dans le monde*, Éd. Hachette, 2017 et Aéroport de Paris et Google Maps 2019.

3 Les espaces de la frontière au sein de l'aéroport de Roissy (Terminal 2)

4 Franchir rapidement la frontière

Reconnaissance faciale à la frontière de l'aéroport de Washington-Dulles (États-Unis).

5 Des contrôles aux frontières de plus en plus longs ?

Dessin de Mike Flanagan.
Traduction :
« Ça ne vous ressemble pas !
– J'étais rasé de près quand je suis arrivé ici. »

TÂCHE COMPLEXE

ANALYSE DE DOCUMENTS

À l'aide des documents, retracez le parcours et le franchissement de frontières…
- … d'un homme d'affaires grec qui transite par la France pour se rendre aux États-Unis ;
- … d'un migrant saisonnier venu du Nigeria vers la France, et les difficultés éventuelles auxquelles il pourrait être confronté.

ÉTUDE

La gestion des frontières des États-Unis vue par le cinéma

Murs dans le désert au sud ou bornes dans les forêts au nord, les frontières terrestres des États-Unis ont des formes et des fonctions variées qui organisent les espaces transfrontaliers.

❯ Comment le cinéma se fait-il le reflet d'une vision engagée de ces espaces différenciés ?

1 La frontière entre les États-Unis et le Mexique : une barrière

Migrants mexicains à Tijuana devant la frontière surveillée par des policiers américains.

***Norteado* de Rigoberto Perezcano, 2009**
La frontière entre les États-Unis et le Mexique court sur 3 200 km. Plus de 1 200 km sont déjà clôturés par des murs ou des grillages. Le président Donald Trump en souhaite 1 600 de plus. Mais ce rempart de protection ne freine pas l'immigration irrégulière (50 000 arrestations par mois en 2018), ni les espoirs des populations les plus démunies, comme le montre le film *Norteado*.

2 La Mexamerica : un espace transfrontalier fermé et surveillé

À l'heure de la mondialisation et du multiculturalisme, la frontière Mexique/États-Unis peut apparaître comme une sorte de laboratoire où se combinent les effets de la division internationale du travail et les apports d'un métissage culturel. En 2015, sur 63 millions de visiteurs à la frontière mexicaine, on a recensé 49 millions d'« excursionnistes frontaliers » (leur visite étant inférieure à 24 heures) qui ont dépensé 1,5 milliard de dollars. Vers les États-Unis, ces chiffres sont plus importants encore. On compte 75 millions d'excursionnistes frontaliers sur 84 millions de visiteurs, motivés par la fréquentation des *malls* et des supermarchés des villes frontalières : ils ont dépensé 3 milliards de dollars. Au cours des 20 dernières années, l'essor du trafic de drogue est venu compliquer les relations entre les deux pays. Au Mexique, la frontière Nord est une zone de transit vers les États-Unis. Les liens tissés par les jeunes délinquants installés de part et d'autre de la frontière font que de nombreux *street gangs* se sont développés dans les grandes villes mexicaines. C'est néanmoins l'industrie *maquiladora* qui a le plus contribué au développement économique des régions. La répartition des tâches entre les deux pays s'est concrétisée par la construction d'usines jumelles. Au nord, un établissement rassemble les fonctions d'encadrement et de gestion. Au sud, l'usine d'assemblage qui en dépend voit son rôle limité à des fonctions productives centrées sur le travail manuel. Un long chapelet de villes jumelles concrétise cette organisation territoriale depuis Tijuana-San Diego jusqu'à Matamoros-Brownsville en passant par Mexicali-Calixico.

D'après A. Musset et J.-Y. Piboubès (dir.), *Géopolitique des Amériques*, Éd. Nathan, 2017.

***No Country for Old Men* de Joël et Ethan Coen, 2008**
Dans ce film, les frères Coen donnent à voir les enjeux de la frontière entre les États-Unis et le Mexique, des deux côtés de la ligne, dans toute sa dangerosité.

Vocabulaire

- ***Maquiladora* :** usine d'assemblage exemptée en partie de droits de douane à la frontière nord-mexicaine, détenue par des sociétés mexicaines, asiatiques ou américaines.

3 La frontière entre les États-Unis et le Canada : une ressource

Avec ses 8 891 km, la frontière entre les États-Unis et le Canada est la plus longue frontière terrestre du monde. 80 % des Canadiens habitent à moins de 160 km de la frontière. Les villes jumelles de Niagara Falls, des deux côtés de la frontière, regroupent plus de 140 000 habitants et forment un espace touristique et industriel transfrontalier.

***Niagara* de Henry Hathaway, 1953**
Marilyn Monroe sur le tournage de *Niagara*. Le film, sorti en 1953, a entraîné une forte hausse du tourisme sur le site emblématique.

4 Un espace transfrontalier ouvert et contrôlé : la région des Grands Lacs

Dans le secteur de la patrouille frontalière qui couvre 480 kilomètres de frontière avec New York, le Vermont et le New Hampshire, les agents américains ont appréhendé 165 personnes arrivées clandestinement du Canada pour l'ensemble de l'année 2017. Cette région est la première frontière terrestre à l'est des Grands Lacs et se trouve à une courte distance des grandes villes canadiennes et de la côte est américaine. Une grande partie des entrées clandestines semble être concentrée sur un tronçon de 50 kilomètres, où l'autoroute 91 atteint la frontière canadienne à Derby Line, à environ 80 kilomètres au sud-est de Montréal. Surveiller la frontière à Derby Line est difficile parce que la petite municipalité américaine et la ville voisine de Stanstead, au Québec, forment une communauté où les maisons et les bâtiments sont coupés en deux par une frontière internationale. La bibliothèque communautaire a été construite intentionnellement à cheval sur la frontière pour servir les citoyens des deux communautés. Les Québécois traversent simplement une frontière internationale délimitée à l'extérieur de la bibliothèque par des pots de pétunias. De temps en temps, des migrants clandestins franchissent la frontière à pied ou en voiture à proximité de la bibliothèque. Au cours des deux derniers mois, il y a eu des poursuites en voiture et des incidents lors desquels des agents ont perdu de vue des suspects dans les bois, pour les appréhender quelques jours plus tard.

D'après W. Ring, « Des migrants du Canada entrent clandestinement aux États-Unis », lapresse.ca, 24 juillet 2018.

***Frozen River* de Courtney Hunt, 2009**
Une mère seule avec ses enfants tente de faire passer illégalement des migrants clandestins pour gagner de l'argent. Le film montre un espace transfrontalier sous surveillance.

ACTIVITÉ **OBJECTIF** ▪ Travailler avec le cinéma sur les représentations

Après avoir caractérisé les enjeux des deux espaces transfrontaliers avec les documents, utilisez les bandes-annonces des films pour répondre au sujet :
Quelles visions des espaces transfrontaliers des États-Unis le cinéma donne-t-il ?

Formez des groupes de 4 élèves : chacun étudie un document et le film associé en remplissant le tableau ci-contre. Puis mettez en commun vos travaux pour compléter la dernière ligne.

	Forme de la frontière (ligne, épaisseur, franchissement, etc.)	Présentation des deux pays séparés par la frontière	Mise en valeur de l'espace par l'image et le son
Dans le document géographique			
Dans le film			
Comparaison des 4 espaces transfrontaliers			

LEÇON 1 Les frontières dans le monde d'aujourd'hui

› Comment les frontières marquent-elles inégalement les divisions politiques du monde actuel ?

A Des frontières de plus en plus nombreuses

- **Les frontières se renforcent à partir des XVIe-XVIIe siècles avec l'émergence des premiers États modernes** en Europe et la souveraineté territoriale de l'État (traité des Pyrénées, 1659). D'ailleurs, il n'existe que peu de cartes représentant véritablement les frontières avant cette période. L'État-nation qui s'impose en Europe aux XIXe-XXe siècles s'appuie alors sur l'idée de frontière naturelle, une limite physique facilement contrôlable.
- **La colonisation et la décolonisation participent à l'élaboration des frontières.** Les grandes Découvertes dessinent le monde en sphères d'influences espagnole et portugaise (traité de Tordesillas, 1494). Entre 1885 et 1910, un partage de l'Afrique et de l'Asie est organisé par les Européens. Les nouveaux États décolonisés au XXe siècle intègrent ce partage dans la fixation de leurs frontières.
- **Depuis 1991, 28 000 km de frontières nouvelles ont été créés,** et 24 000 de plus ont fait l'objet d'accords de délimitation (création de nouveaux États, résolution de conflits). Aujourd'hui, le monde est structuré par plus de 250 000 km de frontières terrestres qui séparent les 197 États souverains, dont 10 % ont moins de 25 ans d'existence. En Europe, en 2014, 1 581 km de nouvelles frontières sont apparus après l'annexion de la Crimée par la Russie.

1 La chute du mur de Berlin

La chute du mur de Berlin, le 9 novembre 1989, entraîne la disparition d'une frontière entre les deux Allemagnes, mais est aussi un événement qui participe à la chute du bloc soviétique en 1991.

B Des frontières plus ou moins marquées

- **La mondialisation et la globalisation encouragent un effacement des frontières.** Les associations économiques régionales, plus nombreuses (13 en 1979, 29 en 2019), élargissent les frontières économiques des États (CEDEAO en 1975, Union européenne en 1992). Les conséquences globales des activités humaines (changement climatique, pollution) traversent les frontières. Des accords internationaux, comme celui de Paris en 2015, tentent de les dépasser.
- **Pourtant, on assiste à une réaffirmation des frontières** économiques par des mesures protectionnistes (467 en 2017, dont 19 % prises par les États-Unis) et politiques, ainsi que par la construction de murs (20 000 km, 8 % des frontières). Certaines sont des *smart borders* (mur entre l'Ukraine et la Crimée en 2019). Les aéroports internationaux développent la filtration par la reconnaissance faciale, grâce au passeport biométrique (France, Australie).
- **Les frontières du XXIe siècle sont réinventées.** Des États externalisent leurs frontières en dehors de leur territoire national. Afin de contrôler les flux migratoires, la France et le Royaume-Uni instaurent des contrôles communs dans les ports des deux pays (accords du Touquet, 2004). Depuis 2002, les États-Unis imposent la présence de leurs douaniers dans 58 ports étrangers (Tokyo, Rotterdam, Dubai), représentant 85 % du trafic de conteneurs à destination des États-Unis.

Vocabulaire

- **État-nation :** concept reposant sur la réunion d'un État en tant qu'organisation politique, et d'une nation, c'est-à-dire l'ensemble des individus liés par un sentiment commun d'appartenance.
- **Interface :** zone de contact entre deux espaces où la frontière est ouverte, permettant des échanges de flux (économiques, humains).
- ***Smart border* (frontière intelligente) :** zone frontalière équipée en haute technologie et mise en réseau par les mégadonnées.

C Des espaces transfrontaliers de plus en plus nombreux

- **Aujourd'hui, les frontières sont de plus en plus des interfaces**, nées de mobilités et d'échanges économiques accrus. Par exemple, grâce au différentiel de développement entre l'Ouganda et la République démocratique du Congo, 80 000 commerçants vivent des échanges transfrontaliers. D'autres se forment par les flux illicites, comme ceux des migrants ou du trafic de drogue, dans les Caraïbes et le Sahel-Sahara.
- **Les espaces transfrontaliers fixent les activités et les hommes.** Dans le cadre du projet de « nouvelles routes de la soie », un espace transfrontalier s'affirme entre la Chine et le Kazakhstan. Plus ancienne, la frontière américano-mexicaine est un espace productif transfrontalier formé par les *maquiladoras*. Des villes jumelles transfrontalières se rejoignent (Brazzaville et Kinshasa).
- **Certains acteurs publics encouragent la formation d'espaces transfrontaliers.** Ils mettent en œuvre une coopération régionale permettant de mutualiser des services (transports urbains en commun entre la France et la Suisse, dans le Grand Genève). En Afrique australe, des « parcs pour la paix » ont été créés afin d'empêcher de nouveaux conflits (Kgalagadi, Afrique du Sud, Botswana). S'ils ont dopé la fréquentation touristique internationale, les retombées économiques échappent aux populations locales.

2 La course aux drapeaux : l'appropriation des fonds marins

Pour légitimer leurs demandes d'extension de Zone économique exclusive, certains États comme la Russie (Pôle Nord, 2007) et la Chine (Pacifique Nord, 2010) montrent leur capacité technologique à atteindre, à plus de 4 000 m de profondeur, ce qu'ils considèrent comme étant leur frontière naturelle sous-marine.

SCHÉMA BILAN

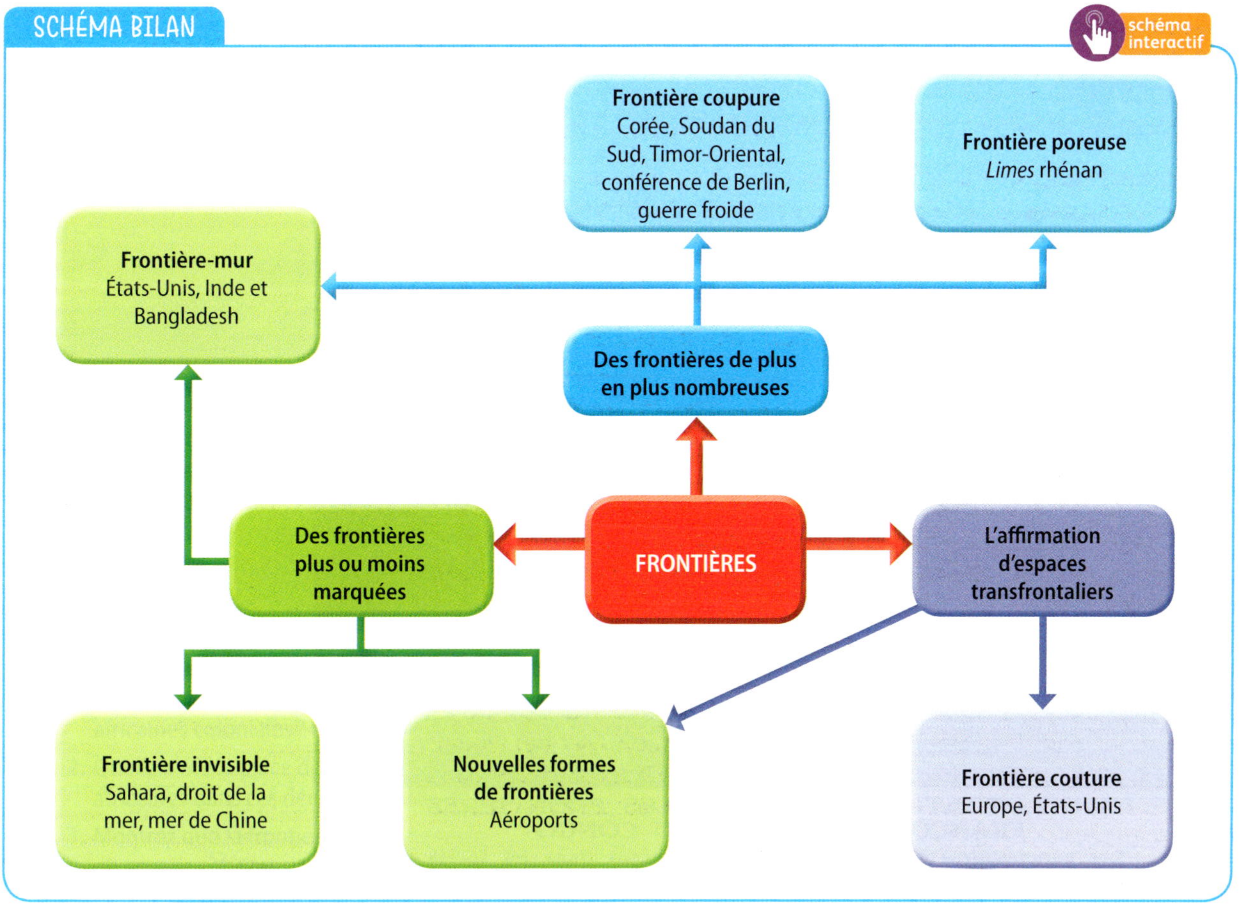

JALON ▸ Pour se protéger : le *limes* rhénan

REPÈRES 1

L'Empire romain, des frontières à défendre

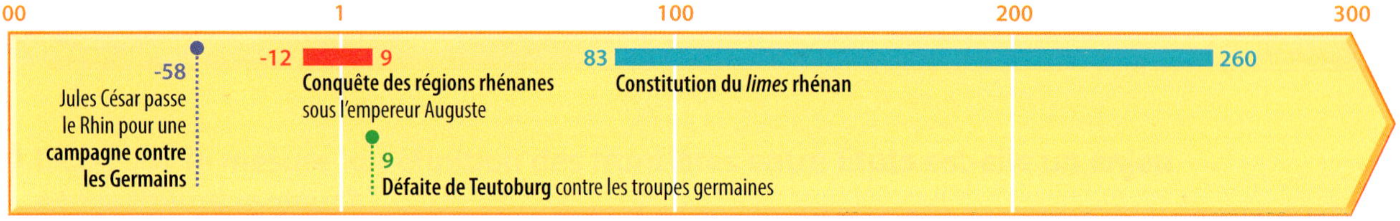

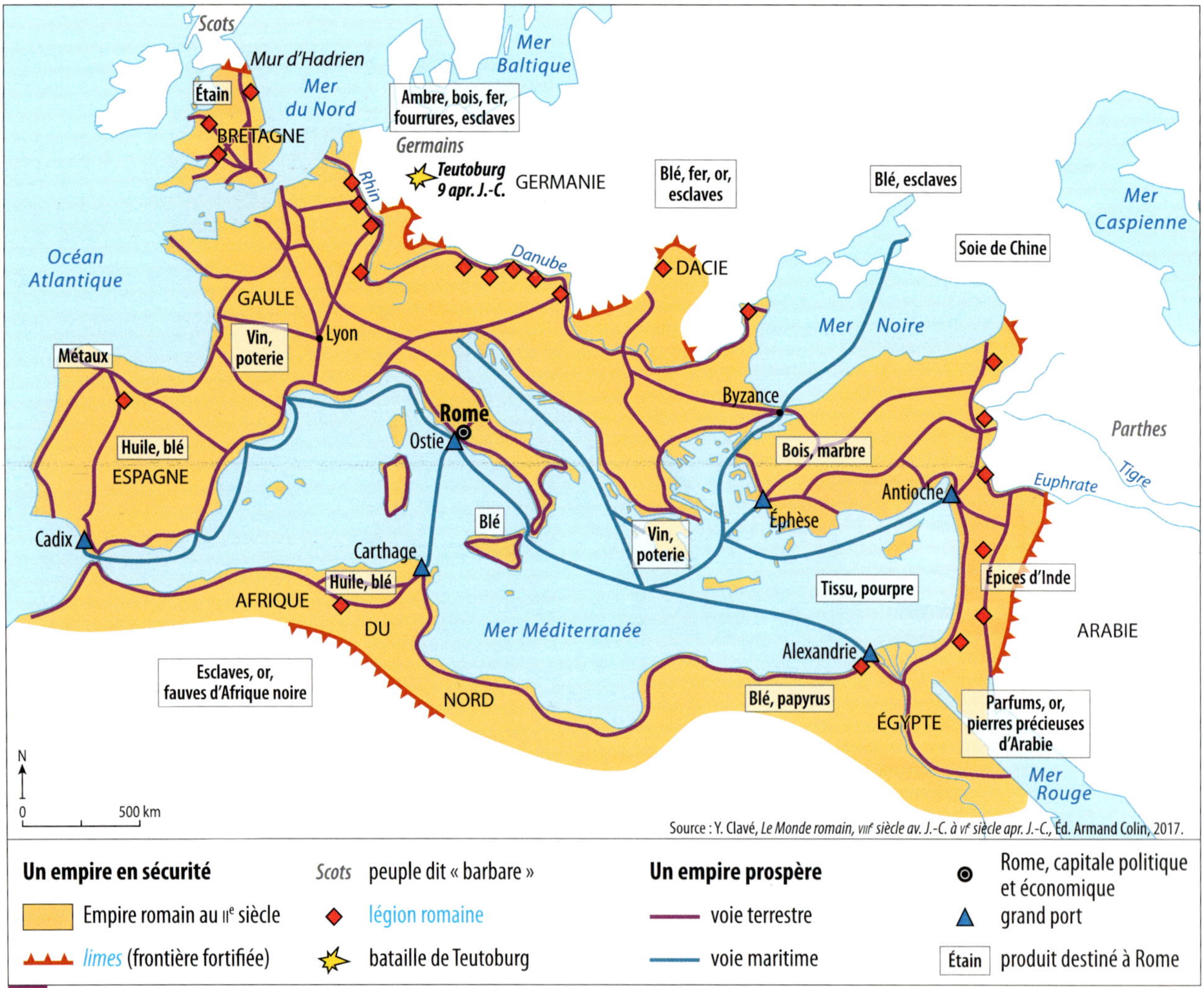

1 L'Empire romain au IIe siècle

carte interactive

Vocabulaire

- **Légion romaine :** unité de base de l'armée romaine. Une légion compte environ 6 000 hommes. Au début de l'Empire, l'armée compte 33 légions distribuées sur les frontières romaines.
- ***Limes* :** nom donné par les historiens à la frontière romaine. On peut la considérer comme une limite, mais aussi comme une route, qui mène vers les territoires récemment conquis.
- **Troupe auxiliaire :** unité de l'armée romaine, à l'origine composée de soldats qui n'étaient pas citoyens romains et devant soutenir les légions romaines dans la défense de l'Empire.

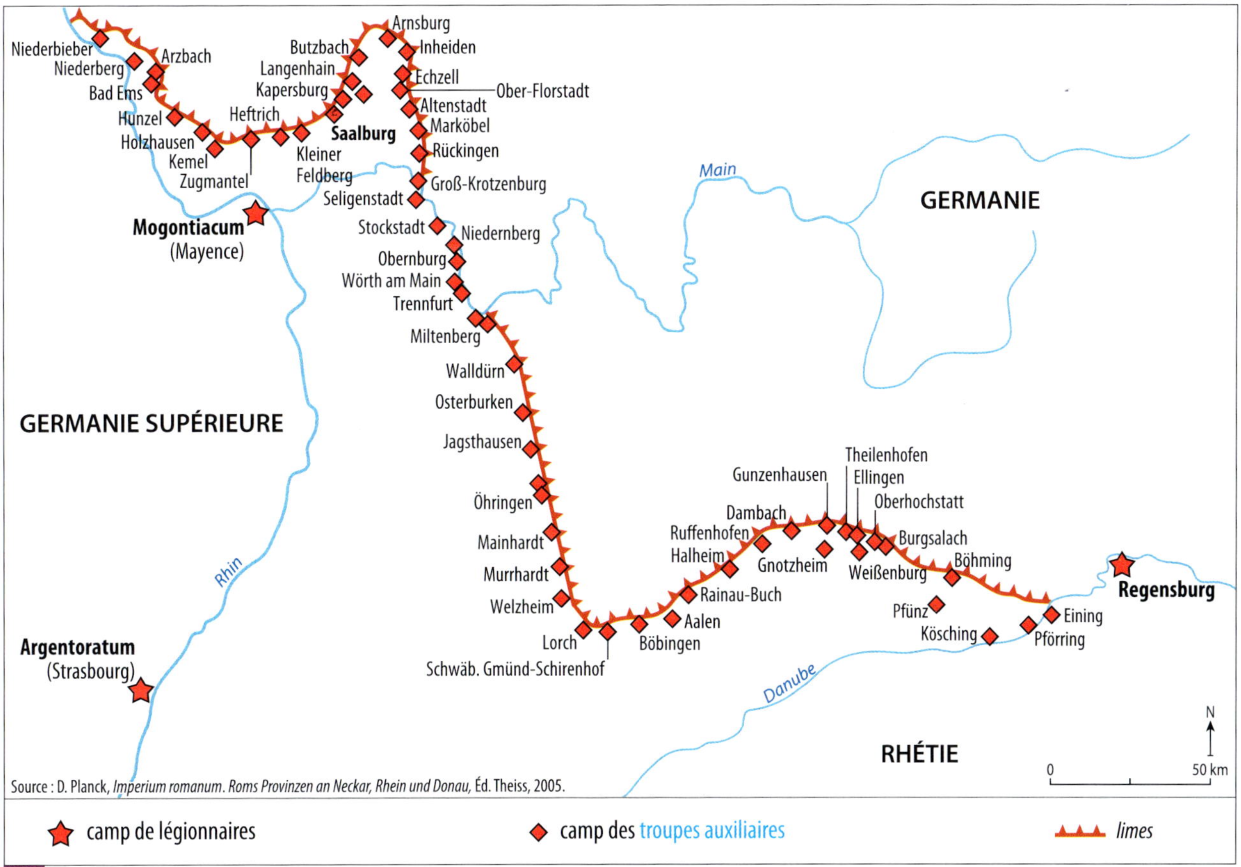

2 Le *limes* rhénan au IIIe siècle

3 Plan du camp romain de Saalburg

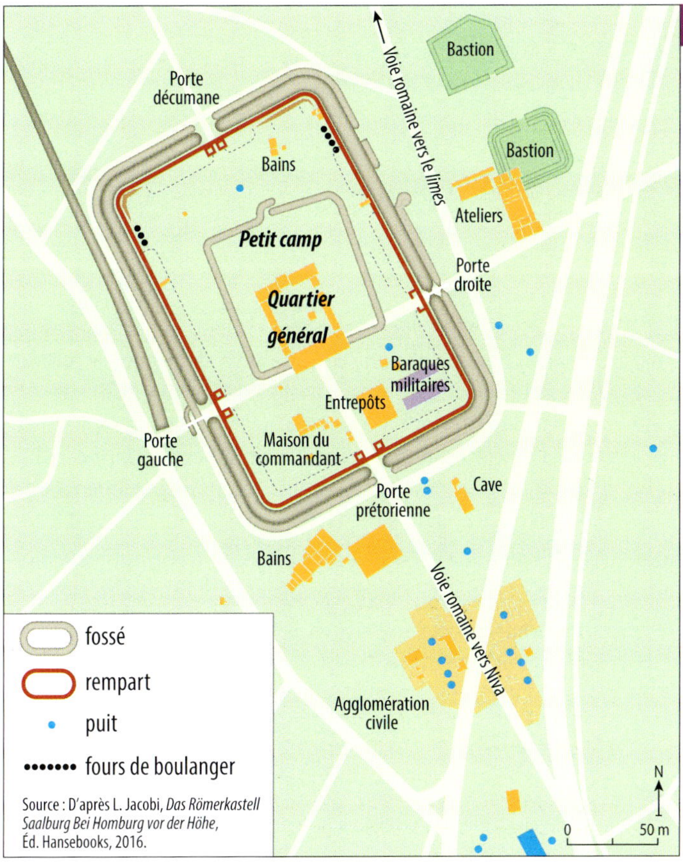

POUR COMPRENDRE

Le *limes* romain s'est développé avec l'extension de l'Empire romain. Dans la région rhénane, il s'est constitué de nombreux forts qui devaient protéger les nouvelles provinces conquises.

1. Quelles sont les frontières de l'Empire romain qui bénéficient d'une protection particulière ? **(doc. 1)**
2. Comment est organisé le *limes* rhénan ? **(doc. 2 et 3)**

ÉTUDE

Le *limes* rhénan, frontière défensive et zone d'échanges

Depuis le IIe siècle avant J.-C., Rome connaît une extension sans précédent. De cité-État, elle est devenue un véritable empire s'étendant tout autour de la Méditerranée. Afin de garantir la sécurité de son territoire, Rome doit protéger ses frontières. Le *limes* rhénan est une partie de cette frontière fortifiée. Mais en plus d'avoir une fonction défensive, c'est aussi un espace d'échanges.

❯ Pourquoi les fonctions du *limes* rhénan ne se limitent-elles pas à la défense de l'Empire ?

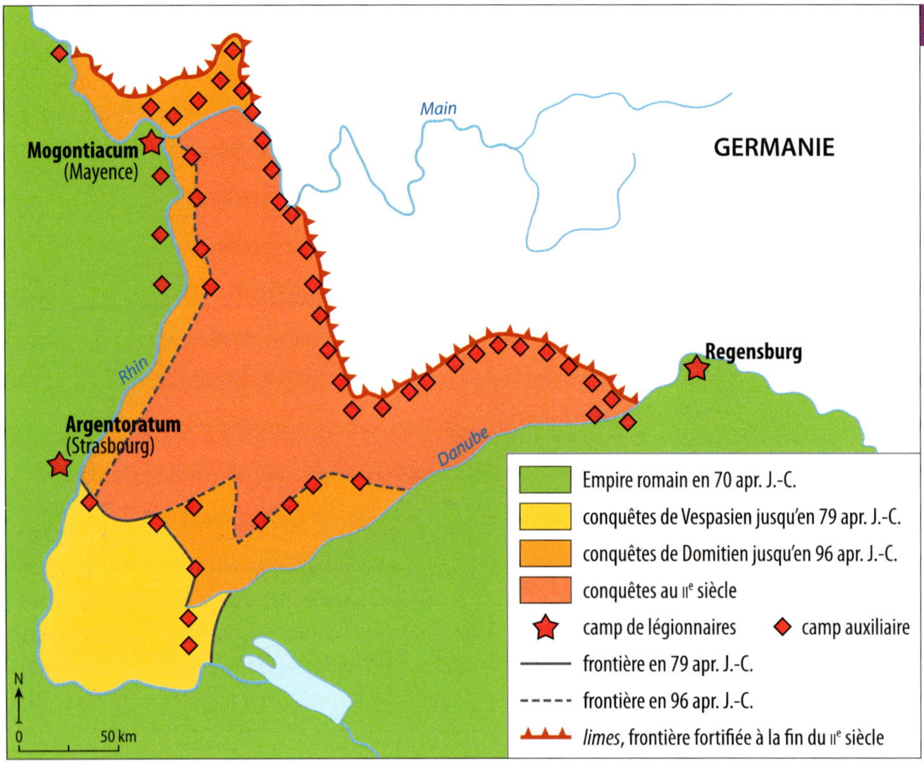

1 L'évolution du *limes* au-delà du Rhin

Le *limes* est une frontière fortifiée qui connaît des modifications de son tracé durant toute la période romaine. D'abord située sur le Rhin, la frontière se déplace progressivement vers l'est.

2 Le Rhin, frontière naturelle vue par Jules César

Jules César, en 58 avant J.-C., est le premier général romain à franchir le Rhin pour aller combattre les Germains. Ce fleuve apparaît alors comme la frontière naturelle entre la zone d'influence romaine et la Germanie.

Après avoir terminé la guerre contre les Germains, César, pour de nombreuses raisons, se détermina à passer le Rhin. [...] César ayant envoyé des députés demander aux Sugambres[1] de lui remettre ceux qui avaient porté les armes contre lui et contre les Gaulois, ils répondirent que « l'empire du peuple romain finissait au Rhin ; s'il ne trouvait pas juste que les Germains passassent en Gaule, malgré lui, pourquoi prétendait-il à quelque pouvoir ou à quelque autorité au-delà du Rhin ? » [...]

César, pour les raisons que j'ai dites, avait décidé de passer le Rhin ; mais la traversée sur des bateaux lui semblait un moyen peu sûr et peu convenable à sa dignité et à celle du peuple romain. Aussi, malgré l'extrême difficulté de construire un pont à cause de la largeur, de la rapidité et de la profondeur du fleuve, il estimait cependant qu'il lui fallait tenter l'entreprise, ou sinon, renoncer à faire passer l'armée. [...]

Tout l'ouvrage est achevé en dix jours, à compter de celui où les matériaux avaient été apportés, et l'armée passe. [...]

César, après s'être arrêté quelques jours sur leurs territoires, et y avoir brûlé tous les bourgs et tous les bâtiments et coupé le blé, [...] crut avoir assez fait pour la gloire et l'intérêt de Rome, revint en Gaule et coupa le pont derrière lui.

J. César, *La Guerre des Gaules, IV 16-19*, trad. M. Rat, Éd. Garnier-Flammarion, 1964.

1. Peuple germanique établi sur la rive droite du Rhin.

3 Défendre le *limes*, le rôle de l'armée romaine

Reconstitution du camp romain de Saalburg, aujourd'hui en Allemagne. Au IIe siècle apr. J.-C., les Romains protègent le *limes* en installant de nombreux camps de soldats le long de la frontière afin de prévenir toute invasion ennemie.

4 Dion Cassius évoque les échanges entre Germains et Romains

Dion Cassius, auteur du début du IIIe siècle apr. J.-C., évoque dans Histoire romaine *la présence des nombreux soldats sur la frontière et les conséquences sur les relations entre Romains et Germains.*

Les Romains y possédaient quelques régions, non pas réunies, mais éparses selon le hasard de la conquête (c'est pour cette raison qu'il n'en est pas parlé dans l'histoire) ; des soldats y avaient leurs quartiers d'hiver, et y formaient des colonies ; les barbares avaient pris leurs usages, ils avaient des marchés réguliers et se mêlaient à eux dans des assemblées pacifiques. Ils n'avaient néanmoins perdu ni les habitudes de leur patrie, ni les mœurs qu'ils tenaient de la nature, ni le régime de la liberté, ni la puissance que donnent les armes. Aussi, tant qu'ils désapprirent tout cela petit à petit et, pour ainsi dire, en suivant la route avec précaution, ce changement de vie ne leur était pas pénible et ils ne s'apercevaient pas de cette transformation.

D. Cassius, *Histoire romaine*, LVI, 18, trad. É. Gros, Éd. Firmin Didot, 1845.

5 L'ANALYSE DE L'HISTORIEN Une frontière poreuse

Charles Whittaker développe l'idée qu'il ne faut pas comprendre le limes *rhénan comme une frontière linéaire mais plutôt comme un espace frontalier, dans lequel la fonction commerciale est au moins aussi importante que la fonction défensive.*

[L'idée] même de la frontière comme une ligne sur une carte est moderne. L'Empire romain illustre bien le thème de Lucien Febvre[1] selon lequel « fins, confins, limites » et « frontières » ne furent jamais considérés comme identiques avant le XIXe siècle. Les anciennes « limites » ne furent jamais linéaires : c'était toujours des zones. [...] À l'évidence, les écrivains romains eux-mêmes ne considéraient pas les grandes frontières fluviales de l'Europe comme des fronts militaires. [...]

Des zones frontalières s'étendaient des deux côtés du *limes* et le commerce frontalier affectait ces deux côtés. [...] La première conséquence fut la constitution progressive d'une frontière invisible au-delà du *limes* [...] qui distinguait ceux qui recevaient par des échanges réguliers les marchandises les plus courantes (céramiques, vin, probablement céréales) et les autres, encore au-delà, auxquels parvenaient essentiellement des articles rares et prestigieux, de bronze, de verre et d'argent liés à des échanges de cadeaux.

Ch. Whittaker, *Les Frontières de l'Empire romain*, trad. Ch. Goudineau, Éd. Les Belles Lettres, 1989.

1. Historien moderniste français de la première partie du XXe siècle.

Jules César

(100-44 av. J.-C.)

Général et homme politique romain, Jules César repousse les frontières romaines jusqu'au Rhin en conquérant la Gaule. Il décrit ses conquêtes dans *La Guerre des Gaules*. Il parvint ensuite à s'emparer du pouvoir et se fait nommer dictateur à vie.

ANALYSE DE DOCUMENTS

1. Analysez le rôle du *limes* rhénan comme frontière défensive :
   - À l'aide des **documents 1 et 2**, montrez que le Rhin et le Danube sont des frontières militaires qu'il convient de défendre.
   - Montrez à l'aide des **documents 2 et 3** que l'Empire romain n'a de cesse de s'étendre en fortifiant ses frontières.
   - À l'aide du texte de D. Cassius, montrez que cette frontière n'empêche pas les relations avec les peuples germains au-delà de la frontière. **(doc. 4)**
2. Confrontez votre analyse à celle de l'historien :
   - Justifiez à l'aide des **documents 1, 4 et 5** le fait que la frontière rhénane est plutôt une zone d'échanges.
   - Expliquez à partir des **documents 4 et 5** la notion de « frontière invisible » qu'évoque l'historien Charles Whittaker.

JALON

REPÈRES 2

▸ Pour se partager des territoires : la conférence de Berlin et le partage de l'Afrique

L'Afrique à la veille de la conférence de Berlin (1884-1885)

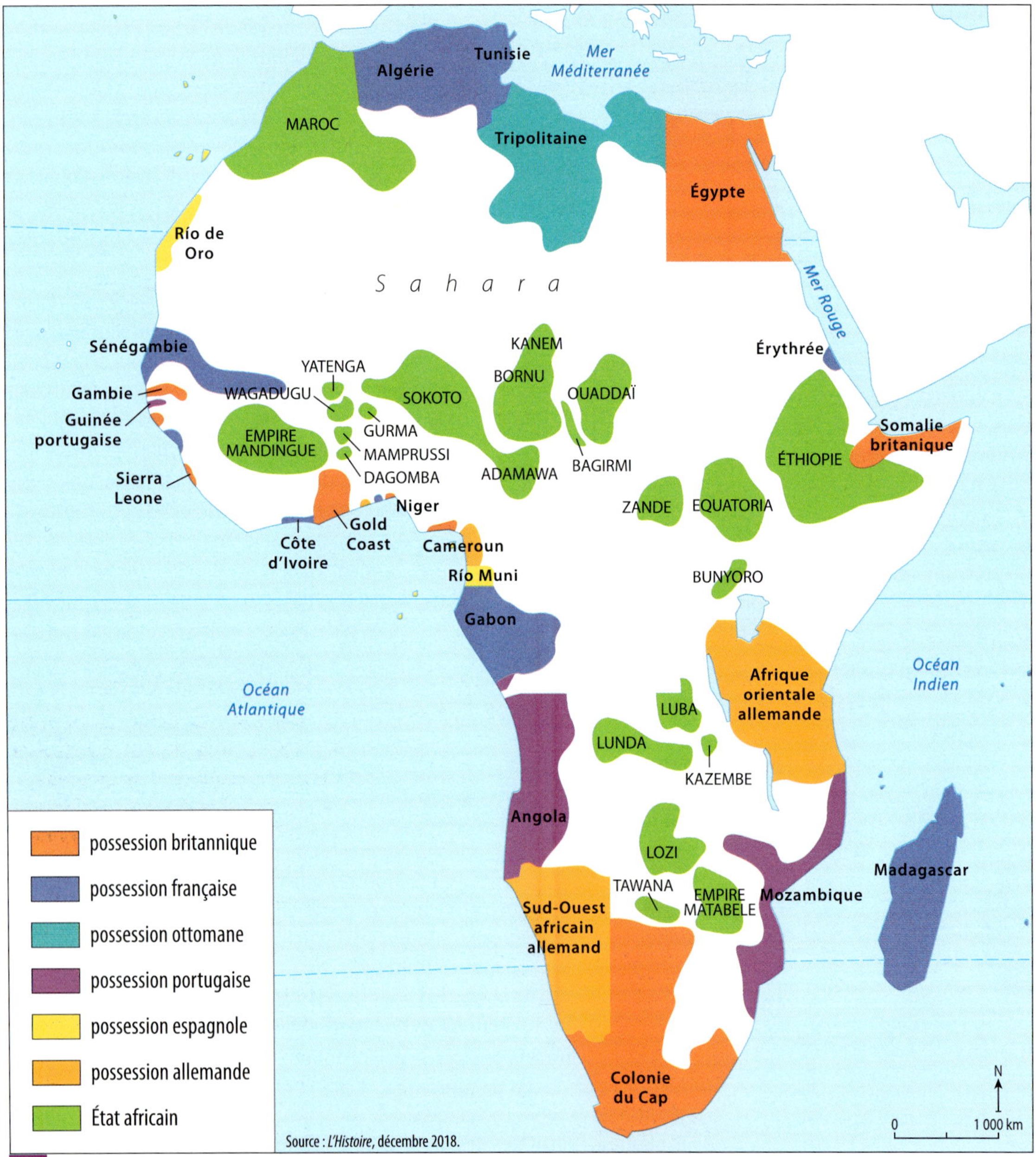

1 L'Afrique en 1884, lors de l'ouverture de la conférence de Berlin

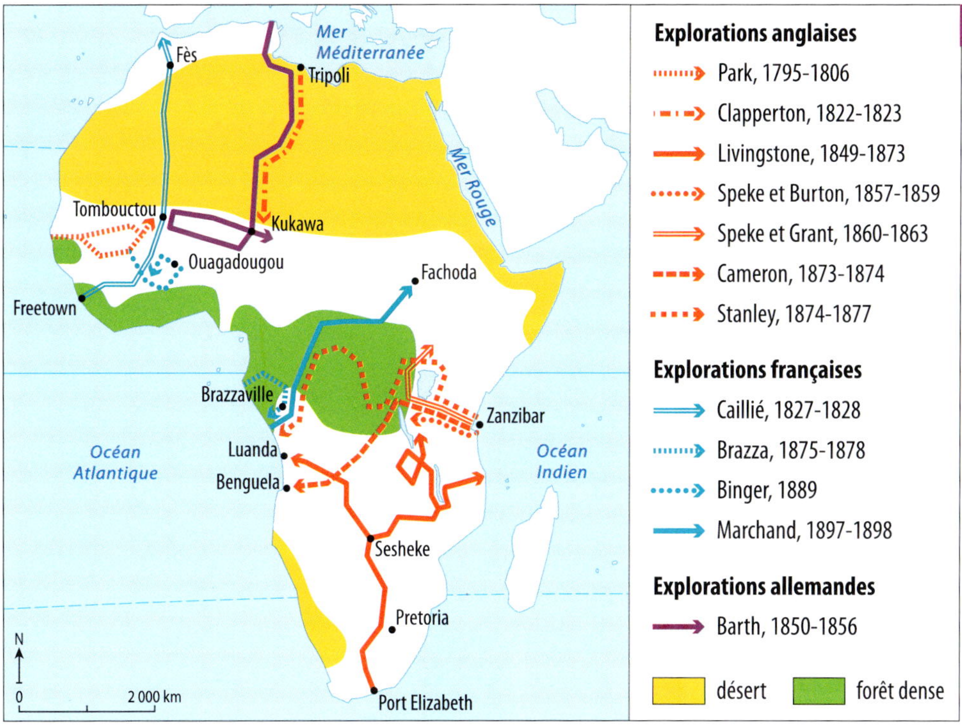

2 Les explorations de l'Afrique avant la conférence de Berlin

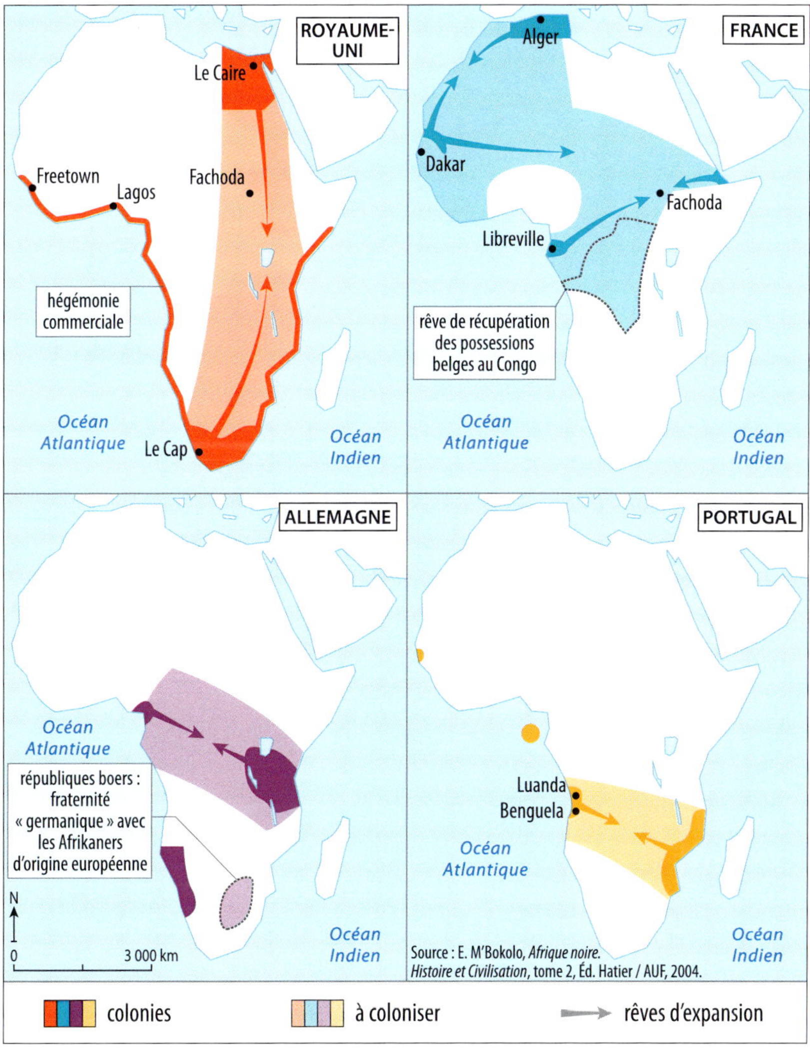

Source : E. M'Bokolo, *Afrique noire. Histoire et Civilisation*, tome 2, Éd. Hatier / AUF, 2004.

3 Les projets de colonisation de l'Afrique dans les années 1880

POUR COMPRENDRE

La conférence de Berlin, tenue entre le 15 novembre 1884 et le 26 février 1885, a eu comme conséquence le progressif partage de l'Afrique entre les puissances européennes.

1. Où sont situées les zones d'influence européennes à la veille de la conférence de Berlin ? **(doc. 1)**
2. Dans quelles zones sont situés les États africains indépendants ? **(doc. 1)**
3. Quels sont les projets européens en Afrique à la veille de la conférence de Berlin ? **(doc. 2 et 3)**

ÉTUDE La conférence de Berlin ou les principes du partage de l'Afrique

La conférence de Berlin de 1884-1885 vise à poser les principes du partage de l'Afrique qui s'annonce après les années 1880, et éviter des conflits coloniaux entre puissances européennes. Aucune puissance africaine n'est invitée à la conférence.

❯ Quels sont les principes du partage de l'Afrique adoptés à Berlin ?

LA CONFÉRENCE DE BERLIN
— A chacun sa part, si l'on est bien sage.

1 La conférence de Berlin, un partage de l'Afrique
Caricature de Draner, *L'Illustration*, 3 janvier 1885.

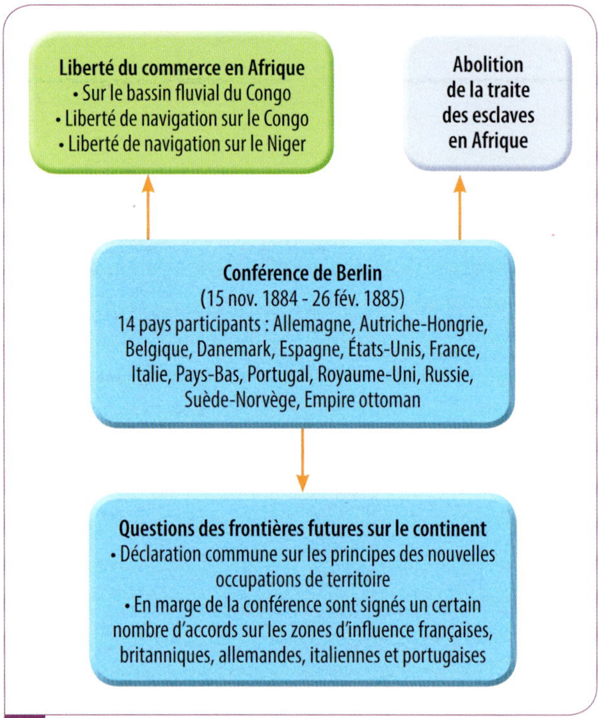

2 Les points soulevés lors de la conférence de Berlin de 1884-1885

3 Les dispositions du traité concernant les frontières

Chapitre VI : Déclarations relatives aux conditions essentielles à remplir pour que des occupations nouvelles sur les côtes du continent africain soient considérées comme effectives

Article 34 : La Puissance qui, dorénavant, prendra possession d'un territoire sur les côtes du continent africain situé en dehors de ses possessions actuelles, ou qui, n'en ayant pas eu jusque-là, viendrait à en acquérir, et de même la Puissance qui y assumera un protectorat, accompagnera l'acte respectif d'une notification adressée aux autres Puissances signataires du présent acte, afin de les mettre à même de faire valoir, s'il y a lieu, leurs réclamations.

Article 35 : Les Puissances signataires du présent acte reconnaissent l'obligation d'assurer, dans les territoires occupés par elles, sur les côtes du continent africain, l'existence d'une autorité suffisante pour faire respecter les droits acquis et, le cas échéant, la liberté du commerce et du transit dans les conditions où elle serait stipulée.

Acte général de la conférence de Berlin de 1885, 26 février 1885.

Vocabulaire

- **Protectorat :** régime politique dans lequel le pays est assujetti à une puissance étrangère. Les institutions sont maintenues de manière formelle, mais la diplomatie, le commerce extérieur et parfois l'armée sont assumés par la puissance étrangère.

ANALYSE DE DOCUMENTS

1. Quelles sont les principales préoccupations des puissances européennes à la conférence de Berlin de 1884-1885 ? **(doc. 1 et 2)**
2. Quels sont les principes adoptés sur le tracé des futures frontières ? **(doc. 3)**

ÉTUDE Le découpage de l'Afrique au début du XXe siècle

À la suite de la conférence de Berlin, en moins de trente ans, la quasi-totalité de l'Afrique est découpée et placée sous la tutelle d'une puissance européenne. Mais les frontières des nouveaux territoires africains ont fait l'objet de nombreuses rectifications en fonction d'accords entre puissances européennes, sans prendre en compte les aspirations des populations locales.

❯ Comment les frontières africaines ont-elles été dessinées par les puissances européennes ?

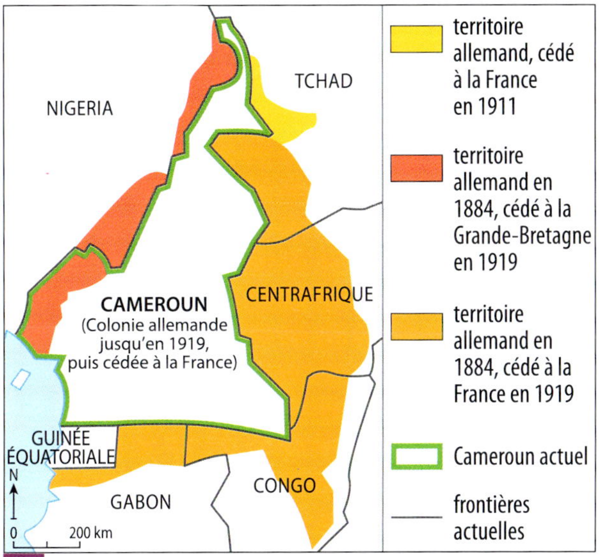

1 Un exemple de frontières sans cesse redéfinies : les frontières du Cameroun

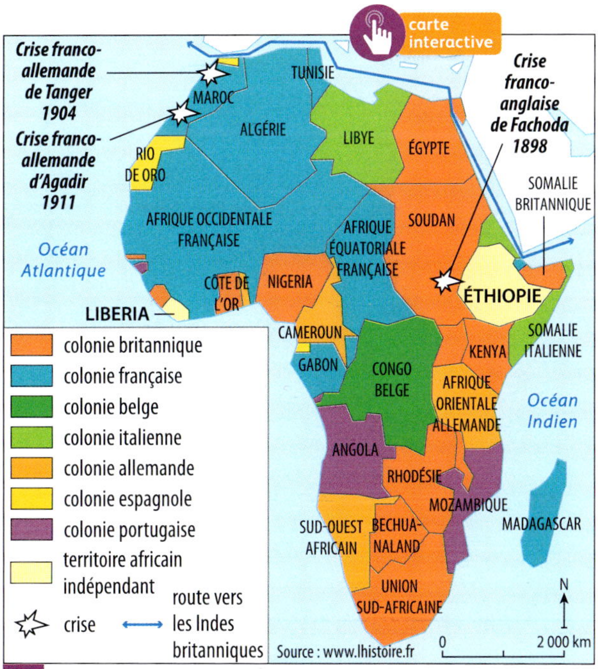

3 L'Afrique en 1914, un continent partagé entre Européens

2 Des échanges de territoires entre la France et la Grande-Bretagne

Article 5 : La frontière existant entre la Sénégambie et la colonie anglaise de la Gambie sera modifiée de manière à assurer à la France la possession de Yarboutenda et des terrains et points d'atterrissement appartenant à cette localité. […]

Article 6 : Le groupe désigné sous le nom d'îles de Los est cédé par S. M. britannique à la France.

Article 8 : À l'est du Niger, et sous réserve de modifications […], le tracé suivant sera substitué à la délimitation établie entre les possessions françaises et anglaises par la Convention du 14 juin 1898.

Convention signée entre la France et la Grande-Bretagne, 1904.

4 Les négociations frontalières entre la France et la Grande-Bretagne

Lorsque les commissaires des deux gouvernements qui procèdent en ce moment à la délimitation seront revenus, les deux gouvernements prendront en considération toute modification de la ligne frontière ci-dessus qui semblerait désirable pour déterminer la ligne de démarcation avec plus de précision. Afin d'éviter les inconvénients qui pourraient résulter d'un tracé qui s'écarterait des frontières reconnues, il est convenu que, dans la partie du tracé où la frontière n'est pas déterminée par les routes commerciales, il sera tenu compte des divisions politiques actuelles des territoires.

D'après « La route soudanaise du lac Tchad », *Questions diplomatiques et coloniales,* 16 juin 1904.

ANALYSE DE DOCUMENTS

1. Pourquoi les frontières du Cameroun connaissent-elles de nombreuses modifications ? (doc. 1)
2. Quelles conséquences les accords diplomatiques européens ont-ils sur le continent africain ? (doc. 2 et 3)
3. Montrez qu'en 1914, la quasi-totalité de l'Afrique est sous domination européenne, mais que le tracé des frontières reste un sujet de discorde entre les puissances coloniales. (doc. 3)

JALON ▸ Pour séparer deux systèmes politiques : la frontière entre les deux Corées

REPÈRES 3

La guerre de Corée et la formation d'une frontière idéologique

1944 1945 1946 1947 1948 1949 1950 1951 1952 1953 1954

GUERRE DE CORÉE (1950-1953)

- **Juil.-août 1945** — **Conférence de Potsdam** (URSS et États-Unis projettent de diviser la Corée au 38e parallèle après la chute du Japon)
- **1947** — **Début de la guerre froide**
- **Juillet 1948** — **Élection de Syngman Rhee** en Corée du Sud, qui devient la République de Corée
- **Septembre 1948** — **Kim Il-sung nommé dirigeant** de la République populaire démocratique de Corée du Nord
- **25 juin 1950** — **La Corée du Nord envahit la Corée du Sud** avec le soutien de l'URSS
- **15 sept. 1950** — **Débarquement des troupes de l'ONU** sous commandement américain
- **1er oct. 1950** — Les troupes de l'ONU franchissent le 38e parallèle
- **Juillet 1951** — **Début des négociations**
- **27 juillet 1953** — Signature d'un **accord de cessez-le-feu** à Panmunjeom instaurant la DMZ au 38e parallèle et confiée à l'ONU

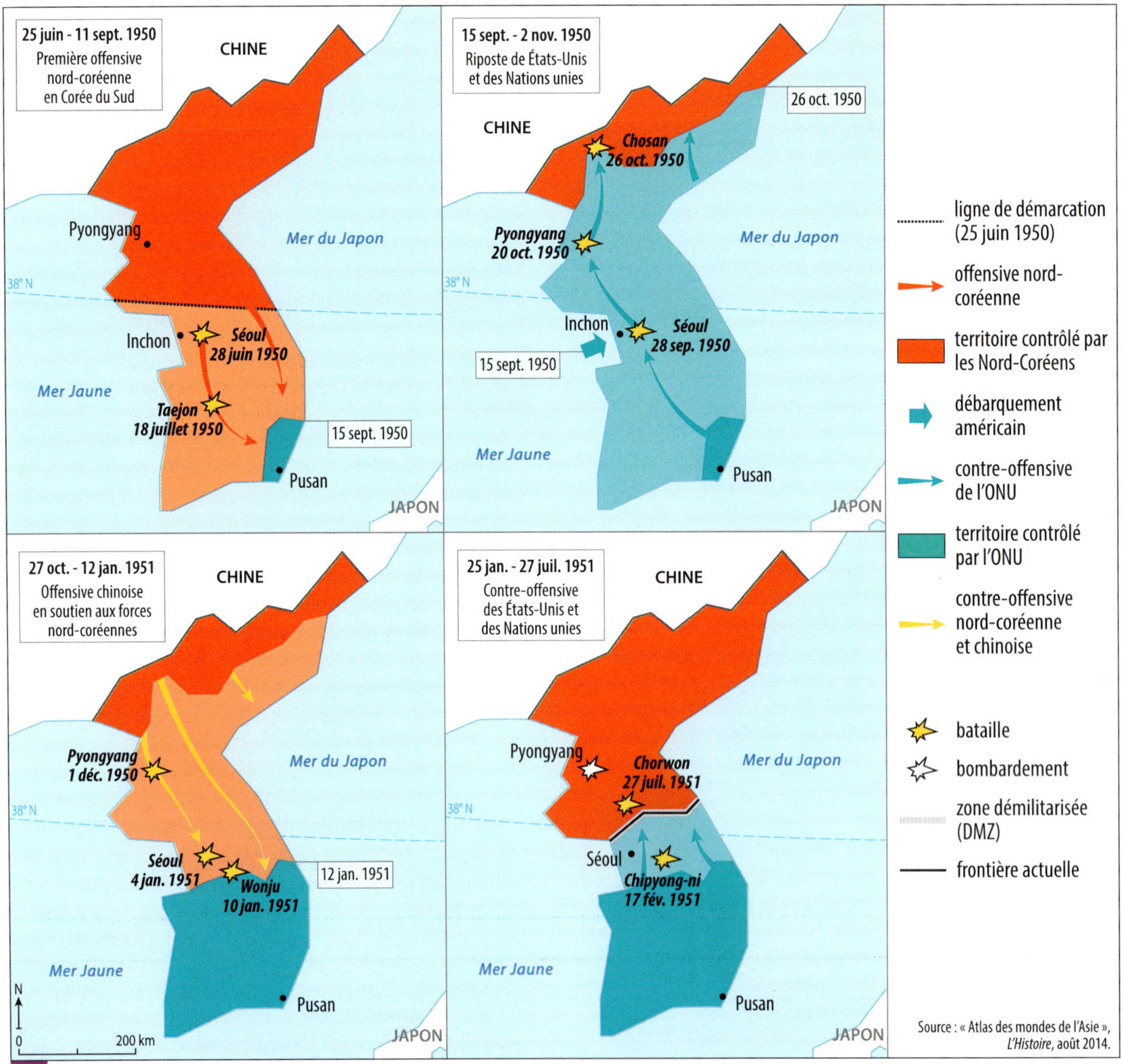

1 La délimitation entre les deux Corées : une frontière issue des guerres

carte interactive

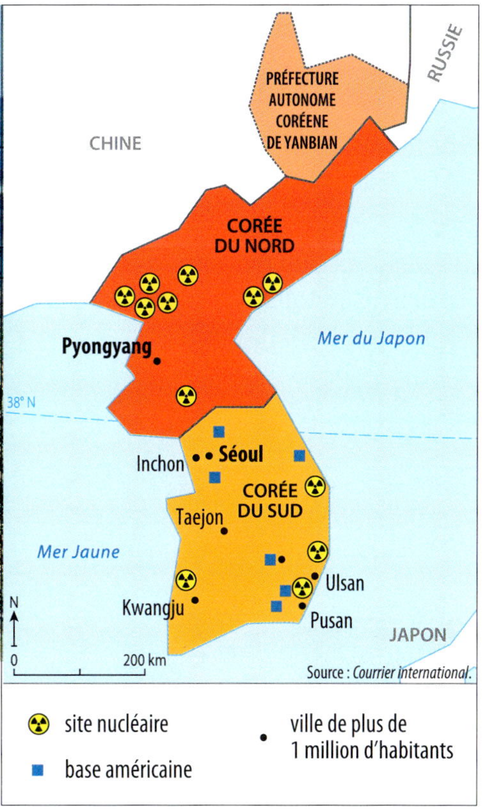

2 **Les deux Corées, aujourd'hui encore séparées par une frontière fermée**

700 000 soldats nord-coréens et 410 000 soldats sud-coréens surveillent en permanence la DMZ depuis 1953.

Nom	Corée du Nord 	Corée du Sud 
Régime politique	« Démocratie populaire » Dictature militaire	Démocratie libérale
Dirigeant	Kim Jong-un 	Moon Jae-in 
Démographie	25 490 965 (2017)	51 466 201 (2017)
Espérance de vie	71 ans (2016)	82 ans (2016)
Superficie	123 138 km²	100 356 km²
IDH (indice de développement humain)	Donnée non disponible	0,903 (2017)
Importations	4 900 millions $ (2017)	478 478 millions $ (2017)
Exportations	1 850 millions $ (2017)	573 694 millions $ (2017)
PIB	Donnée non disponible	1 531 milliards $ (2017)

3 **Des espaces de développement contrastés**

Source : Banque mondiale, 2019.

Vocabulaire

- **DMZ :** zone démilitarisée et fortifiée entre les deux Corées, d'une longueur de 248 km sur environ 4 km de large, située de part et d'autre du 38e parallèle qui formait la ligne de démarcation intercoréenne avant le conflit.

À VOIR

JSA (Joint Security Area), film de Park Chan-Wook, 2000 : deux soldats de l'armée nord-coréenne sont retrouvés morts dans la zone de sécurité commune (à l'intérieur de la DMZ) séparant les deux Corées. Cette affaire donne lieu à un incident diplomatique majeur entre les deux pays.

POUR COMPRENDRE

La frontière qui partage la Corée du Nord et la Corée du Sud est un vestige de la guerre de Corée, qui s'est déroulée dans le contexte de la guerre froide (doc. 1). Elle est depuis un enjeu de tensions intenses entre les deux pays. **Décrivez la frontière entre les deux Corées, puis expliquez ses impacts sur le développement des deux États et les relations internationales. (p. 36-37)**

ÉTUDE

Une frontière hautement symbolique à l'époque de la guerre froide

Le traité de paix qui mit fin à la guerre de Corée (1950-1953) confirma le rôle du 38e parallèle dans la délimitation des deux Corées. La frontière entre les deux États devint un enjeu majeur de la guerre froide (1947-1991).

❯ Pourquoi la frontière coréenne est-elle un symbole de la guerre froide ?

1 Le 38e parallèle, frontière entre les deux Corées

Les véhicules de transport des forces de l'ONU repassent le 38e parallèle lors de leur retrait de Pyongyang, capitale de la Corée du Nord, en 1950, pendant la guerre de Corée.

2 Le 38e parallèle et l'avenir du monde

Harry Truman, président des États-Unis pendant la guerre de Corée, explique dans ses Mémoires *(1955-1956) la position américaine au début du conflit.*

Ce n'était pas la première fois au cours de mon existence qu'un fort avait attaqué un faible. Songeant à certains exemples du passé […], je me rappelais comment, chaque fois que les démocraties étaient restées passives, les agresseurs s'étaient par là même trouvés encouragés […]. Le communisme appliquait en Corée exactement les méthodes qu'Hitler, Mussolini et les Japonais avaient utilisées dix, quinze et vingt ans plus tôt. J'étais persuadé que si la Corée du Sud était abandonnée à son sort, les chefs communistes s'enhardiraient à envahir des pays plus proches de nos rivages ; si le monde libre leur permettait de pénétrer par la force dans la République de Corée sans leur résister, aucune petite nation après cela n'aurait le courage de s'opposer aux menaces et à l'agression de voisins rouges plus forts qu'elle. Si ce défi n'était pas relevé, il s'ensuivrait une Troisième Guerre mondiale, tout comme des incidents similaires avaient provoqué la guerre de 1914-1918. Il me paraissait également évident que si cette attaque injustifiée contre la Corée ne pouvait pas être arrêtée, les fondations et les principes mêmes des Nations unies se trouveraient en péril. […]

Je dis à mes conseillers que ce qui se passait en Corée me semblait être une répétition à grande échelle de ce qui s'était passé à Berlin[1].

H. S. Truman, *Mémoires II, Années d'épreuve et d'espérance*, trad. D. Meunier, Éd. Plon, 1956.

1. Référence au blocus de Berlin (juin 1948-mai 1949) durant lequel Staline avait fermé les frontières de Berlin-Ouest.

3 La division d'un peuple

Pablo Picasso, *Massacre en Corée,* 1951, Musée national Picasso, Paris.

4 Les craintes suscitées par le conflit coréen

Une du journal ouest-allemand *Der Tintenfisch,* juillet 1950.

En haut, sur les nuages, Konrad Adenauer, chancelier fédéral, et Wilhelm Pieck, président de la RDA, expriment leur crainte : « Oh là là - c'est donc bien la répétition générale !??!? »

5 Franchir le 38e parallèle pendant la guerre froide

Retrouvailles de familles séparées, Séoul, 1985.

Le 12 août 1971, 18 ans après la fin de la guerre de Corée, le président de la branche sud-coréenne, Choi Doo-seon, a proposé à la Croix-Rouge du Nord des discussions sur les familles séparées. L'appel fut entendu et, après 25 rencontres bilatérales officieuses, des pourparlers officiels se déroulèrent le 29 août 1972 à Pyongyang. Pour la première fois depuis 1953, une délégation du Sud se rendait dans la capitale du Nord. Quand elle franchit la DMZ par le pont dit « de non-retour », beaucoup craignaient de ne jamais la voir revenir. À tort. Le dialogue était amorcé, bien que les retrouvailles n'aient pas lieu immédiatement. En période de fortes tensions, elles deviennent impossibles à organiser[1].

La première s'est tenue en septembre 1985, en présence d'une centaine de personnes des deux Corées. À l'époque, les contacts entre les deux pays s'intensifiaient. On parlait de coopération économique et de projets communs dans la perspective des Jeux olympiques de Séoul, en 1988, voire d'un sommet entre le président du Sud, Chun Doo-hwan, et le dirigeant du Nord, Kim Il-sung.

Il n'y eut pas de suite et il fallut attendre août 2000 pour de nouvelles retrouvailles, dans un contexte de rapprochement favorisé cette fois par la politique dite du « rayon de soleil » du président sud-coréen, Kim Dae-jung.

D'après Ph. Mesmer, « En Corée, la Croix-Rouge réunit les familles du Nord et du Sud », lemonde.fr, 18 août 2018.

1. Après la période de « détente » qui marqua un apaisement des tensions pendant la guerre froide (1963-1979), les tensions augmentèrent pendant la « guerre fraîche ».

ANALYSE DE DOCUMENTS

Pourquoi la frontière coréenne est-elle un symbole de la guerre froide ?
Rédigez une réponse à la problématique proposée en organisant votre réflexion selon le plan suivant :

1. La frontière coréenne, symbole de l'affrontement politique entre les États-Unis et l'URSS. **(doc. 1, 2 et 4)**
2. Un peuple divisé et meurtri par la guerre froide. **(doc. 3 et 5)**
3. Un enjeu frontalier qui évolue au gré des phases de la guerre froide. **(doc. 4 et 5)**

LEÇON 2 Tracer des frontières, approche géopolitique

› Pour quelles raisons les États ont-ils cherché à définir et matérialiser leurs frontières ?

A Tracer la frontière pour s'approprier un territoire

- **En traçant la frontière, un acteur, généralement un État, délimite un territoire sur lequel il exerce son pouvoir.** Bien que certaines frontières soient marquées par un élément physique (le Rhin entre la France et l'Allemagne, l'Oder-Neisse entre la Pologne et l'Allemagne, le 38e parallèle entre les deux Corées), aucune frontière n'est naturelle. Toute frontière est un construit social par l'homme, qui fixe le tracé de cette limite. Même un tracé « naturel » peut évoluer, comme la rivière de Narayani entre l'Inde et le Népal, mais dont les sillons des cours d'eaux sont régulièrement modifiés lors des inondations des moussons et les bornes déplacées par les eaux.
- **Chaque tracé est matérialisé symboliquement sur des cartes ou physiquement sur le terrain** (postes de douanes, bornes), et il est souvent concrétisé par un traité. Le tracé peut être reconnu ou dénoncé par d'autres acteurs, notamment les États voisins qui peuvent le rejeter s'ils estiment qu'il lèse leurs intérêts ou qui leur a été imposé. Ainsi, Pékin remet aujourd'hui en cause le tracé de la « ligne McMahon », défini lors du traité de Simla (1914) pour déterminer la frontière entre la Chine et l'Inde et qui accorde la région de l'Arunachal Pradesh à ce dernier. Pékin rejette ce tracé, accusant d'avoir signé sous la contrainte de l'occupation britannique et que le tracé au crayon rouge sur la carte en 1914 est contestable car la carte de l'époque était faussée.

1 La ligne McMahon

Un militaire indien surveillant la frontière.
Pékin remet aujourd'hui en cause la ligne McMahon comme frontière internationale entre l'Inde et la Chine.

B Des frontières pour se défendre ou séparer

- **Les États tracent des frontières pour différentes raisons, mais toujours dans l'idée de défendre un intérêt.** Ce tracé se fait en fonction de représentations, réelles ou imaginées, qui vont avoir un impact sur le rôle attribué à la frontière.
- **Des acteurs ont d'abord tracé des frontières « de protection »** pour se couper d'un ennemi ou d'une menace. Le *limes* fortifié des Romains du Ier au Ve siècle apr. J.-C. ou l'actuelle militarisation de la frontière fermée par l'Arabie Saoudite pour se prémunir des incursions depuis le Yémen illustrent cette volonté.
- **D'autres acteurs ont tracé des frontières « de séparation »** pour partager les sociétés ou des groupes socioculturels selon les représentations que l'on se fait de l'Autre, comme la frontière entre les deux Corées, les murs entre l'Inde et le Bangladesh ou les États-Unis et le Mexique.
- **Des acteurs tracent enfin des frontières « de provocation »** pour matérialiser leur appropriation d'un territoire, voire pour l'étendre par des conquêtes suivant la logique de front pionnier. Les frontières tracées puis modifiées lors des différentes phases de colonisation de l'Afrique au XIXe siècle ou la revendication de nouveaux territoires, comme le Maroc qui occupe le Sahara occidental depuis 1975, illustrent ces dynamiques du tracé.

Vocabulaire

- **Front pionnier :** espace en cours de mise en valeur par les hommes.
- **Intangibilité des frontières :** principe selon lequel, pour éviter tout conflit frontalier, les frontières reconnues internationalement ne peuvent être dénoncées et modifiées.
- ***Limes* :** nom donné par les historiens à la frontière romaine. On peut la considérer comme une limite mais aussi comme une route, qui mène vers les territoires récemment conquis.

C Tracer une frontière, une action source de tension

- **Dès qu'elle est tracée, la frontière devient une ligne que d'autres acteurs essaient de remettre en cause, de traverser ou de transgresser (migrants irréguliers, trafiquants).** L'exemple antique de Remus qui franchit sans en avoir le droit le sillon tracé par son jumeau Romulus pour délimiter le territoire de la future Rome, entraînant le meurtre de Remus par Romulus, illustre parfaitement ces enjeux conflictuels liés au tracé de la frontière.
- Au XIXe siècle, le géographe Friedrich Ratzel définit **la frontière comme une réalité mouvante, dont le tracé évolue en fonction du rapport de force entre différents acteurs.** Chaque frontière a sa propre histoire, et si son tracé a pu évoluer pour plusieurs raisons (comme les mariages princiers), les négociations diplomatiques ou les guerres en furent les principaux moteurs.
- **Tracer une frontière peut générer des conflits**, soit entre les deux États concernés, soit lorsque des acteurs ont tracé arbitrairement une frontière sans tenir compte d'autres enjeux, notamment des peuplements. Des ethnies africaines dénoncent les tracés des frontières décidés par les puissances coloniales européennes après la conférence de Berlin de 1884-1885. Le principe de l'intangibilité des frontières rend aujourd'hui peu probables des modifications imposées de tracés terrestres. Pourtant, l'annexion de la Crimée par la Russie en 2014 montre les fragilités d'un tel accord.

2 La frontière États-Unis/Mexique

Des gardes-frontières américains patrouillent à cheval le long de la barrière de la frontière américano-mexicaine, près de Jacumba, en Californie, en novembre 2016.

SCHÉMA BILAN

schéma interactif

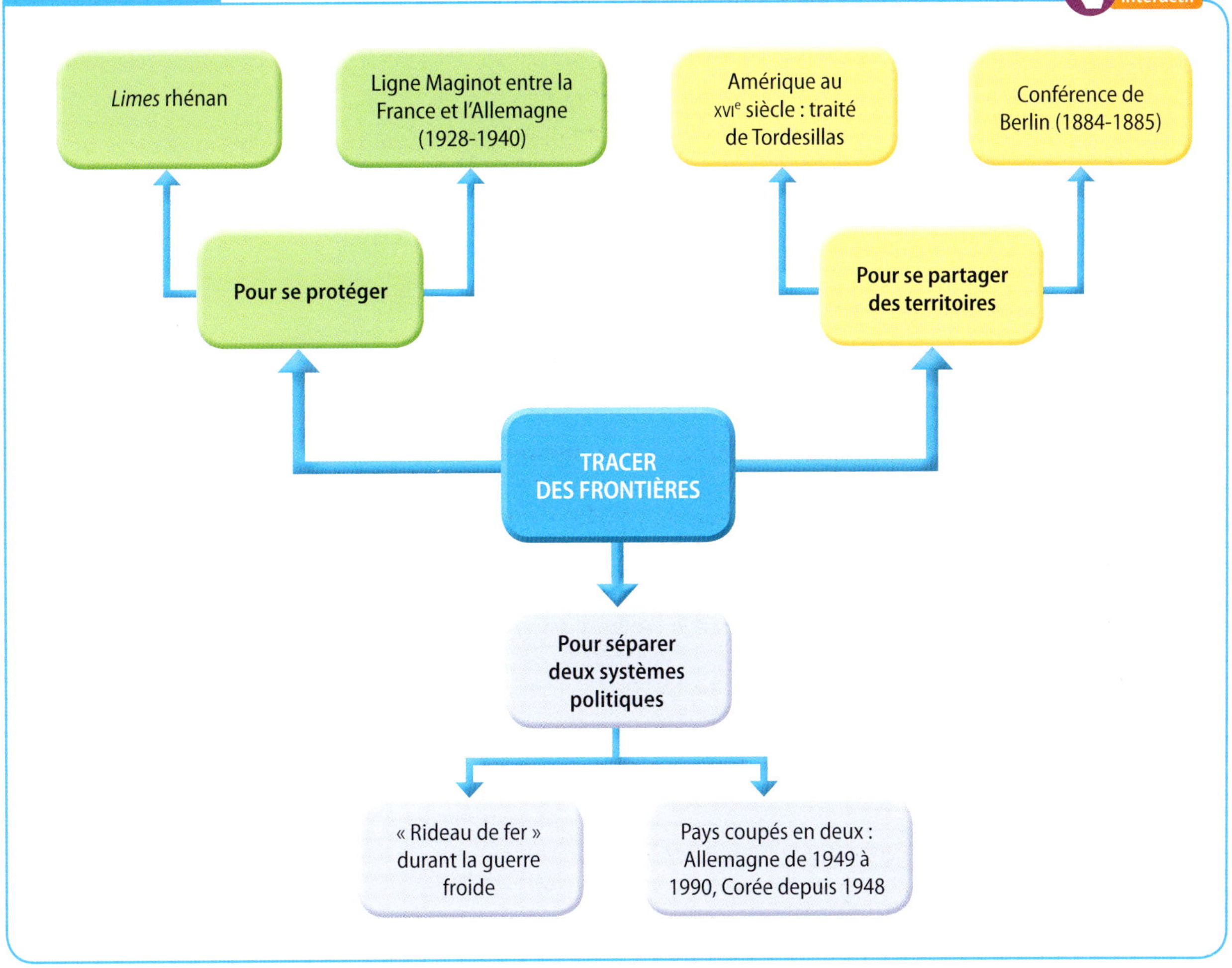

AXE 2

Les frontières en débat

› Les frontières favorisent-elles la paix entre les États ou sont-elles un facteur de conflits ?

1 Affiche contre la reconnaissance de la frontière Oder-Neisse entre l'Allemagne et la Pologne

« Séparée en trois ? Jamais ! » Le conseil d'administration pour une Allemagne non-séparée *(Kuratorium Unteilbares Deutschland)* est une organisation créée en RFA en 1954 dans le but de réunifier l'Allemagne à partir de ses frontières d'avant 1939. Elle ne reconnaît pas la frontière Oder-Neisse dessinée après la Seconde Guerre mondiale. Cette organisation a été dissoute en 1992.

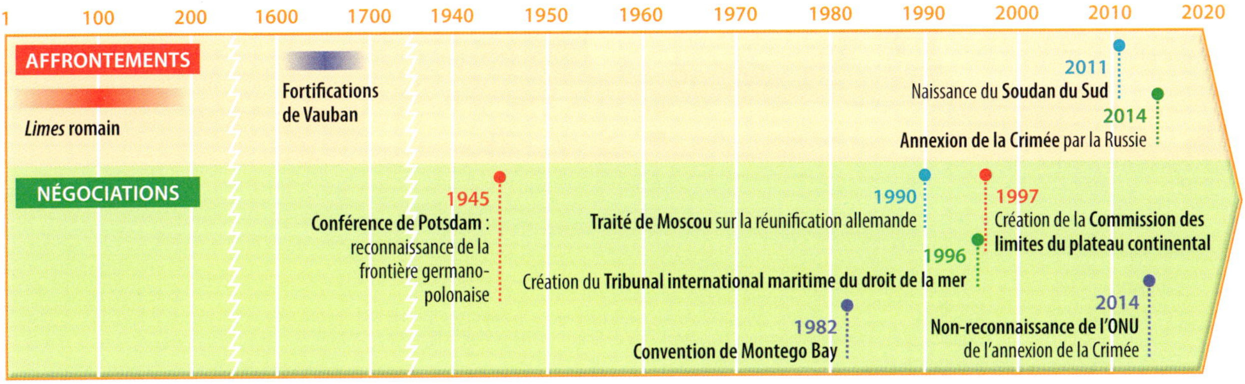

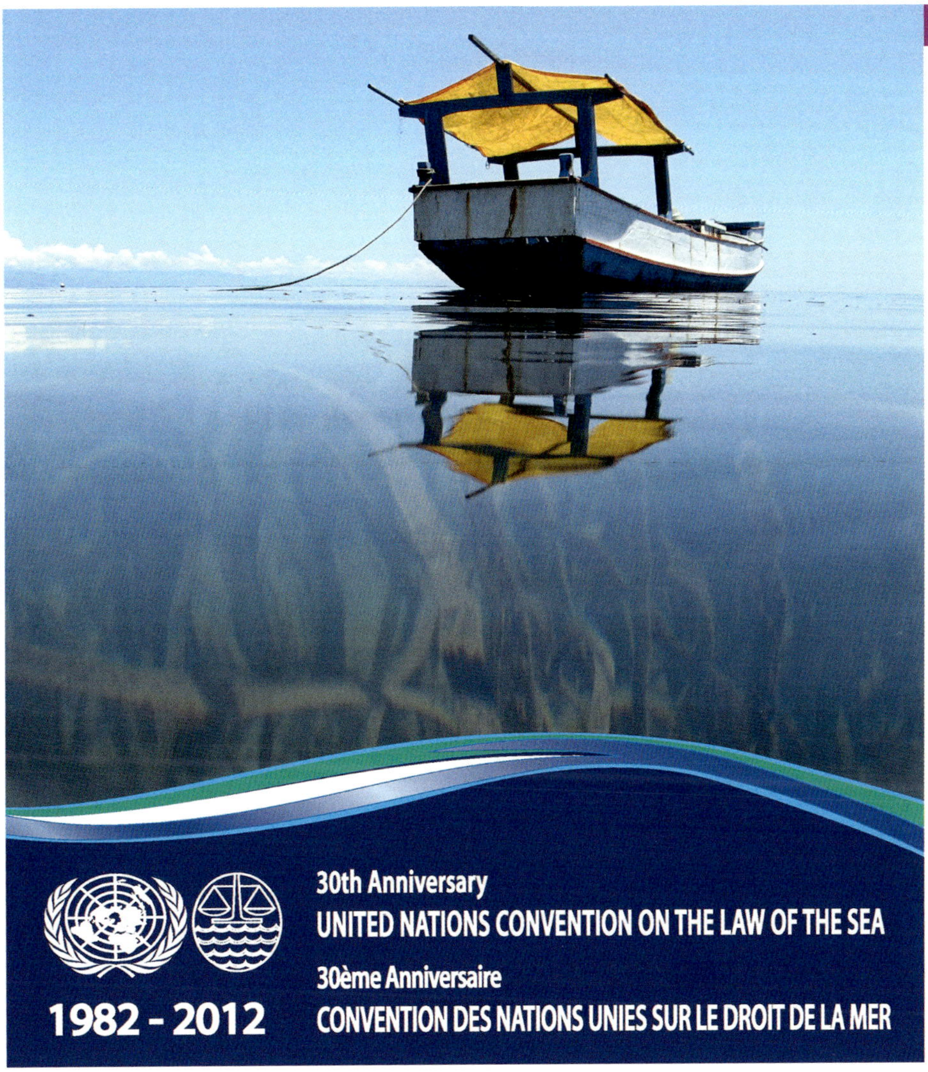

2 **Affiche célébrant le 30e anniversaire de la convention des Nations unies sur le droit de la mer, 8 juin 2012.**

QUESTIONS

1. Montrez que la fixation des frontières fait à la fois l'objet d'affrontements et de négociations. **(doc. 1 et frise)**
2. Quelles frontières tendent à être dépassées par les États ? Pourquoi ? **(doc. 2 et frise)**

La frontière germano-polonaise

1795 — **Disparition de la Pologne** à la suite du partage entre la Prusse, la Russie et l'Autriche

1919 — **Traité de Versailles** : les frontières du nouvel État polonais sont fixées

Sept. 1939 — Disparition de la **Pologne, envahie et partagée** entre l'Allemagne nazie et l'URSS stalinienne

Juil.-août 1945 — **Conférence de Potsdam** : les Alliés fixent la ligne Oder-Neisse comme frontière avec l'Allemagne

1949 — **Création de la RFA et de la RDA**

1950 — **Traité de Görlitz** : la RDA reconnaît la ligne Oder-Neisse

1970 — **Traité de Varsovie** : la RFA reconnaît la ligne Oder-Neisse

1990 — **Traité de Varsovie** : l'Allemagne réunifiée reconnaît la ligne Oder-Neisse

1 Évolution des frontières polonaises depuis l'an mil

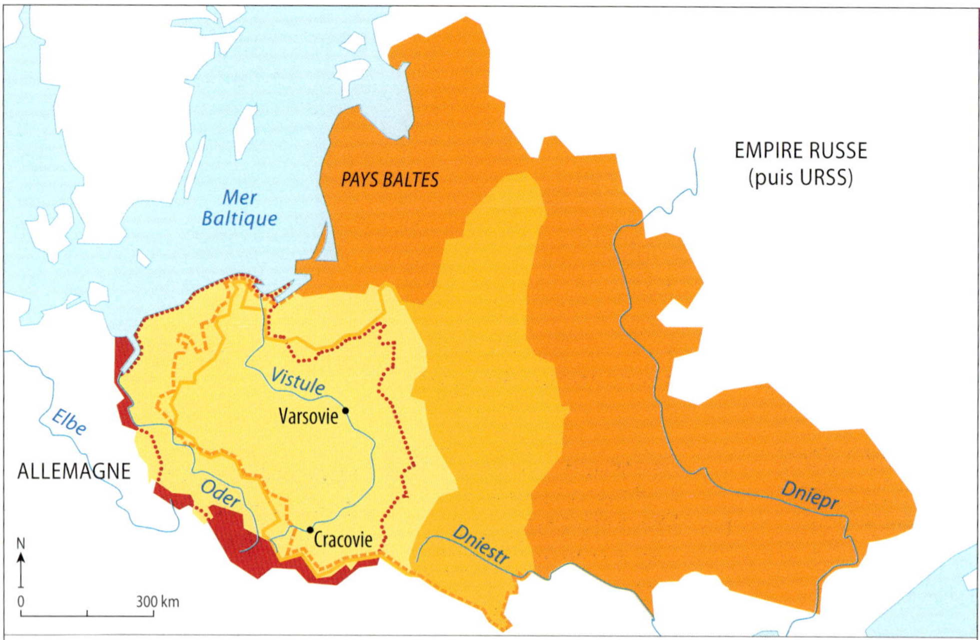

Territoire et /ou frontière polonaise
- sous Boleslas Ier (992-1025)
- sous la République des Deux Nations (Pologne-Lituanie) (1569-1795)
- sous la Seconde République de Pologne (1918-1939)
- actuel

lien Internet

Vers le numérique : sur Internet, recherchez et regardez la vidéo « Histoire géopolitique de l'Europe, en cartes (1000-2000) ». Repérez les dates où la frontière entre l'Allemagne et la Pologne a fait l'objet d'évolutions. Effectuez ensuite des recherches pour présenter les raisons de ces évolutions.

2 La renaissance de la Pologne de 1919 à 1939

Un traité qui fonde un nouvel État polonais
- territoire accordé à la Pologne par le traité de Versailles (1919)
- capitale polonaise
- ESTONIE autre État né du traité
- nouvelle frontière issue du traité de Versailles

Un traité qui trace des frontières conflictuelles
- gain territorial polonais
- perte territoriale polonaise
- couloir de Dantzig, un espace de tensions avec l'Allemagne dans l'entre-deux-guerres

Lors du traité de Versailles (28 juin 1919), les pays vainqueurs de la Première Guerre mondiale prévoient la création d'un nouvel État polonais, dont il faut tracer les frontières avec l'Allemagne vaincue.

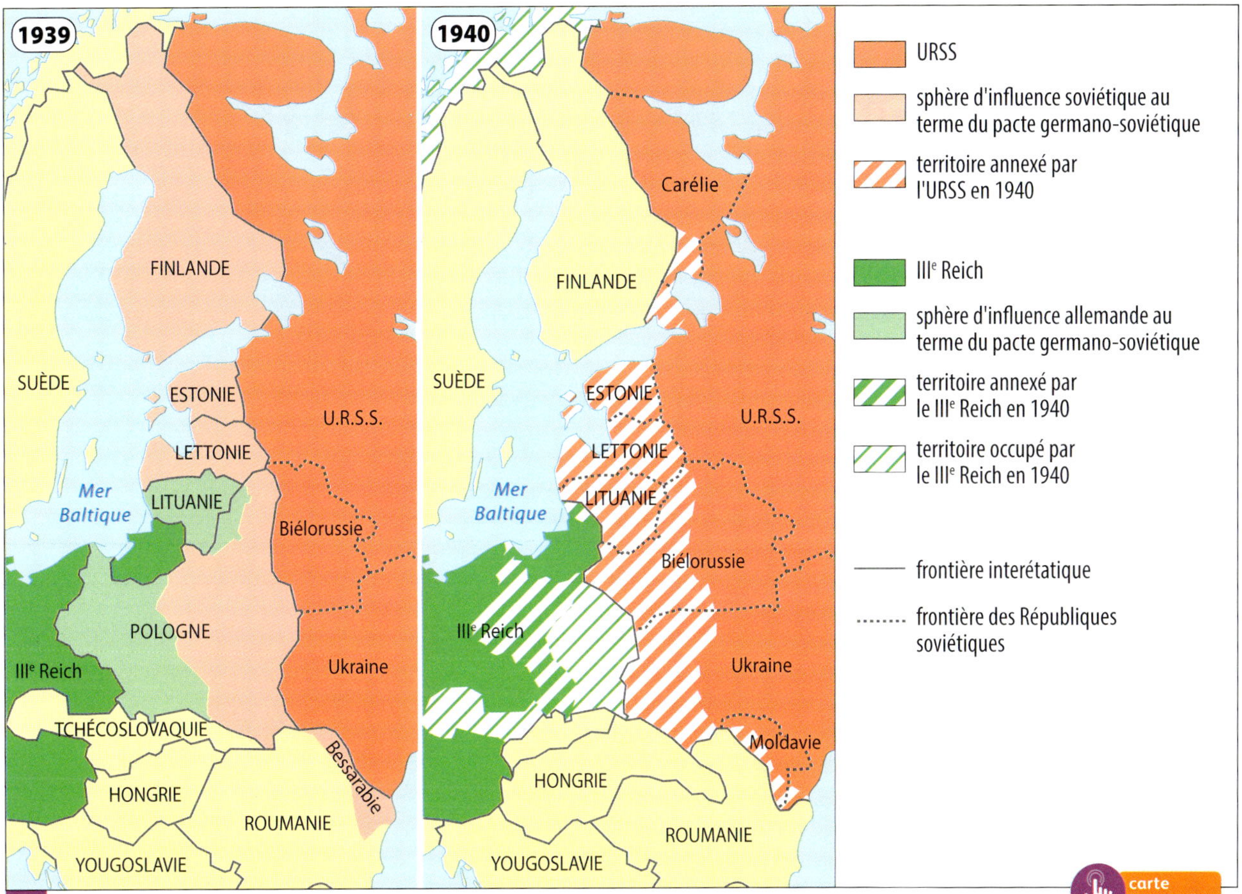

3 La Pologne dépecée par le pacte germano-soviétique de 1939

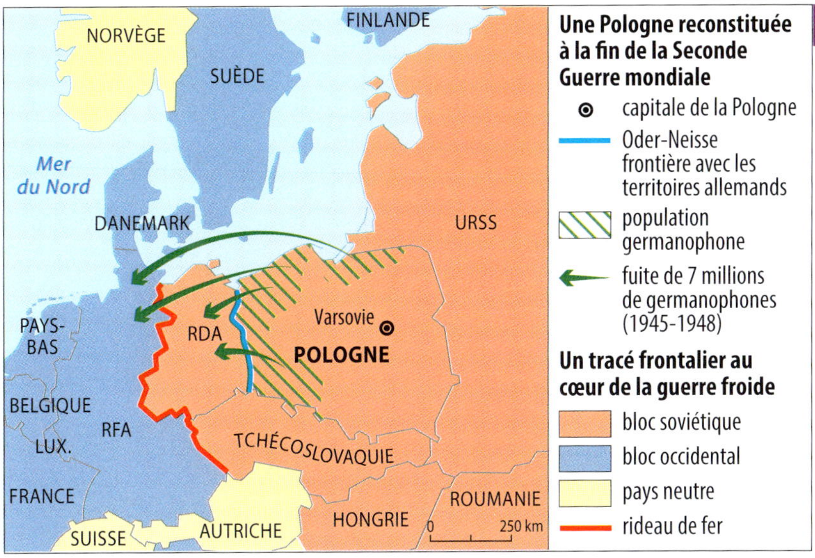

4 Les conséquences du nouveau tracé le long de l'Oder-Neisse (1945)

L'Oder et la Neisse sont deux fleuves qui ont été utilisés pour fixer la frontière entre la Pologne et l'Allemagne.

Vocabulaire

- **RDA (République démocratique allemande) :** nom donné à l'Allemagne de l'Est entre 1949 et 1990. C'est un pays socialiste qui fait partie du bloc de l'Est, tout comme la Pologne, sous l'autorité de l'URSS.
- **RFA (République fédérale d'Allemagne) :** nom donné à l'Allemagne de l'Ouest entre 1949 et 1990, puis à l'Allemagne réunifiée depuis 1990. Elle fait partie du bloc occidental libéral proche des États-Unis.

POUR COMPRENDRE

1. La Pologne est un État dont l'histoire a été marquée par les guerres, les disparitions et les reconstructions. **Montrez que les frontières de la Pologne se sont progressivement déplacées vers l'ouest. (doc. 1, 2 et 4)**
2. Chacun de ces événements a provoqué des modifications dans le tracé de ses frontières, notamment avec l'Allemagne **(frise et doc. 2, 3 et 4)**. **Pourquoi la question de la définition de la frontière est-elle un enjeu géopolitique important ?**

JALON ▸ Reconnaître la frontière : la frontière germano-polonaise de 1939 à 1990, entre guerre et diplomatie

ÉTUDE La frontière germano-polonaise, un enjeu durant la guerre froide

Longue de 472 km, la frontière actuelle entre l'Allemagne et la Pologne a été définie en 1945 par les vainqueurs de la Seconde Guerre mondiale qui recréèrent le pays. Né de la guerre, le tracé fut l'objet de nouvelles tensions et de négociations entre la Pologne et les deux Allemagnes dans le contexte de la guerre froide.

> **Comment la reconnaissance du tracé de la frontière entre l'Allemagne et la Pologne est-elle au cœur des négociations durant la guerre froide ?**

1940 – 1950 – 1960 – 1970 – 1980 – 1990 – 2000

- **1945-1947** Fin de la Grande Alliance entre URSS et Occidentaux
- **1947-1963** Fortes tensions entre blocs
- **1963-1980** Détente
- **1969-1974** Ostpolitik
- **1980-1991** Fin de la guerre froide

- **2 août 1945** **Conférence de Potsdam** : les Alliés décident que les régions allemandes situées à l'est de l'Oder-Neisse passent sous administration polonaise
- **Mars-avr. 1947** **Conférence de Moscou** : les Alliés reconnaissent officiellement la ligne Oder-Neisse comme « frontière de la paix »
- **7 déc. 1970** **Traité de Varsovie** : la RFA reconnaît la ligne Oder-Neisse
- **27 sept. 1989** La **RFA reconnaît la frontière avec la Pologne** à l'ONU
- **12 sept. 1990** **Traité de Moscou : il entérine les frontières de l'Allemagne de 1945**
- **17 juin 1991** **Signature du contrat de bon voisinage germano-polonais** reconnaissant la minorité germanophone en Pologne

1 Délimitation de la nouvelle frontière germano-polonaise en 1945

Après la Seconde Guerre mondiale, les Alliés ont choisi les fleuves Oder et Neisse comme références pour tracer la nouvelle frontière.

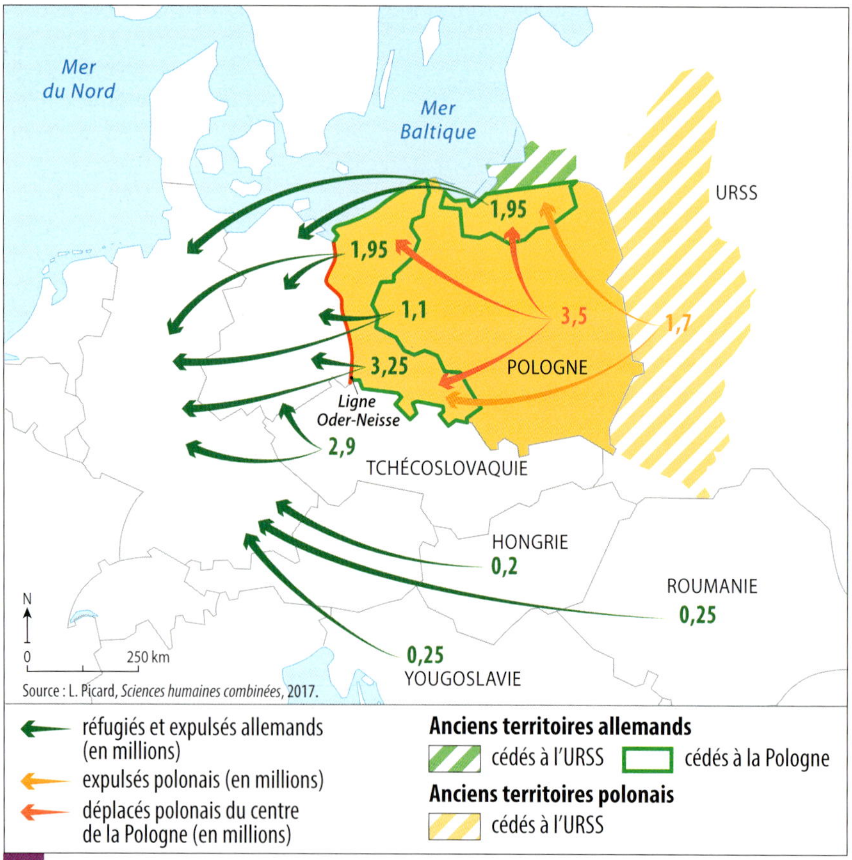

2 Les déplacements de populations allemande et polonaise entre 1944 et 1948

3 Le rejet allemand de la ligne Oder-Neisse au début de la guerre froide

La CDU dénonce le traité de Moscou de 1947, jugé comme un abandon des 7 millions de germanophones vivant dans les territoires au-delà de l'Oder-Neisse, notamment les régions de Stettin (Szczecin) et Breslau (Wrocław).

4 Le rapprochement entre la RDA et la Pologne communistes

Timbre est-allemand de 1951 célébrant le traité de Görlitz du 6 juillet 1950 entre Wilhelm Pieck (RDA) ❶ et Bolesław Bierut (Pologne) ❷ qui reconnaissent la ligne Oder-Neisse comme « frontière de la paix ❸ et de l'amitié ❹ ».

5 La reconnaissance de la ligne Oder-Neisse, un enjeu de l'Ostpolitik

En 1970, Walter Scheel, ministre des Affaires étrangères de la RFA, précise l'importance du règlement de la question de la frontière entre l'Allemagne et la Pologne afin d'envisager un rapprochement dans la perspective d'une réunification allemande.

Donc si l'on souhaite le rapprochement germano-polonais, il faut aborder la question de la frontière. On ne peut pas éluder cette question centrale des rapports germano-polonais.

Il ne fait aucun doute que notre « ouverture » à l'Est conditionne même ses progrès. Faute de pouvoir changer les frontières, nous pouvons néanmoins les rendre plus perméables et à long terme nous arriverons peut-être à leur ôter leur importance. Car ce qui compte en définitive, ce ne sont pas les frontières, mais les relations entre les peuples. Il est certes amer de perdre sa patrie et de devoir considérer Breslau, Danzig ou Deutsch-Krone comme des villes polonaises. Mais si au bout de 25 ans nous nous avisons enfin de tenir compte de la réalité, ce n'est tout de même pas nous qui avons créé cette réalité : la République fédérale d'Allemagne doit assumer le fardeau de l'héritage national-socialiste.

On a dit de Staline qu'il avait créé la ligne Oder-Neisse pour qu'il y eût une pomme de discorde permanente entre l'Allemagne et la Pologne. Nous avons de bonnes raisons pour liquider ce contentieux. En concluant ce traité, nous mettons en place un élément de l'ordre de paix européen. Nous savons que ce n'est qu'un élément.

Source : W. Scheel, Le traité entre la République fédérale d'Allemagne et la République populaire de Pologne, 1973.

6 L'ANALYSE DE L'HISTORIEN — La question des frontières, un préalable à la réunification

Pour les expulsés et le devenir des territoires de l'Est, les deux dates clés sont 1970 (traité de Varsovie) et 1990 (réunification). En 1970, l'Ostpolitik atteint son sommet en permettant à la Pologne et à la RFA de signer des accords, notamment concernant la limite géographique polonaise à l'ouest. En 1989-1990, alors que le système communiste s'est effondré en RDA et que les deux États allemands souhaitent s'unifier, il apparaît rapidement que la représentation d'une Allemagne unie au cœur de l'Europe est effrayante pour bien des pays. La puissance allemande continue de faire peur et certains craignent que l'Allemagne n'ait de nouveau des prétentions territoriales. C'est pour cette raison que la question des territoires de l'Est redevient d'actualité et que la reconnaissance de la frontière germano-polonaise est posée comme un préalable à l'unité allemande. Les Alliés ne donneront leur aval à l'unification que lorsque la question de la frontière germano-polonaise aura été définitivement réglée.

L. Picard, « La ligne Oder-Neisse est-elle la frontière définitive germano-polonaise ? Le combat des expulsés autour d'une limite géographique », *Sciences humaines combinées*, 2010.

Vocabulaire

- **CDU :** Union chrétienne-démocrate, parti allemand de droite, au pouvoir de 1949 à 1969, entre 1982 et 1998, et depuis 2005.
- **Ostpolitik (« Politique de l'Est ») :** politique étrangère mise en œuvre par le chancelier Willy Brandt de 1969 à 1974, visant à normaliser les relations de l'Allemagne avec les pays du bloc de l'Est.

ANALYSE DE DOCUMENTS

1. Quelles sont les conséquences du déplacement de la frontière germano-polonaise sur la ligne Oder-Neisse après la Seconde Guerre mondiale ? **(doc. 1 et 2)**
2. Expliquez les différentes réactions en RFA et RDA face à cette nouvelle frontière. **(doc. 3 et 4)**
3. Expliquez comment la diplomatie et l'évolution du contexte de la guerre froide ont permis d'apaiser les tensions entre les États au sujet de ce tracé frontalier. **(doc. 5 et 6)**

ÉTUDE

Le droit de la mer : un droit identique sur toutes les mers et les océans

ORAL

Mais à qui appartient la mer ? Au cours des cinquante dernières années, des dizaines de millions de km² d'espaces maritimes sont passés sous le contrôle des États, soucieux de contrôler les points stratégiques et les ressources limitrophes, réalisant ainsi la plus grande conquête territoriale de tous les temps.

› Comment la convention de Montego Bay a-t-elle mis en place une sorte de « constitution universelle » des espaces maritimes pour encadrer ce vaste mouvement d'appropriation ?

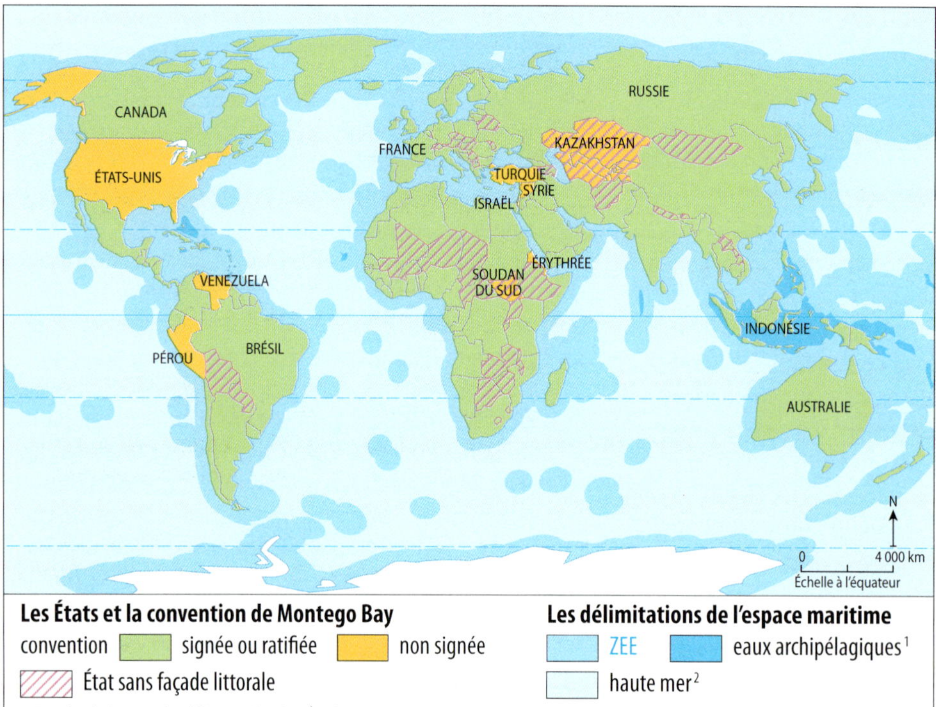

1. Eaux localisées entre les différentes îles d'un État formant un archipel.
2. Espace maritime ouvert à tous les États. Cependant, ce n'est pas une zone de « non-droit » car la réglementation du « pavillon du bateau », c'est-à-dire de son pays d'immatriculation, s'y applique.

Source : *L'Enjeu mondial*, sciencespo.fr, 2018.

1 Les espaces maritimes définis par le droit de la mer (convention de Montego Bay, 1982)

Vocabulaire

- **ZEE (Zone économique exclusive)** : espace marin large de 200 milles nautiques (370 km) dans lequel l'État côtier dispose de droits exclusifs sur l'exploration et l'exploitation des ressources.

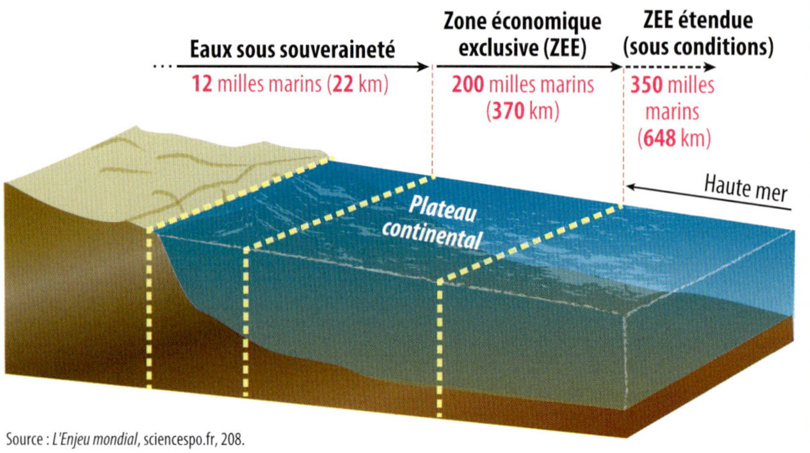

Source : *L'Enjeu mondial*, sciencespo.fr, 208.

2 Les limites des espaces maritimes selon la convention de Montego Bay

C'est dans la ZEE étendue que les États peuvent demander une extension de leur ZEE sur la haute mer, en prouvant par l'étude des reliefs sous-marins que leur plateau continental, considéré comme l'extension naturelle de leur territoire, s'étend bien au-delà de la limite moyenne de 370 km.

Les grands principes du droit de la mer (convention de Montego Bay, 1982)

Liberté
- Liberté de navigation dans les détroits (art. 44)
- Liberté en haute mer : navigation, pêche, recherche scientifique, pose de câbles (art. 87)

Régulation
- Droits des États sans littoral d'exploiter les ressources laissées par les États dans leur ZEE (art. 69)
- Lutte contre les activités illégales : trafics, piraterie (art. 99 à 107)
- Préservation des ressources biologiques en haute mer (art. 119)

Source : CMB, 1982

3 Le droit de la mer

4 L'archipel des Kouriles, un enjeu géopolitique entre le Japon et la Russie

Dessin de presse de Vitaly Podvitski, 2014.

Traduction : « - Je proteste, c'est mon île ! / - À qui sont les chars ? Alors, à qui est l'île ? »

À l'échelle mondiale, la moitié des délimitations maritimes seulement ont fait l'objet d'un accord. Depuis 1945, le sort de quatre îles de l'archipel des Kouriles bloque la signature d'un traité de paix entre le Japon et la Russie. Elles sont riches en eaux thermales, en minerais et en ressources halieutiques.

lien Internet « Kouriles, les îles de la discorde », *Le Dessous des cartes*, Arte, 2017.

5 L'appropriation des mers et des océans

La mondialisation est souvent présentée comme un grand mouvement de « privatisation », des acteurs privés s'appropriant de plus en plus des ressources, des territoires. En ce qui concerne les espaces maritimes, on a plutôt assisté à un effort constant de « nationalisation » : ce sont les États qui étendent leurs interventions sur les océans, au point d'aboutir à une « territorialisation » grandissante des mers.

Depuis 1945, la réflexion sur la mer a été affectée par les nouvelles possibilités d'exploration, d'exploitation et d'intervention de la puissance publique sur et sous les mers, car désormais, l'océan n'est plus seulement un espace de circulation, mais aussi un gisement de richesses exploitables. Deux préoccupations se sont combinées pour faire évoluer le droit maritime :

- celle des États industrialisés qui souhaitaient limiter les revendications pour maintenir le principe de liberté de navigation en haute mer et laisser ouvert l'accès aux ressources découvertes ou à découvrir, qu'ils sont a priori les mieux placés pour exploiter ;

- celle des pays en développement, dépourvus de techniques et de capitaux nécessaires à l'exploitation des ressources marines et sous-marines, soucieux de résister à un pillage programmé de leurs réserves.

Ces deux positions parvinrent à un compromis grâce à deux conférences organisées par l'ONU : celle de Genève en 1958 créa les catégories de mer territoriale et de plateau continental, et celle de Montego Bay en 1982 y ajouta celle de ZEE.

D'après P. Royer, *Géopolitique des mers et océans*, Éd. PUF, 2014.

ACTIVITÉ **OBJECTIF** ▪ Réaliser un exposé

Vous présentez un exposé qui doit répondre au sujet :
Le droit de la mer identique sur tout l'océan mondial s'applique-t-il facilement ?

Pour vous aider, remplissez le tableau. Pour chaque colonne, faites une recherche documentaire et choisissez un document de cette double page pour appuyer votre démonstration.

	Le droit de la mer	L'exemple des Kouriles (Japon, Russie)
Principes du droit de la mer		
Objectifs des acteurs		
Outils		
Limites ou perspectives		

Pour aller plus loin

Grâce à la carte interactive des conflits maritimes du site donutholes.ch, repérez les régions où le droit de la mer rencontre des limites d'application, puis placez-les sur le schéma.

lien Internet

ÉTUDE

La remise en question des frontières en mer de Chine

Contrairement aux États-Unis, la Chine a ratifié la convention de Montego Bay en 1996. Pourtant, elle l'interprète librement en mer de Chine, au gré d'enjeux géopolitiques : accès aux ressources, contrôle de trafic maritime, rivalités de souverainetés régionales. C'est dans ce contexte que la Chine ne cesse de s'approprier des îlots de cet espace maritime.

› La mer de Chine deviendra-t-elle une mer chinoise ?

1 Les revendications d'appropriation en mer de Chine

2 L'ANALYSE DU SPÉCIALISTE **La mer de Chine, reflet de l'interprétation du droit de la mer par la Chine**

Le cas le plus épineux concerne la relation entre la Chine et le Japon à propos des îles Senkaku (pour le Japon), Diaoyu (pour la Chine). Les îles ont été cédées par les États-Unis au Japon en 1971. En 2012, la ville de Tokyo les a achetées pour éviter que d'éventuels propriétaires privés y organisent des provocations à l'égard de la Chine. Mais cette dernière estime que c'est une nationalisation et que cela la prive de ses droits. En 2013, Pékin étend son propre espace aérien aux îles. Les États-Unis apportent leur soutien à Tokyo, Obama déclarant que le traité de défense américano-japonais couvre les îles… Chacun montre ses muscles pour ne pas s'en servir, mais la crainte d'un dérapage mal contrôlé qui finirait en affrontement apocalyptique inquiète tout le monde.

Les différends maritimes de la Chine s'étendent également à d'autres pays : le Vietnam (les îles Paracels), les Philippines (récif de Scarborough), la Malaisie, l'Indonésie et Brunei (îlots Spratleys) et Taïwan. Pékin considère la mer de Chine méridionale comme une question d'intérêt national. La Chine pratique une politique du fait accompli en fixant unilatéralement les frontières de son espace maritime, et en construisant des îlots artificiels à proximité des Spratleys pour étendre son emprise. La Cour permanente d'arbitrage (CPA) de La Haye, saisie par Manille (Philippines), a invalidé le 12 juillet 2016 les revendications de Pékin sur l'essentiel de cette mer stratégique, à la grande fureur de Pékin qui refuse de reconnaître cette décision.

P. Boniface, *La Géopolitique*, Éd. Eyrolles, 2018.

3 L'appropriation des Spratleys et leurs aménagements par la Chine

Subi Reef, une île de l'archipel des Spratleys.

4 L'ANALYSE DU SPÉCIALISTE — La mer de Chine, une zone grise du droit de la mer

La convention de Montego Bay permet à de petites îles de servir de base à des revendications d'espaces maritimes très importants. Certes, l'article 121 précise que seules les îles abritant une population humaine et une « activité économique propre » peuvent générer une ZEE et un plateau continental étendu, mais l'ambiguïté de cette formulation et l'ampleur de l'enjeu ont longtemps conduit les États à revendiquer de tels espaces maritimes à partir de rochers à peine émergés, comme en mer de Chine du Sud ou dans le Pacifique. Cette possibilité offerte aux États d'étendre des espaces de souveraineté (eaux intérieures, mer territoriale) ou de droits souverains (ZEE, plateau continental étendu), y compris à partir de très petites îles, a conduit plusieurs observateurs à critiquer le mouvement d'appropriation des espaces maritimes que la convention a enclenché. Ainsi, en mer de Chine du Sud, un débat s'est fait jour quant à l'effet de l'entrée en vigueur de la convention, qui, tout en offrant un cadre normatif auquel les États doivent se soumettre dans la formulation de leurs revendications, a aussi ouvert la porte à des revendications très ambitieuses appuyées notamment sur les îlots des Paracels et des Spratleys. D'autres observateurs soulignent que, sans même inclure les plateaux continentaux étendus, les espaces maritimes contrôlés par les États (eaux intérieures, mer territoriale, ZEE, eaux archipélagiques) représentent déjà 36 % des océans.

F. Lasserre, « Convention du droit de la mer : des concepts généralisés mais des interprétations encore divergentes », *Les Grands Dossiers de diplomatie*, Areion Group, 2018.

Vocabulaire

- **Zone grise :** espace où les institutions internationales ou nationales ne parviennent pas à imposer leurs règles.

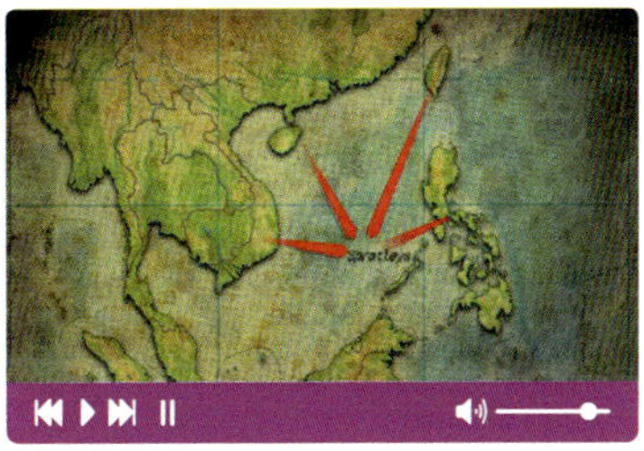

lien Internet

« Les eaux convoitées de mer de Chine méridionale », AFP, 2017.

ACTIVITÉ — OBJECTIF

- Confronter l'analyse de spécialistes

P. Boniface, géopolitologue français, et F. Lasserre, géographe canadien, livrent deux analyses complémentaires sur la situation actuelle en mer de Chine. À l'aide des documents, complétez le tableau ci-dessous puis répondez à la question suivante : **En quoi les frontières de cet espace maritime sont-elles remises en cause ?** Aidez-vous des p. 218-219.

	L'analyse de P. Boniface **(doc. 2)**	L'analyse de F. Lasserre **(doc. 4)**
Les États s'appuient sur le droit de la mer		
Les États bafouent le droit de la mer		

Pour aller plus loin

Réalisez une fiche de recherches sur la mer Baltique intitulée « dépasser les frontières pour coopérer ».

Utilisez les ressources du CDI, par exemple :

- D. Ortolland et J.-P. Pirat, *Atlas géopolitique des espaces maritimes*, Éd. Technip, 2010.
- N. Eschach, « Partage de la mer et nouveaux conflits géopolitiques en Baltique », *Hérodote*, Éd. La Découverte, 2016.

LEÇON 3 Les frontières en débat

› Les frontières favorisent-elles la paix entre les États ou sont-elles un facteur de conflits ?

A La frontière, objet d'affrontements

- **Les frontières ont fait l'objet d'affrontements entre les puissances.** De l'Antiquité à la fin du Moyen Âge, les frontières sont des zones fortifiées (le *limes* romain) ou bien des marches. À partir du XVIIe siècle, les États européens commencent à adopter l'idée de démarcations bien délimitées (idée du « pré carré » popularisée par Vauban). Depuis, la fixation des frontières a engendré des guerres dont une centaine d'États sont nés.
- **En 2019, 20 % des frontières font encore l'objet de litiges.** Les frontières issues de la formation des États-nations du XIXe siècle et des guerres du XXe siècle ne sont plus sources de conflits. Néanmoins, lorsque les frontières ont été tracées sans prendre en compte tous les acteurs en présence, des revendications séparatistes peuvent persister (sécession du Soudan du Sud en 2011). Les litiges frontaliers aujourd'hui sont essentiellement des conflits de territoire (Crimée), de gestion (Espagne/Maroc à propos des flux migratoires) ou de délimitations, particulièrement maritimes (mer de Chine, Arctique).
- **L'exemple de la frontière germano-polonaise illustre le rôle des conflits** dans l'instauration d'une frontière. La conférence de Potsdam (1945) fixe celle-ci le long des fleuves Oder et Neisse, provoquant la division de villes (Francfort-sur-l'Oder) entre les deux États. L'ouverture (1967-1980) ou la fermeture (1980-1990) de cette frontière suit alors les rythmes de la guerre froide, même si l'intégration européenne a permis un retour de la négociation : eurorégion Neisse en 1991, entrée de la Pologne dans l'espace Schengen en 2007.

B La frontière, fruit de négociations internationales

- **Les frontières ont aussi fait l'objet de négociations.** Une cinquantaine d'États seulement sont nés par sécession pacifique (indépendance du Vanuatu en 1980). Mais ce sont surtout les traités de paix, après des conflits, qui organisent la carte des frontières du monde actuel. Ainsi, en 1990, le traité de Moscou, dit traité 4 + 2 (États-Unis, URSS, Royaume-Uni, France + RFA, RDA), règle la réunification de l'Allemagne.
- **Aujourd'hui, les frontières sont fixées par un arbitrage international.** Le rôle de l'ONU et le poids de la reconnaissance internationale jouent sur l'évolution des frontières et la reconnaissance des États. Ainsi, l'annexion *de facto* d'une partie d'un territoire (plateau du Golan) n'est pas automatiquement acceptée. Par exemple, la résolution de l'ONU en 2014 ne reconnaissant pas l'annexion de la Crimée par la Russie a été largement adoptée (100 votes contre 11).
- **Le droit de la mer est identique sur l'ensemble des mers et des océans.** La convention de Montego Bay (1982) établit des limites de souveraineté (mer territoriale) et d'exploitation (ZEE) parfois contestées. Ces contestations relèvent du TIDM qui, par exemple, a refusé en 2017 à la Côte d'Ivoire une extension de sa ZEE sur celle du Ghana dans une zone pétrolière. Les demandes d'extension des ZEE sur la haute mer, telle celle du Brésil en 2019, sont faites auprès de la CLPC.

1 Le siège de Maastricht (1673)

Tableau d'A. F. Van der Meulen, 1687, Saltram House, Devon.

Vauban explique à Louis XIV le fonctionnement de son « pré carré » : une double ligne de fortifications composée de places fortes et de canaux. En France, Vauban a ainsi fortifié 119 villes en zone frontalière.

Vocabulaire

- **CLPC (Commission des limites du plateau continental) :** commission de l'ONU qui examine les demandes d'extension des ZEE sur la haute mer.
- **Marche :** territoire frontalier d'un royaume qui, au Moyen Âge, a une fonction défensive confiée à un marquis.
- **TIDM (Tribunal international du droit de la mer) :** tribunal international siégeant à Hambourg (Allemagne), créé par la convention de Montego Bay. Il règle les litiges maritimes.
- **ZEE (Zone économique exclusive) :** espace marin large de 200 milles nautiques (370 km) dans lequel l'État côtier dispose de droits exclusifs sur l'exploration et l'exploitation des ressources.

C Des conceptions différentes de la frontière qui suscitent des débats

- **La frontière est un objet de débat politique, entre ouverture et fermeture.** Les libéraux et les altermondialistes se rejoignent sur la vision d'un monde sans frontières. Depuis 1999, un courant international, *No Border*, milite pour l'abolition des frontières et des contrôles migratoires. En revanche, certains États, menés par des conservateurs ou des nationalistes, expriment leur volonté de se protéger derrière des frontières barriérisées, au nom d'une menace contre leur identité nationale (Hongrie).
- **Des États manifestent leur volonté de s'étendre au-delà des frontières.** L'annexion de la Crimée par la Russie en 2014 a été un véritable séisme géopolitique : pour la première fois depuis la fin de la Seconde Guerre mondiale, une nouvelle frontière était créée sans s'appuyer sur d'anciennes frontières régionales. Moscou et Pékin (en mer de Chine méridionale) cherchent à repousser leurs frontières. La communauté internationale semble être dans une attitude de laisser-faire, malgré les condamnations de l'ONU.
- **Au XXIe siècle, la question des nouvelles frontières du cyberespace est à définir.** La circulation des informations par Internet semble être sans frontières. Pourtant, elle repose, en 2018, sur 428 câbles (1,1 million de km) qui traversent les mers et les océans (99 % des flux mondiaux). Les frontières de l'Internet sont alors celles du contrôle des États sur les câbles. Ainsi, la Chine a créé une « grande muraille » électronique qui filtre les données sur son territoire. Mais il est toujours possible de contourner ce contrôle.

2 Les câbles Internet sous-marins : une circulation sans frontières

En 2016, à La Seyne-sur-Mer, un câble Internet est installé, reliant la France à Singapour sur 20 000 km.

SCHÉMA BILAN

schéma interactif

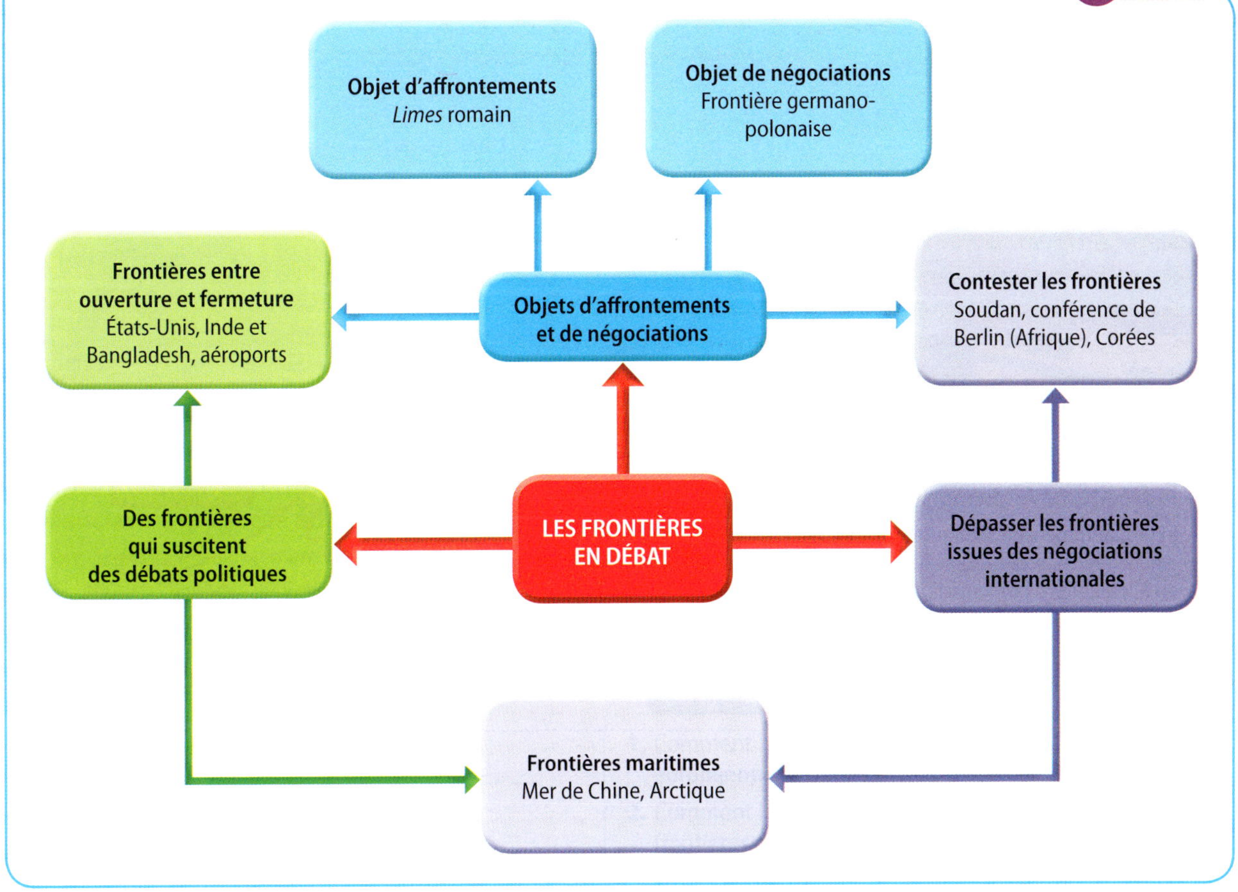

REPÈRES 1 L'Union européenne : quelles limites, quelles frontières ?

A Distinguer Europe et Union européenne

L'Union européenne (UE) désigne à la fois un projet et un territoire partagé par 28 États. Elle ne doit pas être confondue avec l'Europe, notion flottante qui, au cours de l'histoire, a désigné des entités territoriales diverses.

Le terme « Europe » désigne en effet un espace de l'Eurasie qui n'a pas de limites nettes préexistantes, de sorte que sa définition est ouverte. Traditionnellement, on considère qu'elle s'étend de l'océan Atlantique à la chaîne de l'Oural (Russie) et compte une quarantaine d'États. L'Union européenne, quant à elle, est un projet économique et politique, et un territoire associant 28 États en 2019.

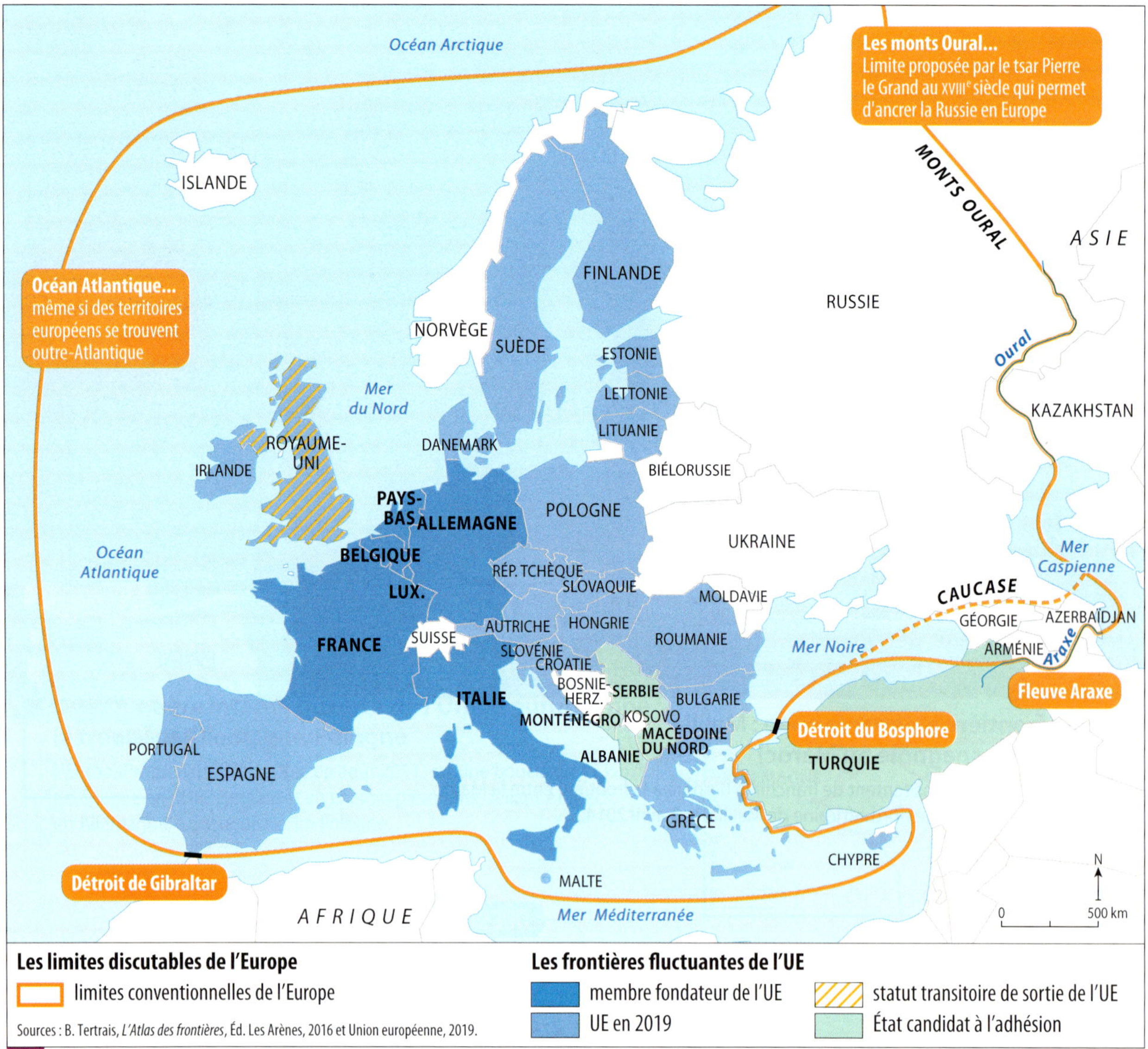

1 Des frontières fluctuantes de l'Europe et de l'Union européenne

carte interactive

B Comprendre les frontières de l'Union européenne

La signature des accords de Schengen a contribué à une redéfinition des frontières internes, devenues moins visibles, et des frontières externes, renforcées.

Les accords de Schengen ont permis une ouverture inédite des frontières entre les pays signataires. La majorité des États de l'Union européenne font partie de l'espace Schengen mais certains en sont exclus par choix (Irlande) ou parce qu'ils ne sont pas encore jugés capables de contrôler les flux migratoires (Roumanie) ; à l'inverse, des États extérieurs à l'UE y sont associés (Suisse). La création de l'espace Schengen a débouché sur un démantèlement des postes de douane entre les pays concernés. Le téléphone portable est un des rappels d'une frontière aujourd'hui dématérialisée : c'est lui qui, une fois la frontière franchie, en avertit le client en lui assurant la continuité du service à l'étranger.

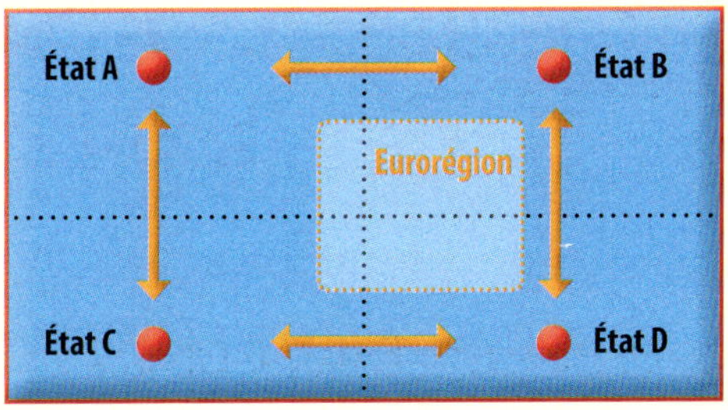

NE PAS CONFONDRE : frontières intérieures / frontières extérieures de l'UE

- territoire de l'UE et de l'espace Schengen
- frontière extérieure sous surveillance accrue
- point d'entrée (aéroport international, gare) sous contrôle
- frontière intérieure moins visible
- flux de personnes, marchandises, services, capitaux
- coopération transfrontalière

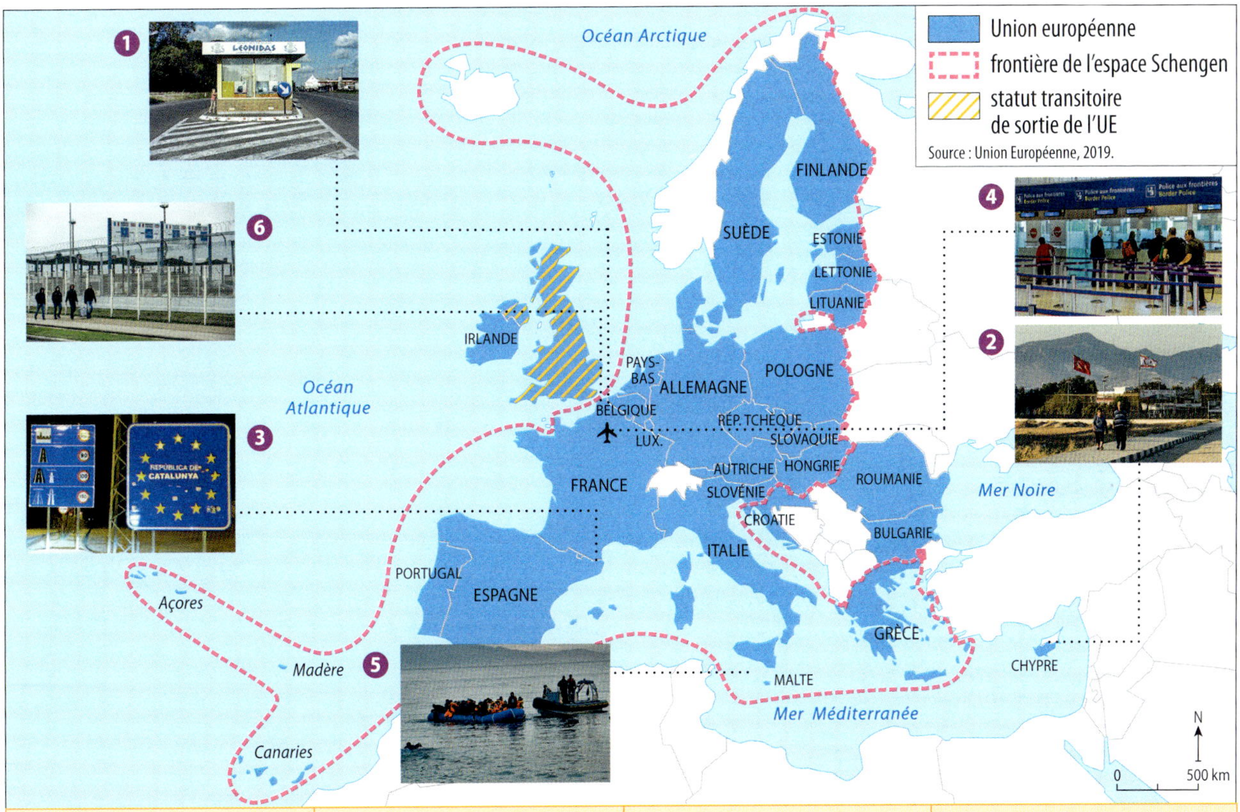

Des frontières intérieures en voie d'effacement ?	1 La frontière franco-belge	2 La « ligne verte » scindant Chypre	3 Une frontière revendiquée : les limites de la Catalogne
Des frontières extérieures redéfinies ?	4 Une frontière ponctuelle : l'aéroport de Roissy	5 La Méditerranée, frontière maritime	6 Une frontière déplacée : Calais

2 Les frontières multiformes de l'Union européenne

QUESTIONS

1. Montrez qu'il est exagéré de parler d'un effacement des frontières au sein de l'UE.
2. Quelles sont les dynamiques des frontières extérieures de l'Union européenne ?

ÉTUDE

L'espace Schengen : un retour des frontières qui fait débat

ORAL

Espace de circulation unique au monde, l'espace Schengen est aussi un laboratoire où la frontière se réinvente. Dans un contexte de pression migratoire et de risques terroristes, l'efficacité de ses frontières extérieures est source de débats et remet en question le projet européen de libre circulation des citoyens.

❯ Les flux migratoires mettent-ils l'espace Schengen en péril ?

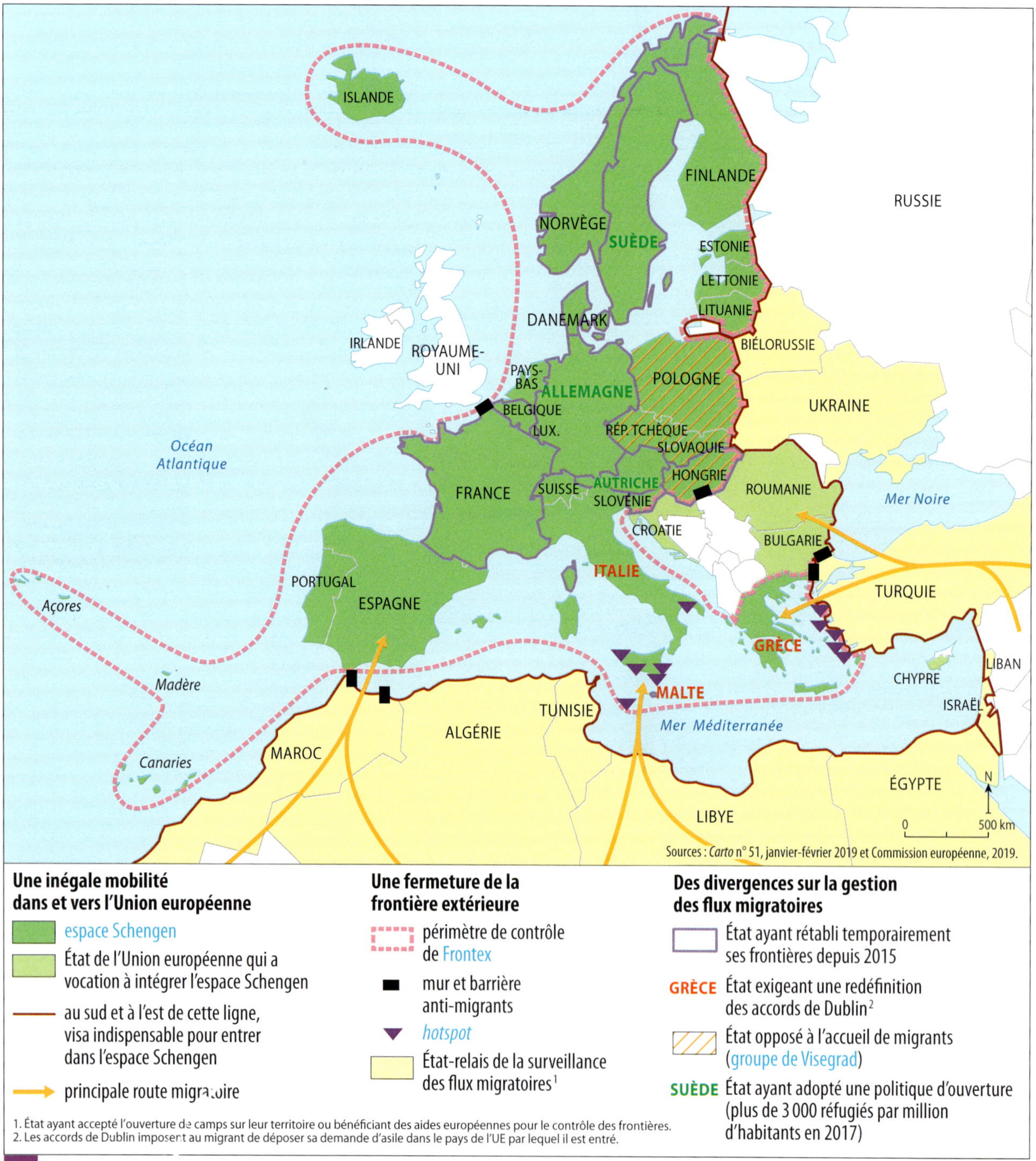

1 Flux migratoires et recompositions des frontières de l'Union européenne

carte interactive

2 Entre ouverture et tension : la frontière franco-italienne

Poste-frontière de St-Ludovic-Menton, entre la France et l'Italie.

1 Campement de migrants cherchant à traverser la frontière

2 Italie, pays d'entrée dans l'UE où les migrants sont censés déposer leur demande d'asile

3 Poste frontalier permettant d'accéder à la France

4 France

Vocabulaire

- **Espace Schengen :** espace de libre circulation des personnes entre les États signataires des accords de Schengen.
- **Frontex :** agence européenne de gardes-frontières et de gardes-côtes chargée de contrôler les frontières extérieures de l'Union européenne.
- **Groupe de Visegrad :** groupe de pays (Hongrie, Pologne, Rép. tchèque, Slovaquie) défendant des positions communes (restriction de l'immigration, renforcement des souverainetés nationales).
- ***Hotspot* :** centre d'accueil, d'identification et de prise en charge de migrants en situation irrégulière.

3 Des frontières intérieures en débat

La libre circulation des personnes est l'un des plus grands acquis de la citoyenneté européenne. Ceux qui n'ont à la bouche que la fermeture des frontières veulent porter un coup fatal à cette citoyenneté qui bénéficie d'abord aux gens honnêtes qui se déplacent, fort heureusement, plus que les criminels en Europe. Bien entendu, il ne faut pas être naïf. Personne ne niera que le terrorisme transnational et l'immigration clandestine sont de sérieux problèmes de société. Mais leur règlement ne passe pas par la fermeture des frontières nationales. Il passe au contraire par un contrôle plus efficace des frontières extérieures de l'Europe et par plus de coopération entre les États membres. Il ne faut pas mettre fin aux accords de Schengen, mais les réformer pour renforcer l'Europe. Le Conseil européen n'a pas montré l'exemple en matière d'immigration, faisant des centres d'accueil chargés de réguler les flux migratoires aux frontières extérieures de l'Europe, un dispositif non obligatoire tout simplement parce que des politiciens extrémistes en Italie et en Hongrie s'assurent d'un électorat en prônant une fermeture complète des frontières.

D'après C. Lequesne (professeur à l'Institut des études politiques de Paris), « Europe, frontières et citoyenneté », *Ouest France*, 19 juillet 2018.

ACTIVITÉ OBJECTIF ▪ Préparer un débat

À l'aide des documents, formulez des arguments permettant de répondre au sujet de débat : **Les flux migratoires mettent-ils l'espace Schengen en péril ?** Pour cela, vous pouvez classer vos arguments dans un tableau, comme le suivant :

Oui car …	Non, car …
- une remise en question de la libre circulation interne : … - des désaccords entre pays membres : … - …	- une frontière extérieure renforcée : … - une capacité à apporter des réponses différenciées : … - …

Pour aller plus loin

Le Retour des frontières, film documentaire de Simon Brunel et Nicolas Pannetier, Arte, 2018 (consacré aux frontières européennes), consultable en ligne.

4 Un retour des murs dans l'Union européenne ?

Dessin de John Antono, *Fortress Europe*, 2015.
Publié à l'occasion de la commémoration de la chute du mur de Berlin.

ÉTUDE

Les frontières internes de l'espace Schengen

Les accords de Schengen, qui abolissent les contrôles aux frontières intérieures, sont accusés de menacer la sécurité intérieure des États. Les points de vue s'opposent entre ceux qui pensent que les États ont vraiment intérêt à rétablir des contrôles à leurs frontières pour mieux assurer leur sécurité, et ceux qui assurent que le retour aux frontières nationales ne produirait que des effets néfastes.

› Faut-il craindre un retour des frontières internes de Schengen ?

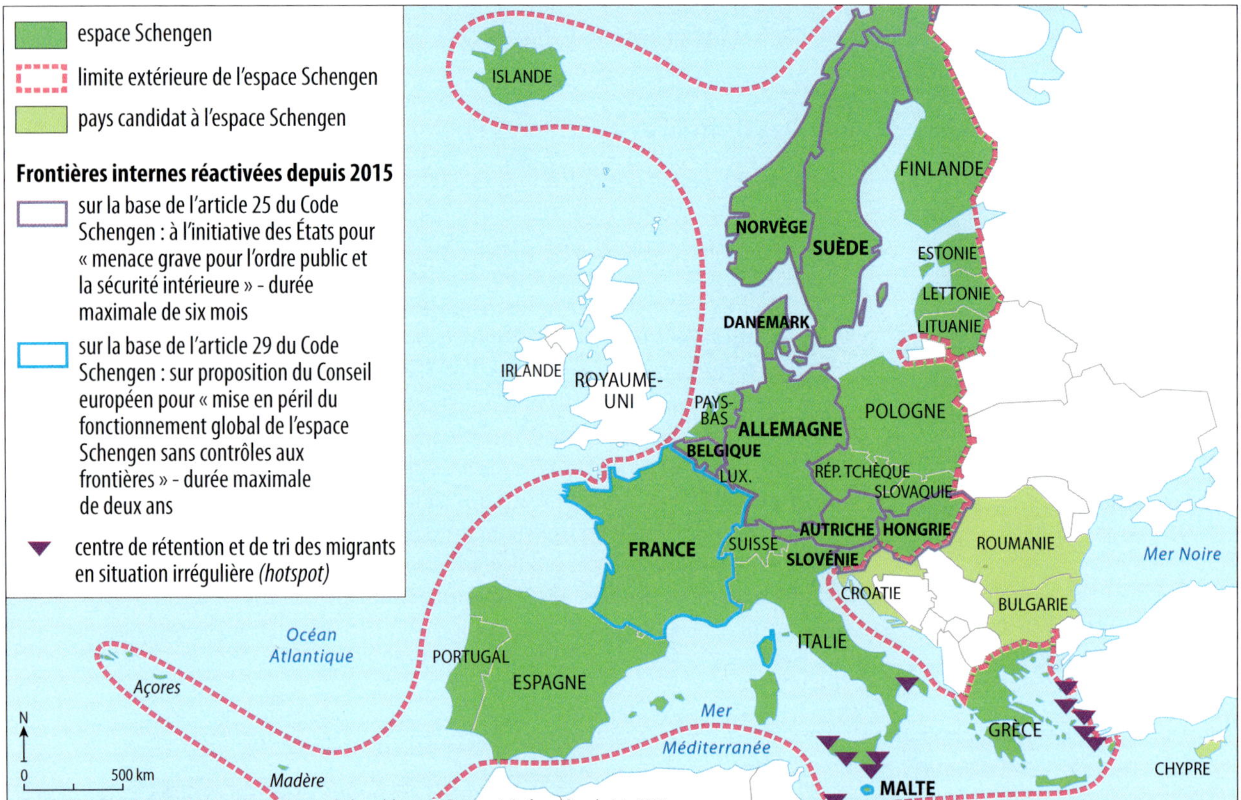

Source : *Schengen : Frontières intérieures et extérieures – Dedans, dehors : une Europe qui s'enferme*, Cimade, juin 2018.

1 L'espace Schengen : entre libre circulation et rétablissement des frontières

2 Le retour des frontières dans l'Union européenne vu par un dessinateur britannique

Dessin de Peter Schrank, *The Economist*, 21 novembre 2015.

3 Les effets d'une sortie de l'espace Schengen

En dépit des faiblesses de l'espace Schengen et des critiques parfois virulentes à son encontre, le démantèlement de Schengen serait contre-productif. En premier lieu, les Européens sont très attachés à la liberté de circulation : 81 % des Européens interrogés (et 80 % des Français) soutiennent la libre circulation des personnes, selon une enquête Eurobaromètre publiée à l'automne 2016. En deuxième lieu, la frontière revêt avant tout une force symbolique et ne constitue pas, en tant que telle, un véritable moyen de protection contre toute menace extérieure. Si les contrôles peuvent être nécessaires, ils ne sauraient suffire. En troisième lieu, l'abandon de Schengen aurait un coût budgétaire élevé et des incidences économiques très négatives sur certains secteurs – en particulier le tourisme et le transport de marchandises – ainsi que sur les travailleurs frontaliers. Les études de France Stratégie et de RAND Europe conduisent à estimer le coût total annuel d'un abandon de Schengen à 1,15 milliard d'euros pour la France, tandis que l'impact négatif sur les échanges commerciaux y est estimé à 10 milliards d'euros d'ici 2025.

D'après F.-N. Buffet, « Circuler en sécurité en Europe : renforcer Schengen », rapport de la commission d'enquête du Sénat, mars 2017.

4 Le contrôle interne de la circulation dans l'espace Schengen

24 octobre 2015 : entre la Croatie (hors de l'espace Schengen) et la Slovénie (espace Schengen), des policiers slovènes escortent une foule de demandeurs d'asile, vers un centre d'hébergement à Rigonce (Slovénie), montrant ainsi qu'entrer dans l'espace Schengen n'est pas une condition suffisante pour y circuler librement.

5 Les outils sécuritaires liés à Schengen

Le Système d'information Schengen est un outil informatique qui permet aux autorités nationales de rentrer des données sur des personnes qui n'ont pas le droit d'entrer ou de séjourner dans l'espace Schengen, des personnes recherchées dans le cadre d'activités criminelles et des personnes disparues. Il est lié à d'autres outils, comme Eurodac qui enregistre les empreintes digitales ou le système d'information des visas. Depuis sa création, le système a permis l'arrestation de 25 000 personnes recherchées par la justice et la découverte de 12 000 personnes disparues, il permet également de détecter et d'arrêter des djihadistes qui partent ou reviennent de zones de guerre. Même si Schengen met fin aux contrôles aux frontières intérieures, des contrôles mobiles sur le terrain des pays membres ont toujours lieu. Non-planifiables par les criminels, ils peuvent même se révéler plus efficaces que des contrôles aux frontières prévisibles. Mais plus que Schengen, c'est la mise en place d'une coopération transfrontalière qui permet de lutter efficacement contre le terrorisme. Ainsi, Europol, l'office européen de police, a été créé pour faciliter les opérations de lutte contre la criminalité au sein de l'Union européenne. Il permet aux enquêteurs d'échanger des informations et apporte son soutien aux services de police nationaux.

D'après I. Magnien, « Schengen et la lutte contre le terrorisme », *Toute l'Europe*, 23 mars 2018.

ANALYSE DE DOCUMENTS

À partir des documents, complétez le tableau pour répondre à la question : **La libre circulation au sein de l'espace Schengen est-elle menacée ?**

Le retour des frontières dans l'espace Schengen, une protection pour les États ? (doc. 1)	Le retour des frontières dans l'espace Schengen, une solution insuffisante face aux menaces pesant sur les États ? (doc. 2 et 3)	Les dispositifs de l'espace Schengen, une coopération devenue indispensable ? (doc. 4 et 5)
Argument 1 : Explication : Illustration :	Argument 1 : Explication : Illustration :	Argument 1 : Explication : Illustration :
Argument 2 : Explication : Illustration :	Argument 2 : Explication : Illustration :	Argument 2 : Explication : Illustration :

ÉTUDE

Les îles grecques, des « îles aux grillages » aux portes de l'Union européenne

Parallèles à la côte turque, les îles grecques sont devenues des frontières, points d'entrée privilégiés de l'Union européenne. Mais elles doivent alors assumer une fonction de rétention et d'enfermement des migrants.

› Pourquoi les îles grecques deviennent-elles des « îles aux grillages » aux portes de l'Union européenne ?

1 Des îles-camps ?

En 2017, 42 % des migrants traversant la mer Egée transitaient par Lesbos, 23 % par Chios et 18 % par Samos. En mars 2016, l'accord UE-Turquie[1] entraîne une diminution très importante du nombre d'arrivées sur Chios et les autres îles grecques, à partir desquelles un système de gestion des retours s'est mis en place. La mise en œuvre de cet accord, associée aux moyens de surveillance et de contrôle déployés en mer Egée, participe au développement de la frontiérisation. Dans le processus de franchissement des frontières, la mer Egée constituait un premier obstacle, l'île de Chios en forme désormais un second. La fermeture de la route balkanique et l'accord UE-Turquie ont transformé les îles de la mer Egée en de vastes zones d'attente qui font de ces dernières des « îles-camps ». Entourée par une frontière naturelle quasiment infranchissable, l'île devient pour les migrants un lieu d'enfermement, un véritable piège. Ils ont atteint Chios au prix de plusieurs centaines de dollars par tête et au péril de leur vie. Quitter l'île ne dépend dorénavant plus d'eux mais des institutions en charge de leur dossier.

D'après *Méditerranée : des frontières à la dérive*, ouvrage coll., Éd. Le Passager clandestin, 2018.

1. Accord engageant la Turquie à maintenir les migrants sur son territoire.

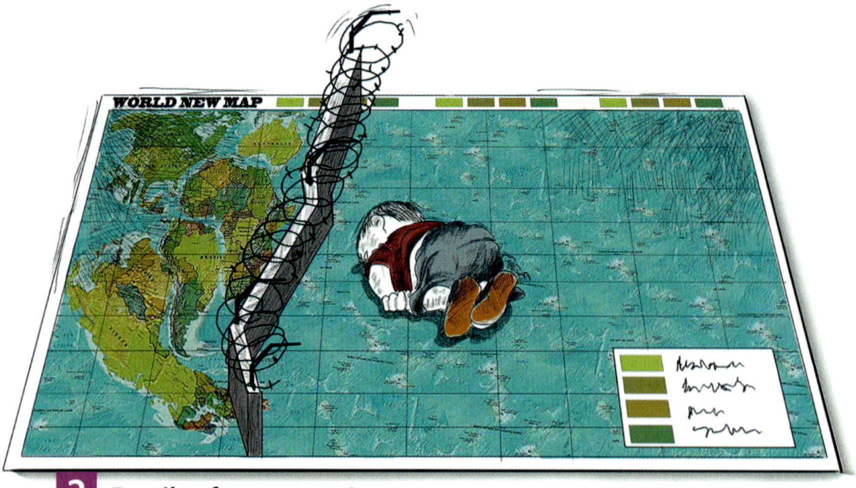

2 Des îles forteresses ?

Dessin de Rafat Al Khateeb, 2015. Ce dessin est inspiré de la photographie choc montrant Aylan, un enfant syrien retrouvé mort sur la plage turque de Bodrum, après le naufrage en mer Égée en 2015 de l'embarcation qui devait atteindre l'île de Kos, en Grèce.

ANALYSE DE DOCUMENTS

À partir des documents, rédigez un paragraphe d'une dizaine de lignes répondant au sujet : **Pourquoi les îles grecques deviennent-elles des « îles aux grillages » aux portes de l'UE ?**

Pour aller plus loin

Recherchez la photographie qui a inspiré le dessinateur du **document 2** et présentez-en l'histoire. Expliquez, en consultant les sites de presse, l'émotion et les débats suscités par ce cliché, et l'impact qu'il a eu sur les politiques migratoires à l'échelle européenne.

ÉTUDE Les frontières de la Hongrie, des frontières inégalement ouvertes

Située aux portes de l'espace Schengen, la Hongrie défend au sein de l'Union européenne une ligne dure à l'égard des migrants internationaux, matérialisée par la militarisation spectaculaire de certaines de ses frontières. Pourtant, elle encourage dans le même temps des coopérations transfrontalières avec certains voisins.

› Pourquoi les frontières de la Hongrie sont-elles inégalement ouvertes ?

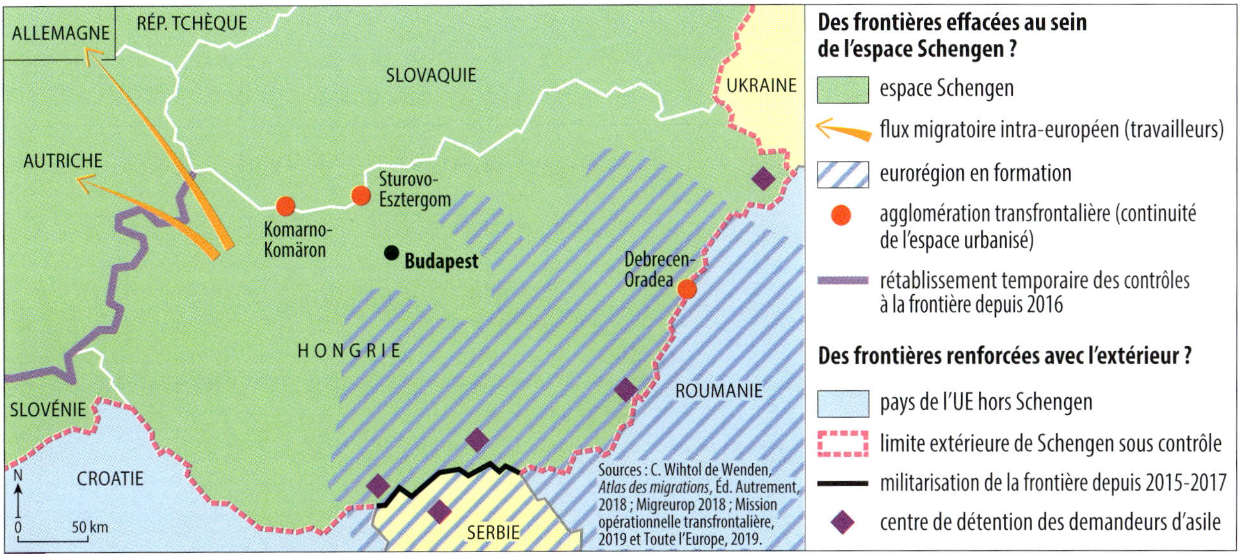

1 Les dynamiques des frontières hongroises

a. Une frontière matérialisée entre la Hongrie et la Serbie en 2015

Migrants devant la frontière, près du village de Horgos en Serbie, en sept. 2015.

b. Une frontière ouverte avec la Slovaquie

Le pont Mária Valéria marque la frontière entre la Hongrie et la Slovaquie.

2 Deux formes de la frontière hongroise

ANALYSE DE DOCUMENTS

Analysez les documents pour répondre à la question : **Pourquoi les frontières de la Hongrie sont-elles inégalement ouvertes ?**

1. Montrez à l'aide du **document 1** et des p. 124-125 que la Hongrie se trouve au carrefour d'ensembles géopolitiques différents.
2. Confrontez les **documents 1 et 2** pour montrer la dynamique d'ouverture des frontières hongroises et les éléments qui la favorisent.
3. Analysez les formes de fermeture des frontières en Hongrie. **(doc. 1 et 2)**

Pour aller plus loin

lien Internet Le site Internet de Migreurop propose une fiche, régulièrement mise à jour, consacrée à chacun des pays de l'UE et à leur politique migratoire. Consultez celle de la Hongrie, pour enrichir votre exposé.

ÉTUDE

Les frontières de la Pologne, quels enjeux ?

Longtemps malmenées par le cours de l'histoire, les frontières polonaises se stabilisent. Membre de l'Union européenne depuis 2004, la Pologne a vu ses frontières se fondre dans l'espace Schengen apportant opportunités d'échanges et inquiétudes.

› Quels enjeux traversent aujourd'hui les frontières polonaises ?

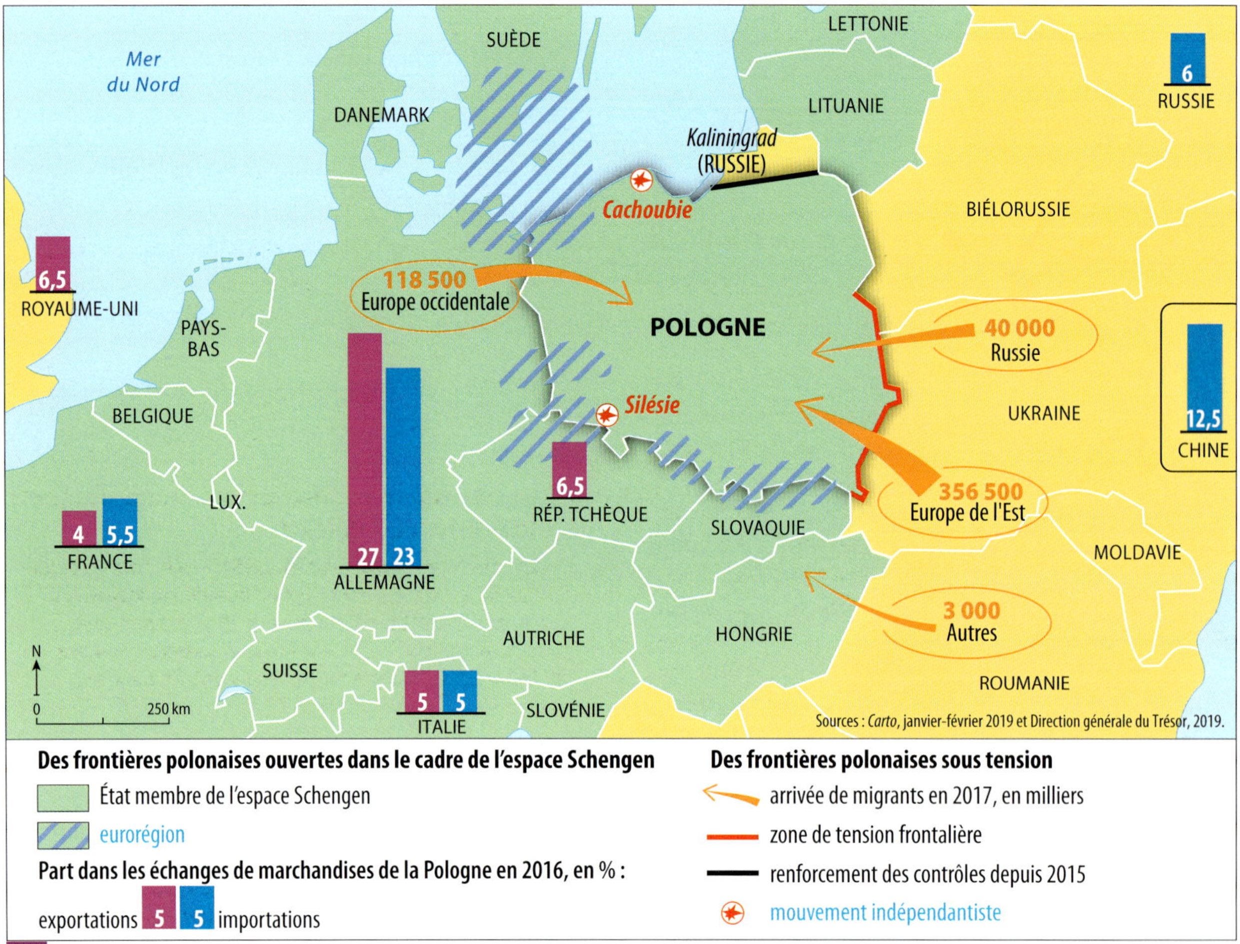

1 Les frontières de la Pologne, des frontières stabilisées ou menacées ?

2 Une contestation des frontières internes : le cas des minorités allemandes en Silésie

Wrocław ou Breslau ? Gdansk ou Dantzig ? La présence allemande en Pologne ne se retrouve pas seulement dans le nom des villes mais elle est aussi incarnée par une minorité. La Silésie abrite l'une des communautés allemandes les plus importantes du pays, large de 148 000 individus selon les statistiques officielles, ou 400 000 selon les organisations allemandes. Cette présence date de la Seconde Guerre mondiale, et l'annexion de l'ouest de la Pologne par l'Allemagne nazie. Or, la fin du communisme marque une renaissance pour la communauté allemande de Pologne. Au cours des années 1990, elle se structure et s'affirme au sein de la société polonaise. Les actions de la minorité allemande sont souvent associées dans les médias au Mouvement pour l'autonomie de la Silésie. Ce parti politique revendique plus de compétences et une autonomie administrative, économique et culturelle accrue pour la région de Silésie par rapport au pouvoir central. Les groupes nationalistes polonais y trouvent un motif pour questionner la loyauté des Allemands de Pologne à l'égard de leur pays d'accueil et agiter le spectre de revendications territoriales allemandes.

D'après C. Guyot, « Histoire et influence de la minorité allemande en Pologne », *Le Courrier de Pologne*, janvier 2016.

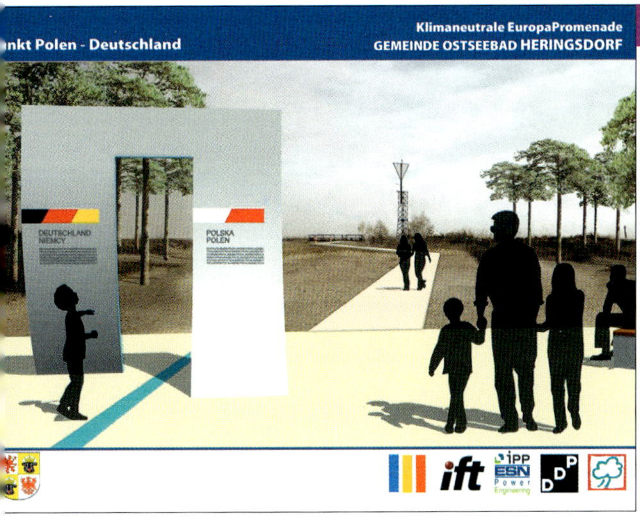

3 Des frontières ouvertes à la coopération : l'EuropaPromenade (Allemagne/Pologne)

Document de présentation du projet EuropaPromenade de Matthias Franke. Gemeinde Ostseebad Heringsdorf (Communauté de la mer Baltique Heringsdorf).

4 Les frontières polonaises face aux migrants

Les crises des migrants et des réfugiés touchent à divers degrés les pays de l'Union européenne. Jusqu'à présent, l'efficacité de la politique commune de l'UE en matière de migration et d'asile s'est révélée limitée car, pour certains membres, l'approche nationale l'emporte sur l'approche communautaire. Ainsi, la Pologne est l'un des rares pays à n'avoir accueilli aucune personne sur son territoire en refusant la relocalisation des demandeurs d'asile depuis l'Italie et la Grèce. Pourtant, la Pologne est devenue un pays d'émigration après son adhésion à l'UE en 2004 (de nombreux Polonais sont partis vers les pays d'Europe de l'Ouest), mais aussi, à la suite de l'amélioration de la situation économique et sociale, un pays d'immigration à caractère économique, surtout pour les migrants des pays d'Europe de l'Est. Cependant, parmi les routes migratoires vers l'UE surveillées par Frontex, la route migratoire orientale, comprenant les frontières de la Pologne, l'Ukraine, la Biélorussie et Kaliningrad, a peu d'importance. L'ampleur de la migration irrégulière sur ces frontières est beaucoup plus faible que sur toute autre route migratoire vers l'UE et ne représente que 0,1 % du total.

D'après J. Misiuna et M. Pachocka, « La Pologne en Europe au début du XXIe siècle : à la croisée des chemins ? », *Hérodote*, n° 164, Éd. La Découverte, 2017.

5 Retrouver une souveraineté aux frontières : le risque d'un Polexit

Le gouvernement, dirigé depuis 2015 par le parti de droite PiS (« Droit et justice »), remet en question l'engagement du pays dans l'Union européenne. Bien que partisans de l'adhésion à l'UE, de nombreux Polonais approuvent l'opposition du gouvernement à l'égard des migrants.

Vocabulaire

- **Eurorégion :** espace de coopération transfrontalière au sein de l'UE dont le statut administratif est très variable. Il bénéficie d'aides européennes pour mener des politiques communes (transport, économie, protection de l'environnement).
- **Mouvement indépendantiste :** revendication d'indépendance d'une collectivité.

ANALYSE DE DOCUMENTS

À l'aide des documents, montrez les différents enjeux qui traversent les frontières actuelles de la Pologne.
Pour vous aider, répondez aux questions suivantes :

1. En quoi l'ouverture des frontières polonaises est-elle un atout pour le développement du pays ? **(doc. 1 et 3)**
2. Dans quelle mesure l'évolution du dessin des frontières a-t-elle laissé des traces dans la population ? Quels en sont les risques pour les frontières actuelles ? **(doc. 2)**
3. À l'aide des **documents 4 et 5**, montrez les craintes de la Pologne face à l'espace Schengen. En quoi ces peurs ont-elles une résonance politique ?

Pour aller plus loin

lien Internet À l'aide du site d'Interreg, choisissez un programme auquel la Pologne participe, puis présentez les projets menés dans le cadre de cette eurorégion.

ÉTUDE

La frontière entre France et Allemagne, une interface symbolique

Longtemps pensé comme une séparation, le Rhin est désormais un trait d'union au cœur d'un territoire transfrontalier en construction. La frontière franco-allemande, frontière conflictuelle aujourd'hui apaisée, est à la fois vitrine et laboratoire de la coopération transfrontalière promue par l'UE.

❯ Comment la coopération entre France et Allemagne fait-elle de la frontière une interface symbolique ?

1 Un espace frontalier de mieux en mieux connecté entre les deux pays

L'ancien espace de friches industrielles et d'équipements portuaires est métamorphosé par le projet transfrontalier des « Deux Rives » de part et d'autre du Rhin : entre Strasbourg ❶ et Kehl ❷, l'UE a subventionné une passerelle piétonne ❸ et l'a agrémentée d'un jardin ❹. Un pont réservé au tramway a été inauguré en 2017 ❺.

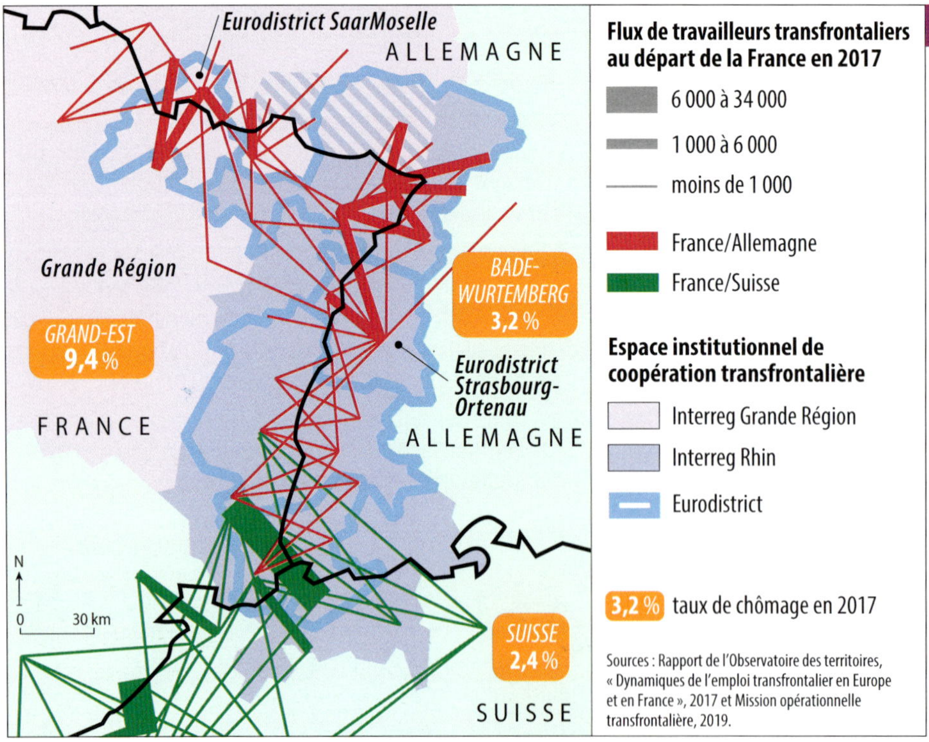

Sources : Rapport de l'Observatoire des territoires, « Dynamiques de l'emploi transfrontalier en Europe et en France », 2017 et Mission opérationnelle transfrontalière, 2019.

2 La frontière, une interface active

Vocabulaire

- **Interface :** lieu de contact entre deux espaces différents favorisant les échanges.

3 Une frontière dépassée au quotidien

Un trottoir en France, un trottoir en Allemagne. À Cocheren, la frontière n'est qu'une question de rue. Une longue ligne droite, bordée, côté allemand, de bureaux de tabac et de vendeurs de saucisses au curry, l'une des grandes spécialités charcutières outre-Rhin. Dans le village suivant, Rosbruck, encore un bureau de tabac. Ici, le paquet d'une marque américaine coûte 20 % moins cher qu'en France. Pour les frontaliers, l'Allemagne est un supermarché, et pas que pour les cigarettes. Dans ce coin de Moselle, les échanges entre les populations ne se limitent pas au commerce. À Morsbach, entre Rosbruck et Forbach, le maire ne compte plus les exemples : « les pompiers de ma commune et ceux d'Emmersweiler, nos voisins allemands, se voient souvent et organisent des manœuvres ensemble. Les anciens combattants également travaillent en commun sur le devoir de mémoire. Les équipes de foot se prêtent les terrains lorsqu'il y a des travaux ». Le maire a présidé pendant deux ans l'Eurodistrict Sarre-Moselle, qui regroupe les intercommunalités de Sarrebruck et de sept villes de Moselle-Est. Cette structure créée en 2010 a soutenu la création du tram-train Sarreguemines-Sarrebruck, l'aménagement des berges de la Sarre, la création d'une route du Feu, un circuit d'une dizaine de musées consacrés au passé industriel du bassin.

D'après C. Lhuillier, « Moselle-Allemagne : quand la frontière s'efface », France Bleu Lorraine Nord, 2016.

1. Développer l'apprentissage « de la langue et de la culture du voisin » par le jumelage des écoles.
2. Créer un schéma de développement transfrontalier, cosigné par les *Länder* (régions allemandes), la région française Grand Est et les deux États pour identifier des projets transfrontaliers prioritaires (infrastructures de transports, zones d'activités, etc.).
3. Favoriser des projets d'innovation transfrontalière pour l'économie de demain.
4. Créer une commission franco-allemande de stratégie transfrontalière avec un préfet transfrontalier chargé de suivre les projets transfrontaliers.
5. Faciliter la convergence des systèmes juridiques français et allemands.
6. Reconnaître le rôle symbolique de Strasbourg dans le développement d'une citoyenneté commune.

Source : S. Waserman, « Transfrontalier franco-allemand : 6 propositions pour innover au cœur de l'Europe », rapport de mission pour le gouvernement, janvier 2018.

4 Des pistes pour intensifier la coopération frontalière

ACTIVITÉ **OBJECTIF**
▪ Réaliser une production graphique

À partir des documents, complétez le croquis présentant la frontière franco-allemande dans la région de Strasbourg-Kehl.

1. Complétez les informations et les figurés des deux premières parties en vous aidant des **documents 1 et 2**.

2. En relisant l'ensemble des **documents 1 à 4**, complétez la dernière partie du croquis en cartographiant les formes de la coopération transfrontalière.

La frontière franco-allemande, une interface en construction

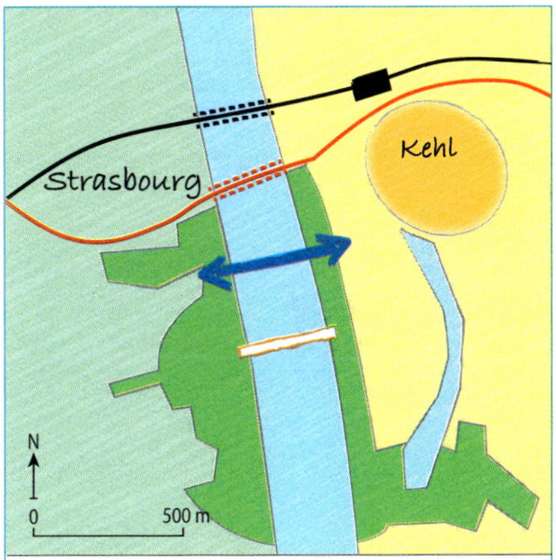

Le Rhin, frontière entre deux États

- ....
- ....
- ....
- ....

Des aménagements pour créer une couture

- ....
- ....
- ....
- ....

Des formes diverses d'échanges

....

....

Pour aller plus loin

lien Internet

Pour vous aider à compléter le croquis, consultez l'article de B. Reitel et F. Moullé, « La resémantisation de la ligne frontière dans des régions métropolitaines transfrontalières : le Jardin des Deux-Rives à Strasbourg et la place Jacques-Delors à Lille », *Belgeo*, 2015 (consultable gratuitement en ligne).

JALON ▸ Les espaces transfrontaliers intra-européens : passer et dépasser la frontière au quotidien

ÉTUDE

L'espace transfrontalier irlandais à l'épreuve du Brexit

En 2018, Bono, le chanteur du groupe irlandais U2, déclare : « plus le nord et le sud de l'Irlande sont proches de l'Europe, plus nous nous rapprochons ». Alors que son effacement, il y a vingt ans, sonnait l'heure de la pacification de l'Irlande, la frontière entre les deux parties de l'île menace de se reformer à la faveur du Brexit.

› Pourquoi le Brexit bouleverserait-il l'espace transfrontalier irlandais ?

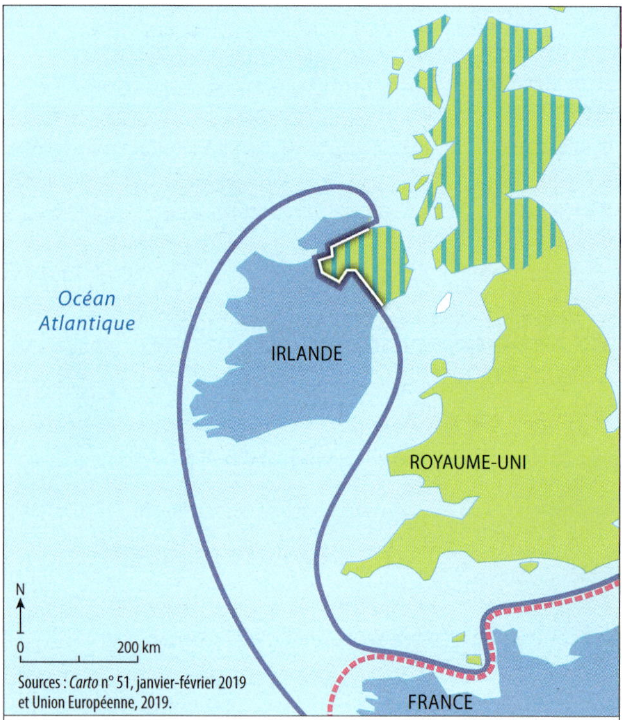

Une île coupée en deux
- nouvelle limite de l'Union européenne (crainte d'un retour des contrôles)
- territoire britannique ayant majoritairement voté pour le maintien dans l'UE lors du référendum de 2016
- frontière extérieure de l'espace Schengen

La frontière, enjeu du Brexit
- membre de l'UE
- Royaume-Uni, statut transitoire de sortie de l'UE
- Frontière internationale effacée depuis 1998

1 Une frontière « réactivée » par le Brexit ?

2 Les oppositions au retour de la frontière

Affiche du parti politique irlandais Sinn Féin contre le Brexit diffusée en Irlande du Nord, 2016.

Traduction : « Retour vers le futur ? » ; « Le Brexit veut dire frontières ».

1920 – 1930 – 1940 – 1950 – 1960 – 1970 – 1980 – 1990 – 2000 – 2010 – 2020

- **1921** **Guerre d'indépendance** entre républicains irlandais et forces britanniques qui débouche sur la division de l'île et le tracé de la frontière (contrôles douaniers)
- **1948** **Indépendance de la république d'Irlande**
- **1968-1998** **Guerre civile en Irlande du Nord** : multiplication des postes militaires frontaliers
- **1973** **Entrée du Royaume-Uni et de la république d'Irlande dans la Communauté européenne**
- **1992** **Traité de Maastricht** : libre circulation au sein des pays de l'UE
- **1998** **Accord de paix du Vendredi Saint** : fin des contrôles militaires et effacement de la frontière
- **2016** **Brexit** : la frontière irlandaise devient un point de blocage des négociations entre l'UE et le Royaume-Uni

3 Les dates clés de la frontière irlandaise

Source : « Les Irlandais, 200 ans de rébellion », *L'Histoire*, janvier 2019.

4 **Une crainte du Brexit : voir partir les investissements britanniques**

Dessin de D. Simonds, *The Economist*, 29 octobre 2016.

5 Un point sensible des négociations entre le Royaume-Uni et l'Union européenne

La fin des troubles, associée à l'adhésion de l'Irlande et du Royaume-Uni à la Communauté économique européenne en 1973, a amélioré les relations entre les deux pays. L'Europe, en permettant à l'Irlande de bénéficier d'aides pour entrer dans une phase de croissance forte et en incitant à la création de structures de coopération, a transformé cet espace transfrontalier en un espace économique actif. Le choix du Royaume-Uni de quitter l'UE préoccupe les Irlandais. En effet, la frontière s'est effacée avec la disparition des douanes en 1993 : 30 000 personnes la traversent quotidiennement, 350 000 citoyens irlandais vivent au Royaume-Uni tandis que 100 000 ressortissants britanniques résident en Irlande. Les deux économies sont également liées puisque l'Irlande représente le tiers des exportations nord-irlandaises, et le Royaume-Uni est le premier partenaire économique de Dublin. Ce sont 400 000 emplois qui dépendent du commerce entre les deux pays. La réaction d'un grand nombre de Nord-Irlandais à la suite des résultats du Brexit a été de demander la nationalité irlandaise pour continuer de profiter des opportunités professionnelles présentes au sud. La population ne veut pas voir réapparaître les checkpoints, les mêmes qui étaient attaqués par l'Armée républicaine irlandaise. Les dirigeants britanniques se sont montrés rassurants, garantissant qu'aucune séparation physique ne serait érigée entre les deux Irlandes.

D'après A. Bautzmann, *Atlas géopolitique mondial 2018*, Éd. du Rocher, 2017.

Vocabulaire

- **Brexit** : terme forgé à partir des mots *britain* et *exit* désignant le processus de sortie du Royaume-Uni de l'UE après la victoire du « oui » au référendum de 2016.

TÂCHE COMPLEXE
ANALYSE DE DOCUMENTS

La Commission européenne prépare un rapport sur les effets que pourrait avoir un retour des contrôles des marchandises et/ou des personnes à la frontière irlandaise. Aidez-vous des documents pour présenter les différents problèmes qui pourraient apparaître. Quelles alternatives permettraient d'éviter ces problèmes ?

Pour aller plus loin

lien Internet Écoutez l'émission de radio *Culturesmonde* consacrée aux possibles effets du Brexit sur la frontière irlandaise : « Frontières sous haute tension. Irlande : le Brexit pourrait-il pousser à la réunification ? », 18 mai 2017 (en podcast).

LEÇON 4 Les frontières internes et externes de l'Union européenne

› Pourquoi l'Union européenne est-elle un laboratoire des recompositions frontalières ?

A Des limites fluctuantes

- **L'Union européenne associe 28 États autour d'un projet d'unification continentale** sans équivalent au monde. Cet espace de paix est aussi une zone de libre circulation des marchandises, des hommes, des informations et des capitaux, mais à géométrie variable (certains pays sont dans l'espace Schengen, d'autres dans la zone euro). La formation de ce marché s'est accompagnée d'un effacement des frontières économiques (droits de douane) puis des différents obstacles à la circulation des hommes.
- **Les frontières de l'UE résultent d'élargissements successifs :** attractive, elle est passée de 6 membres en 1957 à 28 en 2013, repoussant sans cesse ses limites vers le sud et vers l'est. Le départ annoncé du Royaume-Uni à la suite du référendum de 2016 marque un tournant historique et témoigne d'un euroscepticisme vivace. Il ouvre une négociation longue et chaotique, dont l'éventuel retour d'une frontière « dure » entre l'Irlande du Nord et la république d'Irlande est l'un des enjeux majeurs.
- **Le glissement des limites de l'UE fait débat.** L'élargissement connaît un coup d'arrêt même si les candidatures restent nombreuses (Serbie) et discutées (Turquie). Elles sont examinées en fonction des critères d'adhésion de Copenhague (démocratie, économie de marché, respect des droits de l'homme). Certains spécialistes pensent que l'UE doit désormais définir clairement ses limites. La politique européenne de voisinage est proposée comme une alternative à l'élargissement.

B Des frontières extérieures renforcées

- **Vingt-deux États de l'UE font partie de l'espace Schengen dont les frontières extérieures sont protégées.** Certains en sont exclus par choix (Irlande) ou temporairement (Bulgarie). Il s'étend aussi dans des territoires ultramarins souvent attractifs à l'échelle régionale (Mayotte, Canaries). Le système d'information Schengen partage les données entre les pays membres.
- **La frontière extérieure de l'espace Schengen se ferme de plus en plus** (murs en Hongrie, *smart borders*). L'agence Frontex dispose de moyens accrus pour réguler les flux migratoires (10 000 agents en 2020) ; le réseau Eurosur la soutient en facilitant la circulation de données recueillies en temps réel aux frontières par des satellites ou des drones. Les points d'entrée stratégiques (détroit de Gibraltar, îles grecques) sont surveillés, comme les aéroports internationaux (Roissy) et certains ports (Calais). Des accords associent les pays voisins à la surveillance en échange d'aides (Turquie, Maroc).
- **La frontière extérieure fait débat.** Alors que certains redoutent une Europe « forteresse », favorisant les drames humanitaires (Méditerranée), d'autres dénoncent une « passoire » inefficace, alimentant les discours europhobes et les replis nationalistes. Les États méditerranéens (Italie, Grèce), débordés par les flux migratoires, prônent une redéfinition des règles de l'accueil des migrants, dont le règlement Dublin III qui prévoit que le premier pays d'accueil d'un migrant a la responsabilité de l'examen de sa demande d'asile.

1 Les aéroports internationaux où Frontex exerce des contrôles

Vocabulaire

- **Eurorégion :** espace de coopération transfrontalière au sein de l'UE dont le statut administratif est variable. Il bénéficie d'aides européennes pour mener des politiques communes (transport, économie, protection de l'environnement).
- **Euroscepticisme :** opposition à certains aspects de l'intégration européenne ou à l'Union européenne dans son ensemble.
- **Frontex :** agence européenne de gardes-frontières et de gardes-côtes chargée de contrôler les frontières extérieures de l'Union européenne.
- **Groupe de Visegrad :** groupe de pays (Hongrie, Pologne, République tchèque, Slovaquie) défendant des positions communes (restriction de l'immigration, renforcement des souverainetés nationales).
- **Politique européenne de voisinage :** politique de coopération entre l'UE et ses voisins (Europe de l'Est, Maghreb, Proche-Orient). Elle vise à stabiliser les marges de l'Union européenne.

C Des frontières intérieures ouvertes ?

- **L'intégration régionale semble ouvrir les frontières** entre les États signataires : on parle d'une « dévaluation » des frontières internes. Elles ne sont plus des ruptures mais des espaces de coopération transfrontalière (eurorégion) soutenus par l'UE (programmes Interreg) et traversés par des réseaux de transport. La frontière franco-belge, invisible dans le paysage, est une interface parcourue par des flux de travailleurs (40 000 travailleurs français allant quotidiennement en Belgique), de biens et de capitaux valorisant les atouts de chaque pays.
- **Cependant, ces frontières s'ouvrent inégalement** (Hongrie). L'espace Schengen ne couvre pas toute l'UE et les contrôles persistent à l'entrée de certains pays (Roumanie). Des frontières restent litigieuses : Chypre, dont l'île fait entièrement partie de l'UE, reste pourtant séparée depuis 1974 par la « ligne verte », zone démilitarisée au nord de laquelle l'armée turque occupe le territoire. Enfin, d'autres formes de « frontières », fiscales, linguistiques, culturelles, existent toujours. Ainsi, des mouvements séparatistes militent pour le tracé de nouvelles frontières au sein des États européens (Catalogne, Flandre).
- **Un retour provisoire des contrôles aux frontières nationales existe** depuis les années 2010, en lien avec la pression migratoire (« crise des migrants » de 2015) ou au lendemain d'actes terroristes. Des frontières oubliées sont redevenues visibles, comme entre les pays scandinaves. Les désaccords concernant la politique migratoire de l'UE alimentent dans certains pays des discours prônant un « retour des frontières » (groupe de Visegrad).

2 Le programme Interreg de coopération transfrontalière
Source : Commission européenne, 2019.

SCHÉMA BILAN

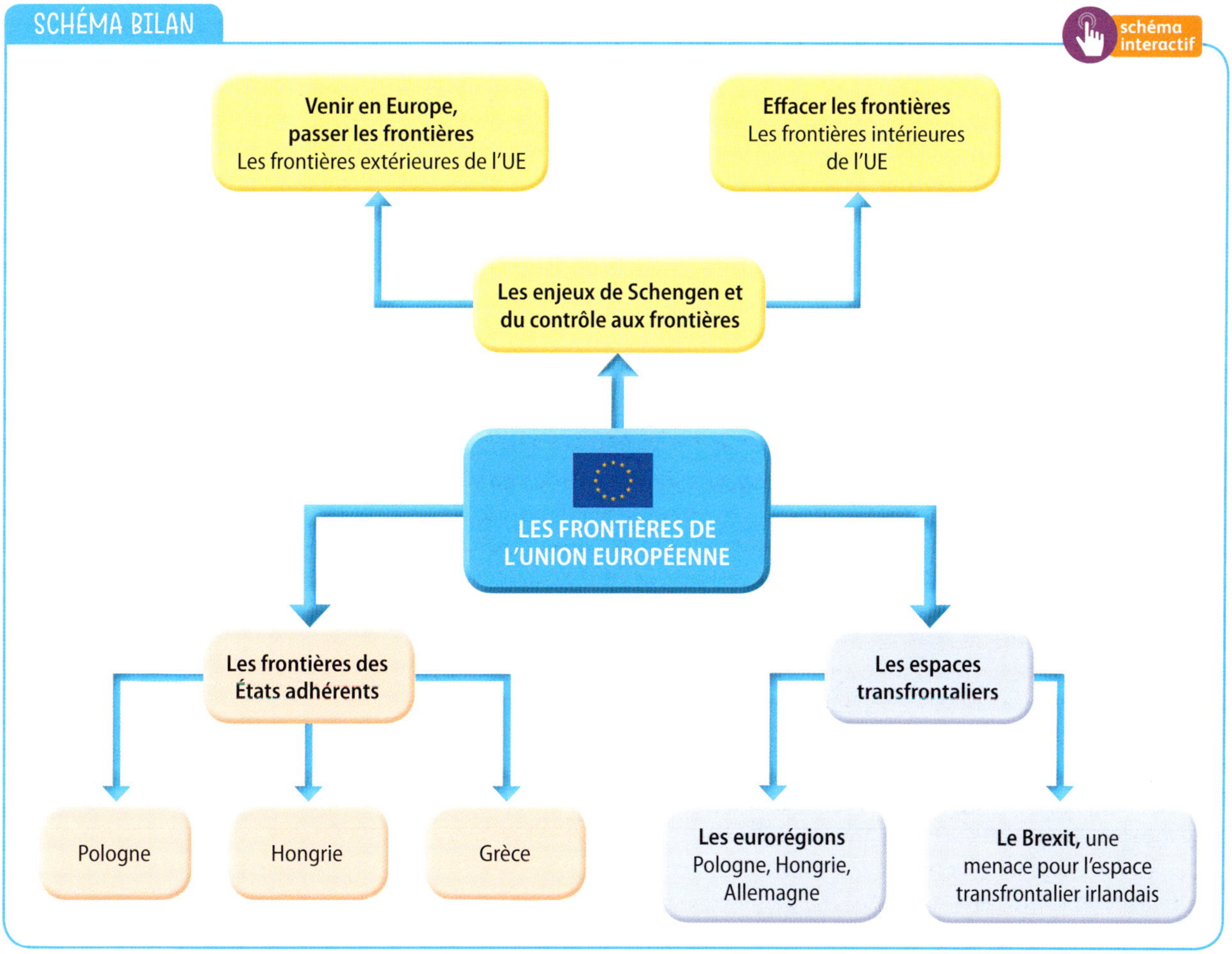

MÉTHODE

THÈME 3

Bac contrôle continu de Première | **La composition**

■ **OBJET DE TRAVAIL CONCLUSIF : Les frontières internes et externes de l'Union européenne**

OBJECTIF *Illustrer la composition par des exemples précis*

SUJET Les enjeux des frontières internes et externes de l'Union européenne

Problématique possible : pourquoi les questions frontalières représentent-elles un enjeu géopolitique majeur pour l'Union européenne ?

Aidez-vous du cours p. 242-243 pour trouver les sous-parties.

Organisez chaque partie en deux ou trois sous-parties auxquelles vous donnerez un titre significatif.

1. Des frontières fluctuantes dans le temps — **a.** Le résultat d'élargissements successifs **b.** ……

2. Des frontières extérieures renforcées — **a.** …… **b.** …… **c.** ……

3. Des frontières intérieures ouvertes — **a.** …… **b.** …… **c.** ……

Méthode

■ **Dans une composition, chaque argument doit être illustré par des exemples :**

- Les exemples doivent être précis : données chiffrées, lieux, aménagements, choix politiques…
- Les exemples doivent illustrer des phénomènes à des échelles différentes (locale, régionale, nationale).
- Les exemples peuvent être écrits ou bien cartographiés.

Application

■ Soulignez l'argument et les exemples dans le paragraphe ci-dessous correspondant à la 1re sous-partie de la 1re partie :

1. Des frontières fluctuantes dans le temps

a. Le résultat d'élargissements successifs

Les frontières de l'UE résultent d'élargissements successifs. Née de la volonté de mettre fin aux conflits meurtriers qui ont déchiré l'Europe, la CEE, devenue UE, est passée de 6 membres en 1957 (France, Italie, Allemagne, Belgique, Luxembourg et Pays-Bas) à 28 en 2013, repoussant sans cesse les frontières de l'Europe vers le sud et vers l'est. C'est l'implosion du bloc de l'Est après la guerre froide qui a conduit à l'accélération de l'élargissement dans les années 1990 et 2000. Le départ annoncé du Royaume-Uni, à la suite du référendum de 2016, marque un tournant historique et témoigne d'un euroscepticisme vivace : les frontières extérieures de l'UE sont de nouveau à redessiner, même si le Royaume-Uni ne fait pas partie de l'espace Schengen. Le Brexit ouvre une négociation longue et chaotique, dont la question frontalière entre l'Irlande du Nord et la république d'Irlande est l'un des enjeux majeurs.

Sur le modèle ci-dessus, rédigez la suite de la première partie de la composition en illustrant les arguments d'exemples précis.

Utilisez des mots de liaison ou des connecteurs pour introduire les exemples : ainsi, comme, par exemple…

Complétez le schéma suivant illustrant la 3e partie de la composition.

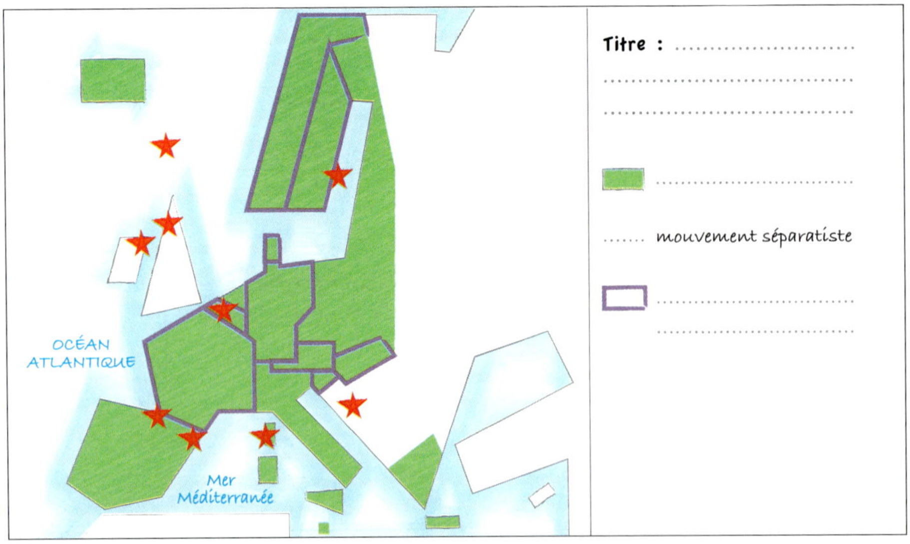

MÉTHODE

THÈME 3

Bac épreuve de Terminale — **L'étude critique de documents**

- **AXE 1 : Tracer des frontières, approche géopolitique**
- **JALON : Pour se partager des territoires : la conférence de Berlin et le partage de l'Afrique**

OBJECTIF *Étudier une caricature*

SUJET Le partage de l'Afrique

Une de *La Caricature*, 5 février 1887.
Dessin d'Alfred Robida.

1. Présentez le document en insistant sur le contexte de son élaboration.
2. Comment le journal présente-t-il l'Afrique ? Expliquez ces choix.
3. Dans quelle mesure l'image anticipe-t-elle le partage de l'Afrique ?

Méthode

- **Identifier le document :** auteur, date (contexte), destinataires.

- **Décrire la caricature**

- Repérer les éléments de construction : décor, couleurs, personnages, scène représentée.
- Repérer les informations contenues dans le texte : titre, ton employé.
- Identifier les exagérations dans la caricature.

- **Interpréter la caricature**

- Utiliser les connaissances extraites du cours pour interpréter la caricature.
- Interpréter l'intention de l'auteur : illustrer, provoquer, dénoncer.
- Organiser les informations en lien avec les différentes questions du sujet.

Application

- **Question 1**

- Faites une petite recherche sur le journal hebdomadaire satirique *La Caricature*. Replacez ce document dans son contexte d'élaboration (p. 204 et p. 210-211).

- **Question 2**

- Décrivez les représentations de l'Afrique : personnages, animaux, décors.
- Expliquez cette représentation en vous aidant de vos connaissances sur la situation en Afrique en 1887.

- **Question 3**

- Comment le partage de l'Afrique est-il suggéré sur l'image ? Quels sont les acteurs cachés derrière cette représentation ?

Pour vous aider, visionnez une vidéo sur la conférence de Berlin.

lien Internet

À partir du travail précédent, rédigez vos réponses aux **questions** du sujet.

MÉTHODE

THÈME 3

Bac épreuve de Terminale **L'étude critique de documents**

- AXE 2 : Les frontières en débat
- JALON : Dépasser les frontières : le droit de la mer

OBJECTIF *Étudier une carte*

SUJET La mer de Chine méridionale, entre affrontements et négociations

1. Présentez le document et son intérêt par rapport au sujet.
2. Pourquoi peut-on dire que le droit de la mer est en débat en mer de Chine ?
3. Comment la carte montre-t-elle que les négociations peuvent conduire à un apaisement des tensions ?

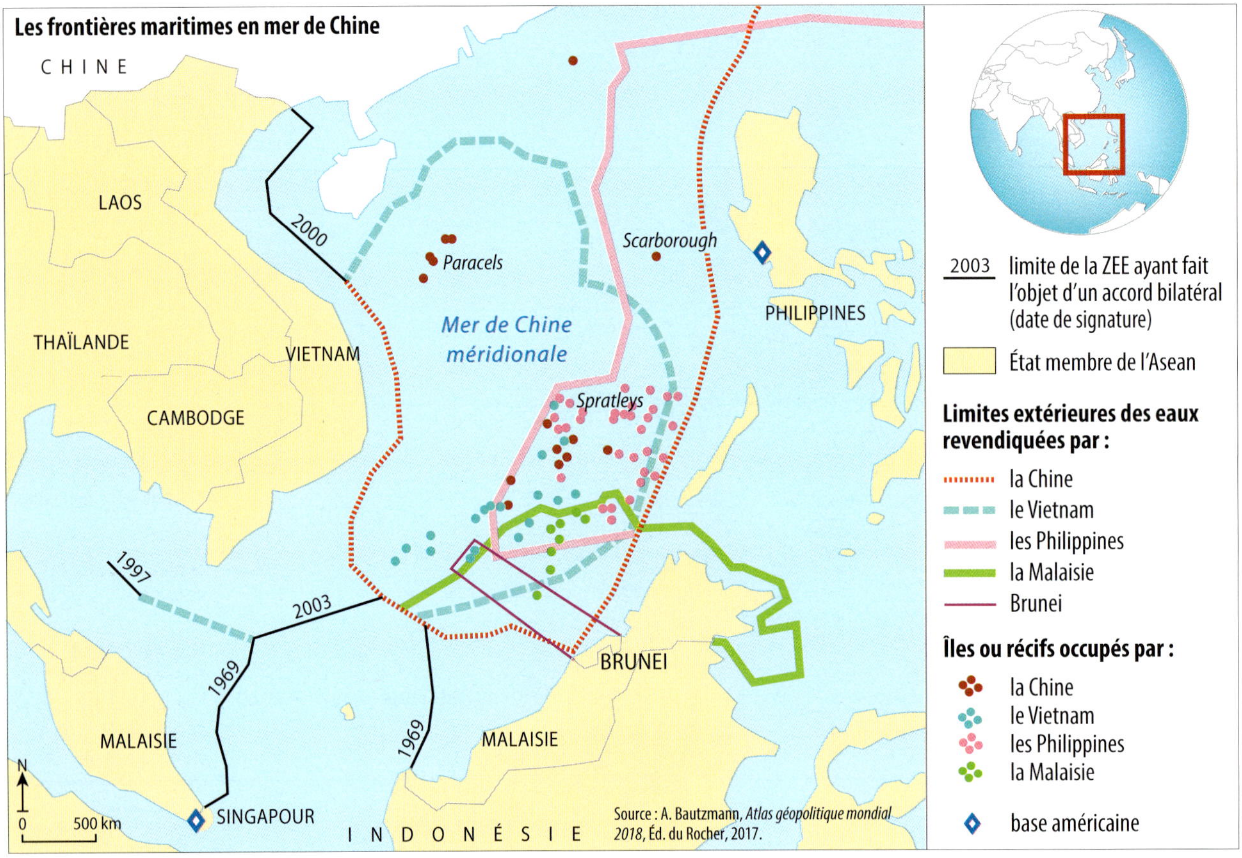

Méthode

- **Identifier le document :** auteur, date, provenance des données chiffrées, région concernée.
- **Décrire la carte**
  - Repérer les grands ensembles géographiques.
  - Identifier les exceptions au sein de chaque grand ensemble.
- **Interpréter la carte**
  - Utiliser les connaissances extraites du cours pour expliquer les grands ensembles géographiques et les exceptions.
  - Organiser les informations en lien avec les différentes questions du sujet.

Application

- **Question 1**
  - En quoi l'avis d'un géopoliticien comme Alexis Bautzmann est-il particulièrement intéressant pour traiter le sujet proposé ?
- **Question 2**
  - En vous appuyant sur la description de la carte, montrez que la mer de Chine est soumise à des revendications.
  - Mobilisez vos connaissances pour les expliquer.
- **Question 3**
  - Montrez que les tracés de ZEE sont le résultat de négociations qui peuvent être un recours face aux tensions frontalières.
  - Expliquez ces choix à l'aide de vos connaissances.

Pour vous aider, recherchez les règles du tracé des ZEE dans le cadre du droit de la mer. Pourquoi ce tracé peut-il faire l'objet de négociations en mer de Chine ?

À partir du travail précédent, rédigez vos réponses aux **questions** du sujet.

MÉTHODE
THÈME 3

Bac épreuve de Terminale | **L'étude critique de documents**

- **OBJET DE TRAVAIL CONCLUSIF :** Les frontières internes et externes de l'Union européenne
- **JALON :** Les enjeux de Schengen et du contrôle aux frontières : venir en Europe, passer la frontière

OBJECTIF *Mobiliser des connaissances pour étudier un document*

SUJET La Méditerranée, une frontière majeure de l'espace Schengen

1. Présentez le document et son intérêt par rapport au sujet.
2. Comment la carte rend-elle compte du fait que les frontières font de l'espace Schengen une forteresse ? Expliquez cette situation.
3. Par quels moyens l'espace Schengen essaie-t-il de limiter les tentatives d'entrée sur son territoire ? Avec quelle efficacité ?

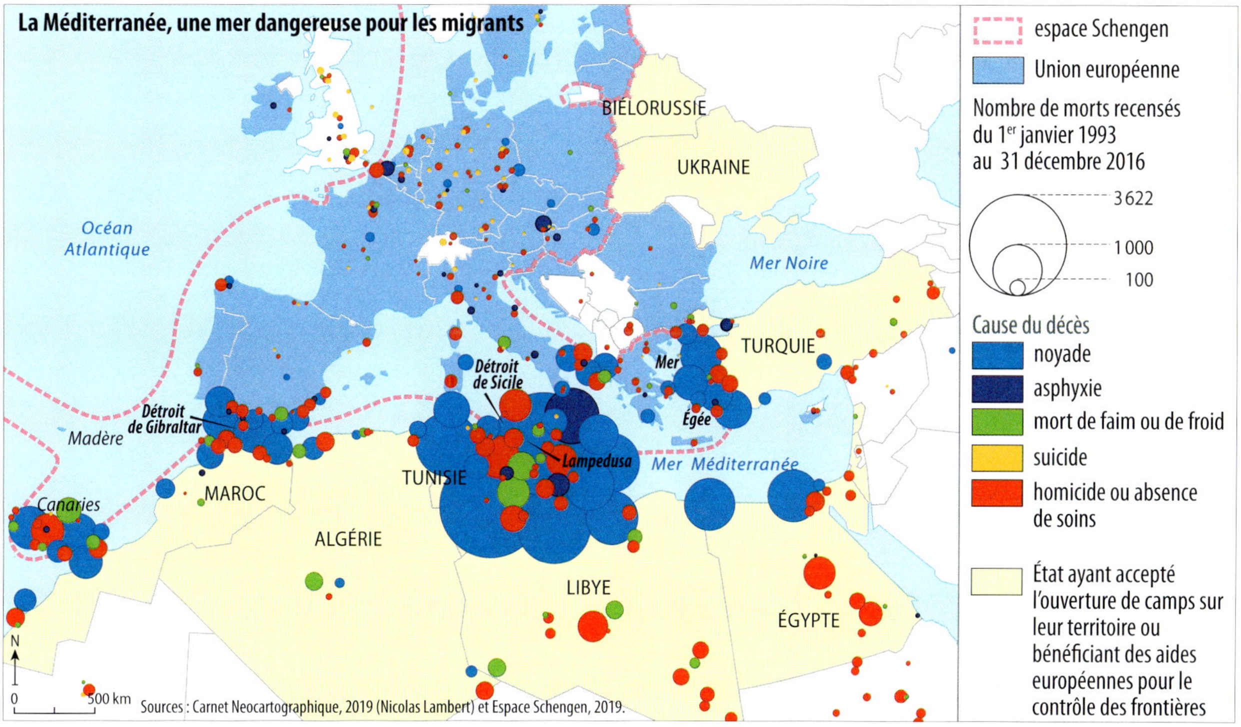

Rédigez deux lignes de présentation du document pour répondre à la **question 1**.

> Utilisez vos connaissances sur Frontex pour expliquer les portes d'entrée stratégiques dans l'espace Schengen.

Méthode

■ Pourquoi mobiliser des connaissances ?
- Pour comprendre les enjeux du sujet.
- Pour expliquer les documents.
- Pour apporter d'autres exemples qui mettent le document en perspective.

■ Comment mobiliser des connaissances ?
- Utiliser le cours (notions clés, exemples, fiche de révision).
- Utiliser le manuel.
- Utiliser le résultat de recherches personnalisées (encyclopédies en ligne, sites Internet spécialisés…).

Application

■ Question 2
- Analysez les modes de représentation utilisés sur la carte pour représenter les morts aux frontières. Comment rendent-ils compte de la « forteresse européenne » ?
- Utilisez vos connaissances pour expliquer l'importance et les lieux des tentatives d'entrée dans l'UE.

■ Question 3
- Quel point commun existe-t-il entre les pays signataires d'un accord avec l'espace Schengen pour le contrôle des flux migratoires ?
- Utilisez vos connaissances pour mesurer l'efficacité de ces stratégies.

> Faites une recherche sur l'accord passé en 2017 entre la Turquie et l'UE pour limiter les flux en provenance du Moyen-Orient.

À partir du travail précédent, rédigez vos réponses aux **questions** du sujet.

MÉTHODE

THÈME 3

Bac épreuve de Terminale — **L'étude critique de documents**

- **AXE 1 : Tracer des frontières, approche géopolitique**
- **JALON : Pour se protéger : le *limes* rhénan**

Sujet d'entraînement

SUJET Le *limes* rhénan, une frontière protectrice de l'Empire romain ?

1. Présentez les documents en montrant leur inégale validité scientifique.

2. Montrez que le *limes* rhénan est une frontière défensive pour l'Empire romain. Expliquez et nuancez cette vision protectrice du *limes*. **(doc.1 et 2)**

3. Comment cette frontière est-elle également devenue un lieu de prospérité ? **(doc. 2)**

1 Le *limes* rhénan vu par Astérix

Planche extraite d'*Astérix et les Goths*, Goscinny et Uderzo, 1963, Éd. Albert René, 2004.

2 Un territoire frontalier mis en valeur

La présence de l'armée en Rhénanie transforma profondément la région, d'abord dans le domaine économique. En effet, les soldats touchaient une solde relativement élevée, ce qui en faisait des privilégiés. Leur présence attirait des civils, femmes en quête de maris ou commerçants à la recherche de clients. Enfin, l'établissement de la fameuse paix romaine favorisait également la prospérité. De la sorte, se créa au nord de la Gaule, comme autour de tout l'empire, une véritable ceinture dorée. La principale production, comme partout dans l'Antiquité, était le blé. Il faut lui ajouter l'élevage des chevaux et des bovins, les productions d'un artisanat actif – métallurgie, verrerie, céramique commune – et le commerce. Les villes se multipliaient, avec des places ou forums, des basiliques, des thermes, des temples, et tous les monuments qu'on y trouve d'habitude. Pourtant, les dieux indigènes conservèrent leurs fidèles : tous honoraient des déesses Mères, comme Nehalennia, et un Jupiter qui tuait un monstre appelé l'anguipède. Ils leur ajoutaient les cultes romains, et notamment le culte impérial très pratiqué à Cologne. Ils accueillirent aussi les dieux orientaux, par exemple l'égyptienne Isis et le perse Mithra. Au IVe siècle, le christianisme se diffusa à son tour, mais plus chez les civils que chez les militaires. La présence de l'armée se concrétisa aussi dans le paysage, avec l'élaboration du *limes*. Les soldats construisirent de grands camps pour des légions, à Xanten et Bonn sur le Rhin inférieur, à Strasbourg et Mayence sur le Rhin supérieur. Ils ajoutaient dans les intervalles des forts plus petits et des tours. Ils tracèrent aussi un réseau routier, longeant le fleuve ou allant soit vers l'avant, en territoire ennemi, soit vers l'arrière, vers Rome, le centre du pouvoir. Là où ils pouvaient appuyer leur défense sur le cours du Rhin, au nord, ils s'en contentèrent ; au sud, entre Mayence et le Danube, ils élaborèrent une longue palissade de bois, sur 382 km, un ensemble si impressionnant que les Allemands, au Moyen Âge, l'ont appelé « le Mur du Diable ».

D'après Y. Le Bohec (professeur d'histoire romaine à la Sorbonne), « La Germanie des Romains : des provinces de circonstance », clio.fr, 2002.

B Réviser en s'entraînant

OBJECTIF Compléter des croquis

L'Afrique au début du xxᵉ siècle

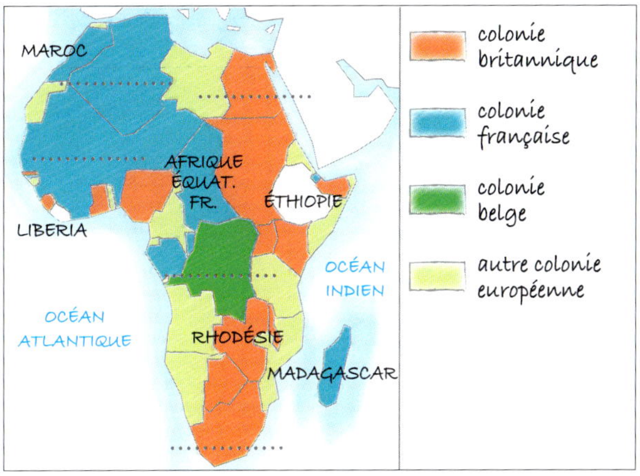

La frontière entre les deux Corées

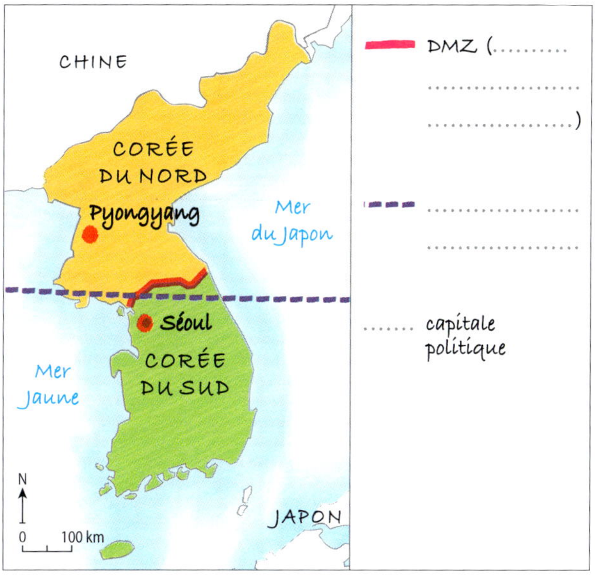

Les territoires polonais perdus et gagnés en 1945

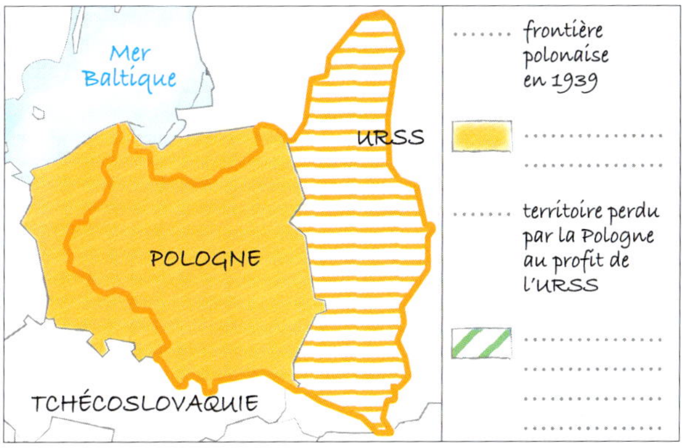

L'espace Schengen

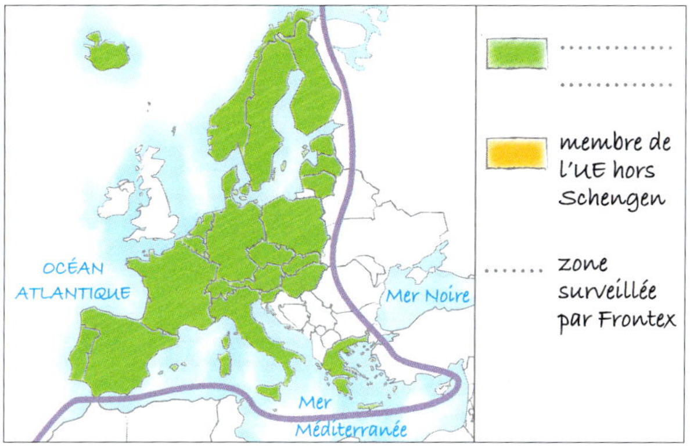

C Réviser en se documentant

À VOIR

- *Les migrants ne savent pas nager*, de J.-P. Mari et F. Dhelens, 2016 : film documentaire à bord du bateau humanitaire *Aquarius*.
- *Welcome*, de Ph. Lioret, 2009 : film sur un jeune migrant qui souhaite passer la frontière entre la France et le Royaume-Uni en traversant la Manche à la nage.

- *Le Terminal*, S. Spielberg, 2004 : le héros se trouve dans la zone internationale de transit de l'aéroport JFK à New York, alors qu'un coup d'État vient de toucher son pays.

À LIRE

- *Alpha*, Bessora et Barroux, Éd. Gallimard, 2014 : BD sur le parcours d'un migrant ivoirien vers la France.

- *Eldorado*, L. Gaudé, Éd. Actes Sud, 2006 : roman sur l'immigration clandestine en provenance d'Afrique du Nord vers l'île italienne de Lampedusa.
- *Atlas des migrations, un équilibre mondial à inventer*, C. Wihtol de Wenden, Éd. Autrement, 2018.

SUR LE WEB

- Site de l'Iris (Institut de relations internationales et stratégiques) : iris-france.org
- Site de l'UE, Toute l'Europe, et sa rubrique sur l'espace Schengen : touteleurope.eu/actualite/le-fonctionnement-de-l-espace-schengen.html
- Site de l'ONG SOS Méditerranée qui vient en aide aux migrants : sosmediterranee.fr

THÈME 4 S'informer : un regard critique sur les sources et modes de communication

1 Des journalistes au cœur des conflits

Le journaliste Charles Crain, en reportage pour le *Time Magazine,* prend des notes à Tal Afar, Irak, 16 janvier 2005.

Depuis la guerre du Vietnam, le journalisme de guerre s'est largement généralisé, à tel point que les conflits peuvent se suivre en direct à travers les différents médias.

RAPPEL DU PROGRAMME • THÈME 4

Ressources numériques du chapitre
Site collection : lycee.hachette-education.com/hg-scpo/1re

1400 — 1500 — 1850 — 1900 — 1950 — 2000

- **Vers 1450** Invention de l'imprimerie par Gutenberg
- **1835** Fondation de l'agence Havas
- **1894-1906** Affaire Dreyfus
- **1944** Création de l'AFP
- **1964-1975** Guerre du Vietnam
- **1969** Premier message envoyé par deux ordinateurs dans le cadre du programme Arpanet
- **2006** Création de WikiLeaks

2 Mark Zuckerberg, le fondateur de Facebook, au World Mobile Congress de Barcelone, le 21 février 2016

Les journalistes présents sont invités à essayer un casque de réalité virtuelle.

Vidéo : « Comment s'informer aujourd'hui ? »

lien Internet France.tv éducation, 2016.

QUESTIONS

1. Quel est le rôle des journalistes aujourd'hui dans l'accès à l'information ? **(doc. 1)**
2. Comment s'informe-t-on le plus souvent aujourd'hui ? Comment le métier de journaliste évolue-t-il ? **(doc. 2)**
3. Montrez que la façon de s'informer évolue rapidement ces dernières années. Quelles en sont les conséquences ? **(vidéo)**

INTRODUCTION

Comment s'informe-t-on aujourd'hui ?

REPÈRES 1 Les différents médias au début du XXIe siècle

- **1944** Création du *Monde*
- **1973** Création de *Libération*
- **1980** Création de CNN
- **1987** Création de la radio **France Info**, dédiée à l'information
- **1990** Invention du **World Wide Web**
- **1998** Création de **Google**

(Frise : 1940 – 1950 – 1960 – 1970 – 1980 – 1990 – 2000)

Par quel média êtes-vous informé ?

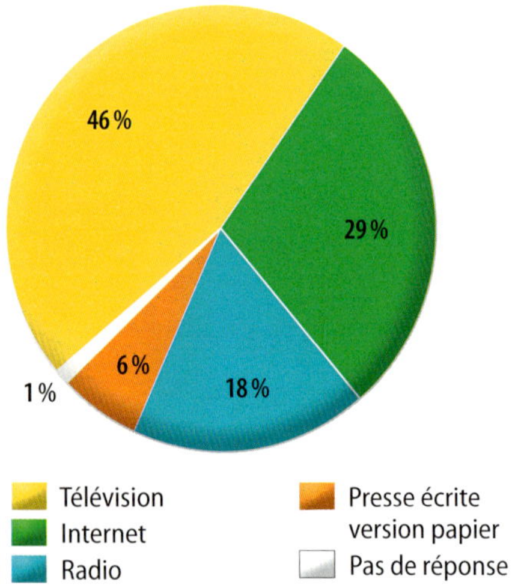

Quelle est votre principale source d'information sur Internet ?

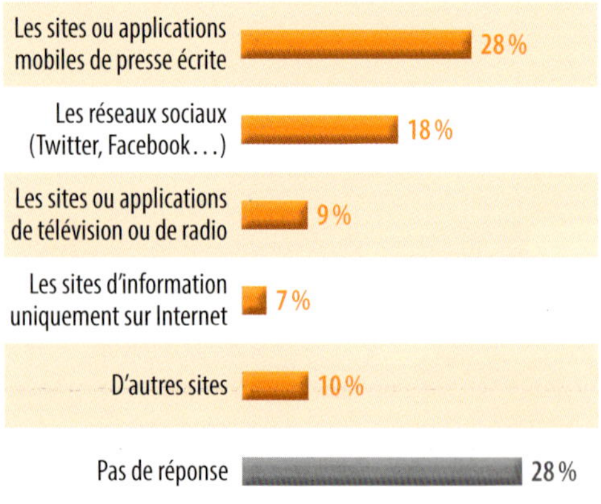

Source : sondage Kantar pour *La Croix*, 2018.

1 Les médias d'information en France

Média utilisé en France pour accéder à l'information (en pourcentage)

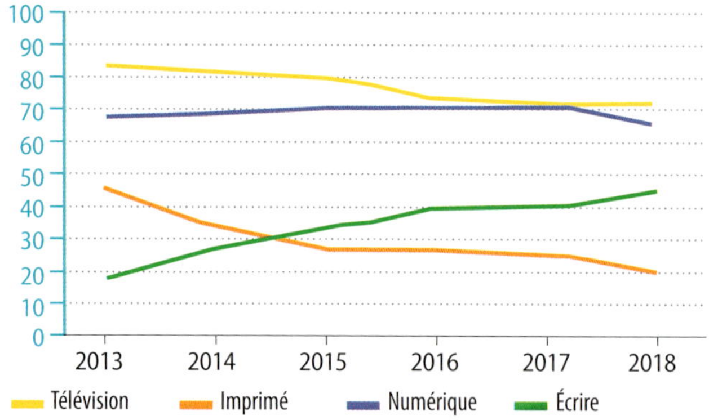

Sources : Reuters Institute, 2019. (on supprime digital news report qui est le rapport de Reuters)

2 L'évolution des modes d'information en France

Nombre d'exemplaires vendus

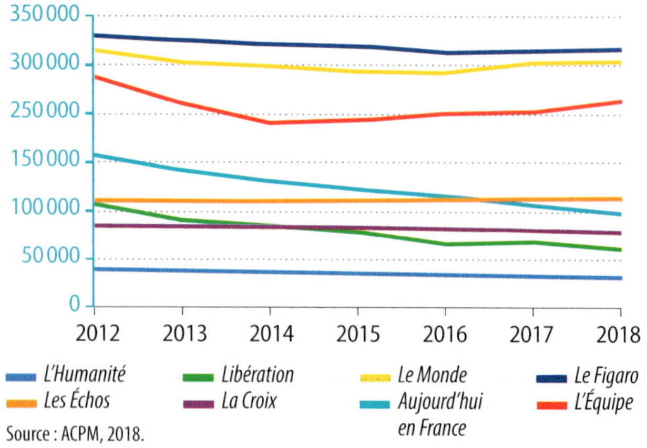

Source : ACPM, 2018.

3 La vente des grands journaux quotidiens français en version papier

Supports de consultation de la presse en 2018 en France, en %

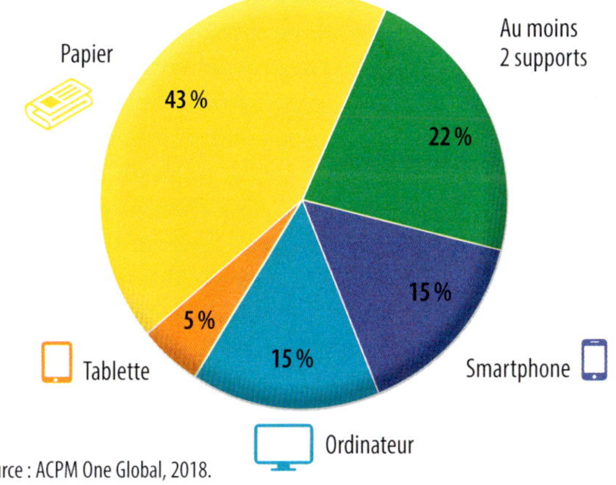

Source : ACPM One Global, 2018.

4 La consultation de la presse en France

Écoutes actives en mars 2018

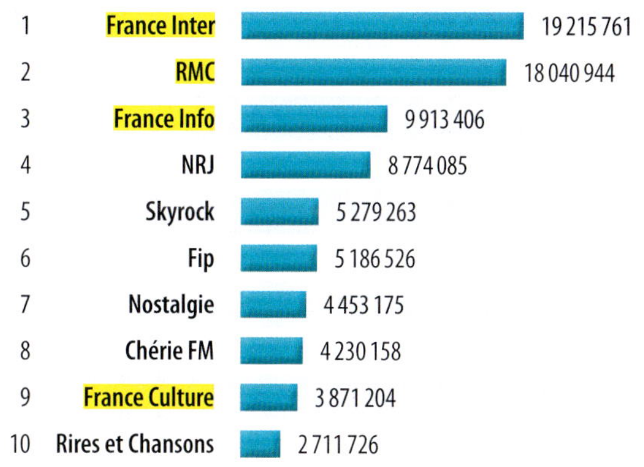

Source : ACPM, 2018. France Inter Radios d'information

5 Les radios d'information en France

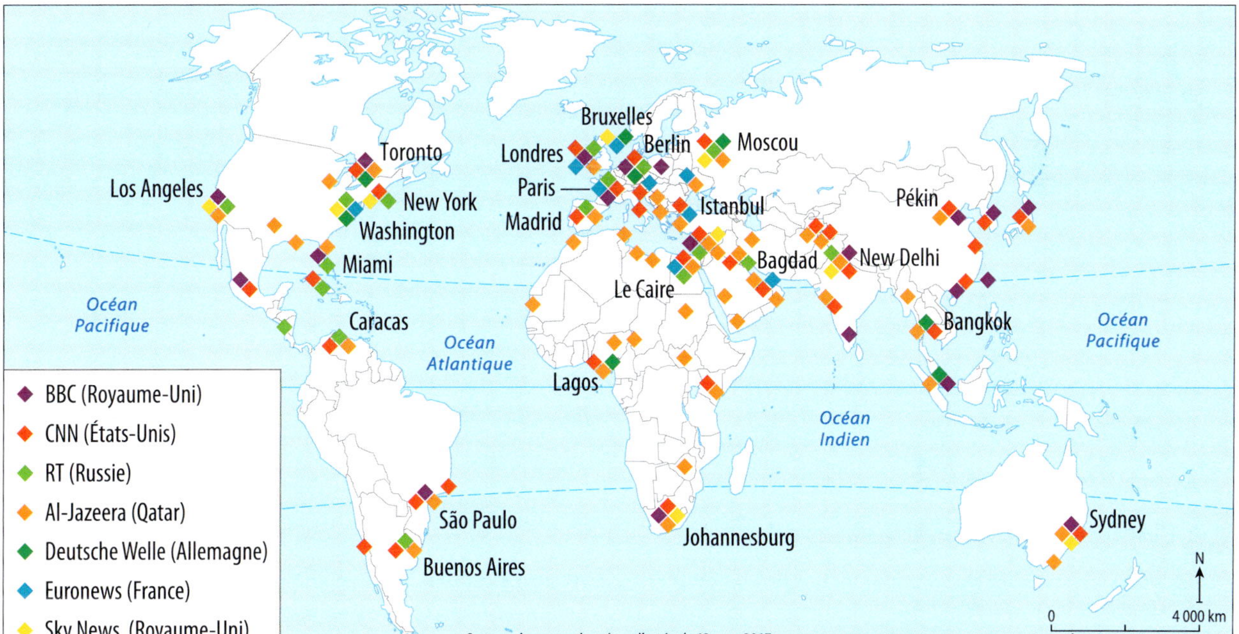

Source : alexa.com, données collectées le 13 mars 2017.

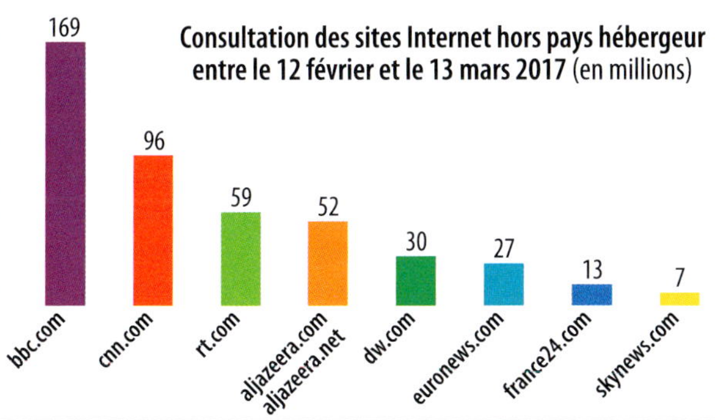

6 Les chaînes d'information dans le monde

QUESTIONS

1. Quels sont les principaux modes d'information au début du XXIe siècle ?
2. Pourquoi peut-on parler d'une mondialisation des informations ?

ÉTUDE Les chaînes d'information en continu

Depuis le lancement de la chaîne CNN aux États-Unis en 1980, le modèle des chaînes de télévision qui proposent de l'information en continu s'est répandu dans le monde. D'abord diffusées par le satellite et le câble, ces chaînes profitent aujourd'hui d'Internet et de la télévision numérique terrestre (TNT) pour toucher un public plus large. La couverture des événements se fait désormais de plus en plus en direct, changeant radicalement la relation entre les téléspectateurs et l'information.

› Comment les chaînes d'information en continu modifient-elles le rapport à l'information ?

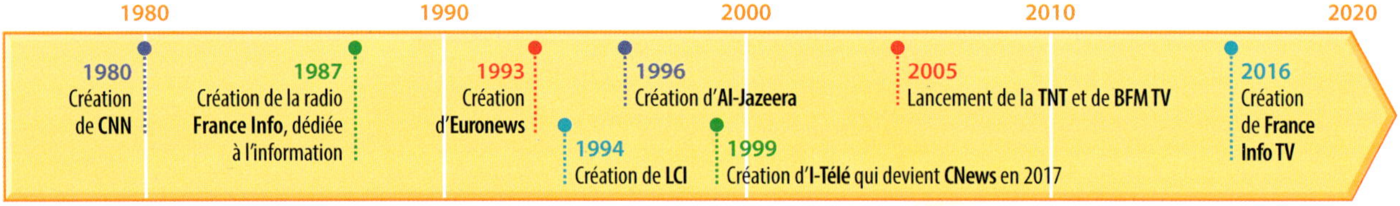

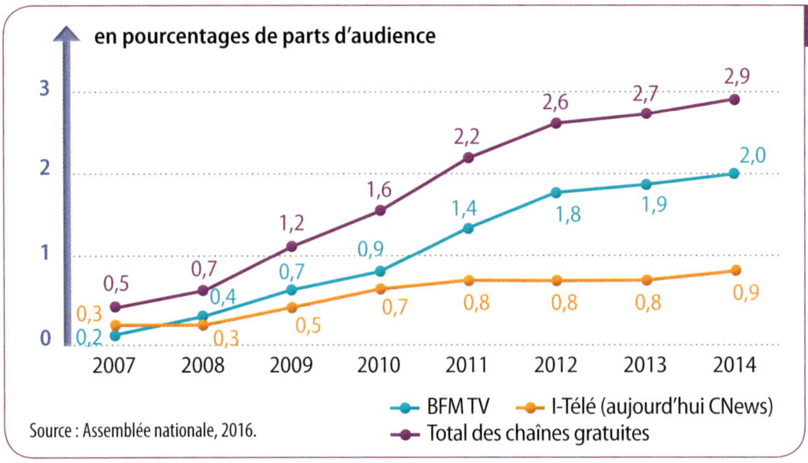

1 L'audience des chaînes d'information en France sur la TNT de 2007 à 2014

LCI et France Info TV ne sont diffusées sur la TNT qu'à partir de 2016.

2 L'information en continu et ses effets

« Nous ne vivons pas une crise, nous vivons un changement de monde. » La formule d'Edgar Morin est éclairante. Le triptyque globalisation-numérisation-individualisation bouleverse tout… Tel est notamment le cas de l'accès au savoir et à l'information. Nous étions dans « la société de l'écran » – la télévision trônait en majesté dans le salon avec la famille entière rassemblée devant. Nous sommes passés à « la société des écrans » – dont nous faisons une consommation individualisée, continue et simultanée. Ce faisant, les flux d'informations continus – le système formé par BFM et Twitter – constituent la véritable nouveauté.

Commençons par le positif. Les flux d'informations continus contribuent à une double démocratisation. D'une part, dans la société, ils favorisent l'horizontalité au détriment de la verticalité. Plus précisément, ils nous font sortir du monde d'hier où la petite cohorte de « ceux qui savaient » s'arrogeait le droit de décider ce que les autres pouvaient savoir.

D'autre part, en politique, seuls quelques milliers de militants ou de sympathisants entendaient jadis les discours dans leur version intégrale. Avec les chaînes d'information continue – et les accès en replay –, le discours politique est devenu la véritable nouveauté de la campagne présidentielle de 2012.

Après le positif, le négatif : la défiance. La multiplication des émetteurs d'information couplée au culte de la vitesse nous confronte à deux risques réels. Le premier est celui de l'erreur, c'est-à-dire de la fausse information – comme l'annonce de l'arrestation de Mohamed Merah[1].

Le second est celui de la rumeur. Dans une société où rien, ou presque, n'est cru, tout devient potentiellement crédible. La rumeur sur la théorie du genre ayant abouti aux « jours de retrait » de l'école n'est que l'un des trop nombreux exemples récents. Dès lors, il faut bien mesurer l'importance du métier de journaliste et la responsabilité des médias. Les uns comme les autres sont devenus des marques qui ont un capital de crédibilité à préserver jalousement.

D'après G. Finchelstein, propos recueillis par F. Mounier, « L'information en continu et ses effet », *La Croix*, 13 février 2014.

1. Mohamed Merah a perpétré les attentats de Toulouse et Mautauban en mars 2012, faisant 7 morts, dont 3 enfants.

3 Les chaînes d'information et le mouvement des Gilets Jaunes[1]

« Il y aura un avant et un après… » Cette phrase du patron de CNews, Serge Nedjar, résume l'énorme impact du conflit des Gilets Jaunes sur les chaînes d'info, qui couvrent le mouvement en direct depuis un mois. Jamais depuis leur création BFM TV, CNews, LCI ou France Info TV n'avaient affiché de telles audiences, même lors des attentats de novembre 2015 ou du second tour de la présidentielle en mai 2017. À elle seule, BFM TV a rassemblé chaque samedi, en cumulé, 20 millions de téléspectateurs.

La chaîne info du groupe Altice s'est classée 2e chaîne de France, seulement devancée par TF1. Mercredi soir, la soirée spéciale Gilets Jaunes lui avait déjà permis de se classer 5e chaîne de France. Une performance réalisée par LCI dès le 28 novembre avec La Grande Explication, présentée par David Pujadas. Sur le terrain, cette couverture des événements a laissé des traces. Reporters pris à partie par la foule, insultés, coursés, pourchassés… Une dizaine de plaintes pour « violences aggravées », « menaces de mort », « tentative d'agression en réunion » ont été déposées par des journalistes « dont c'était pour la plupart le baptême du feu », souligne Serge Nedjar. Face aux risques encourus, les équipes de reportage ont été dotées d'agents de sécurité et des micros pour les interviews ont été banalisés, sans sigles apparents. Depuis les violents affrontements de Notre-Dame-des-Landes[2], en avril, certains reporters se sont vu proposer des formations spécifiques, dispensées par d'anciens policiers ou militaires. Le ministère de l'Intérieur a produit des notes sur les risques, exercé des mises en garde et donné des directives pour la sécurité des journalistes. Des réunions avec les chaînes se sont tenues ces derniers jours.

D'après R. Revel, « Gilets Jaunes : les chaînes d'info cartonnent et font face », *Le Journal du dimanche*, 10 décembre 2018.

1. Les Gilets Jaunes est un mouvement social de grande ampleur, qui débute sur Internet, d'abord en opposition à la création de taxes écologiques sur les carburants. De nombreuses autres revendications s'ajoutent ensuite. Leurs rassemblements et manifestations tous les samedis à la fin de l'année 2018 et début de l'année 2019 génèrent de nombreux incidents.
2. Dans les années 2000, le projet de création de l'aéroport Grand Ouest au sud du bourg Notre-Dame-des-Landes a soulevé de nombreuses objections, jusqu'à l'abandon du projet en 2018.

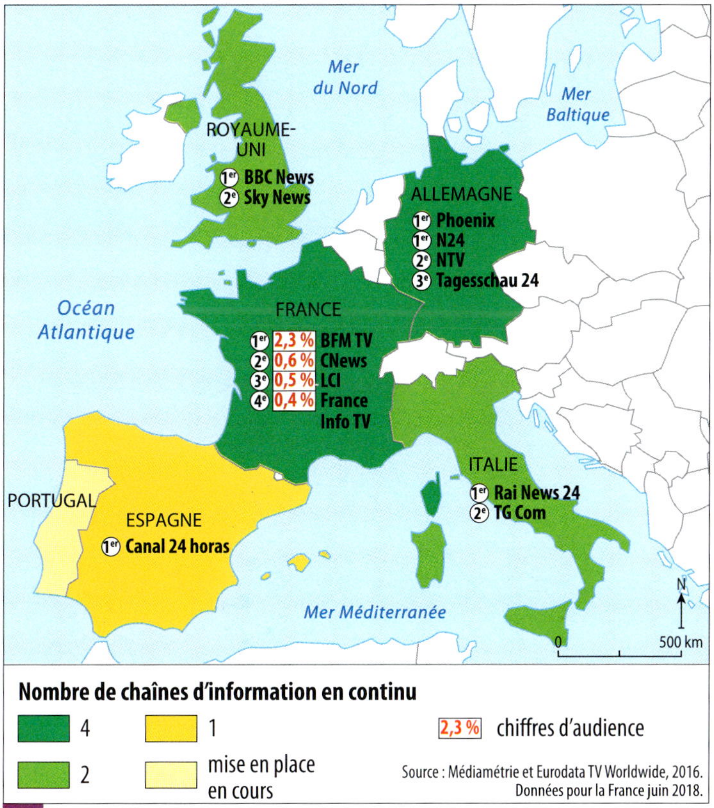

4 Quelques chaînes d'information en continu en Europe

L'arrivée de France Info TV place la France ex-aequo avec l'Allemagne en nombre de chaînes d'information en continu.

ANALYSE DE DOCUMENTS

1. Quelle est l'audience des chaînes d'information en continu en Europe et en France ? Comment évolue-t-elle ? **(doc. 1 et 4)**
2. Quelles sont les conséquences de ces chaînes sur le traitement même des informations ? **(doc. 2)**
3. Quelles sont les conséquences de la couverture du mouvement des Gilets Jaunes sur les chaînes d'information en continu ? **(doc. 3)**

Bilan

À l'aide des réponses aux questions, vous rédigerez une synthèse montrant l'importance aujourd'hui des chaînes d'information en continu et les conséquences de leur traitement de l'actualité.

ÉTUDE La révolution du smartphone, une autre façon de s'informer

Les smartphones sont apparus au cours des années 2000 grâce à la généralisation des réseaux 3G et 4G, qui ont permis d'accéder facilement et rapidement à l'Internet mobile. Désormais, accéder au Web et aux informations devient un acte presque instantané. Le smartphone s'impose comme un accessoire multitâche (appareil photo, caméra, agenda, outil de paiement) et un outil d'information de premier plan.

› Pourquoi l'invention du smartphone est-elle une révolution majeure pour l'accès à l'information ?

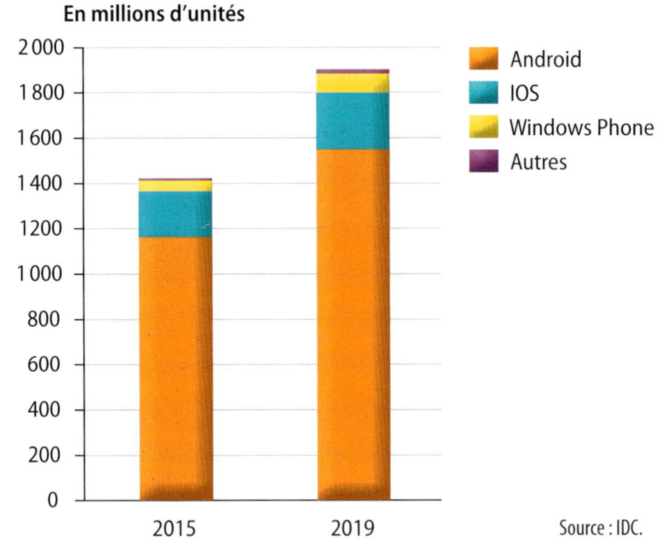

Source : IDC.

1 Évolution des ventes de smartphones dans le monde

Steve Jobs

(1955-2011)

Entrepreneur et inventeur américain, Steve Jobs développe avec ses associés l'Apple I en 1975 en Californie. Il fonde ensuite la société Apple l'année suivante avec ses associés Steve Wozniak et Ronald Wayne. Alors qu'il connaît le succès avec le Macintosh en 1984, il quitte Apple la même année avant de fonder la société NeXT computer. Il redevient patron d'Apple en 1997 et développe les modèles phares de la marque : iPod, iPhone, iPad.

Vocabulaire

- **Smartphone :** téléphone disposant d'un système d'exploitation conçu pour accueillir différentes applications via une connexion Internet.

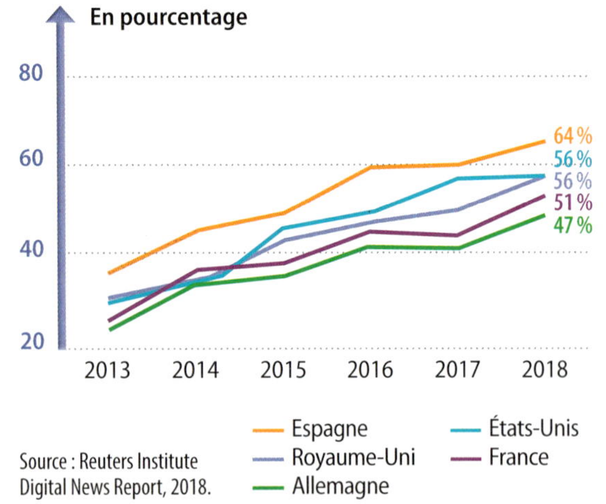

Source : Reuters Institute Digital News Report, 2018.

2 L'utilisation du smartphone pour l'accès aux informations

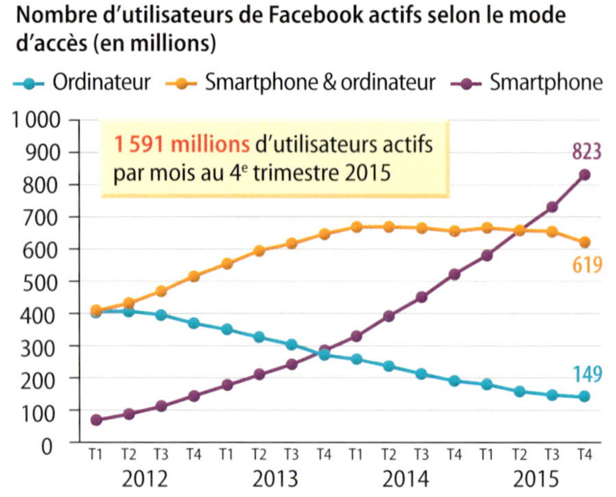

Source : Facebook, 2016.

3 L'évolution de l'utilisation de Facebook par type d'appareil

4 Dix ans de révolution du smartphone, un nouveau rapport à l'information

Il y a 10 ans, le 29 juin 2007, Apple mettait en vente l'iPhone, l'appareil qui a révolutionné l'industrie des téléphones portables et changé nos habitudes. À l'époque où le petit accessoire à écran tactile est mis en vente, le marché est dominé par les téléphones à clavier de Blackberry. Dix ans plus tard, le groupe a écoulé plus d'un milliard d'iPhone, qui en est à sa septième version. La huitième devrait être annoncée à la rentrée. Mais l'iPhone a surtout permis le développement d'une multitude d'applications qui en font un vrai couteau suisse. Les innovations d'Apple ont été copiées et parfois améliorées par les autres constructeurs. « Les smartphones ont changé notre présence au monde », estime la sociologue Catherine Lejealle, spécialiste des nouvelles technologies et enseignante à l'ISC Paris, une école de commerce et de management.

Le rapport à l'information a également été bouleversé. « L'info est pléthorique, gratuite et partout à la fois, explique la chercheuse. L'expérience est plus riche, l'information aussi. » Mais Catherine Lejealle rappelle aussi l'effet pervers de l'infobésité, la surinformation. « C'est désormais l'attention qui est une ressource rare. » En clair, parmi le flot d'informations ou de publicités, difficile pour un article ou un annonceur de retenir l'attention d'un lecteur ou d'un consommateur, sollicité de toutes parts. Car dans le même temps, « il y a une fragmentation de l'attention, nous avons tous des problèmes de concentration ». Cas typique, la lecture d'un article est détournée par la réception d'un mail, elle-même interrompue par une notification Facebook, Twitter ou un SMS.

D'après C. Lejealle, propos recueillis par G. Houdayer, « Dix ans de l'iPhone », France Bleu, 29 juin 2017.

5 Le rôle des réseaux sociaux dans le Printemps arabe

Dessin de Kap représentant le président égyptien Moubarak. « L'Égypte sur la voie tunisienne », *Courrier international,* 14 février 2011.

Pendant le Printemps arabe qui a secoué le monde arabe, notamment l'Égypte, à partir de décembre 2010, les réseaux sociaux ont été utilisés massivement par les manifestants pour diffuser des informations dans des pays où la presse est étroitement encadrée. Ainsi, pour beaucoup d'observateurs, les réseaux sociaux ont participé à la chute d'Hosni Moubarak à la tête de l'Égypte.

6 La consommation de l'information

Radio le matin, quotidiens dans la journée et « grand messe » du 20h : cette traditionnelle manière de s'informer a été balayée par la révolution numérique, poussant les médias à innover et à s'adapter sans répit aux nouveaux temps de consommation de l'information.

Au réveil, le premier réflexe pour s'informer n'est plus d'allumer sa radio. Beaucoup font désormais glisser leur doigt verticalement le long de l'écran de smartphones. Réseaux sociaux, sites d'information ou agrégateur de contenus issus d'Internet... Le consommateur d'information veut connaître à la demande et en quelques minutes les principaux faits marquants de la nuit.

Tout au long de la journée, les accros à l'info sont abreuvés d'alertes sur leur smartphone lorsqu'une actualité forte tombe. Ils consomment également l'information depuis leur ordinateur au bureau. « À terme, ce seront des algorithmes qui vont définir le degré de connaissance de chacun en fonction de son degré de connexion », prédit Alice Antheaume, responsable de la prospective à l'école de journalisme de Sciences Po.

D'après AFP, « La consommation de l'information : où je veux, quand je veux », *L'Express*, 12 septembre 2013.

ANALYSE DE DOCUMENTS

1. Montrez que le smartphone devient un outil essentiel de l'accès à l'information. **(doc. 1 et 2)**
2. Quel rôle peuvent jouer les réseaux sociaux dans la diffusion de l'information ? **(doc. 3 et 5)**
3. Pourquoi le smartphone développe-t-il un nouveau rapport à l'information ? **(doc. 4 et 6)**

Bilan

À l'aide des documents, vous rédigerez une synthèse insistant sur les raisons du succès du smartphone et sur ses conséquences.

ÉTUDE Les jeunes et l'information aujourd'hui

De nouvelles expressions telles que « Millenials » ou « *Digital Native* » sont apparues pour qualifier les jeunes (15-34 ans) qui ont grandi avec Internet. La manière de s'informer a radicalement changé par rapport à celle des générations plus âgées. L'information est consommée autrement, en abondance, en permanence et de façon nomade. Cette consommation à outrance pose cependant de nouveaux problèmes comme l'essor des fausses nouvelles, ou un scepticisme quant aux faits établis.

❯ Comment la jeune génération s'informe-t-elle aujourd'hui ?

1 S'informer sur les réseaux sociaux

« Cela fait plusieurs années que je n'ai plus la télévision. » Depuis qu'il a quitté le domicile familial, en 2009, Quentin Duval, un ingénieur trentenaire, ne s'informe plus que par l'entremise de Facebook et des médias auxquels il est abonné. La démocratisation des smartphones – près de 95 % des 15-34 ans en sont équipés, contre 65 % dans le reste de la population – a sonné le glas du petit écran chez les jeunes. Une enquête commandée par le ministère de la Culture à Médiamétrie, et publiée vendredi 27 juillet, détaille les habitudes en matière d'accès à l'information des personnes âgées de 15 à 34 ans. En 2017, la durée consacrée quotidiennement à regarder la télévision a diminué de 14 minutes, tandis qu'elle a progressé de 4 minutes sur les trois écrans Internet (ordinateur, tablette et téléphone portable), pour une durée d'écoute totale individuelle de 2 heures 20.

Cette classe d'âge n'en demeure pas moins friande d'actualité. Ainsi, 93 % des sondés affirment s'intéresser à l'information à des degrés divers. Les forums sont aussi utilisés pour partager et commenter les informations. « Je fréquente beaucoup le 18-25 de Jeuxvideo.com [l'un des forums les plus actifs et les plus sulfureux en France]. « J'y trouve des informations que l'on ne voit pas ailleurs », explique Raphaël, jeune bachelier de 17 ans. Au risque de se laisser duper par les fausses informations qui prolifèrent sur les forums et les réseaux sociaux ? Plus d'un tiers des enfants âgés de 10 à 18 ans ont relayé une « *fake news* » au cours des six derniers mois, selon une étude menée par l'organisme californien Common Sense Media auprès de 900 enfants aux États-Unis.

D'après Y. El Azzaz, « Sur les réseaux sociaux, les jeunes trouvent des informations que l'on ne voit pas ailleurs », *Le Monde*, 24 août 2018.

Source : Médiamétrie pour le ministère de la Culture, 2018.

2 Les réseaux sociaux, premier moyen d'information (non exclusif) chez les jeunes

3 La presse écrite et les jeunes

Dessin de Chappatte paru dans *Le Temps*, 2010.

Vocabulaire

- **Millenials (*digital natives*) :** ensemble des individus nés entre le début des années 1980 et le début des années 2000, qui a connu le développement d'Internet. On parle aussi de génération Y.

4 Le nouveau rapport des jeunes face à l'actualité

D'année en année, la tendance se confirme : les jeunes s'intéressent de moins en moins à l'actualité, en tout cas telle qu'elle est traitée dans les médias dits traditionnels. Moins de la moitié des 18-24 ans (49 %) prêtent intérêt aux nouvelles, quand près des trois quarts des plus de 65 ans témoignent d'une appétence moyenne voire grande (74 %).

« La fracture générationnelle est très nette », souligne Arnaud Mercier, professeur en sciences de l'information à l'Institut français de presse. Elle s'illustre en premier lieu dans les supports utilisés : « Alors que les jeunes se tiennent au courant principalement par Internet, en passant le plus souvent par leurs smartphones (53 % des 18-24 ans, contre 2 % des plus de 65 ans), les plus âgés s'informent beaucoup plus rarement en ligne, et privilégient l'ordinateur. Les premiers s'informent massivement via les réseaux sociaux, les seconds préfèrent passer par un moteur de recherche, une newsletter, ou vont directement sur le site d'informations auquel ils sont habitués. »

La presse écrite ne les attire guère plus. Seulement 1 % des 18-24 ans déclarent consulter les quotidiens nationaux pour approfondir un sujet et aucun n'ouvre la presse magazine. Reste « l'effet marque », encore « très fort chez les jeunes », assure le chercheur. « 31 % d'entre eux s'informent via les sites ou applications mobiles de la presse écrite. Un étudiant aura beau ne jamais avoir eu *Le Monde* entre les mains, il sait que c'est un journal sérieux. »

D'après J. Ferney, « Entre jeunes et seniors, le grand écart », *La Croix*, 24 janvier 2019.

5 Aider à mieux s'informer

Les jeunes n'ont sans doute jamais été aussi informés. Un flot d'informations consommées en grande majorité sur les réseaux sociaux, partagées, mais pas toujours vérifiées. Si la rédaction de *La Voix du Nord* est engagée depuis toujours dans divers et nombreux projets avec et pour les jeunes, à l'heure où la défiance envers les journalistes ne cesse de progresser, elle se lance avec l'École supérieure de journalisme de Lille, soutenue par l'Europe, la région Hauts-de-France, l'État et les principaux médias régionaux, dans le plus important projet d'éducation aux médias en France, avec un budget global de plus de 1,5 million d'euros. À partir de la rentrée de septembre, une cinquantaine de journalistes volontaires interviendront dans les établissements scolaires et accompagneront les projets des jeunes de la région. Ils animeront des sessions de sensibilisation, d'initiation et de perfectionnement, conçues en collaboration avec l'Éducation nationale. Fausses informations, vérification des sources, usages des réseaux sociaux, liberté d'expression, travail quotidien des journalistes sont autant de thématiques qui seront couvertes par ces ateliers. Les élèves et les jeunes seront mis en situation de production journalistique via des simulations de conférence de presse, conférence de rédaction, couvertures d'événements, jeux d'investigation, production vidéo, Web…

D'après S. Zorn, « *La Voix du Nord* mobilisée pour aider les jeunes à bien s'informer », *La Voix du Nord*, 15 décembre 2018.

Fréquence de consultation des thèmes d'actualité chez les 15-34 ans

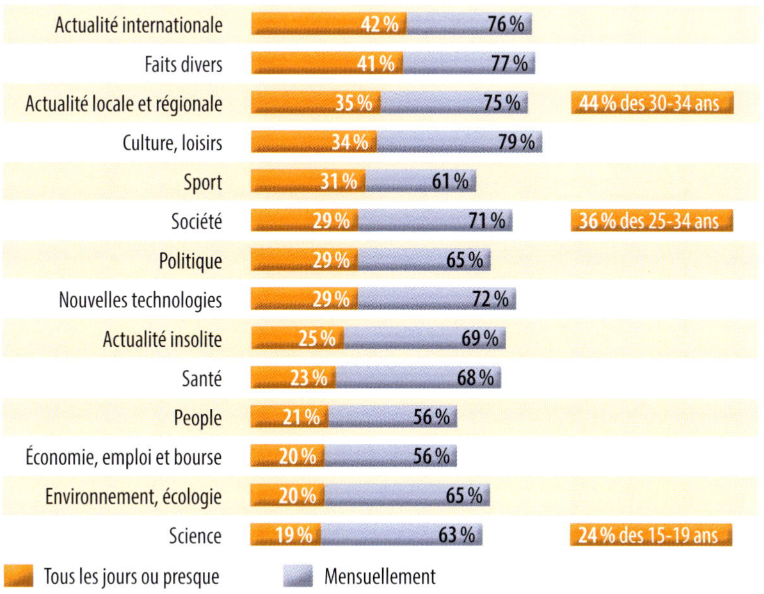

Source : Médiamétrie pour le ministère de la Culture, 2018.

6 Les intérêts pour une grande diversité de thématiques

ANALYSE DE DOCUMENTS

1. Pourquoi les réseaux sociaux sont-ils devenus la principale source d'information des jeunes ? Quelles en sont les conséquences ? **(doc. 1, 2 et 3)**
2. Pourquoi peut-on parler d'un nouveau rapport des jeunes à l'information ? **(doc. 4 et 6)**
3. Quels sont les enjeux de l'éducation des jeunes à bien s'informer ? **(doc. 5)**

Bilan

À l'aide des documents, vous rédigerez une synthèse sur les rapports qu'entretiennent les jeunes de 15-34 ans avec l'information.

ÉTUDE S'informer au niveau local : la presse quotidienne régionale

ORAL

En France, la presse quotidienne régionale (PQR) est une institution ancienne. Au lendemain de la Seconde Guerre mondiale, on recense plus de 150 titres différents en fonction des régions. Aujourd'hui, cependant, ce média connaît une crise multiforme due à la concurrence des grands journaux et à celle d'Internet. C'est pourquoi elle est obligée de se réinventer.

› À quels défis la presse quotidienne régionale française est-elle aujourd'hui confrontée ?

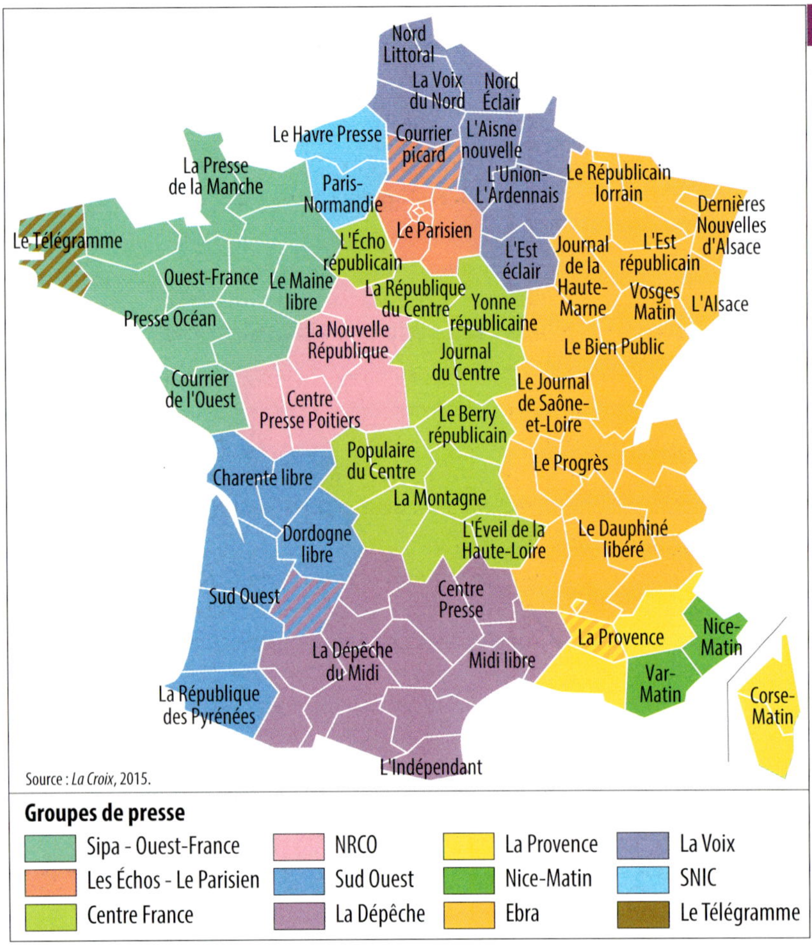

1 La presse quotidienne régionale, représentation de la diversité des territoires

2 Les problèmes financiers de *La Marseillaise*

Des salariés de *La Marseillaise* devant le tribunal de commerce de Marseille, le 7 mars 2018, attendent d'être fixés sur le sort du quotidien en redressement judiciaire. La sortie de la procédure de redressement judiciaire est décidée le 6 juin 2018, mais le journal perd 160 salariés sur 210.

3 La presse quotidienne régionale face à la concentration

Reflet de la diversité des territoires français, la presse quotidienne régionale (PQR) a connu des regroupements comparables à ceux des communes et plus récemment des régions. De 150 titres après la Seconde Guerre mondiale, on en compte à peine soixante actuellement.

Et derrière ces journaux locaux, se cachent en réalité à peine une dizaine de groupes de presse. Le groupe Ebra concentre, par exemple, l'ensemble de la PQR de l'Est français, après le grignotage progressif des titres par le Crédit Mutuel, principal actionnaire du groupe, depuis 2006.

Seuls deux quotidiens régionaux sont indépendants : *L'Écho du Centre*, quotidien à tendance communiste diffusé dans le Limousin, l'Aquitaine et le Centre, et *La Marseillaise*. Ces titres connaissent d'importantes difficultés financières.

Globalement, la diffusion de la PQR est en baisse, de 2,1 milliards d'exemplaires en 1985 à 1,7 milliard en 2012. Le chiffre d'affaires issu de la publicité est en chute, à 6,8 % en 2013, un niveau au plus bas depuis 1990.

D'après A. Dufour, « La presse quotidienne régionale, un secteur en crise ? », *La Croix*, 30 mars 2015.

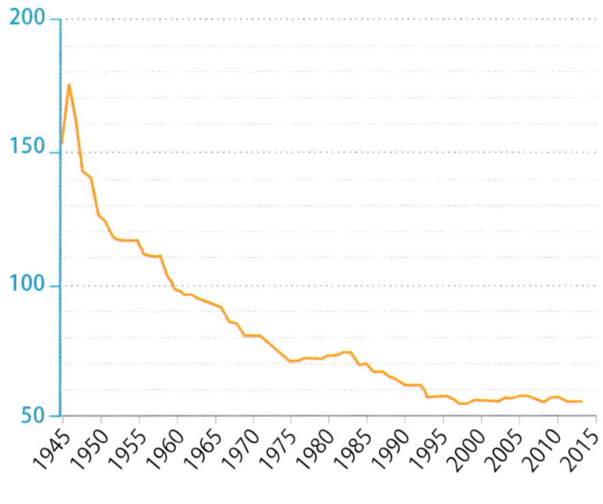

Sources : DGMIC et BREP.

4 **Évolution du nombre de titres de la PQR depuis 1945**

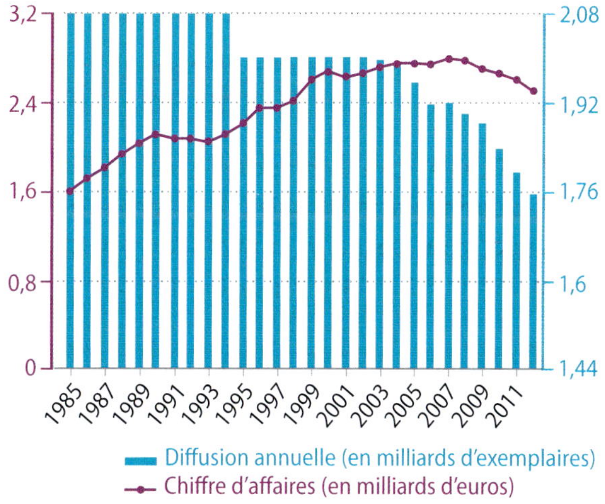

Source : DGMIC.

5 **Évolution de la diffusion et du chiffre d'affaires de la PQR depuis 20 ans**

6 Une autre façon d'aborder l'information de proximité : « le journalisme de solutions »

Depuis plusieurs années, la presse quotidienne régionale essaie de se réinventer pour trouver un second souffle auprès de son lectorat. Le journalisme de solutions vise à répondre aux problèmes qui touchent directement les lecteurs.

« En plus d'analyser à fond un tel problème de société, on va y répondre en mettant en lumière une solution pratiquée soit au niveau local, soit par des individus, soit par des institutions », explique Anaïs Dedieu, chargée d'études de Reporters d'Espoirs, une ONG dont la vocation est de fournir ces contenus aux médias. Une alternative au journalisme traditionnel, selon elle trop focalisé sur les polémiques.

En France, l'exemple phare de la réussite du journalisme de solutions est *Nice-Matin*. À la suite d'un redressement judiciaire en 2014, les salariés ont racheté le journal et ont opté pour une ligne éditoriale de solutions. « On a réfléchi à une offre payante avec un contenu qui engage le lecteur. Et ça a très bien marché ! On est passé de 2 000 abonnés à 6 500 aujourd'hui », constate Damien Allemand, responsable du service digital du quotidien. Les articles de solutions sont ceux qui déclenchent le plus d'abonnements sur le site Web. « Les lecteurs sont plutôt tournés vers des contenus constructifs, qui suscitent un vrai débat », estime le journaliste.

Bien qu'utile pour redonner un second souffle aux rédactions et garantir leur indépendance financière, « la nécessité d'un journalisme de solutions n'est pas uniquement matérielle », ajoute Didier Pourquery, à l'origine du *Libé des solutions*. « C'est en partageant des solutions pour ouvrir un débat utile à la communauté qu'on regagne la confiance du public et notre crédibilité », suggère-t-il. Le remède n'est en aucun cas garanti. Mais le débat, nécessaire, est désormais ouvert.

D'après C. Rosendorn, « Le journalisme de solutions, un espoir pour une presse en crise », *Le Figaro*, 22 mars 2017.

ACTIVITÉ **OBJECTIF** ▪ Présenter un oral

À l'aide des documents, préparez une présentation orale répondant au sujet : **Les défis de la PQR en France.**

▪ **Aide méthodologique**

1. Dans votre introduction, rappelez dans un premier temps la place de la presse quotidienne régionale en France depuis la Seconde Guerre mondiale. Puis indiquez clairement quel est l'objectif de votre propos et les points que vous allez évoquer.

2. Structurez votre présentation autour de parties :
- Montrez pourquoi on peut parler de crise de la PQR ;
- Expliquez ensuite quelles sont les causes de cette crise ;
- Décrivez les alternatives qui permettent à la presse quotidienne régionale de conserver son rôle auprès de ses lecteurs.

3. Pour conclure, reprenez les éléments essentiels pour répondre au sujet évoqué en introduction.

▪ **Aide à l'oral**

- Soyez attentif à la gestion de votre temps ;
- Soyez clair dans votre diction ;
- Détachez votre regard de votre texte ou de vos notes.

LEÇON 1 Comment s'informe-t-on aujourd'hui ?

› Quelles sont les mutations de l'information au début du XXIe siècle ?

A Une numérisation accrue des sources d'information

- **Les sources d'information explosent et concurrencent directement les médias traditionnels** (presse écrite, radio, télévision). Depuis la généralisation de l'ADSL et de l'Internet haut débit, l'accès à l'information se fait beaucoup plus rapidement. Des sites Internet dédiés à l'information apparaissent, tels que Huffington Post en 2005 aux États-Unis puis décliné dans plusieurs pays (devenu le Huffpost depuis 2015), ou encore Médiapart en France en 2008. Des blogs spécialisés en grand nombre, plus ou moins sérieux, viennent compléter ce nouveau paysage médiatique apparu sur le Web. Enfin, les réseaux sociaux comme Facebook, Twitter ou encore Instagram, se sont développés eux aussi comme de véritables outils d'information, investis par une nouvelle génération de journalistes.
- **L'accès instantané et immédiat à l'information est dû au développement rapide de l'Internet mobile depuis la fin des années 2000.** Les supports sont nombreux : ordinateurs portables, smartphones, tablettes tactiles… On trouve ainsi sur Internet, des articles, mais aussi des podcasts, proposés par des plateformes de contenus comme Android ou iTunes. Ces derniers permettent d'écouter en différé, à la demande, des contenus informatifs.

1 La presse papier face à Internet

Dessin de Plantu, *Le Monde*, 12 mars 2006.

B Une crise des médias traditionnels en mutation

- **Les médias traditionnels (presse écrite, radio, télévision) connaissent une véritable mutation.** La presse écrite papier subit une crise sans précédent. Des journaux et des magazines jadis prestigieux ont disparu, comme *Life* aux États-Unis en 2007, ou encore *France Soir* en 2011. D'autres, y compris dans la presse quotidienne régionale (PQR), continuent de perdre des lecteurs. Depuis 2012, le recul moyen du nombre de lecteurs de la presse papier en France est de 3 % par an, alors que les journaux gratuits fidélisent de nouveaux lecteurs durant le temps de transports dans les grandes métropoles.
- **Les grandes chaînes de télévision voient leur audience s'éroder régulièrement, dans un paysage audiovisuel bouleversé.** Au début des années 2000, la télévision numérique terrestre (TNT) permet la diffusion d'un plus grand nombre de chaînes. Depuis 2005, en France, on passe ainsi de 6 grands canaux nationaux à 25. TF1, en France, voit alors son audience moyenne dégringoler de 37,3 % en 1995 à 20 % en 2017. Les chaînes d'information en continu se généralisent et ne sont plus réservées aux seuls abonnés du câble et du satellite. La radio, également, connaît une importante mutation, face au développement du numérique. Cependant, leur nombre d'auditeurs reste important, surtout pour les grandes stations de radio généraliste.

Vocabulaire

- **ADSL** (*Asymmetric Digital Subscriber Line*) : système de communication numérique qui permet un accès haut débit à Internet.
- **Fracture numérique** : inégalités d'accès à Internet selon les territoires.
- **Podcast** : système de diffusion de fichiers, audios ou vidéo, sur Internet.
- **Réseau social** : application ou site Internet qui permet la mise en relation du plus grand nombre d'individus qui partagent les mêmes finalités.
- **TNT (Télévision numérique terrestre)** : mode de diffusion de la télévision qui permet la réception d'un plus grand nombre de chaînes.

C L'information, un objet de consommation

- **Dans ce nouveau contexte, le rapport à l'information change. S'informer devient de plus en plus une pratique individuelle**, consommée à tout moment. Le modèle du journal télévisé de 20h, regardé en famille, décline rapidement. La manière de s'informer dépend de plus en plus de l'âge, de la catégorie socioprofessionnelle et du diplôme de chacun. Les plus jeunes et les plus diplômés s'informent en masse sur les smartphones et tablettes tactiles, alors que les plus âgés restent majoritairement attachés aux médias traditionnels, télévision et presse écrite. En revanche, il existe encore une inégalité territoriale entre ceux qui disposent d'un haut débit Internet dans les grandes métropoles, et ceux qui en sont exclus dans les zones montagneuses et rurales. Une fracture numérique se crée ainsi dans nos sociétés, laissant de côté ceux qui peinent à utiliser les nouveaux outils numériques.
- **L'information devient alors un objet de consommation**, où les articles et les émissions sont payés à la demande en fonction des centres d'intérêt. Toutefois, les recettes des journaux en ligne en France ne représentent encore que 7 % du chiffre d'affaires total en 2018. La progression est cependant continue et correspond à une nouvelle attente d'un public toujours plus mobile et plus connecté, qui a l'habitude de consommer à la demande, en toute liberté. Cette immédiateté d'accès et cette individualisation atomisent les sources d'information, engendrant un manque total de recul et d'analyse, voire de scepticisme.

2 Distribution de journaux gratuits en France

Les journaux gratuits, dont les principaux *Metro*, *20 minutes* et *Direct Matin* (*CNews Matin* depuis 2017), arrivés en France en 2002, sont distribués chaque jour à plus de 10 millions d'exemplaires dans les grandes métropoles.

SCHÉMA BILAN

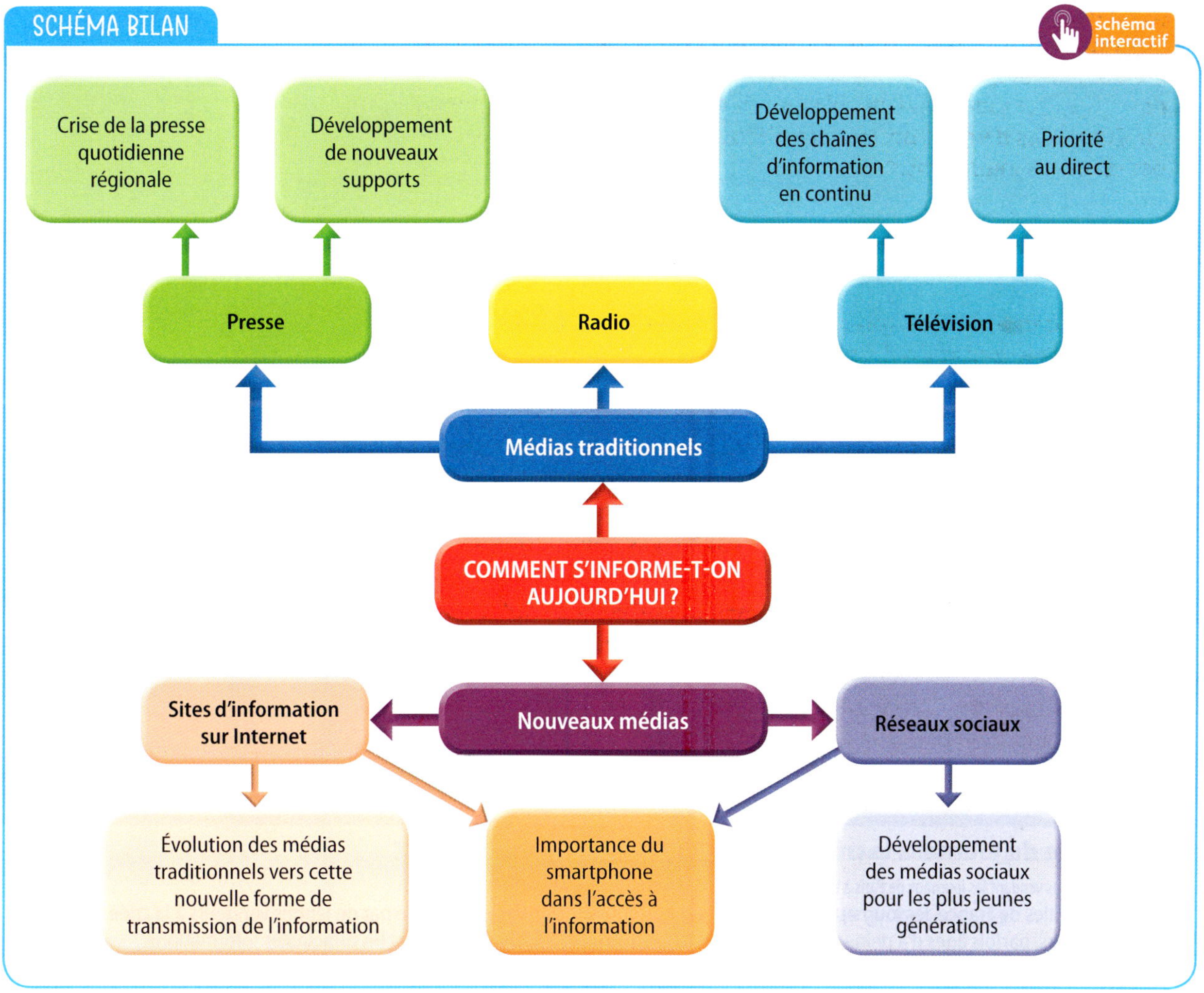

REPÈRES 1

L'accélération de l'information à grande échelle

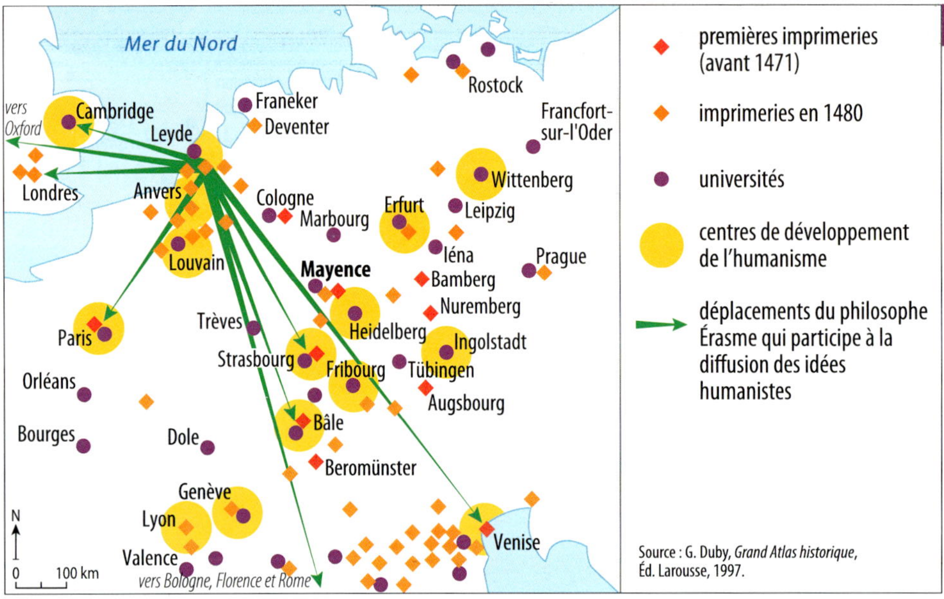

1 **Le développement de l'imprimerie en Europe, fin du XVe siècle**

2 **L'invention du télégraphe Chappe**

Mis au point par Claude Chappe en 1794, ce système permet de transmettre des messages par sémaphore visuel. On actionne le sémaphore manuellement.

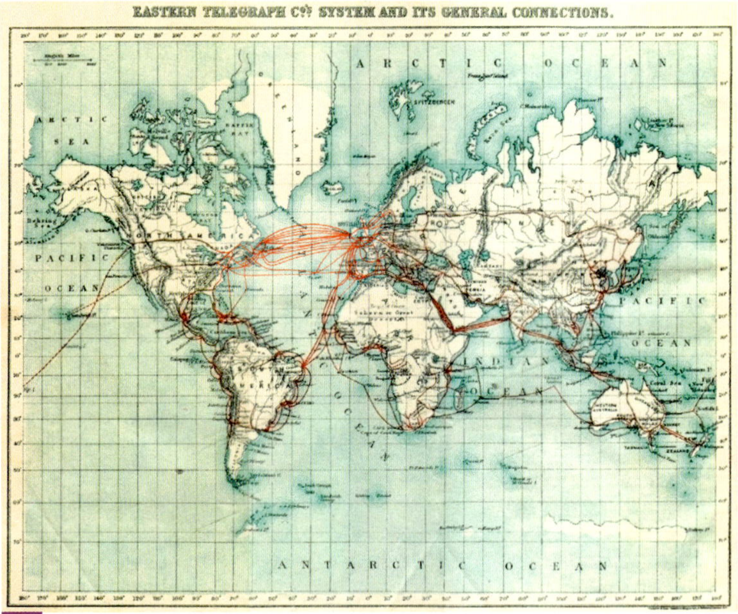

3 **Le réseau télégraphique mondial en 1901**

1400	1500	1800	1850
Milieu du XVe siècle L'imprimerie de **Gutenberg** ▸ doc. 1		**1794** Invention du **télégraphe Chappe** ▸ doc. 2	**1840** Perfectionnement du **télégraphe par fil électrique** par Samuel Morse ▸ doc. 3

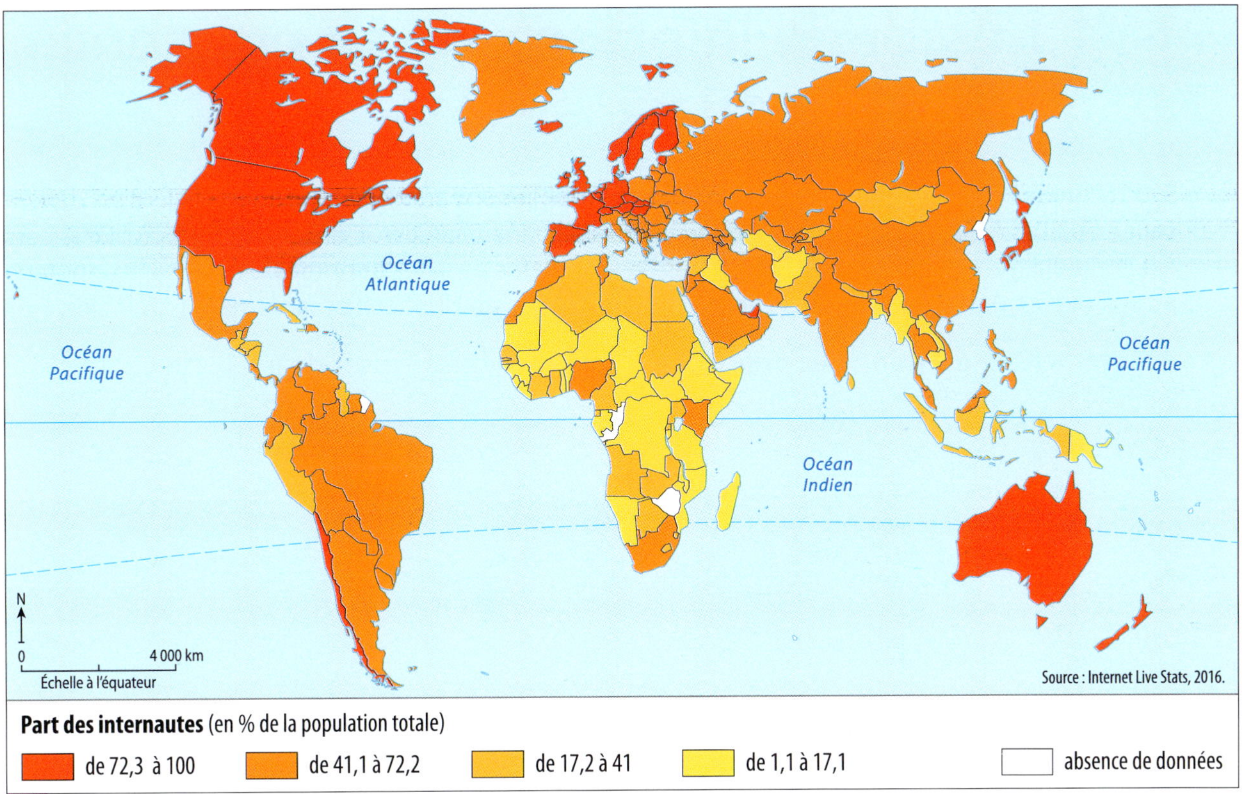

4 Part de la population ayant accès à Internet dans le monde en 2016

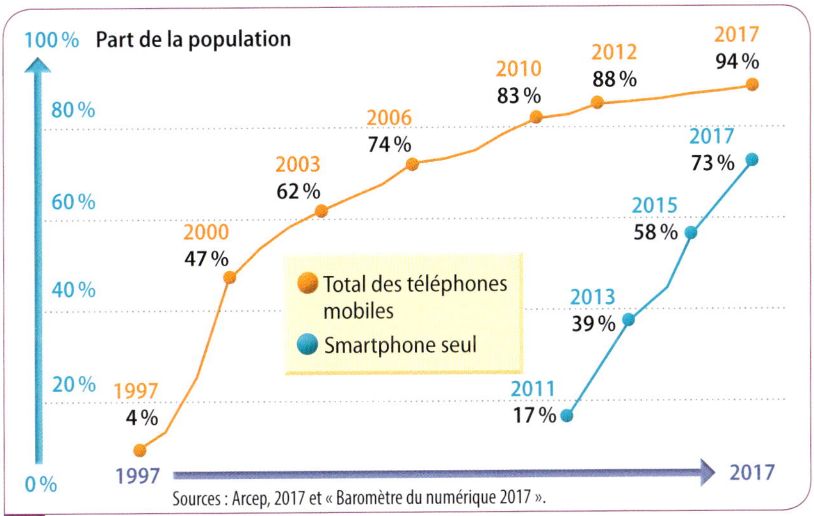

5 Évolution du taux d'équipement en smartphone en France

QUESTIONS

1. Quelles ont été les grandes évolutions techniques qui ont permis un meilleur accès aux informations ?
2. Montrez que les inventions de la seconde moitié du XXe siècle et du XXIe siècle ont permis une diffusion instantanée et mondiale de l'information.

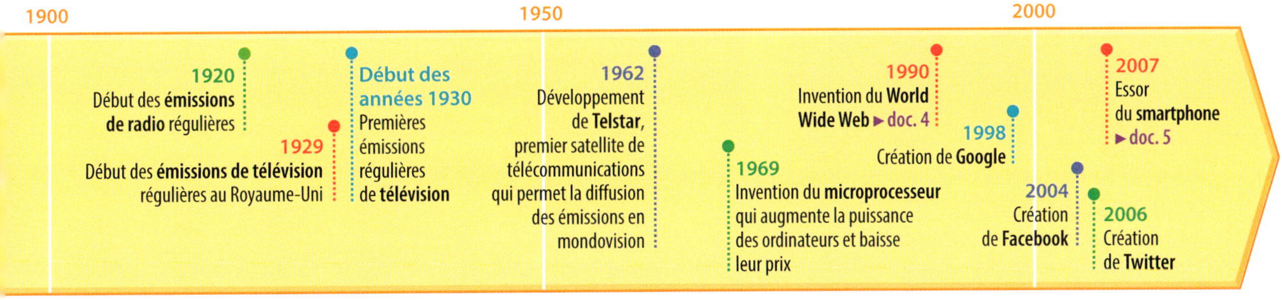

ÉTUDE

L'essor de la presse, de sa naissance au début du XXe siècle

Si la technique d'impression à partir de caractères mobiles apparaît en Chine au IXe siècle, c'est dans la vallée du Rhin à partir du milieu du XVe siècle qu'elle connaît son essor, grâce à Gutenberg. Le succès est immédiat : en 1500, on compte déjà plus de 20 millions de livres imprimés. On utilise l'imprimerie au XVIIe siècle pour la diffusion d'informations à travers de simples feuilles facilement maniables.

› Comment la diffusion de l'imprimerie a-t-elle favorisé l'essor de la presse écrite ?

1450 – 1500 – 1550 – 1600 – 1650 – 1700 – 1750 – 1800 – 1850 – 1900

- **Vers 1450** **Gutenberg** perfectionne l'imprimerie à Mayence
- **1555** Début de la grande **imprimerie des Plantin** d'Anvers
- **1631** ***La Gazette***, premier journal périodique français
- **1695** **Liberté de la presse** en Angleterre
- **1789** La Déclaration des droits de l'homme et du citoyen proclame la **liberté de la presse** (art. 11)
- **1881** **Loi sur la liberté de la presse** en France

Gutenberg (vers 1400-1468)

Originaire de Mayence, il invente un procédé d'imprimerie vers 1438 à Strasbourg à partir de caractères métalliques. De retour à Mayence, il fonde avec son associé Johann Fust une première imprimerie qui aboutit en 1455 à la publication de la première Bible imprimée, dite Bible de Gutenberg.

1 Une imprimerie au XVIe siècle

Enluminure d'un manuscrit français, vers 1530, BNF, Paris.
On distingue le travail des typographes au premier plan et la presse au second.

2 Le développement de la presse durant la Révolution française

Camille Desmoulins (1760-1794) est un avocat et journaliste révolutionnaire.

À tous les Patriotes, salut.

À l'exemple de M. l'Abbé Sabatier qui s'écrie que malgré la désertion de tous les imprimeurs, libraires et courriers, il persiste à vouloir faire un Journal, qu'il est du devoir d'un bon Citoyen de se faire en ce moment journaliste, et de rallier aux principes ses compatriotes ; je cède aussi comme M. l'Abbé, à l'amour de la Patrie et au zèle des principes. Comme j'arrive à la onzième heure, et que mes devanciers se sont emparés de tous les titres propres à séduire un lecteur, le titre n'est pas ce qui m'a le moins embarrassé. Nous avions [...] les *Nouvelles de Paris* et les *Nouvelles de la Ville*, *l'Ami du Peuple*, le *Tribun du Peuple*, le *Mercure*, le *Furet*, le *Courrier de Paris*, le *Courrier français*, etc., etc. Enfin nous avions dans le *Cousin Jacques*, un patriote assez zélé pour nous apporter des nouvelles de la lune, et entreprendre la messagerie des planètes. Le Journal politique, universel, national, général, littéraire, patriotique, véridique, ne me laissait à choisir que le Journal comique. Ce titre m'aurait plu fort, si j'avais pu le soutenir ; mais sentant mon insuffisance, au risque d'avoir un procès, je me suis déterminé à voler à son titre de *Révolutions*. [...]

Ce journal paraîtra tous les samedis : chaque numéro sera divisé en trois sections. Première section, France ; seconde section, Brabant[1] et les autres royaumes, qui arborant la cocarde et demandant une Assemblée nationale, mériteront une place dans ce Journal. Troisième section, afin de reculer le plus qu'il est possible les frontières de notre empire censorial[2], sous le titre de Variétés, ce paragraphe embrassera tout ce qui pourra intéresser mes chers concitoyens [...].

C. Desmoulins, prospectus pour le journal *Révolutions de France et de Brabant*, 28 novembre 1789.

1. Province de Belgique.
2. Empire de censure.

3 Le premier grand journal moderne

La Presse *d'Émile de Girardin est considéré comme le premier grand journal moderne. À sa grande variété d'informations s'ajoute le principe des romans-feuilletons, c'est-à-dire la publication d'œuvres romanesques par épisodes qui fidélisent les lecteurs.*

Ce journal s'est proposé un grand dessein : ce serait de réunir dans son centre de hautes intelligences éparses jusqu'ici en des lieux très divers et des distances grandes en apparence. Ce serait d'harmoniser ces individualités puissantes par elles-mêmes, mais susceptibles de plus d'action encore.

Toutes les opinions, tous les intérêts légitimes ne peuvent-ils pas être représentés, servis, conciliés, dans un même journal, comme dans un même gouvernement ; dans un même journal, comme dans une même patrie ? Non, si vous ne voulez voir dans la presse qu'une interminable polémique, qu'une arène de gladiateurs, ou bien encore une barre où les disputeurs sont au hasard demandeurs et défendeurs, comme à la barre judiciaire ; une tribune où chaque orateur parle selon la passion du banc d'où il vient et où il retourne systématiquement ; oui, au contraire, si un certain nombre d'hommes forts et pleins de substance, laissant là des querelles surannées, viennent apporter dans un foyer commun leur part de pensées civilisantes. Un journal ainsi compris réalisera l'unité d'enseignement, d'enseignement complet ; ce serait une sorte de monarchie modèle, d'expérimentation gouvernementale plus parfaite et plus avancée.

D'après É. de Girardin, « Éditorial », *La Presse*, n° 1, 1er juillet 1836.

Une de *La Presse*, 1er juillet 1836.

4 L'annonce du naufrage du *Titanic* par la presse en 1912

	Paris		Province		
	Nbre de titres	Tirages	Nbre de titres	Tirages	Total tirages
1870	36	1 070 000	100	350 000	1 420 000
1885	60	2 000 000	250	1 000 000	3 000 000
1914	80	5 500 000	242	4 000 000	9 500 000

5 « L'âge d'or » de la presse française entre 1870 et 1914

Source : A. Chauveau et Ph. Tétard, *Introduction à l'histoire des médias en France de 1881 à nos jours*, Éd. Armand Colin, 1999.

ANALYSE DE DOCUMENTS

1. Pourquoi l'imprimerie représente-t-elle un progrès majeur pour diffuser des informations ? Quelles en sont les techniques ? **(doc. 1)**
2. Pourquoi la Révolution française est-elle un tournant dans le développement de la presse en France ? **(doc. 2)**
3. Quels sont les objectifs d'Émile de Girardin en fondant un nouveau journal ? **(doc. 3)**
4. Pourquoi la presse écrite est-elle le moyen fondamental pour s'informer à la veille de la Première Guerre mondiale ? **(doc. 4 et 5)**
5. Pourquoi les progrès techniques ont-ils été nécessaires pour accélérer la diffusion des informations ? **(doc. 1, 2 et 5)**
6. Pourquoi la liberté de la presse engendre-t-elle une presse moderne ? **(doc. 3 et 5)**

Bilan

À l'aide des documents, vous rédigerez un bilan insistant sur les liens entre la diffusion de l'imprimerie, la liberté d'expression et l'éclosion de la presse.

ÉTUDE Radio Londres, une radio en guerre

Le 18 juin 1940, le général de Gaulle, réfugié à Londres, lance son appel à la résistance sur les ondes de la BBC. C'est l'acte de naissance de Radio Londres, qui diffuse plusieurs bulletins d'information par jour et la célèbre émission « Les Français parlent aux Français ». Alors que les radios françaises se rallient à Vichy et passent sous contrôle allemand, Radio Londres devient la voix de la France Libre.

❯ Quel rôle Radio Londres a-t-elle joué dans la résistance française à l'occupant allemand entre 1940 et 1944 ?

1 Le général de Gaulle au micro de la BBC

Charles de Gaulle au micro de la radio londonienne, 1940.

[…] Moi, général de Gaulle, actuellement à Londres, j'invite les officiers et les soldats français qui se trouvent en territoire britannique ou qui viendraient à s'y trouver avec leurs armes ou sans leurs armes, j'invite les ingénieurs et les ouvriers spécialistes des industries d'armement qui se trouvent en territoire britannique ou qui viendraient à s'y trouver, à se mettre en rapport avec moi.

Quoi qu'il arrive, la flamme de la résistance française ne doit pas s'éteindre et ne s'éteindra pas.

Demain, comme aujourd'hui, je parlerai à la Radio de Londres.

Ch. de Gaulle, appel du 18 juin 1940.

Maurice Schumann (1911-1998)

D'origine alsacienne, il entame une carrière de journaliste à l'agence Havas avant de rejoindre le général de Gaulle à Londres en 1940. Tout au long du conflit, il est la voix de la France Libre sur Radio Londres. Il fait ensuite une grande carrière politique après-guerre et est considéré comme l'un des pères de l'Europe.

2 Résistants français écoutant la radio

Transmission radio dans le maquis en septembre 1942.

3 Une chanson de l'émission « Les Français parlent aux Français »

Textes et illustrations de M. Van Moppès, *Chansons de la BBC*, 1944.

Radio Londres diffuse des chansons politiques sur des airs populaires d'avant-guerre. Il s'agit ici d'une incitation à écrire des « V » (signe de la victoire) sur les murs des édifices. Les brochures étaient lancées sur la France depuis les avions britanniques.

4 L'influence de Radio Londres dans l'opinion publique en France

Après s'être évadé d'Allemagne où il était prisonnier, Jean-Louis Crémieux-Brilhac (1917-2015) rejoint Londres en 1941. Grand résistant, il est affecté au comité exécutif de propagande.

Il y eut d'autres manifestations orchestrées et commandées de Londres, dont les deux plus impressionnantes ont été les manifestations du 1er mai 1942 et du 14 juillet 1942. Il commençait, au printemps 1942, à y avoir des relations radio télégraphiques clandestines avec les mouvements de résistance (qui était la CGT clandestine) ; c'est de France que le Mouvement ouvrier français suggéra de faire une manifestation de masse en zone non occupée le 1er mai 1942. Elle fut orchestrée par la France Libre grâce à la BBC et fut un succès. Mais c'est surtout la manifestation du 14 juillet 1942, également pilotée grâce à la radio de Londres qui fut une opération extraordinaire. La radio de Londres put rendre compte dans un délai record des manifestations d'une ampleur considérable qui rassemblèrent plusieurs milliers de personnes à Lyon, à Grenoble, à Marseille (où il y eut des tués), et dans une vingtaine de villes de la zone Sud[1].

Le préfet régional de Marseille écrit à Laval pour dénoncer cette inquiétante capacité qu'a la BBC de diffuser « de plus en plus d'ordres précis, exécutables dans quelques heures et qui dans ces conditions touchent l'opinion à coup sûr ». C'est ainsi que le 19 janvier les Marseillais ont été invités à 13h par la radio anglaise à se rendre au cimetière Saint-Pierre pour y défiler à 17h devant les tombes des victimes tuées le 14 juillet. Et le même préfet avouait son désarroi : « Il ne nous est plus possible d'opposer par voie d'affiches, par la presse et même par la radio des conseils contraires à ceux des agitateurs de Londres ».

D'après J.-L. Crémieux-Brilhac, « Le rôle de la radio, 1940-1944 », *Espoir*, n° 66, 1989.

1. Après l'armistice de 1940, le sud de la France, appelée zone libre, est sous contrôle du gouvernement de Vichy. En novembre 1942, elle devient la « zone Sud » après l'invasion des armées allemandes et italiennes.

5 « Le général Micro, fourrier des juifs ! »

Affiche de propagande du régime de Vichy publiée par l'Institut des questions juives. Dessin de Franchot, novembre 1941.

ANALYSE DE DOCUMENTS

1. Comment s'organise Radio Londres ? Quels sont les programmes diffusés ? **(doc. 1 et 3)**
2. Pourquoi est-elle importante pour les réseaux de résistance en France ? **(doc. 2 et 3)**
3. Quelles sont les valeurs défendues par Radio Londres ? Comment parvient-elle à marquer l'opinion publique en France ? **(doc. 3 et 4)**
4. Comment la propagande vichyste attaque-t-elle Radio Londres ? **(doc. 5)**
5. Pourquoi Radio Londres est-elle une arme de guerre efficace ?
6. Pourquoi illustre-t-elle le combat de deux visions opposées de la France ? **(doc. 3 et 5)**

Bilan

À l'aide des documents, vous rédigerez une réponse organisée sur le rôle de Radio Londres dans la résistance française au cours de la Seconde Guerre mondiale.

ÉTUDE

L'État et la télévision en France des années 1960 aux années 1980

Le retour du général de Gaulle au pouvoir et l'avènement de la Ve République en 1958 marquent une nouvelle ère dans les rapports entre l'État et la télévision. Alors que les foyers français s'équipent rapidement en téléviseurs dans le contexte des « Trente Glorieuses », le pouvoir politique surveille de très près les chaînes de télévision par le biais de l'ORTF, conscient de l'influence qu'elles peuvent avoir sur l'opinion publique. Il faut attendre les années 1980 pour que l'État abandonne son monopole télévisuel au profit d'un paysage audiovisuel où cohabitent des chaînes privées et publiques.

› Comment la télévision française s'est-elle détachée du contrôle de l'État entre les années 1960 et les années 1980 ?

1960 – 1965 – 1970 – 1975 – 1980 – 1985 – 1990

- **1964** Création de l'**ORTF** (Office de radiodiffusion-télévision française)
- **1968** **Grèves massives** à l'ORTF
- **1975** Fin de l'ORTF, création de **TF1**, **Antenne 2** et **FR3**
- **1984** Création de **Canal +**, première chaîne privée
- **1986** Création de **La Cinq**
- **1987** Création de **M6**

1 Le général de Gaulle à la télévision dans un foyer français

Une famille regarde à table le discours du président de Gaulle, 3 octobre 1961.

2 De Gaulle juge le journal télévisé

Le journal télévisé est, en ce moment, un monument de pessimisme enchanté autant que systématique. Il donne à croire que la France ne connaît absolument rien d'autre que des grèves, des catastrophes, des conflits de toutes sortes. C'est vraiment un peu fort. Dans le même ordre d'idées, le journal télévisé (politique) reproduit (et s'en vante) les journaux, alors qu'on sait ce que ceux-ci valent à cet égard. Faut-il que la radio d'État ne serve qu'à exciter et déployer les oppositions, au mépris de la réalité qui est au moins, en grande partie, tout autre chose.

Ch. de Gaulle, note du 23 octobre 1961, *Lettres, Notes et Carnets*, tome 9, Éd. Plon, 1986.

3 L'ORTF et mai 1968

Dessin de Siné, mai 1968. « La police à l'ORTF, c'est la police chez vous ! »

4 « L'ORTF[1], c'est la voix de la France »

Je considère que l'information, sous toutes ses formes, à l'ORTF, doit être libre, doit être indépendante, doit être impartiale. [...] Mais j'ajoute autre chose, à l'usage en particulier de ceux qui sont ici et qui travaillent à l'ORTF. Être journaliste à l'ORTF, ça n'est pas la même chose que d'être journaliste ailleurs. L'ORTF, qu'on le veuille ou non, c'est la voix de la France. C'est considéré comme tel à l'étranger, et c'est considéré comme tel par le public [...]. Et par conséquent, ceux qui parlent à la télévision ou à *France Inter*, ils parlent un peu au nom de la France, et il y a une certaine hauteur de ton qui est la chose que pour ma part je leur demande.

G. Pompidou, conférence de presse, 2 juillet 1970.

1. Organe de contrôle par l'État de l'unique chaîne, puis de toutes les chaînes de télévision jusqu'en 1975.

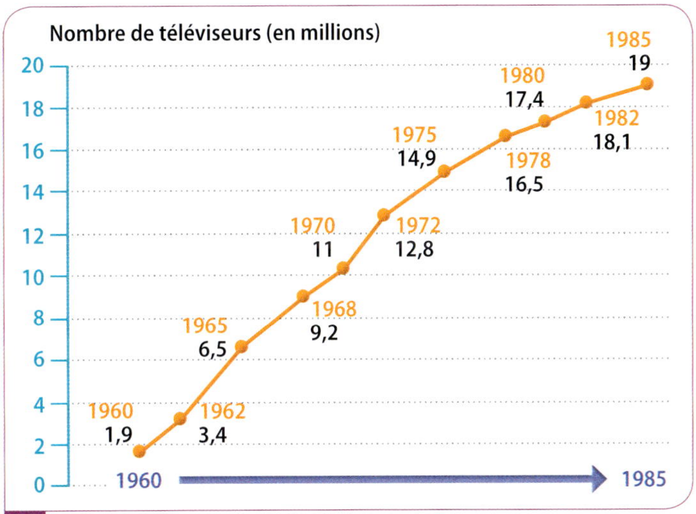

5 Évolution du nombre de téléviseurs en France

6 La privatisation de TF1

Hervé Bourges, PDG de TF1 jusqu'en 1987, et Francis Bouygues, l'acheteur de TF1.

La « nouvelle donne » du système audiovisuel français, c'est d'abord, à court terme, le développement du secteur privé de la télévision. La privatisation de TF1 en 1987 fait d'un coup de baguette passer ce secteur privé de l'état fœtal à la maturité. La France va se trouver brusquement dans une situation comparable, du moins pour les audiences, à celle de la Grande-Bretagne : TF1 (privé) représente 45 % de l'audience comme ITV (privé), Antenne 2 (public) représente 45 % de l'audience comme BBC 1 (public).

Fallait-il privatiser TF1 ? L'évolution de la télévision dans le monde était pressante. La privatisation d'une chaîne adulte place immédiatement le secteur privé français à égalité avec d'autres sur le plan international. La France se rapproche de la Grande-Bretagne, de l'Italie, en Europe ; la RFA est un cas à part car la télévision, comme le pouvoir, y est décentralisée.

À partir du moment où ce choix de la privatisation était posé, pourquoi pas TF1 ? Elle avait innové en adoptant la politique commerciale la plus agressive, suscitant en 1985 une intervention de la Haute Autorité pour rappeler les règles du service public : le contrat passé avec Orangina pour la production de « Cocoricocoboy », l'émission vedette de 19h45, en avait été l'élément le plus visible.

D'après J. Mousseau, « TF1 : la nouvelle donne », *Communication et Langage*, n° 69, 1986.

ANALYSE DE DOCUMENTS

1. Quel est le lien entre l'État et la télévision au cours des années 1960 et 1970 ? Comment l'État perçoit-il ce nouveau média ? **(doc. 2 et 4)**
2. Pourquoi cette situation est-elle critiquée ? **(doc. 3)**
3. Pourquoi la télévision devient-elle importante dans le quotidien des Français ? **(doc. 1 et 5)**
4. Quelles évolutions la télévision française connaît-elle au début des années 1980 ? **(doc. 6)**
5. Pourquoi peut-on dire que l'État exerce un véritable contrôle sur la télévision à partir des années 1960 ? **(doc. 2 et 4)**
6. Comment l'État se désengage-t-il de la télévision à partir des années 1980 ? **(doc. 6)**

Bilan

À l'aide des documents, vous rédigerez une réponse organisée sur l'évolution des relations entre l'État et la télévision entre les années 1960 et 1980.

JALON ▸ L'information mondialisée et individualisée : naissance et extension du réseau Internet

ÉTUDE Le développement d'Internet dans la diffusion de l'information

ORAL

D'abord inventé à des fins scientifiques et militaires, Internet, connectant en réseau des ordinateurs, est ouvert à l'initiative privée au cours des années 1980, au moment où les PC (*Personnal Computer*) se diffusent dans les foyers. L'invention du World Wide Web en 1990 et l'augmentation du débit du réseau favorisent l'explosion du nombre de sites Web et celui des internautes.

› Comment Internet s'est-il imposé comme le principal vecteur d'information dans le monde, au XXIe siècle ?

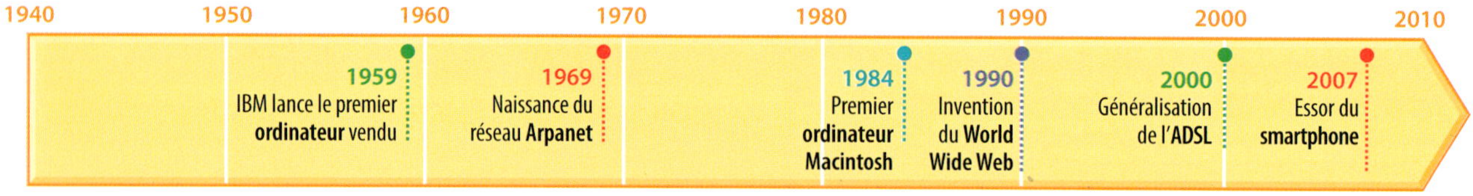

1 Arpanet, l'ancêtre d'Internet

Leonard Kleinrock, l'un des inventeurs de l'Arpanet, et le premier ordinateur ayant envoyé un message.

Le 29 octobre 1969, l'université de Californie, à Los Angeles (UCLA), réussit à faire échanger le premier message entre deux ordinateurs. C'est la naissance du réseau Arpanet. Cette expérimentation est financée par l'armée américaine.

Mark Zuckerberg

Né en 1984 dans l'état de New York, il fonde avec quelques camarades de son université d'Harvard, en 2004, le réseau social Facebook, qui connaît un très rapide succès. En 2017, on comptait plus de 2 milliards de comptes Facebook actifs dans le monde.

2 Vers une concentration des acteurs de l'Internet : le rachat de YouTube par Google

Larry Page et Sergey Brin créent en 1998 le moteur de recherche Google à l'université de Stanford, en Californie, et fondent ensuite la société du même nom.

Après trois jours de rumeurs incessantes, Google a annoncé lundi soir l'acquisition du site de partage de vidéos YouTube pour 1,65 milliard de dollars. L'opération, approuvée par les conseils d'administration des deux sociétés, devrait être finalisée à la fin du quatrième trimestre 2006.

Pour Google aussi, ce rachat est historique. C'est la première fois que le moteur de recherche, habitué à acquérir des start-up pour des sommes relativement modiques, investit massivement pour prendre le contrôle d'un concurrent. La mariée est certes belle : la plate-forme communautaire de partage de vidéos sur Internet n'en finit plus de battre des records. Le trafic du site est passé de 13 millions de visiteurs uniques en mai 2006 à plus de 20 millions en août, soit une hausse de 60 % en 3 mois. Une audience importante drainée par les quelque 100 millions de vidéos diffusées chaque jour. Et le nombre de films hébergés augmente à raison de 65 000 nouvelles séquences par jour.

Si Google domine largement le marché des moteurs de recherche, qui reste son cœur de métier, il n'en va pas de même sur le marché de la vidéo en ligne, largement dominé par YouTube.

Une étude IDC réalisée cette année estime que le marché de la vidéo en ligne a généré 230 millions de dollars de revenus en 2005 et devrait atteindre 1,7 milliard en 2010. Une manne que Google n'était donc pas disposé à laisser échapper.

D'après G. Devaux et A. Steinmann, « Google s'offre YouTube pour 1,65 milliard de dollars », journaldunet.com, 10 octobre 2006.

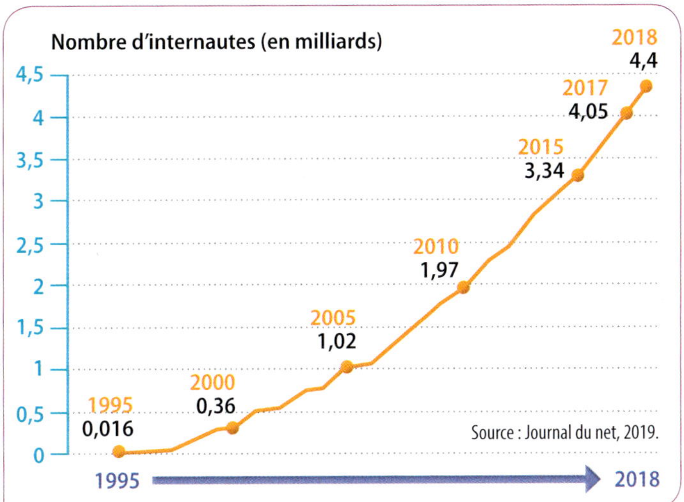

Source : Journal du net, 2019.

3 Évolution du nombre d'internautes dans le monde

12 heures passées par jour avec les médias
Temps accumulé moyen passé par un adulte américain sur les principaux médias en septembre 2017

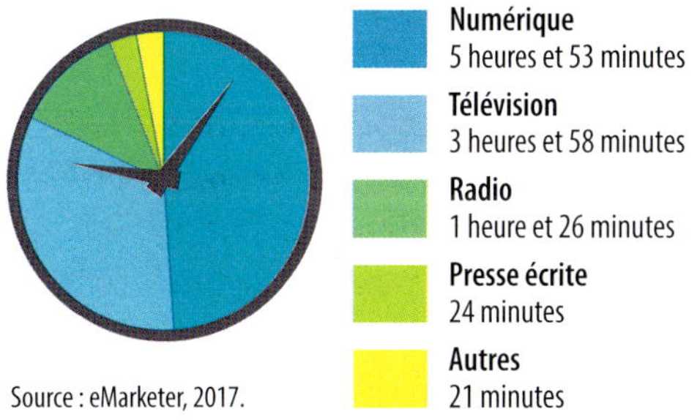

Source : eMarketer, 2017.

4 L'usage des médias par la population américaine

Vocabulaire

- **Internet (*Interconnected Network*) :** C'est le réseau informatique mondial, accessible au public.
- **World Wide Web (WWW ou Web) :** système hypertexte public qui fonctionne sur Internet et qui permet de consulter les pages des sites, via un navigateur.

5 Les réseaux sociaux et les révolutions arabes

Dans une région dominée par les médias officiels, les réseaux sociaux ont permis aux jeunes de faire entendre au monde entier la voix du « Printemps arabe », même si la crédibilité de ces nouveaux médias est parfois remise en question.

« Lorsque nous avons lancé sur Facebook le premier appel à des manifestations fin janvier, nous n'avions aucune idée du nombre de personnes qui répondraient à l'appel », affirme l'activiste yéménite Hachem al-Soufi.

« Mais nous avons été agréablement surpris quand des centaines de jeunes se sont rassemblées devant l'université de Sanaa bien avant l'heure prévue » de la manifestation réclamant le départ du président Ali Abdallah Saleh, ajoute-t-il.

Ce sont ces jeunes qui ont lancé la contestation au Yémen, manifestant sans relâche chaque jour devant l'université, avant que leur mouvement fasse boule de neige avec le ralliement de l'opposition parlementaire.

Les réseaux sociaux ont joué un rôle primordial dans le déclenchement du « Printemps arabe » dont l'étincelle a été l'immolation par le feu d'un jeune Tunisien le 17 décembre. Depuis, les régimes tunisien et égyptien sont tombés et la révolte a gagné la Libye, le Yémen, la Syrie et Bahreïn, où un mouvement de contestation a été réprimé par la force à la mi-mars avec le soutien des monarchies du Golfe dont l'Arabie Saoudite.

« L'Internet en Syrie est devenu la seule arme des journalistes et des militants face aux balles et aux chars du gouvernement », affirme Mohammad al-Abdallah, un activiste syrien basé aux États-Unis. « YouTube a vaincu le gouvernement syrien. »

Mais s'il n'est pas relayé par des médias traditionnels, le mouvement a peu de chances de s'étendre, comme le souligne une activiste bahreïnie jointe sur Facebook. La contestation, qui a éclaté le 14 février dans ce petit royaume du Golfe, « a commencé sur une page Facebook, et s'est transformée en véritable révolution », écrit cette militante qui a requis l'anonymat.

D'après « Printemps arabe : Internet a permis aux jeunes de faire entendre leur voix », lexpress.fr, 16 juin 2011.

ACTIVITÉ — OBJECTIF ▪ Préparer un oral

À l'aide des documents, préparez une présentation orale de cinq minutes répondant au sujet :
Comment le développement d'Internet révolutionne-t-il la diffusion de l'information ?

▪ **Aide méthodologique**

Afin de faire une présentation claire, il est important que votre présentation soit structurée.

1. Présentez dans un premier temps le sujet et ses enjeux. Vous pouvez rappeler l'origine d'Internet. **(doc. 1)**

2. Structurez votre présentation autour de quelques parties :
- La place des médias dans le développement d'Internet **(doc. 3 et 4)** ;
- La puissance économique des principaux médias. **(doc. 2)** ;
- Le rôle des médias dans les grands événements politiques. **(doc. 5)**

3. En conclusion, insistez sur le rôle d'Internet aujourd'hui et l'importance des débats qui entourent son utilisation massive.

▪ **Aide à l'oral**

Afin de rendre votre présentation claire et audible, soyez attentif à ces conseils :
- Parlez doucement et distinctement pour que votre auditoire puisse suivre votre démonstration ;
- Regardez votre auditoire et détachez votre regard de votre texte ou de vos notes ;
- Soyez attentif à équilibrer le temps consacré à chaque partie pour respecter le temps imparti.

LEÇON 2 Les grandes révolutions techniques de l'information

› Comment la radio et la télévision sont-elles devenues progressivement des médias de masse ?

A Le siècle de l'image et du son : des progrès constants et rapides

- La presse connaît en France son acte de naissance avec la création de *La Gazette* par Théophraste Renaudot, en 1631. Il s'agissait d'un hebdomadaire de quatre pages, avec un tirage initial variant entre 300 et 800 exemplaires. **La presse se développe sous la Révolution française et tout au long du XIXe siècle**, pour devenir à la fin du siècle un véritable média de masse.
- En 1895, l'ingénieur italien Marconi est le premier à émettre un message radio sans fil, en morse. **À la fin de la Première Guerre mondiale, on parvient à diffuser le son de la voix et de la musique à la radio.** De nouveaux émetteurs puissants consacrent la naissance de premières sociétés de radio, comme la BBC au Royaume-Uni, en 1922. Dans le même temps, les postes de radio, d'abord très chers, se démocratisent progressivement pour devenir un objet de consommation de masse.
- Si les premiers programmes réguliers de télévision apparaissent au cours des années 1930, il faut attendre la fin de la Seconde Guerre mondiale pour que la télévision connaisse des progrès fulgurants. **Le tournant a lieu en 1962 avec le lancement du satellite Telstar qui permet la création de programmes télévisés en** mondovision. Parallèlement, les récepteurs de télévision deviennent moins chers, tandis que les émissions apparaissent en couleur. En 1969, ce sont plus de 600 millions de téléspectateurs qui assistent aux premiers pas de Neil Armstrong sur la lune.

1 Hitler et la radio

Publicité allemande d'un poste de radio, affiche de Leonid, 1936.
« Toute l'Allemagne écoute le Führer avec le récepteur du peuple ».

B Des médias sous contrôle politique

- **Bien que les premières stations radio soient souvent des sociétés privées, les États accentuent leur contrôle dès les années 1930,** notamment dans les régimes totalitaires (fasciste, nazi et soviétique), où la radio devient le vecteur par excellence de la propagande. Mais la radio peut également échapper au contrôle de l'État : pendant la Seconde Guerre mondiale, elle permet de maintenir le contact entre les Alliés et les pays occupés par l'Allemagne nazie. Elle joue ainsi un rôle majeur dans la transmission de messages à la Résistance (Radio Londres en France). Au lendemain de la guerre, les États gardent le contrôle sur la radio comme en France, avec de puissants services publics radiophoniques.
- **La télévision devient également un monopole d'État dans de nombreux pays démocratiques européens**, comme en France, avec la création de la RTF en 1949, ou en Italie, avec la RAI en 1953. En France, elle devient un outil politique majeur avec le retour du général de Gaulle au pouvoir en 1958. Les États-Unis favorisent, quant à eux, des réseaux privés comme la CBS ou ABC. Ce modèle de chaîne privée se retrouve en Europe, comme au Royaume-Uni avec l'ITV (*Independant Television*).

Vocabulaire

- **Mondovision :** système de diffusion par satellite d'une émission de télévision dans plusieurs pays en simultanée.
- **RTF :** radiodiffusion-télévision. Cette société nationale française créée en 1949 est chargée du service public de l'audiovisuel jusqu'en 1964, date à laquelle elle est remplacée par l'ORTF.

C Des médias libérés et mondialisés

- **À partir des années 1970, l'audiovisuel se libéralise grâce à l'émergence de chaînes et de stations de radio privées, et la constitution de puissants groupes de médias** comme Time Warner aux États-Unis, ou Mediaset en Italie. Ils se financent grâce à la publicité qui devient omniprésente dans les médias, radio et télévision, et imposent des contenus grand public comme les téléfilms, la variété et surtout des événements sportifs (coupe du monde de football), qui drainent des sommes colossales. L'ouverture des Jeux olympiques de Pékin en 2008 attira ainsi plus de 2 milliards de téléspectateurs.
- **Des chaînes de télévision diffusées dans le monde entier apparaissent, comme CNN en 1980 et MTV en 1981.** Les contenus deviennent eux aussi mondialisés grâce au succès de séries américaines ou de dessins animés japonais qui déferlent sur les écrans. L'offre de chaînes de télévision devient ainsi pléthorique au début du XXIe siècle, avec l'amélioration des canaux de diffusion comme le câble, les satellites et la télévision numérique terrestre (TNT).

2 CNN, une chaîne d'information américaine diffusée dans le monde entier par satellite dès 1980

La présentatrice, Mary Alice Williams, le 31 mai 1980, dans le studio de CNN, à la veille du lancement de la chaîne.

SCHÉMA BILAN

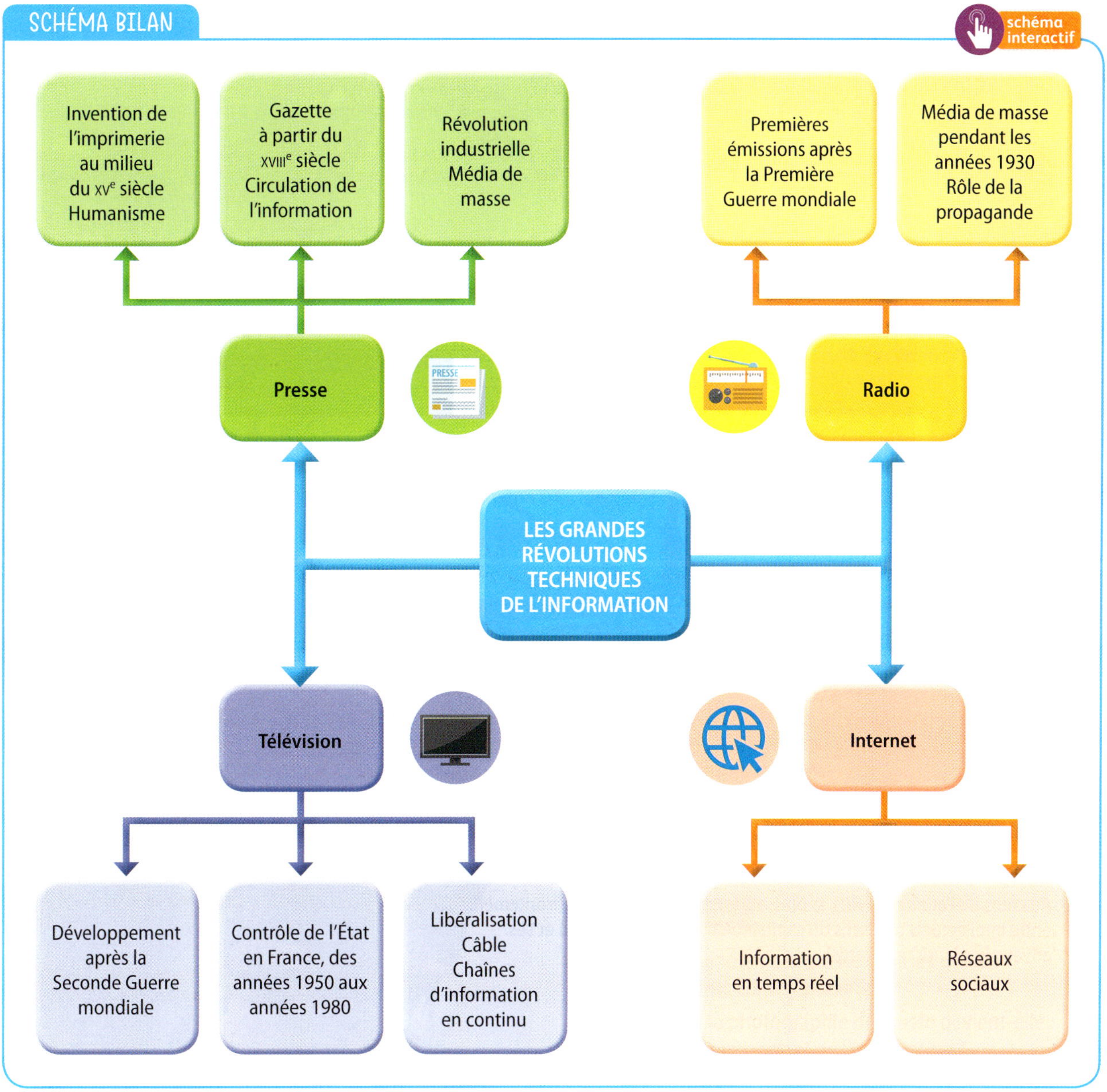

REPÈRES 1 Quelques grands groupes qui dominent les médias

Axel Springer en 1976 / Publicité pour le magazine *Bild* en 2011, à Berlin.

Silvio Berlusconi en 2013 / La tour de transmission de Mediaset à Cologne.

Rupert Murdoch en 2013 / Le siège de Sky à Londres.

Axel Springer
Né en 1912, décédé en 1985, il est le fondateur d'un grand groupe de presse en RFA après la Seconde Guerre mondiale. Il crée notamment le fameux magazine *Bild* en 1952, l'un des journaux les plus influents en Allemagne, dont le tirage est de plusieurs millions d'exemplaires.

Silvio Berlusconi
Né en 1936, il fait d'abord fortune dans l'immobilier et la finance, avant de se tourner vers les médias. Il fonde en 1978 Fininvest, qui devient Mediaset en 1993, désormais le principal groupe de télévision et de presse en Italie. Il se lance dans la politique et est nommé trois fois président du Conseil en Italie.

Rupert Murdoch
Né en 1931, il fait d'abord fortune dans la presse écrite en Australie, avant de s'établir définitivement aux États-Unis dans les années 1980. Son groupe, News Corporation, est présent dans le monde entier avec le bouquet de chaînes Sky, Fox News aux États-Unis, ou encore le journal *The Times* au Royaume-Uni.

1 Quelques magnats de la presse

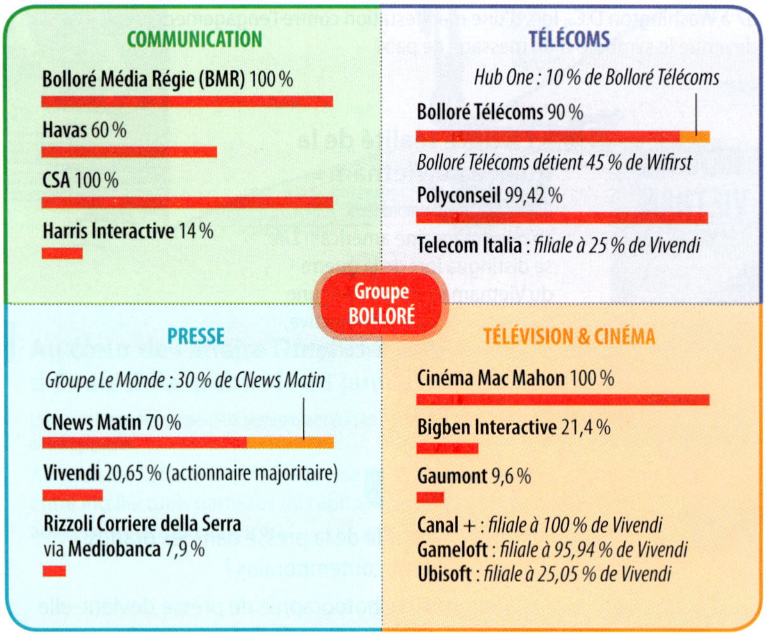

Source : OJIM, 2017.

2 Vincent Bolloré, un magnat des médias français

Le groupe Bolloré fut d'abord présent en Afrique, dans les infrastructures portuaires et dans l'agriculture. En 2015, Vincent Bolloré rachète la première chaîne payante française, Canal +.

Vincent Bolloré en 2016.

BERNARD ARNAULT
Entreprise : LVMH
Secteur : Luxe
Médias : *Les Échos*, *Le Parisien*, *Aujourd'hui en France*, *Investir*, Radio Classique

PATRICK DRAHI
Entreprise : Altice / SFR
Secteur : Téléphonie
Médias : *Libération*, *L'Express*, *L'Expansion*, *Lire* et 49 % de BFM TV, BFM Business et RMC

XAVIER NIEL
Entreprise : Free
Secteur : Téléphonie

MATTHIEU PIGASSE
Secteur : Banque
Médias : *Le Monde*, *Le Monde des religions*, *Prier*, *L'Obs*, *Courrier international*, *Huffington Post*, *La Vie*

FAMILLE DASSAULT
Entreprise : Groupe Dassault
Secteur : Aéronautique, Armement
Médias : *Le Figaro*, *Le Particulier*

VINCENT BOLLORÉ
Entreprise : Vivendi - Groupe Canal +
Secteur : Transport et logistique, publicité, agriculture
Médias : Canal +, CNews, C8, CStar

MARIE-ODILE AMAURY
Entreprise : Groupe Amaury
Secteur : Communication, sports
Médias : *L'Équipe*, *France Football*, *Vélo Magazine*

FAMILLE MOHN
Entreprise : Bertelsmann
Secteur : Médias, édition
Médias : RTL, RTL2, Fun Radio, M6, Gulli, W9, *VSD*, *Capital*, *Gala*, *Télé Loisirs*, *Géo*, *Voici*, *Ça m'intéresse*, *Femme actuelle*

FRANÇOIS ET FRANÇOIS-HENRI PINAULT
Entreprise : Kering / Artémis
Secteur : Luxe, commerce
Médias : *Le Point*, *L'Agefi*

MARTIN BOUYGUES
Entreprise : Groupe Bouygues
Secteur : BTP, médias, téléphonie
Médias : TF1, LCI, TFX, TMC, TF1 Séries Films, Histoire

ARNAUD LAGARDÈRE
Entreprise : Groupe Lagardère
Secteur : Communication
Médias : Europe 1, RFM, Virgin Radio, *Paris Match*, *Le JDD*, *Elle*, *Télé7Jours*

= **QUOTIDIENS NATIONAUX** 89,9 % DES JOURNAUX VENDUS + **TÉLÉVISION** 55,3 % DES PARTS D'AUDIENCE + **RADIO** 40,4 % DES PARTS D'AUDIENCE

Sources : Entreprises et médias, 2017 et APCM, Médiapart, 2017.

3 Qui contrôle les médias français ?

Vocabulaire

- **Magnat :** nom donné aux grands patrons d'entreprises multinationales.

POUR COMPRENDRE

1. Le monde des médias est marqué par une grande concentration des groupes. **Quels dangers cela peut-il susciter ?**
2. À l'échelle de la planète, il existe aussi des groupes de médias qui comptent parmi les entreprises les plus puissantes au monde. **Montrez qu'il existe un fort déséquilibre entre les grands groupes de médias à l'échelle mondiale.**

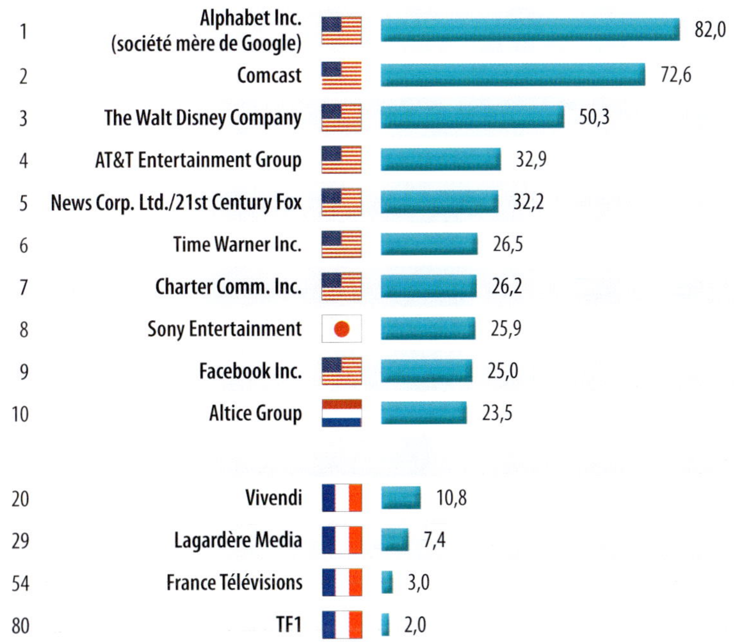

Classement par chiffre d'affaires en 2016 (en milliards)

Sources : Institut für Medien-und Komùmunikationspolitik et Statista, 2017.

4 Les plus grands groupes médias dans le monde

REPÈRES 2

La guerre du Vietnam

1960 — 1965 — 1970 — 1975

- **1962** Envoi des **premiers conseillers militaires** américains au Sud-Vietnam
- **1964** Le président Johnson **engage officiellement** l'armée américaine au Sud-Vietnam
- **1965** L'armée américaine commence à **bombarder le Nord-Vietnam**
- **1968** **Offensive du Têt** contre les troupes américaines
- **1969** Le président Nixon amorce le **retrait du Vietnam**
- **1973** Les **accords de Paris** marquent le retrait définitif des troupes américaines du Sud-Vietnam
- **1975** **Conquête** de Saïgon et du Sud-Vietnam par le Nord-Vietnam

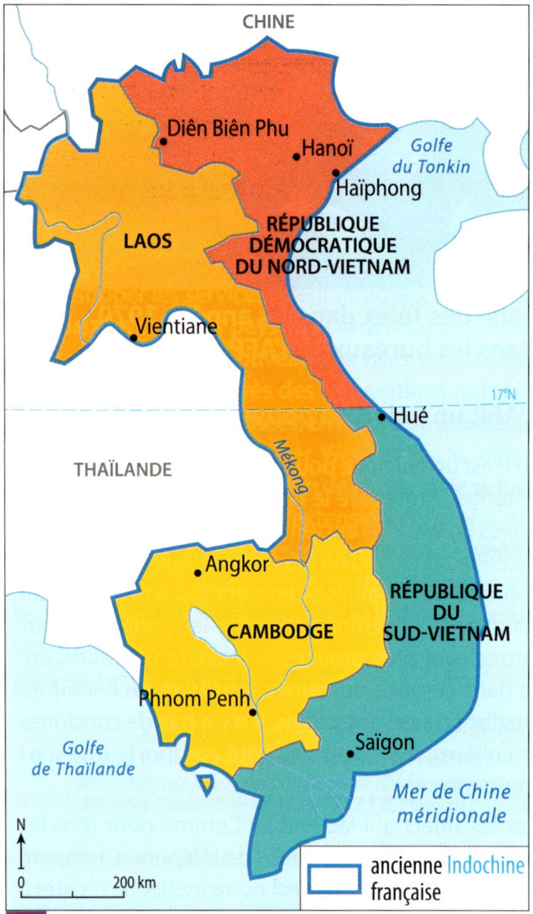

1 La péninsule indochinoise en 1954

carte interactive

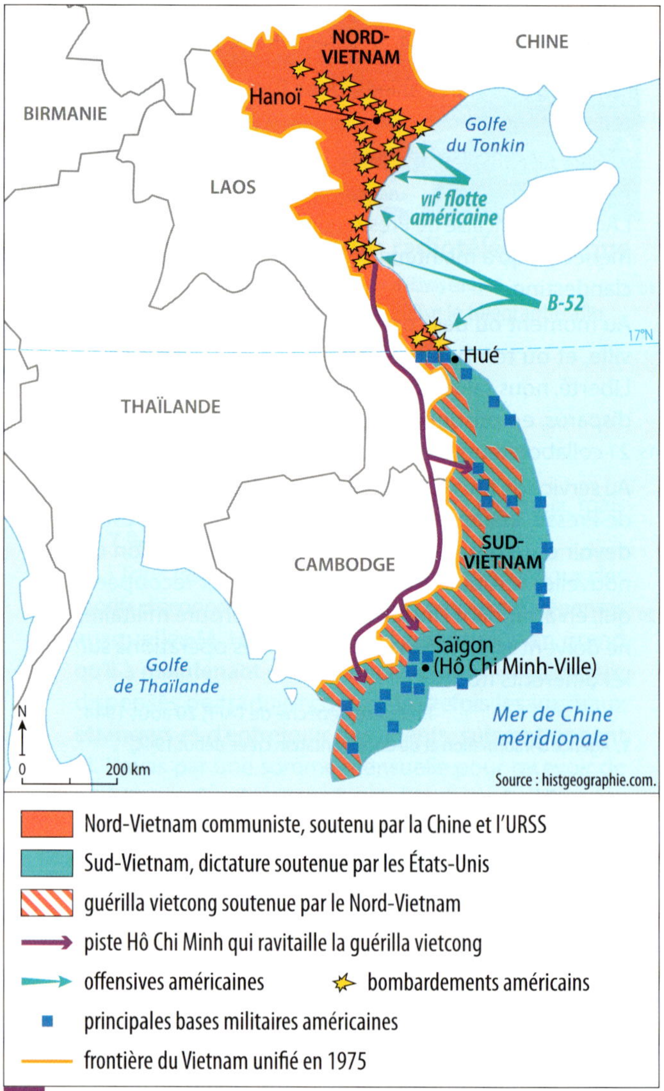

2 La guerre du Vietnam et l'unification des frontières (1964-1975)

Vocabulaire

- **Indochine :** nom de l'ancienne colonie française qui regroupait le Laos, le Cambodge, le Sud-Vietnam et le Nord-Vietnam.

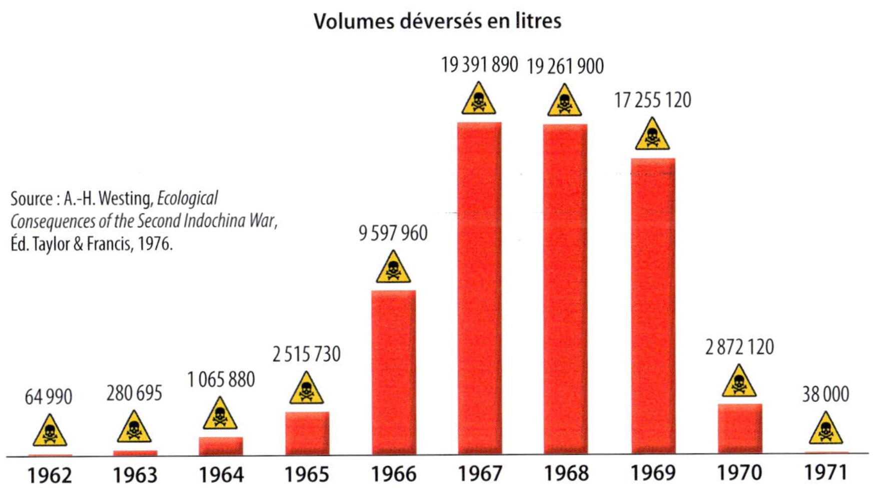

Source : A.-H. Westing, *Ecological Consequences of the Second Indochina War*, Éd. Taylor & Francis, 1976.

3 Quantité d'herbicides déversée contre la guérilla vietcong au Sud-Vietnam par les Américains entre 1962 et 1971

D'après les statistiques de l'armée américaine, près de 73,5 millions de tonnes d'herbicides ont été déversées pendant la guerre du Vietnam. Le graphique ci-contre ne prend pas en compte un peu plus de 1 million de tonnes d'herbicides, dont l'année d'épandage n'a pas pu être déterminée avec précision.

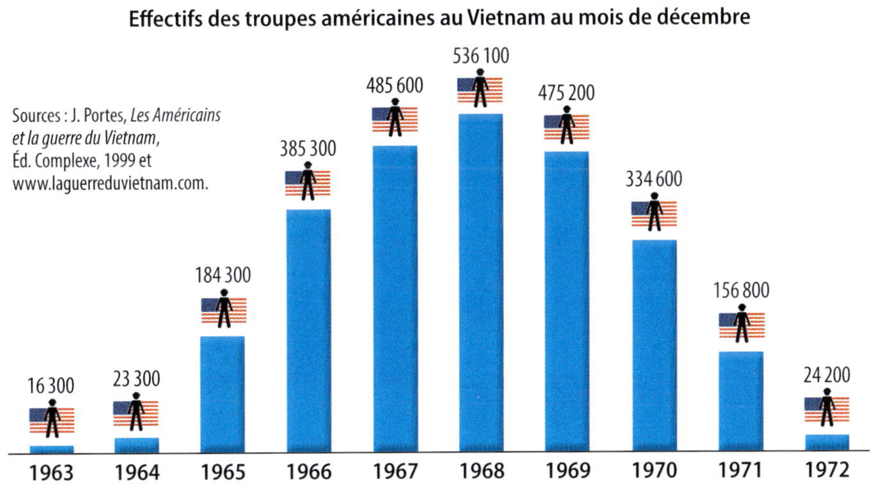

Sources : J. Portes, *Les Américains et la guerre du Vietnam*, Éd. Complexe, 1999 et www.laguerreduvietnam.com.

4 Nombre de militaires américains engagés au cours de la guerre du Vietnam

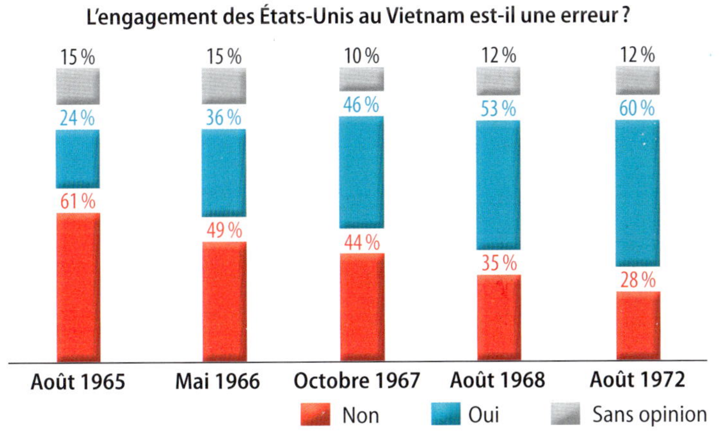

Sources : H. Erskine, « Polls: Is War a Mistake ? », Public Opinion Quarterly, p. 141-142 / Sondages Gallup 56, 59, 61, 69, 73 et 92.

5 L'opinion publique américaine face à la guerre du Vietnam

Sondage réalisé aux États-Unis par l'Institut Gallup.

QUESTIONS

1. Quels sont les différents types de combat qui se déroulent au Vietnam ? **(doc. 2 et 3)**
2. Quels effets ont-ils pu avoir sur l'opinion publique ? **(doc. 2, 3 et 5)**
3. Quelle influence l'opinion publique a-t-elle pu avoir sur la guerre au Vietnam ? **(doc. 5)**

ÉTUDE

Les médias et la guerre du Vietnam, entre information et propagande

Au début des années 1960, les États-Unis s'engagent au Sud-Vietnam dans la lutte contre la guérilla vietcong, rebelles communistes appuyés par le Nord-Vietnam. Jusqu'en 1973, les États-Unis combattent ainsi contre une guérilla bien organisée et déterminée, dans un contexte global de guerre froide. Cependant, les reporters de guerre, très présents sur le terrain, dévoilent à l'opinion publique médusée, souvent à la télévision ou dans les magazines, la réalité d'une guerre meurtrière et d'un véritable bourbier.

❯ Comment les médias américains rendent-ils compte de la réalité de la guerre du Vietnam ?

FINAL

DAILY NEWS

NEW YORK'S PICTURE NEWSPAPER ®

7¢

Vol. 46. No. 35 — New York, N.Y. 10017, Wednesday, August 5, 1964* — WEATHER: Mostly sunny and pleasant

U.S. PLANES BLAST BASES IN NORTH VIET

1 « Des avions américains bombardent des bases dans le Nord-Vietnam »

Une du *Daily News*, 5 août 1964.

La couverture de la guerre du Vietnam par la presse américaine en 1964.

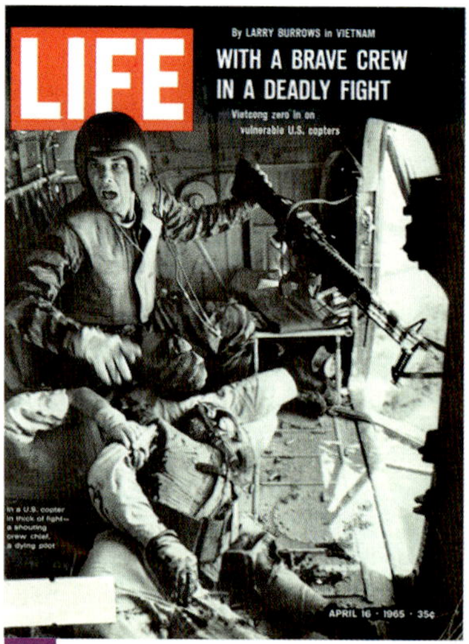

2 « En compagnie d'un équipage courageux dans un combat mortel »

Photographie de Larry Burrows, une de *Life*, 16 avril 1965.

Larry Burrows est célèbre pour ses photos de la guerre du Vietnam. Son hélicoptère est abattu au Laos en 1971.

3 Le président Richard Nixon (1969-1974) démontre la nécessité de bombarder le Cambodge à la télévision, 30 avril 1970

« Les bombardements ne fonctionnaient pas, mais Nixon les a défendus et les a intensifiés pour faire croître ses chances de réélection [de 1972]. Affirmer que bombarder était militairement efficace était un mensonge et Nixon le savait. »

B. Woodward, *The Last of the President's men*, Éd. Simon & Schuster, 2015.

4 **Nick Ut photographie la petite Kim Phuc après un bombardement américain au napalm, juin 1972**

Cette photographie eut une immense répercussion dans les médias américains, mais également à l'international.

5 Les *Pentagon Papers*

La publication par le *New York Times* d'un document ultra-secret, retraçant l'origine et la genèse de l'engagement militaire américain, a fait l'effet d'une bombe à la Maison Blanche. Le scandale risque d'entraîner des conséquences politiques importantes à quelques jours du vote par le Sénat sur l'amendement Hatfield-McGovern, dont le but est de limiter les pouvoirs des chefs de l'exécutif en matière de conduite de guerre.

D'ores et déjà, à la requête du Pentagone, le département de la Justice vient d'ouvrir une enquête officielle pour tenter de déterminer les circonstances de l'indiscrétion et d'en identifier les responsables.

Il s'agit en réalité non pas d'un document unique, mais d'un grand nombre de documents qui constituent la somme d'une enquête officieuse que M. Robert McNamara[1] avait fait effectuer par le service du Pentagone et de la CIA en 1967 alors qu'il occupait les fonctions de secrétaire à la Défense. Le tout – 7 000 pages, 2 millions et demi de mots – a été rassemblé en quarante volumes brochés dont il n'existait, affirme-t-on, que quinze exemplaires.

Le responsable des faits qui viennent d'être rendus publics s'appelle Lyndon Johnson[2]. Mais M. Nixon risque fort de payer pour son prédécesseur, dans la mesure où les fuites en question montrent jusqu'où un président peut aller de sa propre autorité lorsqu'il agit sans être soumis à aucun contrôle parlementaire.

D'après J. Jacquet-Francillon, *Le Figaro*, 15 juin 1971.

1. Secrétaire à la Défense de 1961 à 1968.
2. Président des États-Unis de 1963 à 1969.

6 **Le témoignage de John Kerry, vétéran de la guerre du Vietnam, face à la presse, 18 avril 1971**

John Kerry, futur politicien et secrétaire d'État américain, rejoint dès 1970 le groupe VVAW, les vétérans du Vietnam contre la guerre.

ANALYSE DE DOCUMENTS

1. Quelle réalité de la guerre du Vietnam les photographies décrivent-elles ? **(doc. 2 et 4)**
2. Pourquoi la télévision est-elle un média important dans les années 1970 pour le pouvoir politique américain ? **(doc. 3)**
3. Quelle est la place de l'image et des mots dans le traitement de la guerre ? **(doc. 2, 3, 4 et 6)**
4. Pourquoi la publication des *Pentagon Papers* est-elle une manifestation de la liberté de la presse aux États-Unis ? Quelles en sont les conséquences pour le pouvoir politique ? **(doc. 5)**

LEÇON 3 Liberté ou contrôle de l'information : un débat politique fondamental

› Quelles sont les limites à la liberté de l'information qu'ont dû affronter les médias à l'époque contemporaine ?

A La liberté de la presse, un enjeu politique

- Au début du XXe siècle, si la liberté de la presse est bien ancrée dans les démocraties d'Europe de l'Ouest et d'Amérique du Nord (par exemple avec la loi de 1881 sur la presse en France), elle reste une revendication dans les régimes autocratiques comme en Russie en 1905 ou dans l'Empire ottoman en 1908. **La liberté de la presse est désormais une condition essentielle de la démocratie.** La nécessaire transparence et la publicité des débats permettent un bon exercice de la démocratie, l'information des électeurs ou encore le bon fonctionnement de la justice.
- **La multiplication des journaux et la circulation de l'information permettent de renforcer le poids de l'**opinion publique dans les débats politiques et sociaux (affaire Dreyfus en France, 1898). Aux États-Unis, la presse devient un pouvoir à part entière en révélant les scandales politiques et économiques. On parle de journalistes *muckrakers* (« remueurs de boue »). Les journalistes deviennent des professionnels reconnus, avec un véritable statut (loi Brachard en France en 1935) et des piliers de la démocratie. Dans les dictatures, ils sont souvent les principaux opposants et les premiers persécutés.
- **Aujourd'hui, avec le développement d'Internet et la rapidité de la diffusion des informations, l'opinion publique est parfois saturée d'informations,** qui deviennent l'un des enjeux majeurs des sociétés contemporaines. Cependant, la liberté de diffusion des informations, notamment sur Internet, reste un pilier des démocraties modernes.

Le Numéro 10 Centimes
Le Canard Enchaîné
JOURNAL HUMORISTIQUE
Paraissant tous les Mercredis
RE-PRÉSENTATION !
RÉSURRECTION
Gustave, tu cherres !
Où s'arrêtera-t-on ?
LA MARE AUX CANARDS

1 Une du *Canard enchaîné* du 5 juillet 1916

Le Canard enchaîné est fondé par Jeanne et Maurice Maréchal en 1915. C'est le plus ancien titre de presse satirique encore actif.

B La liberté de la presse et la guerre

- **Les grands conflits du XXe siècle ont révélé la nécessité du contrôle de l'information comme un véritable enjeu stratégique.** Dès le début de la Première Guerre mondiale, la censure se met en place en France, afin d'éviter une démoralisation de l'opinion ou de faire paraître des informations qui pourraient bénéficier à l'ennemi. Aux États-Unis et en Angleterre, durant les conflits mondiaux, les médias sont sollicités dans la défense nationale et font appel au patriotisme de la population.
- **Pourtant, après la guerre du Vietnam (1964-1975), largement couverte par la télévision, le contrôle de l'information en temps de guerre est renforcé.** Au cours de la première guerre du Golfe en 1990-1991, seuls les médias américains sont autorisés à suivre l'armée américaine, à l'instar de CNN. Les armées deviennent la principale source de diffusion des images, comme lors de la guerre d'Afghanistan (2001) ou la seconde guerre du Golfe (2003).
- **Avec les nouvelles techniques de communication, il est aujourd'hui de plus en plus difficile de contrôler les informations qui circulent.** Les réseaux sociaux deviennent des sources de diffusion de l'information extrêmement importantes, prenant parfois le pas sur les médias traditionnels. Ainsi, dans les conflits contemporains, la diffusion d'informations sur les réseaux sociaux permet d'éviter la censure.

Vocabulaire

- **Censure :** limitation volontaire de la liberté d'expression et de la liberté de la presse.
- **Opinion publique :** ensemble des attitudes, pensées et jugement d'une société.
- **Propagande :** ensemble des moyens mis en œuvre afin d'orienter la pensée de la population.

C La liberté de la presse, un enjeu économique et social

- **À la fin du XXe siècle, la concurrence entre grands médias favorise une course aux informations et au sensationnel.** Décupler son audience devient un objectif prioritaire. Les agences d'information comme Reuters, l'Associated Press ou l'AFP se disputent la primeur des informations. La concurrence entre radio, télévision et presse écrite renforce également cette course à l'information.
- **Avec l'apparition d'Internet, les sources d'information sont démultipliées.** L'enjeu est désormais une hiérarchisation des informations, afin d'éviter de les mettre toutes sur le même plan, et une vérification accrue des sources. Dans les démocraties, l'usage d'Internet nécessite un effort d'éducation de la population, afin de lutter au mieux contre la remise en cause de la vérité des faits et l'explosion des théories du complot.
- **La constitution des grands groupes de médias numériques liés à des plateformes multimédias, comme Apple, Facebook ou encore Google, pose de plus en plus le problème de l'accès à l'information.** Les médias traditionnels doivent, en effet, signer des accords de diffusion avec ces géants de l'Internet mobile, ce qui peut, à terme, poser la question du pluralisme et de la liberté d'expression.

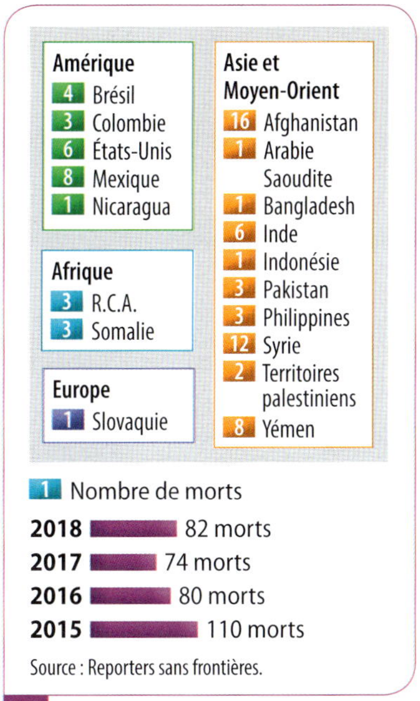

Source : Reporters sans frontières.

2 Journalistes tués en 2018

SCHÉMA BILAN

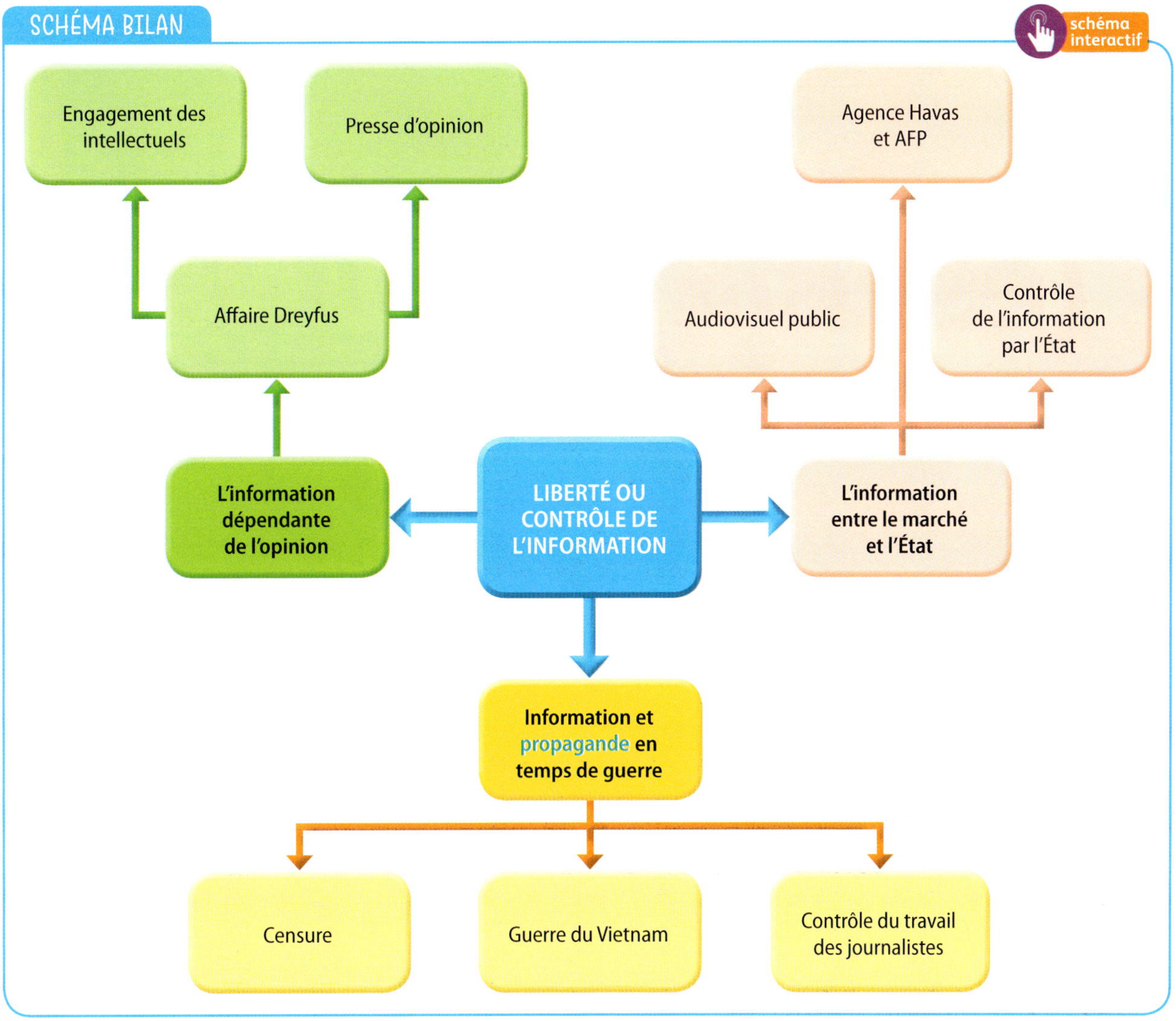

OBJET DE TRAVAIL CONCLUSIF

L'information à l'heure d'Internet

› Comment la transmission de l'information par le biais d'Internet devient un enjeu important au XXIe siècle ?

1 « Les justiciers du Net »

Une du *Courrier international,* 27 juin au 3 juillet 2013.

Le dessin de presse représente, de gauche à droite, Julian Assange, Edward Snowden, Bradley (Chelsea) Manning, ancien militaire.

2005 — 2010 — 2015 — 2020

- **2006** Fondation de WikiLeaks par Julian Assange
- **2013** Inculpation d'Edward Snowden
- **2016** Affaire Cambridge Analytica
- **2018** La France adopte une loi contre les *fake news*

LA CROIX

L'assassinat de Kennedy, 50 ans après, nourrit encore les théories du complot

AFP, le 19/11/2013 à 10:32 Modifié le 19/11/2013 à 11:45

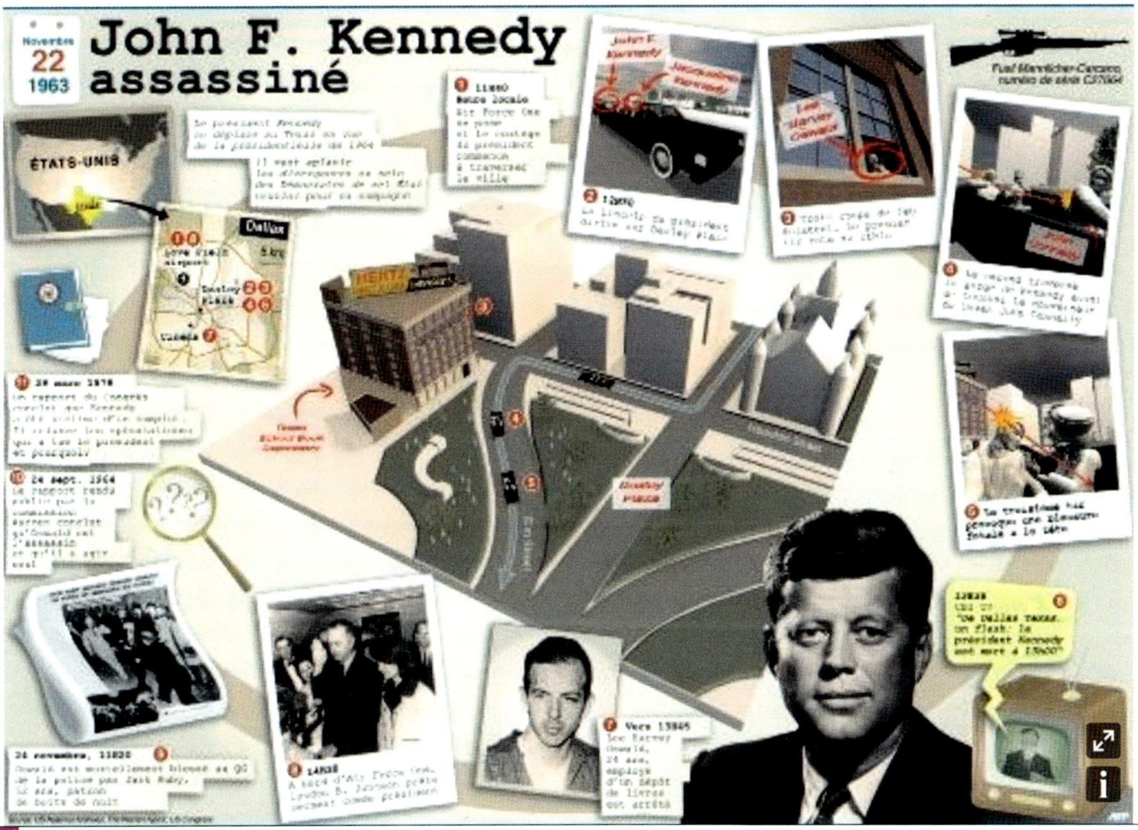

2 Depuis plus de 50 ans, les théories du complot fleurissent autour de l'assassinat de JFK

Page Internet du journal *La Croix*, 19 novembre 2013.
Si les théories du complot ne datent pas d'hier, elles sont aujourd'hui amplifiées par Internet et les réseaux sociaux.

QUESTIONS

1. Pourquoi parler de « justiciers du Net » ? **(doc. 1)**
2. Pourquoi les théories du complot se développent-elles avec les sites Web ? **(doc. 2)**

REPÈRES 1 Un monde toujours plus connecté

- **1990** Invention du **World Wide Web**
- **1995** Création d'**Internet explorer**
- **1998** Création de **Google**
- **2000** Généralisation de l'**ADSL**
- **2001** Création de **Wikipédia**
- **2004** Création de **Facebook**
- **2006** Création de **Twitter**
- **2007** Essor du **smartphone**
- **2014** Facebook rachète **Whatsapp**
- **Fin 2018** **4,4 milliards d'internautes** dans le monde

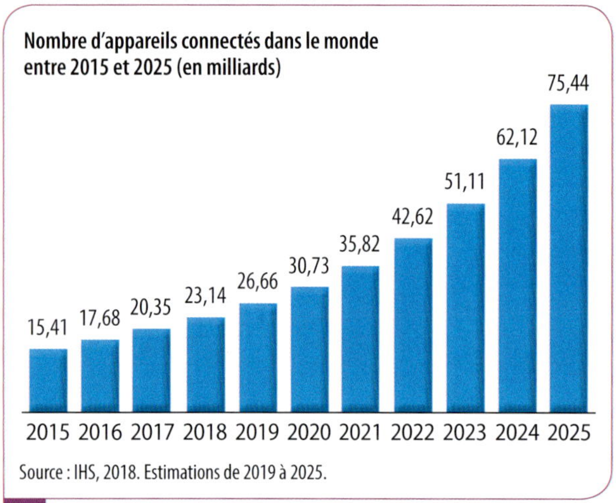

1 Le nombre d'appareils connectés prévus d'ici 2025

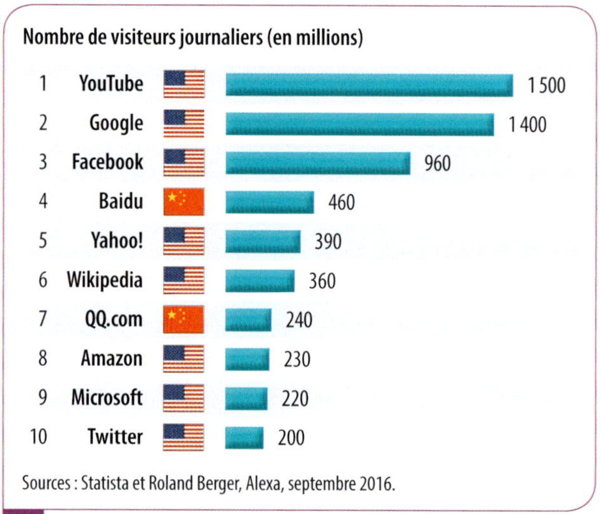

2 Les dix sites Internet les plus visités en 2016

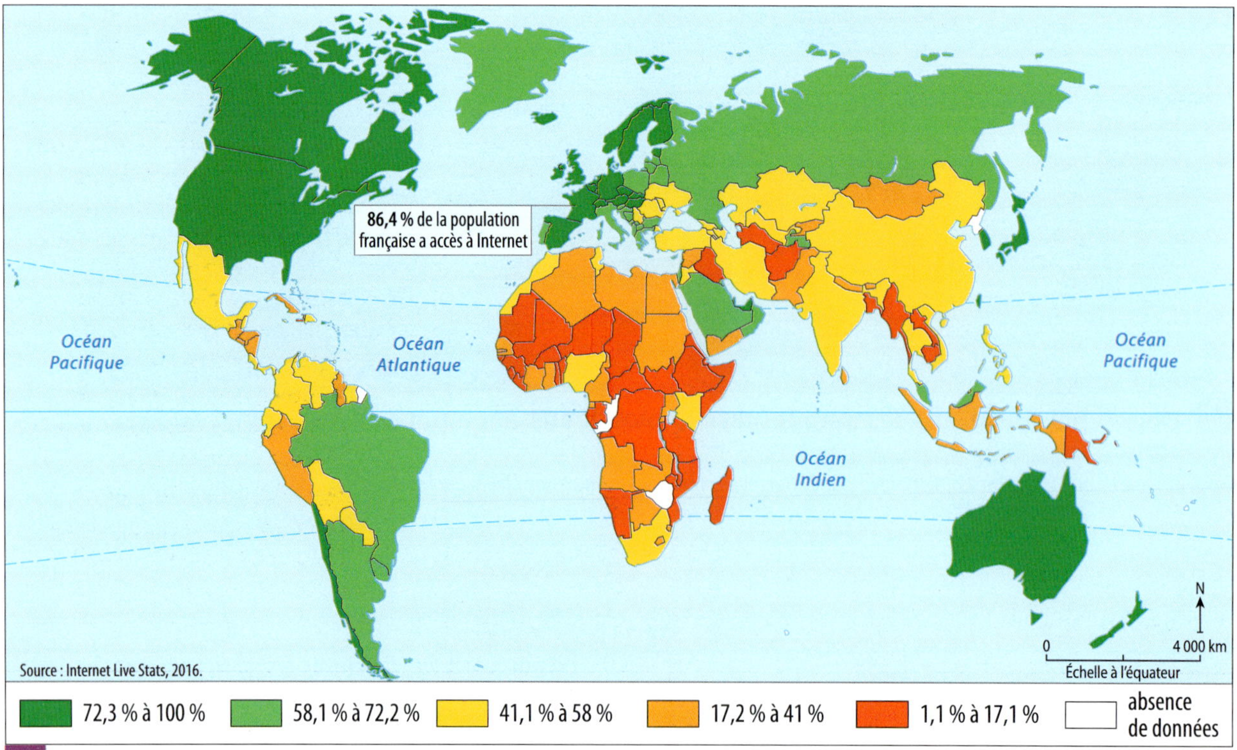

3 L'accès à Internet dans le monde en 2016

carte interactive

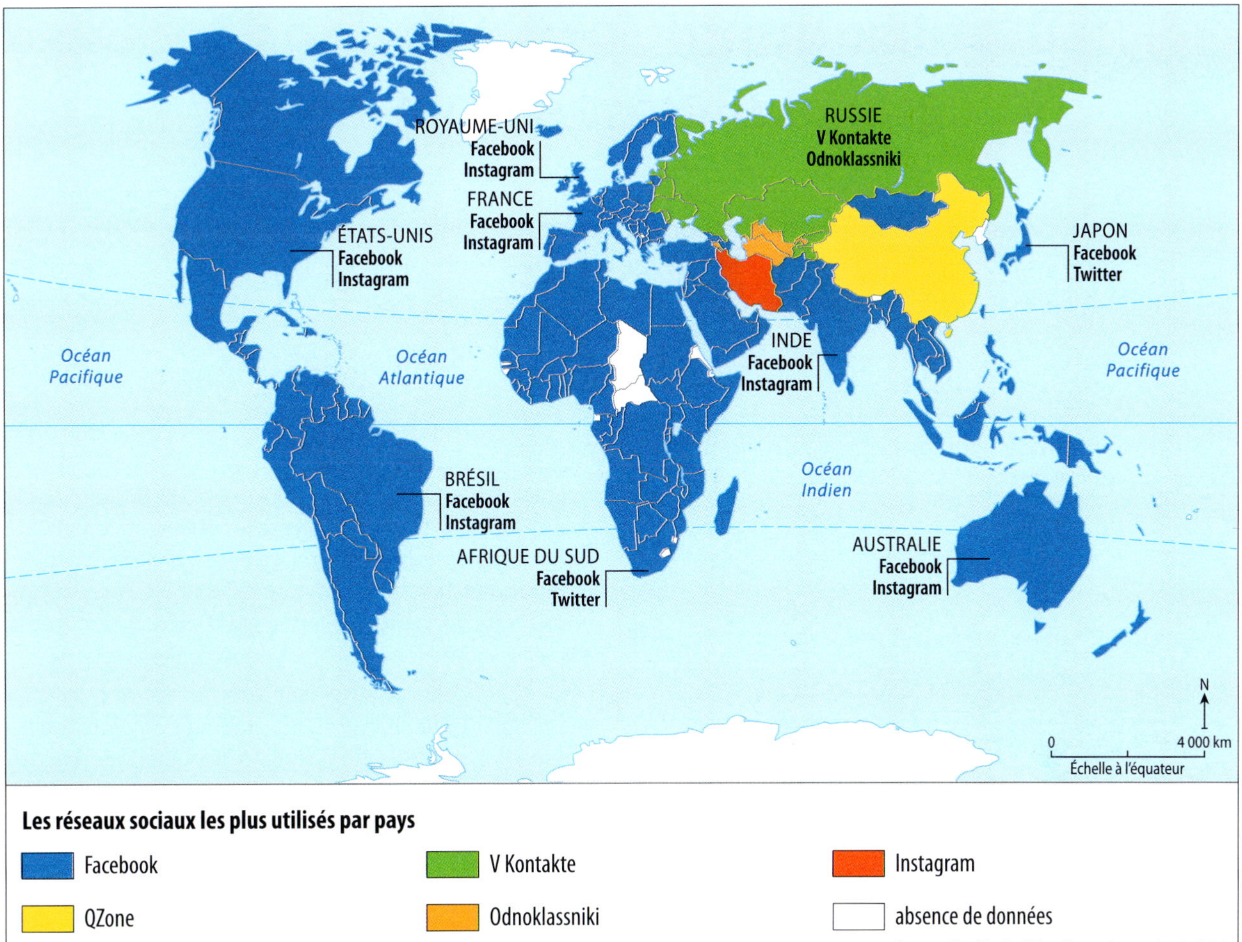

Sources : Alexa/Similar Web et Vincent Cosenza, janvier 2019.

4 Les réseaux sociaux les plus utilisés dans le monde en 2019

carte interactive

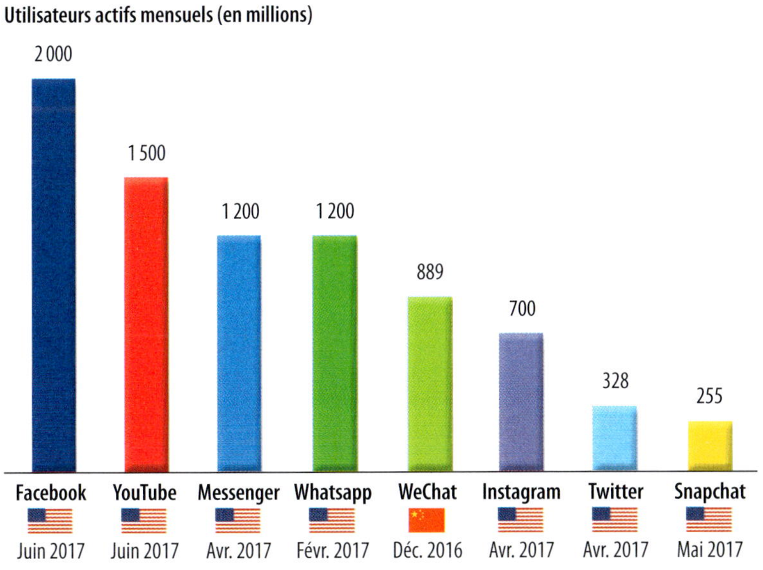

Source : TechCrunch et Statista, 2017.

5 Les réseaux sociaux les plus populaires du monde

POUR COMPRENDRE

Depuis le début du XXIe siècle, Internet est devenu un instrument incontournable de la diffusion de l'information, à travers des sites dédiés ou par le biais des réseaux sociaux, véritable relais de l'information. Mais la diffusion de cette information numérique n'est pas la même partout.

1. **Pourquoi peut-on dire qu'il existe une fracture numérique à l'échelle mondiale ?** (doc. 1 et 3)
2. **Montrez l'importance des États-Unis dans la diffusion de l'information dans le monde.** (doc. 2, 4 et 5)

ÉTUDE L'utilisation d'Internet dans la communication politique

ORAL

Alors que le nombre d'internautes explose depuis la fin du XXe siècle, les hommes politiques en démocratie se sont vite emparés de ce nouvel outil médiatique. Internet devient un prolongement de l'arène politique, lieu de tous les débats et de toutes les confrontations. Désormais, il supplante les autres médias traditionnels dans les campagnes électorales.

› Comment les politiques ont-ils investi le champ d'Internet ?

1 Internet, un discours politique sans le filtre des médias ?

Internet, un outil pour renouveler les pratiques de concertation et les relations entre élus et administrés ?

Laurent Bigorgne, directeur de l'institut Montaigne, Thierry Pech, directeur de l'institut Terre Nova[1]*, et Guillaume Buffet, président de Renaissance numérique, se sont associés pour écrire cette réflexion.*

L'irruption d'Internet, des réseaux sociaux et plus largement des outils numériques dans la vie publique est souvent vue sous un angle menaçant par les décideurs en place : en remettant en cause les institutions traditionnelles et les corps intermédiaires, elle porterait le risque de la montée d'une certaine forme de pouvoir négatif et du « triomphe de l'amateur ». Le développement d'Internet a en effet fortement abaissé les coûts d'entrée dans l'espace public et puissamment contesté l'autorité de ceux qui en gardaient les portes (médias traditionnels, leaders d'opinion…). Internet et les outils numériques donnent manifestement d'immenses moyens à la société civile et aux citoyens pour se faire entendre.

Les leaders politiques peinent à s'emparer de ces nouveaux outils pour changer leurs pratiques en profondeur et regardent avec frilosité l'irruption du numérique dans la vie publique. La concertation et le débat public, on le sait, sont des éléments de renouveau de la vie politique. Sous le prétexte de la technicité des sujets, le citoyen est trop souvent mis de côté et infantilisé sur les grandes décisions qui le concernent. À contre-courant de cet état d'esprit, de nombreuses initiatives ont été mises en place, en France et au-delà de nos frontières, pour renouveler le débat démocratique en associant les citoyens à la prise de décision.

D'après L. Bigorgne, Th. Pech, G. Buffet, « Et si Internet était le sauveur de la démocratie », *Le Figaro*, 9 avril 2015.

1. Terra Nova et l'institut Montaigne sont des *think tanks* français.

2 L'investissement des réseaux sociaux par les hommes politiques français lors de la campagne présidentielle de 2017

Dessin de Kak. « Présidentielle 2017 : les candidats investissent les nouveaux médias », *L'Opinion*, 28 décembre 2016.

1. Emmanuel Macron (En Marche) ;
2. François Fillion (Les Républicains) ;
3. Jean-Luc Mélenchon (La France insoumise) ;
4. Manuel Valls, battu par Benoît Hamon lors de la primaire du Parti socialiste.

Barack Obama		Mitt Romney
30,7 millions d'amis	Facebook	8,8 millions d'amis
21 millions de suiveurs	Twitter	1,3 million de suiveurs
32,2 millions de fans	Google +	967 000 fans
237 000 téléspectateurs (Obama channel)	YouTube	23 000 téléspectateurs (Romney channel)
1,4 million de visiteurs (Obama campaign)	Instagram	42 000 visiteurs (Romney campaign)

Sources : données collectées sur Facebook, Twitter, Google, YouTube et Instagram, 2012.

3 Les réseaux sociaux et la campagne pour l'élection présidentielle américaine de 2012

En 2012, Barack Obama a été réélu président des États-Unis. Il devançait largement son adversaire républicain, Mitt Romney, en termes de présence sur les réseaux sociaux.

4 Donald Trump et Twitter

Donald Trump le reconnaît lui-même dans un entretien avec la chaîne CBS quelques jours après sa victoire : « Le fait que j'ai un tel pouvoir en termes d'audience sur Facebook, Twitter, Instagram, etc., je pense que cela m'a aidé à gagner tous ces [États] où [mes adversaires] dépensaient beaucoup plus d'argent que moi ».

Mais quel usage de Twitter fera donc Donald Trump une fois installé dans le bureau ovale ? Troquera-t-il le volubile et provoquant @realDonaldTrump, suivi par 16,4 millions de personnes, pour le plus institutionnel @potus garni de 12,3 millions de followers ?

Donald Trump a animé la campagne américaine en bluffant tous les commentateurs par sa capacité à utiliser Twitter comme une arme de communication massive et performante. Loin des tweets ternes et plats des politiques, il a bâti sa propre grammaire autour de quelques grands principes.

Depuis le milieu de l'année 2011 (il s'est inscrit en 2009), Twitter est son canal privilégié de communication, il l'utilise comme un média à part entière comme pourrait l'être un journal à son nom. Grâce à la caisse de résonance offerte par les médias traditionnels, Twitter lui a ainsi permis de diffuser ses positions ultra-clivantes et démagogiques en évitant le plus souvent le filtre journalistique du décryptage et de l'analyse. Il a ainsi mis à l'agenda médiatique les thèmes qui lui étaient chers et a cadré les débats en obligeant ses adversaires à se positionner par rapport à lui.

D'après C. Léonarduzzi, « Donald Trump et Twitter, le choc des extrêmes ? », *Forbes*, 5 décembre 2016.

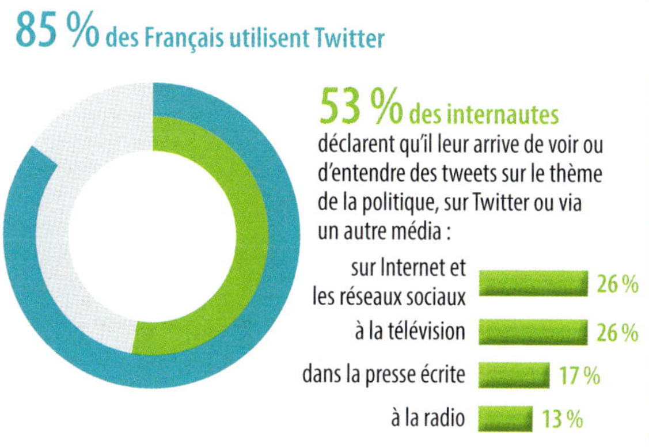

Source : Harris interactive, données collectées du 23 sept. au 6 oct. 2016.

5 Twitter, une nouvelle approche de l'information politique

ACTIVITÉ **OBJECTIF** ▪ Préparer un oral

À l'aide des documents, préparez une présentation orale répondant au sujet : **Comment les hommes politiques ont-ils investi le champ d'Internet ?**

Pour vous aider, répondez aux questions suivantes :

1. Quelles sont les conséquences d'Internet dans la vie politique des États démocratiques ? **(doc. 1 et 4)**
2. Pourquoi la présence des hommes politiques sur les réseaux sociaux est-elle devenue si importante aujourd'hui ? **(doc. 2, 3 et 5)**
3. Pourquoi Twitter devient-il une nouvelle source d'information politique ? **(doc. 4 et 5)**

▪ **Rédiger une réponse à la question**

Rédigez une présentation orale autour des 3 axes suivants :
- Une nécessaire présence des personnalités politiques sur Internet ;
- Une transformation des usages démocratiques liés au numérique ;
- Les limites et les effets négatifs d'une telle utilisation dans les démocraties.

ÉTUDE

Internet et la liberté d'information

ORAL

La liberté d'expression caractérise très tôt le Web où tous peuvent désormais s'exprimer. Or, cet espace de prime abord hors de contrôle effraie les régimes autoritaires qui n'ont de cesse de vouloir l'interdire, en contrôler l'accès et le mettre au pas. Dans ces régimes mêmes, les opposants persécutés font encore entendre leur voix sur le Web. Ils deviennent ainsi des cyberdissidents.

❯ Pourquoi la liberté d'expression peut-elle apparaître comme un combat sur Internet ?

1 Google en Chine

D'après les documents internes consultés par The Intercept, Google travaille à réintroduire en Chine son moteur de recherche, dans une version conforme aux canons d'un Web chinois en coupe réglée, en développant une application pour les smartphones équipés du système d'exploitation Androïd. L'appli « identifiera et filtrera automatiquement les sites bloqués » par le tentaculaire dispositif de censure d'Internet (la fameuse « grande muraille électronique » mise en place à partir de 1998), de la BBC britannique à Wikipédia. Elle « établira aussi une " liste noire de requêtes sensibles ", de sorte qu'aucun " résultat n'apparaîtra " lorsque les utilisateurs entreront certains mots ou certaines phrases », poursuit le site d'information.

En 2006 déjà, Google avait lancé une version censurée de son moteur de recherche à destination des Chinois. Mais l'entreprise y avait mis fin quatre ans plus tard, dénonçant alors aussi bien des piratages, opérés depuis la Chine, de « dizaines » de comptes Gmail de militants des droits humains, que « les tentatives de limiter encore plus la liberté d'expression sur le Web ». Or ces derniers temps, les relations entre le régime et le géant du Net se sont manifestement détendues. À la même période, Google annonçait l'ouverture à Pékin d'un centre de recherche en intelligence artificielle. Courant juin, l'entreprise a indiqué investir 550 millions de dollars (475 millions d'euros) dans le numéro 2 chinois du commerce en ligne, JD.com.

D'après A. Guiton, « En Chine, le jeu dangereux de Google avec la censure », *Libération,* 5 août 2018.

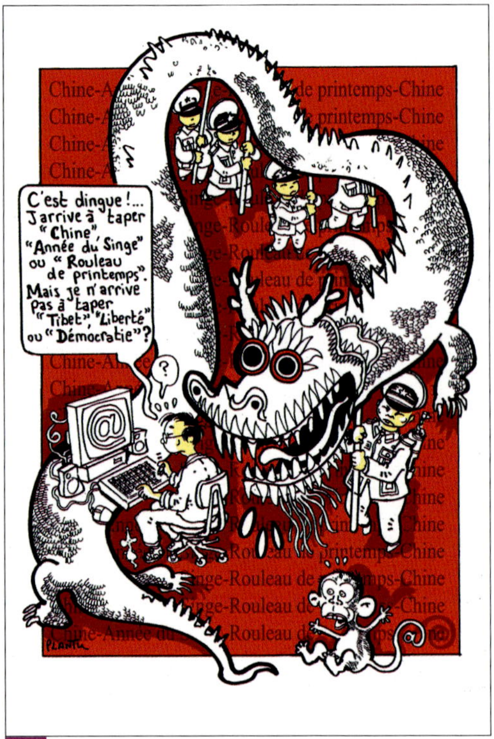

2 La censure de l'information en Chine vue par Plantu

Dessin de Plantu, *L'Express,* 26 janvier 2004.

3 La Russie et le contrôle d'Internet

La loi, diffusée sur le site juridique Internet pravo.ru, s'adresse autant aux personnes physiques qu'aux entités morales et concernera aussi les usagers des réseaux sociaux. Ceux qui n'accepteront pas de démentir une information jugée fausse par un tribunal s'exposeront à des condamnations allant d'une amende de 50 000 roubles (630 €) à un an de détention.

Depuis plusieurs années, les militants d'opposition dénoncent en Russie une volonté du Kremlin de museler les réseaux sociaux, l'un des derniers espaces où les critiques des autorités ne faisaient jusqu'alors pas l'objet d'une sévère répression.

Cette année, deux arrestations pour des propos tenus sur Internet illustrent cette volonté de contrôler l'activité du Web en Russie. La première concerne la blogueuse Maria Motuznaya. Elle avait posté des images tournant en dérision l'orthodoxie, ce qui lui a valu d'être inculpée pour insulte envers la religion et incitation à la haine. La seconde, deux adolescentes qui avaient eu une conversation politique sur la messagerie cryptée Telegram, elles ont été arrêtées pour « extrémisme ». Avec cette loi sur les « fausses nouvelles », le pouvoir dispose d'un instrument juridique supplémentaire pour attaquer l'opposition. « Cette nouvelle loi vise sans doute Alexeï Navalny et ses publications sur la corruption au plus haut niveau du pouvoir », estime l'avocate de l'ONG Agora, Irina Khrounova.

D'après « En Russie, un projet de loi renforce le contrôle de l'expression sur Internet », *La Croix* et AFP, 19 septembre 2018.

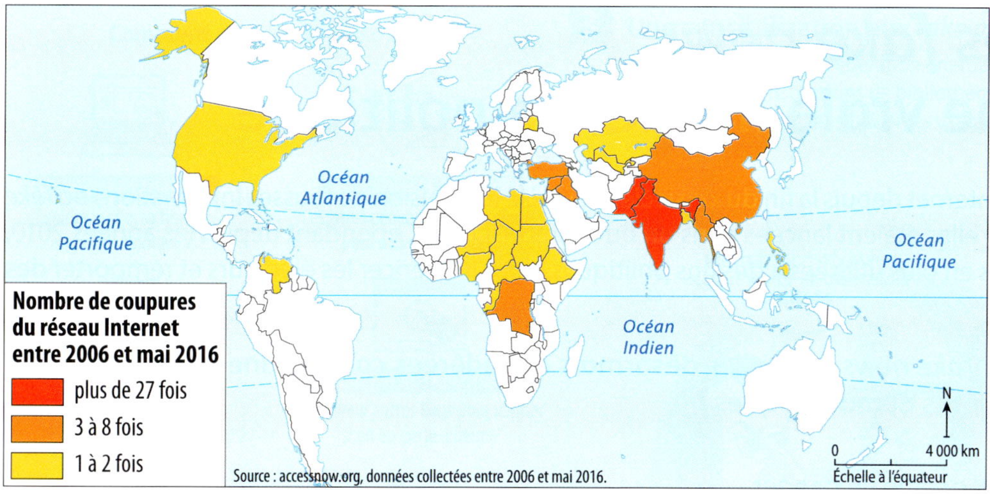

4 Supprimer Internet, un outil politique

Entre 2006 et mai 2016, Internet a été coupé 92 fois par 25 gouvernements différents.

Nombre de demandes de retrait de contenus sur Twitter par les autorités françaises de 2013 à 2016

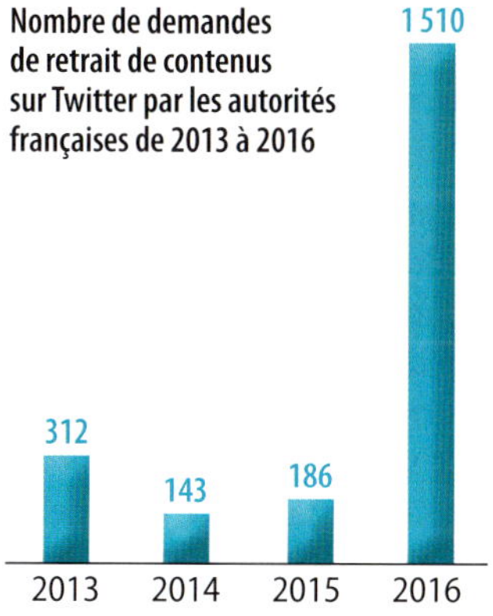

Source : Twitter, 2017.

Nombre de contenus bloqués sur Facebook en 2015 à la suite de requêtes gouvernementales

1	France	37 990
2	Inde	30 126
3	Turquie	6 574
4	Allemagne	554
5	Israël	431
6	Autriche	401
7	Royaume-Uni	105
8	Russie	84
9	Brésil	41
	Aures pays	89

Source : Facebook et Statista, 2015.

5 Une censure ciblée en France

La France a mis en place une politique de censure contre la diffusion de pornographie infantile et de contenu terroriste. Ainsi, un certain nombre de pages ont été bloquées sur Internet et sont devenues inaccessibles.

6 Le nombre de sites Web censurés par les autorités françaises a doublé en 2016

Les autorités françaises ont ordonné le blocage ou le déréférencement de plus de 2 700 sites Web en 2016. C'est ce qu'a annoncé, mardi 24 janvier, le ministre de l'Intérieur, Bruno Le Roux, à l'occasion du Forum international de la cybersécurité, qui se tient jusqu'à mercredi à Lille. Elles ont précisément réclamé le blocage de 834 sites et le déréférencement par les moteurs de recherche de 1 929 autres, afin de lutter contre « la pornographie infantile et le contenu terroriste ».

Ces chiffres ont plus que doublé par rapport aux précédents. Selon ceux dévoilés par la CNIL (Commission nationale de l'informatique et des libertés) en avril dernier, 1 167 sites avaient été concernés entre mars 2015 et février 2016. 312 étaient visés par une demande de blocage et 855 de déréférencement.

Depuis le décret d'application du 5 février 2015, l'autorité administrative peut ordonner le blocage, sans passer par un juge, des sites Internet « provoquant à des actes de terrorisme ou en faisant l'apologie ».

D'après « Le nombre de sites Web censurés par les autorités françaises a doublé en 2016 », *Le Monde* et AFP, 24 janvier 2017.

Vocabulaire

- **Cyberdissident :** opposant politique qui diffuse ses idées sur Internet.

ACTIVITÉ — OBJECTIF ▪ Préparer un oral

À l'aide des documents, préparez une présentation orale répondant au sujet : **Pourquoi la liberté d'expression peut-elle apparaître comme un combat sur Internet ?**

Pour vous aider, répondez aux questions suivantes :

1. Quelles sont les mesures qu'impose la Chine au géant de l'Internet Google ? **(doc. 1 et 2)**
2. Comment la Russie tente-t-elle de renforcer son contrôle sur Internet ? Dans quels buts ? **(doc. 3)**
3. Pourquoi la France met-elle en place une politique de censure de sites Internet ? **(doc. 5 et 6)**

▪ **Rédiger une réponse à la question**

Rédigez une présentation orale autour des 2 axes suivants :
- Un contrôle nécessaire d'Internet ?
- Une censure excessive ?

ÉTUDE Les lanceurs d'alerte

ORAL

Profitant du pouvoir d'influence d'Internet et de son audience planétaire, des individus, isolés ou en groupe, diffusent des informations auxquelles ils ont accès afin de mobiliser l'opinion publique sur une cause. Ces lanceurs d'alerte enfreignent souvent la loi, compromettent leur carrière et bouleversent leur vie en publiant des documents secrets ou en les livrant aux journalistes. Ils jouent un rôle nouveau, parfois dangereux, dans la liberté d'information.

› Quel est le rôle nouveau des lanceurs d'alerte sur Internet aujourd'hui ?

1 Julian Assange, fondateur de WikiLeaks

Une du *Time*, 13 décembre 2010.
« Voulez-vous connaître un secret ? »

Julian Assange
Né en 1971

Informaticien et cybermilitant australien, il s'engage dans le réseau de lanceurs d'alerte WikiLeaks. Il publie à partir de 2010 des documents relatifs à l'armée américaine en Irak. Recherché par les États-Unis, sous mandat d'arrêt international, il était réfugié depuis 2012 à l'ambassade d'Équateur de Londres jusqu'à son arrestation par la police britannique, en avril 2019.

Vocabulaire

- **Lanceur d'alerte :** notion apparue en 1999 dans *Les Sombres précurseurs* de F. Chateauraynaud et D. Torny, qui désigne toute personne qui, ayant connaissance d'un danger, risque ou scandale, interpelle l'opinion.

2 Edward Snowden contre le gouvernement américain

Edward Snowden est un informaticien employé par les agences de renseignements américaines. En 2013, il révèle l'existence d'un gigantesque système d'espionnage organisé par les États-Unis. Considéré comme traître par les Américains, il s'est désormais réfugié en Russie.

[…] La bataille que j'ai menée n'était pas de détruire la NSA ou la CIA. Je pense même qu'elles ont un rôle qui est utile à la société quand elles limitent leurs actions aux menaces qui sont vraiment importantes et quand elles utilisent des méthodes les moins intrusives possibles. On ne lâche pas des bombes atomiques sur des mouches parce qu'elles se sont posées sur la table du dîner. Tout le monde le sait sauf les agences de renseignements. […]

Depuis l'été 2013, le grand public a pris connaissance d'informations qui jusqu'alors étaient gardées secrètes. C'est-à-dire que le gouvernement américain peut avoir accès à toutes les informations de votre compte Gmail et qu'il n'a même pas besoin d'obtenir un mandat pour ça si vous n'êtes pas Américain mais si vous êtes, disons, citoyen allemand. Vous n'avez pas le droit de faire une différence entre les citoyens de votre pays et ceux d'autres pays quand vous abordez la question de l'équilibre des droits fondamentaux. Mais de plus en plus de pays, pas seulement les États-Unis, font cette différence. Je voulais donner aux gens la possibilité de décider où la limite devait se situer. […]

E. Snowden, propos recueillis par M. Knobbe et J. Schindler, *Der Spiegel*, 1er septembre 2017. Trad. les-crises.fr.

Sources : SEC, *Les Échos*, 2015.

3 Les informations fournies à l'administration fiscale américaine par les lanceurs d'alerte en 2015

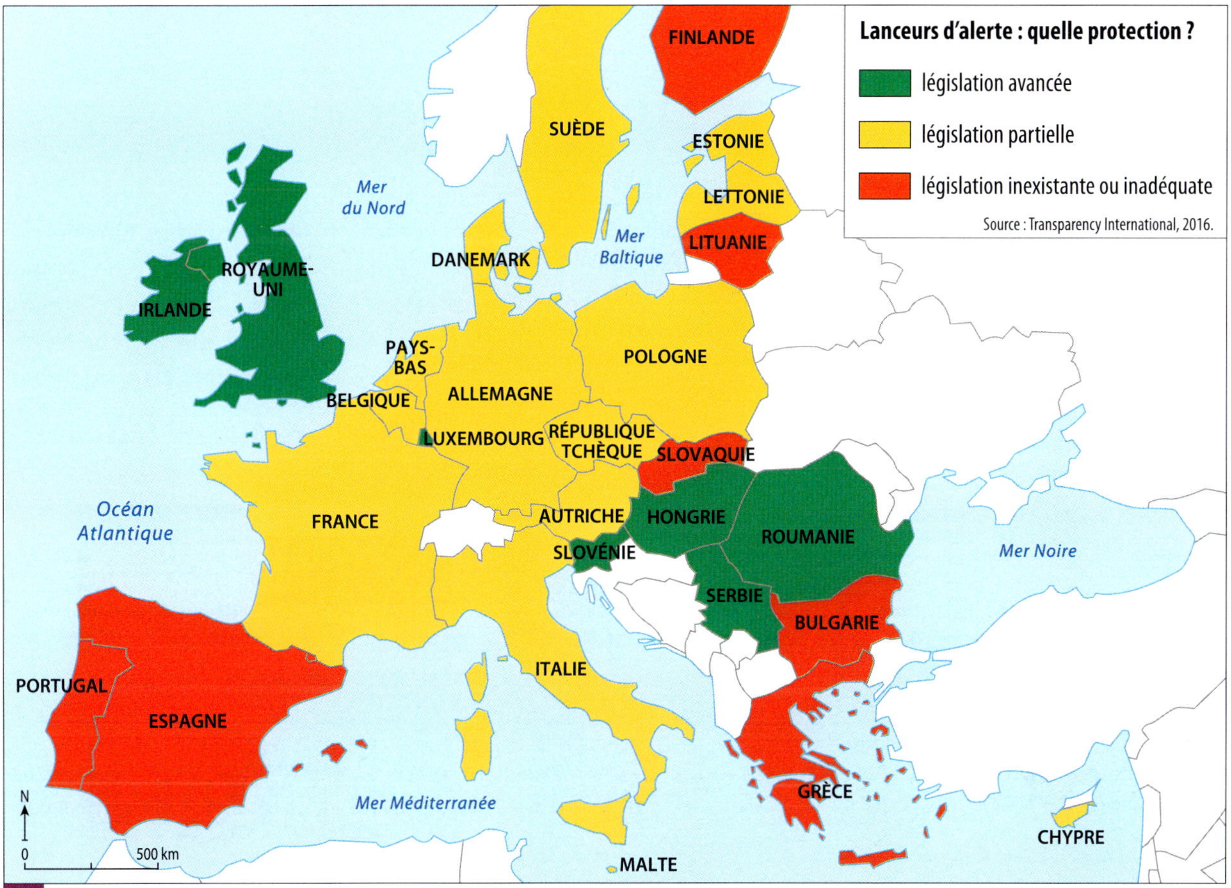

4 La protection des lanceurs d'alerte en Europe en 2016

5 La loi « Sapin* 2 »

Un lanceur d'alerte est une personne physique qui révèle ou signale, de manière désintéressée et de bonne foi, un crime ou un délit, une violation grave, et manifeste d'un engagement international régulièrement ratifié ou approuvé par la France, d'un acte unilatéral d'une organisation internationale pris sur le fondement d'un tel engagement, de la loi ou du règlement, ou une menace ou un préjudice grave pour l'intérêt général, dont elle a eu personnellement connaissance.

Les faits, informations ou documents, quels que soit leur forme ou leur support, couverts par le secret de la défense nationale, le secret médical ou le secret des relations entre un avocat et son client sont exclus du régime de l'alerte […].

Loi relative à la transparence, à la lutte contre la corruption et à la modernisation de la vie économique, dite « Sapin 2 » du 9 décembre 2016.

* Michel Sapin était ministre des Finances et des Comptes publics entre 2014 et 2017.

ACTIVITÉ **OBJECTIF** ▪ Organiser un débat

Vous participez à un débat sur le thème des **lanceurs d'alerte en démocratie.**

▪ **Préparer le débat**

1. Divisez la classe en deux groupes, une partie défendra l'importance des lanceurs d'alerte dans une démocratie et la nécessité de les défendre, l'autre affirmera que les lanceurs d'alerte peuvent fragiliser les États démocratiques.

2. Par binôme, les élèves répondent aux questions suivantes :
- Pourquoi Julian Assange et Edward Snowden sont-ils des lanceurs d'alerte ? Comment sont-ils considérés par les États-Unis ? **(doc. 1 et 2)**
- Quelles sont les motivations des lanceurs d'alerte ? Sont-ils protégés contre ceux qu'ils dénoncent ? **(doc. 3 et 4)**
- Pourquoi la loi « Sapin 2 » en France crée-t-elle un statut du lanceur d'alerte ? **(doc. 5)**

▪ **Organiser le débat**

3. Désignez un président de séance qui introduira les termes du débat et répartira les prises de parole de manière équitable, deux secrétaires qui établiront le compte rendu final et deux observateurs chargés d'évaluer la pertinence des interventions.

4. Pendant le débat, présentez vos arguments dans l'ordre en les illustrant d'exemples précis ou de données chiffrées.

5. Respectez les règles d'écoute : ne pas couper la parole, prendre des notes.

ÉTUDE

Le renouveau des théories du complot sur Internet

Phénomène ancien lié à la volonté d'expliquer des phénomènes politiques par l'existence de sociétés secrètes, les théories du complot connaissent un nouvel essor avec la diffusion d'Internet. On cherche de nouvelles causalités plus ou moins extravagantes afin d'expliquer des faits, qui parfois ne prêtent à aucune discussion. Ces nouvelles théories du complot permettent de mieux stigmatiser certaines catégories de personnes comme les juifs ou les membres de sociétés dites secrètes. On cherche alors à trouver une cause simple à des faits devenus complexes et peu intelligibles pour une partie du public.

❯ Pourquoi les théories du complot ont-elles trouvé un nouveau souffle sur Internet ?

1 Les protocoles des sages de Sion, une théorie du complot antisémite

Couverture de la version française du *Péril juif, Les protocoles des sages de Sion*, 1920.
Les protocoles des sages de Sion est un faux document créé par les services secrets russes en 1901. Il invente un vaste complot d'une organisation juive qui vise à dominer le monde.

2 Les théories du complot traitées par la presse

Une du magazine *Science et Vie*, août 2016.

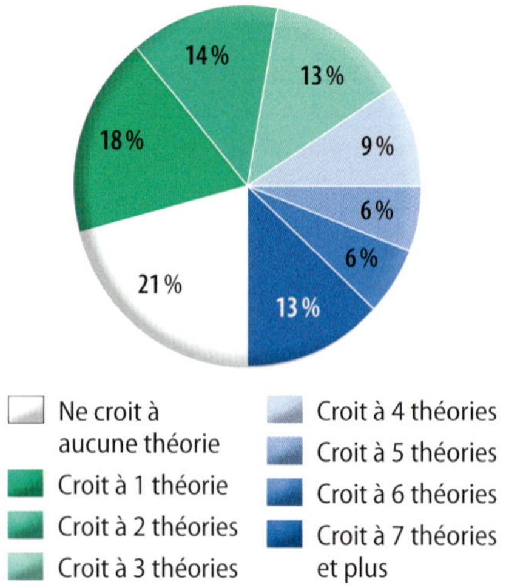

Sources : Fondation Jean Jaurès et Conspiracy Watch, 2018.

3 Les Français et les théories du complot

4 Des exemples de théories du complot

Pourcentage de Français d'accord avec une sélection de théories complotistes

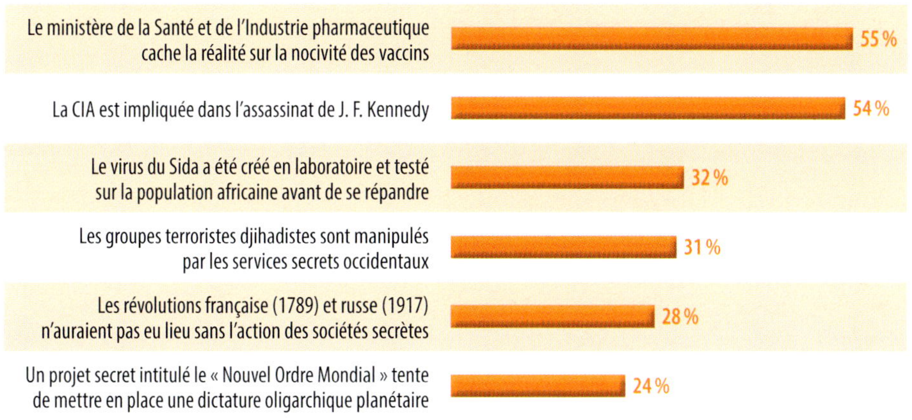

Sources : Ifop pour la fondation Jean-Jaurès et Conspiracy Watch, 2018.

5 Les théories du complot après l'attentat de Strasbourg de décembre 2018

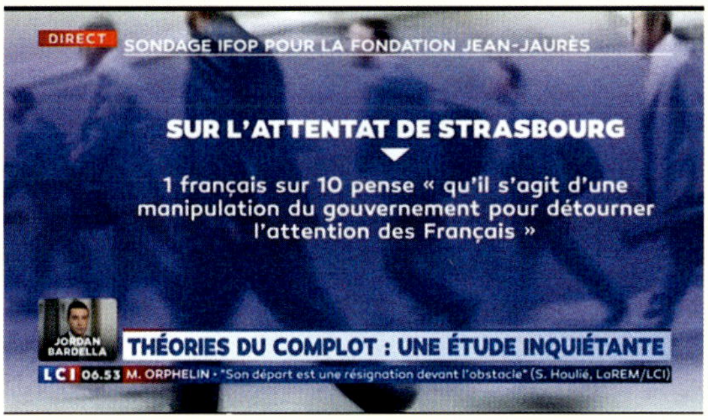

À peine connue la nouvelle de la fusillade à Strasbourg, que surgissaient, mardi 11 décembre sur les réseaux sociaux, les inévitables théories conspirationnistes. La posture est désormais classique : elle part d'un doute sur la réalité de l'attaque, qui survient « comme par hasard », à un moment d'enjeux externes (ici les « Gilets Jaunes », mais chaque attaque a vu le même raisonnement se développer). Ce « comme par hasard » permet ensuite toutes les extrapolations autour d'une attaque qui ne serait pas ce qu'elle est supposée être, mais une mise en scène. On va ensuite chercher des éléments permettant d'accréditer cette thèse. Ici, ce seront des captures d'écran de tweets où figure l'horodatage « mardi 11 décembre 11 h 47 » qui sont mis en avant comme une preuve que l'attaque, qui a eu lieu vers 20 heures, serait une mise en scène, prévue d'avance.

Cette théorie a connu un fort succès dans les groupes Facebook au cœur du mouvement des « Gilets Jaunes », même si elle a également essaimé au-delà. Notons que les administrateurs de certaines de ces pages ont promptement réagi en condamnant ces théories, voire en fermant temporairement les commentaires. L'explication est pourtant des plus triviales : par défaut, Twitter est réglé à l'heure du Pacifique, c'est-à-dire neuf heures plus tôt que l'heure française. Plusieurs captures montrent la même image, issue de BFM TV, où l'on voit un tweet de la préfecture du Grand-Est appelant à éviter le secteur touché, et daté de 11 h 47.

D'après « Strasbourg : après l'attentat, les théories du complot », *Le Monde*, 12 décembre 2018.

Vocabulaire

- **Société secrète :** organisation sociale qui recommande à ses membres de garder le secret sur leur appartenance. Certaines sociétés adoptent parfois tout un rituel cérémonial qui suscite des fantasmes.
- **Théorie du complot :** récit qui souhaite démontrer l'influence d'une conspiration menée par un groupe occulte sur un épisode de l'histoire.

ANALYSE DE DOCUMENTS

1. Montrez que les théories du complot se développent depuis longtemps par le biais de différents supports médiatiques. **(doc. 1 et 2)**
2. Quels sont les domaines de prédilection des théories du complot ? **(doc. 2 et 4)**
3. Pourquoi les théories du complot prolifèrent-elles sur Internet aujourd'hui ? Quels en sont les dangers ? **(doc. 3 et 5)**

Bilan

À l'aide des documents, vous rédigerez une synthèse sur le nouvel engouement acquis par les théories du complot sur Internet, et expliquez quels en sont les dangers.

LEÇON 4 L'information à l'heure d'Internet

› Comment Internet bouleverse-t-il les façons de s'informer ?

A Des nouvelles approches de l'information

- **La démocratisation du Web et l'augmentation du nombre d'internautes dans le monde ont attiré sur le réseau Internet les médias traditionnels** : journaux, radios et télévisions ont développé des sites officiels et des applications afin d'améliorer leur visibilité, dépassant leur médium traditionnel. De même, les nouvelles entreprises comme Yahoo, Google ou encore Facebook, se sont lancés dans la diffusion de l'information. Parallèlement, au cours des années 2000, l'apparition de la 3G puis la 4G, favorise l'essor des smartphones et des tablettes : l'accès à information est alors direct grâce au système des notifications (*push*).
- **Dès lors, l'information devient instantanée et continue, faisant évoluer la façon de faire du journalisme.** Un événement est désormais couvert en direct, avec une abondance de vidéos et de photographies, entraînant le plus souvent un manque de recul et d'analyse, au profit de l'affect. En réaction, un nouveau type de journalisme plus direct, d'investigation et en immersion, apparaît.
- **Les réseaux sociaux vont devenir progressivement un nouveau support à la diffusion de l'information.** Les équipements en caméra et appareil photos des smartphones permettent à tous de s'improviser journaliste, comme on a pu le voir en Algérie depuis mars 2019. On passe d'une diffusion verticale de l'information à une diffusion horizontale.

1 La diffusion horizontale de l'information

Un « journaliste citoyen » lors d'une manifestation des Gilets Jaunes à Toulouse, le 18 janvier 2019.

B Des dérives inévitables et difficilement contrôlables

- **Ces nouveaux modes d'information ne sont pas sans dérives.** Le relativisme des faits, où tout est mis sur le même plan, sans hiérarchisation des valeurs, engendre un développement du scepticisme et une remise en cause même des faits. Le recul du journalisme professionnel provoque une montée des rumeurs et des fausses nouvelles (*fake news*), qui constituent une menace pour les démocraties et pour la liberté d'expression. Certaines organisations, voire des partis politiques et des États, fabriquent des informations truquées afin d'influencer, à grande échelle, les opinions publiques. Les données personnelles peuvent même être utilisées : ainsi, Cambridge Analytica a été accusé d'utiliser des données Facebook afin d'influencer le référendum du Brexit ou les élections présidentielles américaines de 2016. Des théories du complot, toujours plus insolites, trouvent sur Internet une caisse de résonance de grande ampleur et jettent le trouble, chez certaines personnes, sur la vraisemblance de grands événements historiques indiscutables.
- **Face à ces dérives, la tentation du contrôle de l'information sur le réseau Internet gagne du terrain.** En France, en 2018, une loi est votée pour lutter contre les *fake news*. Sont lancés en parallèle des programmes d'éducation aux médias, afin de sensibiliser les plus jeunes à la fiabilité des sources. Plus généralement, l'encadrement et la législation d'Internet à échelle mondiale sont un enjeu majeur.

Vocabulaire

- ***Fake news*** **:** fausses informations, d'abord lancées dans un but humoristique, mais de plus en plus reprises à des fins politiques, pour influencer les électeurs.
- **Lanceur d'alerte :** notion apparue en 1999 dans *Les sombres précurseurs* de F. Chateauraynaud et D. Torny, qui désigne toute personne qui, ayant connaissance d'un danger, risque ou scandale, interpelle l'opinion.
- **Théorie du complot :** récit qui souhaite démontrer l'influence d'une conspiration menée par un groupe occulte sur un épisode de l'histoire.

C Les enjeux démocratiques de l'information sur Internet

- **Dans les démocraties, les personnalités politiques ont investi très vite le champ numérique :** leurs opinions sont affichées sur Twitter, leur programme politique est diffusé massivement. Certains partis politiques développent leur propre média. Cependant, les données personnelles et les traces numériques laissées par les citoyens sur les réseaux sociaux sont abondamment exploitées et analysées, afin de répondre au mieux à une demande politique de l'instant, aux dépens d'une élaboration de programme de bien commun à long terme.
- **Dans ce contexte, les lanceurs d'alerte font entendre une voix particulière.** Isolés, ou en groupe, ils profitent de la portée internationale du réseau Internet pour dénoncer publiquement les dérives des États, d'entreprises ou d'individus, qu'ils ont pu observer. Ainsi, en 2016, un anonyme confie plusieurs millions de documents confidentiels à de grands quotidiens mondiaux, révélant les fraudes fiscales et le blanchiment d'argent à échelle internationale de grandes entreprises, banquiers et politiques via le Panama. Cette affaire, surnommée *Panama Papers*, illustre le nouveau rôle en démocratie des lanceurs d'alerte.

2 Le danger des *fake news*

Fin mars 2019, après des rumeurs d'enlèvement d'enfants en région parisienne, des agressions sont commises contre la communauté Rom. La préfecture de police dénonce ces allégations mensongères et appelle à cesser de les relayer.

SCHÉMA BILAN

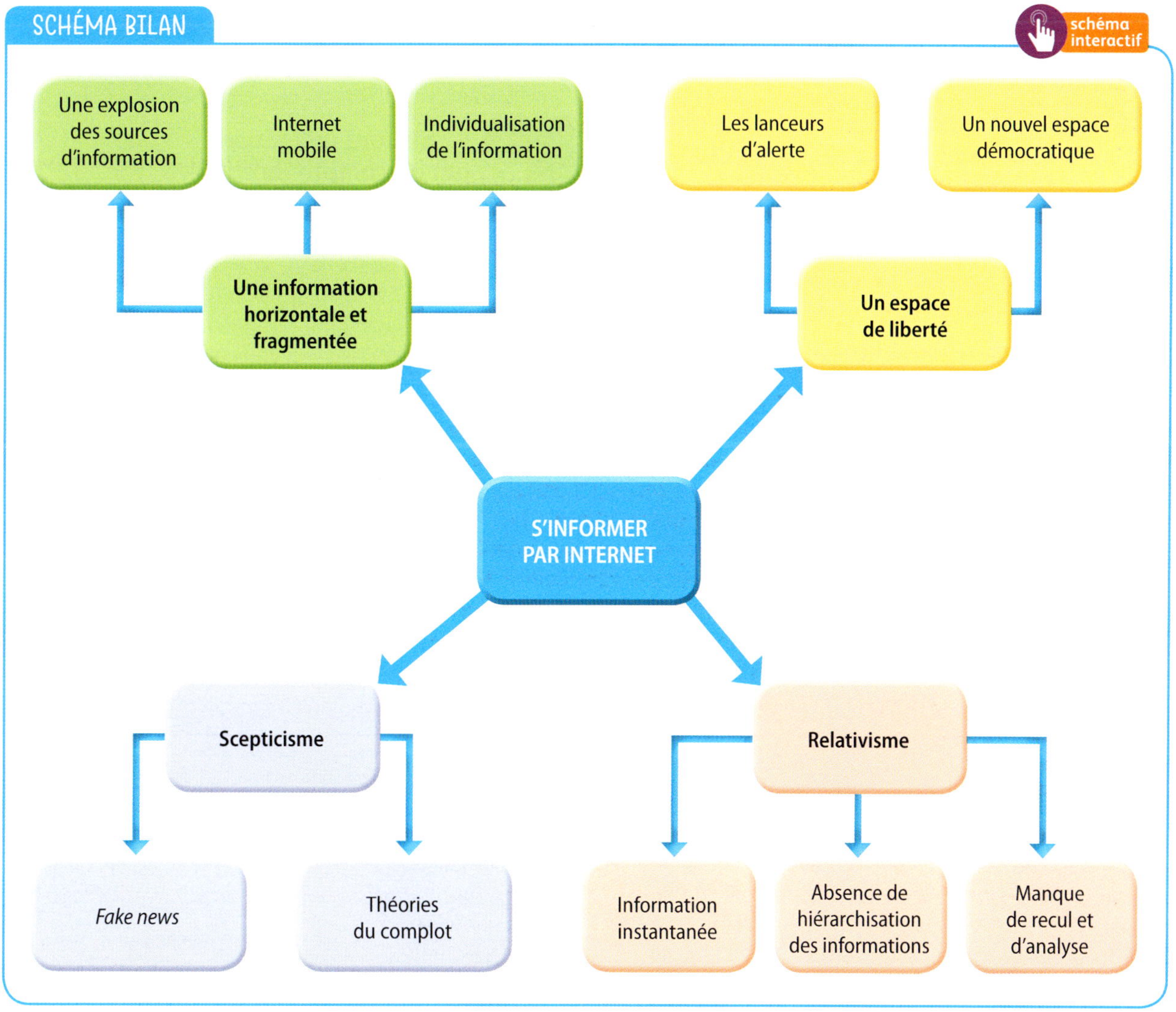

MÉTHODE
THÈME 4

Bac contrôle continu de Première — **La composition**

- **AXE 2 : Liberté ou contrôle de l'information : un débat politique fondamental**
- **OBJET DE TRAVAIL CONCLUSIF : L'information à l'heure d'Internet**

OBJECTIF *Rédiger un développement*

SUJET Les médias peuvent-ils tout dire, pour assurer une libre et totale circulation de l'information dans un État ?

ÉTAPE 1 Analyser les mots-clés du sujet et fixer ses limites

Les médias peuvent-ils tout dire, pour assurer une libre et totale circulation de l'information dans un État ?

- **médias** → Définissez le terme, pensez à lister les différents types de médias existants
- **tout dire** → Verbe d'action, pensez à lister ce que cela peut englober (scandales, vie privée, secrets d'État…)
- **assurer** → Verbe d'action, cherchez des synonymes pour comprendre le terme (garantir, défendre…)
- **libre et totale circulation** → C'est-à-dire sans entrave, sans contrôle d'un État, de la police, de règles de déontologie…
- **information** → Interrogez-vous sur ce qui est information et sur ce qui ne l'est pas *(fake news)*

ÉTAPE 2 Réfléchir à un plan structuré et construire l'introduction

1. Construire l'introduction

- L'introduction doit amener le sujet, le présenter, définir les mots-clés, poser une problématique (ici, le sujet est déjà problématisé) et annoncer le plan.
- Pensez à vous appuyer sur des faits d'actualité pour renforcer votre propos (par exemple, le rôle des médias sociaux dans la mobilisation de la jeunesse et des femmes en Algérie, qui sont contre un cinquième mandat du président sortant Abdelaziz Bouteflika).

1 **21 millions d'Algériens ont un compte Facebook (sur 40 millions d'habitants)**

Source : francetvinfo.fr, 26 février 2019.
La jeunesse algérienne filme et diffuse en direct sur les réseaux sociaux les manifestations contre le pouvoir.

2. Organiser le plan

- Le plan doit être construit en deux ou trois parties permettant de répondre à la problématique posée, avec des sous-parties. Ici, c'est un plan thématique qui convient.
- Au brouillon, notez toutes vos idées sur le sujet. Cherchez des exemples précis qui s'appliquent à chacune d'entre elles. Regroupez-les ensuite en deux ou trois parties distinctes, thématiques, clairement identifiées. Vous pouvez vous aider d'un code couleur.
- Rédigez intégralement au brouillon l'introduction et la conclusion, pour structurer au mieux vos idées : vous laisserez ainsi une bonne impression au correcteur avec une conclusion précise et pertinente.

ÉTAPE 3 Rédiger le développement

Méthode

1. Après avoir recopié l'introduction, reprendre le plan et les arguments notés au brouillon.
2. Développer les trois parties en les structurant en paragraphes et en veillant à bien faire apparaître la hiérarchie : appuyer chacune des idées avancées par un argument, un exemple, un fait. *Ainsi, lorsque vous évoquez la vie privée et les médias, il faut s'interroger sur ce qui fait partie ou non de la sphère privée quand on est une personnalité, et donner un exemple précis (procès contre les magazines people).*
3. Faire attention à la forme. Signaler le début de chaque paragraphe par un saut de ligne et un alinéa. Soigner son expression, diversifier le vocabulaire et bien se relire pour corriger les fautes d'orthographe.

Bac épreuve de Terminale — L'étude critique de documents

- **OBJET DE TRAVAIL CONCLUSIF :** L'information à l'heure d'Internet
- **JALON :** Vers une information fragmentée et horizontale

OBJECTIF *Confronter des documents*

SUJET Le contrôle des réseaux sociaux

1. Quelles dérives des réseaux sociaux sont dénoncées par la Première ministre néo-zélandaise ?
2. Pour quelles raisons le fisc français s'intéresse-t-il aux réseaux sociaux ?
3. Dans quelle mesure les États et les plateformes peuvent-ils chercher à contrôler les réseaux sociaux ?

1 L'attentat de Christchurch en Nouvelle-Zélande

La Première ministre néo-zélandaise indique attendre des explications de la part des réseaux sociaux, 17 mars 2019.

Une fois de plus, les grandes plateformes numériques n'ont pas été à la hauteur. Facebook, YouTube, et quelques autres, ont été totalement dépassés par le phénomène déclenché par le terroriste suprémaciste blanc de Christchurch, qui a su utiliser les réseaux sociaux pour donner le plus d'écho possible à son action. Résultat : Brenton Tarrant, le tueur de Christchurch, a filmé la tuerie et a pu la diffuser en direct sur Facebook. Et ces vidéos ont été partagées sur d'autres plateformes par des adeptes de la même idéologie qu'il avait prévenus. Dix minutes avant de passer à l'acte, il avait mis un lien vers sa page sur la plateforme américaine 8Chan, fréquentée par les suprémacistes blancs et autres néonazis. La diffusion a duré 17 longues minutes, et la Première ministre néo-zélandaise s'est étonné que Facebook n'ait pas bloqué plus vite ces images atroces. Mais le contrôle s'effectue *a posteriori* sur ces plateformes, et ce n'est qu'une fois alertées qu'elles sont passées à l'acte. Mais le mal était fait.

On peut tirer des leçons de cet événement. La première est un constat, celui que malgré leurs engagements et le recrutement de milliers de modérateurs, ces plateformes se révèlent incapables d'éviter de relayer des contenus de haine, illégaux quel que soit le pays.

D'après P. Haski, « La tuerie de Christchurch en direct sur Facebook : l'échec des géants numériques », France Inter, 19 mars 2019.

2 Les réseaux sociaux étudiés par le fisc français

L'administration fiscale expérimentera à compter du début de l'an prochain la surveillance des comptes des contribuables sur les réseaux sociaux afin d'améliorer la lutte contre la fraude fiscale, annonce Gérald Darmanin dans l'émission *Capital* qui sera diffusée demain soir sur M6. Cette analyse des données disponibles sur les « comptes personnels puisqu'ils sont publics » sur les réseaux sociaux seront « regardés par expérimentation », par exemple pour permettre de déceler des signes d'un niveau de vie en inadéquation avec les revenus déclarés. En pratique, l'administration pourra « constater que si vous vous faites prendre en photo manifestement de nombreuses fois avec une voiture de luxe alors que vous n'avez pas les moyens pour le faire, peut-être que c'est votre cousin ou votre copine qui vous l'a prêtée, ou peut-être pas », souligne Gérald Darmanin.

D'après « Le fisc va tester la surveillance des réseaux sociaux », lefigaro.fr et Reuters, 11 novembre 2018.

ÉTAPE 1 Étudier chacun des documents

- Étudiez la source de chaque document pour cerner qui écrit, dans quel contexte.
- Quelles sont les problématiques soulevées dans chacun des documents ? Quels sont les éléments qui peuvent répondre au sujet ?
- Pensez aux limites de telles décisions : les problèmes techniques que cela pose, mais aussi les atteintes réelles ou supposées à la vie privée et à la liberté d'expression.

ÉTAPE 2 Confronter les documents

Méthode

1. Développer un regard critique sur les documents proposés. Les documents sont-ils objectifs ? La date de rédaction par rapport à l'événement relaté permet-elle une prise de recul de l'auteur par rapport à l'événement ?
2. Confronter les deux documents.

- Sur quels points se retrouvent-ils ? Quels arguments semblables peut-on faire ressortir ?
- Quels éléments s'opposent ici ? Comment peut-on expliquer ce décalage, voire cette opposition de point de vue ?

MÉTHODE

THÈME 4

Bac épreuve de Terminale **Le grand oral**

■ **OBJET CONCLUSIF : L'information à l'heure d'Internet**

→ Ce sujet est à préparer par groupe de 4 élèves. Vous devez présenter votre travail à l'oral de manière construite devant le reste de la classe, en 10 à 15 minutes, avec un support dynamique (Prezi, diaporama…). Vous pouvez vous aider des 5 documents de cette double page.

OBJECTIF *Organiser la présentation orale*

SUJET Comment les théories du complot explosent-elles avec Internet dans un monde hyperconnecté ?

Comme le disait George Orwell, l'auteur de *1984*, « dans les temps de tromperie universelle, dire la vérité devient un acte révolutionnaire ». Dans un monde où l'information nous parvient de toute part, via les réseaux sociaux ou les médias traditionnels, il devient de plus en plus difficile de faire la part des choses, de sélectionner les informations fiables et d'écarter les informations manipulées, les *fake news* et autres théories du complot. Des informations grossières, parfois surréalistes, se diffusent pourtant à toute vitesse via Internet. Comment cela est-il possible ?

Organiser la présentation orale

Méthode :

1. Organiser sa présentation orale de manière structurée :
- Se répartir les différents points à aborder : qui dit quoi ? quelle alternance dans la prise de parole ?
- Construire le support de présentation (diaporama type PowerPoint ou Prezi…) en soignant la présentation de chaque diapositive, en limitant les textes au maximum et en privilégiant les approches visuelles (cartes, dessins, photographies…).
- Prévoir une introduction qui puisse accrocher et intéresser son public : par exemple, en faisant le lien avec un fait d'actualité récent.

2. S'exercer à l'oral, s'assurer de bien maîtriser le sujet, soigner ses prises de paroles successives et toujours rester efficace et dynamique.
- S'entraîner à parler suffisamment fort pour être entendu par tout le monde.
- Veiller à toujours parler distinctement et pas trop rapidement afin de ne pas perdre son auditoire.
- Varier l'intensité de sa voix pour ne pas avoir un ton monocorde.

1 Un exemple de théorie du complot

JFK, Lady Di, Sida, Apollo… Près de 8 Français sur 10 croient à au moins une théorie du complot, d'après une étude de l'Ifop pour la fondation Jean-Jaurès et l'observatoire Conspiracy Watch.

« Personne n'a jamais marché sur la lune » : certains affirment que la Nasa aurait mis en scène le programme Apollo et que personne ne se serait jamais posé sur la Lune. Ils mettent en cause plusieurs éléments. Sur les images des astronautes, on observe le drapeau américain posé sur la Lune qui flotte mais pour les complotistes, il est impossible que le drapeau flotte sur la Lune alors qu'il n'y a pas d'atmosphère. Selon l'étude de l'Ifop, près d'un demi-siècle après l'événement en question, 16 % des Français soutiennent que « les Américains ne sont jamais allés sur la Lune », « la NASA ayant fabriqué des fausses preuves et de fausses images de l'atterrissage de la mission Apollo ».

D'après « Les huit théories du complot les plus connues », *C News*, 31 mars 2019.

2 La théorie du complot expliquée

lien Internet « C'est quoi la théorie du complot ? », Canopé et Radio France, 2016.

Part d'adhésion selon le vote à la présidentielle française de 2017

Électeurs de :	Jean-Luc Mélenchon	Benoît Hamon	Emmanuel Macron	François Fillon	Marine Le Pen
1. « Le ministère de la Santé est de mèche avec l'industrie pharmaceutique pour cacher au grand public la réalité sur la nocivité des vaccins »	65 %	55 %	32 %	47 %	68 %
2. « La CIA est impliquée dans l'assassinat de John F. Kennedy à Dallas »	54 %	47 %	51 %	52 %	57 %
3. « L'immigration est un projet politique de remplacement d'une civilisation par une autre organisé délibérément par nos élites politiques, intellectuelles et médiatiques, et auquel il convient de mettre fin en renvoyant ces populations d'où elles viennent »	39 %	31 %	28 %	56 %	77 %
4. « Le réchauffement climatique n'existe pas, c'est une thèse avant tout défendue par des politiques et des scientifiques pour faire avancer leurs intérêts »	21 %	23 %	26 %	46 %	48 %
5. « Le virus du sida a été créé en laboratoire et testé sur la population africaine avant de se répandre à travers le monde »	41 %	30 %	20 %	22 %	42 %
6. « Les groupes terroristes djihadistes comme Al-Qaeda ou Daech sont en réalité manipulés par les services secrets occidentaux »	43 %	24 %	15 %	24 %	42 %
7. « L'attentat contre le journal *Charlie Hebdo* est une manipulation dans laquelle des services secrets ont joué un rôle déterminant »	27 %	12 %	13 %	13 %	24 %
8. « Certaines traînées blanches créées par le passage des avions dans le ciel sont composées de produits chimiques délibérément répandus pour des raisons tenues secrètes »	24 %	15 %	13 %	10 %	31 %

Source : Étude de l'Ifop pour la fondation Jean-Jaurès et l'observatoire Conspiracy Watch, décembre 2017.

3 Les Français, leur orientation politique et les thèses conspirationnistes

4 Lutter contre les théories du complot à l'école

lien Internet — Un « video-kit » pédagogique de l'agence de presse Premières Lignes, 2016.

5 La diffusion des idées complotistes

Asma, 14 ans, apprentie journaliste, interviewe Thomas, un journaliste un peu particulier. Il est Conspi Hunter, un journaliste qui cherche à déconstruire les fausses informations sur Internet et à lutter contre ce que l'on appelle « les théories du complot ».

Qui sont les personnes qui diffusent les théories du complot ?

Thomas : Tout le monde diffuse quelque part de fausses informations sur Internet. Ce sont surtout des personnes qui vont croire un certain nombre de choses sans avoir les faits pour pouvoir le justifier. On les appelle « les croyants ». On ne peut pas dire que c'est bien ou mal. Mais ce sont des personnes qui croient et non des personnes qui savent.

Est-ce qu'on peut appeler ces personnes des « conspirationnistes » ?

Thomas : Effectivement, c'est un terme qu'on utilise beaucoup depuis un certain nombre d'années pour qualifier ceux qui vont diffuser des fausses informations sur Internet dans le but de convaincre les gens d'une idée qu'il y aurait derrière. […]

Retranscription de « Qui diffuse les théories du complot ? », France TV Éducation, 13 février 2019.

RÉVISION
THÈME 4

S'informer : un regard critique sur les sources et modes de communication

A Réviser en mémorisant

1 SCHÉMA

S'INFORMER AUJOURD'HUI : DE PLUS EN PLUS FACILE POUR TOUS ?

Par des médias et des supports de plus en plus diversifiés

Chaînes d'information en continu, Internet, presse écrite…

Grâce à une véritable révolution de l'information

- Par la diffusion de l'imprimerie (XVe siècle) et la presse à grand tirage (XIXe-XXe siècles)
- Par le développement de l'information par l'image et le son (radio, TV)
- Par le développement d'Internet, une porte ouverte sur le monde et sur des ressources très diverses

Par un contact avec l'information de plus en plus diversifié

- Selon les groupes sociaux
- Selon les territoires
- Selon les choix individuels (messages *push*)

Mais cette information est-elle libre ou contrôlée ?

- Une information dépendante de l'opinion : l'affaire Dreyfus
- Une information contrôlée par l'État et les grands groupes de presse (Havas, AFP…)
- Une information de propagande : la guerre du Vietnam

Bilan

- Une information de plus en plus fragmentée
- Une information mise à mal par les théories du complot et les *fake news*
- Une information au service de la liberté d'expression : témoignages des lanceurs d'alerte

2 CHIFFRES CLÉS

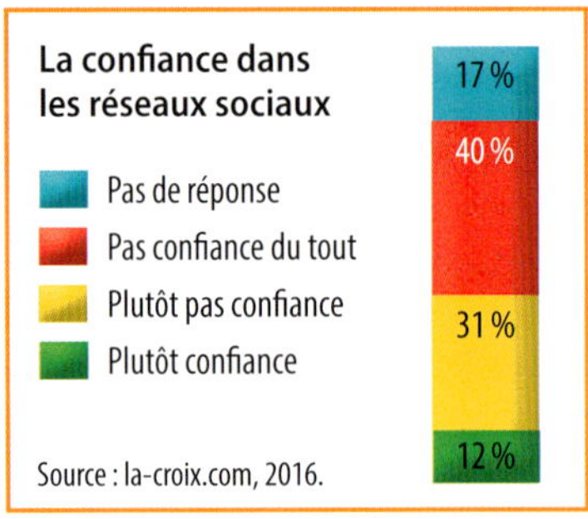

Source : la-croix.com, 2016.

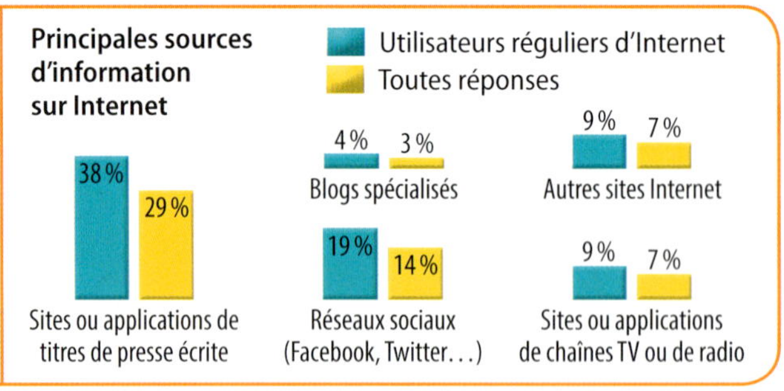

3 DATES CLÉS

- **Vers 1450** Invention de l'imprimerie par Gutenberg
- **1631** *La Gazette*, premier journal périodique en France
- **1920** Début des émissions de radio régulières
- **1929** Début des émissions de télévision régulières au Royaume-Uni
- **1944** Création de l'AFP
- **1964** Création de l'ORTF, (Office de radiodiffusion-télévision française), première télévision publique
- **1969** Premier message envoyé par deux ordinateurs dans le cadre du programme Arpanet
- **1990** Invention du World Wide Web
- **1998** Création de Google
- **2007** Essor du smartphone

B Réviser en s'entraînant

OBJECTIF 1 Étudier un texte

1. Pourquoi est-il fondamental de varier les sources pour s'informer efficacement ?
2. Dans quelle mesure un témoignage peut-il être partial ?
3. Qu'est-ce qu'une source primaire d'information ?

1 La fiabilité des sources

Toute source a ses limites. Dans leur travail, les journalistes essaient de multiplier les sources des informations, en essayant de faire en sorte qu'elles soient les plus directes possible, pour les vérifier. Il est important de le faire car plusieurs sources, même primaires, peuvent donner des éléments contradictoires et des précisions sur un même événement. On peut donc accorder d'autant plus d'importance à une information qu'elle donne des éléments venant de sources variées et identifiées.

Il faut avoir conscience des limites de chaque source : par exemple, les différents acteurs d'un événement auront souvent tendance à tirer la couverture à eux : « C'est grâce à moi que… » Il est alors important de ne pas se fier à une seule source d'information. C'est ce qui différencie le travail journalistique de la publicité, par exemple, qui a tendance à présenter les choses à l'avantage d'une seule personne ou marque.

D'après « Décodex : qu'est-ce qu'une source d'information ? », Les Décodeurs, lemonde.fr, 23 janvier 2017.

OBJECTIF 2 Étudier une carte

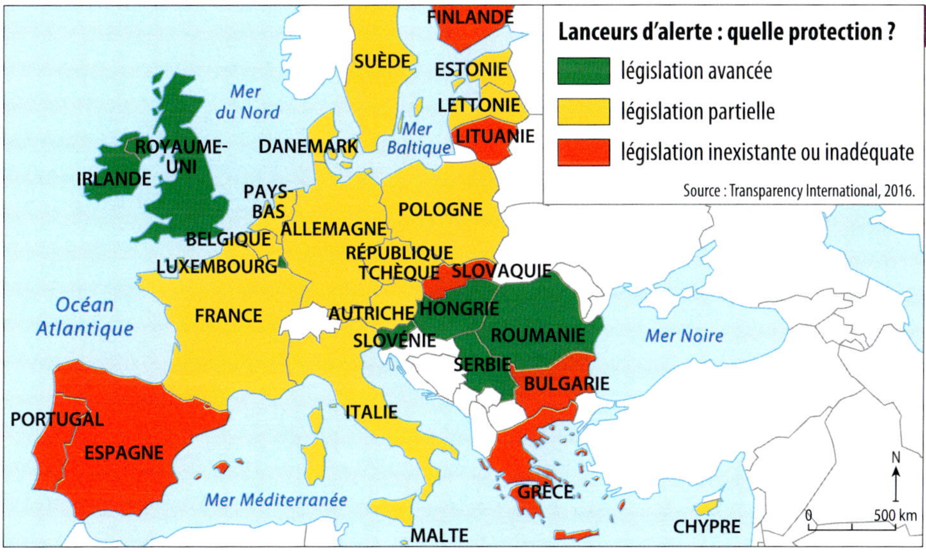

2 La protection des lanceurs d'alertes

1. Qu'est-ce qu'un lanceur d'alerte ?
2. Que remarque-t-on au niveau de l'Union européenne sur le niveau de protection législative des lanceurs d'alerte ?
3. Pourquoi faut-il protéger les lanceurs d'alerte ? Dans quels domaines sont-ils le plus utiles aujourd'hui ?

C Réviser en se documentant

À VOIR

- *Network*, de S. Lumet, 1976.
- *L'Affaire Dreyfus*, téléfilm d'Y. Boisset, 1995.

- *J'accuse*, de R. Polanski, 2019.

À LIRE

- *Informer, s'informer, déformer. Anthologie sur la presse et les médias*, M. Sorel, Éd. Hatier, 2017 : facile d'accès, conçu pour des collégiens, il donne les bases nécessaires.
- *Tous les chemins mènent à l'info*, P. Kleff, Éd. Flammarion, 2016 : apprendre à décrypter l'actualité, à comprendre ce qu'est une information…

SUR LE WEB

- Comment bien s'informer sur Internet : education.francetv.fr/matiere/education-aux-medias/cinquieme/video/les-cles-pour-bien-s-informer-sur-le-web-par-herve-brusini.
- Une expérience menée par 5 journalistes qui, coupés du monde, ne se sont informés que par les réseaux sociaux en 2010 : francetvinfo.fr/economie/medias/peut-on-s-informer-uniquement-avec-les-reseaux-sociaux-sans-les-medias-classiques_229227.html.

THÈME 5 Analyser les relations entre États et religions

1 L'Iran, une théocratie

Hauts dignitaires iraniens lors de l'anniversaire de la mort de l'ayatollah Khomeini, à son mausolée de Téhéran, juin 2013. L'ancien président en 2013 Ahmadinejad est le deuxième à gauche.
Au-dessus, la photographie de l'ayatollah Khomeini, à l'origine de la révolution islamique de 1979.

RAPPEL DU PROGRAMME • THÈME 5

Ressources numériques du chapitre
Site collection : lycee.hachette-education.com/hg-scpo/1re

- 600 – 700 – 800 … 1900 – 1950
- 632 : Création du califat
- 800 : Couronnement de Charlemagne
- 1924 : Abolition du califat
- 1947 : Indépendance de l'Inde et du Pakistan

2 Le serment de Donald Trump sur la Bible

Main sur la Bible, Donald Trump prête serment lors de sa cérémonie d'investiture en tant que président, 20 janvier 2017.

Vidéo : « Géopolitique des religions »

lien Internet : Entretien avec Joseph Maïla, spécialiste du Moyen-Orient, de l'islam et des conflits, 2018, iris-france.org

QUESTIONS

1. Quels sont les signes du pouvoir politique et de la dimension religieuse sur cette photographie ? **(doc. 1)**
2. Quelle est la fonction de la Bible dans la prise de serment ? **(doc. 2)**
3. Comment la religion peut-elle devenir un enjeu géopolitique ? **(vidéo)**

INTRODUCTION

États et religions aujourd'hui

REPÈRES 1

Les relations entre États et religions dans le monde : une diversité de situations

A La théocratie

Gouvernement exercé par une autorité religieuse ou par un souverain appuyant sa légitimité sur une religion.

La loi civile se confond avec la loi religieuse et il n'y a pas de séparation entre pouvoir temporel et spirituel. La théocratie a prévalu dès l'Antiquité où le pouvoir des pharaons repose sur leur divinité. Dans l'Occident médiéval, les souverains légitiment leur pouvoir en vertu d'un droit divin. Aujourd'hui, peu d'États sont théocratiques. C'est le cas de l'Iran depuis la révolution islamique de 1979 et de l'Arabie Saoudite où le pouvoir repose sur l'alliance de la famille régnante, les Saoud, et du wahhabisme, un mouvement politico-religieux sunnite prônant un retour aux fondements de l'islam. La société est régie par la loi islamique, et une police religieuse contrôle son application.

B La religion officielle

Reconnaissance d'une religion par l'État qui lui accorde un statut préférentiel sur le plan légal.

Le régime des cultes reconnus permet aux institutions religieuses de recevoir des financements publics, notamment pour des écoles confessionnelles, et de bénéficier d'exemption fiscale. L'enseignement de la religion reconnue est souvent obligatoire et les ministres du culte sont salariés de l'État. Dans le monde, le pouvoir politique de 42 États reconnaît dans un texte législatif une religion comme étant celle de l'État : orthodoxe en Grèce, luthérienne au Danemark, catholique au Costa Rica, musulmane dans les États du Maghreb, anglicane au Royaume-Uni. Dans d'autres, la reconnaissance passe par la mention d'une religion particulière, comme le catholicisme dans la Constitution espagnole. Avoir une religion officielle n'exclut pas de respecter la liberté religieuse.

1 Le prince héritier saoudien, Mohammed ben Salmane, lors d'une cérémonie d'allégeance à La Mecque

Le 21 juin 2017, la cérémonie d'allégeance au souverain a eu lieu à La Mecque, berceau de l'islam et lieu de pèlerinage pour tous les musulmans du monde. Le drapeau saoudien, vert (couleur de l'islam), est composé d'un sabre blanc et de la chahada, la profession de foi musulmane. Il symbolise l'alliance du « sabre et du Coran ».

2 La reine Elisabeth II et l'archevêque de Canterbury au château de Buckingham en 2013

Au Royaume-Uni, le roi ou la reine est chef de l'Église anglicane : il ou elle nomme les évêques et archevêques qui sont salariés de l'État. Les séances du Parlement commencent par une prière, et les archevêques de Canterbury et York ainsi que les 24 évêques les plus importants siègent de droit à la chambre des Lords.

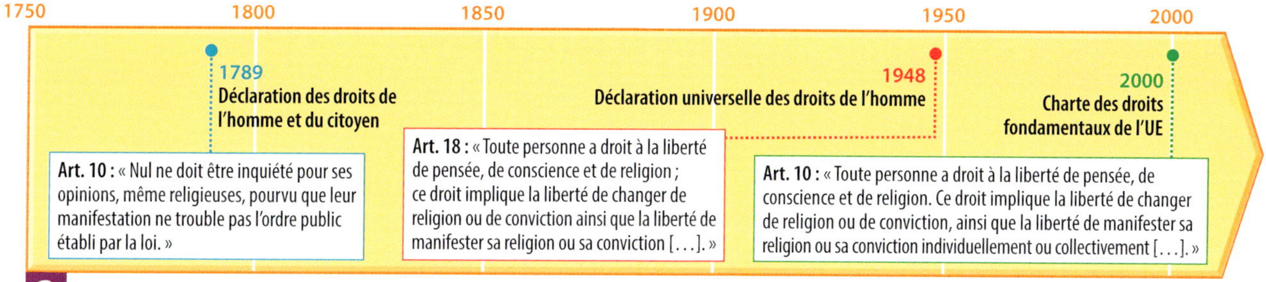

3 La reconnaissance des libertés de religion et de conscience

C La liberté religieuse

Liberté fondamentale de pouvoir choisir et pratiquer une religion.

Le pluralisme religieux est un élément essentiel de cette liberté. La liberté religieuse peut être sévèrement restreinte dans les régimes politiques autoritaires ou hostiles aux religions comme les régimes communistes chinois ou nord-coréen. La liberté religieuse peut donc se concevoir de différentes manières selon la place des religions dans un État. La liberté de culte renvoie avant tout aux pratiques religieuses et est encadrée par la loi dans les régimes démocratiques. Mais elle peut faire l'objet d'une tolérance plus ou moins restreinte. La liberté religieuse ne doit pas être confondue avec la liberté de conscience qui est la liberté de choisir un système de valeur et de principe dépassant le cadre de la religion. Elle inclut la liberté d'être athée.

4 Manifestation contre la politique de répression des minorités religieuses en Chine

Genève, devant l'office des Nations unies, 6 novembre 2018.
Les Tibétains et les Ouïghours (minorité musulmane du nord-ouest de la Chine) font l'objet de persécutions par le pouvoir central. La pratique religieuse est fortement réprimée par un arsenal législatif croissant, et les camps de rétention se sont multipliés.

D La laïcité

Cadre institutionnel établissant une séparation entre l'Église et l'État, et une neutralité vis-à-vis des religions garantissant les libertés de religion et de conscience.

Les confessions religieuses relèvent du droit privé. L'État ne finance aucun culte mais garantit la liberté de conscience, de culte et l'égalité des citoyens quelles que soient leurs croyances. Aux États-Unis, dès 1789, et en France, depuis 1946, la laïcité est un principe constitutionnel. Cependant, si certains États s'affirment laïques dans leur Constitution, une religion peut conserver une place prééminente. Ainsi, la Russie, affirmant la laïcité de l'État dans sa Constitution, mentionne aussi le rôle particulier de l'Église orthodoxe dans l'histoire et la culture du pays.

5 La laïcité à l'école en France

Dessin de Na!, *Nouvel Obs*, 9 septembre 2013.

QUESTIONS

1. Montrez que la religion reste encore étroitement liée au pouvoir politique dans le monde.
2. Soulignez la variété des situations en fonction des différents pays.

REPÈRES 2

Une diversité religieuse dans le monde

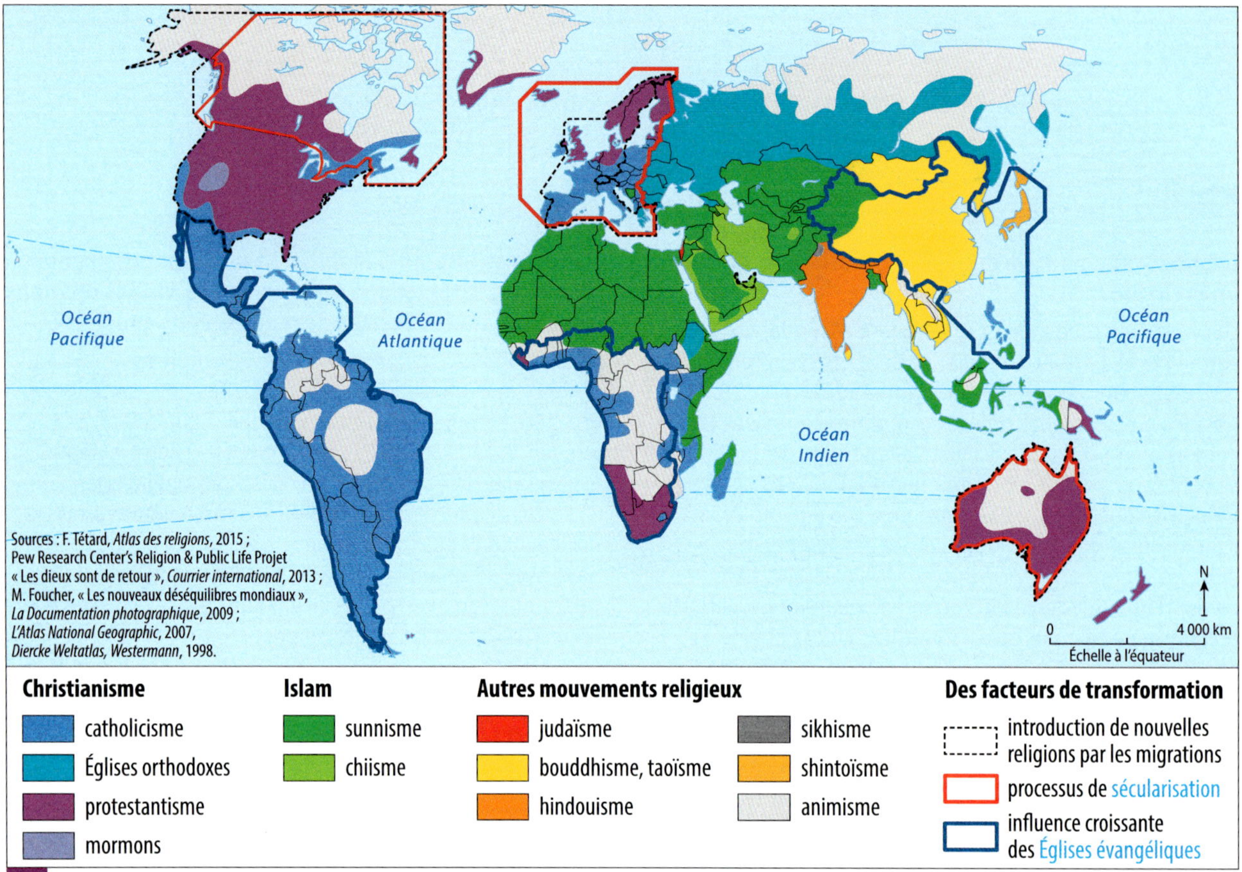

1 Répartition et dynamiques des religions majoritaires dans les États

carte interactive

Diversité	Très élevée	Élevée	Modérée	Modérée	Faible	Faible
Région	Asie-Océanie	Afrique subsaharienne	Europe	Amérique du Nord	Amérique latine	Moyen-Orient Afrique du Nord
Christianisme	7 %	63 %	75 %	77 %	90 %	4 %
Islam	24 %	30 %	6 %	1 %	< 1 %	93 %
Athéisme	21 %	3 %	18 %	17 %	8 %	< 1 %
Hindouisme	25 %	< 1 %	< 1 %	1 %	< 1 %	< 1 %
Bouddhisme	12 %	< 1 %	< 1 %	1 %	< 1 %	< 1 %
Animisme	9 %	3 %	< 1 %	< 1 %	2 %	< 1 %
Judaïsme	< 1 %	< 1 %	< 1 %	2 %	< 1 %	2 %
Autres	1 %	< 1 %	< 1 %	1 %	< 1 %	< 1 %

Source : Pew Research Center, 2018.

2 Part des groupes religieux selon les régions du monde en 2015

Vocabulaire

- **Athéisme :** refus de croyance en une divinité quelle qu'elle soit. L'athéisme au niveau d'un État peut se traduire par une attitude hostile envers les religions.
- **Églises évangéliques :** mouvements religieux chrétiens fondamentalistes professant une « renaissance » du fidèle et dont la pratique du baptême par immersion d'adultes convertis en est le symbole.
- **Sécularisation :** processus de perte d'influence de la religion dans la société se traduisant par une séparation croissante entre le domaine religieux et le domaine public.

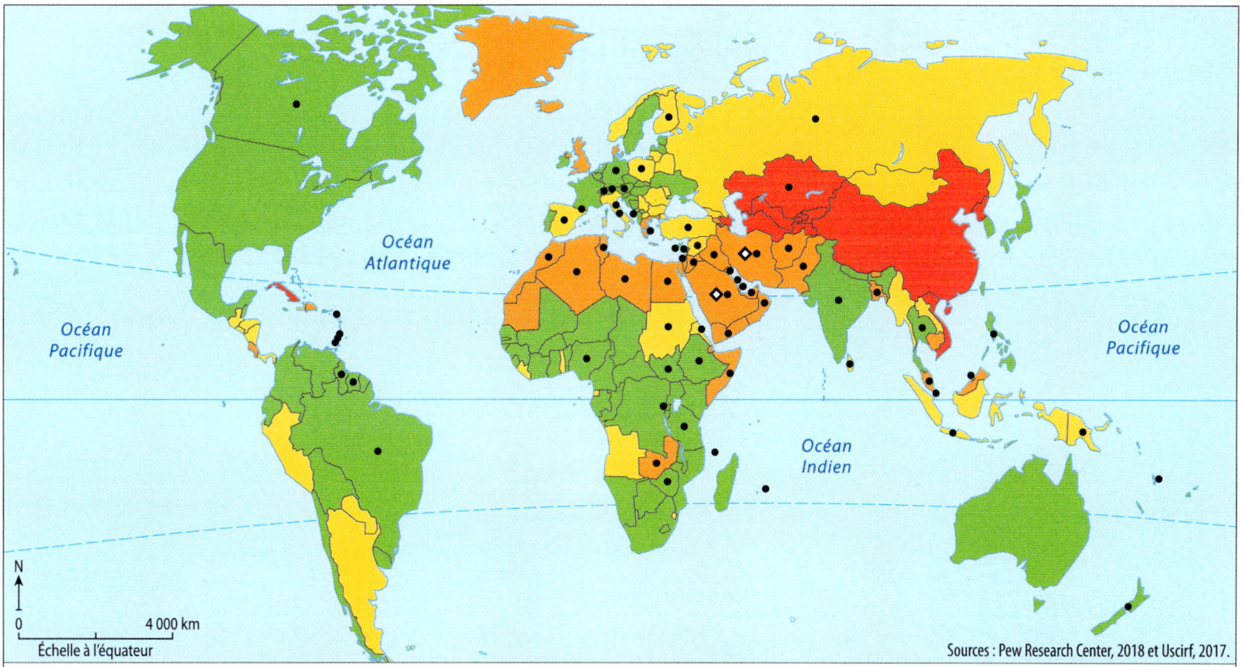

religion officielle
religion conservant une place prééminente
État laïque
État hostile aux religions
État théocratique
État ayant des lois sanctionnant le blasphème

3 **Un statut des religions variable selon les États**

carte interactive

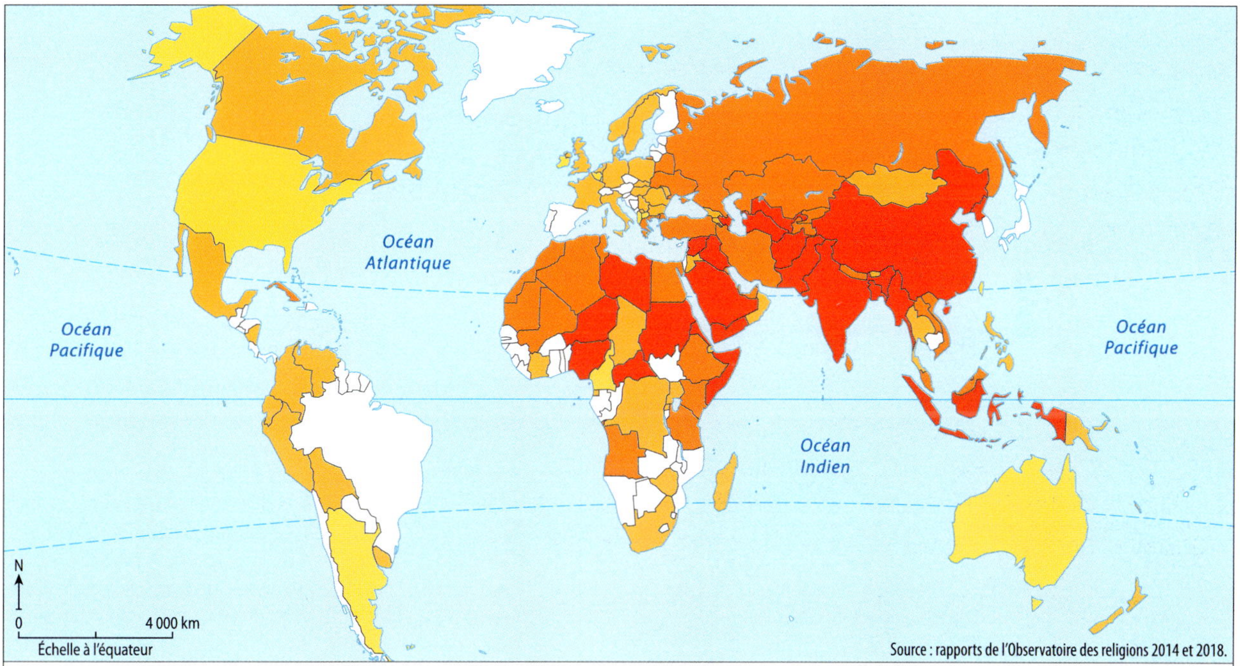

minorité religieuse persécutée
minorité religieuse discriminée
niveau croissant d'intolérance religieuse
niveau d'intolérance faible
absence de données

4 **L'intolérance religieuse dans le monde**

carte interactive

QUESTIONS

1. Montrez que les religions majoritaires dans les États cachent une diversité religieuse croissante. **(doc. 1 et 2)**
2. Citez des exemples montrant que la laïcité n'empêche pas l'intolérance religieuse et qu'une religion d'État ne signifie pas l'absence de liberté religieuse. **(doc. 1, 3 et 4)**

ÉTUDE L'Iran, un régime théocratique

La République iranienne repose sur une Constitution théocratique adoptée après la révolution islamique en 1979. Toutes les institutions de l'Iran sont fondées sur les principes de la loi coranique, et les libertés religieuses sont restreintes. Néanmoins les transformations en cours dans la société iranienne contribuent à une contestation du pouvoir des religieux sur le politique.

› Comment les fondements du régime politique iranien contribuent-ils à limiter les libertés ?

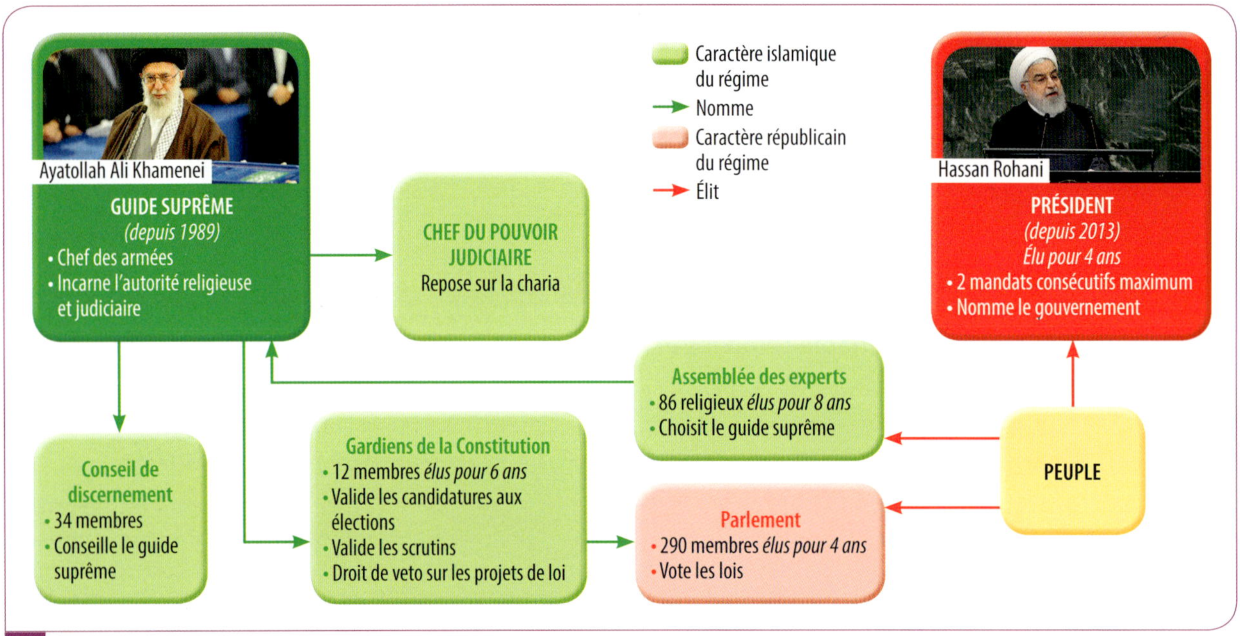

1 Une république islamique

2 Le retour de l'ayatollah Khomeini en Iran

Le 1er février 1979, deux semaines après le départ précipité du shah d'Iran, le dictateur au pouvoir, l'ayatollah Khomeini revient en Iran, son pays natal, après un exil de 15 ans. Il installe alors un régime unique au monde, une république islamique fondée sur le pouvoir des religieux.

3 Les religions en Iran

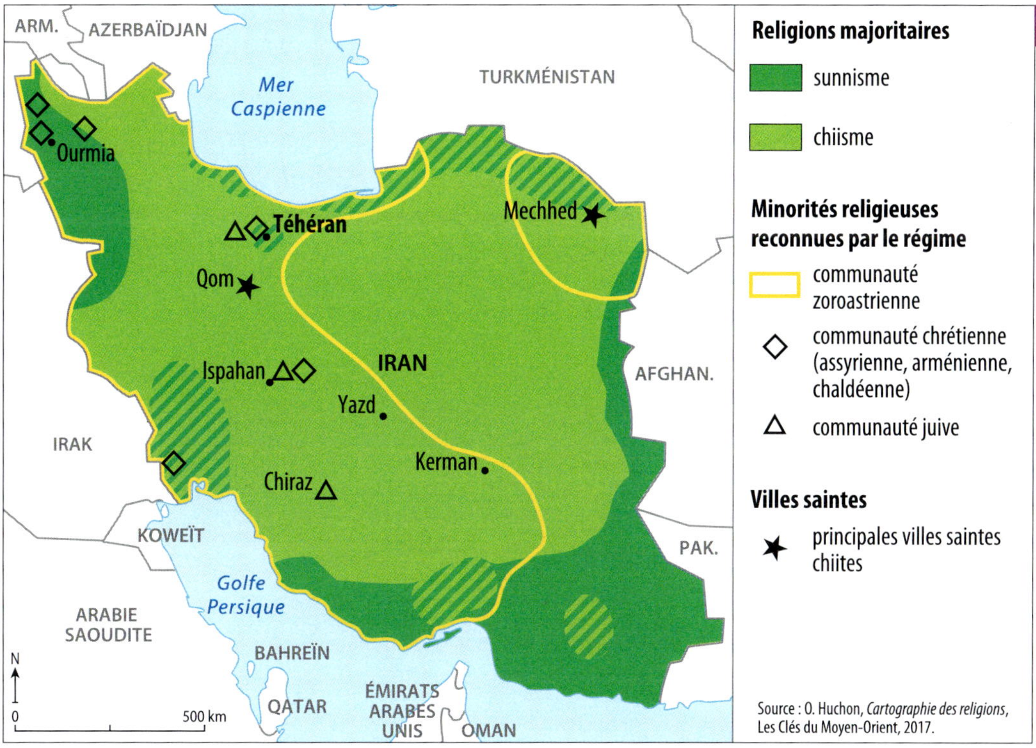

Source : O. Huchon, *Cartographie des religions*, Les Clés du Moyen-Orient, 2017.

4 Une liberté religieuse restreinte

Selon l'article 12 de la Constitution, la religion officielle du pays est celle de l'école islamique du chiisme. Les chrétiens, juifs et zoroastriens sont reconnus à l'article 13 comme des minorités religieuses protégées ayant le droit de pratiquer librement leur culte et de former des sociétés religieuses. Au Parlement iranien, deux sièges sont réservés aux chrétiens arméniens – la plus grande minorité chrétienne du pays (300 000), de même qu'un siège aux chrétiens assyriens, aux juifs et aux zoroastriens.

La primauté de l'islam touchant tous les secteurs de la société, les non-musulmans sont exclus des postes politiques et militaires de haut niveau. Ils ne peuvent pas exercer de fonctions dans la magistrature, les services de sécurité, ni être directeurs d'une école publique. En Iran, l'un des principaux obstacles à la pleine liberté religieuse est « l'apostasie[1] ». Même si se convertir de l'islam à une autre religion n'est pas interdit dans la Constitution, cela reste difficile en raison des puissantes traditions islamiques du pays et du système juridique fondé sur la loi islamique.

D'après l'Observatoire de la liberté religieuse, 2019.

1. Fait de quitter une religion.

ANALYSE DE DOCUMENTS

Comment les fondements du régime politique iranien contribuent-ils à limiter les libertés ? Rédigez une réponse à la problématique proposée en organisant votre réflexion selon le plan suivant :
- Un régime fondé sur l'omniprésence de la religion
- Des libertés religieuses restreintes
- Une contestation croissante du régime

5 Une contestation croissante du régime au sein de la société

D'un côté, une « jeunesse dorée » qui s'est affirmée dans son rejet de la politique et qui constitue une société du détournement et de la consommation ; cette jeunesse – deux Iraniens sur trois ont moins de 40 ans ! – s'étourdit dans une « idée neuve du bonheur », à l'occidentale, une vie de consommation assumée. De l'autre, une jeunesse qui a hérité des apports de feu le « mouvement vert[1] » : émergence de la société civile par l'utilisation politisée des réseaux sociaux. La société civile est un contre-pouvoir dont le régime ne peut plus faire l'économie. Si la République islamique a su investir de 1979 à 1989 les moindres recoins des sphères publique et privée, la théocratie iranienne est aujourd'hui très hétérogène.

Mais le plus intéressant réside dans le désenchantement de la population par rapport au modèle théocratique : on voit émerger la question de la sécularisation à l'occidentale (séparation entre le religieux et le politique) pour sauver la politique de l'emprise religieuse et inversement.

D'après A. M. Chelly, « La société iranienne n'a plus peur de Dieu », propos recueillis par G. Minassian, lemonde.fr, 16 mai 2017.

1. La réélection entachée de fraude du président Ahmadinejad en 2009, entraîna, pendant plusieurs semaines, de grandes manifestations contre le régime tenu par les religieux.

ÉTUDE

La France, une république laïque

La laïcité en France repose sur la loi de 1905 garante d'une séparation de l'Église et de l'État. Elle est devenue un principe constitutionnel pérenne inscrit dans la Constitution de la IVe et Ve République. Cependant, la réaffirmation de la laïcité n'empêche pas les adaptations et les débats.

› Comment la laïcité en France permet-elle de garantir la liberté d'opinion ?

1750 – 1800 – 1850 – 1900 – 1950 – 2000

- **26 août 1789** **Déclaration des droits de l'homme et du citoyen** (Art. 10)
- **1792** Laïcisation **de l'état civil** (il remplace les registres paroissiaux)
- **1801** Concordat entre Bonaparte et le pape Pie VII
- **1882** **Loi Jules Ferry** sur l'obligation et le caractère laïque de l'enseignement primaire public
- **1905** Loi de **séparation des Églises et de l'État**
- **2004** Loi encadrant le **port de signes religieux** dans les écoles publiques
- **2007** Création de l'**Observatoire de la laïcité** (entrée en vigueur en avril 2013)
- **2010** Loi interdisant la **dissimulation du visage dans l'espace public** confirmée par le Conseil constitutionnel
- **2013** **Charte de la laïcité à l'école** (15 articles) affichée dans toutes les écoles publiques de France

1 La loi de séparation des Églises et de l'État

Article 1

La République assure la liberté de conscience. Elle garantit le libre exercice des cultes sous les seules restrictions édictées ci-après dans l'intérêt de l'ordre public.

Article 2

La République ne reconnaît, ne salarie ni ne subventionne aucun culte. En conséquence, à partir du 1er janvier qui suivra la promulgation de la présente loi, seront supprimées des budgets de l'État, des départements et des communes, toutes dépenses relatives à l'exercice des cultes.

Pourront toutefois être inscrites auxdits budgets les dépenses relatives à des services d'aumônerie et destinées à assurer le libre exercice des cultes dans les établissements publics tels que lycées, collèges, écoles, hospices, asiles et prisons.

Les établissements publics du culte sont supprimés […].

Loi concernant la séparation des Églises et de l'État, 1905.

Une du journal *Le Rire*, 20 mai 1905.

4 régimes de laïcité en cours	Zone géographique d'application	Contenu
Loi de 1905	Départements métropolitains et d'Outremer (sauf Alsace, Moselle et Guyane)	Séparation de l'Église et de l'État, et neutralité
Concordat de 1801 signé entre Napoléon Ier et le pape Pie VII	Alsace et Moselle rattachées à l'Allemagne lors du vote de la loi de 1905	Les cultes catholique, luthérien, réformé et israélite sont reconnus par l'État qui salarie les ministres de ces cultes. Ils sont organisés au sein d'établissements publics du culte placés sous la tutelle de l'État. Un enseignement religieux est dispensé dans les écoles publiques
Ordonnance royale de Charles X de 1828	Guyane	Le culte catholique est reconnu : les ministres du culte sont salariés du Conseil général de Guyane
Décrets-lois Mandel de 1939	Guyane (pour les religions autres que le catholicisme), St-Pierre-et-Miquelon, Polynésie, Wallis-et-Futuna	Les institutions religieuses bénéficient d'un statut de droit public leur permettant de recevoir des financements publics et de bénéficier d'avantages fiscaux.

2 Une relation entre religions et État français à géométrie variable

3 Le port de signes religieux à l'école, un sujet de débats dans les années 1990

Une jeune musulmane autorisée à réintégrer son collège de Creil à condition de ne pas porter son foulard en classe, 9 octobre 1989.

En 1989, « l'affaire du foulard » à la suite du refus de deux élèves musulmanes de retirer leur foulard islamique dans les murs de leur établissement scolaire à Creil prend une ampleur considérable dans les médias. Cette affaire interroge en effet les principes laïques de l'école de la République. Elle débouche sur la loi du 15 mars 2004 qui interdit « le port de tenues et de signes religieux "ostensibles" dans les établissements publics ».

4 Le principe de laïcité par Régis Debray

Cette école où personne, y compris le maître, ne peut inciter un autre à penser comme lui s'appelle l'école laïque.

– Tu veux dire une école où le prof ne croit pas en Dieu ?

– Pas du tout. Laïque ne veut pas dire athée. [...]

– Pourquoi ne pas dire « tolérant » au lieu de laïque ? On comprendrait mieux.

– Non, on comprendrait de travers. L'Édit de Nantes s'est appelé à bon escient un édit de tolérance. C'était encore le fait d'un prince, Henri IV. [...] La liberté de conscience ne peut dépendre du bon plaisir d'un puissant, ni même d'une Cour de Justice. [...] En France, c'est un principe non seulement législatif mais constitutionnel, situé encore plus haut qu'une simple loi.

– Alors, on pourrait peut-être dire « neutre ».

– En un sens, oui. Dans l'école laïque, le professeur se garde de manifester ses convictions privées. Il s'impose le devoir de réserve, pour ne pas influencer ses élèves. [...] [La laïcité] cela consiste à bien séparer le privé du public. [...] La laïcité met une frontière entre le « ce que je sais » et le « ce que je crois », entre le domaine de l'esprit et le domaine des âmes. Elle se limite au premier, sans s'occuper des croyances ; pas d'ordre moral, donc. [...] C'est la différence qu'il y a entre l'instruction et l'éducation. La République instruit, elle n'éduque pas. Elle ne cherche pas à modeler les âmes. [...] C'est afin de couper le lien historiquement établi entre une religion et un pouvoir qu'on a procédé, en 1905, à la séparation des Églises et de l'État. On a alors retiré les crucifix des salles de classe. Ce qui revenait bonnement à remettre l'Église chez elle et l'État chez lui.

D'après R. Debray, *La République expliquée à ma fille,* Éd. Seuil, 1998.

Vocabulaire

- **Concordat :** traité entre la papauté et un État établissant les modalités des relations entre l'Église et l'État signataire.
- **Laïcisation :** ensemble de mesures visant à soustraire à l'influence de la religion une institution publique ou un service public (école, hôpital...).
- **Laïcité :** principe établissant la séparation de l'État et des religions, ainsi que le respect du libre exercice des cultes.

ANALYSE DE DOCUMENTS

1. Comment la laïcité garantit-elle le pluralisme religieux et la liberté de culte ? **(doc. 1, 2 et 4)**
2. Quelle est la position de l'école sur le principe de laïcité ? **(doc. 3 et 4)**
3. Montrez que la laïcité s'applique diversement sur le territoire français. **(doc. 2)**

Autoévaluation

lien Internet

Testez vos connaissances sur la laïcité en France avec le Quizz du site vie-publique.fr.

ÉTUDE L'Irlande, une république en voie de sécularisation

La Constitution irlandaise garantit la liberté de conscience mais débute par une référence à la religion catholique qui est constitutive de l'identité nationale. Si sa part diminue dans la population, son poids demeure visible bien que la sécularisation grandissante modifie sa place dans la société.

› **Comment, malgré une sécularisation croissante, l'Église catholique garde-t-elle un poids important en Irlande ?**

1910 – 1920 – 1930 – 1940 – 1950 – 1960 – 1970 – 1980 – 1990 – 2010 – 2020

- **1921** **Partition de l'Irlande** : 6 comtés d'Irlande du Nord restent attachés au Royaume-Uni
- **1922** **Indépendance** des 26 comtés du nouvel État libre d'Irlande
- **1937** **Nouvelle Constitution**
- **1972** **Référendum retirant la clause de la Constitution de 1937** reconnaissant la position spéciale de l'Église catholique romaine
- **1995** **Référendum autorisant le divorce**
- **2013** Loi autorisant l'**avortement en cas de menace pour la vie pour la mère**
- **2015** **Référendum autorisant le mariage homosexuel**
- **2018** Loi autorisant l'**avortement sans restriction**
  Référendum approuvant l'**abrogation du délit de blasphème** dans la Constitution

1 Le droit au divorce, une première étape vers la modernité

Pour nombre d'Irlandaises, la victoire du oui au référendum sur le divorce est ainsi une étape déterminante sur ce qu'elles appellent « la route vers la modernité ». En 10 ans en effet, dans un pays que l'Église catholique a toujours marqué de son empreinte, on a vu tour à tour s'imposer la légalisation des contraceptifs, la décriminalisation de l'homosexualité ou encore l'accès à l'information sur l'avortement. Et à chaque fois, les femmes ont été à la pointe de cette révolution. Dans l'île, personne ne nie plus l'influence décisive qu'a eu Mary Robinson[1], l'ancienne avocate élue présidente en 1990, à la surprise générale. Là où la fonction présidentielle était jusqu'alors considérée comme une agréable « préretraite politique », Mary Robinson a su, au contraire, confronter les Irlandais à des sujets longtemps ignorés par le pouvoir politique : le viol, le droit des enfants, l'homosexualité masculine et féminine…

D'après F. Rousselot, « Un oui primordial pour les femmes : le droit au divorce est perçu comme une étape vers la "modernité" », *Libération*, 27 novembre 1995.

1. Mary Robinson fut la première femme présidente d'Irlande (1990-1997). Elle fut ensuite Haut-Commissaire des Nations unies aux droits de l'homme de 1997 à 2002.

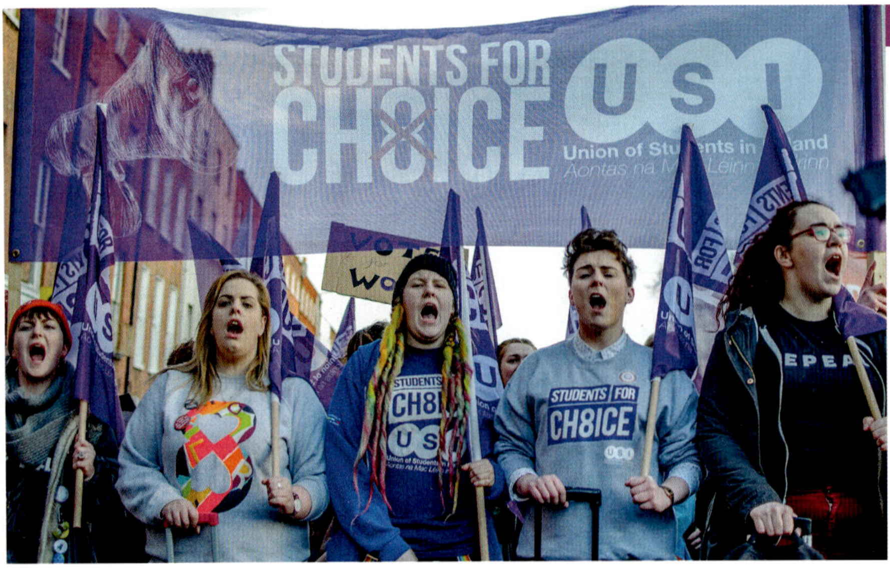

2 Une jeunesse qui revendique des changements sociétaux

Manifestation à Dublin, 8 mars 2018.
Manifestation d'étudiants pour l'abrogation du 8e amendement de la Constitution interdisant l'avortement. Avant le référendum en mai 2018 se prononçant pour l'abrogation du 8e amendement, l'avortement était considéré comme un crime passible de 14 ans de prison.

3 Un système éducatif encore largement tenu par des institutions religieuses

Si l'État assure l'enseignement primaire gratuit, les écoles primaires d'Irlande sont dans leur majorité gérées par des institutions chrétiennes (96 %), l'Église catholique en possédant ou en gérant près de 90 %. Cette situation est de plus en plus source d'opposition politique et de protestation sociale.

En juillet 2018, un projet de loi sur l'éducation a été adopté au Parlement irlandais, annulant la « barrière baptismale » initialement mise en place pour s'assurer que seules les personnes professant l'éthique religieuse d'une école pouvaient s'y inscrire. À partir de septembre 2019, la plupart des écoles primaires ne seront plus en mesure d'accorder un accès prioritaire à certains enfants sur la base de leur religion. Le projet de loi sur les admissions à l'école interdit à ces écoles d'inscrire prioritairement les enfants baptisés, dans les cas où il y aurait trop de demandes. En revanche, les religions minoritaires seront toujours autorisées à donner la priorité aux membres de leur religion pour protéger leur éthique dans les cas d'excès de demandes.

D'après l'Observatoire de la liberté religieuse, 2019.

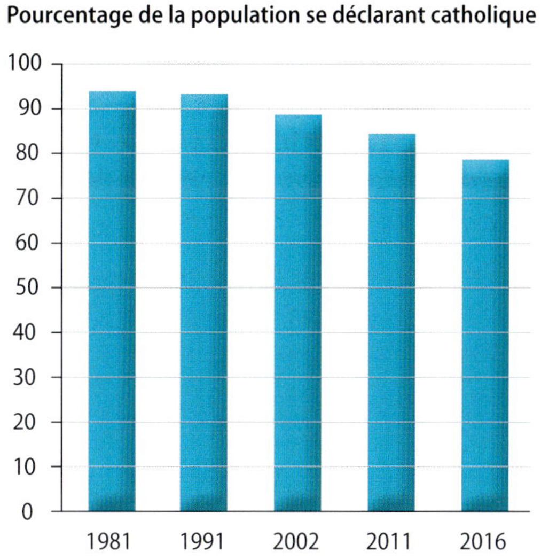

Source : Republic of Ireland census data, 2018.

4 L'évolution du nombre de catholiques en Irlande

5 Une Église affaiblie

Hommage à Savita Halappanavar, morte en couches après s'être vu refuser une IVG en 2012. Dublin, 25 mai 2018.

Selon les sondages de sortie des urnes, les campagnes (60 %) ont approuvé la libéralisation de l'IVG, presque autant que les villes (71 %), les hommes (65 %) presque autant que les femmes (70 %), les jeunes (87 % des moins de 25 ans) nettement plus que leurs aînés (63 % des 50-64 ans). En 1995, les Irlandais n'avaient approuvé la légalisation du divorce que par 50,3 % des voix ; en 2015, ils ont dit « oui » au mariage homosexuel par 62,07 % et ils viennent donc de légaliser l'avortement par 68 %. Une progression qui reflète la disparition de l'ascendant moral de l'Église catholique, qui a longtemps servi d'armature à l'État, après les guerres civiles des années 1920, qui ont libéré l'Irlande de la tutelle britannique. En 1983, le clergé, encore tout-puissant et craignant une jurisprudence libérale de la Cour suprême, avait réussi à faire voter à 66,9 % le 8e amendement à la Constitution qui interdisait l'avortement, même en cas de viol ou d'inceste, même si le fœtus souffrait de malformation. Cadenassée dans la loi suprême, la prohibition devenait impossible à annuler par la loi. Certes, plus des trois quarts des Irlandais se disent encore catholiques, et la radio publique sonne l'angélus, mais les messes sont moins fréquentées et les couvents ne recrutent plus.

D'après Ph. Bernard, « L'Irlande rompt catégoriquement avec des siècles de prohibition de l'avortement », *Le Monde*, 26 mai 2018.

Vocabulaire

- **Sécularisation :** processus de perte d'influence de la religion dans la société se traduisant par une séparation croissante entre le domaine religieux et le domaine public.

ANALYSE DE DOCUMENTS

1. Quelles évolutions sociétales contribuent à remettre en question la place de l'Église catholique en Irlande ? **(frise, doc. 1, 3 et 5)**
2. Montrez l'influence de l'Église catholique dans la société irlandaise malgré son affaiblissement. **(doc. 1, 3, 4 et 5)**
3. Montrez que les relations entre l'État et l'Église catholique évoluent en Irlande. **(doc. 1, 2 et 5)**

LEÇON 1 États et religions aujourd'hui

› Comment les relations entre les États et les religions montrent-elles des degrés variables de libertés ?

A Les États avec une religion officielle sont encore nombreux

- **L'Arabie Saoudite et l'Iran sont des théocraties.** Depuis la révolution de 1979, l'Iran est une république islamique où l'État est soumis à l'autorité du pouvoir religieux. Le royaume saoudien se pose en garant d'un fondamentalisme sunnite qu'il diffuse à travers les institutions qu'il a créées (Banque islamique de développement, Ligue islamique mondiale).
- **Les religions d'État ont un statut officiel dans 42 États.** Ainsi, le Bouthan ou le Cambodge sont des États bouddhiques. En Grèce, l'État salarie les ecclésiastiques et contribue au financement des lieux de culte de l'Église orthodoxe qui bénéficie d'avantages fiscaux. Dans de nombreux pays musulmans, l'islam est une religion officielle et les liens avec le pouvoir politique sont étroits. Au Maroc, le souverain est le garant du libre exercice des cultes.
- **Cependant, une religion officielle ne signifie pas l'absence de liberté et de pluralisme religieux.** En Angleterre, l'anglicanisme est la religion officielle et la reine est le chef de l'Église anglicane, mais la liberté de conscience est respectée. Au Danemark, si l'Église luthérienne est l'Église nationale, la Constitution garantit la liberté de culte et les familles peuvent demander que leurs enfants soient exemptés de l'enseignement religieux obligatoire à l'école.

1 Campagne pour la loi sur la laïcité de l'État en Suisse

La loi sur la laïcité a été adoptée dans le canton de Genève, le 10 février 2019.

B La séparation entre l'État et les religions présente une diversité d'interprétation

- **De nombreuses constitutions dans le monde affirment le caractère laïque de l'État.** Aux États-Unis, le principe de la séparation est affirmé dès la fin du XVIIIe siècle dans le premier amendement de la Constitution de 1787. En Espagne, depuis la Constitution de 1978, le catholicisme n'est plus la religion officielle, tout comme au Portugal et en Italie. En France, la laïcité s'est affirmée d'abord dans l'école publique dès 1882 puis par la loi de 1905.
- **Pourtant, les liens avec les religions majoritaires restent étroits dans de nombreux pays.** Aux États-Unis, les références à Dieu sont présentes dans la vie publique. Ainsi, la tradition de prêter serment sur la Bible pour les présidents américains demeure, bien qu'elle ne soit nullement obligatoire. En Italie, au Portugal et en Espagne, l'enseignement religieux reste obligatoire. Au Portugal, le Concordat signé en 2004 garantit la validité civile du mariage religieux et les prêtres peuvent être rémunérés comme officiers d'état civil.
- **La neutralité de l'État peut prendre des formes originales.** Au Canada, la notion « d'accommodement raisonnable » constitue le socle des relations entre les religions et l'État. Les libertés de croyances et de conscience passent par le respect des particularismes des communautés dans une société très multiculturelle. Ainsi, le port non ostentatoire de signes religieux par les agents de l'État ou à l'école est autorisé.

Vocabulaire

- *Bible Belt* : littéralement « ceinture de la Bible ». Zone du sud-est des États-Unis où vit un nombre élevé d'habitants se réclamant d'un protestantisme rigoriste.
- **Théocratie :** gouvernement exercé par une autorité religieuse ou par un souverain appuyant sa légitimité sur une religion.

C Les relations entre l'État et les religions peuvent constituer un enjeu de pouvoir

- **Les mouvements évangéliques chrétiens ont une influence croissante dans la vie politique américaine.** Ils constituent la base électorale du parti républicain notamment dans les États de la « *Bible Belt* » sur laquelle le président Trump s'est appuyé lors de son élection en 2016. Le mouvement s'est diffusé en Afrique subsaharienne et en Amérique latine, contribuant à la victoire du président Bolsonaro au Brésil en 2018.
- **L'instrumentalisation des religions par le pouvoir politique constitue un facteur de tensions.** En Inde, pays laïque, le parti au pouvoir depuis 2014 attise le nationalisme hindou ; les violences contre les minorités religieuses se sont multipliées. En Turquie, le port du voile, qui avait été supprimé au nom de la laïcité dans les institutions scolaires et dans l'administration, a été autorisé par le parti conservateur au pouvoir.
- **Certains États ont adopté des législations répressives à l'égard des religions.** En Chine, les activités religieuses sont soit interdites, soit contrôlées par le pouvoir politique. En Corée du Nord, il n'y a aucune liberté de croyance et de conscience. Au Myanmar, la minorité musulmane Rohingya est persécutée par le pouvoir en place et n'a même plus la citoyenneté birmane, depuis 1982.

2 La montée de l'évangélisme chrétien au Brésil

Session du Congrès national du Brésil : un homme du Congrès brandit la Bible.

SCHÉMA BILAN

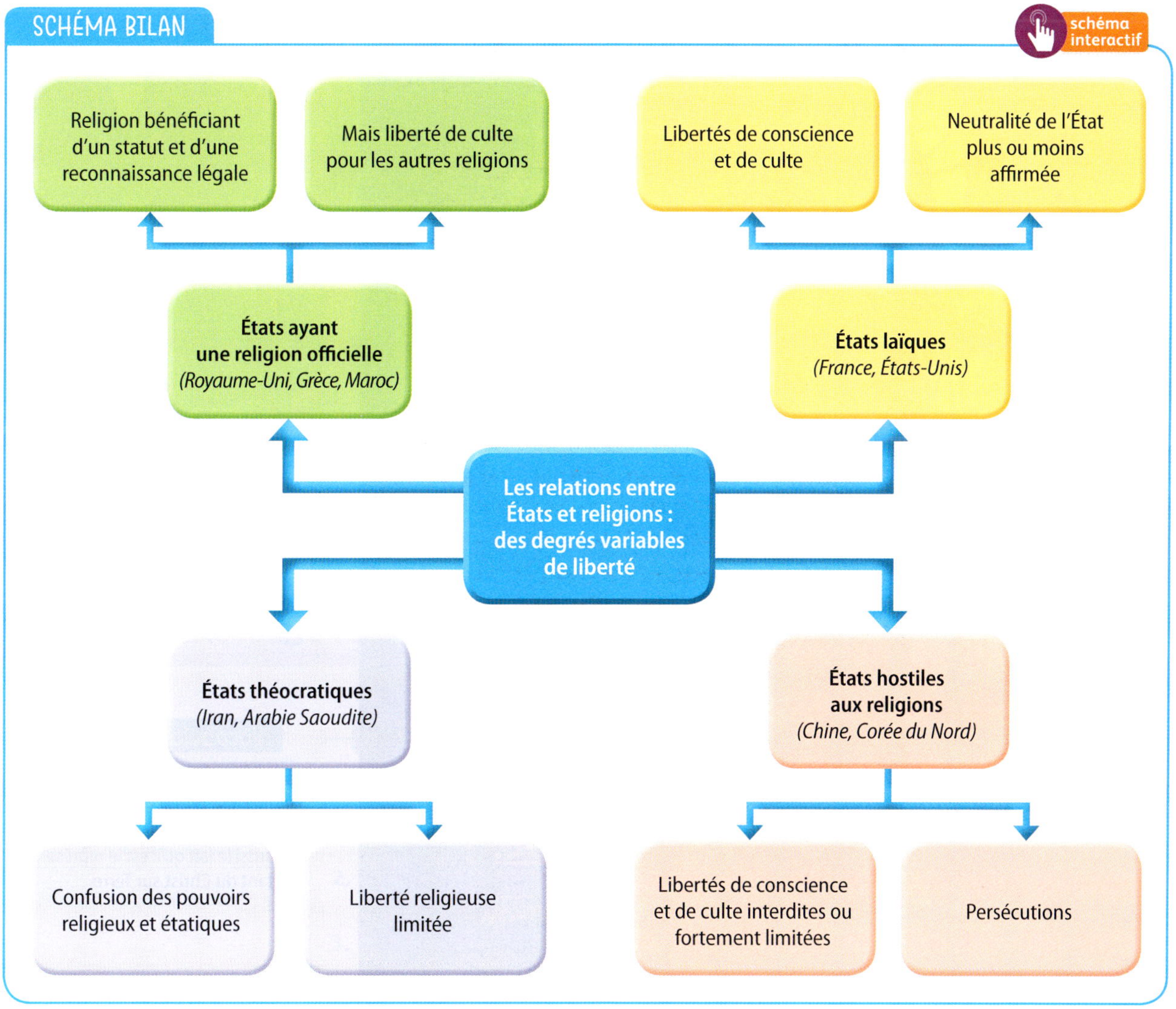

JALON

REPÈRES 1

▸ Le pape et l'empereur, deux figures de pouvoir : le couronnement de Charlemagne

Pouvoir religieux et pouvoir politique dans l'Occident médiéval

- **768** Charlemagne devient **roi des Francs**
- **800** Couronnement de Charlemagne comme **empereur d'Occident**
- **814** **Mort de Charlemagne**
- **814-840** **Règne de Louis le Pieux**
- **840** Mort de Louis le Pieux
- **843** **Partage de l'Empire** entre les trois fils de Louis le Pieux

A L'empereur d'Occident

La chute de l'Empire romain d'Occident, en 476, marque la fin du rôle d'empereur en Occident. Aucune figure n'impose son autorité aux différents souverains des territoires. Cependant, dans la partie orientale de la Méditerranée, l'empereur byzantin se veut l'héritier de l'Empire romain.

Le sacre de Charlemagne en 800 marque le retour du titre d'empereur en Occident. Ce couronnement est sacralisé par le fait qu'il a lieu à Rome et que l'empereur est béni par le pape. L'empereur est un souverain universel, protecteur de l'Église.

1 Charlemagne, empereur d'Occident

Statuette équestre dite de Charlemagne à cheval, bronze, IXe siècle, musée du Louvre.

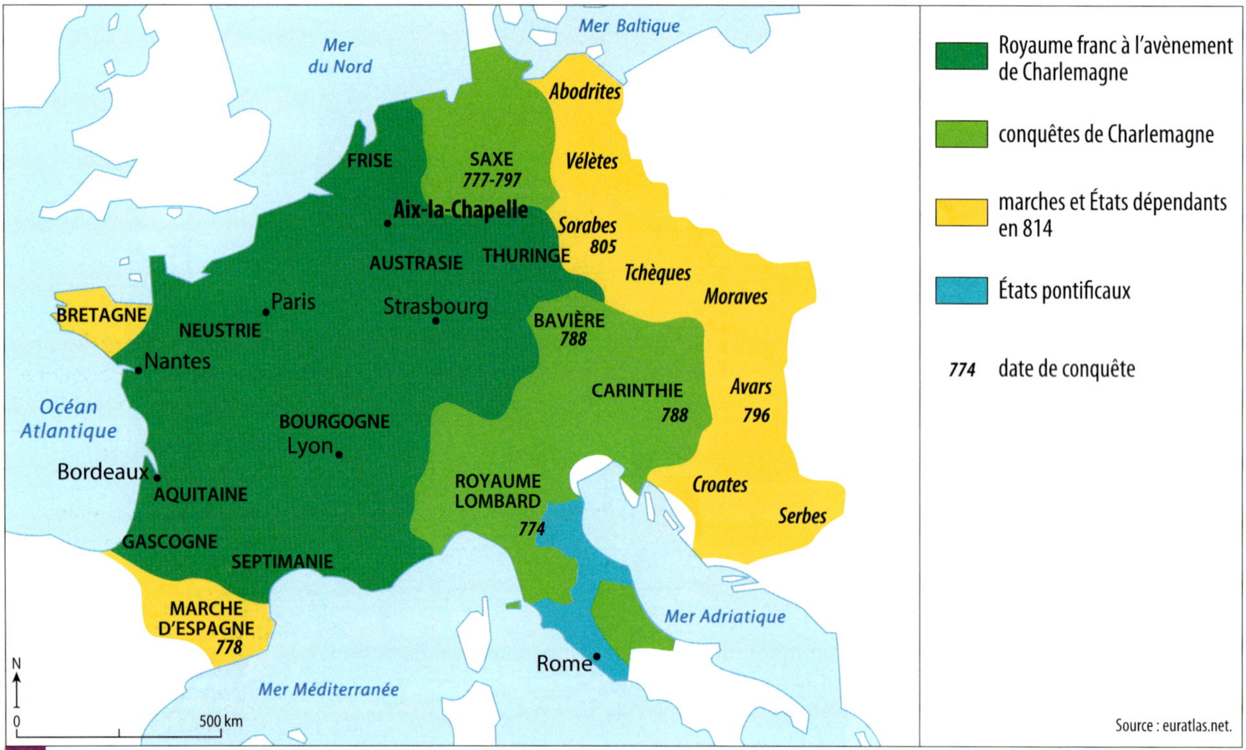

2 L'Occident médiéval sous le règne de Charlemagne

B Le pape

Le titre de pape apparaît à la suite du concile de Nicée en 325. Il est attribué à l'évêque de Rome, qui devient le chef de l'Église chrétienne latine, par opposition au christianisme orthodoxe pratiqué dans l'Empire byzantin à partir du XIe siècle.

C'est aux VIe et VIIe siècles que l'évêque de Rome s'impose progressivement comme l'autorité suprême dans tout l'Occident chrétien. Le pape est donc le chef d'une Église, mais aussi un prince territorial. En effet, au VIIIe siècle, Pépin le Bref, le père de Charlemagne, reconnaît la « donation de Constantin » qui admet au pape une autorité sur un territoire compris entre Rome et Ravenne. Cet acte est probablement un faux conçu par la chancellerie pontificale. L'influence du pape est importante dans toute la chrétienté latine par le biais du clergé, du réseau d'églises, de cathédrales et de monastères. Le siège de la papauté est toujours aujourd'hui à Rome, dans le palais du Vatican, qui forme un État souverain.

3 Le pape, chef de l'Église chrétienne latine

Mosaïque, vers 824-844, basilique Saint-Marc, Rome, IXe siècle.

Le pape Grégoire IV (827-844) offrant une église à saint Marc.

4 Le pape, prince territorial

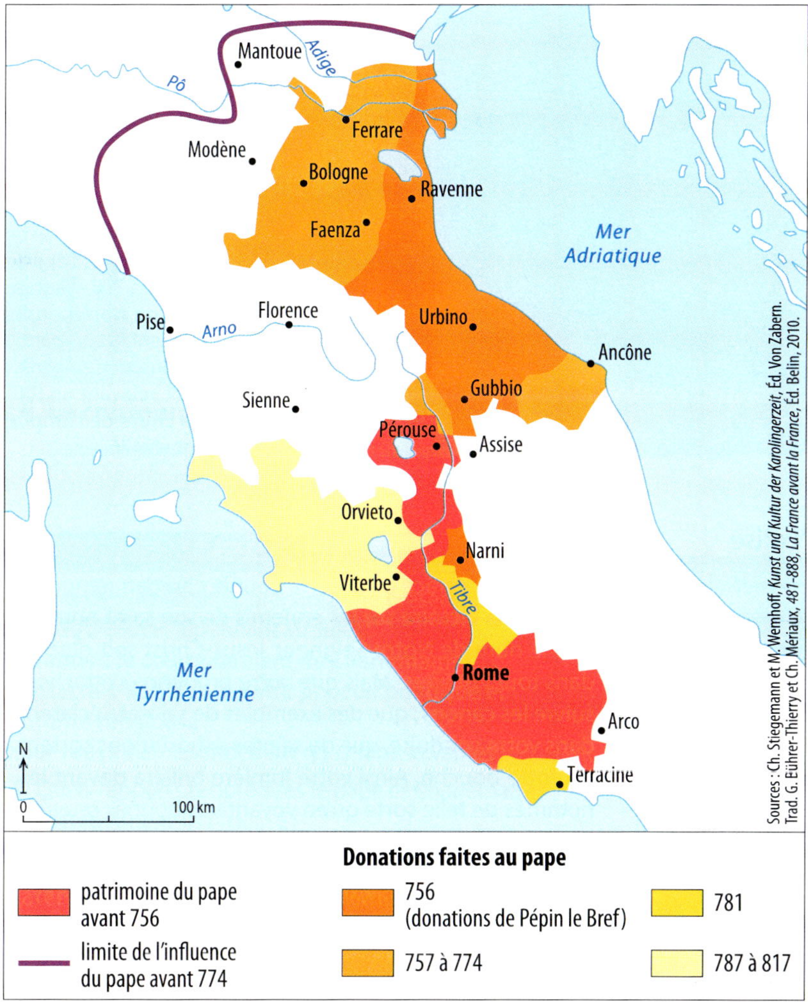

Sources : Ch. Stiegemann et M. Wemhoff, *Kunst und Kultur der Karolingerzeit*, Ed. Von Zabern. Trad. G. Bührer-Thierry et Ch. Mériaux, *481-888, La France avant la France*, Ed. Belin, 2010.

QUESTIONS

1. Montrez que l'autorité de Charlemagne s'impose sur une large partie de l'Europe. **(doc. 2)**
2. Quel est le rôle du pape en Occident ? **(doc. 3)**
3. Montrez que le pape est aussi un souverain territorial. **(doc. 4)**

Bilan

Rédigez une synthèse d'une quinzaine de lignes montrant que pouvoir religieux et pouvoir politique sont liés dans l'Occident médiéval.

JALON ▸ Le pape et l'empereur, deux figures de pouvoir : le couronnement de Charlemagne

ÉTUDE

Le palais d'Aix-la-Chapelle, l'alliance du trône et de l'autel

Le palais d'Aix-la-Chapelle a été construit à la fin du VIIIe siècle. Il est constitué de deux grands ensembles, la salle de l'assemblée (*aula regia* en latin) et la chapelle palatine, reliées par une longue galerie. Cet ensemble monumental symbolise à lui seul les dimensions politiques et religieuses du pouvoir de Charlemagne.

› Comment le palais d'Aix-la-Chapelle symbolise-t-il l'alliance des pouvoirs spirituel et temporel ?

750 — 800 — 850

- **790** Début de la **construction du palais**
- **793** Début de la **construction de la chapelle palatine**
- **800** **Charlemagne s'installe** avec sa cour dans son palais
- **812** **Traité d'Aix-la-Chapelle :** l'empereur byzantin reconnaît Charlemagne comme empereur

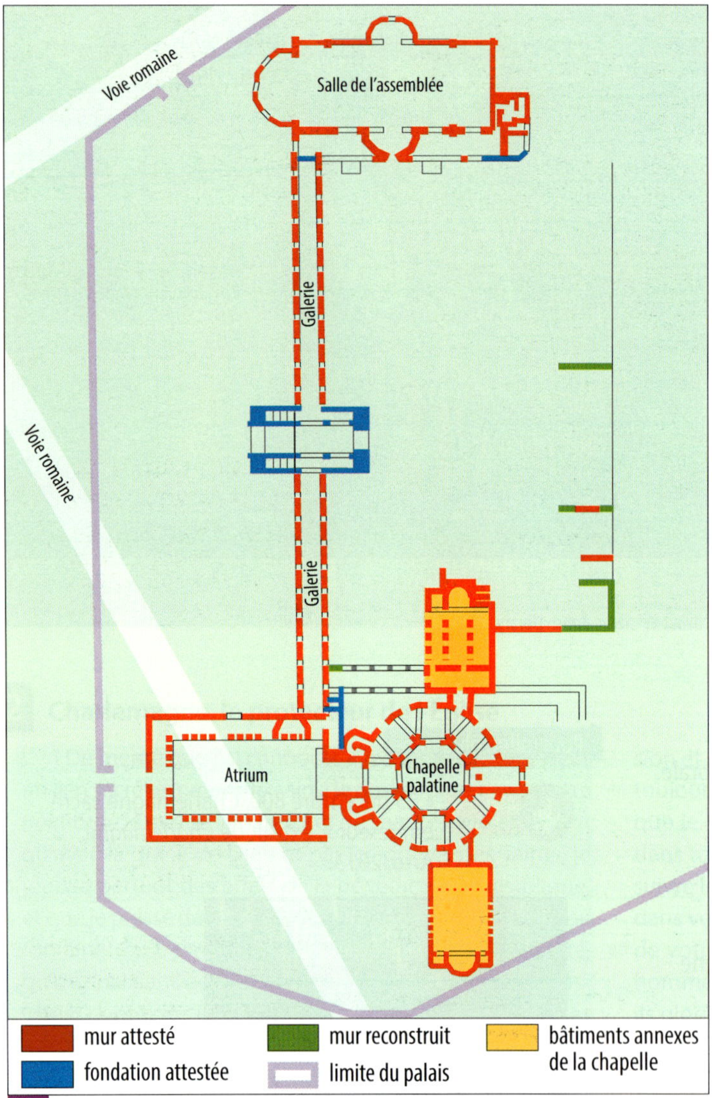

1 Le plan du palais d'Aix-la-Chapelle

Source : d'après G. Bührer-Thierry et Ch. Mériaux, *La France avant la France*, Éd. Belin, 2010.

2 Charlemagne et le projet de construction du palais

Élevé dès sa plus tendre enfance dans la religion chrétienne, ce monarque l'honora toujours avec une exemplaire et sainte piété. Poussé par sa dévotion, il bâtit à Aix-la-Chapelle une basilique d'une grande beauté, l'enrichit d'or, d'argent, et de magnifiques candélabres, l'orna de portes et de grilles de bronze massif, et fit venir pour sa construction, de Ravenne et de Rome, les colonnes et les marbres qu'il ne pouvait tirer d'aucun autre endroit. Il s'y rendait exactement, pour les prières publiques, le matin et le soir, et y allait même aux offices de la nuit et à l'heure du saint sacrifice, tant que sa santé le lui permettait ; veillant avec attention à ce que les cérémonies s'y fissent avec une grande décence, il recommandait sans cesse aux gardiens de ne pas souffrir qu'on y apportât ou qu'on n'y laissât rien de malpropre ou d'indigne de la sainteté du lieu. Les vases sacrés d'or et d'argent et les ornements sacerdotaux dont il fit don à cette église étaient en si grande abondance que, lorsqu'on célébrait les saints mystères, les portiers, qui sont les clercs du dernier rang, n'avaient pas besoin de se servir de leurs propres habits. Ce prince mit le plus grand soin à réformer la manière de réciter et de chanter les psaumes ; lui-même était fort habile à l'un et à l'autre, quoiqu'il ne récitât jamais en public et ne chantât qu'à voix basse et avec le gros des fidèles.

Annales d'Éginhard, *Vie de Charlemagne*, vers VIIIe siècle, Éd. M. Guizot, 1824.

a. Chœur de la chapelle palatine

b. Trône dit de Charlemagne

3 **Intérieur de la chapelle palatine**

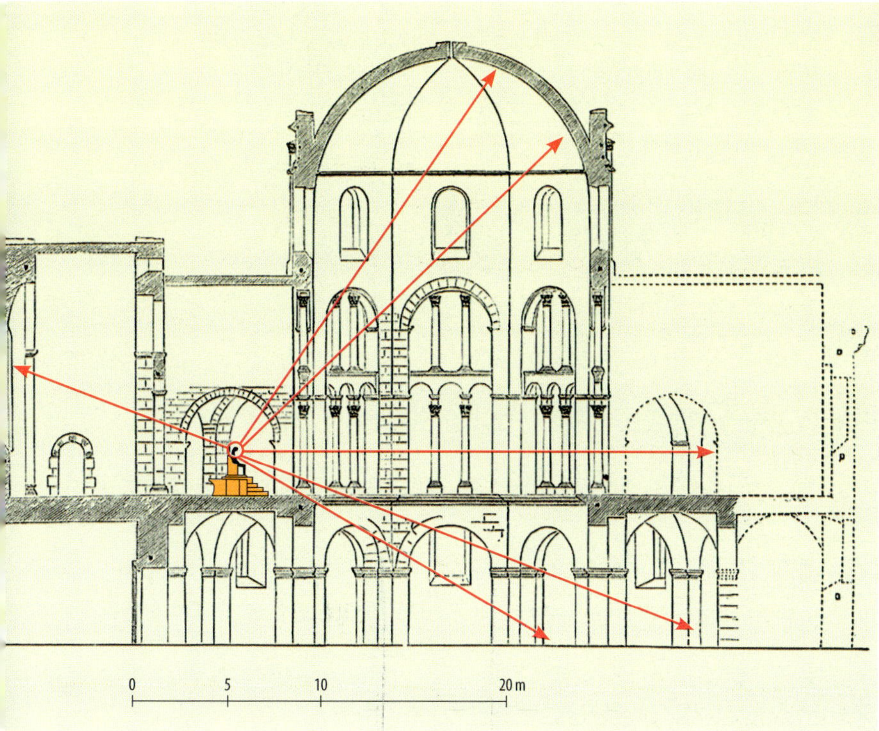

4 **Le trône de l'empereur, au cœur de la chapelle**

Planche extraite de S. R. Koehler, Architecture, *Sculpture, and the Industrial Arts Among the Nations of Antiquity*, L. Prang and Company, Boston, 1879.

ANALYSE DE DOCUMENTS

1. Pourquoi Charlemagne a-t-il souhaité faire construire la basilique d'Aix-la-Chapelle ? **(doc. 2)**
2. Montrez que le complexe palatial d'Aix-la-Chapelle est un symbole du pouvoir de l'empereur. **(doc. 1, 2 et 3)**
3. Comment la chapelle met-elle en scène le pouvoir impérial ? **(doc. 3 et 4)**

Islam et orthodoxie au Moyen Âge

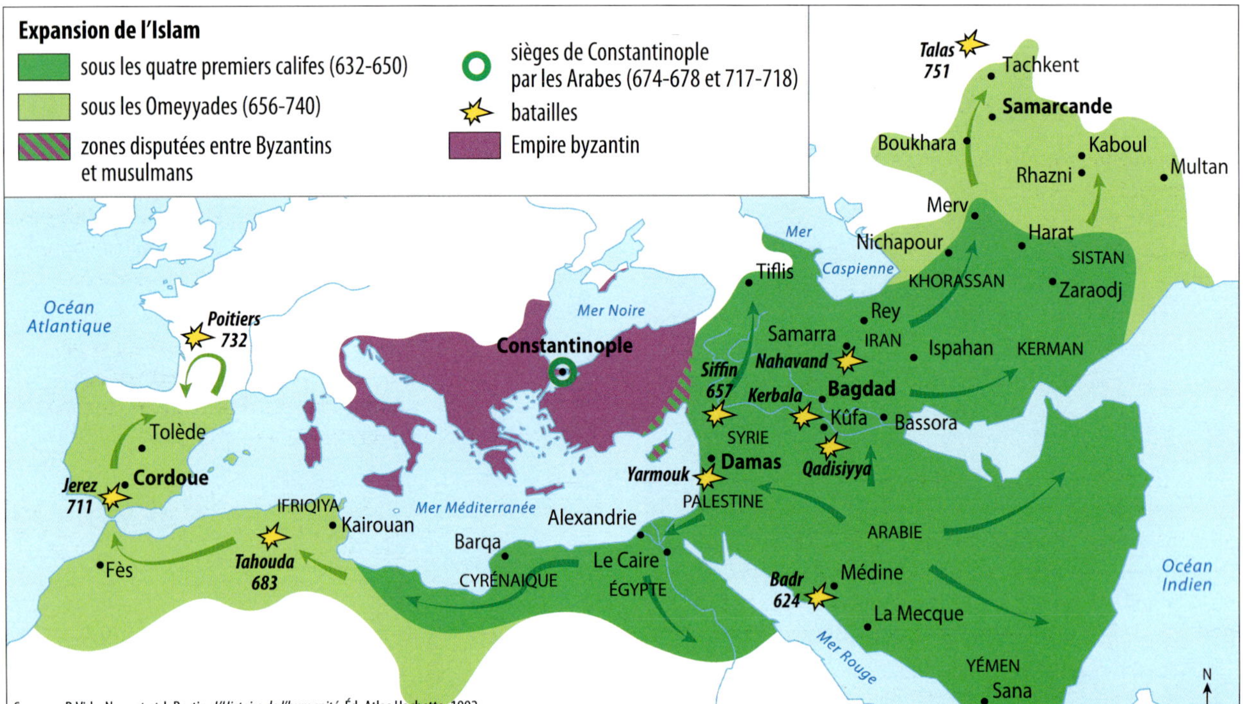

Sources : P. Vida-Naquet et J. Bertin, *L'Histoire de l'humanité*, Éd. Atlas Hachette, 1992
G. Duby, *Atlas historique*, Éd. Larousse, 1995
R. Gimeno et P. Mitrano, *Questions internationales*, n°21, La Documentation française, 2006.

1 L'expansion de l'Islam aux VIIe-VIIIe siècles

carte interactive

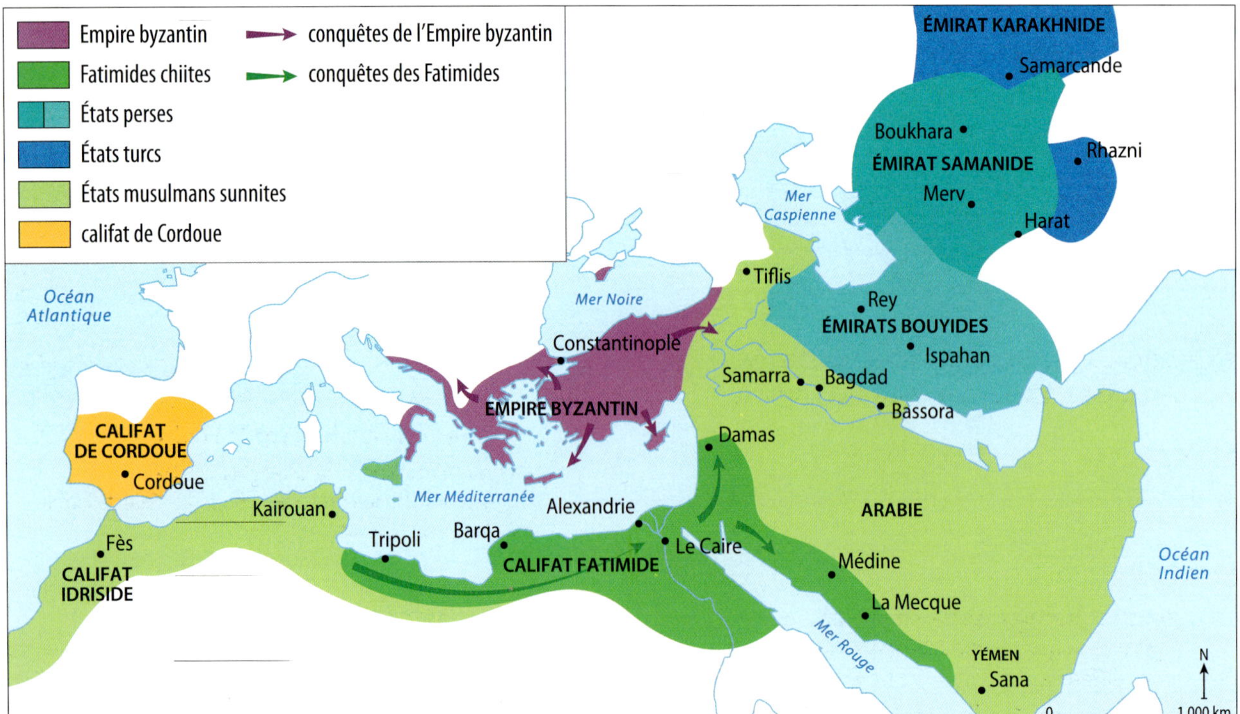

Source : *Le Monde au Moyen Âge*, Éd. Ouest-France, 2007. Cartographie Patrick Mérienne

2 États musulmans et Empire byzantin aux IXe et Xe siècles

carte interactive

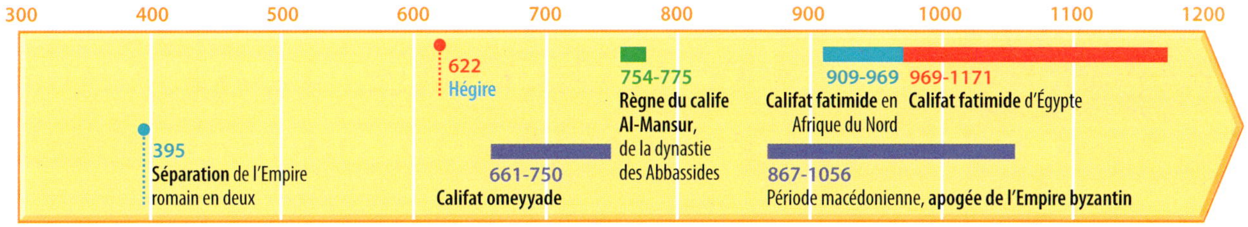

A Le calife au sommet de la hiérarchie musulmane

Dans le monde musulman, le calife représente l'autorité du prophète Mahomet. C'est une distinction politique suprême mais aussi un titre religieux. Le « calife de Dieu » concentre donc tous les pouvoirs, politique, religieux et militaire. Depuis l'assassinat du troisième calife, Uthman, en 656, plusieurs familles prétendent au califat. Il y a donc au même moment plusieurs califes en terre d'Islam.

Le terme de **sultan** désigne celui qui détient le pouvoir. À partir du XIe siècle, ce titre est utilisé par différents souverains.

Hérité du califat de Damas, l'**émir** est le gouverneur d'une province, à qui sont délégués de larges pouvoirs administratifs, religieux, financiers, judiciaires et militaires. Il bénéficie des mêmes prérogatives que le calife à l'échelle de province. En terre d'Islam, le souverain possède donc des pouvoirs religieux importants en tant que guide spirituel.

B La théocratie byzantine

L'Empire byzantin est une véritable théocratie. L'empereur est le « pieux élu de Dieu », le lieutenant de Dieu sur Terre. Il occupe dans la cité terrestre la même place que Dieu dans la cité céleste. Ainsi, les pouvoirs politiques et religieux sont étroitement associés. Il est dans la nature même du pouvoir impérial d'intervenir dans la vie de l'Église.

Cependant, l'empereur est accompagné dans son rôle religieux par les patriarches. Le premier d'entre eux, le patriarche de Constantinople, est la plus haute autorité religieuse de la religion chrétienne orthodoxe.

3 Le calife de Bagdad et les chrétiens

Enluminure du *Livre des merveilles* de Marco Polo, vers 1410-1412.

4 L'Empereur byzantin et le divin

Mosaïque de la basilique Sainte-Sophie, Istanbul, 944.
L'empereur Justinien présente la basilique Sainte-Sophie à sainte Marie et Jésus.

QUESTIONS

1. Montrez que l'islam se développe très rapidement aux VIIe et VIIIe siècles mais se divise entre différents États. **(doc. 1 et 2)**
2. Pourquoi peut-on parler de théocratie pour l'Empire byzantin ? **(doc. 4)**

Vocabulaire

- **Hégire :** date du début du calendrier musulman, qui correspond au départ de Mahomet et de ses compagnons de La Mecque vers Médine, en 622.

ÉTUDE Le calife et l'empereur, mise en scène du pouvoir politique et religieux

Dans le califat abbasside comme dans l'Empire byzantin, les liens entre pouvoir religieux et pouvoir politique sont étroits. Ainsi, à Bagdad comme à Constantinople, l'espace est organisé autour du calife et autour de l'empereur.

› Comment le calife et l'empereur byzantin mettent-ils en scène leur pouvoir politique et religieux ?

A Le calife

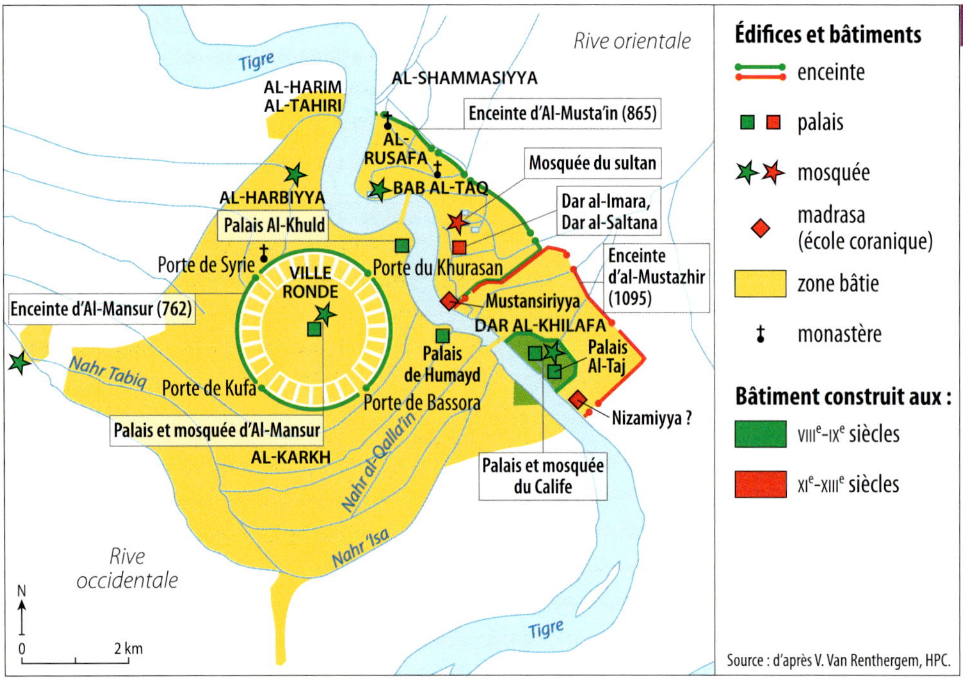

1 Bagdad au XIIIe siècle, une ville construite autour du calife

2 Bagdad, centre du pouvoir califal

Le dernier vestige de la cité construite par Al-Mansur, la tour d'un des remparts, fut détruit par les Turcs en 1917.

Le calife Al-Mansur fit convoquer des ingénieurs, des gens experts dans l'art de construire […] afin de faire dresser les plans de sa capitale […]. Il en fit une ville ronde, la seule ville ronde connue dans le monde entier […]. Chacune [des quatre] portes de la ville était munie d'une porte de fer à deux battants, haute et épaisse […]. Au centre de la grande place s'élevait le palais […] à côté duquel se trouvait la Grande mosquée. Le palais n'était entouré d'aucune construction, hôtel particulier ou maison d'habitation. […] Tout autour de la grande place se trouvaient les demeures des jeunes enfants d'Al-Mansur, des esclaves noirs attachés à son service particulier, le trésor[1], l'arsenal[2], le ministère des correspondances, le ministère de l'impôt foncier […]. Les faubourgs étaient divisés en quatre secteurs. La consigne était de prévoir de larges emplacements pour les boutiques, de façon qu'il y ait dans chaque faubourg un souk englobant tous les articles du commerce […]. Ils devaient construire dans tous les faubourgs des mosquées et des hammams en nombre suffisant pour l'usage des habitants du quartier.

D'après Al Ya Qubi, *Les Pays*, IXe siècle, trad. G. Wiet, Éd. Le Caire, 1937.

1. Service d'un ministère qui garde l'argent de l'État.
2. Entrepôt d'armes.

B L'empereur

3 L'empereur entouré de patriarches

Traités théologiques de Jean VI Cantacuzène, XIVe siècle, conservés à la BNF.
L'empereur byzantin Jean VI Cantacuzène présidant le synode de 1351, entouré de patriarches.

5 L'ANALYSE DE L'HISTORIEN — Le rôle du cérémonial de cour dans l'Empire byzantin

La Cour est un somptueux mystère, dans lequel l'empereur s'efforce de jouer le rôle du Christ, accueillant douze convives à sa table […], lavant à certaines occasions les pieds des pauvres soigneusement choisis. La réception des hôtes « étrangers » illustre parfaitement cette conception d'un pouvoir impérial chrétien qui se veut universel. Après une longue attente et la traversée de couloirs interminables, l'ambassadeur forcé par les gardes se présente devant l'empereur. Comme les sujets, il doit, en signe de vénération de la personne impériale, s'allonger de tout son long devant elle : c'est la proskynèse. Après quoi, il peut se relever. Le spectacle qui s'offre à lui est saisissant : le trône de l'empereur s'élève sous l'effet d'une machinerie, tandis que des automates font s'agiter des lions, des griffons et des oiseaux d'or […]. Sans doute le visiteur en perd-il la parole mais, de toute façon, il n'a pas le droit de parler à l'empereur, qui ne s'adresse à lui que par un intermédiaire.

M. Kaplan, *Tout l'or de Byzance*, Éd. Gallimard, 1994.

4 La réception d'ambassadeurs devant l'empereur byzantin

*Liutprand de Crémone (vers 920-vers 972) est un évêque, ambassadeur et historien italien. Dans le 6e livre de l'*Antapodosis, *il retrace sa première rencontre avec l'empereur à Constantinople en tant qu'ambassadeur.*

À côté du palais, il y a à Constantinople une maison d'une taille et d'une beauté admirable, que les Grecs appellent Magnaure. […] Constantin ordonna-t-il de la préparer ainsi pour les envoyés d'Espagne qui venaient d'arriver auprès de lui, comme pour Liutefredus et moi. Était placé devant le siège de l'empereur un certain arbre de bronze doré dans les branches duquel se trouvaient plein d'oiseaux de différentes espèces, également en bronze doré. Les divers oiseaux émettaient des chants chacun selon son espèce. Le trône de l'empereur était agencé avec une telle habileté qu'à un moment il paraissait bas, et bientôt à un autre moment très haut dans les airs. Des lions semblaient monter la garde. Ils étaient de taille immense, soit en bois soit en bronze, je ne sais, mais assurément couverts d'or ; ils frappaient le sol de leur queue et ils rugissaient en remuant la langue dans leur gueule ouverte. C'est ainsi que je fus conduit dans ce lieu, porté sur les épaules de deux eunuques, en présence de l'empereur. À mon arrivée, les lions rugirent, les chants des oiseaux retentirent, chacun selon son espèce. […] Ainsi, pour adorer l'empereur, j'ai penché à trois reprises la tête. Et l'empereur que j'avais vu assis à une distance modérée du sol, bientôt vêtu d'autres habits je l'ai vu assis presque au plafond de la pièce. Je ne pus comprendre comment cela s'était produit, à moins que peut-être il n'ait été soulevé par un engin (*argalio*) du genre de ceux dont on se sert pour soulever les troncs d'arbres. Il était resté muet jusqu'alors, car s'il avait voulu parler, la grande distance aurait rendu la prise de parole inconvenante. Il s'informa de la vie de Bérenger et de sa santé par l'intermédiaire du logothète.

Liutprand de Crémone, *Antapodosis*, Xe siècle
dans *Économie et société à Byzance (VIIIe-XIIe siècles). Textes et documents*, dirigé par S. Métivier,
trad. B. Caseau, Éd. Publications de la Sorbonne, 2007.

ANALYSE DE DOCUMENTS

1. Comment est organisée la ville de Bagdad ? **(doc. 1 et 2)**
2. Comment le calife et l'empereur byzantin mettent-ils en scène leur pouvoir politique et religieux ? **(doc. 2, 3 et 4)**
3. Quel sens donner au cérémonial en vigueur lors des réceptions d'ambassadeurs à Constantinople ? **(doc. 4 et 5)**

ÉTUDE

Le partage de l'autorité religieuse dans l'Empire byzantin

Dans l'Empire byzantin, le pouvoir spirituel est dans les mains à la fois de l'empereur et du patriarche de Constantinople. Les deux personnages sont étroitement liés : le patriarche couronne l'empereur, qui nomme les patriarches.

› **Comment l'autorité religieuse se partage-t-elle entre l'empereur et le patriarche dans l'Empire byzantin ?**

1 L'empereur et le patriarche

Titre II : De l'empereur

Article 1 : L'Empereur est l'autorité légitime, le bien commun de tous les sujets : il ne châtie ni ne compense avec partialité, mais comme un bon agonothète[1], il distribue les justes prix.

Article 4 : L'Empereur a l'obligation de défendre et maintenir d'abord toutes les prescriptions de la Sainte Écriture, puis les dogmes énoncés par les sept Saints Conciles, ainsi que les lois « romaines » reconnues.

Article 5 : L'Empereur doit être excellent dans l'orthodoxie et la piété, éclatant dans son zèle divin, en ce qui concerne les dogmes relatifs à la Trinité, aussi bien qu'en ce qui concerne les décrets touchant l'économie selon la chair de notre Seigneur Jésus-Christ […].

Article 6 : L'Empereur doit interpréter les lois portées par les anciens, et d'après elles, trancher lorsqu'il n'existe pas de loi.

Titre III : Du patriarche

Article 1 : Le patriarche est la vivante image du Christ, ses actions et ses paroles expriment la vérité.

Article 3 : Le but du patriarche est le salut des âmes qui lui ont été confiées, vivre dans le Christ, être crucifié au monde.

Article 4 : Le patriarche a pour devoirs particuliers d'enseigner ; de traiter sans crainte sur pied d'égalité les puissants et les humbles ; d'être bienveillant quand il juge, mais de reprendre fermement les endurcis ; de s'exprimer sans peur devant l'Empereur quand il s'agit de proclamer et de défendre les dogmes.

Article 5 : Ce que les Anciens, les Pères et les Conciles ont ordonné et disposé, le patriarche seul doit l'interpréter.

Article 8 : L'État étant composé de membres et de parties comme le corps humain, les plus grands et les plus nécessaires sont l'empereur et le patriarche. C'est pourquoi la paix et le bonheur des sujets dans leur âme et dans leur corps résident dans la bonne entente et l'accord complet de l'empereur et du patriarche.

Epanagoge de Basile et Léon, après 880, cité par P. Riché et G. Tate, *Textes et documents d'histoire du Moyen Âge, ve-xe siècles*, Éd. Sedes, 1972.

1. Magistrat en charge des concours.

2 Le couronnement de l'empereur par le patriarche de Constantinople

Enluminure de la chronique de Skylitzès de Madrid, bibliothèque nationale d'Espagne, Madrid, XIIe siècle.
Couronnement de l'empereur Michel Ier par le patriarche de Constantinople.

ANALYSE DE DOCUMENTS

1. Expliquez que l'empereur et le patriarche de Constantinople sont deux autorités religieuses importantes et liées dans l'Empire byzantin.
2. Quelles sont les spécificités de chacun des pouvoirs dans le domaine religieux ?

ÉTUDE La contestation de l'autorité du calife

Dans les terres d'Islam, le calife abbasside de Bagdad est l'autorité suprême mais son pouvoir est contesté au sein des différentes branches de l'islam. Ainsi, le califat fatimide revendique aussi son pouvoir religieux.

› Quelles sont les fractures religieuses et politiques au sein du monde musulman ?

1 Le Caire des Fatimides, une capitale chiite

Al-Fustat[1] est une métropole dans toute l'acception du terme ; elle réunit en effet les services ministériels ; elle est le siège du gouvernement et abrite l'Émir des Croyants. Elle est à l'intersection du Maghreb et des territoires des Arabes. Le pays qui en dépend est vaste ; la population en est nombreuse. La région est florissante et son nom est illustre ; sa puissance est immense. C'est la métropole de l'Égypte. Al-Fustat a éclipsé Bagdad ; elle est la gloire de l'Islam et le centre commercial de l'Univers. Plus magnifique que Bagdad elle est le grenier du Maghreb et le lieu de transit de l'Orient […].

Al-Muqadassi, *Les Régions de la Terre*, fin du xᵉ siècle, trad. partielle A. Miquel, *La meilleure répartition pour la connaissance des provinces*, Institut français de Damas, 1963.

1. Première capitale arabe en Égypte, située au Caire.

2 Le sort réservé aux opposants

Mansur al-Hallâdj est un mystique persan soufi condamné à mort en 922.

Au matin du mercredi 26 mars 922, on fit sortir al-Hallâdj sur une place qui s'étend devant le bâtiment, et il s'amassa une foule considérable de gens du peuple, telle qu'on n'aurait pu le dénombrer. Le bourreau, ayant reçu l'ordre de lui donner mille coups de fouet, se mit à le frapper sans que le patient poussât un gémissement ou demanda grâce. Au six centièmes coup, il dit à Muhammad ibn Abd al-Samad : « Fais-moi venir jusqu'à toi ; je te donnerai un avis qui permettra au calife de faire la conquête de Constantinople. » « On m'avait averti, lui fut-il répondu, que tu dirais cela, et même davantage encore, mais il m'est impossible de suspendre l'exécution de ta peine. » Alors il ne dit plus rien, jusqu'au millième coup de fouet. Ensuite, on lui coupa la main et le pied, puis on le décapita et on brûla son corps : sa tête fut exposée sur le pont, puis envoyée au Khûrâsân.

Ibn Miskawaih, *Un procès en hérésie à Bagdad*, xᵉ siècle, cité par J. Sauvaget, *Historiens arabes, pages choisies, traduites et présentées*, Éd. Adrien Maisonneuve, 1946.

3 La mosquée al-Hakim au Caire

La construction de la mosquée al-Hakim, entre 990 et 1002, commence sous le règne du calife fatimide al-Aziz et s'achève sous celui de son successeur, al-Hakim. Elle s'appelait à l'origine al-Anwar, « la brillante », liée à la symbolique de la lumière, importante dans l'idéologie chiite.

ANALYSE DE DOCUMENTS

1. Quelles sont les autorités concurrentes au calife abbasside de Bagdad ?
2. Comment le calife de Bagdad lutte-t-il contre les mouvements mystiques de l'islam ?

LEÇON 2 Pouvoir et religion : des liens historiques traditionnels

› Comment les trois civilisations méditerranéennes envisagent-elles la relation entre pouvoir politique et pouvoir religieux ?

A Charlemagne, renaissance de l'Empire et protection de la papauté

- **Depuis 476 et la disparition de l'Empire romain d'Occident, l'Europe de l'Ouest est composée de multiples royaumes.** À la fin du VIIIe siècle, Charlemagne, roi des Francs, s'impose comme le souverain le plus puissant du continent, repoussant les frontières de son royaume vers l'Espagne et vers l'ouest, occupé par les Saxons. En 774, il combat les Lombards, en Italie du Nord, qui menacent Rome et le pape.
- **À la fin du VIIIe siècle s'opère un rapprochement entre le roi des Francs et le pape.** Ce dernier est menacé par les Lombards mais aussi par l'Empire byzantin, présent en Italie. Ainsi, le 25 décembre 800, Charlemagne est sacré empereur d'Occident par le pape Léon III, à Rome. La papauté permet de conférer à l'événement une dimension religieuse forte. Pourtant, l'empereur s'impose comme le défenseur de l'Église chrétienne et de la papauté.
- **Les relations entre l'empereur et le pape restent complexes tout au long du Moyen Âge.** En effet, si l'empereur représente une autorité temporelle et le pape une autorité spirituelle, lequel des deux possède une autorité supérieure à l'autre ? Aux XIe et XIIe siècles éclate la « querelle des investitures », qui pose la question de savoir qui du pape ou de l'empereur doit investir les évêques.

1 Autorité spirituelle et pouvoir temporel

Mosaïque du VIIIe-IXe siècles, palais du Latran, Rome.
Saint Pierre conférant le pallium (étole), symbole de l'autorité spirituelle, au pape Léon III (à gauche), et la bannière impériale, symbole du pouvoir temporel, à l'empereur Charlemagne.

B L'Empire byzantin, une théocratie

- **En 395, à la mort de l'empereur romain Théodose Ier, l'Empire romain est séparé en deux.** Constantinople (autre nom de Byzance) devient la capitale de l'Empire romain d'Orient, et les empereurs byzantins se considèrent les héritiers directs des empereurs romains. À partir du VIIe siècle, l'Empire byzantin subit la poussée du califat abbasside et perd ses territoires au Proche-Orient.
- **L'empereur est reconnu comme le représentant ou messager du Christ.** Cependant, le patriarche de Constantinople est également une autorité religieuse de premier plan. Il dispose de son administration propre, mais il est nommé par l'empereur. Les deux pouvoirs sont complémentaires mais peuvent aussi susciter des rivalités.
- **Contrairement au christianisme latin, la religion chrétienne orthodoxe fonctionne autour de la convocation de conciles** qui rassemblent les patriarches et le clergé orthodoxe. Les conciles fixent le dogme et condamnent les pensées hérétiques. Ainsi, au VIIIe siècle, les empereurs byzantins Léon III l'Isaurien et Constantin V s'opposent aux moines : ils cherchent à appliquer l'iconoclasme tandis que les moines soutiennent la sainteté des icônes et des reliques. Ce sont ces derniers qui s'imposent à partir du milieu du IXe siècle.

Vocabulaire

- **Chiisme :** courant religieux de l'islam qui regroupe environ 10 % des musulmans, dont 90 % de la population iranienne.
- **Iconoclasme :** destruction délibérée de représentations religieuses figuratives pour rejeter la vénération adressée aux représentations du divin.
- **Sunnisme :** courant religieux de l'islam qui regroupe environ 90 % des musulmans. Ils sont parfois appelés les « musulmans orthodoxes ».

C Le calife et les terres d'Islam

- **L'expansion de l'Islam à partir du VIIe siècle est extrêmement rapide tout autour de la Méditerranée, depuis l'Espagne jusqu'en Anatolie, et dans tout le Moyen-Orient.** À la suite du prophète Mahomet, les premiers califes s'imposent comme des souverains mais aussi des chefs spirituels. Cependant, la succession du pouvoir après Mahomet crée des tensions : dès les premières décennies qui suivent sa mort en 632, deux courants s'opposent, le sunnisme et le chiisme, eux-mêmes divisés en plusieurs mouvements.
- **Le calife est le souverain suprême, appelé chez les sunnites « le commandeur des croyants ».** Au Moyen Âge, on distingue trois principaux califats : celui des Omeyyades dont la capitale, Damas, est transférée à Bagdad sous la dynastie des Abbassides (sunnites). Le califat chiite des Fatimides, fondé en 909, installe sa capitale au Caire en 969, mais est renversé en 1171 par Saladin. Enfin, le califat de Cordoue, en Espagne, est proclamé en 929 mais démembré en 1031.
- **Les terres d'Islam sont composées de nombreux États concurrents, de même que de nombreux courants religieux existent au sein même de l'islam.** Le pouvoir califal est donc concurrencé par d'autres formes d'autorités, celles des sultans ou des émirs.

2 La Kaaba

La Kaaba (le cube) à La Mecque est un lieu sacré du culte musulman. Les califes se veulent les défenseurs des lieux saints de l'islam.

SCHÉMA BILAN

schéma interactif

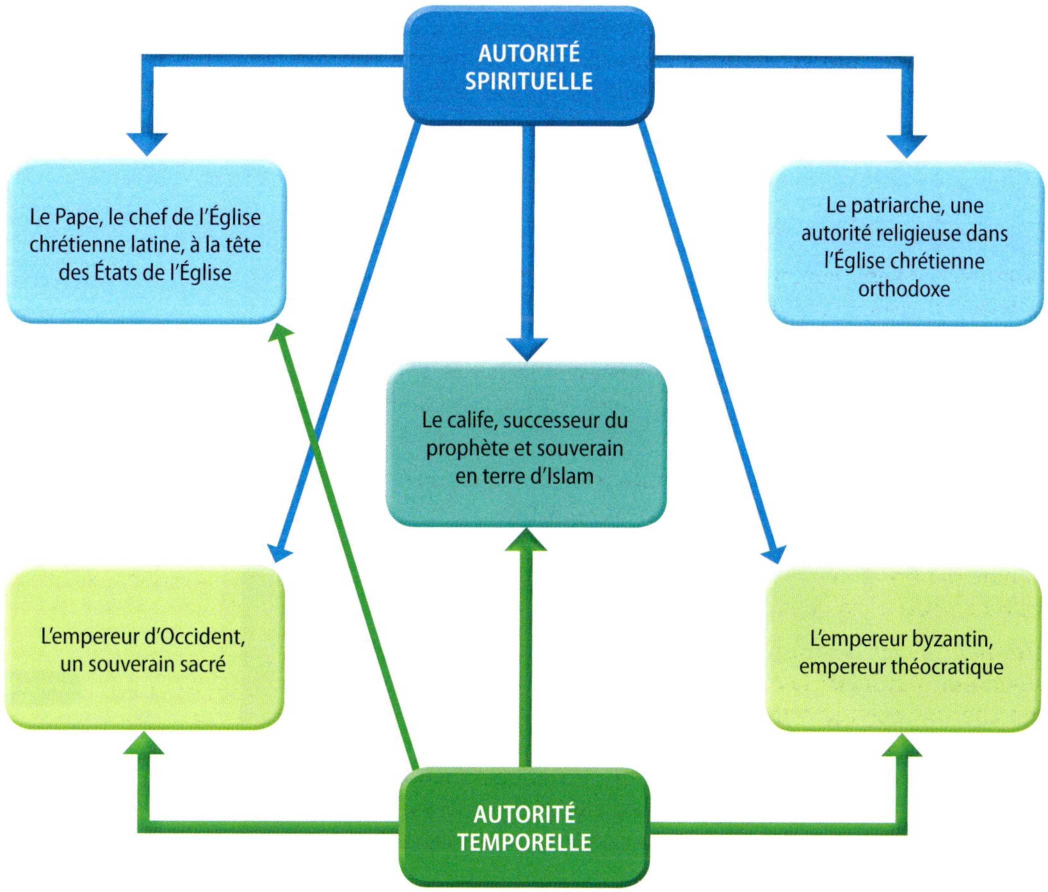

JALON ▸ La laïcité en Turquie : l'abolition du califat en 1924 par Mustafa Kemal

REPÈRES 1

La Turquie au lendemain de la Première Guerre mondiale

1 La Turquie aux lendemains de la guerre gréco-turque (1919-1922)

carte interactive

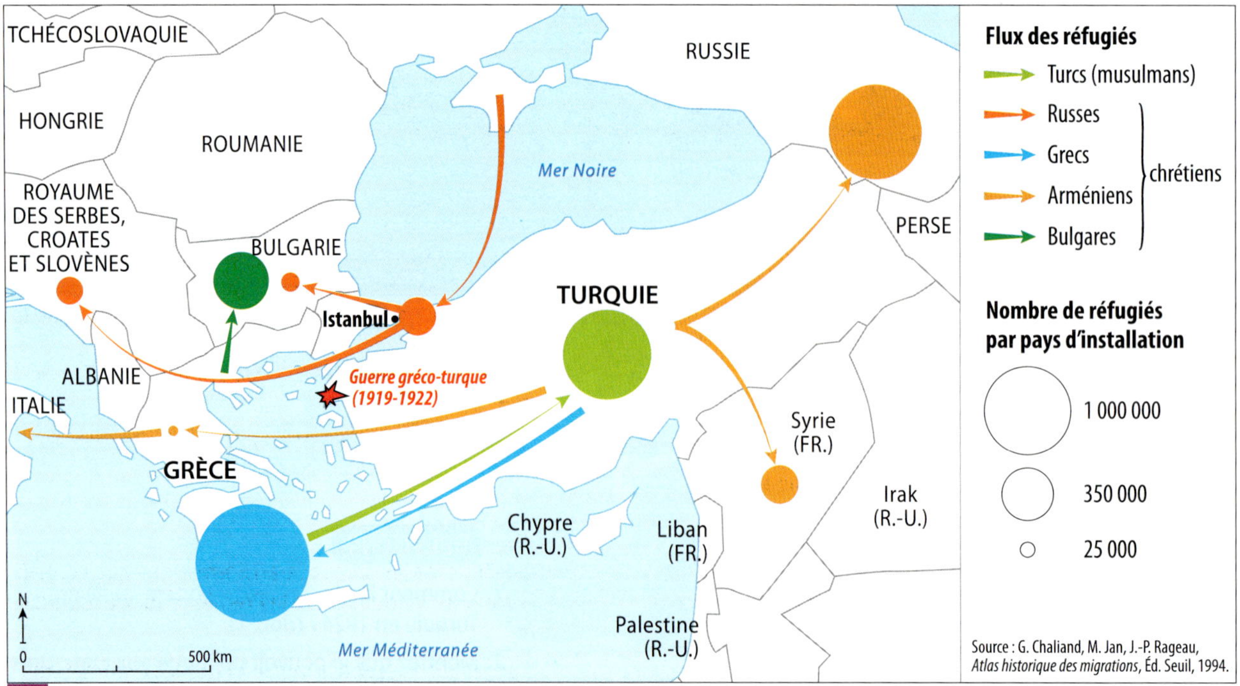

2 Transformations politiques et religieuses après la guerre gréco-turque (1919-1922)

1920 — 1925 — 1930 — 1935 — 1940

- **1er nov. 1922** Abolition du sultanat ottoman
- **3 mars 1924** Abolition du califat
- **Oct. 1927** Grand discours de Mustafa Kemal
- **1937** La **laïcité** est inscrite dans la Constitution turque

LES « SIX FLÈCHES » DU KÉMALISME

- Nationalisme
- Républicanisme
- Populisme
- Rôle de l'État
- Laïcité
- Révolution

3 Les principes du kémalisme : les « six flèches »

4 Jeunes Turcs

Manifestations contre le sultan à Istanbul, 1908.

Les « Jeunes Turcs » sont un mouvement politique nationaliste révolutionnaire et réformateur, créé en 1889, au sein des écoles militaires. Il existe plusieurs tendances au sein de ce mouvement : certains membres soutiennent l'attachement aux valeurs islamiques, tandis que d'autres se veulent au contraire proches d'une tradition laïque. Mais tous souhaitent défendre le nationalisme turc et combattent le sultan, qu'ils accusent de ne pas être capable de résister aux pressions étrangères.

Mustafa Kemal « Atatürk »
(1881-1938)

Mustafa Kemal est militaire de carrière. À la suite de la Première Guerre mondiale, il refuse de voir l'Empire ottoman être démembré par le traité de Sèvres. Inspiré par la Révolution française, il renverse le sultanat ottoman le 1er novembre 1922 et instaure un nouveau régime, une république laïque. Après avoir aboli le califat en 1924, il met en place un certain nombre de réformes pour transformer en profondeur la Turquie. À partir de 1934, il se fait appeler « Atatürk » (étymologiquement « turc comme l'étaient les ancêtres »).

Vocabulaire

- **Kémalisme :** idéologie fondatrice de la république de Turquie qui vise à réformer et moderniser la société turque.
- **Laïcité :** principe de séparation de la société civile et de la société religieuse.
- **Nationalisme :** doctrine qui tend à exalter l'appartenance nationale au sein d'un État.
- **Populisme :** discours politique s'appuyant sur les classes populaires.

QUESTIONS

1. Quelles sont les grandes transformations que connaît la Turquie au lendemain de la Première Guerre mondiale ? **(doc. 1 et 2)**
2. Quelle place occupe la religion chez les réformateurs turcs comme Mustafa Kemal ? **(doc. 3 et 4)**

ÉTUDE

L'abolition du califat et la mise en place de la République turque

Au lendemain du traité de Sèvres, qui voit le démantèlement de l'Empire ottoman, une partie de l'armée se soulève et met en place un gouvernement à Ankara, sous la direction de Mustafa Kemal. Ce dernier, militaire, nationaliste, laïque, souhaite mettre fin aux anciennes institutions de l'Empire ottoman pour construire un État moderne autour du peuple turc. Après avoir aboli le sultanat en 1922, il souhaite mettre fin au califat, l'institution religieuse suprême.

› Comment Mustafa Kemal met-il fin à la tradition religieuse héritée des Ottomans ?

1921 – 1922 – 1923 – 1924 – 1925

- 1er nov. 1922 : **Abolition du sultanat ottoman**
- 29 oct. 1923 : Proclamation de la **république de Turquie**
- 3 mars 1924 : **Abolition du califat**

1 L'abolition du sultanat ottoman

Le dernier sultan Mehmed VI, autorité politique et religieuse de l'empire, quittant le palais de Dolmabahçe à Constantinople quelques jours avant l'abolition du sultanat, le 1er novembre 1922.

2 La Constitution turque de 1924 et ses amendements

Article 1 : L'État turc est une République.

Article 2 : La religion de l'État turc est l'islam, la langue officielle est le turc, la capitale est la ville d'Ankara.

Remplacé en 1928 par : « La langue officielle de l'État turc est le turc, la capitale est la ville d'Ankara ».

Remplacé en 1937 par : « L'État turc est républicain, nationaliste, populiste, étatiste, laïque et révolutionnaire. La langue officielle est le turc, la capitale est la ville d'Ankara ».

Article 3 : Le pouvoir, sans réserves ni conditions, appartient à la Nation.

Article 4 : La Grande Assemblée nationale de Turquie, étant l'unique et véritable émanation de la Nation, exerce en son nom le pouvoir.

Article 68 : Tout Turc naît libre et vit libre. […] La liberté de chacun, qui est un droit naturel, a pour limites celles de la liberté des autres. Ces limites ne peuvent être déterminées et fixées que par la loi.

Article 75 : Nul ne peut être inquiété au sujet de sa religion, de son culte ou de ses convictions philosophiques.

Remplacé en 1937 par : « Personne ne peut être incriminé pour ses croyances philosophiques ou religieuses ».

Tous les rites qui ne sont pas contraires à l'ordre public, aux bonnes mœurs ou aux lois, sont libres. […]

Article 77 : La presse est libre dans les limites de la loi ; elle ne peut être soumise à aucun contrôle ou censure […].

Constitution turque de 1924, trad. colonel Lamouche, 1934.

3 La question du califat vue par Mustafa Kemal

Mustafa Kemal n'a jamais écrit son autobiographie, mais plusieurs de ses proches ont publié des textes reprenant des souvenirs qu'Atatürk leur avait confiés. Dans cet extrait, Mustafa Kemal défend une conception nationaliste de la Turquie centrée sur les Turcs et dénonce le califat comme une institution dépassée et néfaste pour le pays.

[Certains] rêvent de maintenir la monarchie abolie par l'Assemblée sous la forme du califat, et de placer le calife à la place du sultan. [...]

La seule différence, c'est qu'au lieu de parler du souverain de tel ou tel pays ou de telle nation, ils parlent maintenant d'un monarque dont l'autorité s'étend sur 300 millions d'âmes, appartenant à des nations variées et résidant dans des continents différents, dont l'autorité s'étend sur l'ensemble de l'Islam, devant prendre en charge les affaires de ces peuples musulmans et assurer l'exécution des prescriptions religieuses correspondant le mieux à leurs intérêts terrestres. Il a à défendre les droits de tous les musulmans et à concentrer entre ses mains, avec toute l'autorité nécessaire, les affaires du monde musulman. Ce souverain appelé *calife* est supposé devoir rendre la justice pour les 300 millions de musulmans du globe [...].

Si le calife et le califat, comme ils le soutiennent, doivent être investis d'un rang qui lui fait embrasser l'ensemble de l'Islam, ne réalisent-ils pas qu'en toute justice un fardeau écrasant pèserait sur la Turquie [...] ? Selon leurs déclarations, le calife-monarque aurait droit de juridiction [...] sur tous les pays musulmans c'est-à-dire la Chine, l'Inde, l'Afghanistan, la Perse, l'Irak, la Syrie, [...] le Maroc, le Soudan. On sait bien que cette utopie ne s'est jamais réalisée. [...] Est-ce que la Perse ou l'Afghanistan, qui sont des États musulmans, reconnaîtront sans discussion l'autorité du calife ? Le peuvent-ils ? Non et cela se justifie ; car ce serait en contradiction avec l'indépendance de l'État et la souveraineté du peuple.

Puis je mets en garde le peuple lui disant : « l'erreur consistant à nous considérer les maîtres du monde doit cesser. »

M. Kemal Atatürk, texte établi par J.-P. Jackson, *Mémoires*, 1927, Éd. Coda, 2005.

12 Pages

Le Petit Journal illustré

12 Pages

HEBDOMADAIRE
61, rue Lafayette, Paris

PRIX : 0 fr. 30
16 Mars 1924

Le dernier calife

L'Assemblée d'Angora poursuit l'œuvre d'évolution de la Turquie. Après avoir proclamé la République et exilé le sultan, elle vient de rompre le dernier lien avec le passé. Abdul Medjid, qui, en qualité de calife, représentait la tradition religieuse à la tête des Ottomans, a reçu notification de sa déchéance et est parti pour l'étranger avec les princes et princesses de sa famille.

4 L'abolition du califat vue par la presse française

Une du *Petit Journal illustré*, 16 mars 1924.

Vocabulaire

- **Empire ottoman :** créé au XIIIe siècle par Osman, il mit fin à l'Empire byzantin. Les Ottomans régnèrent jusqu'au XXe siècle depuis Constantinople. Leur défaite lors de la Première Guerre mondiale entraîne la partition de leur territoire.

ANALYSE DE DOCUMENTS

1. Montrez que le pays s'engage vers une séparation nette entre l'État et la religion. **(doc. 1, 2 et 4)**
2. Comment Atatürk argumente-t-il la nécessité de l'abolition définitive du califat ? **(doc. 3)**
3. Montrez que le programme d'Atatürk est à la fois laïque et nationaliste. **(doc. 2 et 3)**

JALON ▸ La laïcité en Turquie : l'abolition du califat en 1924 par Mustafa Kemal

ÉTUDE

La laïcité turque selon Mustafa Kemal

À la suite de l'abolition du califat, Mustafa Kemal se lance dans une vaste réforme qui vise à séparer la religion et la sphère publique. C'est toute la société turque qui s'en trouve transformée

› Comment se met en place la laïcité turque ?

1920 — 1925 — 1930 — 1935

- **1922** Abolition du sultanat ottoman
- **1924** Suppression des écoles religieuses
- **1925** Fermeture des monastères et des sanctuaires musulmans
- **1926** Interdiction de la polygamie
- **1928** L'islam n'est plus religion d'État
- **1930** Droit de vote des femmes aux élections locales
- **1934** Droit de vote des femmes aux élections nationales et éligibilité

1 Un nouvel alphabet

En 1929, des élèves des écoles d'Istanbul défilent dans les rues pour célébrer l'introduction des caractères latins, remplaçant alors l'alphabet turc ottoman.

2 « L'État turc doit-il avoir une religion ? »

À Izmit, au cours d'une longue entrevue et conversation avec des journalistes d'Izmit et de Constantinople, la question suivante m'avait été adressée par l'un de mes interlocuteurs : « Le nouvel État aura-t-il une religion ? » J'avoue que je ne désirais pas du tout être appelé à répondre à cette question. […]

En effet, un État possédant parmi ses sujets des éléments appartenant à des religions différentes, qui est obligé d'agir avec justice et impartialité vis-à-vis de chacun d'eux, qui, par ses tribunaux, est tenu de dispenser une justice égale aux étrangers aussi bien qu'à ses sujets, un tel État, dis-je, est obligé de respecter la liberté d'opinion et de conscience. […]

Messieurs, la fermeture des tekkés, des cloîtres, des mausolées, ainsi que la suppression de toutes les sectes et de toutes sortes de titres tels que ceux de cheikh, derviche, disciple, tchélébi, occultiste, magicien, gardien de mausolée et autres, eurent lieu pendant que la loi sur le raffermissement de l'ordre était en vigueur. On appréciera combien l'application de ces mesures était nécessaire pour démontrer que notre entité sociale ne représentait pas une nation primitive vouée aux préjugés et aux superstitions.

Messieurs, c'est au cours de la même période dont nous parlons que furent élaborées et éditées les lois nouvelles qui promettent de fructueux résultats pour la nation dans les domaines social et économique et, en somme, dans toutes les manifestations de l'esprit humain… Le Code civil assure la liberté de la femme et consolide l'existence de la famille.

Discours du Ghazi Mustafa Kemal, octobre 1927, Éd. Leipzig, 1929.

3 L'ANALYSE DE L'HISTORIEN Atatürk ou la naissance de la Turquie moderne

Les dix années qui suivent (l'abolition du califat) apportent des bouleversements dans tous les domaines : institutions, droit, religion, enseignement, mœurs, vie quotidienne. Son action repose sur quelques idées-forces, énoncées après coup sous la forme de principes : les six « flèches » du Parti républicain du peuple – nationalisme, populisme, réformisme, laïcisme, républicanisme et étatisme. Résumé du « kémalisme », ces six flèches visent une seule cible : faire entrer la Turquie dans la « civilisation », selon l'expression même de Mustafa Kemal.

Un pays « civilisé » est d'abord un État laïque. Atatürk veut libérer les Turcs de l'emprise de l'islam, qu'il considère comme en partie responsable du retard pris par le pays dans sa modernisation. C'est ainsi qu'après la suppression du califat, on assiste à la fermeture des écoles religieuses, à l'interdiction des confréries dont les biens sont confisqués, à la mise sous tutelle par l'État des fondations pieuses ou waqf. La loi religieuse est définitivement abandonnée au profit d'une législation de type occidental en ce qui concerne le droit civil, commercial et pénal. En 1928, la mention « l'islam est la religion de l'État » est supprimée de la Constitution et, en 1937, un amendement y inclut le principe de la laïcité. En somme, il s'agit d'éliminer la religion de la vie publique, non pas en prononçant son divorce d'avec l'État, mais plutôt en établissant une tutelle étroite sur le personnel et les institutions islamiques. Cette politique n'est pas « antireligieuse » – il n'y a pas de persécutions – mais les fidèles éprouvent un sentiment d'insécurité et la pratique religieuse diminue.

Ce dispositif institutionnel s'accompagne d'un effort de laïcisation de la société et de la culture. L'adoption du Code civil entraîne la suppression de la polygamie, et assure à la femme une égalité complète en matière d'héritage. Tandis que les hommes se voient interdire le port du fez et du turban, symboles d'un Orient dépassé, les femmes sont fortement encouragées à abandonner le voile. D'autre part, elles acquièrent le droit de vote en 1934 – plusieurs femmes entrent alors au parlement d'Ankara –, soit 10 ans avant que les Françaises aient le droit de se rendre aux urnes. En outre, l'enseignement religieux disparaît peu à peu du système éducatif contrôlé par l'État. Enfin, pour se rapprocher davantage de l'Occident, les caractères arabes sont supprimés au profit d'un alphabet de type latin, le calendrier de l'hégire est remplacé par le calendrier grégorien, et le repos hebdomadaire du vendredi laisse la place à celui du dimanche.

D'après F. Georgeon, « Atatürk, ou la naissance de la Turquie moderne », *L'Histoire*, janvier 1997.

4 1934, les femmes obtiennent le droit de vote en Turquie

En 1930, les femmes ont le droit de vote aux élections locales. Quatre ans plus tard, elles obtiennent le droit de vote à toutes les élections ainsi que l'éligibilité.

5 Cours d'alphabétisation pour les femmes, vers 1930

ANALYSE DE DOCUMENTS

1. Quels sont les principes de la laïcité selon Mustafa Kemal ? **(doc. 2)**
2. Quel lien Mustafa Kemal fait-il entre laïcité et modernité ? **(doc. 3 et 4)**

Bilan

Pourquoi peut-on parler de véritable révolution politique et sociale en Turquie sous Mustafa Kemal ?

JALON

▸ États et religions dans la politique intérieure des États-Unis depuis la Seconde Guerre mondiale

REPÈRES 2

Les États-Unis, le pays du pluralisme religieux

1 Les principales religions aux États-Unis

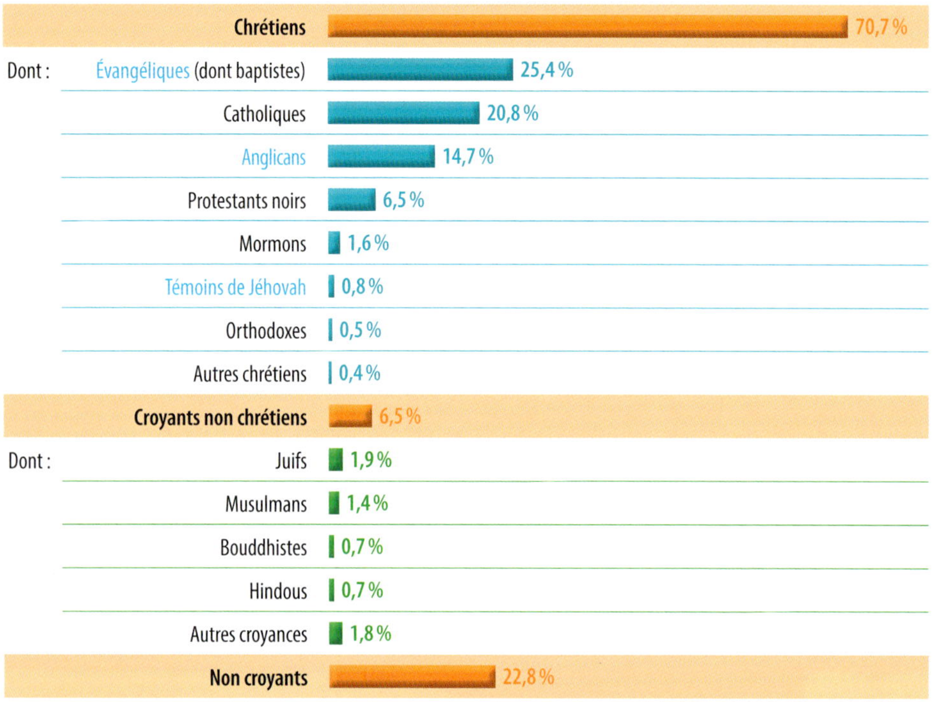

Sources : sondage réalisé par *The Pew Forum on religion and Public*, 2014.
M.-C. Naves, *Géopolitique des États-Unis*, Éd. Eyrolles, 2018.

2 Une *megachurch* à Louisville, Kentucky

Un pasteur évangélique baptise une enfant dans une piscine dans une *megachurch*, en 2002. Les *megachurches* sont des églises accueillant un grand nombre de fidèles (plus de 2 000) et proposant des activités éducatives et sociales.

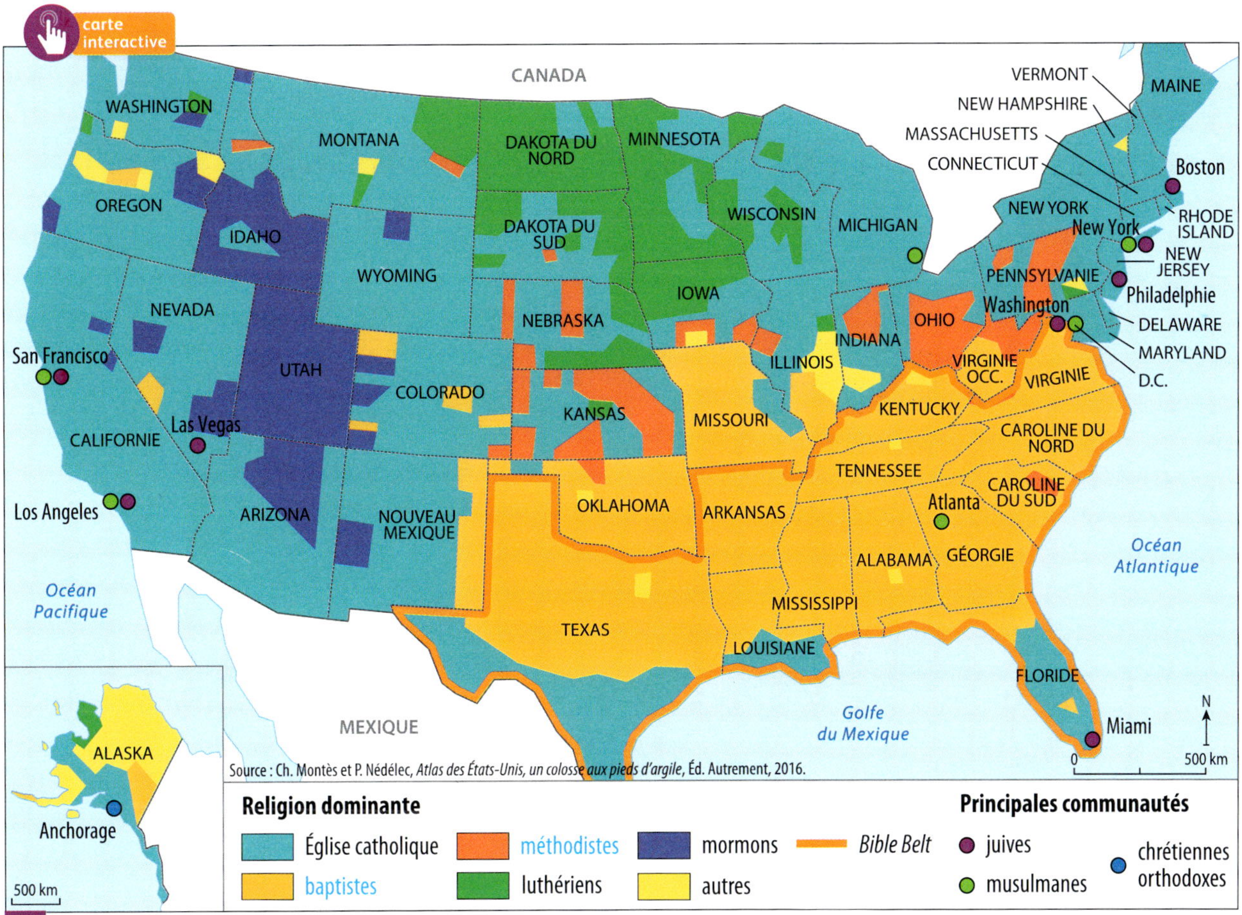

3 Les territoires du pluralisme religieux aux États-Unis

	États-Unis (2018)	États-Unis (2011)	États-Unis (1992)	France (2011)	Inde (2014)
Pourcentage de personnes croyant en Dieu	76	84	90	61	78
Pourcentage de personnes considérant la religion comme importante	50	55	58	40,9	83
Pourcentage de personnes priant Dieu plusieurs fois par semaine	66	–	–	–	66
Pourcentage de personnes assistant à un office religieux au moins une fois par semaine	32	38	44	11	49

4 La pratique religieuse aux États-Unis et dans d'autres pays

Source : Institut Gallup, enquête sur la religion aux États-Unis, 2018.

Vocabulaire

- **Anglicanisme :** Église chrétienne apparue en Angleterre au XVIe siècle après la séparation avec Rome.
- **Baptisme :** mouvement évangélique apparu en Hollande et en Angleterre au XVIIe siècle.
- **Évangélisme :** mouvement religieux chrétien fondamentaliste professant une « renaissance » du fidèle. Il est divisé en plusieurs mouvements (le baptisme, le pentecôtisme…).
- **Méthodisme :** courant du protestantisme issu d'une rupture au sein de l'Église anglicane au XVIIIe siècle.
- **Témoins de Jéhovah :** mouvement se réclamant du christianisme, apparu dans les années 1870 aux États-Unis.

QUESTIONS

1. Justifiez l'affirmation suivante : « les États-Unis sont une mosaïque religieuse ». **(doc. 1 et 3)**
2. Pourquoi peut-on affirmer que les États-Unis sont marqués par une forte religiosité ? **(doc. 2 et 4)**
3. Précisez quels sont les effets de cette religiosité sur le territoire et les paysages urbains des États-Unis. **(doc. 2 et 3)**

Bilan

Montrez quelle est l'empreinte de la religion sur la société et le territoire des États-Unis.

ÉTUDE

Religions et émancipation des Afro-Américains aux États-Unis depuis la Seconde Guerre mondiale

Même si l'esclavage est aboli aux États-Unis depuis 1865, la ségrégation raciale, notamment dans les États du Sud, se poursuit jusqu'en 1964 (*Civil Rights Act*). Les Églises chrétiennes jouent alors un rôle décisif dans le combat des Afro-Américains pour l'égalité des droits, tout comme l'islam représenté notamment par les *black muslims*.

❯ Comment les religions ont-elles participé à la reconnaissance des droits afro-américains aux États-Unis depuis la Seconde Guerre mondiale ?

1 « *I have a dream* », le discours de Martin Luther King à Washington

Le 28 août 1963 a lieu à Washington la marche pour l'emploi et la liberté ; le pasteur Martin Luther King y prononce son discours historique « *I have a dream* ».

Il y a 100 ans, un grand Américain […] signait l'Acte d'émancipation[1]. […] Mais, 100 ans ont passé, et le Noir n'est toujours pas libre. Cent ans ont passé, et l'existence du Noir est encore tristement entravée par les menottes de la ségrégation et les chaînes de la discrimination. […] Il est aujourd'hui évident que l'Amérique a manqué à cet engagement en ce qui concerne ses citoyens de couleur. […]

Le moment est venu de tenir les promesses de la démocratie. […] Le moment est venu de faire de la justice une réalité pour tous les enfants de Dieu. […] Je vous le dis aujourd'hui, mes amis, quand bien même nous devrons affronter les difficultés d'aujourd'hui et de demain, je fais pourtant un rêve. C'est un rêve profondément enraciné dans le rêve américain. […]

Je fais le rêve qu'un jour sur les collines rousses de Géorgie, les fils d'anciens esclaves et les fils des anciens propriétaires d'esclaves pourront s'asseoir ensemble à la table de la fraternité.

Je fais le rêve qu'un jour, même l'État du Mississippi, un État qui étouffe dans la fournaise de l'injustice, qui étouffe dans la fournaise de l'oppression, sera transformé en une oasis de liberté et de justice.

Je fais le rêve que mes quatre jeunes enfants vivront un jour dans une nation où ils ne seront pas jugés sur la couleur de leur peau mais sur la nature de leur caractère. Je fais aujourd'hui un rêve ! […]

Telle est notre espérance. Telle est la foi avec laquelle je repartirai dans le Sud. […] Et quand cela arrivera, quand nous laisserons retentir la liberté, quand nous ferons retentir dans chaque village et chaque hameau, dans chaque État et chaque ville, nous pourrons hâter la venue du jour ou tous les enfants de Dieu, noirs et blancs, juifs et gentils, protestants et catholiques, pourront se prendre par la main et chanter les paroles du vieux *negro spiritual*[2] : « Libres enfin ! Libres enfin ! Béni soit le Tout-Puissant, nous sommes libres enfin ! »

M. L. King, discours de la marche à Washington, 28 août 1963, Éd. Points.

1. En 1865, le président Lincoln faisait adopter l'abolition de l'esclavage aux États-Unis.

2. Mouvement de musique précurseur du gospel.

2 Rassemblement du Ku Klux Klan (KKK), 1965

Le KKK, créé en 1865 pour dénoncer l'intégration des Noirs dans la société américaine, défend les WASP (White anglo-saxon protestant) contre les catholiques, les Noirs, les étrangers. Même s'il est moins actif qu'avant la Seconde Guerre mondiale, il compte 10 000 membres à la fin des années 1970.

3 L'islam, une autre voie religieuse pour l'émancipation

Rencontre entre Mohamed Ali (à droite) et Malcolm X (à gauche) en 1964.
La conversion à l'islam de Malcolm Little, devenu alors Malcom X en 1952, et celle du célèbre boxeur Cassius Clay, devenu Mohamed Ali en 1964, illustrent l'attraction de cette religion dans la défense des Afro-américains.

4 Le rôle des Églises afro-américaines

La Black Church est une spécificité du protestantisme américain et représente environ 6,5 % de personnes dans le paysage religieux américain. Elle est d'abord une Église de lutte et d'émancipation, issue de la ségrégation. Elle devient ensuite le reflet d'un pays qui a très vite été divisé géographiquement, politiquement, et socialement sur la question raciale. Aujourd'hui, la Black Church tient lieu d'ascenseur social. C'est quasiment le lieu de passage obligé des grands leaders. Obama a beau avoir fait Harvard, c'est la Black Church qui l'a fait émerger. Les pasteurs de la Black Church ne sont pas seulement des figures religieuses. Ce sont des dirigeants engagés dans leurs communautés qui ont leur mot à dire, en particulier pour dénoncer une Amérique qui a failli à l'égard des Noirs : Martin Luther King, Al Sharpton… Il faut se dire que, sans la Black Church, les Noirs ne jouiraient pas aujourd'hui de certains droits civiques, que la ségrégation dans les écoles, dans les transports, serait encore dans les textes de bien des États. Le pasteur Clementa Pinckney, l'un des fers de lance du changement sur le plan local, est l'illustration parfaite de ces hommes religieux. Il est entré très tôt dans la vocation (pasteur à 18 ans) et dans la politique (élu dès 23 ans à l'Assemblée de la Caroline du Sud). Son assassinat[1], avec plusieurs de ses fidèles, vient s'ajouter à une longue liste de grands hommes (Lincoln, King, Kennedy) et de petites gens assassinés pour ce qu'ils représentaient. Bien évidemment, tout cela se fait dans un contexte de tensions raciales grandissantes, à laquelle s'ajoute le problème des armes aux États-Unis.

D'après C. Charles, propos recueillis par C. Hoyeau, « Sans les Églises noires, les Afro-Américains ne jouiraient pas aujourd'hui de certains droits civiques », *La Croix*, 26 juin 2015.

1. Le 17 juin 2015, le pasteur Pinckney et huit fidèles sont assassinés dans une église lors d'une fusillade perpétrée par un suprémaciste blanc.

lien Internet

C. Jamet, « La fabuleuse histoire d'*Amazing grace* », lefigaro.fr, 30 juin 2015.

ACTIVITÉ **OBJECTIF** ▪ Réaliser une fiche biographique

Dans la classe, formez des groupes de 4 élèves.

▪ **Comprendre un contexte**

1. Comment les documents 1 et 2 présentent-ils les clivages de la société états-unienne dans les années 1960 ?

▪ **Faire une recherche biographique**

2. Dans chaque groupe, répartissez-vous l'un des quatre personnages mentionnés dans les documents (Martin Luther King, Abraham Lincoln, Malcolm X, Mohamed Ali). Effectuez une recherche personnelle pour compléter les informations trouvées dans les documents.

Aide : Vous pouvez suivre le plan suivant : donnez d'abord quelques éléments biographiques du personnage (naissance et origine sociale, éducation, parcours). Expliquez ensuite l'importance de cette personnalité par rapport à la question étudiée, ici l'émancipation des Afro-Américains. Enfin, proposez l'étude d'une œuvre ou d'une contribution du personnage dans le cadre de la question étudiée (« *I have a dream* » pour Martin Luther King », par exemple).

Bilan

Quel rôle la religion a-t-elle joué dans l'émancipation des Afro-Américains aux États-Unis depuis la Seconde Guerre mondiale ? Dans quelle mesure cet exemple illustre-t-il les liens entre religion et politique états-unienne ?

ÉTUDE

Des religions actrices de la politique intérieure

ORAL

Le premier amendement (1791) impose à l'État fédéral une stricte neutralité religieuse. Cependant, à partir de 1947, la Cour suprême des États-Unis veille à davantage faire respecter le « mur de séparation » entre les Églises et les États. L'interprétation de la laïcité américaine varie dans le temps et les débats ne manquent pas.

› Comment les débats sur la laïcité affectent-ils la politique intérieure des États-Unis ?

1 La place de la religion dans la Constitution des États-Unis

Le Congrès ne pourra faire aucune loi concernant l'établissement d'une religion ou interdisant son libre exercice ; ou pour limiter la liberté d'expression, de la presse ou le droit des citoyens de se réunir pacifiquement ou d'adresser au gouvernement des pétitions pour obtenir réparations des torts subis.

Premier amendement de la Constitution des États-Unis d'Amérique, 1791.

2 « In God We Trust »

La devise « Nous croyons en Dieu » figure sur toute la monnaie américaine.

3 Le difficile équilibre entre croyances religieuses et enseignement

Quand Angela Garlington doit aborder l'histoire de la planète dans son lycée public du Texas, elle en parle comme d'une théorie sur un pied d'égalité avec le créationnisme. « Je dis simplement à mes élèves qu'en tant que jeunes adultes éduqués, ils ont le droit de choisir ce en quoi ils croient ». Cette position pourrait théoriquement lui valoir aujourd'hui des poursuites. Mais les parlementaires du Texas se penchent justement sur une loi qui permettrait aux professeurs d'être protégés par un texte les autorisant à présenter les sciences « qui peuvent être polémiques » comme une théorie sujette à débat.

Le Texas est l'un des huit États américains où de telles lois ont été présentées. C'est la dernière manche en date d'un débat virulent qui agite depuis des décennies les États-Unis : la religion doit-elle entrer dans les cours de sciences ? Plus d'un Américain sur trois (42 %) croit à la théorie du créationnisme.

La bataille est vigoureuse. Dans un collège de la petite ville de Stanton, Kimberly Villanueva raconte : « J'ai des élèves qui se sont levés et ont quitté la classe quand on parlait de l'évolution », se souvenant qu'ils lui ont demandé : « Mais vous ne croyez pas en Dieu ? » Sous la législation actuelle, Kimberly Villanueva n'est pas autorisée à répondre ou à défendre sa position. Mais si la loi proposée au Texas était adoptée, l'enseignante pourrait enfin engager cette conversation.

De nombreuses batailles judiciaires ont jalonné les décennies de combat autour de l'enseignement du créationnisme dans les écoles américaines. Les opposants à de telles initiatives estiment qu'elles ne cherchent qu'à outrepasser la séparation entre l'Église et l'État inscrite dans la Constitution. La Louisiane a adopté une telle loi dès 2008, le Tennessee, en 2012. Mais dans les États conservateurs du Dakota du Sud et de l'Iowa, des lois similaires ont été bloquées par les parlementaires.

D'après « Aux États-Unis, la religion frappe à la porte des cours de sciences », *Le Parisien*, 16 mars 2017.

4 Les accommodements des institutions avec les religions

Élue en novembre 2018 au Congrès, la démocrate Ilhan Omar revendique le port du voile dans l'Assemblée au nom du premier amendement. Le Congrès intègre en 2019 l'exception au règlement intérieur (qui interdit d'avoir la tête couverte) pour le foulard islamique, la kippa juive et le turban sikh.

lien Internet « La laïcité dans d'autres pays », Bibliothèques sans frontières, 1er décembre 2017.

5 Les débats liés aux commémorations patriotiques

La Cour suprême des États-Unis a accepté d'examiner le dossier sensible d'une croix de 12 m de haut, érigée près de Washington il y a 93 ans, accusée de violer le principe de séparation de l'Église et de l'État.

Ce dossier, qui ne sera pas débattu avant 2019, sera un test pour le nouveau juge Brett Kavanaugh, magistrat conservateur choisi par Donald Trump.

La monumentale croix de Bladensburg (Maryland) honore la mémoire de soldats américains tombés pendant la Première Guerre mondiale. Pour l'association de défense de la laïcité American Humanist, elle viole le premier amendement de la Constitution car elle est située sur un terrain public et que son entretien est financé par des fonds publics. « Sa forme agrandit la croix latine de manière à faire penser à tout observateur raisonnable que ceux qui l'ont commandée placent le christianisme au-dessus des autres confessions et qu'être américain et chrétien vont de pair », avait jugé le tribunal d'appel en décembre 2016. La Légion américaine avait alors introduit un recours devant la Cour suprême, qui a accepté de se saisir de ce dossier éminemment politique.

Au-delà de cette croix, la décision de la plus haute juridiction américaine aura des conséquences pour de nombreux monuments érigés aux États-Unis et porteurs de symboles religieux. Le gouverneur républicain du Maryland, Larry Hogan, a « remercié » dans un tweet la haute cour de s'être saisie du dossier. « Nous attendons avec impatience de voir le sujet clos », a-t-il ajouté, souhaitant voir la croix « continuer à se dresser pour les futures générations ». L'association American Humanist a, de son côté, estimé dans un communiqué que « plutôt que de dépenser l'argent des contribuables pour réparer un symbole exclusivement chrétien, le gouvernement devrait utiliser cet argent pour construire un nouveau mémorial qui honorerait tous les soldats ».

D'après « États-Unis. Le sort d'une croix chrétienne entre les mains de la Cour suprême », *Ouest-France* et AFP, 3 novembre 2018.

Vocabulaire

- **Cour suprême :** plus haute juridiction d'appel, composée de 9 juges, dont le rôle est central dans l'évolution de la législation aux États-Unis.
- **Créationnisme :** croyance religieuse selon laquelle l'Univers et la vie sur Terre auraient été créés par Dieu il y a environ 10 000 ans. Certaines personnes souhaitent l'enseigner dans les écoles.
- **« Mur de séparation » :** expression du 3e président des États-Unis, Thomas Jefferson (1801-1809), pour définir les principes de la laïcité américaine et de la séparation entre les Églises et l'État.

ACTIVITÉ OBJECTIF ▪ S'exprimer à l'oral

Quels sont les principes et les débats délimitant la laïcité aux États-Unis ? Répondez à la problématique à l'aide d'une présentation orale.

Insistez d'abord sur les caractéristiques de la laïcité américaine **(doc. 1 et 4)**. Montrez ensuite que l'application de celle-ci est source d'interprétations et de débats divers. **(doc. 3 et 5)**

Bilan

Rédigez, en une quinzaine de lignes, un article dans lequel vous présentez les caractéristiques et les spécificités de la relation entre État(s) et religions aux États-Unis.

Définissez précisément les principes de la laïcité aux États-Unis **(doc. 1)** puis montrez que celle-ci n'empêche pas une forte présence du religieux au sein des institutions **(doc. 2 et 4)**. Expliquez enfin quels sont les débats qui subsistent dans ce domaine. **(doc. 3 et 5)**

ÉTUDE

Une Amérique chrétienne renforcée par l'arrivée de Donald Trump ?

Les Américains sont près de 80 % à déclarer qu'ils croient en Dieu ; 70 % d'entre eux disent adhérer au christianisme. Pourtant, depuis les années 2000, les « sans religions » ne cessent de croître et représentent plus de 20 % de la population, autant que les évangéliques, principale dénomination chrétienne.

› L'élection de Donald Trump peut-elle dynamiser des Églises chrétiennes en perte d'influence ?

1 L'Amérique chrétienne selon Donald Trump

Comme tous ses prédécesseurs depuis les années 1950, le président Trump prononce un discours lors de la « National Prayer Breakfast », réunissant plusieurs milliers de personnalités chrétiennes, élus ou acteurs économiques.

[...] L'Amérique est une nation de croyants [...]. Cet événement nous rappelle que la foi est au cœur de la vie et de la liberté américaines. [...] Notre monnaie déclare : « Nous croyons en Dieu[1] ». Et nous plaçons nos mains sur nos cœurs pendant que nous récitons le serment d'allégeance[2] et proclamons que nous sommes « une nation sous Dieu ». Nos droits ne nous sont pas donnés par l'homme ; nos droits viennent de notre Créateur. Quoi qu'il en soit, aucune force terrestre ne peut enlever ces droits. C'est pourquoi les mots « Louange soit à Dieu » sont gravés au sommet du monument de Washington [...]. Donc, aujourd'hui, nous louons Dieu pour la véritable bénédiction d'être américain. Sur notre terre, nous voyons la splendeur de la création de Dieu. Tout au long de notre histoire, nous voyons l'histoire de la providence de Dieu. [...] Nous aimons Dieu. [...] Nous le voyons chez les enseignants qui travaillent sans relâche pour leurs élèves et chez les policiers qui sacrifient pour nos communautés [...]. Et nous voyons la grâce du Seigneur chez les mères et les pères qui occupent deux ou trois emplois pour donner à leurs enfants la chance de vivre une vie meilleure, bien plus prospère et plus heureuse.

Comme nous le dit la Bible, nous sommes l'œuvre de Dieu, créée en Jésus-Christ pour faire de bonnes œuvres. Les héros de l'Amérique répondent à cet appel. [...] Lorsque les Américains sont capables de vivre selon leurs convictions, de parler ouvertement de leur foi et d'enseigner ce qui est juste à leurs enfants, nos familles prospèrent, nos communautés s'épanouissent et notre pays peut tout réaliser. [...] Aujourd'hui, inspirés par nos concitoyens, résolus à trouver le meilleur de nous-mêmes. Prions pour cette mesure supplémentaire de force et de dévotion. [...] Tant que nous sommes fidèles à la fondation de l'Amérique et à l'exemple donné par tous ces grands fondateurs, nous pouvons tous être des héros pour tout le monde, et ils peuvent être des héros pour nous.

Tant que nous ouvrirons nos yeux à la grâce de Dieu et nos cœurs à son amour, l'Amérique sera à jamais le pays des hommes libres [...]. Que Dieu vous bénisse et que Dieu bénisse l'Amérique.

D. Trump, discours de la National Prayer Breakfast, 8 février 2018, whitehouse.gov.

1. « *In God We Trust* ».
2. Cérémonie d'allégeance au drapeau prêtée lors de certains événements ou dans les écoles américaines.

2 La religion au sommet de l'État

Le président américain Donald Trump et des chefs religieux prient dans le bureau ovale de la Maison Blanche après que Trump a signé une proclamation appelant à une journée nationale de prière le 3 septembre pour les personnes touchées par l'ouragan Harvey à Washington, le 1er septembre 2017.

Part des *nones* par tranche d'âge (en pourcentage)

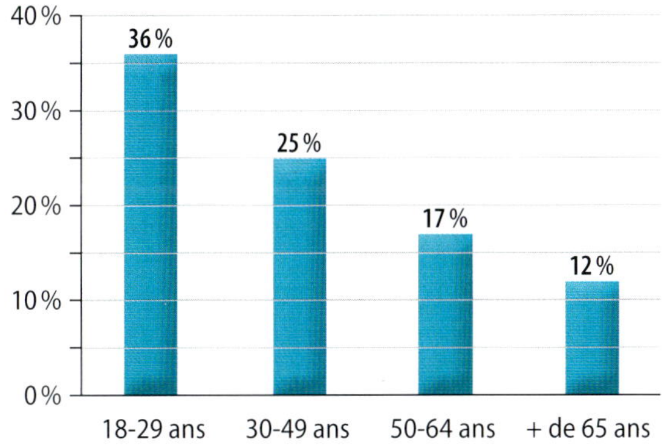

Répartition des *nones* par origine (en pourcentage)

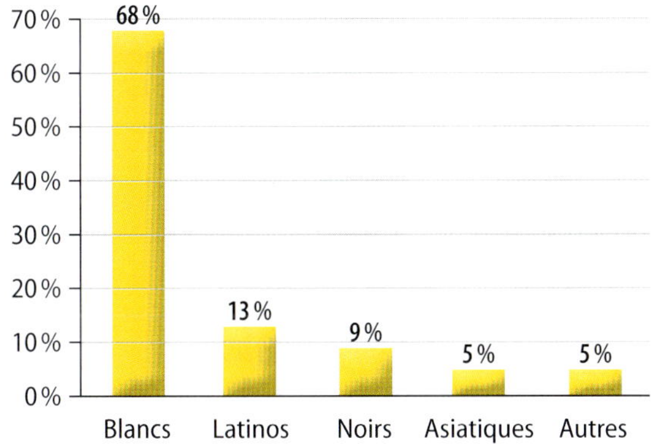

Sources : L. Henneton, *La Fin du rêve américain ?*, Éd. Odile Jacob, 2017 et « Les sans-religions aux États-Unis », Atelier de cartographie de Sciences Po, 2017.

3 L'irrésistible essor des *nones*

Vocabulaire

- *Nones* : terme utilisé pour qualifier les personnes déclarant n'adhérer à aucune religion.

4 L'ANALYSE DE L'HISTORIENNE Donald Trump et l'électorat religieux

Un meeting de Donald Trump à la veille des élections présidentielles de 2016.

Le vote religieux a-t-il compté dans la victoire de Donald Trump à l'élection présidentielle du 8 novembre ?

Marie Gayte : Selon les sondages à la sortie des urnes, plus on est pratiquant, plus on a voté pour Donald Trump. Les protestants évangéliques l'ont soutenu à 81 % [...]. Quant aux catholiques, 52 % ont voté pour Trump et 45 % pour Hillary Clinton, malgré une forte mobilisation des hispaniques en faveur de celle-ci. [...]

Le nouveau président nommera un nouveau juge à la Cour suprême. Faut-il s'attendre à des changements sur l'avortement et le mariage homosexuel ?

M. G. : [...] Donald Trump a promis à ses électeurs chrétiens de nommer un juge hostile à l'avortement et au mariage gay[1], deux libertés reconnues par la Cour suprême en 1973 et en 2015. Ce nouveau juge ne pourra sans doute pas inverser la jurisprudence sur ces dossiers. Car parmi les quatre juges proches des Républicains, face à quatre juges proches des Démocrates, le juge Anthony Kennedy s'est montré plus ouvert, et capable de compromis. Surtout, l'opinion publique, dans son ensemble, n'a pas envie de revenir sur ces changements, ce qui devrait peser sur l'attitude de la Cour suprême.

M. Gayte, propos recueillis par F. Niel, « Plus on est chrétien pratiquant, plus on a voté pour Trump », *Pèlerin*, 10 novembre 2016.

1. Donald Trump a nommé un juge suprême en 2017 et un autre en 2018.

ACTIVITÉ **OBJECTIF** ▪ S'initier au travail de l'historien des faits religieux et politiques

1. Comprendre l'auteur et le contexte d'élaboration de sa réflexion. (doc. 1)
- Précisez dans quel cadre s'exprime le président Trump.
- Quels seraient, selon lui, la place et le rôle de la religion aux États-Unis ?
- Précisez quelle mission cela confère aux États-Unis dans le monde.

2. Analyser sa réflexion pour comprendre le fond. (doc. 1, 2 et 4)
- Quelle religion semble être celle des États-Unis selon le président Trump ?
- Expliquez à quelle catégorie d'Américains semble s'adresser le président Trump dans ce discours.
- Quelle vision de la religion est véhiculée par le président des États-Unis ?

3. Critiquer la source étudiée. (doc. 3)
- Pourquoi le discours du président Trump est-il en contradiction avec l'évolution religieuse de la société américaine ?
- Expliquez quels sont les facteurs de ces évolutions selon les historiens spécialistes de ces questions.

Bilan

À partir du dossier documentaire et de vos réponses, peut-on dire que les États-Unis sont progressivement en passe de tourner la page du christianisme ?

LEÇON 3 États et religions : une inégale sécularisation

› Comment évoluent les relations entre pouvoir politique et pouvoir religieux au cours du XXe siècle ?

A La Turquie de Mustafa Kemal, une révolution laïque

- **La Première Guerre mondiale est une rupture fondamentale dans l'histoire de la Turquie.** À l'Empire ottoman succède une république turque, nationaliste et laïque. Après avoir aboli le sultanat ottoman (1922), le régime de Mustafa Kemal met fin au califat (1924), autorité religieuse héritière des premiers siècles de l'islam. Cette institution millénaire qui s'imposait à l'ensemble des musulmans sunnites disparaît.
- **La réforme kémaliste est profonde et vise à « moderniser » la Turquie.** Pour Mustafa Kemal, cette modernisation passe par des réformes économiques et politiques mais aussi sociales et religieuses. Les institutions religieuses sont fermées, l'enseignement est désormais pris en charge par l'État et non plus par les madrasa, les écoles coraniques.
- **La loi islamique, la charia, est aussi abolie pour adopter un Code civil inspiré de l'Occident.** La polygamie est interdite, et les femmes obtiennent le droit de vote. Les réformes vont au-delà des seuls éléments religieux. L'alphabet arabe est abandonné pour l'alphabet latin. Les réformes kémalistes vont dans le sens d'une occidentalisation. Mustafa Kemal reconnaissait son admiration pour l'héritage de la Révolution française.

1 Un bureau de police à Istanbul

Une officière de police et sa secrétaire à Istanbul, 1934.

B Les relations étroites entre religion et politique aux États-Unis

- **Aux États-Unis, les religions sont omniprésentes dans la politique intérieure.** L'État ne subventionne pas les religions, mais leur octroie des exemptions fiscales si elles respectent les lois fédérales. Depuis 1957, sur les billets de banque est inscrit « *In God We Trust* » (« Nous croyons en Dieu ») et les discours des présidents américains se concluent souvent par la formule « *God Bless America* » (« Que Dieu bénisse l'Amérique »).
- **L'idée d'une séparation de la sphère religieuse et de la sphère politique est pourtant ancienne, mais la question centrale est celle de la liberté religieuse.** Si la Constitution américaine adoptée en 1786 ne fait pas référence à Dieu, le premier amendement stipule : « Le Congrès ne pourra faire aucune loi concernant l'établissement d'une religion ou interdisant son libre exercice. » D'ailleurs, en 1962, la prière est interdite dans les écoles publiques des États-Unis.
- **Les religions ont joué un rôle majeur dans les grandes évolutions intérieures du pays depuis la Seconde Guerre mondiale.** Elles ont soutenu l'émancipation afro-américaine à travers des acteurs tels que Martin Luther King (Église baptiste) ou Malcom X (islam). Aujourd'hui, le recul de la foi et l'affirmation de nouvelles religions liées à l'immigration conduisent à de nouveaux débats.

Vocabulaire

- **Théocratie :** gouvernement exercé par une autorité religieuse ou par un souverain appuyant sa légitimité sur une religion.
- **Religion d'État :** religion officiellement adoptée dans un État dans sa législation.

C Des situations très différentes à travers le monde

- **Les relations entre pouvoir politique et pouvoir religieux sont très différentes à l'échelle de la planète.** La Turquie de Mustafa Kemal s'inspire des principes de laïcité française, hérités de la Révolution française et de la loi de 1905, mais d'autres pays sont laïques même si la pratique religieuse reste forte, comme en Inde. L'Union européenne reprend dans sa charte des droits fondamentaux ces principes, sans pour autant que le terme de « laïcité » soit utilisé.
- **On utilise le terme de « pays séculiers » pour des pays qui reconnaissent aux Églises un statut spécial par rapport aux autres associations ou pour ceux qui font référence à Dieu sans qu'il n'y ait de religion d'État.** C'est le cas des États-Unis, mais aussi de l'Italie dont les relations avec l'Église catholique sont historiquement étroites mais qui respecte la neutralité et le respect de la diversité religieuse.
- **Certains États possèdent une religion d'État.** Dans ces régimes, l'association entre l'État et l'Église est étroite. C'est le cas des pays chrétiens comme le Royaume-Uni ou la Grèce, dans les régions bouddhistes comme le Bhoutan ou la Birmanie, ou de nombreux États musulmans. Enfin, certains États sont de véritables théocraties : le Vatican et l'Iran.

2 La prison de Milan, Italie, en 2011

L'Italie garde encore aujourd'hui des traces des étroits liens historiques qui l'unissent à la religion catholique.

SCHÉMA BILAN

schéma interactif

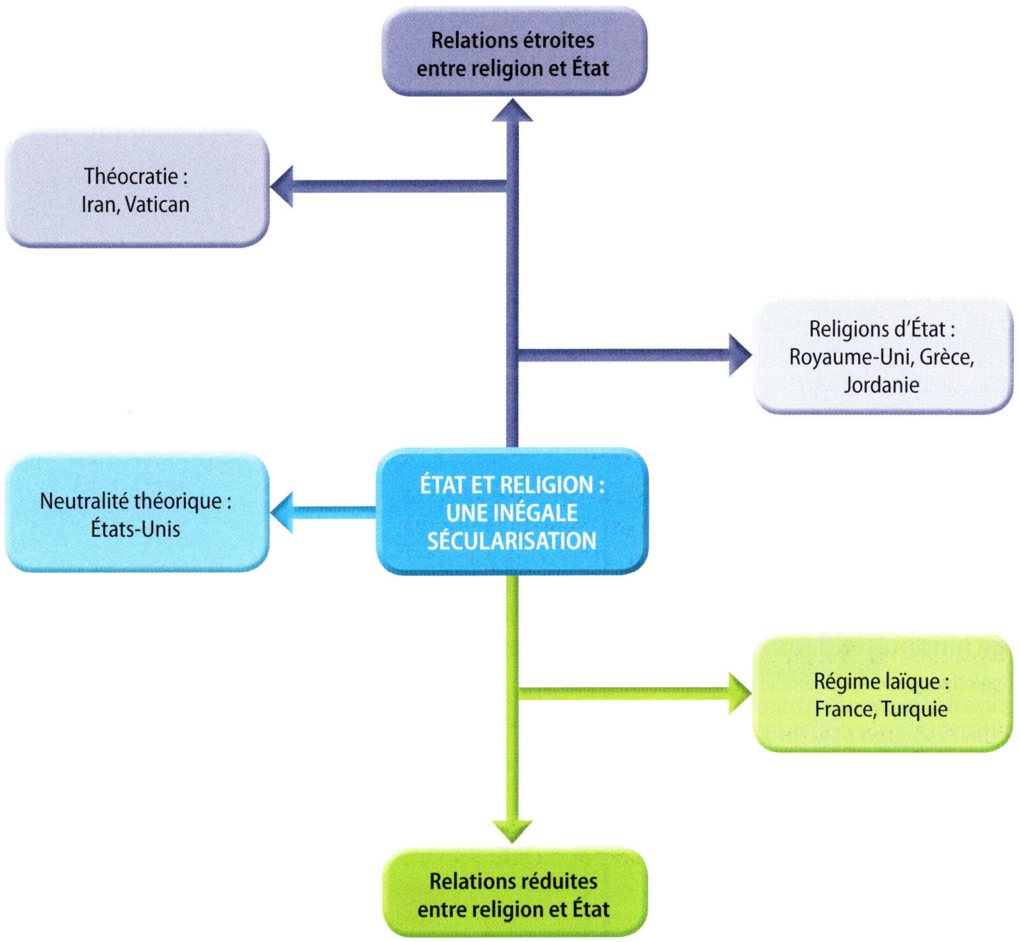

REPÈRES 1 L'Union indienne, terre de religions

Source : O. Guillard, *Géopolitique de l'Inde : le rêve de l'unité brisée*, Éd. PUF, 2012.

1 L'Union indienne dans son environnement régional

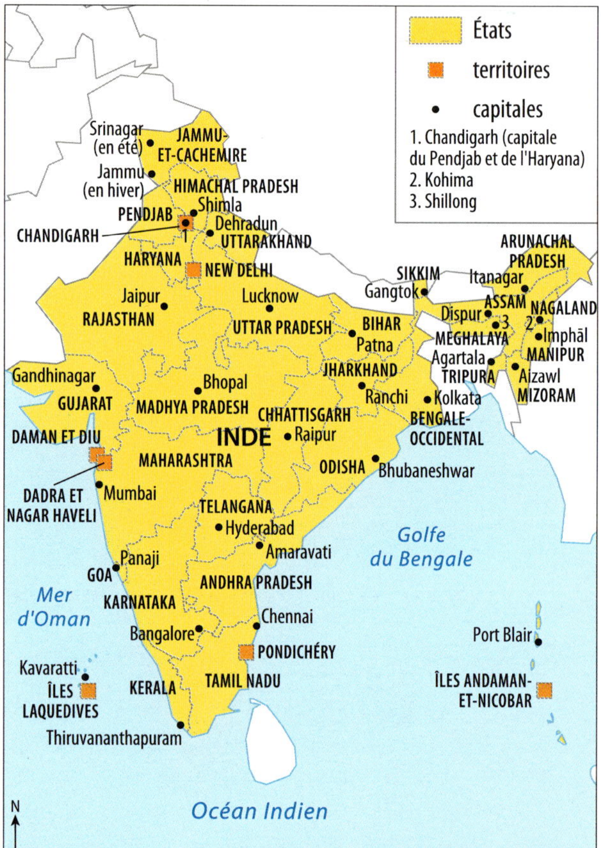

Source : L. Dejouhanet, *L'Inde, puissance en construction*, Documentation photographique, janvier-février 2016.

2 Depuis 1947, une fédération d'États et de territoires autonomes

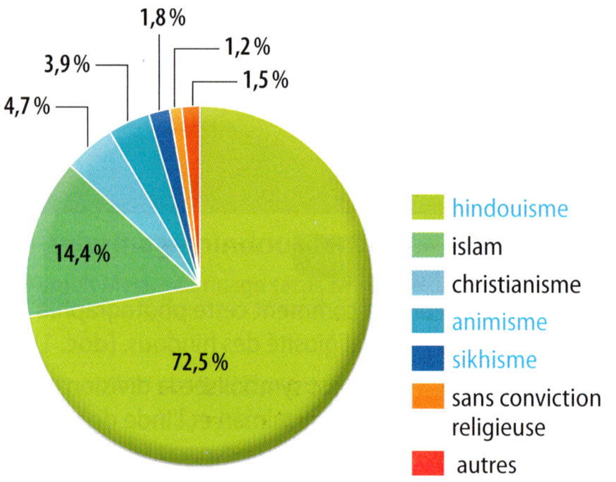

Source : Observatoire des religions, 2019.

3 La diversité religieuse en Inde

Vocabulaire

- **Animisme :** croyance en un esprit qui anime les êtres vivants, les objets et les éléments naturels.
- **Fédération :** organisation politique dans laquelle des territoires conservent une certaine souveraineté au sein d'un État fédéral.
- **Hindouisme :** religion polythéiste dominante en Inde, elle compte plus d'un milliard de fidèles dans le monde. C'est l'une des plus anciennes religions au monde.
- **Jaïnisme :** religion apparue vers le Xe siècle av. J.-C., elle prône l'ascétisme.
- **Sikhisme :** religion monothéiste originaire du nord de l'Inde apparue au XVe siècle.

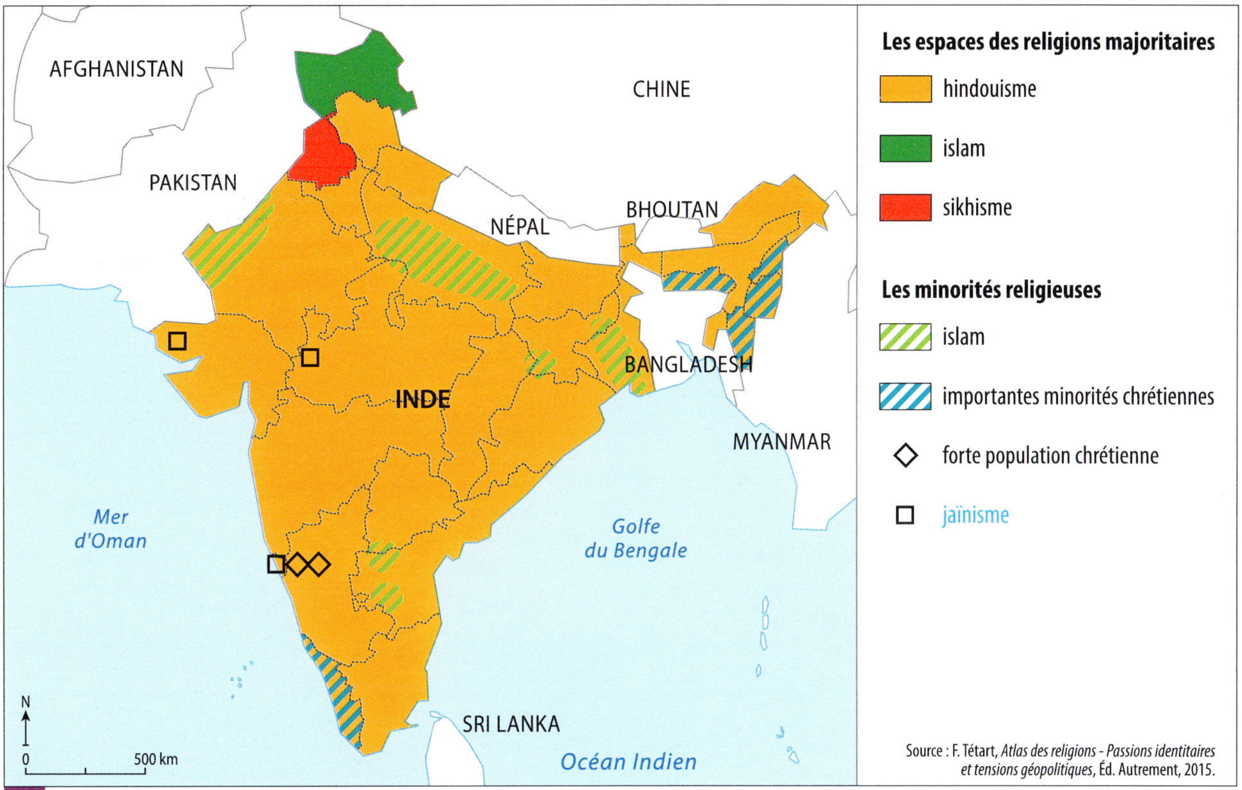

4 Religions et territoires au sein de l'Union indienne

carte interactive

5 Participation du Premier ministre indien Narendra Modi à une célébration religieuse hindou

POUR COMPRENDRE

1. En 1947, l'Inde de Gandhi et de Nehru choisit le système fédéral alors que le Pakistan musulman opte pour un modèle unitaire. **En vous appuyant sur la définition de « fédération », expliquez pourquoi. (doc. 1 et 2 et p. 372, doc. 1 et biographies)**
2. L'Inde est un État multiconfessionnel où coexistent de nombreuses minorités religieuses. **Montrez que l'hindouisme reste une religion dominante. Quel risque existe-t-il pour le projet de l'Union indienne de 1947 ? (doc. 3, 4 et 5)**

ÉTUDE

Le « sécularisme » depuis 1947, le compromis laïque indien ?

Après la déclaration d'indépendance en 1947, les fondateurs de l'Union indienne créent un État laïque. Il s'agit alors de se distinguer du Pakistan, l'autre État issu de l'indépendance, dont la religion officielle est l'islam. En Inde, le « sécularisme », terme désignant la relation entre religion et politique, n'impose pas pour autant de séparation nette entre l'État et les religions. L'Inde se veut un modèle de tolérance même si le consensus laïque est parfois compliqué à mettre en œuvre.

❯ Sur quelles bases s'opère le compromis laïque indien ?

1 Aux origines du « sécularisme » indien

L'idée de « sécularisme », entendue comme volonté d'affranchir le gouvernement de l'influence de la religion, est absente de la tradition indienne. Le sécularisme indien a des racines occidentales et modernes incontestables qu'a transmises le colonisateur britannique. Mais ce serait faire une grossière erreur de conclure que le sécularisme indien serait le fait d'une réception passive. Bien au contraire, le sécularisme indien reflète les valeurs d'une longue tradition historique.

Au lendemain de l'indépendance (1947), marquée par le traumatisme de la partition meurtrière en deux États, et la tension résultante entre hindous et musulmans, une volonté commune domina la création de la République indienne : garantir l'union d'une nation caractérisée par une hétérogénéité quant aux appartenances religieuses et linguistiques de sa population. Assurer le respect mutuel et le bien vivre des différentes communautés fut une motivation centrale des bâtisseurs du jeune État. S'il est vrai qu'un mouvement traditionaliste hindou prôna à cette fin l'uniformisation culturelle du pays, c'est une conception pluraliste, inspirée de la pensée de Gandhi et de celle de Nehru, qui émergea et détermina la philosophie politique dominante. Ainsi, la tradition millénaire de tolérance fut renforcée par la reconnaissance équitable des différentes communautés considérée comme le meilleur garant de l'union.

D'après S. Leyens, « L'expérience indienne de la laïcité », *La Revue nouvelle*, septembre 2010.

Vocabulaire

- **« Sécularisme » :** principe selon lequel les questions religieuses doivent être séparées de celles de l'État. La liberté de culte n'est pas remise en cause, mais l'Église ne doit pas intervenir dans la politique.

carte interactive

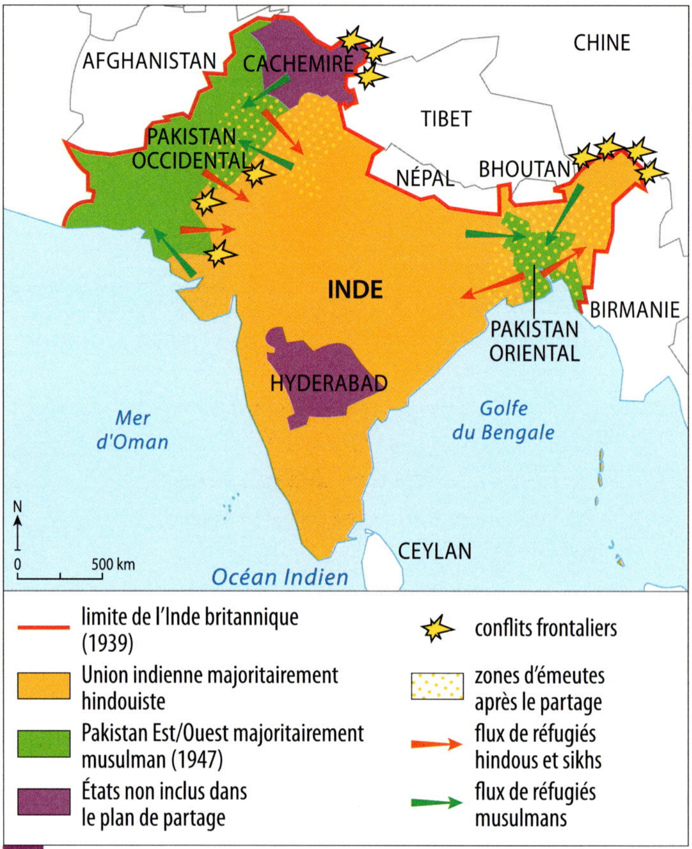

2 Le partage du territoire en Inde et au Pakistan

Mohandas K. Gandhi (1869-1948)

Originaire du Gujarat, Gandhi fait des études de droit en Angleterre et devient avocat. Il œuvre, entre autres, pour l'indépendance de l'Inde grâce à sa méthode de désobéissance civile non-violente.

Jawaharlal Nehru (1889-1964)

Originaire du Cachemire, Nehru fait ses études en Angleterre. Dès son retour en Inde, il s'inscrit au Congrès national indien et participe à la lutte pour l'indépendance du pays. En 1947, il devient le Premier ministre de l'Inde.

3 La religion au quotidien dans une rue de Bénarès, cité sacrée de l'hindouisme

Uttar Pradesh, 2014.

❶ Entrée d'un temple dédié à Shiva, dieu tutélaire de la ville ; ❷ Images de divinités ; ❸ Marchand d'offrandes.

4 Le « sécularisme », une conception indienne de la laïcité ?

La Constitution indienne de 1950 ne mentionne pas le terme de « sécularisme » mais comprend toutes les caractéristiques d'un État séculariste. L'Inde ne reconnaît aucune religion d'État et aucune institution éducative financée intégralement par l'État ne doit dispenser d'éducation religieuse. Formellement, la Constitution ne confère à la religion aucun droit de regard sur les lois du pays. Toutes les lois pénales sont sécularistes. Une seule anomalie majeure persiste : une partie des lois civiles qui traitent de la famille, du mariage et de l'héritage relèvent de la religion. La liberté religieuse est garantie, ainsi que la liberté d'abjurer toute religion. Les personnes qui fréquentent un établissement d'enseignement ne sont en rien obligées de suivre l'éducation religieuse dispensée dans cet établissement, ni de participer aux cérémonies religieuses qui peuvent y être organisées. L'État a le devoir de s'abstenir de toute discrimination envers ses citoyens sur la base de leur religion, de leur race, leur caste, leur genre ou leur lieu de naissance. En 1976, le terme de « sécularisme » a été formellement introduit dans la Constitution et l'Inde a été déclarée une république sécularistе.

Le modèle de sécularisme de la Constitution indienne, établi conjointement par les hindous et les musulmans avant l'indépendance de l'Inde, tente de répondre aux besoins de sociétés aux croyances religieuses profondément diverses tout en respectant les principes de liberté et d'égalité.

D'après R. Bhargava, « Le sécularisme, ou la version indienne de la laïcité », mouvements.info, 31 mars 2014.

5 La nécessaire protection des minorités ?

Policiers indiens sécurisant des musulmans en prière. Jammu-et-Cachemire, mai 2015.

6 La position officielle du Premier ministre indien sur les liens entre l'État et les religions

L'Inde a donné naissance à de nombreuses religions et courants spirituels. Certains d'entre eux ont même dépassé les frontières de l'Inde. [...] Le principe d'un respect et d'un traitement égal pour toutes les religions fait partie de nos traditions. C'est pourquoi il est intégré à la Constitution indienne. [...] Le monde connaît des divisions et une hostilité accrue dans le domaine religieux. Dans ce contexte, l'ancestral plaidoyer indien pour un respect mutuel de toutes les croyances commence à se faire entendre au sein du discours mondial. [...] Mon gouvernement assurera une complète liberté de foi à chacun et chacun a le droit indéniable de conserver ou d'adopter la religion de son choix sans contrainte ni pression. Mon gouvernement n'autorisera aucun groupe religieux, majoritaire ou minoritaire, à inciter à la haine contre les autres, de manière explicite ou implicite. Mon gouvernement sera le gouvernement qui respectera toutes les religions de manière égale. [...]

Discours de N. Modi[1] lors d'une cérémonie chrétienne, New Delhi, 17 février 2015, trad. Documentation photographique, 2016.

1. Né en 1950, originaire du Gujarat, Narendra Modi est membre du parti nationaliste BJP et le Premier ministre de l'Union indienne depuis 2014. Ses décisions en matière de religions sont parfois éloignées du discours officiel.

ACTIVITÉ **OBJECTIF**

- Critiquer un point de vue

1. Complétez les deux premières lignes du tableau ci-dessous afin d'étayer l'affirmation suivante : **Le « sécularisme », la version indienne de la laïcité.**

	Prélèvement des informations (documents 1, 2, 4 et 6)	Compléments, critiques et nuances apportés par les documents 3 et 5
Origines et principes du « sécularisme » indien		
L'État garant du « sécularisme » en Inde		
Bilan : un compromis laïque toujours à affirmer ?		

2. À l'aide de la leçon p. 380 et des documents, complétez la case bilan du tableau afin de montrer pourquoi le « sécularisme » est un compromis laïque qui reste à réaffirmer sans cesse en Inde.

ÉTUDE Des minorités religieuses menacées ?

ORAL

Dès les années 1980-1990, des tensions religieuses et des mouvements extrémistes questionnent le « sécularisme ». Depuis 2014, le parti du peuple indien (BJP), mouvement nationaliste hindou dont est issu le Premier ministre Narendra Modi, domine la vie politique indienne. S'il n'a pas remis en question le sécularisme fédéral, nombreux sont les États, dirigés par le BJP, à influencer l'action d'organisations hostiles aux minorités religieuses.

› Pourquoi la religion constitue-t-elle un facteur aggravant du conflit au Cachemire ?

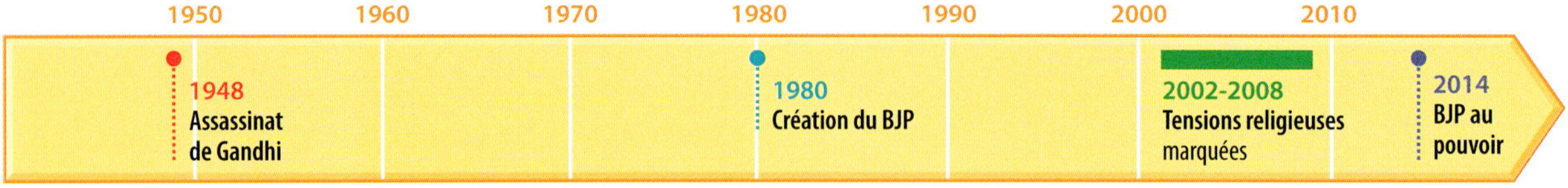

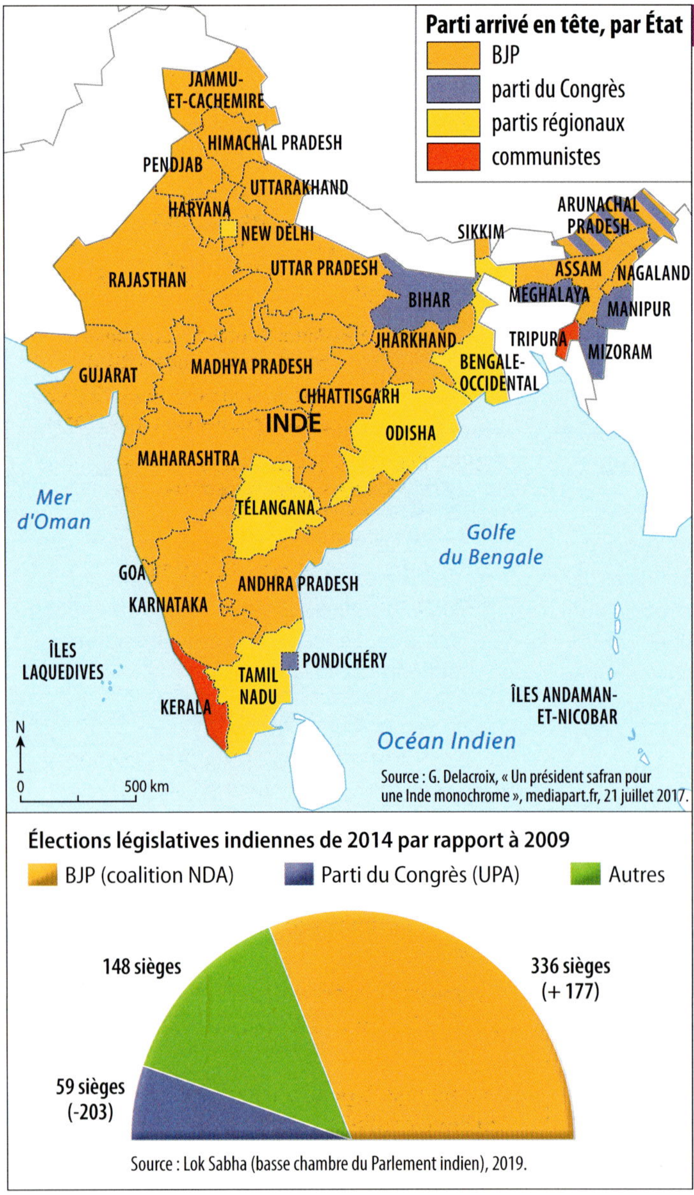

1 L'Union indienne, la « vague safran » depuis les législatives de 2014

Le safran est la couleur que les nationalistes hindous ont prise pour symbole.

2 Cinéma et hindouisme ne feraient-ils plus bon ménage en Inde ?

De *Padmavati*, on ne connaît en réalité que la bande-annonce qui a déjà dépassé les 52 millions de vues sur Youtube. Le film retrace l'histoire de la reine indienne du Rajasthan, Rani Padmini, qui se refusa à Alauddin Khalji, sultan musulman, au XIIIe siècle, et s'immola afin d'échapper à l'esclavage. Seulement, le réalisateur aurait eu le malheur, selon les nationalistes hindous, d'imaginer une relation entre les deux monarques. Blasphème ! La superproduction se voit reprocher d'imaginer une romance entre un musulman et une souveraine hindoue. Depuis, l'actrice principale et le réalisateur sont menacés de mort. Et les manifestations, où l'on voit l'affiche du film barrée d'une croix ou mise à feu, se succèdent. Le temps où le cinéma indien portait à l'écran de grandes épopées est révolu. Depuis les années 1990, de nombreux films épousent les thèses des nationalistes hindous considérant qu'aucun musulman ne fait un citoyen loyal.

D'après L. Sankari, « Boollywood censuré par les fanatiques », *L'Humanité*, 18 décembre 2017.

3 Quand les hindous proclament la « guerre de la vache »

L'Inde se divise entre les défenseurs de la vache, sacrée dans la religion hindoue, et les tenants de la laïcité. Les déclarations controversées de politiciens du BJP, parti militant pour la prohibition de l'abattage des vaches, ont attisé la polémique. La plupart des États ont durci leur législation et les peines ont été augmentées. Pour la militante laïque Kavita Krishnan, « la persécution des musulmans au nom de la protection des vaches relève d'un programme politique. Le gouvernement essaie de créer un climat de violences communautaires. » « Les tensions communautaires ne sont pas nouvelles », commente le sociologue Deepak Metha. « Mais l'impunité dont jouissent les groupes extrémistes est une nouveauté. » Aujourd'hui, la vache est devenue l'animal le plus politisé du sous-continent. L'État du Rajasthan, qui est dirigé par le BJP, a installé un « ministère de la Vache ». Au-delà de la guerre du bœuf, c'est la crispation identitaire qui inquiète.

D'après V. Dougnac, « Inde : la guerre de la vache est déclarée », *Le Point*, 28 octobre 2015.

4 La réaction du pouvoir fédéral face aux violences religieuses selon la presse française

Dessin de F. Ménager, « L'Inde face à la montée du nationalisme hindou », *Les Échos*, 17 février 2015.

1 Narendra Modi, Premier ministre de l'Inde depuis 2014
2 Nationalistes hindous
3 Populations d'autres religions subissant des violences

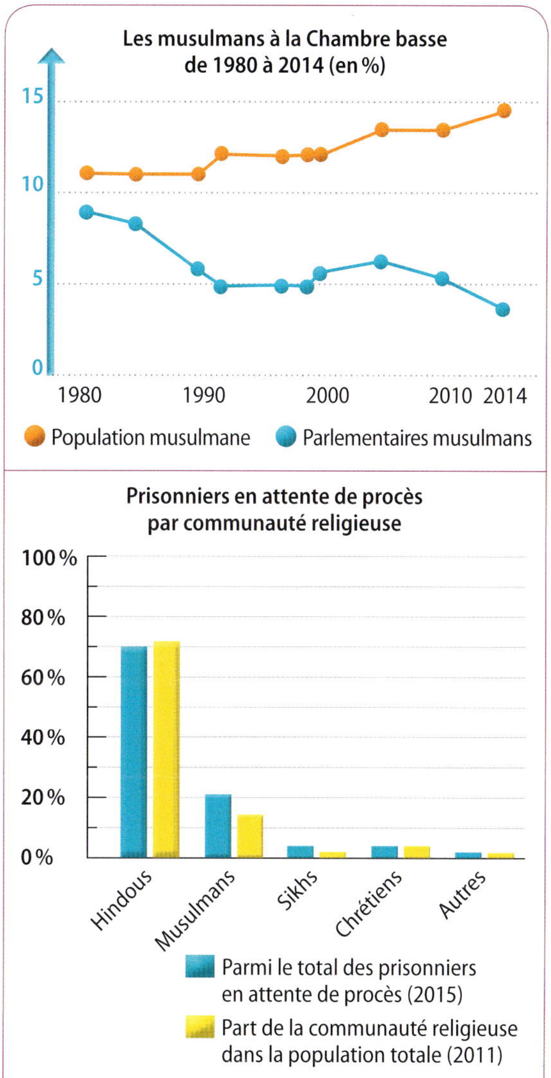

Sources : Ch. Jaffrelot, « L'Inde en route vers la démocratie ethnique », *L'Enjeu mondial. Religion et politique*, Éd. Presses de Sciences Po, 2017 ; National Crime Records Bureau ; Census India.

5 Des minorités marginalisées et stigmatisées

Vocabulaire

- **Bharatiya Janata Party (BJP) :** littéralement « parti du peuple indien ». Parti de droite nationaliste hindou.
- **Mouvement nationaliste hindou :** mouvement politique affirmant que l'Inde a toujours été hindoue et remettant en question, parfois de façon xénophobe, la liberté religieuse et l'existence d'autres religions.

ACTIVITÉ OBJECTIF ▪ Préparer un oral

À l'aide des documents proposés, préparez une présentation orale à partir du sujet suivant :
Comment et pourquoi le nationalisme hindou remet-il en question le « sécularisme » indien ?

Pour vous aider, répondez aux questions suivantes :

1. Quelle est l'importance politique du nationalisme hindou ? (doc. 1)
2. Comment l'influence du nationalisme hindou se fait-elle sentir au sein de la société indienne ? (doc. 2 et 3)
3. Montrez l'ambiguïté du gouvernement fédéral et du Premier ministre dans la place et le traitement des religions en Inde. (doc. 4 et 5)

ÉTUDE Le Cachemire, l'un des plus vieux conflits du monde

Le Cachemire, région du sous-continent indien, est disputé par l'Inde (majoritairement hindoue) et le Pakistan (musulman). Cette rivalité, issue de la partition des Indes britanniques (1947), à l'origine de nombreux affrontements entre les deux rivaux, semble aujourd'hui figée au détriment des populations. Le conflit a aussi un impact sur les équilibres régionaux : la Chine revendique également certains territoires cachemiris.

› Pourquoi la religion constitue-t-elle un facteur aggravant du conflit au Cachemire ?

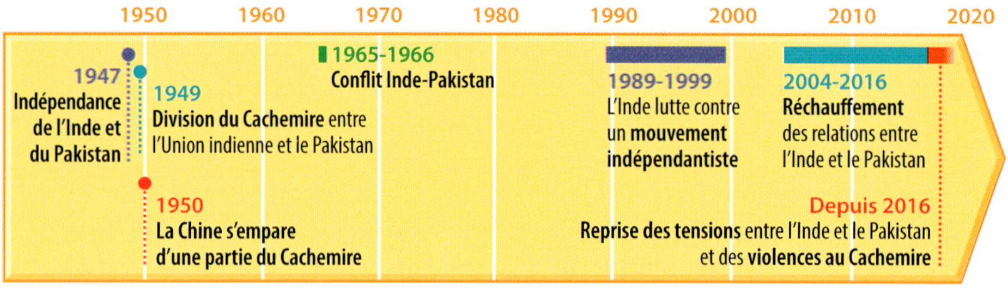

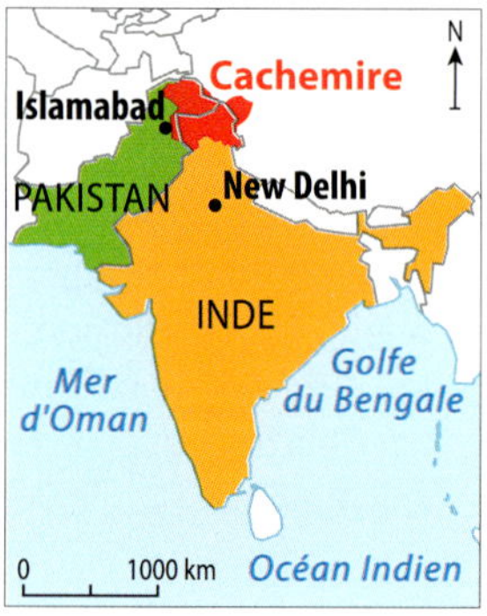

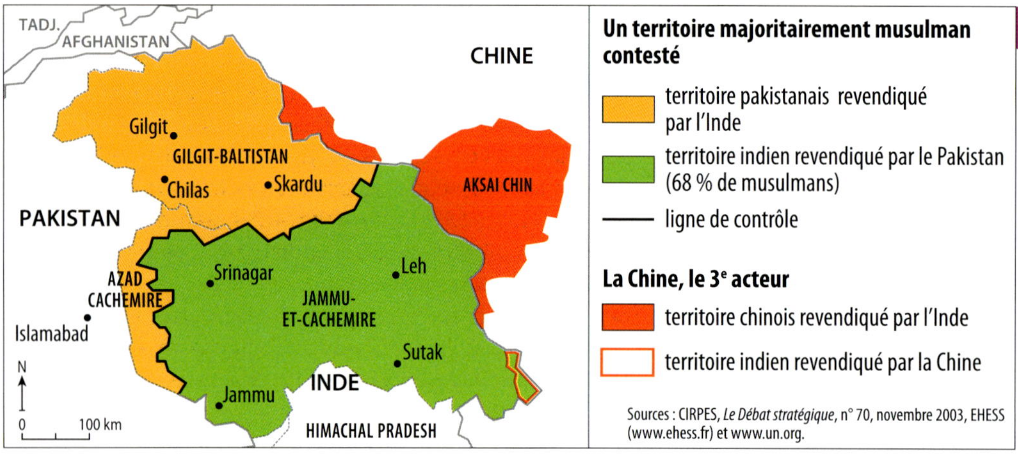

1 Entre Union indienne et Pakistan, le Cachemire en quête de frontières

2 Le Cachemire, un problème interne à l'Inde ?

La partie indienne du Cachemire connaît des mouvements de violence liés aux revendications des plus jeunes générations. Celles-ci sont durement réprimées par le gouvernement indien.

Au Cachemire, les chiffres parlent d'eux-mêmes quant à la tragédie qui sévit. Au moins 40 civils ont été abattus par les forces de sécurité, et plus de 3 100 autres blessées, lors d'affrontements qui ont éclaté après le décès d'un populaire chef rebelle. La vallée du Cachemire est en pleine ébullition. Le Premier ministre Narendra Modi a appelé « au calme et à la paix » mais la teneur du discours officiel était particulièrement agressive. Venkaiah Naidu, ministre fédéral, a bien insisté sur le fait que le terrorisme ne serait pas toléré. Le gouvernement fédéral base son discours sur l'idée qu'il était nécessaire d'éliminer Burhan Wani[1], au lieu de se concentrer sur les répercussions sanglantes de cette exécution. À Delhi, d'aucuns pensent que la situation va finir par se tasser comme lors des crises de 2008-2010 ; que les habitants vont finir par se lasser du couvre-feu prolongé et retourner à leur vie de tous les jours. Le gouvernement néglige deux paramètres fondamentaux. Premièrement, la nouvelle génération de Cachemiris, nés après 1990 et qui ont toujours vécu dans un environnement lourdement militarisé, est très remontée contre New Delhi. Deuxièmement, l'autorité du gouvernement de Mehbooda Mufti, ministre en chef du Jammu-et-Cachemire, est de plus en plus minée. Elle et ses proches sont incapables de rassurer leurs administrés. Le cœur de la crise actuelle reste l'usage disproportionné de la force par les forces de sécurité.

D'après *Hindustan Times*, trad. *Courrier international*, 21 juillet 2016.

1. Chef militant cachemari musulman mort lors d'une confrontation avec les forces de sécurité indiennes. Son décès a provoqué d'importants troubles pendant plusieurs mois.

3 Le Cachemire, une frontière fermée depuis 1949

Au poste-frontière de Chakothi, côté pakistanais. Sur la barrière, le drapeau vert pakistanais associe le croissant et l'étoile, symboles de l'islam. La bande blanche représente les minorités religieuses.

4 Au-delà des tensions religieuses et ethniques, un problème lié aux ressources en eau ?

Ouvriers chinois et pakistanais sur le chantier d'une centrale hydroélectrique, région de Muzaffarad (Cachemire pakistanais).

À plusieurs centaines de mètres sous terre, des milliers d'ouvriers s'activent sur un vaste chantier hydroélectrique. Au Cachemire, région que se disputent âprement le Pakistan et l'Inde, la course à l'eau bat son plein. Les deux pays sont engagés depuis des années à bâtir chacun de leur côté une centrale électrique sur le même cours d'eau, la rivière Neelum. Les deux projets sont près d'aboutir, attisant les tensions. « Nous espérons finir avant les Indiens », sourit Arif Shah, ingénieur pakistanais, reconnaissant que la véritable pression vient du gouvernement qui a promis de mettre fin aux coupures d'électricité qui paralysent l'économie. Plus de 6 000 ouvriers pakistanais et chinois s'affairent autour du futur barrage, le long des 28 km de tunnels ou dans la centrale elle-même.

Côté indien, la centrale du Kishanganga est elle aussi en phase finale bien que son ouverture ait été retardée, notamment en raison des troubles au Cachemire. La géographie de la région exacerbe le problème. Le grand fleuve Indus est l'un des plus longs du continent et se joue des frontières. Il prend sa source au Tibet, traverse le Cachemire puis irrigue 65 % du territoire du Pakistan, notamment les vastes plaines fertiles du Pendjab, avant de s'écouler dans l'océan Indien. Le Pakistan, situé en aval de l'Inde, craint que la centrale indienne ne réduise le volume d'eau qui lui parvient. La production d'électricité côté pakistanais pourrait s'en trouver fortement diminuée.

C'est aussi, et surtout, la crainte de voir l'Inde couper l'eau lors des saisons stratégiques pour l'agriculture qui rend le Pakistan fébrile. Le Premier ministre indien, Narendra Modi, lui-même a laissé entendre qu'il n'excluait pas des représailles de ce type après un attentat au Cachemire indien attribué à des insurgés pakistanais en septembre 2016.

D'après « Au Cachemire, la course entre Pakistan et Inde pour s'approprier l'eau », dépêche AFP, 17 décembre 2017.

ANALYSE DE DOCUMENTS

1. Montrez que le Cachemire est une zone conflictuelle à l'échelle du sous-continent indien. (doc. 1 et 3)
2. Justifiez le titre du document 2 à l'aide de deux arguments extraits de ce même document.
3. Expliquez pourquoi l'eau est également une donnée importante du conflit au Cachemire. (doc. 4)
4. Rédigez une conclusion au sujet : **La religion, la source de conflit majeure au Cachemire ?**

Pour aller plus loin

lien Internet À partir des cartes et des analyses fournies par le site de la Documentation française, retracez les grandes étapes de ce conflit. Analysez ensuite en détail le rôle de la Chine dans cette région.

ÉTUDE

Inde-Pakistan, conflit inachevé, paix improbable ?

Au-delà de la région du Cachemire, le conflit Inde-Pakistan est profond et trouve ses origines dans le passé des deux pays, depuis 1947. Cette rivalité, toujours d'actualité, a déjà provoqué trois conflits, et la situation reste actuellement assez figée. Pourtant, des tentatives de rapprochement et de coopération existent, dans lesquelles la religion peut jouer un rôle.

❯ Pourquoi les religions ne sont-elles pas les seuls facteurs explicatifs du conflit indo-pakistanais ?

1 La communauté sikh, un espoir pour la paix et la collaboration régionale ?

Navjot Singh Sidhu, ministre du Pendjab, à la frontière pakistanaise.

Navjot Singh Sidhu, ministre du Pendjab, a semblé être en mesure d'influencer la géopolitique indienne quand il a évoqué la nécessité pour l'Inde et le Pakistan de se réconcilier. Il se trouvait à Lahore pour le lancement des travaux sur le corridor de Kartarpur[1], censé faciliter les déplacements des pèlerins sikhs vers la sépulture de Guru Nanak, le fondateur du sikhisme. Le politicien a parlé de paix, de commerce et de contacts entre les gens, autant de causes perdues inscrites dans les dialogues diplomatiques, dits « Track II ». Sa confiance vient, semble-t-il, du fait que c'est en tant que sikh et Pendjabi qu'il tend la main au Pendjab pakistanais, et on perçoit clairement l'idée d'une cohabitation indo-pakistanaise, laquelle catalyserait une coopération à plus grande échelle dans toute la région.

La paix sur le sous-continent nécessite qu'il y ait une bonne entente entre Inde et Pakistan. De fait, l'hostilité entre les deux parties compromet tous les efforts entrepris depuis plus de 40 ans. L'Inde devrait prôner l'empathie envers son voisin, mais les commentateurs de New Delhi ont généralement tendance à ne pas établir de distinction entre l'État pakistanais et son peuple qui se débat à la fois contre l'extrémisme religieux et le pouvoir des militaires. Le harcèlement et les insultes à propos de tout ce qui a trait au Pakistan ne vont qu'empirer à l'approche des élections en Inde en 2019, ce qui, par conséquent, permettra à l'armée et aux services de renseignement pakistanais de resserrer leur emprise sur la société. Il est grand temps de remettre au goût du jour le projet de régionalisme sud-asiatique. L'Asie du Sud a potentiellement les moyens de soutenir une forte croissance durable, un potentiel limité par les frontières nationales fermées. L'Inde a sa part de responsabilité car elle a doté ses frontières avec le Pakistan et le Bangladesh de clôtures barbelées. En 70 ans, l'histoire économique du sous-continent a été occultée, au profit d'un discours ultranationaliste qui voudrait nous faire croire que nous n'avons jamais vécu que séparés. Aucun effort n'a été épargné pour apaiser les tensions indopakistanaises. Et nous nous trouvons aujourd'hui entre la vision indocentrique de Modi et le contrôle exercé par l'armée pakistanaise sur le discours géopolitique d'Islamabad. En un pareil moment, le corridor de Kartarpur offre des perspectives. Les deux Pendjabs partagent une histoire unique, ils ont connu l'un et l'autre la tragédie de la partition et partagent une culture et une langue communes.

D'après K. Mani Dixit, *The Hindu*, 4 décembre 2018, trad. *Courrier international*, 13 décembre 2018.

1. Corridor frontalier entre l'Inde et le Pakistan permettant aux fidèles sikhs indiens de rejoindre les sanctuaires pakistanais sans visa. Les travaux ont commencé en novembre 2018.

2 Deux puissances nucléaires face à face

Dessin de Chappatte, 2016.

3 L'ANALYSE DU GÉOGRAPHE Un conflit relais des tensions religieuses internationales

L'Inde et le Pakistan ont en partie construit leur identité nationale sur une situation d'affrontement qui dure depuis la partition (1947). Aujourd'hui, les conflits qui ont lieu au Pakistan comme en Inde font perdurer l'instabilité de la région. Après des décennies de mobilisation militaire, l'Inde privilégie un processus de négociation avec son voisin, mais reste vulnérable aux attaques terroristes provenant du Pakistan. Les deux pays se sont combattus militairement à quatre reprises (1947, 1965, 1971 et 1999). La nucléarisation des deux États à partir de 1998 n'a ni diminué les tensions ni empêché l'affrontement. En outre, la politique de nuisance choisie par le Pakistan l'a conduit à soutenir des groupes armés. Recrutés au Cachemire, ces combattants furent endoctrinés et encouragés à mener le djihad. Après le 11-Septembre, une série d'attentats frappa le Cachemire, puis, le 13 décembre 2001, le Parlement de New Delhi. Les relations indo-pakistanaises s'envenimèrent jusqu'à l'intervention, en 2002, des États-Unis. Ceux-ci, lancés dans une guerre contre le terrorisme, financèrent Islamabad[1] pour écraser les groupes djihadistes, qui multiplièrent leurs attaques sur le sol pakistanais. Le processus de normalisation des relations indo-pakistanaises s'étant ralenti, l'Inde commença à interroger l'engagement réel du Pakistan. Dans ce contexte, un groupe de dix militants appartenant à une organisation terroriste basée au Pakistan, frappa Mumbai le 26 novembre 2008, faisant plus de 170 morts. L'attaque eut lieu dans six lieux stratégiques (hôtels de luxe, restaurant touristique, etc.). Malgré des arrestations, le Pakistan n'a pas encore prononcé de sentences à l'encontre des instigateurs de ces attentats.

Aujourd'hui, l'intérêt économique des deux pays pourrait motiver une pacification des relations. Cependant l'aide chinoise au Pakistan semble vouloir compliquer encore plus les relations entre les deux « frères ennemis ».

D'après L. Dejouhanet, *L'Inde, puissance en construction, Documentation photographique*, janvier-février 2016.

1. Ville nouvelle du Pakistan devenue capitale en 1959.

ACTIVITÉ **OBJECTIF** ▪ S'initier au travail de l'historien

▪ S'approprier le contexte

1. Présentez le contexte actuel de la situation géopolitique entre les deux pays. Quel est le poids du religieux dans ce conflit ? **(doc. 1)**

▪ Confronter la source à ce contexte

2. Pourquoi la région peut-elle être considérée comme une zone de conflictualités ? **(doc. 2 et 3)**

▪ Interpréter la source

3. Pourquoi le conflit indo-pakistanais est-il aujourd'hui gagné par des enjeux internationaux ? **(doc. 3)**
4. Selon vous, quelles sont les conditions à réunir pour sortir du conflit ? **(doc. 1 et 3)**

LEÇON 4 État et religions en Inde

› Quelle est la place de la religion en Inde, État laïque où la pratique religieuse est très importante ?

A L'Union indienne, une démocratie laïque

- **Dans les années 1930, les indépendantistes sont nombreux au sein des « Indes britanniques ».** Des organisations, comme le Parti du Congrès de Nehru, ou des personnalités, comme Gandhi, souhaitent le départ des Britanniques. La Ligue musulmane d'Ali Jinnah refuse l'idée de confédération des anciennes colonies et souhaite un État musulman, craignant le sort d'une minorité religieuse dans un État hindou.
- **Des tensions ethniques et religieuses accompagnent la partition des « Indes britanniques » (1947).** Après 1945, les tensions sont vives entre les communautés hindoues et musulmanes au sujet du devenir des anciennes colonies. Favorable à une solution négociée, Londres accepte le 15 août 1947 l'indépendance de l'Union indienne de Nehru et du Pakistan d'Ali Jinnah. Immédiatement, hindous et sikhs fuient le Pakistan pour rejoindre l'Union indienne que quittent à l'inverse les musulmans. De 1947 à 1950, 15 millions de personnes migrent dans un climat violent (1 million de victimes) qu'illustre l'assassinat de Gandhi le 30 janvier 1948, par un extrémiste hindou.
- **La démocratie indienne opte pour un État laïque** afin d'apaiser les tensions, de respecter la religiosité des Indiens et de se distinguer davantage du Pakistan qui affiche sa dimension religieuse. Elle adopte le « sécularisme » : toutes les religions sont traitées sur un pied d'égalité, et sont reconnues et autorisées. Inscrit dans la Constitution en 1976, ce principe garantit aux minorités religieuses leur liberté, et la possibilité de créer des écoles et de solliciter des subventions de l'État.

1 Chrétiens manifestant devant la cathédrale du Sacré-Cœur (New Delhi)

Manifestation après des attaques de lieux de culte dans la capitale indienne en décembre 2015.

B Une offensive contre le « sécularisme » et les minorités religieuses

- **Les pères fondateurs de la nation indienne, Nehru et Gandhi, optent pour un régime démocratique.** La longue tradition indienne de diversités culturelles et religieuses, et de pluralisme a permis au « sécularisme » de faciliter la cohabitation entre religions. Toutefois, en 1947, les tensions sont vives entre les hindous et les minorités religieuses.
- **L'hindouisme est de loin la religion dominante en Inde mais la diversité religieuse est réelle.** Ainsi, 180 millions d'Indiens sont musulmans (14,4 % de la population), contre 70 millions en Égypte, pays arabe le plus peuplé. Cependant, à l'exception du Cachemire, cette communauté est en situation de minorité dans les États indiens. Le pays compte aussi d'autres minorités : chrétienne (4,7 % de la population), sikh (1,8 %), bouddhiste, jaïniste.
- **Le compromis sécularisté a été maintenu.** Il est remis en question actuellement par les nationalistes hindous qui estiment que l'hindouisme est inséparable de l'identité indienne. Apparu dans les années 1980, le Bharatiya Janata Party (BJP) porte ce discours et gouverne l'État fédéral depuis 2014 ainsi qu'une vingtaine d'États. Dans certains États, le « sécularisme » est mis à mal par des lois (lois sur les conversions, etc.). Des militants extrémistes n'hésitent pas à violenter les musulmans et les chrétiens. L'attitude ambiguë du pouvoir central semble mener l'Inde vers une « démocratie ethnique ».

Vocabulaire

- **Démocratie ethnique :** expression inventée par les politologues pour décrire un régime démocratique qui favorise une partie de sa population.
- **« Sécularisme » :** principe selon lequel les questions religieuses doivent être séparées de celles de l'État. La liberté de culte n'est pas remise en cause, mais l'Église ne doit pas intervenir dans la politique.

C États et religions, un conflit inachevé entre l'Inde et le Pakistan

- **Depuis 1947, la région du Cachemire est au centre de désaccords territoriaux entre l'Inde et le Pakistan.** Majoritairement peuplé de musulmans, mais traditionnellement gouverné par des hindous, le Cachemire demande son rattachement à l'Inde (octobre 1947). Un premier conflit (mars 1948) oppose les deux pays et se solde par la délimitation d'une ligne de contrôle toujours en vigueur aujourd'hui. Deux autres guerres (1965, 1971) déstabilisent toute l'Asie du Sud d'autant que la Chine revendique également, depuis les années 1950, la région de l'Aksai Chin, partie orientale du territoire.
- **Dans les années 1980-1990, la situation se fait plus complexe.** L'émergence d'un mouvement indépendantiste cachemiri, soutenu par le Pakistan, débouche sur une insurrection. L'Inde dénonce le soutien du Pakistan et renforce son contrôle militaire et politique sur la région. La période, qualifiée de « sale guerre », provoque la mort de 50 000 personnes, essentiellement civiles. Entre les deux États, des essais nucléaires ravivent le conflit et les tensions.
- **Les années 2000 sont celles de l'émergence d'autres tensions.** Les attentats islamistes déstabilisent le Cachemire et l'Inde (2001, 2004, 2008). Au Cachemire, la jeunesse dénonce, parfois violemment, la présence indienne (2013). Périodiquement, la situation se tend dans la région.

2 La frontière entre Inde et Pakistan

Tous les jours, depuis 1959, 8 000 personnes assistent en fin de journée à la cérémonie de fermeture de la frontière à l'unique poste frontière entre Amritsar (Inde) et Lahore (Pakistan).

SCHÉMA BILAN

schéma interactif

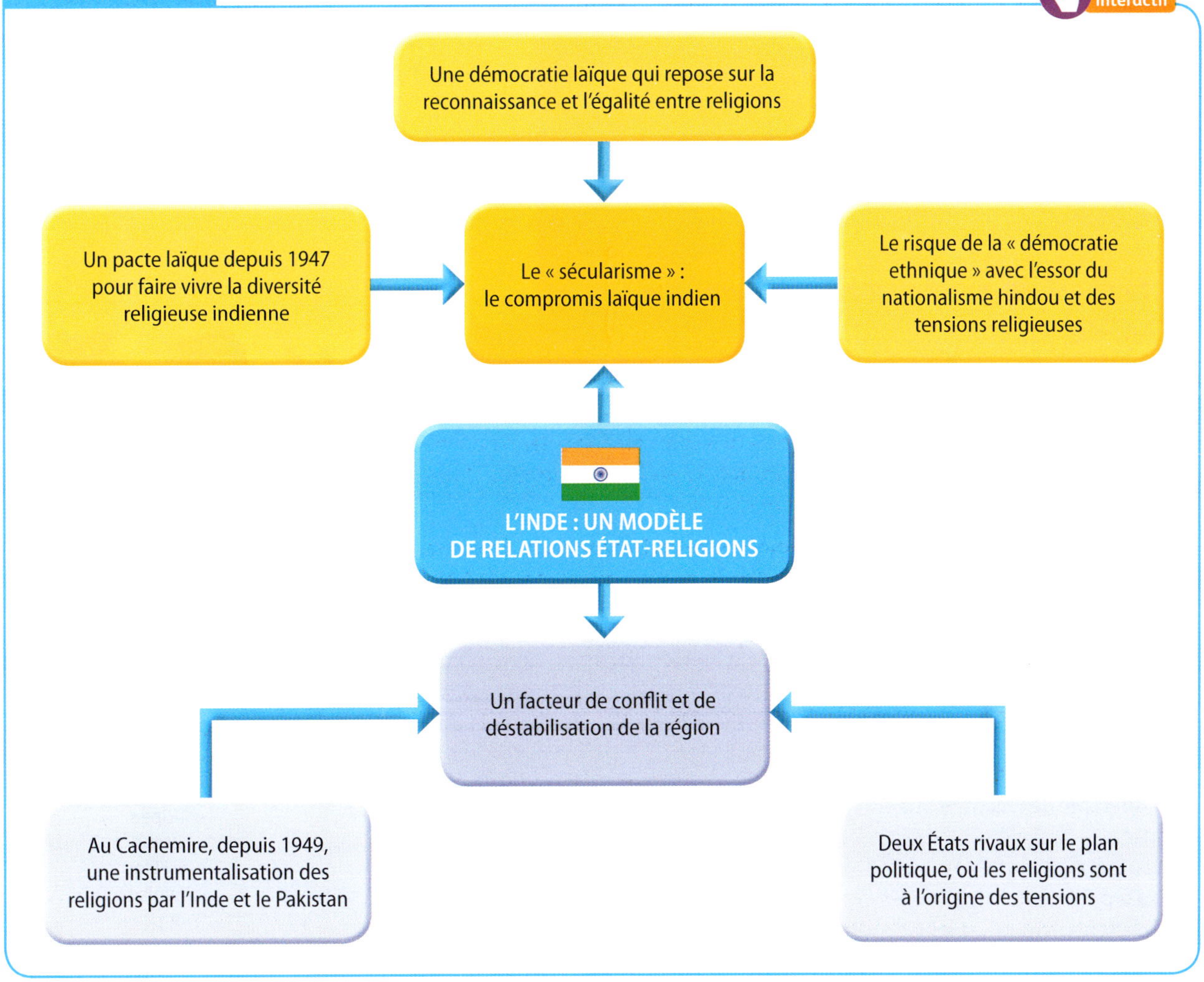

MÉTHODE

THÈME 5

Bac contrôle continu de Première | **La composition**

■ AXE 1 : Pouvoir et religion : des liens historiques traditionnels

OBJECTIF *Rédiger une conclusion*

SUJET La religion, une arme géopolitique pour les États, hier comme aujourd'hui

ÉTAPE 1 Analyser les mots-clés du sujet et fixer ses limites

La religion, une arme géopolitique pour les États, hier comme aujourd'hui

- **religion** → Expliquez le terme. Pensez aux différentes religions que l'on peut évoquer en exemple
- **arme géopolitique** → En quoi la religion peut-elle être utilisée par des États pour contrôler leur population, réprimer des minorités religieuses ou faire la guerre à d'autres pays ?
- **États** → Expliquez la notion. Pensez aux États théocratiques ou aux États qui ont utilisé la religion pour s'affirmer (religion d'État dans certains pays, absolutisme de droit divin…)
- **hier comme aujourd'hui** → Variez les exemples, que ce soit dans l'actualité (Iran, Arabie Saoudite, Israël / Palestine…) ou dans l'histoire (période des croisades et de la Reconquista, évangélisation de peuples jugés inférieurs pendant la colonisation…)

ÉTAPE 2 Réfléchir à un plan structuré et construire l'introduction

1. Construire l'introduction

- L'introduction doit amener le sujet, le présenter, définir les mots-clés du sujet, poser une problématique et annoncer le plan.
- Pensez à vous appuyer sur des faits récents d'actualité pour renforcer votre propos (par exemple, l'utilisation d'un islam radical et intolérant par Daech et son « califat » contre les « infidèles »).

2. Organiser le plan

- Le plan doit être construit en trois parties permettant de répondre à la problématique posée, avec des sous-parties. Ici, c'est un plan thématique qui convient.
- C'est au brouillon que vous notez toutes vos idées sur le sujet, pour ensuite les regrouper en trois parties distinctes, thématiques, clairement identifiées, par exemple via un code couleur.
- Rédigez intégralement au brouillon l'introduction et la conclusion, pour structurer au mieux vos idées : vous laisserez ainsi une bonne impression au correcteur avec une conclusion précise et pertinente.

1 Le pèlerinage à La Mecque

Des pèlerins autour de la kaaba.

ÉTAPE 3 Rédiger la conclusion

Méthode :

1. Dresser un bilan et répondre à la problématique.
   - Commencer par rappeler l'apport de chaque partie à la réponse à la problématique.
   - Formuler une réponse finale à la problématique.
2. Proposer une ouverture en lien avec le sujet à travers un thème proche, une autre période ou un autre espace. *Par exemple, avancez le fait que des États ont tout intérêt à utiliser l'argumentaire religieux pour asseoir leur pouvoir ou défendre leur politique (fonctionnement du pouvoir en Iran aujourd'hui).*
3. Faire attention à la forme. Soigner son expression, diversifier le vocabulaire et bien se relire pour corriger les fautes d'orthographe.

MÉTHODE

THÈME 5

Bac épreuve de Terminale — L'étude critique de documents

- **OBJET DE TRAVAIL CONCLUSIF :** État et religions en Inde
- **JALON :** Les minorités religieuses

OBJECTIF *Répondre aux questions*

SUJET Le sort des minorités religieuses en Inde

1. Comment le parti du Premier ministre indien utilise-t-il la religion pour renforcer son influence électorale ? (doc. 1)
2. Pourquoi stigmatiser les minorités religieuses permet-il au gouvernement indien de se renforcer ? (doc. 1 et 2)
3. D'après vos connaissances et le **document 2**, quelles sont les conditions de vie des minorités religieuses en Inde aujourd'hui ?

1 Hindous et musulmans en Inde en 2019

La lutte contre la désinformation est un défi majeur en cette période d'élections, dans un contexte de tensions ethniques et sociales attisées par les partis. Les mouvements nationalistes hindous profitent de la récente crise autour du Cachemire avec le Pakistan, majoritairement musulman, pour mobiliser leur électorat. Depuis l'attentat qui a tué 40 paramilitaires sur le territoire indien mi-février, la désinformation a pris des proportions considérables sur les réseaux sociaux. Le site indien de *fact-checking,* Alt News, a débusqué de nombreuses *fake news,* comme des images de tanks pakistanais datant de 2 ans, diffusées pour faire croire à une invasion imminente. Ou une photo prétendant montrer les dégâts causés par l'armée indienne au Pakistan, en réalité prise après le tremblement de terre de 2005 au Cachemire. Ces fausses nouvelles ont exacerbé le sentiment nationaliste et antimusulman à travers le pays, même dans les villages les moins connectés. « Le Bharatiya Janata Party (BJP), le parti nationaliste du Premier ministre, est lui-même un très grand pourvoyeur de *fake news.* Selon les premiers sondages, la mise en scène de la riposte de Modi[1] face au Pakistan a servi son image de leader alors qu'il était affaibli dans les zones rurales, confrontées à d'importants problèmes économiques », souligne Charlotte Thomas[2]. Une carte que le Premier ministre entend jouer à fond pour être réélu, au risque d'accroître encore plus les divisions entre communautés.

D'après A. Brogat, « À un mois des élections, l'Inde renforce son contrôle des réseaux sociaux », lefigaro.fr, 14 mars 2019.

1. Narendra Modi est le Premier ministre de l'Inde depuis 2014. C'est un nationaliste hindou.
2. Politiste et directrice du programme Asie du Sud.

2 Manifestation de chrétiens contre les violences à New Delhi, 2015

Depuis l'accession du BJP au pouvoir en 2014, les discriminations et persécutions contre les chrétiens s'amplifient. Outre les lieux de cultes vandalisés, la minorité chrétienne se retrouve exclue de la vie sociale dans les villages, bannie des événements, forcée à enterrer ses morts hors du village, privée de l'accès aux puits collectifs et en butte à des violences physiques.

Répondre aux questions

Méthode :

Les questions servent à orienter votre analyse. Même si ce n'est pas demandé, une courte introduction présentant les documents est attendue : auteur, source précise, contexte, idée principale.

1. Appuyer les réponses aux questions sur l'analyse rigoureuse des documents : citer des extraits de texte, analyser les photographies, cartes, caricatures…
2. Se servir de ses connaissances personnelles pour confirmer, nuancer voire contredire les idées défendues par le document.
3. Lorsque l'exercice propose une question plus générale, destinée à élargir les propos des documents *(voir question 3)*, réfléchir précisément aux points à aborder successivement. *Ici, définissez les pratiques dans une démocratie comme l'Inde : ce pays accepte-t-il bien les minorités religieuses, la liberté de conscience ? Les droits de l'homme sont-ils parfaitement respectés ?*

MÉTHODE

THÈME 5

Bac épreuve de Terminale — **Le grand oral**

▪ **INTRODUCTION : États et religions aujourd'hui**

→ Ce sujet est à préparer par groupe de quatre élèves. Vous devrez présenter votre travail de manière construite à l'oral devant le reste de la classe en 10-15 minutes, avec un support dynamique (logiciel de présentation Prezi…). Vous pouvez vous aider des quatre documents de cette double page.

Sujet d'entraînement

SUJET La religion, un enjeu géopolitique du XXIe siècle

ÉTAPE 1 Se documenter

1. Analysez les mots-clés du sujet, définissez ses limites et les axes principaux à aborder.
2. Recherchez les informations pour construire votre argumentation. Vous pouvez vous servir des documents proposés ici, mais allez également chercher dans les ressources proposées dans votre CDI : revues (*Courrier international*…), journaux, livres, etc. Documentez-vous également sur Internet en vérifiant bien les sources, en confrontant les données recueillies. Répartissez-vous les recherches pour être le plus efficace possible. Soyez précis, trouvez des exemples concrets actuels, sans oublier que la religion a toujours été historiquement un moyen de contrôle politique.

ÉTAPE 2 Organiser la présentation orale

1. Organisez votre présentation orale entre vous et construisez votre support de présentation.
2. Entraînez-vous avant de passer devant la classe afin de régler vos interventions et maîtriser au mieux votre sujet. Prévoyez une introduction : trouvez une accroche liée à l'actualité la plus récente pour dynamiser votre propos et intéresser votre public.

1 L'Iran face à Israël et aux États-Unis

L'ayatollah Rabani Nejad, qui dirige la mosquée Mamass Robaniejah, se prête au jeu des questions tout en étant « persuadé » qu'un journaliste occidental « déformera forcément ses propos ». Ses propos ont le mérite de l'efficacité et de la concision : l'accord sur le nucléaire en passe d'être signé à Vienne ? « Quand on négocie avec le Grand Satan américain, il ne faut jamais oublier qu'il ne faut jamais faire confiance au Grand Satan. »

À l'intérieur de la mosquée, les prêches ont commencé. À la tribune, un homme en uniforme chauffe la salle en criant des slogans que tout le monde reprend en criant de plus en plus fort. *« Down, down, USA ! », « Down, down, Israël ! »* Un basiji, un combattant, qui porte une écharpe sur les épaules, crie plus fort que les autres. C'est une star. Tout le monde le connaît. Lors des cérémonies officielles, il passe souvent à la télévision tant sa voix porte loin. Pour un peu, et c'est effectivement assez impressionnant, sa mâchoire semble se décrocher lorsqu'il lance ses slogans.

L'ayatollah Mohammad Emami-Kashani est considéré comme un modéré. Il est proche du président Rohani qui, depuis son élection en 2013, encourage les négociations avec les Américains pour la levée des sanctions économiques. En pleine période de négociations, il n'est pourtant pas tendre envers les États-Unis. Daesh et l'État islamique qui obligent l'Iran à envoyer des pasdarans en Irak pour le combattre ? « C'est une créature des Américains qui veulent créer une guerre chiites-sunnites. Daesh, ce sont des extrémistes qui se fourvoient. Mais ils ne parviendront pas à détruire l'unité de l'islam. D'ailleurs, Daesh et les talibans recrutent des ignorants. »

D'après R. Gubert, « Iran : "Il ne faut jamais faire confiance au Grand Satan" », lepoint.fr, 9 juillet 2015.

2 Le Cachemire, un conflit politico-religieux entre l'Inde et le Pakistan

Selon le journaliste britannique Robert Fisk, journaliste britannique à *The Independent*[1], l'Inde et Israël ont en commun d'avoir été construits sur une partition coloniale et d'être menacés par des voisins musulmans. Et ce n'est pas un hasard si Delhi est aujourd'hui le premier acheteur mondial d'armement israélien.

La rhétorique « anti-islamiste » adoptée par l'Inde lors de son offensive aérienne éclair au Pakistan, le 26 février, n'est pas sans rappeler celle qu'emploie Israël à propos de Gaza, de la Syrie ou du Liban. Et pour cause, analyse Robert Fisk dans les colonnes du quotidien pakistanais *Dawn* : « Pendant des mois, Israël s'est affiché assidûment aux côtés du gouvernement nationaliste indien de Narendra Modi, au sein d'une alliance non officielle qui ne dit pas son nom et qui est politiquement dangereuse », visant à lutter contre les djihadistes, pendant que l'Inde devenait « le plus grand débouché au monde pour l'industrie de l'armement israélienne ».

D'après « Pourquoi l'ombre d'Israël plane sur le conflit entre l'Inde et le Pakistan », *Courrier international*, 4 mars 2019.

1. Quotidien britannique de centre gauche, proeuropéen et critique sur la politique d'Israël.

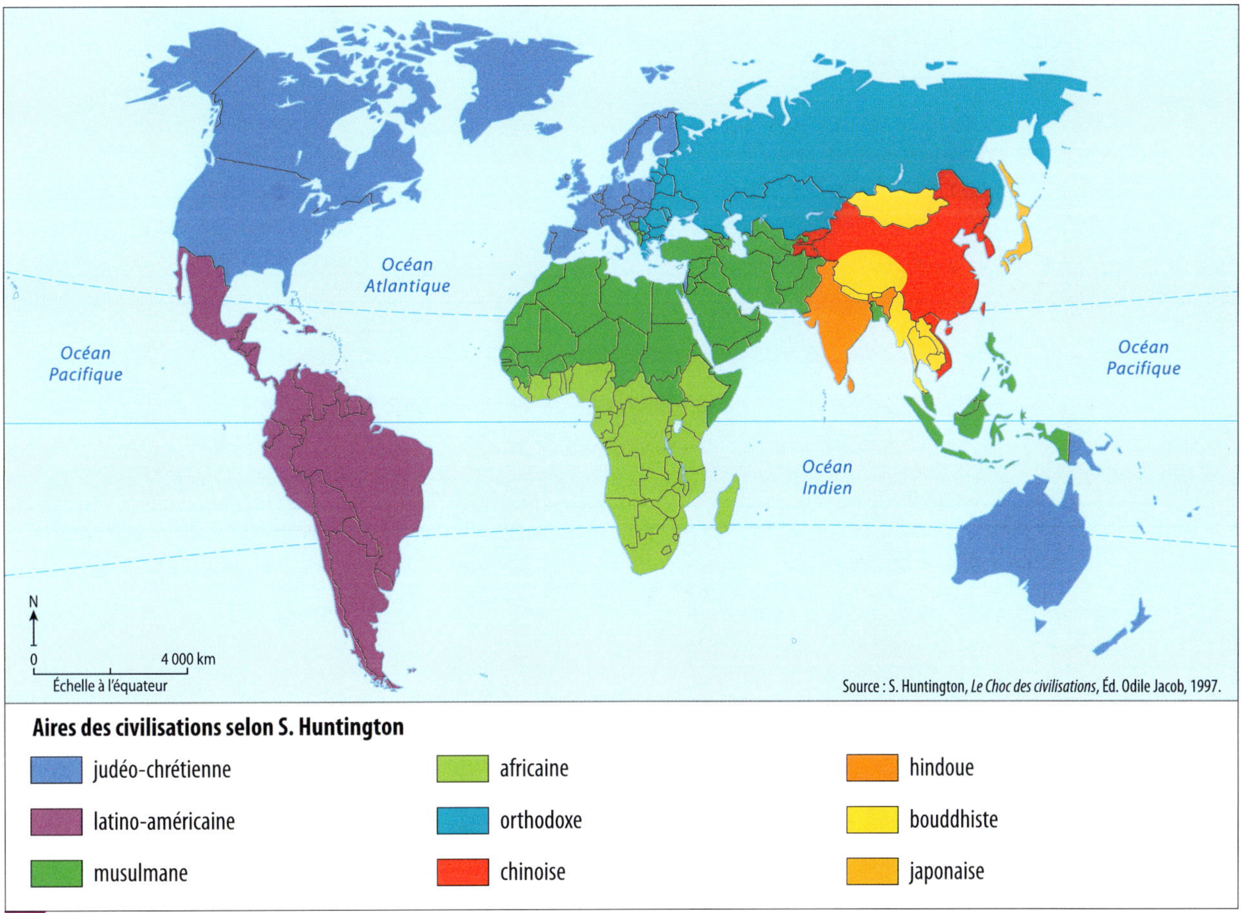

3 Les aires de civilisations selon Samuel Huntington

Dans son essai *Le Choc des civilisations*, traduit en français en 1997, Samuel Huntington défend l'idée selon laquelle les relations internationales après la chute de l'URSS sont basées sur des civilisations dont les oppositions culturelles, notamment religieuses, seraient le moteur du monde contemporain. Pour lui, la plupart des conflits d'aujourd'hui ont un fond religieux.

4 L'ANALYSE DU SPÉCIALISTE Pascal Boniface[1] critique le modèle de Huntington

[…] Pour certains, la différence de croyances religieuses est la principale matrice des conflits contemporains. Cette thèse emporte facilement l'adhésion des opinions. Elle a un fondement historique (les guerres de religion sont en bonne place dans les manuels scolaires) et un autre plus actuel, dans la lignée de la théorie du choc des civilisations de Samuel Huntington. Elle a par ailleurs un aspect confortable : elle permet de donner une grille de lecture universelle aux conflits en cours venant remplacer celle, ancienne, du clivage Est-Ouest.

Simplement elle ne correspond pas à la réalité, ou que très partiellement. Il est trop réducteur de façon générale d'attribuer une cause unique à un conflit ou une crise. Ils ne sont jamais déclenchés par un seul facteur, mais par un faisceau de plusieurs d'entre eux qui s'enchevêtrent. La facilité dans la présentation – au détriment de la rigueur de l'analyse – conduit souvent à en privilégier un seul, plus visible, plus identifiable mais pas nécessairement plus déterminant.

En Centrafrique, représailles et vengeances conduisent les musulmans et les chrétiens à s'affronter. Mais les plus hautes autorités religieuses de chaque communauté appellent au calme, au respect de l'autre et exercent plutôt un effet apaisant. Les chrétiens, qui représentent 80 % de la population, ont jusqu'ici toujours vécu paisiblement avec leurs concitoyens musulmans. Ce qui a changé la donne, c'est que les rebelles de la Séléka, qui ont conduit l'actuel président Djotodia au pouvoir, ont commis des violences contre la population locale. Ils ont fait régner la terreur pour prendre le pouvoir et ont ensuite profité du vide de pouvoir pour continuer leurs pillages et exactions. De nombreux membres de cette milice, formée de musulmans, venaient de l'étranger. Ils n'ont pas agressé les populations parce qu'elles étaient chrétiennes mais parce qu'elles étaient démunies et sans défense. […]

P. Boniface, « Religions et guerres. Les conflits n'ont jamais une cause unique », *La Croix*, 3 janvier 2014.

1. Pascal Boniface est un géopolitologue spécialiste des relations internationales.

RÉVISION
THÈME 5

Analyser les relations entre États et religions

A Réviser en mémorisant

1 SCHÉMA

LES ÉTATS ET LES RELIGIONS AUJOURD'HUI

- Des relations différentes selon les pays
  Exemple : séparation des Églises et de l'État en France en 1905
- Un héritage issu du passé politique
  - Des liens historiques traditionnels
    - Rapport entre les pouvoirs séculier et théocratique
      Exemple : Charlemagne
    - Des différences selon les États et les religions
      Exemple : comparaison entre le calife et l'empereur byzantin aux IX-Xe siècles.
  - Une inégale sécularisation
    - En Turquie, la laïcité avec Mustafa Kemal
    - Aux États-Unis depuis 1945, des rapports ambigus avec la religion
- Des États n'assurant pas tous la même liberté de conscience et de religion
  Exemple : Arabie Saoudite, Iran

2 CARTE CLÉ

Les principales religions dans le monde aujourd'hui et leur dynamisme : carte 1 p. 324.

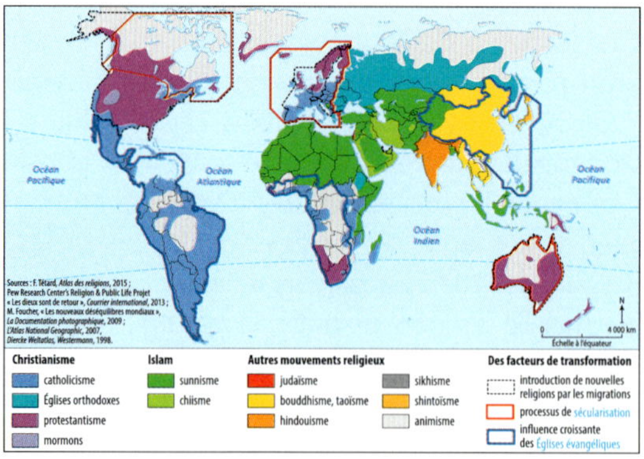

3 DATES CLÉS

600 – 700 – 800 – 1900 – 1950 – 2000

- **622** Hégire
- **632** Création du califat
- **800** Couronnement de Charlemagne
- **1924** Abolition du califat en Turquie
- **1937** La laïcité est inscrite dans la Constitution turque
- **1947** Indépendance de l'Inde et du Pakistan
- **1962** Interdiction de la prière en classe aux États-Unis
- **1979** Révolution islamique en Iran
- **2018** Loi autorisant l'avortement sans restriction en Irlande

B Réviser en s'entraînant

OBJECTIF 1 Étudier un texte

1. Quelle position Mustafa Kemal défend-il face à la religion ?
2. Quels reproches fait-il à ceux qui utilisent l'arme de la religion à des fins politiques ?
3. Dans quelle mesure oppose-t-il religion et science ?

1 Religion et politique en Turquie selon Mustafa Kemal

Ce souverain appelé *calife* est supposé devoir rendre la justice pour les 300 millions de musulmans du globe, sauvegarder les droits de ces gens, empêcher toute atteinte à l'ordre et à la sécurité, et répondre aux attaques que les musulmans pourraient rencontrer de part et d'autre nations […] Au cours des siècles, à l'intérieur et dans les pays étrangers, il y a eu des gens et il y a encore des gens qui profitent de l'ignorance et du fanatisme des nations et tentent de faire usage de la religion comme un outil destiné à les aider dans leurs objectifs politiques et personnels. Le fait que de tels gens existent me contraint à revenir une fois encore sur cette question. Aussi longtemps qu'au sujet des questions religieuses les sentiments et la connaissance de l'humanité ne se sont pas libérés des mythes et purifiées à la lumière de la science véritable, nous trouverons partout des historiens qui jouent une comédie religieuse.

M. Kemal Atatürk, texte établi par J.-P. Jackson, *Mémoires*, 1927, Éd. Coda, 2005.

OBJECTIF 2 Étudier une carte

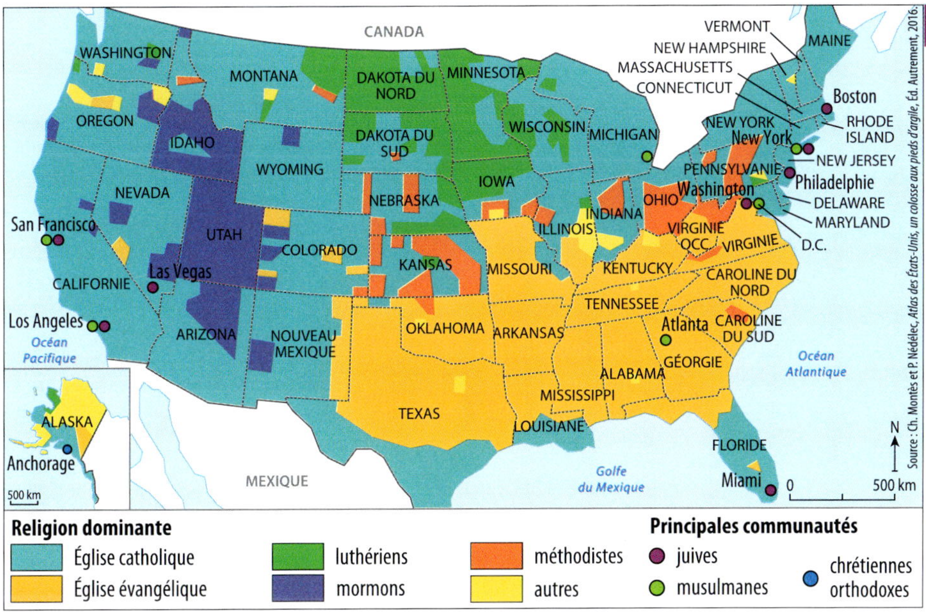

Source : Ch. Montès et P. Nédélec, *Atlas des États-Unis, un colosse aux pieds d'argile*, Éd. Autrement, 2016.

2 Les religions aux États-Unis

1. Dans quelles parties des États-Unis les catholiques dominent-ils ? Pourquoi ?
2. Qui sont les évangélistes et dans quelles zones sont-ils les plus dominants ?
3. Pouvez-vous présenter la particularité religieuse de l'Utah ?

C Réviser en se documentant

À LIRE

- *Religion et politique,* (dir.) A. Dieckhoff et Ph. Portier, Éd. Presses de Sciences Po, 2017.
- *Politique et religion aux États-Unis,* C. Froidevaux-Metterie, Éd. La Découverte, 2009.

À VOIR

- *La Turquie face à la terreur*, d'H. Gülbeyaz, 2016 : le film analyse les raisons pour lesquelles la Turquie est devenue la cible d'attentats de l'État islamique.

SUR LE WEB

- L'observatoire de la liberté religieuse : des documents statistiques sur les États Unis : liberte-religieuse.org/etats-unis-damerique. Ce site fournit aussi un rapport annuel sur la remise en cause de la liberté religieuse dans le monde : liberte-religieuse.org/communique-rapport-2018.
- Une présentation détaillée du couronnement de Charlemagne : historyweb.fr/le-couronnement-de-charlemagne.

LEXIQUE

A

ADSL (*Asymmetric Digital Subscriber Line*) : système de communication numérique qui permet un accès haut débit à Internet.

Alliance française : établissement culturel français implanté dans le monde en vue de diffuser la langue et la culture du pays.

Anglicanisme : Église chrétienne apparue en Angleterre au XVIe siècle après la séparation avec Rome.

Animisme : croyance en un esprit qui anime les êtres vivants, les objets et les éléments naturels.

Apartheid : « séparation » en afrikaans, système en vigueur en Afrique du Sud entre 1948 et 1991 dans lequel les populations étaient séparées en fonction de leur couleur de peau.

Athéisme : refus de croyance en une divinité quelle qu'elle soit. L'athéisme au niveau d'un État peut se traduire par une attitude hostile envers les religions.

B

Baptisme : mouvement évangélique apparu en Hollande et en Angleterre au XVIIe siècle.

Bharatiya Janata Party (BJP) : littéralement « parti du peuple indien ». Parti de droite nationaliste hindou.

***Bible Belt* :** littéralement « ceinture de la Bible ». Zone du sud-est des États-Unis où vit un nombre élevé d'habitants se réclamant d'un protestantisme rigoriste.

Bouclier américain : système d'interception et de destruction de missiles ennemis mis en place à partir de 1999 par les États-Unis à la suite du tir d'un missile nord-coréen.

***Brain drain* (drainage des cerveaux) :** attirance des « cerveaux » étrangers pour un pays offrant de meilleures conditions de travail et des salaires plus élevés.

Brexit : terme forgé à partir des mots *britain* et *exit* désignant le processus de sortie du Royaume-Uni de l'UE après la victoire du « oui » au référendum de 2016.

BRICS (Brésil, Russie, Inde, Chine et Afrique du Sud) : groupe de puissances ascendantes appelées à remettre en cause la domination des pays riches dans l'économie mondiale.

C

Califat : territoire vivant sous l'autorité d'un calife, dont le titre fut fondé par les successeurs du prophète Mahomet. Le calife détient les pouvoirs politiques et religieux.

Capacité de projection : capacité pour un État d'intervenir rapidement et massivement hors de ses frontières.

CDU : Union chrétienne-démocrate, parti allemand de droite, au pouvoir de 1949 à 1969, entre 1982 et 1998 et depuis 2005.

CEI (Communauté des États indépendants) : créée en décembre 1991 et regroupant la plus grande partie des anciennes Républiques Socialistes Soviétiques devenues indépendantes.

Censure : limitation volontaire de la liberté d'expression et de la liberté de la presse.

Chiisme : courant religieux de l'islam qui regroupe environ 10 % des musulmans, dont 90 % de la population iranienne.

Citoyen : membre d'un État qui bénéficie de droits (vote, éligibilité…) et de devoirs (service civique…).

CLPC (Commission des limites du plateau continental) : commission de l'ONU qui examine les demandes d'extension des ZEE sur la haute mer.

***Cluster* :** regroupement d'entreprises spécialisées dans un même secteur d'activités innovantes et fonctionnant en réseau.

Comices : dans la Rome républicaine, assemblées du peuple, auxquelles tous les citoyens peuvent participer. Il faut les distinguer du Sénat, où seules les familles les plus riches peuvent siéger.

Concordat : traité entre la papauté et un État établissant les modalités des relations entre l'Église et l'État signataire.

Congrès national : organe législatif des institutions chiliennes. Composé de la Chambre des députés et du Sénat, il désigne le président de la République en fonction des résultats de l'élection.

Corridor de développement : espace combinant infrastructures de transport et activités productives permettant le développement économique d'un territoire.

Cosmopolite : qui rassemble des populations de cultures différentes.

Coup d'État : renversement du pouvoir par une personne ou un groupe d'individus investi d'une autorité, par exemple l'armée. Un coup d'État peut mettre fin à une dictature pour mettre en place un régime démocratique, ou l'inverse.

Cour suprême : plus haute juridiction d'appel, composée de 9 juges, dont le rôle est central dans l'évolution de la législation aux États-Unis.

Créationnisme : croyance religieuse selon laquelle l'Univers et la vie sur Terre auraient été créés par Dieu il y a environ 10 000 ans. Certaines personnes souhaitent l'enseigner dans les écoles.

Cyberdissident : opposant politique qui diffuse ses idées sur Internet.

D

Darknet : réseau numérique où les flux d'information sont anonymisés, permettant notamment des activités illicites.

Démocratie : régime politique dans lequel la communauté des citoyens est souveraine et exerce le pouvoir à travers des institutions.

Démocratie antique : régime politique où la communauté des citoyens (*demos*) exerce le pouvoir (*kratos*) en siégeant dans différentes institutions.

Démocratie déléguée : système politique dans lequel les pouvoirs sont délégués par vote (représentants élus) ou par désignation (fonctionnaires d'État).

Démocratie directe : régime politique démocratique dans lequel l'ensemble des citoyens peut intervenir directement dans les décisions politiques, sans l'intermédiaire de représentants.

Démocratie ethnique : expression fondée par des politologues pour désigner un régime qui, malgré des abords démocratiques, favorise l'une des composantes de la société.

Démocratie populaire : régime communiste dont le parti au pouvoir estime défendre les intérêts du peuple. Contrairement à son nom, ce n'est pas une démocratie formelle (avec des élections libres).

Démocratie représentative : régime politique démocratique dans lequel les citoyens disposent de la souveraineté mais élisent des représentants à qui ils délèguent le pouvoir de prendre les décisions politiques. Elle s'oppose à la démocratie directe.

Despotisme : régime dirigé par une seule personne qui possède tous les pouvoirs. Par extension, Tocqueville définit le « despotisme démocratique » pour évoquer le cas où un gouvernement exerce tous les pouvoirs au nom du peuple et après que le peuple a abandonné tout contrôle sur le gouvernement.

Dhimmis : citoyen non-musulman d'un État musulman, protégé par le pouvoir, mais avec des devoirs particuliers (taxes…).

Diaspora : dispersion d'une communauté ethnique ou d'un peuple à travers le monde.

Dictature : régime qui confie l'ensemble des pouvoirs à un seul homme ou un groupe d'individus, au contraire de la démocratie.

Dictature des colonels : en Grèce, nom donné à la période de dictature militaire entre 1967 et 1974 suite à un coup d'État.

Directive Seveso : obligation d'identifier les sites industriels présentant des risques d'accident majeurs.

DMZ : zone démilitarisée et fortifiée entre les deux Corées, d'une longueur de 248 km sur environ 4 km de large, située de part et d'autre du 38e parallèle qui formait la ligne de démarcation intercoréenne avant le conflit.

E

***Eisangelie* :** procédure publique lancée contre un ou plusieurs citoyens pour faute grave envers la cité, et permettant à l'Ecclésia (chargée des procès politiques) de prononcer un jugement et une sentence éventuelle.

Émigration : fait de quitter son pays d'origine pour vivre dans un autre pays. Les raisons peuvent être nombreuses : économiques, politiques, religieuses ou autres.

Empire ottoman : créé au XIIIe siècle par Osman, il mit fin à l'Empire byzantin. Les Ottomans régnèrent jusqu'au XXe siècle depuis Constantinople. Leur défaite lors de la Première Guerre mondiale entraîne la partition de leur territoire.

Erasmus : programme d'échange universitaire permettant aux étudiants européens d'étudier un semestre dans un État membre de l'UE ou participant au programme.

Espace Schengen : espace de libre circulation des personnes entre les États signataires des accords de Schengen (1995).

État-nation : concept reposant sur la réunion d'un État en tant qu'organisation politique, et d'une nation, c'est-à-dire l'ensemble des individus liés par un sentiment commun d'appartenance.

Europol : agence européenne de police criminelle, créée en 1998, facilitant l'échange de renseignements entre les polices nationales au sein de l'Union européenne.

Eurorégion : espace de coopération transfrontalière au sein de l'UE dont le statut administratif est variable. Il bénéficie d'aides européennes pour mener des politiques communes (transport, économie, protection de l'environnement).

Euroscepticisme : opposition à certains aspects de l'intégration européenne ou à l'Union européenne dans son ensemble.

Évangélisme : mouvement religieux chrétien fondamentaliste professant une « renaissance » du fidèle. Il est divisé en plusieurs mouvements (le baptisme, le pentecôtisme…).

F

FAI : fournisseur d'accès à Internet.

Fédération : organisation politique dans laquelle des territoires conservent une certaine souveraineté au sein d'un État fédéral.

FLN vietnamien : Front de libération nationale, fondé en 1960 par les communistes du Sud-Vietnam. Il s'oppose au gouvernement pro-américain de Saïgon.

Fonds souverains : réserve alimentée par les excédents financiers d'un État qui place ses capitaux à l'étranger (immobilier, industrie, foncier).

Fracture numérique : inégalités d'accès à Internet selon les territoires.

Francophonie : dispositif institutionnel organisant des relations politiques et de coopérations entre 88 États et gouvernements membres de l'Organisation internationale de la Francophonie (OIF), promouvant la langue française.

Front pionnier : processus d'aménagement du territoire en plusieurs étapes (valorisation du territoire, peuplement progressif, formation d'organisation spatiale par des pôles urbains).

Frontex : agence européenne de gardes-frontières et de gardes-côtes chargée de contrôler les frontières extérieures de l'Union européenne.

FTN (Firme transnationale) : entreprise possédant au moins une filiale à l'étranger.

G

G7 (Groupe des Sept) : groupe de discussion et de partenariat économique entre les chefs d'État et de gouvernement de l'Allemagne, du Canada, des États-Unis, de la France, de l'Italie, du Japon et du Royaume-Uni.

GAFAM : acronyme désignant les FTN américaines dominant les technologies du numérique (Google, Amazon, Facebook, Apple, Microsoft).

Gouvernance : coordination de l'ensemble des acteurs et des règles qui constituent une autorité pour gérer les affaires publiques.

Groupe de Visegrad : groupe de pays (Hongrie, Pologne, République tchèque, Slovaquie) défendant des positions communes (restriction de l'immigration, renforcement des souverainetés nationales).

H

***Hard power* :** expression américaine désignant la capacité des États-Unis à imposer par la force leur puissance militaire, stratégique, économique ou financière. Par extension, elle est parfois utilisée pour d'autres États.

Hégire : date du début du calendrier musulman, qui correspond au départ de Mahomet et de ses compagnons de La Mecque vers Médine, en 622.

Hindouisme : religion polythéiste dominante en Inde, elle compte plus d'un milliard de fidèles dans le monde. C'est l'une des plus anciennes religions au monde.

***Hotspot* :** centre d'accueil, d'identification et de prise en charge de migrants en situation irrégulière.

LEXIQUE

I

Iconoclasme : destruction délibérée de représentations religieuses figuratives pour rejeter la vénération adressée aux représentations du divin.

IDE (Investissement direct à l'étranger) : investissement d'une FTN à l'étranger par la création ou le rachat d'une entreprise, ou encore la prise de participation dans son capital.

Indépendantisme : revendication d'indépendance d'une collectivité.

Indochine : nom de l'ancienne colonie française qui regroupait le Laos, le Cambodge, le Sud-Vietnam et le Nord-Vietnam.

Inflation : hausse généralisée des prix.

Intangibilité des frontières : principe selon lequel, pour éviter tout conflit frontalier, les frontières reconnues internationalement ne peuvent être dénoncées et modifiées.

Interface : zone de contact entre deux espaces où la frontière est ouverte, permettant des échanges de flux (économiques, humains).

Internet (*Interconnected Network*) : C'est le réseau informatique mondial, accessible au public.

J

Jaïnisme : religion apparue vers le Xe siècle av. J.-C., elle prône l'ascétisme.

K

Kémalisme : idéologie fondatrice de la République de Turquie qui vise à réformer et moderniser la société turque.

L

Laïcisation : ensemble de mesures visant à soustraire à l'influence de la religion une institution publique ou un service public (école, hôpital…).

Laïcité : principe établissant la séparation de l'État et des religions, ainsi que le respect du libre exercice des cultes.

Lanceur d'alerte : notion apparue en 1999 dans *Les sombres précurseurs* de F. Chateauraynaud et D. Torny, qui désigne toute personne qui, ayant connaissance d'un danger, risque ou scandale, interpelle l'opinion.

Légion romaine : unité de base de l'armée romaine. Une légion compte environ 6 000 hommes. Au début de l'Empire, l'armée compte 33 légions distribuées sur les frontières romaines.

***Limes* :** nom donné par les historiens à la frontière romaine. On peut la considérer comme une limite, mais aussi comme une route, qui mène vers les territoires récemment conquis.

M

Magnat : nom donné aux grands patrons d'entreprises multinationales.

***Mainstream* :** culture grand public (cinéma, fast-food), à la fois enjeu économique mais aussi d'influence à l'échelle mondiale.

Majorité qualifiée : suffrage prenant en compte une double majorité : celle des États (au moins 55 % des voix du Conseil) et celle des citoyens (au moins 65 % de la population).

***Maquiladora* :** usine d'assemblage exemptée en partie de droits de douane à la frontière nord-mexicaine, détenue par des sociétés mexicaines, asiatiques ou américaines.

Marche : territoire frontalier d'un royaume qui, au Moyen Âge, a une fonction défensive confiée à un marquis.

Méthodisme : courant du protestantisme issu d'une rupture au sein de l'Église anglicane au XVIIIe siècle.

Millenials (*digital natives*) : ensemble des individus nés entre le début des années 1980 et le début des années 2000, qui a connu le développement d'Internet. On parle aussi de génération Y.

Millet : communautés religieuses protégées par le pouvoir ottoman.

***Misthos* :** indemnité versée aux citoyens siégeant dans les institutions pour compenser la perte d'une journée de travail.

Monarchie : régime dans lequel le souverain est désigné de façon héréditaire.

Mondovision : système de diffusion par satellite d'une émission de télévision dans plusieurs pays en simultanée.

Mouvement baptiste : mouvement du christianisme évangélique apparu en Hollande et en Angleterre au XVIIe siècle. On estime à plus de 40 millions le nombre de baptistes aux États-Unis.

Mouvement des Forces Armées (MFA) : en portugais *Movimento das Forças Armadas*. Mouvement révolutionnaire issu de l'armée qui fait tomber la dictature en 1974. Le MFA est principalement composé de jeunes capitaines de l'armée de terre ayant servi dans les guerres coloniales portugaises. Ils s'opposent à ces dernières et au régime dictatorial. Le mouvement est à l'origine de la révolution des Œillets qui ramène la démocratie au Portugal.

Mouvement indépendantiste : revendication d'indépendance d'une collectivité.

Mouvement nationaliste hindou : mouvement politique affirmant que l'Inde a toujours été hindoue et remettant en question, parfois de façon xénophobe, la liberté religieuse et l'existence d'autres religions.

Multilatéralisme : mode de relations interétatiques visant à établir des règles communes.

« Mur de séparation » : expression du 3e président des États-Unis, Thomas Jefferson (1801-1809), pour définir les principes de la laïcité américaine et de la séparation entre les Églises et l'État.

N

Nationalisme : doctrine qui tend à exalter l'appartenance nationale au sein d'un État.

***Nones* :** terme utilisé pour qualifier les personnes déclarant n'adhérer à aucune religion.

« Nouvelles routes de la soie » : (en anglais Obor : *One Belt, One Road*) programme chinois dévoilé en 2013 visant à développer les infrastructures de transport entre la Chine et l'Europe grâce à des partenariats avec les États traversés. Il vise notamment à sécuriser l'approvisionnement énergétique chinois, faciliter ses exportations et renforcer son influence.

O

OCS (Organisation de coopération de Shanghai) : traité de coopération de Shanghai (1996), devenu en 2001 l'OCS, qui réunit la Chine, la Russie, le Kazakhstan, le Kirghizistan, le Tadjikistan et l'Ouzbékistan. Son objectif principal est la coopération pour assurer la sécurité de la zone eurasiatique.

Oligarchie : régime politique dans lequel la souveraineté appartient à un groupe restreint. Dans les sociétés antiques, ce sont souvent les plus riches qui détiennent le pouvoir politique. Au Moyen Âge, la noblesse détient la réalité du pouvoir, on parle d'aristocratie.

ONU (Organisation des Nations unies) : organisation internationale créée en 1945 groupant, en 2019, 193 États. Ses objectifs essentiels sont la promotion de la paix et du développement dans le monde.

Opinion publique : ensemble des attitudes, pensées et jugement d'une société.

Orbe crucigère : sphère surmontée d'une croix. Il symbolise l'autorité du souverain, mais aussi le fait qu'il est le représentant du Christ sur Terre.

Ostpolitik (« Politique de l'Est ») : politique étrangère mise en œuvre par Willy Brandt de 1969 à 1974, visant à normaliser les relations de l'Allemagne avec les pays du bloc de l'Est.

Ostracisme : procédure annuelle votée à l'Ecclésia permettant de bannir de la cité pour 10 ans deux citoyens jugés dangereux pour la cité et la démocratie.

P

PAC (Politique agricole commune) : politique européenne de modernisation de l'agriculture mise en place en 1962.

Pacha : titre de dignitaire des grades supérieurs de la hiérarchie civile et militaire dans l'Empire ottoman.

Parlement européen : organe représentatif de l'Union européenne, élu au suffrage universel.

Podcast : système de diffusion de fichiers, audios ou vidéo, sur Internet.

Politique européenne de voisinage : politique de coopération entre l'UE et ses voisins (Europe de l'Est, Maghreb, Proche-Orient). Elle vise à stabiliser les marges de l'UE.

Populisme : discours politique s'appuyant sur les classes populaires.

Port sec : terminal multimodal (ferroviaire, routier) connecté à un port maritime pour la redistribution des marchandises.

Printemps arabe : ensemble de contestations populaires, d'ampleur et d'intensité variables selon les régions, qui se sont produites dans le monde arabe à partir de décembre 2010. Son nom fait référence au Printemps des peuples de 1848, pour son aspiration à plus de liberté et de démocratie.

Procédure de codécision : appelée procédure législative ordinaire. Le Parlement européen et le Conseil de l'UE s'accordent sur l'adoption de certaines directives et règlements communautaires.

Procédure de consultation : le Parlement européen donne son avis, non contraignant, sur une proposition de la Commission européenne.

Procédure de coopération : négociations entre la Commission européenne, le Conseil et le Parlement. Elle n'existe plus depuis le traité de Lisbonne.

Propagande : ensemble des moyens mis en œuvre afin d'orienter la pensée de la population.

PTCI (Partenariat transatlantique de commerce et d'investissement, ou TTIP en anglais, ou TAFTA) : projet d'accord commercial entre l'Union européenne et les États-Unis.

Puissance : capacité, généralement d'un État, à agir sur le monde qui nous entoure, grâce à son poids territorial, démographique, économique, diplomatique et culturel, lui permettant d'avoir une influence durable sur nos sociétés.

Q

Question d'Orient : ensemble des conséquences diplomatiques et militaires nées du recul territorial de l'Empire ottoman en Europe entre 1774 et 1922.

R

***Ransomware* (rançongiciel) :** logiciel malveillant, bloquant les fichiers contenus sur un ordinateur et demandant une rançon en échange d'une clé numérique pour les déverrouiller.

RDA (République démocratique allemande) : nom donné à l'Allemagne de l'Est entre 1949 et 1990. C'est un pays socialiste qui fait partie du bloc de l'Est, tout comme la Pologne, sous l'autorité de l'URSS.

Référendum : vote qui permet à l'ensemble des citoyens d'approuver ou de rejeter une mesure proposée par le pouvoir exécutif.

Régionalisme : attitude de valorisation ou de défense des particularités d'une région (mouvements culturels, organisation politique) pouvant conduire à la revendication d'un territoire.

Religion d'État : religion officiellement adoptée dans un État dans sa législation.

République : forme d'organisation politique dans laquelle les détenteurs du pouvoir l'exercent en vertu d'un mandat conféré par les citoyens. En ce sens « république » s'oppose à « monarchie », mais ne se confond pas avec « démocratie », dans l'hypothèse, par exemple, d'une restriction du suffrage.

Réseau social : application ou site Internet qui permet la mise en relation du plus grand nombre d'individus qui partagent les mêmes finalités.

RFA (République fédérale d'Allemagne) : nom donné à l'Allemagne de l'Ouest entre 1949 et 1990, puis à l'Allemagne réunifiée depuis 1990. Elle fait partie du bloc occidental libéral proche des États-Unis.

RTF (Radiodiffusion-télévision) : cette société nationale française créée en 1949 est chargée du service public de l'audiovisuel jusqu'en 1964, date à laquelle elle est remplacée par l'ORTF.

S

Sécularisation : processus de perte d'influence de la religion dans la société se traduisant par une séparation croissante entre le domaine religieux et le domaine public.

« Sécularisme » : principe selon lequel les questions religieuses doivent être séparées de celles de l'État. La liberté de culte n'est pas remise en cause, mais l'Église ne doit pas intervenir dans la politique.

Seuil stratégique : point de passage permettant de franchir un obstacle lié à la disposition des continents, comme un détroit ou un canal interocéanique.

***Sharp power* :** capacité d'un régime autoritaire à imposer un comportement au niveau national, et à manipuler l'opinion à l'étranger.

Sikhisme : religion monothéiste originaire du nord de l'Inde apparue au XVe siècle.

LEXIQUE

Smart border **(frontière intelligente) :** zone frontalière équipée en haute technologie et mise en réseau par les mégadonnées.

Smartphone : téléphone disposant d'un système d'exploitation conçu pour accueillir différentes applications via une connexion Internet.

Société civile : ensemble des acteurs, des associations, des mouvements, des organisations, non gouvernementaux, animés par les citoyens d'un État.

Société secrète : organisation sociale qui recommande à ses membres de garder le secret sur leur appartenance. Certaines sociétés adoptent parfois tout un rituel cérémonial qui suscite des fantasmes.

Soft power **:** expression américaine désignant la capacité des États-Unis à diffuser par la persuasion un modèle culturel, politique ou économique. Par extension, elle est parfois utilisée pour d'autres États.

Souveraineté : autorité suprême de laquelle dépendent tous les pouvoirs délégués. Dans un régime dictatorial, la souveraineté réside dans l'homme à la tête du pays. Dans une démocratie, la souveraineté est nationale, c'est-à-dire que tous les pouvoirs émanent des citoyens.

Souveraineté déléguée : transfert de certaines compétences des États vers un ensemble supranational (l'Union européenne). Cela concerne certains domaines délimités, comme la politique de la concurrence, le marché unique ou la conservation des ressources de la mer.

Subsidiarité (principe de) : l'Union européenne ne peut se saisir d'un domaine de compétence qu'à la condition que les États membres ne puissent pas apporter de solution plus efficace. Le traité de Lisbonne a mis en place un mécanisme de contrôle renforcé permettant aux Parlements nationaux de faire échouer des propositions de la Commission qui ne respecteraient pas le principe de subsidiarité.

Suffrage censitaire : fait de posséder un cens défini (une certaine richesse) pour pouvoir voter et élire leurs représentants.

Sunnisme : courant religieux de l'islam qui regroupe environ 90 % des musulmans. Ils sont parfois appelés les « musulmans orthodoxes ».

T

Télex : réseau de communication entre téléscripteurs, mis en place dans les années 1930.

Témoins de Jéhovah : mouvement se réclamant du christianisme, apparu dans les années 1870 aux États-Unis.

Théocratie : gouvernement exercé par une autorité religieuse ou par un souverain appuyant sa légitimité sur une religion.

Théorie du complot : récit qui souhaite démontrer l'influence d'une conspiration menée par un groupe occulte sur un épisode de l'histoire.

TIDM (Tribunal international maritime du droit de la mer) : tribunal international siégeant à Hambourg (Allemagne), créé par la convention de Montego Bay, qui règle les litiges maritimes.

TNT (Télévision numérique terrestre) : mode de diffusion de la télévision qui permet la réception d'un plus grand nombre de chaînes.

Troupe auxiliaire : unité de l'armée romaine, à l'origine composée de soldats qui n'étaient pas citoyens romains et devant soutenir les légions romaines dans la défense de l'Empire.

Tyrannie : selon la définition de Platon dans *La République*, c'est le gouvernement d'un seul individu guidé non pas par la raison mais par son seul intérêt.

U

Unilatéralisme : attitude qui consiste pour une puissance à prendre seule ses décisions, en fonction de ses propres intérêts, sans concertation ni avec ses alliés, ni dans le cadre des organisations internationales.

Unité populaire (Unitad Popular, UP, en espagnol) : coalition de partis de centre-gauche et de gauche fondée en 1969 afin de permettre à Salvador Allende de parvenir au pouvoir. Cependant, il existe de nombreuses tendances politiques différentes au sein de cette coalition.

URSS (Union des républiques socialistes soviétiques) : État fédéral de 15 républiques créé en 1922 à la suite de la révolution d'octobre 1917. L'URSS prit fin en 1991.

W

World Wide Web (WWW ou Web) : système hypertexte public qui fonctionne sur Internet et qui permet de consulter les pages des sites, via un navigateur.

Z

ZEE (Zone économique exclusive) : espace marin large de 200 milles nautiques (370 km) dans lequel l'État côtier dispose de droits exclusifs sur l'exploration et l'exploitation des ressources.

Zone grise : espace où les institutions internationales ou nationales ne parviennent pas à imposer leurs règles.

BIOGRAPHIES

Salvador Allende (1908-1973)
Médecin et homme d'État socialiste, il est président de la République chilienne de 1970 à 1973. Il parvient au pouvoir à la tête d'une coalition de gauche, l'Unité populaire, lors d'élections démocratiques. Il se suicide suite à un coup d'État militaire le 11 septembre 1973. **64**

Aristophane (444-vers 385 av. J.-C.)
Poète comique athénien, ses pièces critiquaient les dérives de la démocratie à Athènes alors mise en difficulté dans la guerre du Péloponnèse. **49**

Aristote (384-322 av. J.-C.)
Né dans le royaume de Macédoine, il séjourne à Athènes en tant que métèque. Philosophe, élève de Platon, il étudie notamment dans *Les Politiques* le fonctionnement de la démocratie athénienne. **46**

Julian Assange (né en 1971)
Informaticien et cybermilitant australien, il s'engage dans le réseau de lanceurs d'alerte WikiLeaks. Il publie à partir de 2010 des documents relatifs à l'armée américaine en Irak. Recherché par les États-Unis, sous mandat d'arrêt international, il était réfugié depuis 2012 à l'ambassade d'Équateur de Londres jusqu'à son arrestation par la police britannique, en avril 2019. **306**

Jules César (100-44 av. J.-C.)
Général et homme politique romain, Jules César repousse les frontières romaines jusqu'au Rhin en conquérant la Gaule. Il décrit ses conquêtes dans *La Guerre des Gaules*. Il parvint à s'emparer du pouvoir et se fait nommer dictateur à vie. **201**

Charlemagne (vers 742-814)
Charlemagne, ou Charles Ier dit « le Grand », de la dynastie des Carolingiens, est le fils de Pépin le Bref. Roi des Francs dès 768, il agrandit le royaume par de nombreuses conquêtes, notamment la Lombardie (774). En 800, il est couronné empereur par le pape Léon III, relevant un titre disparu depuis la chute de l'Empire romain d'Occident en 476. **338**

Hillary Clinton (née en 1947)
Femme politique américaine du Parti démocrate, elle est sénatrice pour l'État de New York (2001-2009), puis secrétaire d'État (2009-2013). En 2009, candidate aux primaires présidentielles démocrates, elle échoue face à Barack Obama. En 2016, elle perd les élections présidentielles face au républicain Donald Trump. **35**

Benjamin Constant (1767-1830)
Homme politique français né à Lausanne en 1767 et mort à Paris en 1830. Républicain engagé en 1795, il soutient le coup d'État de Napoléon avant de devenir député pendant la Restauration, chef de file de l'opposition libérale. En 1819, Benjamin Constant donne au cercle de l'Athénée une conférence célèbre, « De la liberté des Anciens comparée à celle des Modernes ». Il oppose la liberté politique telle qu'elle existe dans la Grèce Ancienne et la liberté moderne, individuelle. **50**

Jacques Delors (né en 1925)
Homme politique français membre du Parti socialiste, ancien ministre de l'Économie, des Finances et du Budget (1981-1984), il est connu pour son engagement européen : président de la Commission européenne de 1985 à 1995, il fonde en 1996 l'institut de recherche « Notre Europe - Institut Jacques Delors » dans le but d'analyser les grands enjeux européens. **89**

Alfred Dreyfus (1859-1935)
Officier issu d'une famille juive alsacienne, Dreyfus est victime d'une erreur judiciaire à l'origine de l'une des plus graves crises de la IIIe République : l'affaire Dreyfus. Sa condamnation reflète l'antisémitisme ambiant de son époque et les conséquences de liens trop étroits entre la justice et l'armée française. **286**

Boris Eltsine (1931-2007)
Homme politique russe, Boris Eltsine a été le premier président de la Russie élu au suffrage universel en 1991. Malgré l'opposition des tenants de l'ancien régime communiste, il met en œuvre des réformes libérales. Affaibli, il démissionne en 1999 en faveur de son Premier ministre, Vladimir Poutine. **125**

BIOGRAPHIES

Francisco Franco (1892-1975)
Militaire et homme d'État espagnol, il s'installe à la tête de l'Espagne à la fin de la guerre civile en 1939. Il prend le titre de « Caudillo » (guide) et met en place une dictature. Il reste au pouvoir jusqu'à sa mort. **69**

Mohandas K. Gandhi (1869-1948)
Originaire du Gujarat, Gandhi fait des études de droit en Angleterre et devient avocat. Il œuvre, entre autres, pour l'indépendance de l'Inde grâce à sa méthode de désobéissance civile non-violente. **372**

Charles de Gaulle (1890-1970)
Homme d'État et général français, il lance le fameux « appel du 18 juin 1940 » pour encourager la poursuite de la lutte aux côtés de la Grande-Bretagne. Il organise progressivement les Forces françaises libres, puis s'impose comme chef politique après la Libération. En désaccord avec la IVe République, il démissionne en 1946 avant de revenir en 1958. **274**

Park Geun-hye (née en 1952)
Femme politique sud-coréenne, elle est présidente de la République de 2013 à 2017. Suite à un scandale de corruption, des manifestations éclatent en Corée du Sud. Elle est destituée en mars 2017 par la Cour constitutionnelle. **36**

Gutenberg (vers 1400-1468)
Originaire de Mayence, il invente un procédé d'imprimerie vers 1438 à Strasbourg à partir de caractères métalliques. De retour à Mayence, il fonde avec son associé Johann Fust une première imprimerie qui aboutit en 1455 à la publication de la première Bible imprimée, dite Bible de Gutenberg. **272**

Hérodote (vers 485-425 av. J.-C.)
Né à Halicarnasse, il vécut à Athènes où il rédigea ses *Histoires* relatant les guerres médiques entre les Grecs et les Perses, et dans lequel il s'intéressa également à la vie politique des cités grecques. **48**

Steve Jobs (1955-2011)
Entrepreneur et inventeur américain, Steve Jobs développe l'Apple I en 1975 en Californie. Il fonde la société Apple l'année suivante avec ses associés Steve Wozniak et Ronald Wayne. Alors qu'il connaît le succès avec le Macintosh en 1984, il quitte Apple et fonde la société NeXT Computer. Il redevient patron d'Apple en 1997 et développe les modèles phares de la marque (iPod, iPhone…). **260**

Mustafa Kemal (« Atatürk ») (1881-1938)
Militaire de carrière, il refuse de voir l'Empire ottoman être démembré par le traité de Sèvres après la Première Guerre mondiale. Inspiré par la Révolution française, il renverse le sultanat ottoman le 1er novembre 1922 et instaure un nouveau régime, une république laïque. Après avoir aboli le califat en 1924, il met en place un certain nombre de réformes pour transformer en profondeur la Turquie. À partir de 1934, il se fait appeler « Atatürk » (étymologiquement « turc comme l'étaient les ancêtres »). **353**

Nicolas Machiavel (1469-1527)
Grand penseur humaniste de la Renaissance. Théoricien de la politique, au service de la république de Florence, il a rédigé deux ouvrages majeurs qui ont fait sa renommée : *Le Prince* et *Discours sur la première décade de Tite-Live*. Pour Machiavel, le régime républicain permet de vivre à la fois libre et en sécurité. **54**

Theresa May (née en 1956)
Femme politique britannique du Parti conservateur. En 2016, elle est désignée chef du Parti conservateur et devient Première ministre à la suite du référendum du Brexit. Elle est alors chargée de diriger la procédure de retrait du Royaume-Uni de l'Union européenne et de mener les négociations. **106**

Angela Merkel (née en 1954)
Physicienne de formation et femme politique allemande, elle devient en 2000 la première femme présidente du Parti Union chrétienne-démocrate (CDU). En 2005, elle est investie chancelière fédérale ; elle est reconduite trois fois. **106**

Narendra Modi (né en 1950)
Originaire du Gujarat, il est membre du parti nationaliste BJP et le Premier ministre de l'Union indienne depuis 2014. Ses décisions en matière de religions sont parfois éloignées du discours officiel. **371**

Jawaharlal Nehru (1889-1964)
Originaire du Cachemire, Nehru fait ses études en Angleterre. Dès son retour en Inde, il s'inscrit au Congrès national indien et participe à la lutte pour l'indépendance du pays. En 1947, il devient le Premier ministre de l'Inde. **372**

Vladimir Poutine (né en 1952)
Homme politique russe, il est actuellement dans son quatrième mandat présidentiel à la tête de la Russie. Avant sa première élection, il dirige le FSB, le service des renseignements secrets du pays. À son arrivée au pouvoir en 2000, il entreprend d'importantes réformes pour consolider son nouveau régime. **125**

Antonio de Oliveira Salazar (1889-1970)
Président du Conseil des Ministres du Portugal de 1932 à 1968, il dirige le pays d'une main de fer et est la figure centrale de l'*Estado novo* (État nouveau). Son successeur, Marcelo Caetano, reste au pouvoir jusqu'à la révolution des Œillets en 1974. **68**

Maurice Schumann (1911-1998)
D'origine alsacienne, il entame une carrière de journaliste à l'agence Havas avant de rejoindre le général de Gaulle à Londres en 1940. Tout au long du conflit, il est la voix de la France Libre sur Radio Londres. Il fait ensuite une grande carrière politique après-guerre et est considéré comme l'un des pères de l'Europe. **274**

Edward Snowden (né en 1983)
Informaticien employé par les agences de renseignements américaines, il révèle en 2013 l'existence d'un système d'espionnage organisé par les États-Unis. Considéré comme traître par les Américains, il s'est désormais réfugié en Russie. **306**

Soliman le Magnifique (1494-1566)
Dixième sultan de la dynastie ottomane. Son règne (1520 à1566) est marqué par de nombreuses conquêtes en Europe et le développement de la puissance ottomane. **130**

Alexis de Tocqueville (1805-1859)
En 1831, Tocqueville, jeune magistrat, est envoyé aux États-Unis pour étudier le système pénitentiaire fédéral. Il est alors profondément marqué par la découverte de la démocratie américaine qui va lui inspirer *De la démocratie en Amérique*. Précurseur du raisonnement sociologique, il réalise des travaux qui ont influencé la fondation de la science politique. **58**

Simone Veil (1927-2017)
Magistrate et femme d'État française, elle fut notamment ministre de la Santé, présidente du Parlement européen de 1979 à 1982 et membre du Conseil constitutionnel à partir de 1998. Elle entre au Panthéon en 2018. **25**

Xénophon (vers 430-vers 354 av. J.-C.)
Philosophe et chef militaire, Xénophon décrit dans les *Helléniques* l'histoire de la Grèce, suite à l'*Histoire de la guerre du Péloponnèse* de Thucydide. **47**

Xi Jinping (né en 1953)
Il est secrétaire général du Parti communiste chinois depuis 2012 et président de la République populaire de Chine depuis 2013. Il est réélu pour un nouveau mandat en 2018. **143**

Mark Zuckerberg (né en 1984)
Né dans l'état de New York, il fonde avec quelques camarades de son université d'Harvard, en 2004, le réseau social Facebook, qui connaît un très rapide succès. En 2017, on comptait plus de 2 milliards de comptes Facebook actifs dans le monde. **278**

CRÉDITS ICONOGRAPHIQUES

Couverture : Pedro Pardo / AFP ; Dickey Chapelle / Wisconsin Historical Society.
Rabat : Hoeda80 / Shutterstock ; France Télévisions.

2 Pierre Guillaud / AFP ; **3** Ludovic Marin / AFP ; **5** Istvan Ruzsa / AFP ; **6** Chris Hondros / AFP ; **7** Private Collection / Archives Charmet / Bridgeman Images ; **9** France24 / DR ; **14** Nicolas Vadot ; **18h** akg-images / Album / Oronoz ; **18m** Leroy Francis / Hemis.fr / AFP ; **18bg** Hélène Boutanos ; **18bd** Conseil général de l'Indre ; **19hg** CHRD Lyon ; **19hd** The Picture Art Collection / Alamy Stock Photo ; **19b** Christian Creveseur ; **20g** Yasuyoshi Chiba / AFP ; **20d** Ixène ; **21** Google Maps ; **22** McArthur's Universal Corrective Map of the World / DR ; **23hg** Pakman ; **23hd** The Asahi Shimbun / Getty Images ; **23b** Courrier international ; **24h** Granger / Bridgeman Images ; **24m** AFP ; **24b** Eric Lalmand / Belga Mag / BELGA ; **25h** Coll. Grob / Kharbine-Tapabor ; **25b** AFP.

THÈME 1

26 Pierre Guillaud / AFP ; **27h** Bundesarchiv ; **27b** France TV / DR ; **28g** akg-images / jh-Lightbox_Ltd. / John Hios ; **28d** Her Majesty Queen Elizabeth II, 2019 / Bridgeman Images ; **29g** Leeimage / Aisa ; **29d** Gianni Ferrari / Getty Images ; **32** BETC pour Amnesty International ; **34** Stan Honda / AFP ; **35h** U.S. State Department ; **35b** Nicholas Kamm / AFP ; **36** Jung Yeon-Je / AFP ; **37** KCNA via KNS / AFP ; **38** Benjamin Mengelle / Hans Lucas / AFP ; **40** Gérard Julien / AFP ; **41** Reporters sans frontières ; **42h** Marsyas / Wikimedia commons ; **42m** Marsyas / Wikimedia commons ; **42b** Luisa Ricciarini / Bridgeman Images ; **43** SOPA Images / Getty Images ; **44h** Anastasios71 / Shutterstock ; **44bg** Constantinos Iliopoulos / Shutterstock ; **44bd** DEA / A. Vergani / Getty Images ; **45g** Luisa Ricciarini / Bridgeman Images ; **45m** Ohio Statehouse, Columbus, Ohio, USA / Pictures from History / Bridgeman Images ; **45d** Pictures from History / Bridgeman Images ; **46g** Musée des Beaux-Arts de Dijon / François Jay ; **46d** S. Bianchetti / Leemage / Bridgeman Images ; **47** Costa / Bridgeman Images ; **48h** De Agostini Picture Library / G. Nimatallah / Bridgeman Images ; **48b** KHM-Museumsverband ; **49g** akg-images / jh-Lightbox_Ltd. / John Hios ; **49d** Agostini Picture Library / Bridgeman Images ; **50hg** akg-images ; **50bg** Agostini Picture Library / M. Seemuller / Bridgeman Images ; **50d** Armand Cambon, Étude pour la République, 1848-1849 ; **51** Harold Cunningham / Getty Images ; **52** Jacques Demarthon / AFP ; **53** Ville de Paris ; **54** Palazzo Vecchio (Palazzo della Signoria) Florence, Italy / Bridgeman Images ; **55** Fabrice Coffrini / AFP ; **56h** Henri Bureau / Getty images ; **56b** AFP ; **58h** Boltin Picture Library / Bridgeman Images ; **58bg** KarSol / Shutterstock ; **58bd** Château de Versailles, France / Bridgeman Images ; **60** Sébastien Salom-Gomis / SIPA ; **61** Martin Vidberg ; **63g** Pictures from History / Bridgeman Images ; **63m** Biblioteca del Congreso Nacional de Chile ; **63d** Biblioteca del Congreso Nacional de Chile ; **64h** Pictures from History / Bridgeman Images ; **64b** AFP ; **66h** Sovfoto / Getty Images ; **66b** Bettmann / Getty Images ; **67** Reuters ; **68** akg-images / Pictures from history ; **69** akg-images / Pictures From History ; **70h** Jean-Claude Francolon / Getty Images ; **70b** Jean-Claude Francolon / Getty Images ; **71** Atlantico Press / Alamy Stock Photo ; **72** Bettmann / Getty Images ; **73h** El Pais / DR ; **73b** RTVE / DR ; **74** Skotch 79 / Wikimedia commons ; **75** Bettmann / Getty Images ; **76** Parlement européen ; **77** Patrick van Katwijk / AGE fotostock ; **79hg** Nitpicker / Shutterstock ; **79hm** Jean-Christophe Verhaegen / AFP ; **79hd** John Thys / AFP ; **79mg** Pack-Shot / Shutterstock ; **79md** Birute Vijeikiene / Shutterstock ; **79b** CIWF ; **80h** Birute Vijeikiene / Shutterstock ; **80bg** Jean-Christophe Verhaegen / AFP ; **80bd** Pack-Shot / Shutterstock ; **81h** EQRoy / Shutterstock ; **81b** Reuters / Vincent Kessler ; **82hg** John Thys / AFP ; **82hd** Birute Vijeikiene / Shutterstock ; **82bg** Jean-Christophe Verhaegen / AFP ; **82bd** Pack-Shot / Shutterstock ; **85** Angel Boligán ; **87** Une de *Libé* du 30/05/2005 : Le jour le plus NON. 54,86 % contre la Constitution ; **88(1)** Pack-Shot / Shutterstock ; **88(2)** Jean-Christophe Verhaegen / AFP ; **88(3)** John Thys / AFP ; **88(4)** Birute Vijeikiene / Shutterstock ; **88(5)** Nitpicker / Shutterstock ; **89** akg-images / ullstein bild ; **90** Agence Erasmus+ France / Éducation Formation ; **91** Adrian Dennis / AFP ; **94** Nicolas Vadot ; **95h** Nicolas Vadot ; **95b** Plantu ; **96h** Franco designs Juan Carlos as his successor / Bridgeman Images ; **96b** Jean-Claude Francolon / Getty Images ; **97** Direction de l'information légale et administrative ; **99h** Sondron ; **99b** www.gouvernement.fr ; **101g** Produced by : Atípica Films, Sacromonte Films, Atresmedia Cine / Photo : Julio Vergne ; **101d** Des ronds dans l'O et Robin Walter.

THÈME 2

102 Terry Fincher / Getty Images ; **103h** Ludovic Marin / AFP ; **103b** IRIS ; **106h** Paresh Nath ; **106b** Yoshikazu Okunishi / The Yomiuri Shimbun / AFP ; **107** Dila, *La documentation française*, « Le nouveau désordre international », collectif, mai-août 2017 ; **108** Jody Amiet / AFP ; **109h** Chappatte ; **109b** Patrick Hertzog / AFP ; **111** www.yomiuri-osaka.com / DR ; **112** Wu Jing / DR ; **113** Thibault Camus / AFP ; **114** PR Collection / Alamy Stock Photo ; **115** Li-Gang / Xinhua / AFP ; **116** Jon Arnold Images / hemis.fr ; **117** Handout / Getty Images / AFP ; **119** Bibliothèque de L'Arsenal, Paris, France / De Agostini Picture Library / Bridgeman Images ; **120** Musée Topkapi, Istanbul / Wikimedia Commons ; **123** Coll. Kharbine-Tapabor ; **125g** Peter Turnley / Corbis / VCG via Getty Images ; **125m** Frederic Legrand / Shutterstock ; **125d** Frederic Legrand / Shutterstock ; **126h** Wojtek Laski / Getty Images ; **126b** Georges Million ; **127** David Brauchli / AFP ; **129** Sasha Mordovets / Getty Images ; **130** Kunsthistorisches Museum, Vienna, Austria / Bridgeman Images ; **132** UniFrance ; **133** Niklas Halle'n / AFP ; **134** *Courrier international* ; **137h** Alliance française ; **137b** ONU ; **138** Dessin de Kak pour *L'Opinion* ; **139** Martin Vidberg, larevuedesmedias.ina.fr ; **141** ANSSI ; **143h** Khorgos Gateway / DR ; **143m** Paresh Nath ; **143b** Photocosmos1 / Shutterstock ; **145** Satish Acharya / Mail Today ; **146h** Paramonov Alexander / Shutterstock ; **146b** Diplomatie / Groupe Areion ; **148** VCG / Getty Images ; **149h** Bob Collet / Alamy Stock Photo ; **149b** Benjamin Rasmussen ; **151g** Mario Anzuoni / Reuters ; **151d** Lucas Jackson / Reuters ; **152** Jewel Samad / AFP ; **153** Ben Garrison / grrrgraphics.com ; **154h** Doug Armand / Getty Images ; **154b** Eloi Omella / Getty Images ; **156** Éditions Critiques ; **157h** Christopher Harting ; **157b** MIT ; **158** Süddeutsche Zeitung Photo ; **159h** Paresh Nath ; **159b** L'Histoire ; **160** Shelly Rivoli / Alamy Stock Photo ; **161** Paresh Nath ; **164** Paresh Nath ; **166** Newscom / Alamy Stock Photo ; **169** Agostini Picture Library / Getty Images ; **170** Liu Rui for *The Global Times* / DR ; **171** Rapaport pour Stratégies (gilles-rapaport.com) ; **172** Diplomatie / Groupe Areion ; **173** Mix & Remix ; **175h** *Le Figaro* / 18/04/2018 ; **175b** Property of the Commonwealth ; **177g** Allstar Picture Library / Alamy Stock Photo ; **177m** *L'Hiver du Monde*, Ken Follet - avec l'aimable autorisation des Éditions Robert Laffont ; **177d** Éditions Glénat.

THÈME 3

178 Google 2019 ; **179h** Istvan Ruzsa / AFP ; **179b** Diploweb ; **180g** Classic Image / Alamy Stock Photo ; **180d** Mandel Ngan / AFP ; **181g** Ggia / Wikimedia commons ; **181d** Vision-Box ; **181b** France24 / DR ; **182** Reuters / Juan Medina ; **183** Maloff / Shutterstock ; **185** Plantu ; **187** Popo le Chien / Wikimedia Commons ; **189** Gael Turine / MAPS ; **191h** Jim Watson / AFP ; **191b** Mike Flanagan ; **192hg** Reuters / Hannah McKay ; **192hd** www.vincentgauriat.com ; **192b** Moviestore collection Ltd / Alamy Stock Photo ; **193hg** T. Kitchin & V. Hurst / Getty Images ; **193hd** Photo by Jock Carroll ; **193b** Archives du 7e art / PHOTO12 / AFP / DR ; **194** Gérard Malie / AFP ; **195h** NTV / AFP ; **195b** VCG / Getty Images ; **196** MEPL / Bridgeman Images ; **197** Mitsuru Tamura / AP / SIPA ; **201h** Rainer Lesniewski / Shutterstock ; **201b** Museo di Capodimonte, Naples, Campania, Italy / Bridgeman Images ; **204** Coll. Kharbine-Tapabor ; **207h** Alain Le Garsmeur / Alamy Stock Photo ; **207b** Mike Trukhachev / Shutterstock ; **208** Time Life Pictures / Getty Images ; **209h** Bridgeman Images / © Succession Picasso 2019 ; **209g** Der Tintenfisch / DR ; **209d** Y. Nagaya / AFP ; **210** Sudipto Das / The Timas of India / AFP ; **211** Mike Blake / Reuters ; **212** Nightflyer / Wikimedia Commons ; **213** From « World Oceans Day 2012 », United Nations. Reprinted with the permission of the United Nations. ; **216** FLHC 61 / Alamy Stock Photo ; **217g** CDU / Wikimedia Commons ; **217d** Deutsche Post der DDR / DR ; **219h** Help somebody in the name of Jesus Christ. I will be. ; **219b** http://donutholes.ch / DR ; **221h** AB Forces News Collection / Alamy Stock Photo ; **221m** Gable ; **221b** NTV / AFP ; **223h** CSIS Asia Maritime Transparency Initiative / DigitalGlobe ; **223m** AFP ; **223b** Revue *Hérodote* n° 163 : « Mers et océans », Éditions La Découverte, 2016 ; **224** Saltram House, Devon, UK / National Trust Photographic Library / Bridgeman Images ; **225** Boris Horvat / AFP ;; **226** Peter Schickert / Alamy Stock Photo ; **227** Laura Tarraga Garrido / Nurphoto / AFP ; **229(1)** Valerio Vincenzo ; **229(2)** Amir Makar / AFP ; **229(3)** CDR Figueres / DR ; **229(4)** EschCollection / Getty Images ; **229(5)** Aris Messinis / AFP ; **229(6)** European Pressphoto Agency ; **231h** Valery Hache / AFP ; **231bg** Le retour des frontières, film documentaire de S. Brunel et N. Pannetier, Ladybirds Films - Arte France, 2018 ; **231bd** John Antono / cartoonmovement ; **232** Peter Schrank ; **233** Jure Makovec / AFP ; **234** Rafat Al Khateeb ; **235h** Marko Djurica / Reuters ; **235b** Tomas Krejcirik / Shutterstock ; **237g** Matthias Franke / DR ; **237d** Wojtek Radwanski / AFP ; **238g** Clipimage ; **238d** René Mattes / hemis.fr ; **239** Ministère chargé des Affaires européennes / DR ; **240** Paul Faith / AFP ; **241** David Simonds / The Economist ; **245** Selva / Bridgeman Images ; **248** Astérix®- Obélix®- Idéfix® / © 2019 Les Éditions Albert René / Goscinny – Uderzo ; **249** akg-images / Interfoto / Pulfer ; **250** Jon Arne Foss / EyeEm / Getty Images ; **251hg** Piotr Zajac / Alamy Stock Photo ; **251hd** INA ; **251bg** U.S. Customs and Border Protection ; **251bd** Google 2019 ; **253g** 2009 Nord-Ouest Films - Studio 37 - France 3 Cinéma - Mars Films - Fin Août Productions ; **253d** Barroux (scénario) et Bessora (dessin), *Alpha* (coll. « Bandes dessinées hors collection »), Éditions Gallimard Jeunesse.

THÈME 4

254 Chris Hondros / AFP ; **255h** Bloomberg / Getty Images ; **255b** France Télévisions / DR ; **259** JT LCI – 12h 14h du 15/12/2018 ; **260** Anton Ivanov / Shutterstock ; **261** Kap ; **262** Chappatte, *Le Temps* (Suisse), www.chappatte.com ; **264** Anne-Christine Poujoulat / AFP ; **266** Plantu paru dans *Le Monde* du 12 mars 2006 ; **267** Jacques Demarthon / AFP ; **268** BNF ; **269** Miguel Medina / AFP ; **270g** PVDE / Bridgeman Images ; **270d** A.B.C. Telegraphic Code 5th Edition, via Atlanticcable / Commons Wikimedia ; **272h** BNF, Paris, France / Bridgeman Images ; **272b** akg-images / VISIOARS ; **273h** *La Presse* ; **273b** Shawshots / Alamy Stock Photo ; **274hg** Bridgeman Images ; **274hd** PVDE / Bridgeman Images ; **274bg** Coll. Gregoire / Bridgeman Images ; **274bd** Mémorial de Caen ; **275** Coll. Bachollet / Kharbine-Tapabor ; **276h** AFP ; **276b** Stéphane Mercurio ; **277** Bertrand Rindoff Petroff / Getty Images ; **278g** Jay L. Clendenin / Getty Images ; **278d** Bloomberg / Getty Images ; **280** Coll. Kharbine-Tapabor ; **281** Allan Tannenbaum / Getty Images ; **282** Tallandier / Bridgeman Images ; **283h** Marc Riboud ; **283b** Paul Schutzer / Getty Images ; **284(1)** Chris-Hoffman / DPA / DPA Picture Alliance / AFP ; **284(2)** akg-images / euroluftbild.de ; **284(3)** Giuseppe Cacace / AFP ; **284(4)** Tiziana Fabi / AFP ; **284(5)** Kevork Djansezian / Getty Images North America / AFP ; **284(6)** Leon Neal / Getty Images /AFP ; **284b** Geoffroy Van Der Hasselt / AFP ; **286h** Granger / Bridgeman Images ; **286b** Coll. Kharbine-Tapabor ; **287h** Musée de la Ville de Paris, Musée Carnavalet, Paris, France / Archives Charmet / Bridgeman Images ; **287b** Selva / Leemage / Bridgeman Images ; **288** PVDE / Bridgeman Images ; **289** AFP ; **292hg** John Frost Newspapers / Alamy Stock Photo ; **292hd** Larry Burrows

/ Getty Images ; **292b** Everett Collection / Bridgeman Images ; **293h** Nick Ut / AP / SIPA ; **293b** Bettmann / Getty Images ; **294** Manuel Cohen / AFP ; **295** Courrier international ; **296** *La Croix* ; **300h** lefigaro.fr / 09/04/2015 ; **300b** Dessin de Kak pour *L'Opinion* ; **301h** Joseph Sohm / Shutterstock ; **301b** Ali Balikci / Anadolu Agency / AFP ; **302** Plantu paru dans *L'Express* du 26 janvier 2004 ; **304h** Thomas Samson / AFP ; **304b(1)** *The Washington Post* / Getty Images ; **304b(2)** Neil P. Mockford / Getty Images / AFP ; **304b(3)** Sylvain Lefevre / Getty Images ; **304b(4)** U.S. State Department ; **305** Dessin de Kak pour *L'Opinion* ; **306hg** John Frost Newspapers / Alamy Stock Photo ; **306hd** Barton Gellman / Getty Images ; **306b** Carl Court / Getty Images / AFP ; **308g** Private Collection / Archives Charmet / Bridgeman Images ; **308d** Sciences & Vie ; **309** JT LCI – La matinale du 07/02/2019 ; **310** JT LCI – La matinale du 07/02/2019 ; **311** Préfecture de police / DR ; **312** Nicolas Liponne / Nurphoto / AFP ; **313** Hagen Hopkins / Getty Images / AFP ; **314g** Selva / Leemage / Bridgeman Images ; **314d** akg-images ; **315** Chappatte ; **316** Canopé / Radio France / DR ; **317** Premières lignes / DR ; **319g** *L'Affaire Dreyfus*, Y. Boisset, 1995 / DR ; **319d** Illustration de Mr Xerty © Flammarion.

THÈME 5

320 Iranian supreme leader's website / AFP ; **321h** Pat Benic / DPA / DPA Picture-Alliance / AFP ; **321b** IRIS ; **322g** Bandar Algaloud / Saudi Royal CO / Anadolu Agency / AFP ; **322d** Anthony Devlin / Pool / AFP ; **323g** Denis Balibouse / Reuters ; **323d** Na! ; **326hg** Scott Peterson / Getty Images ; **326hd** John Moore / Getty Images North America / AFP ; **326b** Gabriel Duval / AFP ; **328** Private Collection / Archives Charmet / Bridgeman Images ; **329** Gilles Leimdorfer / AFP ; **330** Julien Marsault ; **331** Charles McQuillan / Getty Images / AFP ; **332** *Le Dauphiné Libéré* / Sébastien Colson ; **333** Bloomberg / Getty Images ; **334** Jean Bernard / Bridgeman Images ; **335** Agostini Picture Library / F. Ferruzzi / Bridgeman Images ; **336** Luisa Ricciarini / Bridgeman Images ; **337** akg-images / Andrea Jemolo ; **338g** Agostini Picture Library / S. Vannini / Bridgeman Images ; **338d** akg-images ; **339h** Pictures from History / Bridgeman Images ; **339b** *Charlemagne*, Arte, 2013 / DR ; **341h** René Mattes / hemis.fr ; **341b** University of Michigan ; **343g** Prismatic Pictures / Bridgeman Images ; **343d** akg-images ; **344** Lebrecht History / Bridgeman Images ; **345** akg-images ; **346** Biblioteca Nacional, Madrid, Spain / Bridgeman Images ; **347** John Warburton Lee / hemis.fr ; **348** Granger / Bridgeman Images ; **349** SOPA Images / Getty Images ; **350** Coll. Kharbine-Tapabor ; **351** Getty Images ; **353h** Agostini Picture Library / Bridgeman Images ; **353b** Luisa Ricciarini / Bridgeman Images ; **354** Wikimedia commons ; **355** Lee / Bridgeman Images ; **356** SZ Photo / Scherl / Bridgeman Images ; **357g** Keystone-France / Getty images ; **357d** Roger-Viollet ; **358** Paul Harris / Getty Images ; **360** CNP / Getty Images ; **361hg** Hulton Deutsch / Getty Images ; **361hd** Bob Gomel / Getty Images ; **361b** lefigaro.fr / 27 Juin 2015 ; **362** Valerii__Dex / Shutterstock ; **363h** Safvan Allahverdi / Anadolu Agency / AF ; **363b** Chip Somodevilla / Getty Images North America / AFP ; **364** Nicholas Kamm / AFP ; **365** Chip Somodevilla / Getty Images / AFP ; **366** SZ Photo / Scherl / Bridgeman Images ; **367** Mondadori Portfolio / Getty Images ; **368** Raghu Rai / Magnum Photos ; **369h** Narinder Nanu / AFP ; **369b** IRIS ; **371** Hindustan Times / Getty Images ; **372g** ullstein bild Dtl. / Getty Images ; **373h** Atul Loke / Panos-Rea ; **373b** Tauseef Mustafa / AFP ; **375** Françoise Ménager – Iconovox ; **377h** *Le Monde* (International) - Jacques Follorou ; **377b** Sajjad Qayyum / AFP ; **378** Pacific Press / Getty Images ; **379** Chappatte, *Le Temps* (Suisse), www.chappatte.com ; **380** Sajjad Hussain / AFP ; **381** Narinder Nanu / AFP ; **382** Exotica.im/UIG via Getty Images ; **383** Reuters ; **387g** Arte / DR ; **387d** Presses de la Fondation Nationale des Sciences Politiques.

Biographies

393 Pictures from History / Bridgeman Images ; Agostini Picture Library / Bridgeman Images ; S. Bianchetti / Leemage / Bridgeman Images ; Carl Court / Getty Images /AFP ; Museo di Capodimonte, Naples, Campania, Italy / Bridgeman Images ; akg-images ; U.S. State Department ; Agostini Picture Library / M. Seemuller / Bridgeman Images ; akg-images / ullstein bild ; Granger / Bridgeman Images ; Peter Turnley / Corbis / VCG via Getty Images ; **394** akg-images / Pictures From History ; ullstein bild Dtl. / Getty Images ; Bridgeman Images ; Frederic Legrand / COMEO / Shutterstock ; Bridgeman Images ; De Agostini Picture Library / G. Nimatallah / Bridgeman Images ; Anton Ivanov / Shutterstock ; Luisa Ricciarini / Leemage / Bridgeman Images ; Palazzo Vecchio (Palazzo della Signoria) Florence, Italy / Bridgeman Images ; Alexandros Michailidis / Shutterstock ; 360b / Shutterstock ; **395** Truba7113 / Shutterstock ; ullstein bild Dtl. / Getty Images ; Frederic Legrand - COMEO / Shutterstock ; akg-images / Pictures from history ; Collection Gregoire / Bridgeman Images ; Barton Gellman / Getty Images ; Kunsthistorisches Museum, Vienna, Austria / Bridgeman Images ; Château de Versailles, France / Bridgeman Images ; Pierre Guillaud / AFP ; Costa / Bridgeman Images ; Photocosmos1 / Shutterstock ; Bloomberg / Getty Images.

Couverture : Guylaine Moi
Fabrication : Miren Zapirain

Réalisation : Archipel studio (www.archipel-studio.com)
Coordination éditoriale : Thomas Brisebarre
Édition : Flora Dumoulin, Joséphine Manoury
Adaptation graphique intérieure : Archipel studio
Mise en page : Archipel studio
Iconographie : Élodie Gradoz
Infographies : Archipel studio
Cartographie : AFDEC, Légendes Cartographie
Photogravure : Les Caméléons

www.hachette-education.com
ISBN 978-2-01-708797-7

ATLAS

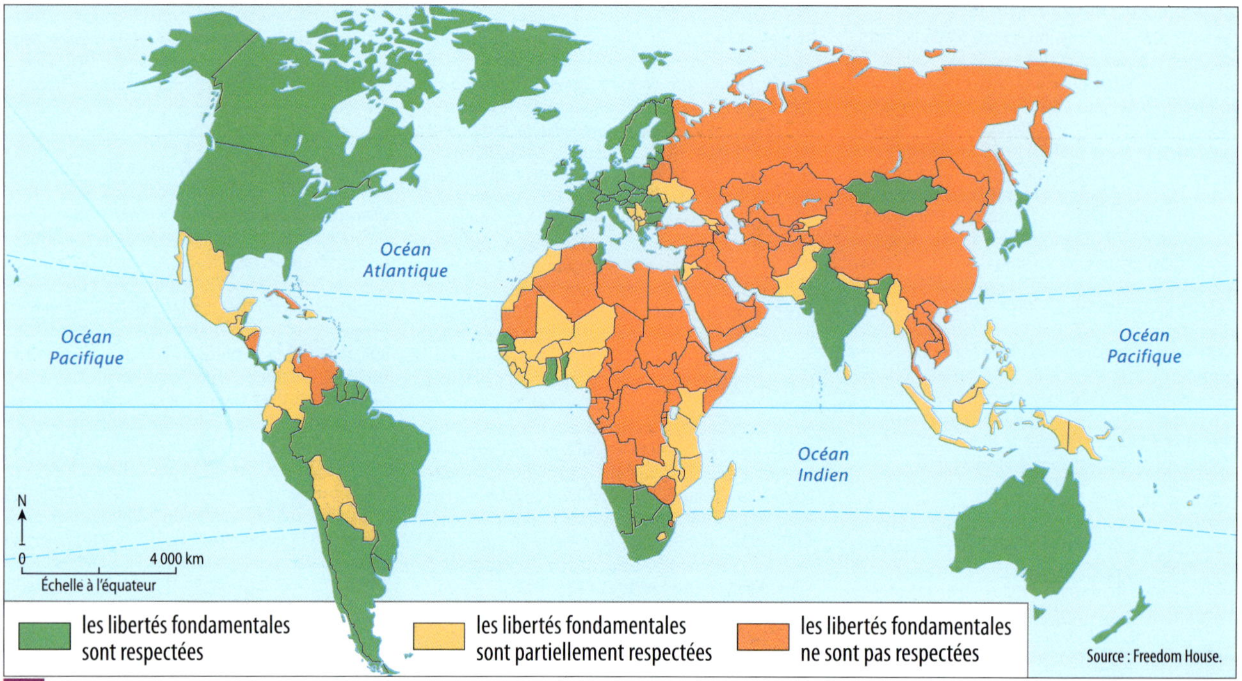

1 La démocratie dans le monde en 2018

carte interactive

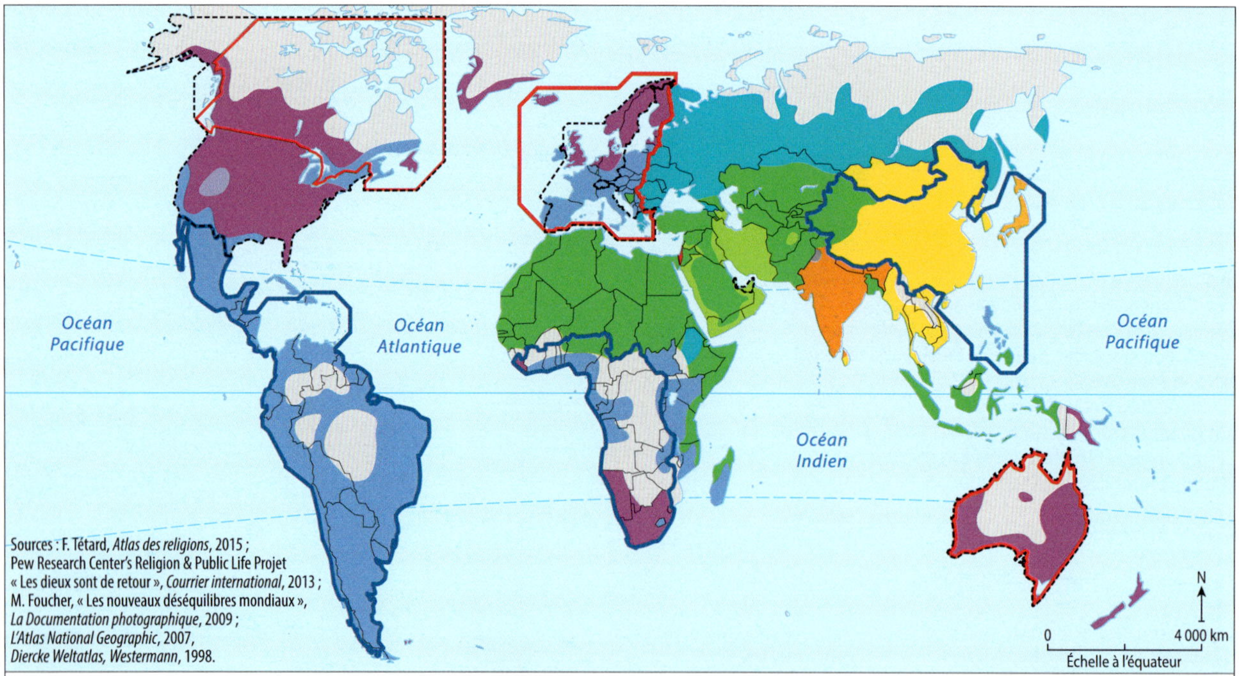

Christianisme
- catholicisme
- Églises orthodoxes
- protestantisme
- mormons

Islam
- sunnisme
- chiisme

Autres mouvements religieux
- judaïsme
- bouddhisme, taoïsme
- hindouisme
- sikhisme
- shintoïsme
- animisme

Des facteurs de transformation
- introduction de nouvelles religions par les migrations
- processus de sécularisation
- influence croissante des Églises évangéliques

2 Répartition et dynamiques des religions majoritaires dans les États

carte interactive

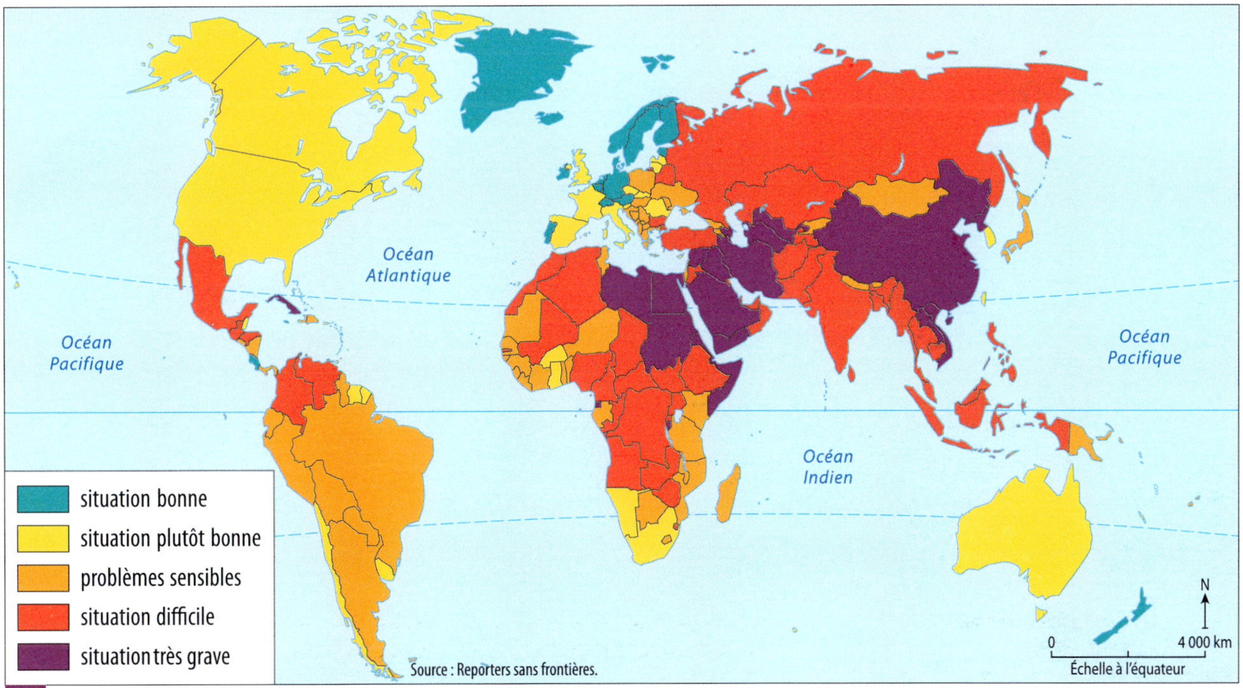

3 La liberté de la presse dans le monde en 2018

carte interactive

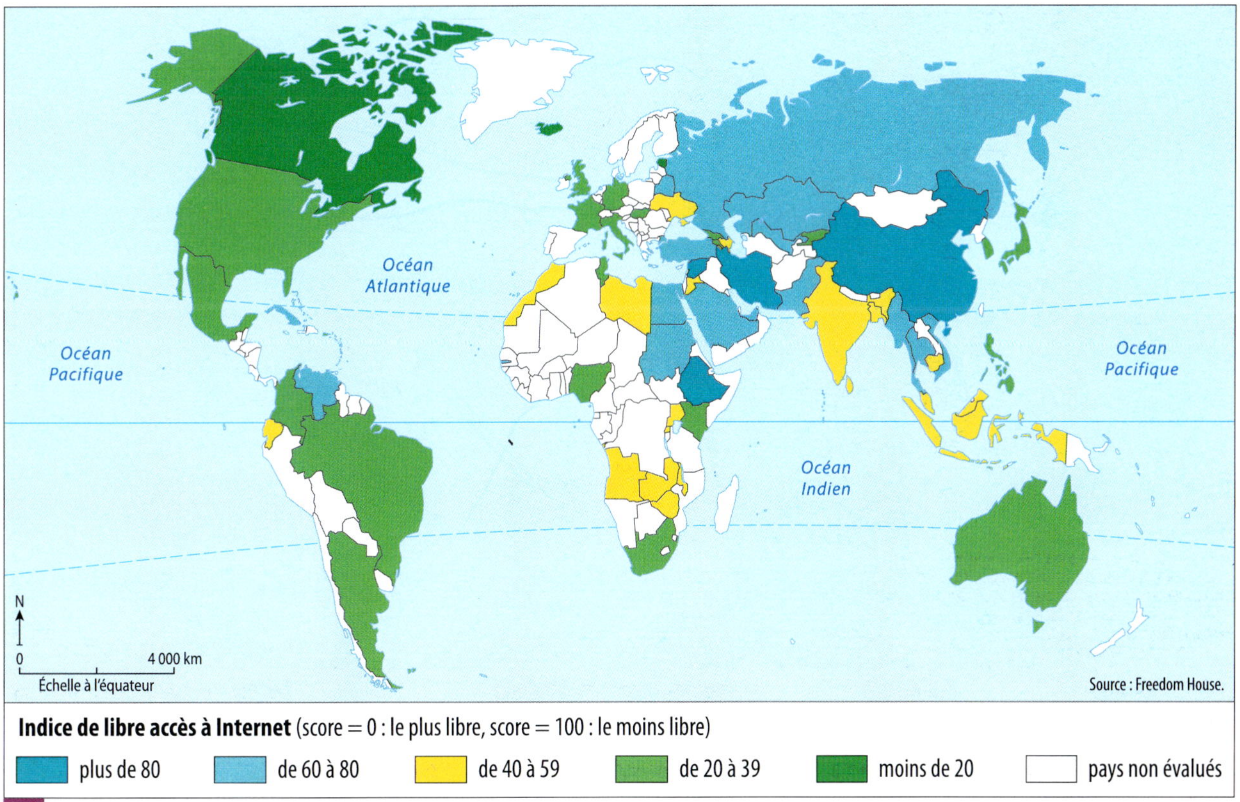

4 La censure sur Internet en 2017

carte interactive

5 L'Europe politique

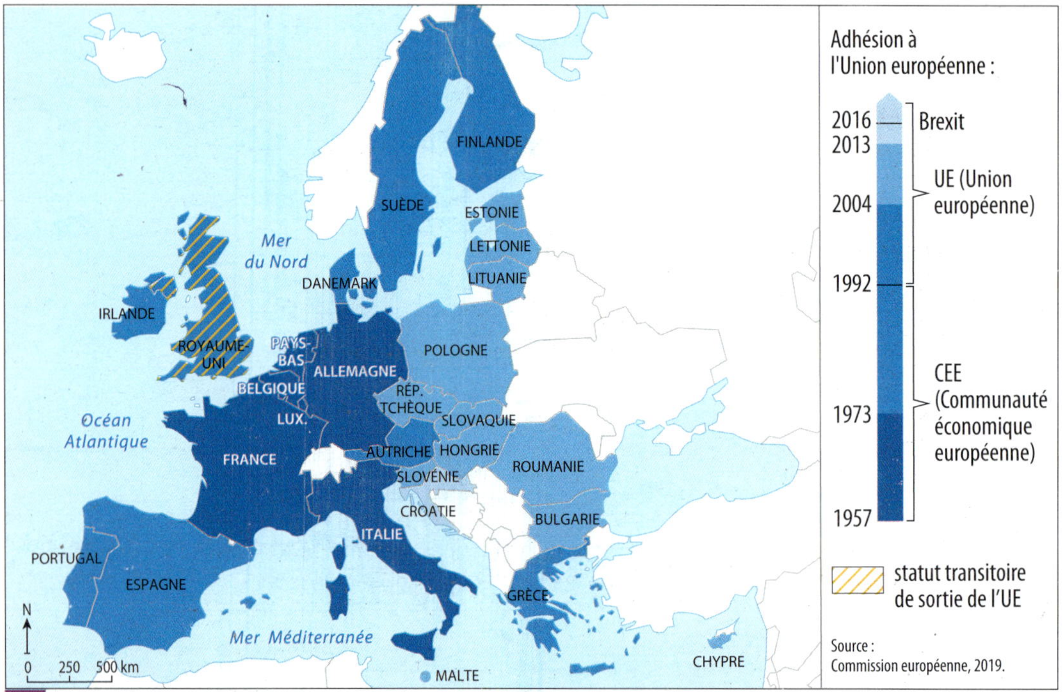

6 Les étapes de l'élargissement de l'Union européenne

Achevé d'imprimer en Italie par Grafica Veneta
Dépôt légal : Juillet 2020 - Collection 60 - édition 03 - 22/2732/9